国家社会科学基金重大项目——“锡伯语（满语）基础语料库建设与研究”（15ZDB110）阶段性成果

清代伯都讷满汉文档案选辑

主　编　吴忠良　赵洪祥
副主编　高大鹏　许淑杰

下册

中国社会科学出版社

為將已故官兵之妻孀婦等應領半餉銀兩造册呈送 吉林旗務處鑒核由

行

二十八日

文牘科科員藍翎驍騎校　崇典

文[illegible]

庶務科科員藍翎裁缺八品筆帖式　富克精阿

署庶務科科員藍翎副科員　西成阿

署庶務科副科員書記長　康澂

監用關防文牘科書記長　恩隆阿

兼庶務科書記長擬陪驍騎校　常慶

監用關防庶務科書記長　惠康

伯都訥旗務承辦處提調花翎協領忠　為造冊呈
送事茲據左右兩翼呈遞已故官兵之妻孀婦等
應領半餉銀兩懇請轉報請領等情據此合將該
兩翼呈遞已故官兵之妻孀婦等應領半餉銀
分季造具滿漢印白冊五本包妥封固隨文呈送
為此呈報
吉林全省旗務處謹請鑒核施行須至呈者

計呈送
滿漢印白册五本
右
呈
吉林全省旗務處

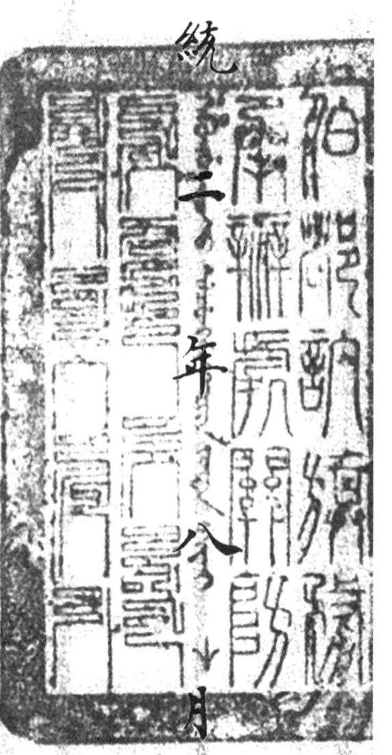

宣統二年八月

月

冊底

伯都訥旗務承辦處為造送已故官兵

之妻孀婦等應領上下兩季半餉銀兩數目

清冊事

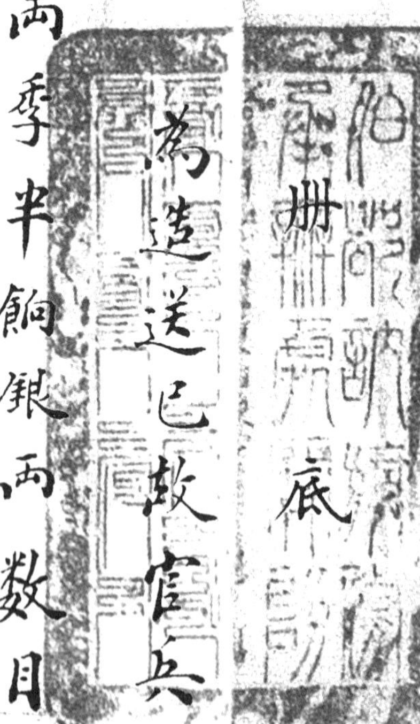

計開

正白旗富成佐領下

驍騎校全陞之妻孀婦應領宣統二年上一季

半俸銀十五兩

蒙古正白旗英俊佐領下

領催烏勒吉圖之妻孀婦應領宣統二年上下兩季

半餉銀十八兩

正紅旗和連佐領下
前鋒平祿之妻孀婦應領宣統二年上下兩季
半餉銀十八兩
正藍旗雙喜佐領下
披甲全有之妻孀婦應領宣統二年上下兩季
半餉銀十二兩
披甲富凌阿之妻孀婦應領宣統二年上下兩季

半餉銀十二兩
正藍旗依凌阿佐領下
雲騎尉法凌阿之妻孀婦應領宣統二年上一季
半俸銀二十一兩二錢五分
廂藍旗貴春佐領下
披甲喜成之妻孀婦應領宣統二年上下兩季
半餉銀十二兩

披甲全山之妻孀婦應領宣統二年上下兩季
半餉銀十二兩

以上共銀一百二十兩零二錢
五分理合登明須至册者

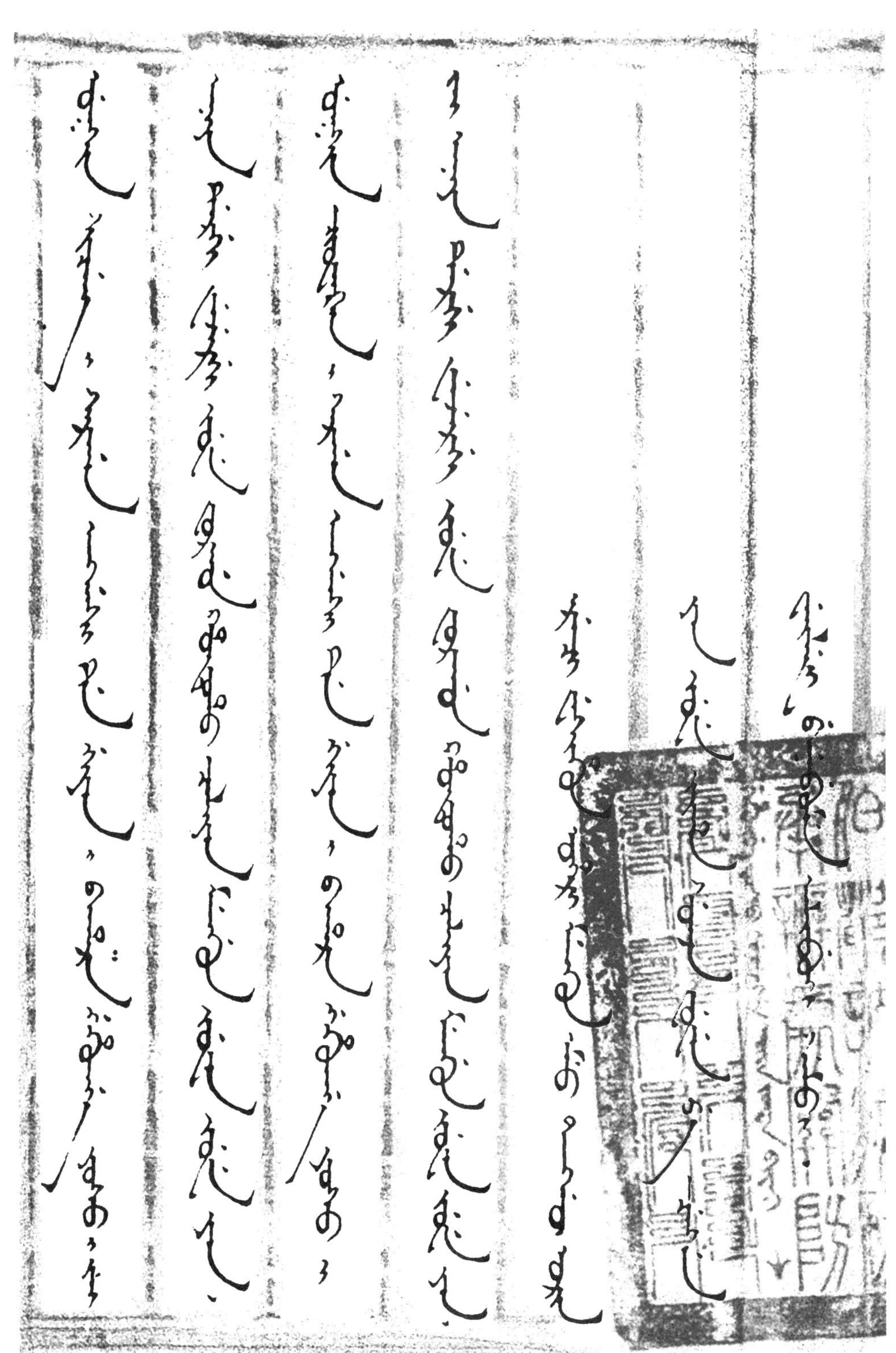

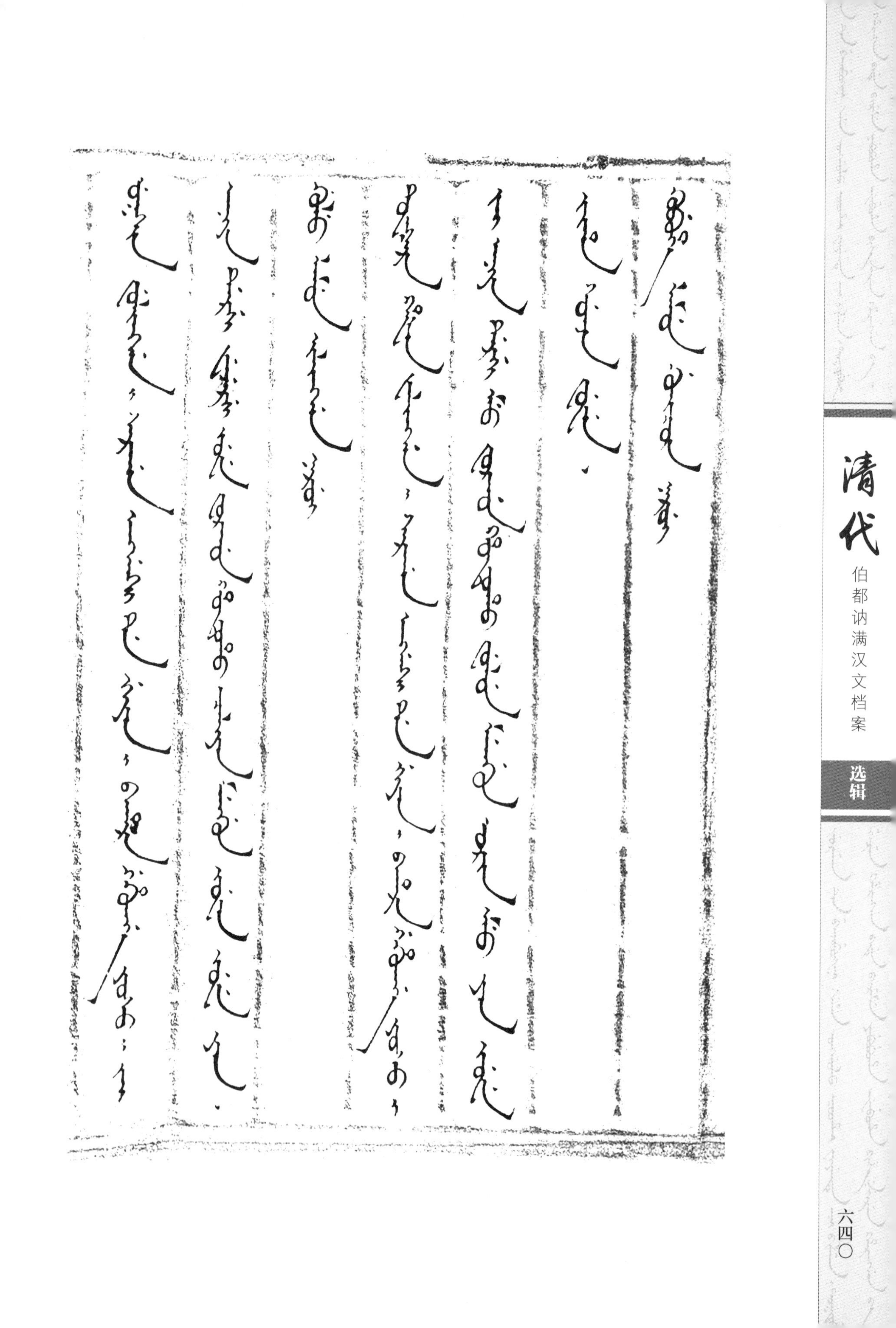

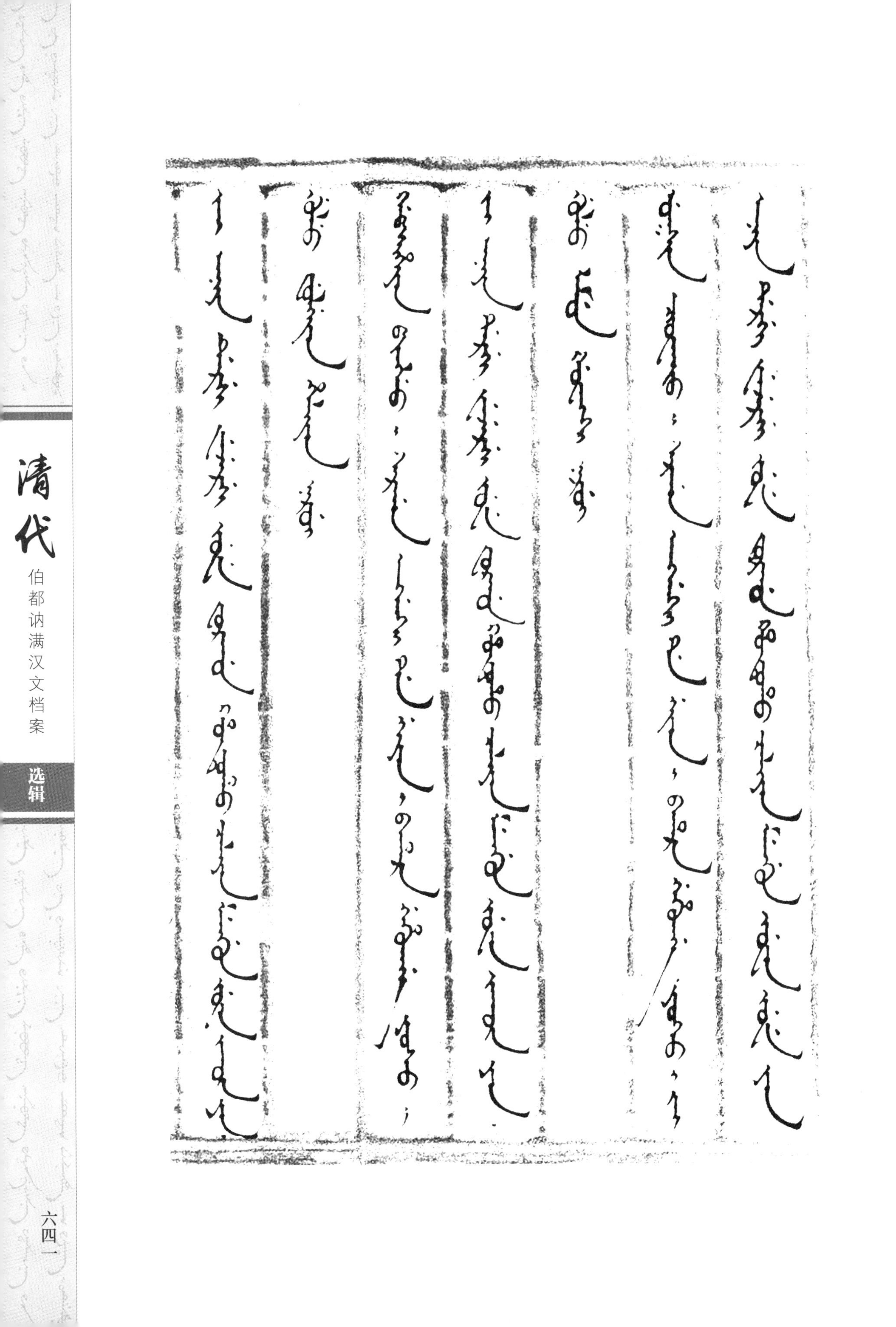

[illegible]

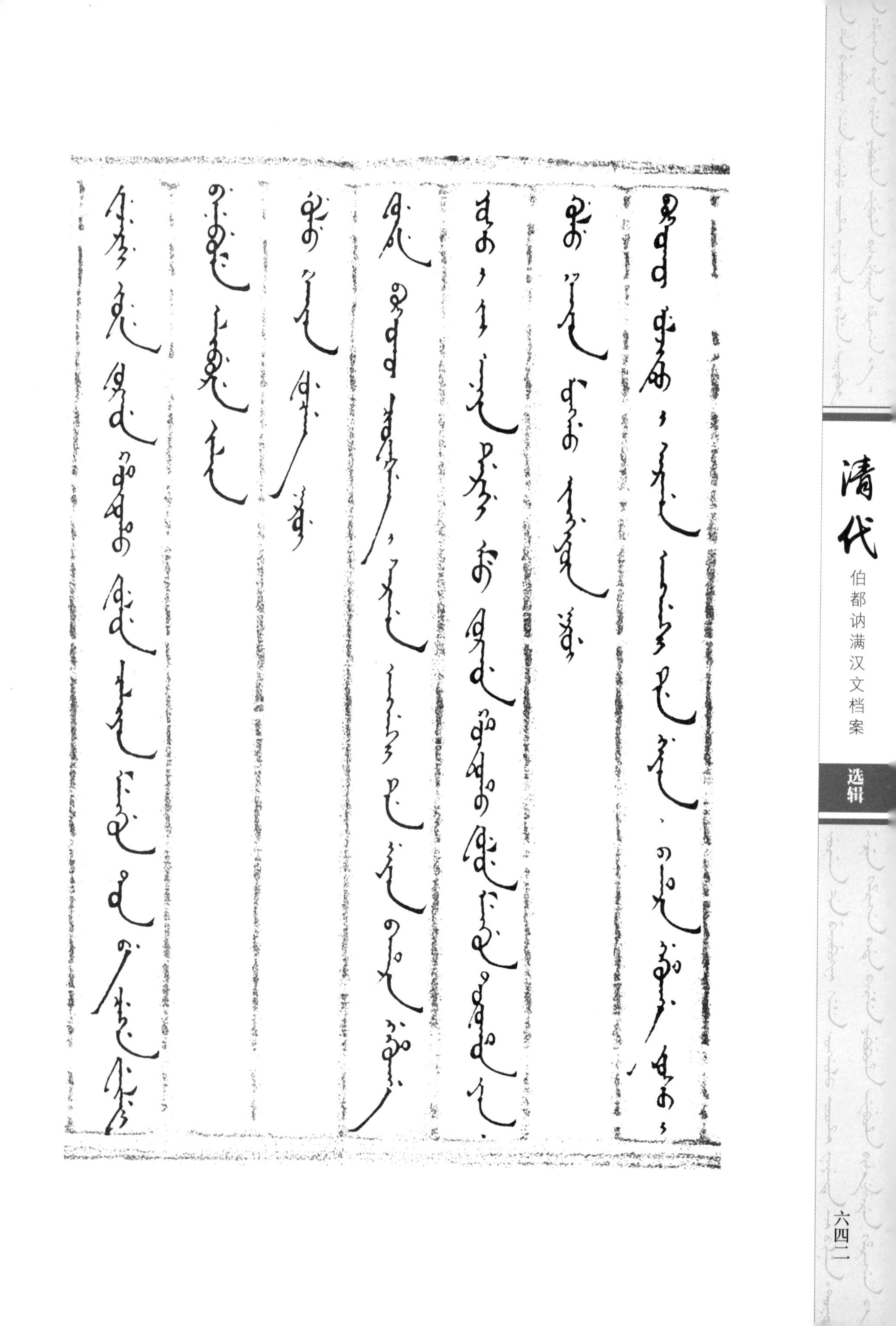

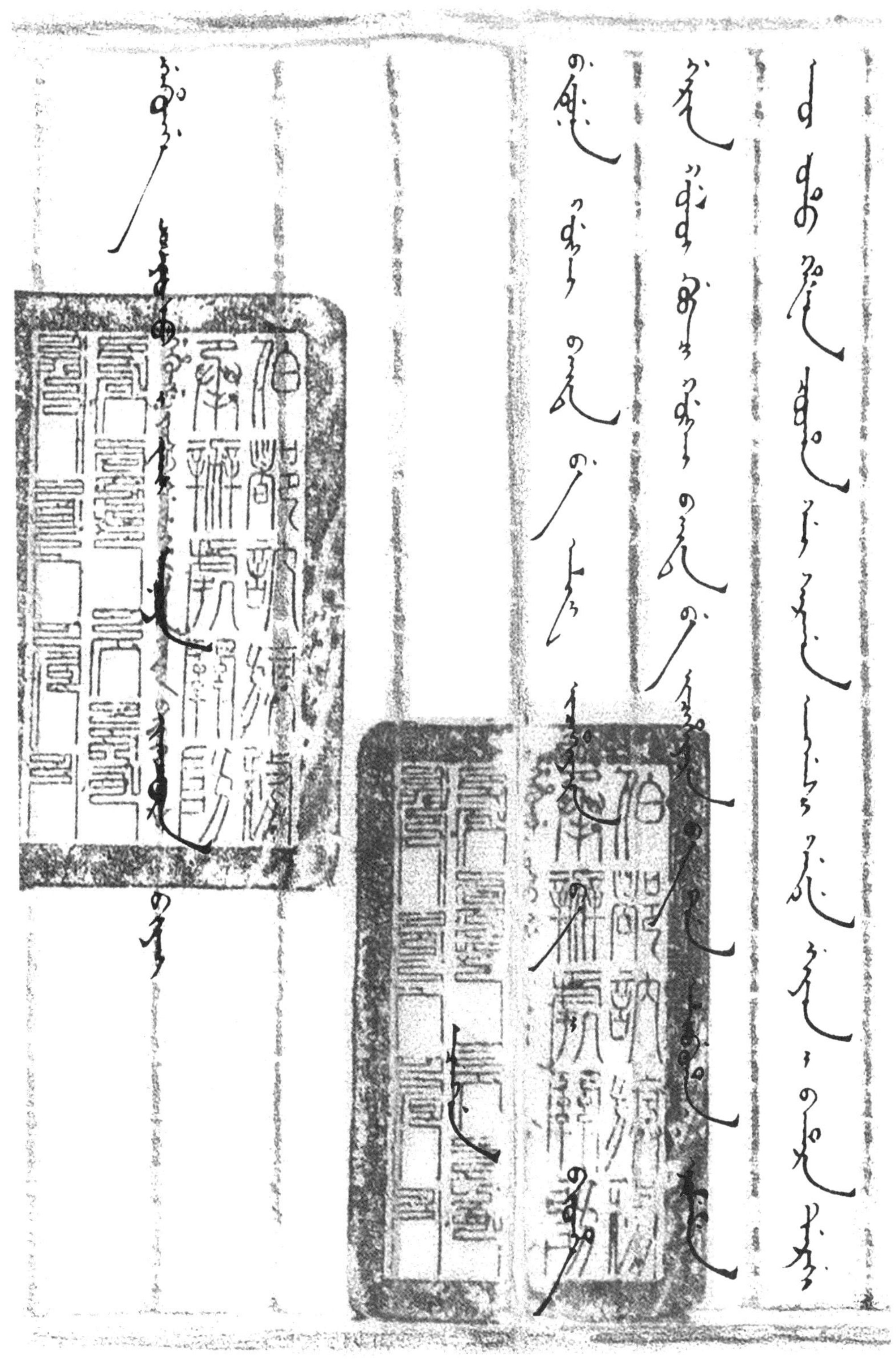

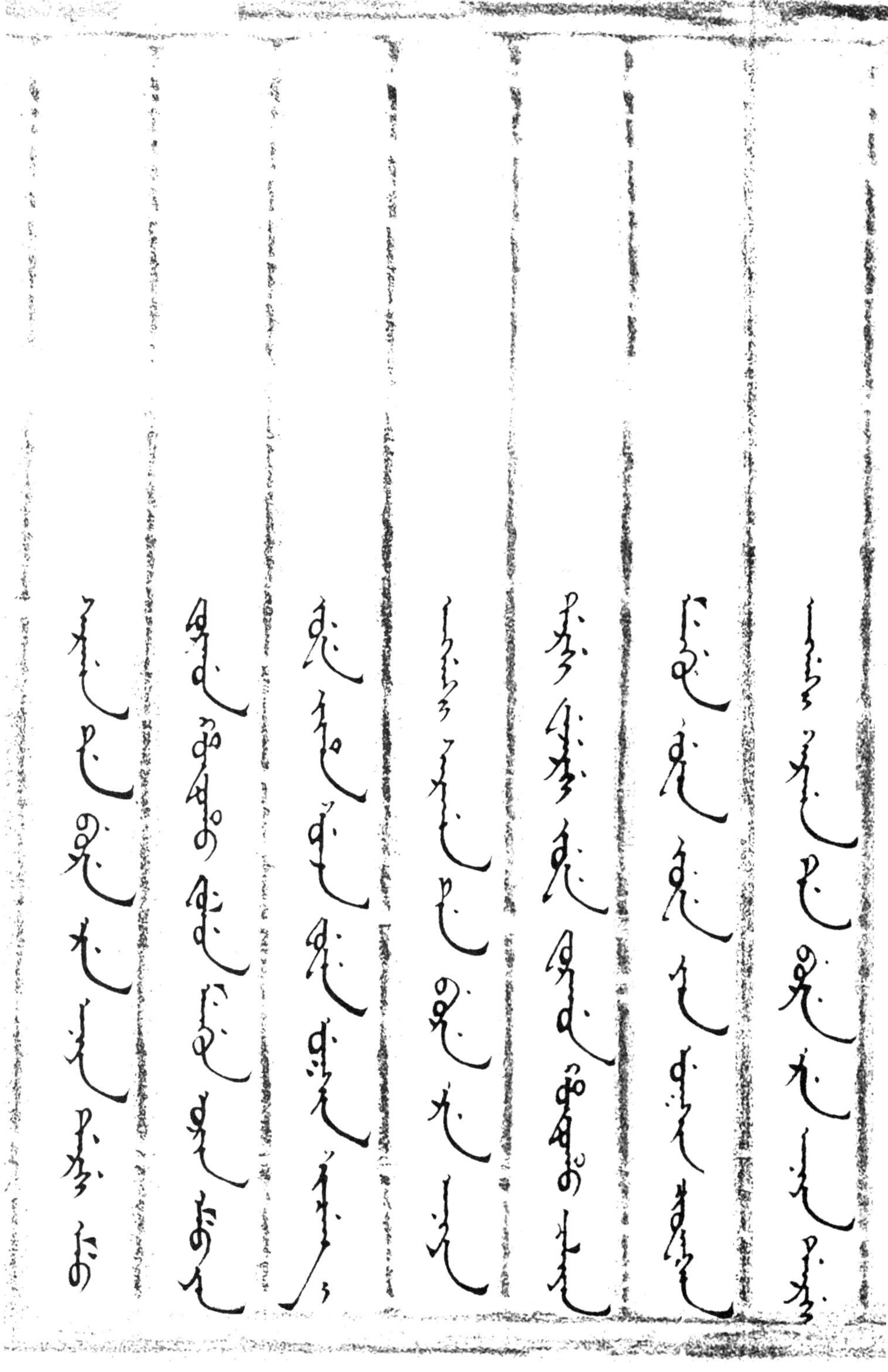

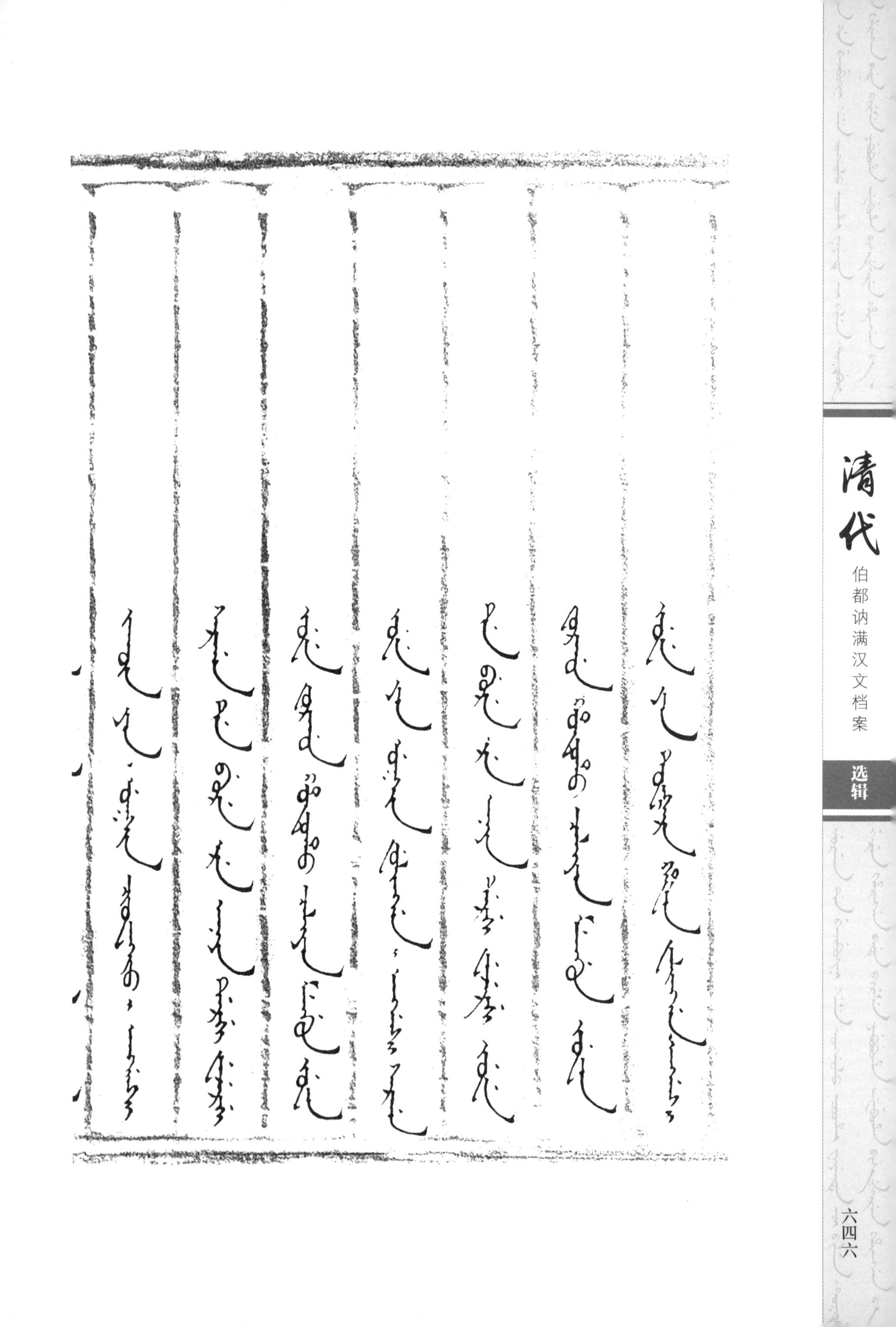

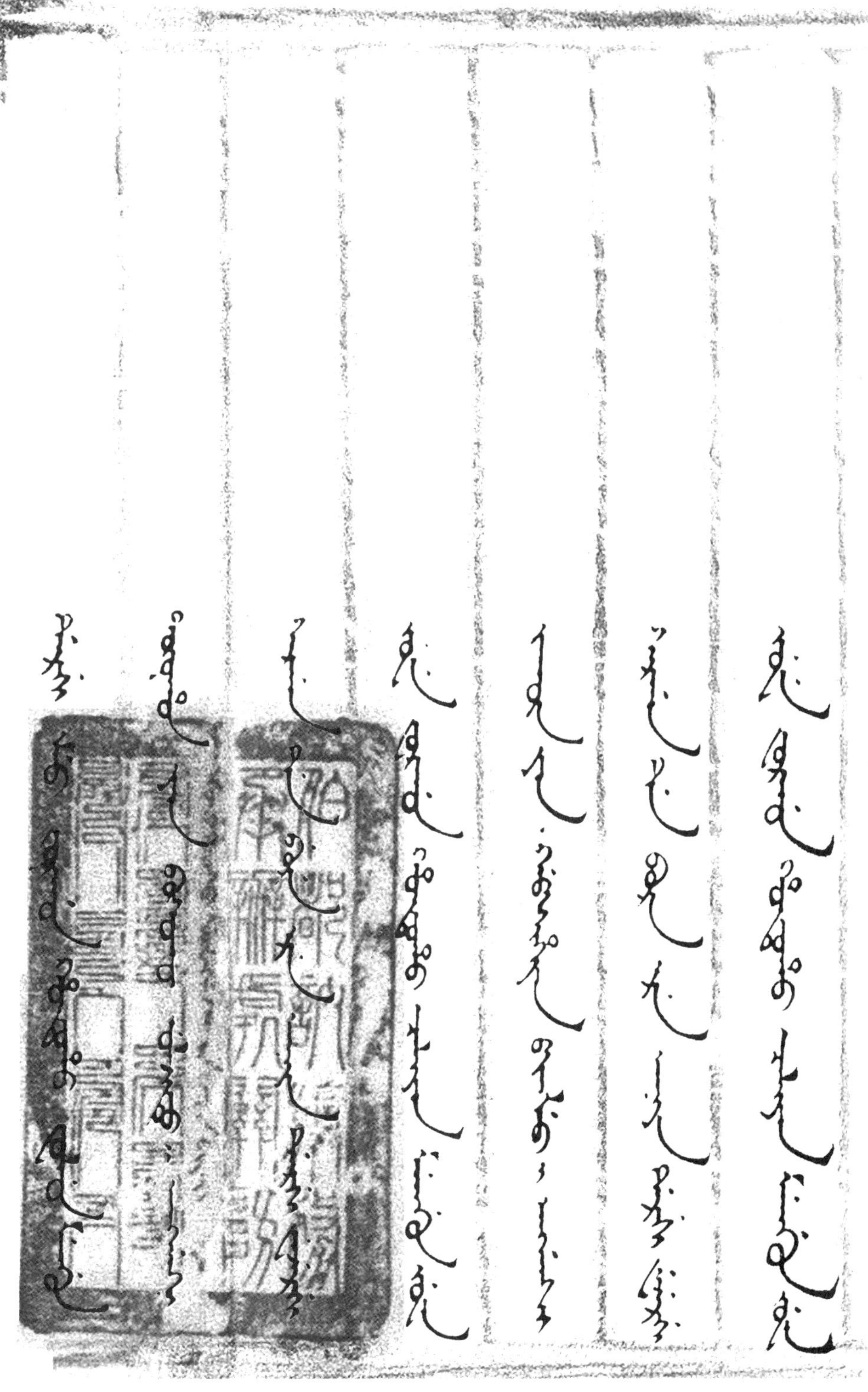

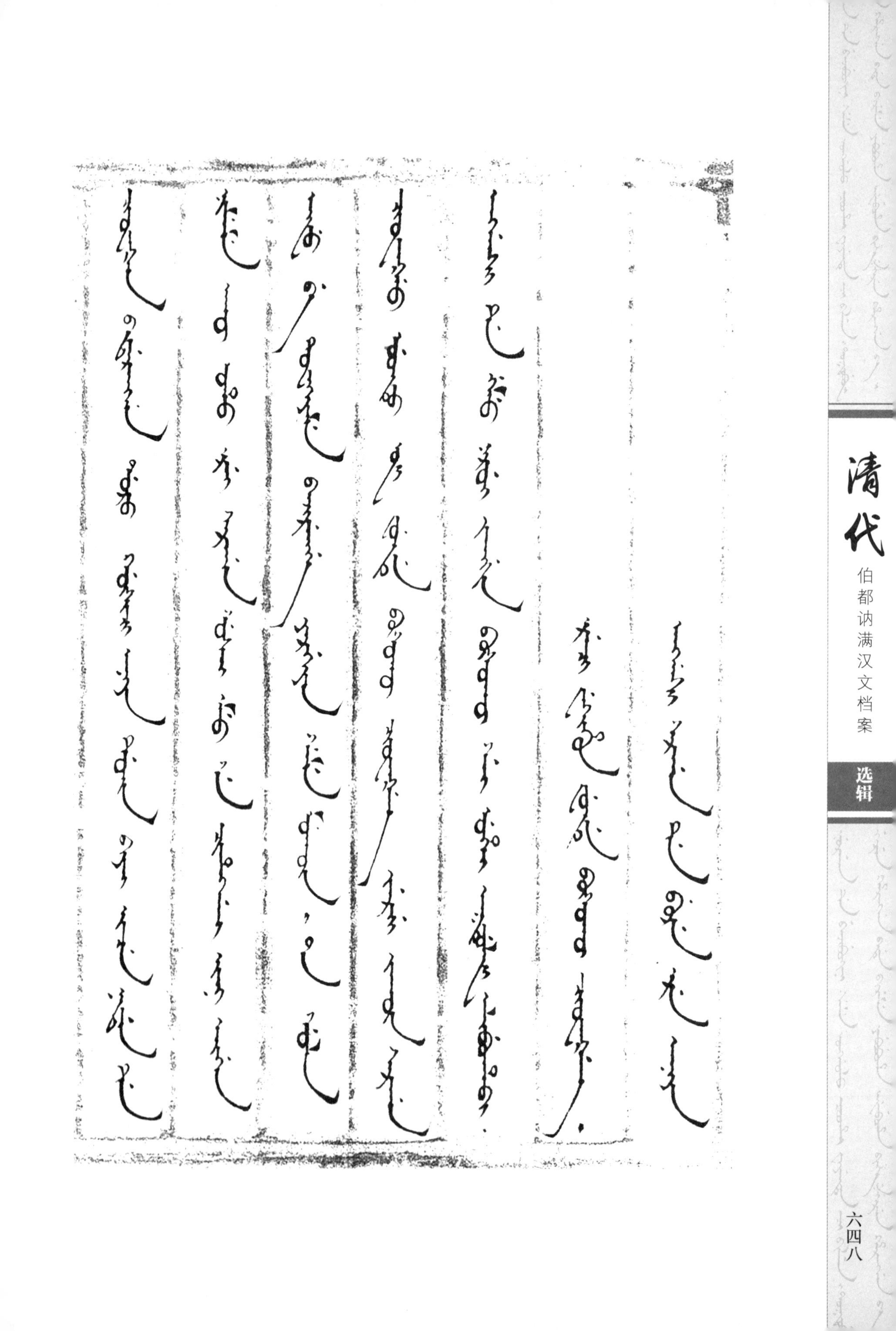

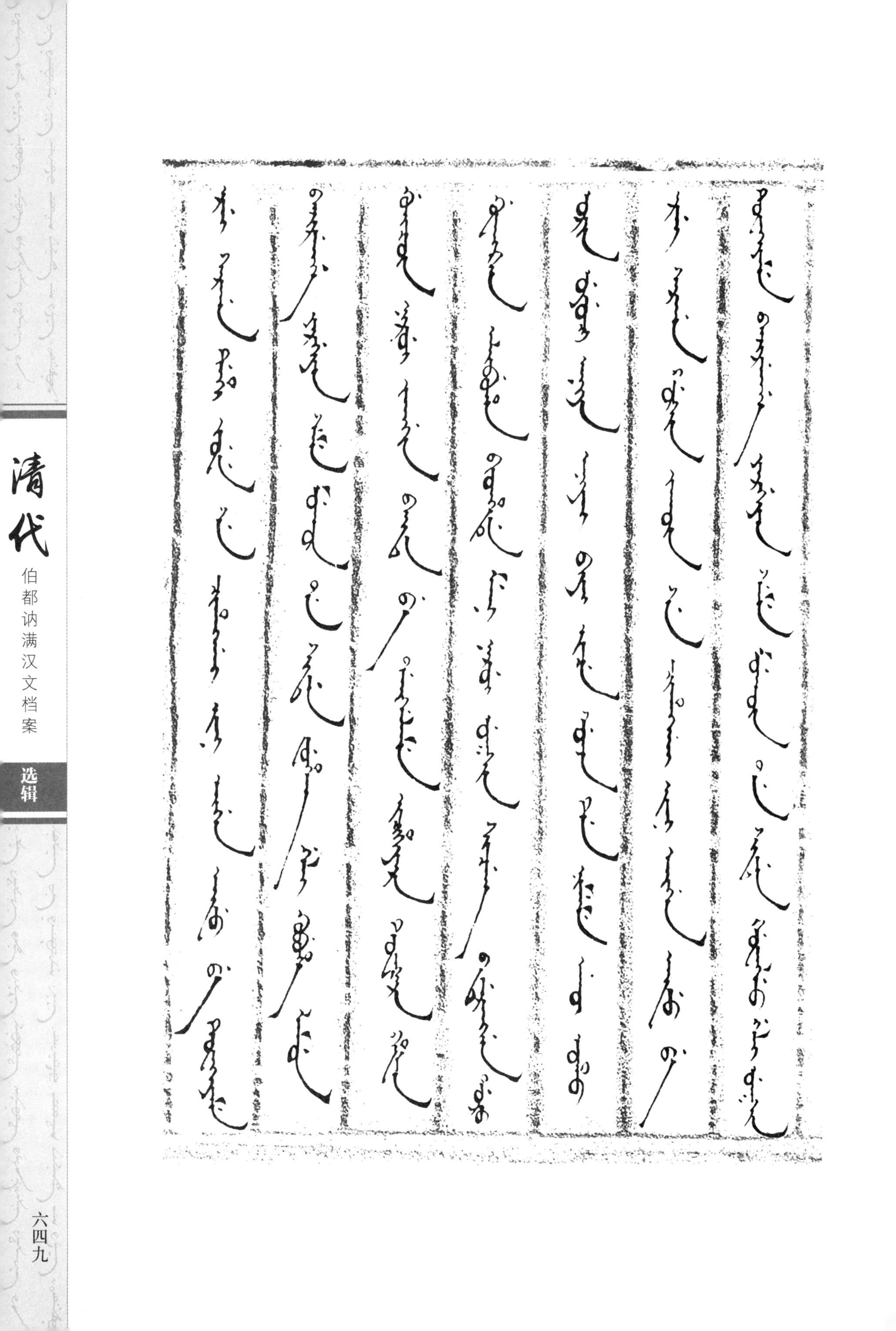

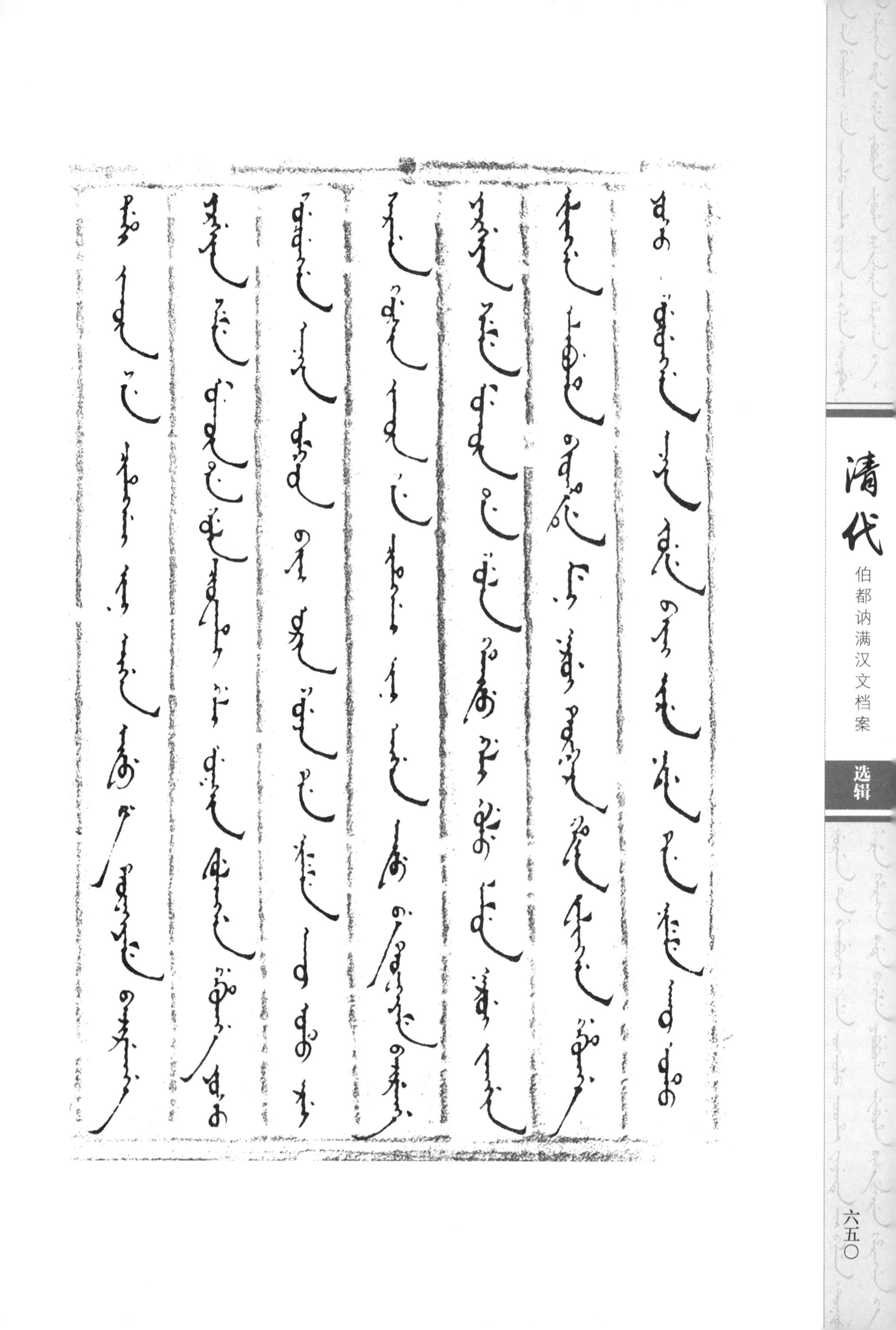

[illegible]

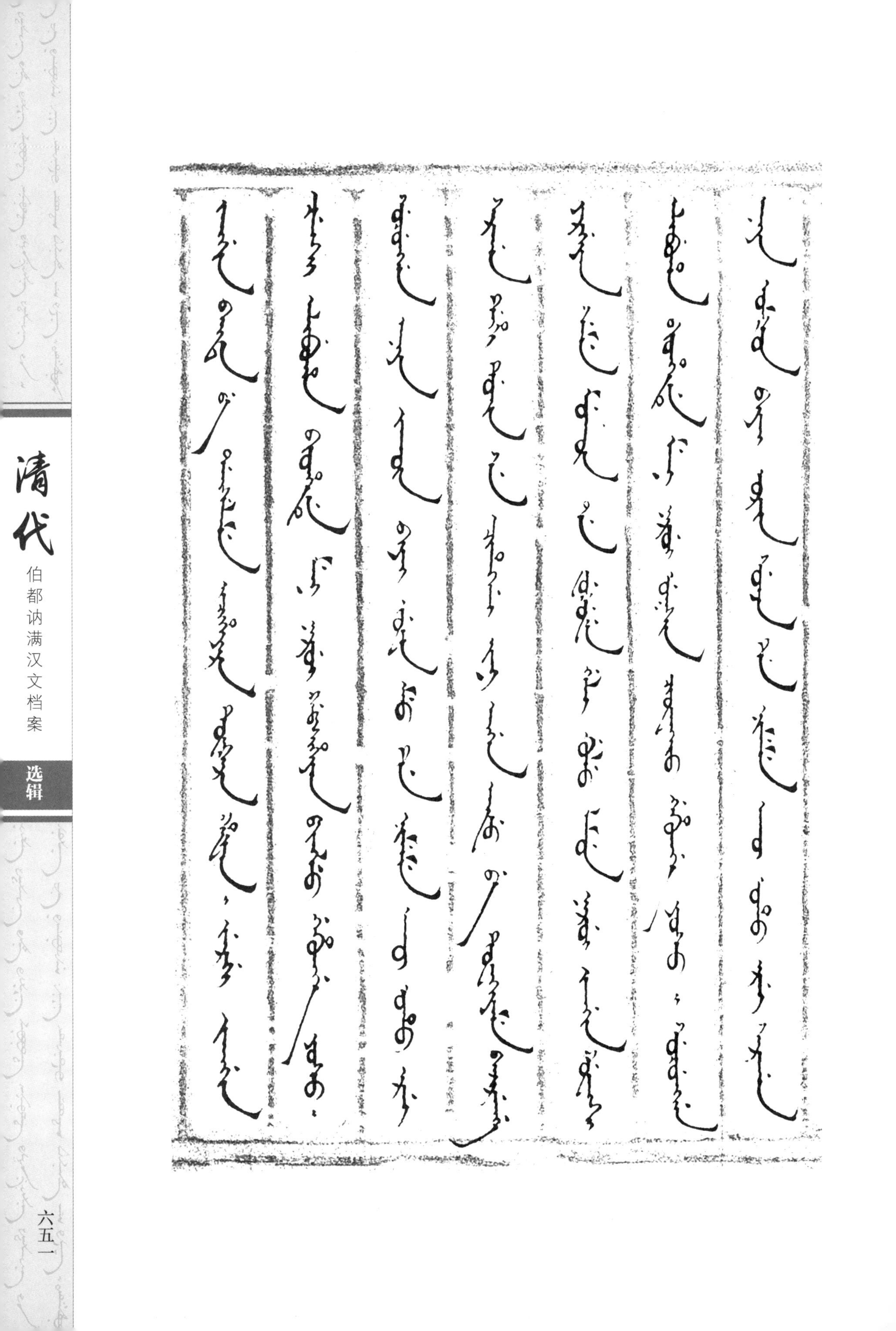

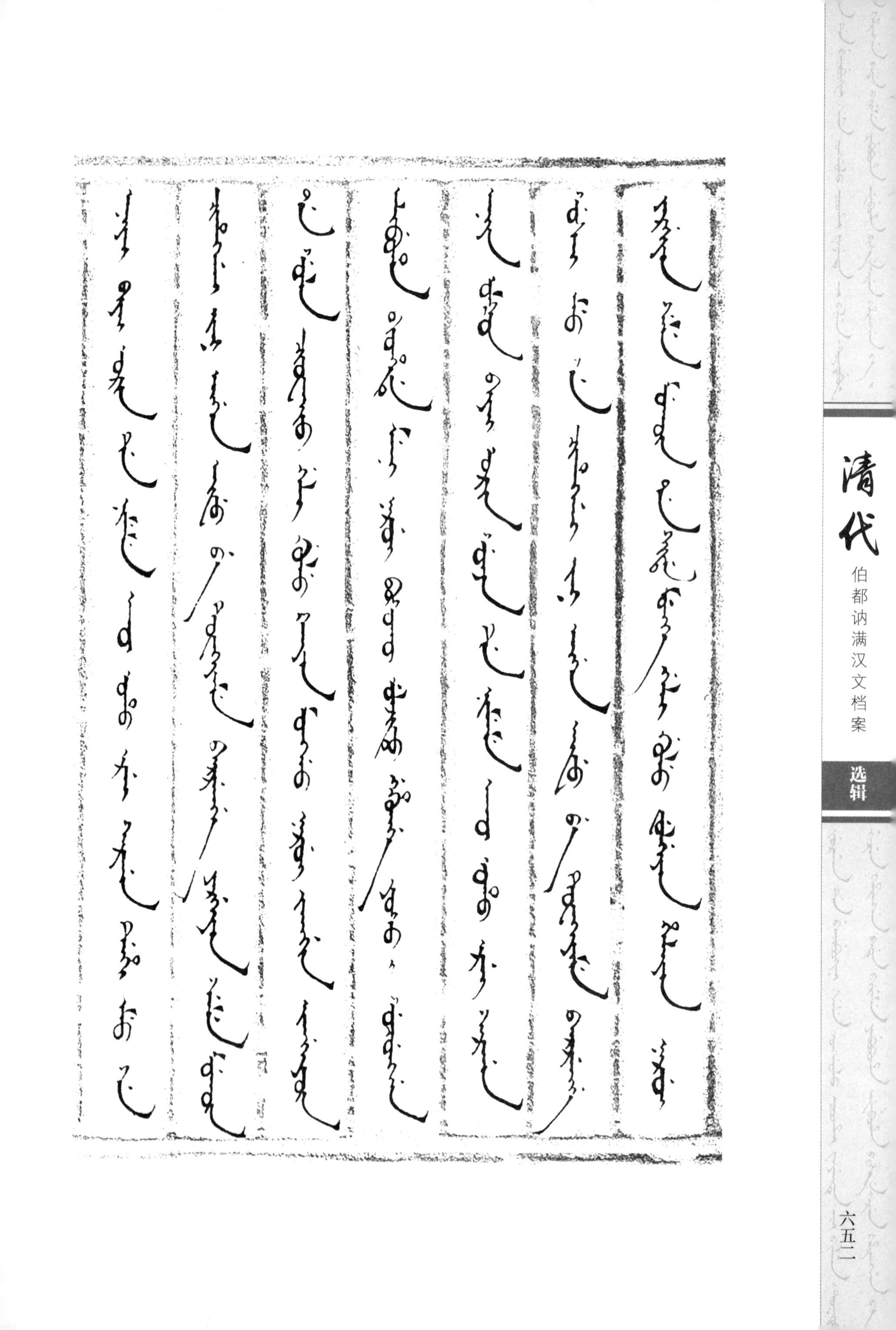

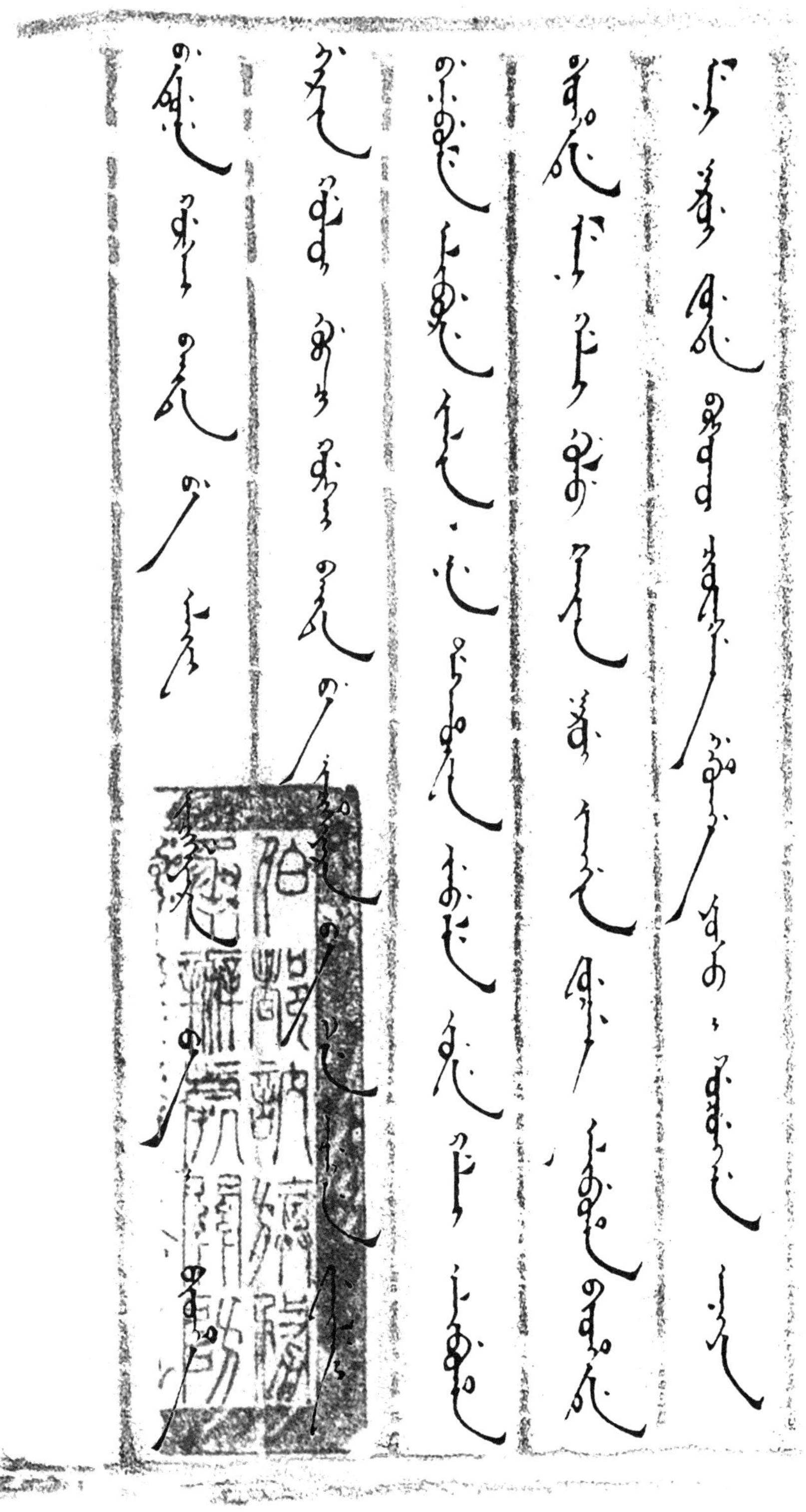

[illegible]

32

為將八旗官兵應領白事賞銀已故花名呈送 旗務處鑒核 由

伯都訥旗務承辦處

月 日到文

月 日繕稿

十二月初一日判行

月 日印發

庶務科

為造册呈送事案查前副都統衙門交代案卷内載前准
將軍衙門咨開除原文減叙外惟查前經奉文本部議覆准
吉林所屬官兵紅白事件賞項銀兩紅事仍行停止白事適
照舊章減半賞給其各該處先將户口檔册造送來省以憑
備查分賞請領白事銀兩等因歷辦在案茲查職處應報去
歲分八旗十二牛彔官兵男女户口檔册現飭各旗速為造
報一俟呈遞到日再行另文呈報外合將八旗十二佐已故

官兵花名年月日期應領賞項銀兩數目先行造具滿漢印

白册四本包妥封固隨文呈送之處相應備文呈報

憲台鑒核施行須至呈者

計呈送

滿漢印白册四本

右　　　　　　　　呈

吉林全省旗務處

伯都訥旗務承辦處　爲造送已故官兵應領白事賞銀旗佐花名年月日期銀兩數目清册事

計開

廂黄旗德英阿佐領下

驍騎校壽山之母於宣統二年十二月十五日病故減半賞

銀六兩

正黄旗貴順佐領下

領催連仲之妻於宣統二年八月二十九日病故減半賞銀
五兩
正白旗當成佐領下
驍騎校覺福於宣統二年九月初八日病故減半賞銀六兩
正紅旗和連佐領下
披甲德貴之妻於宣統二年十二月十四日病故減半賞銀
四兩

披甲恩忠阿之母於宣統元年十二月初一日病故減半賞銀四兩

披甲成有之妻於宣統二年十二月十八日病故減半賞銀四兩

披甲恩齡之父於宣統二年正月初二日病故減半賞銀四兩

披甲全有於宣統二年七月初八日病故減半賞銀四兩

廂白旗藴祥佐領下

領催倭克精額之妻於宣統二年十二月十八日病故減半賞銀五兩。

披甲德壽之母於宣統二年六月初六日病故減半賞銀四兩

披甲六德於宣統二年八月初六日病故減半賞銀四兩

食半餉閑散托錦於宣統二年六月二十日病故減半賞銀三兩

食半餉閑散成海於宣統二年六月十六日病故減半賞銀

三两

披甲瑞恒之妻於宣統二年十二月二十日病故減半賞銀四两

披甲滿有之母於宣統二年十月初八日病故減半賞銀四两

披甲全德之父於宣統二年九月二十七日病故減半賞銀四两

披甲永德之妻於宣統二年十月初六日病故減半賞銀四两

披甲成亮之母於宣統二年十二月十三日病故減半賞銀
四兩
廂紅旗德　佐領下
披甲赶柱之母於宣統二年正月二十日病故減半賞銀四兩
披甲烏淩阿之母於宣統二年十一月初八日病故減半賞
銀四兩
披甲恒瑞之妻於宣統二年十二月十五日病故減半賞銀

四两

披甲春明之妻於宣統二年七月初十日病故減半賞銀四两

披甲永常阿之母於宣統二年六月初二日病故減半賞銀

四两

披甲德克精額之妻於宣統二年十一月初九日病故減半

賞銀四两

披甲慶和之父於宣統二年十月二十一日病故減半賞銀

四兩

披甲富永之母於宣統二年十二月初五日病故減半賞銀

四兩

披甲德精阿之妻於宣統二年九月十三日病故減半賞銀

四兩

廂藍旗貴春佐領下

領催興元之母於宣統二年二月初一日病故減半賞銀五兩

領催色普徵額之母於宣統二年十一月初九日病故減半
賞銀五兩

披甲德林之妻於宣統二年十二月二十三日病故減半賞
銀四兩

領催榮貴之父於宣統二年八月二十日病故減半賞銀五兩

廂藍旗常林佐領下

披甲富春於宣統二年十月十七日病故減半賞銀四兩

披甲永昌之母於宣統二年十二月二十五日病故減半賞

銀四兩

披甲永昌之妻於宣統二年十二月二十一日病故減半賞

銀四兩

披甲恩祥之妻於宣統元年十月初九日病故減半賞銀四兩

領催榮魁之母於宣統二年正月初十日病故減半賞銀五兩

食半餉閑散慶順於宣統二年正月十二日病故減半賞銀

三两

以上共银一百五十五两理合登明

須至冊者

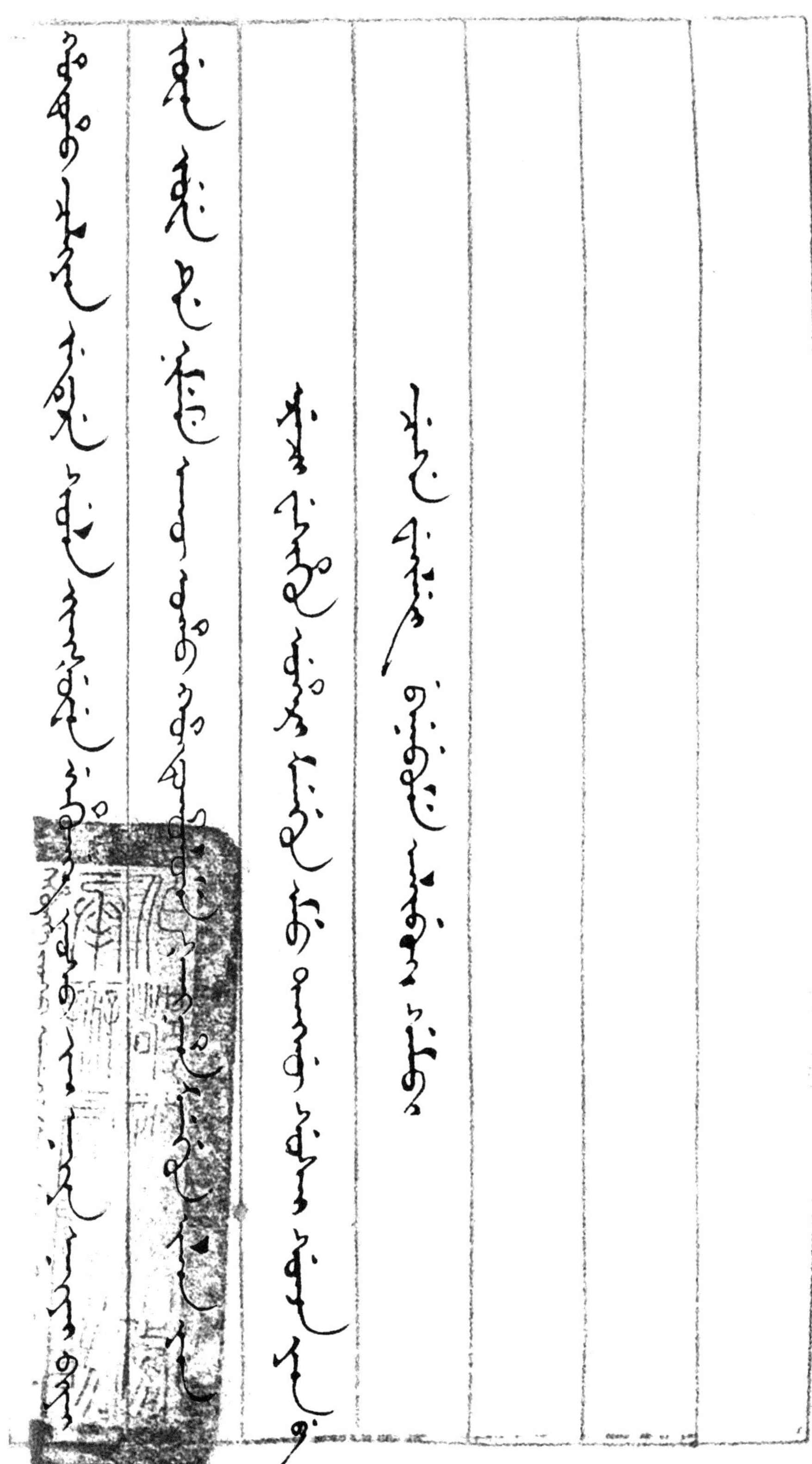

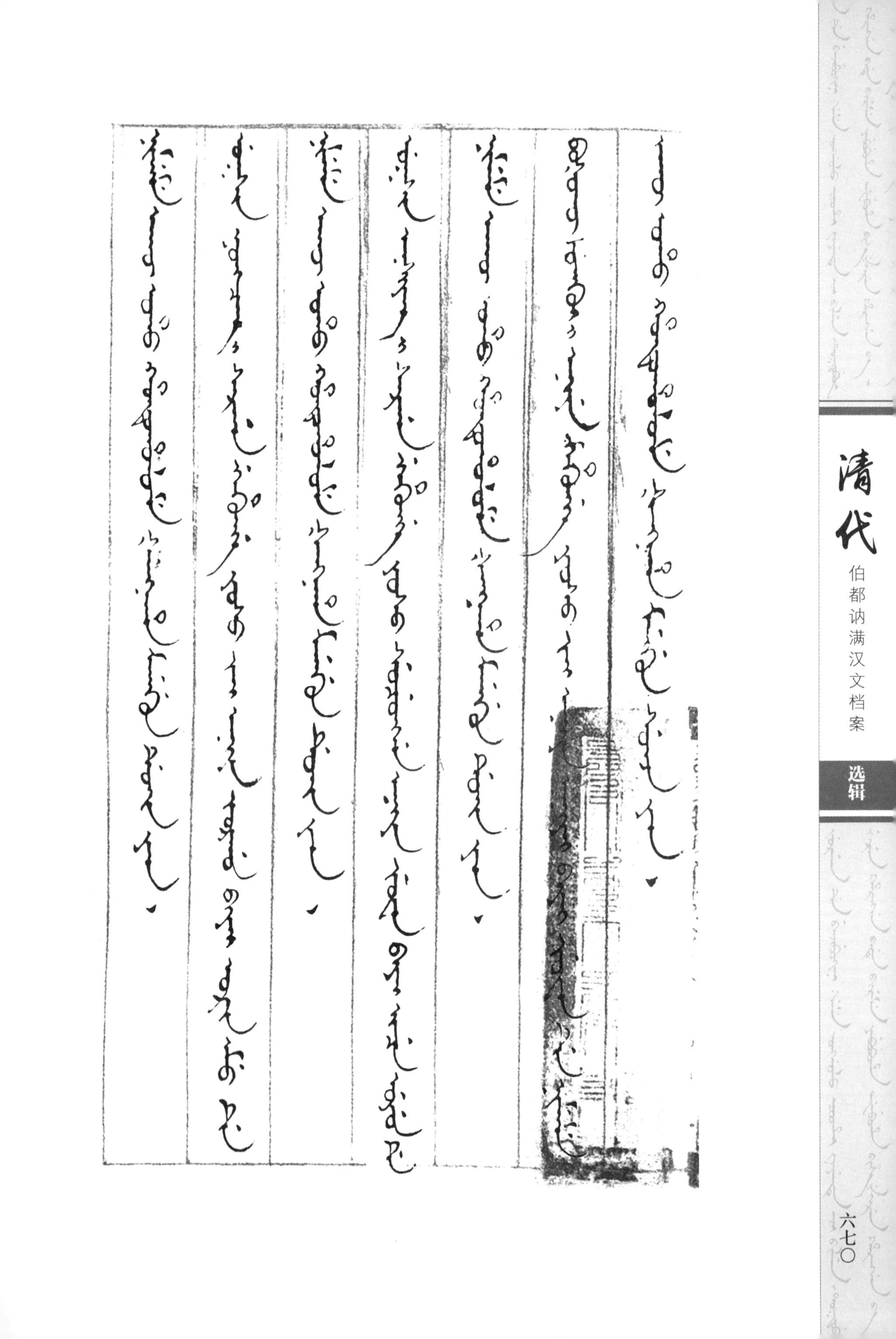

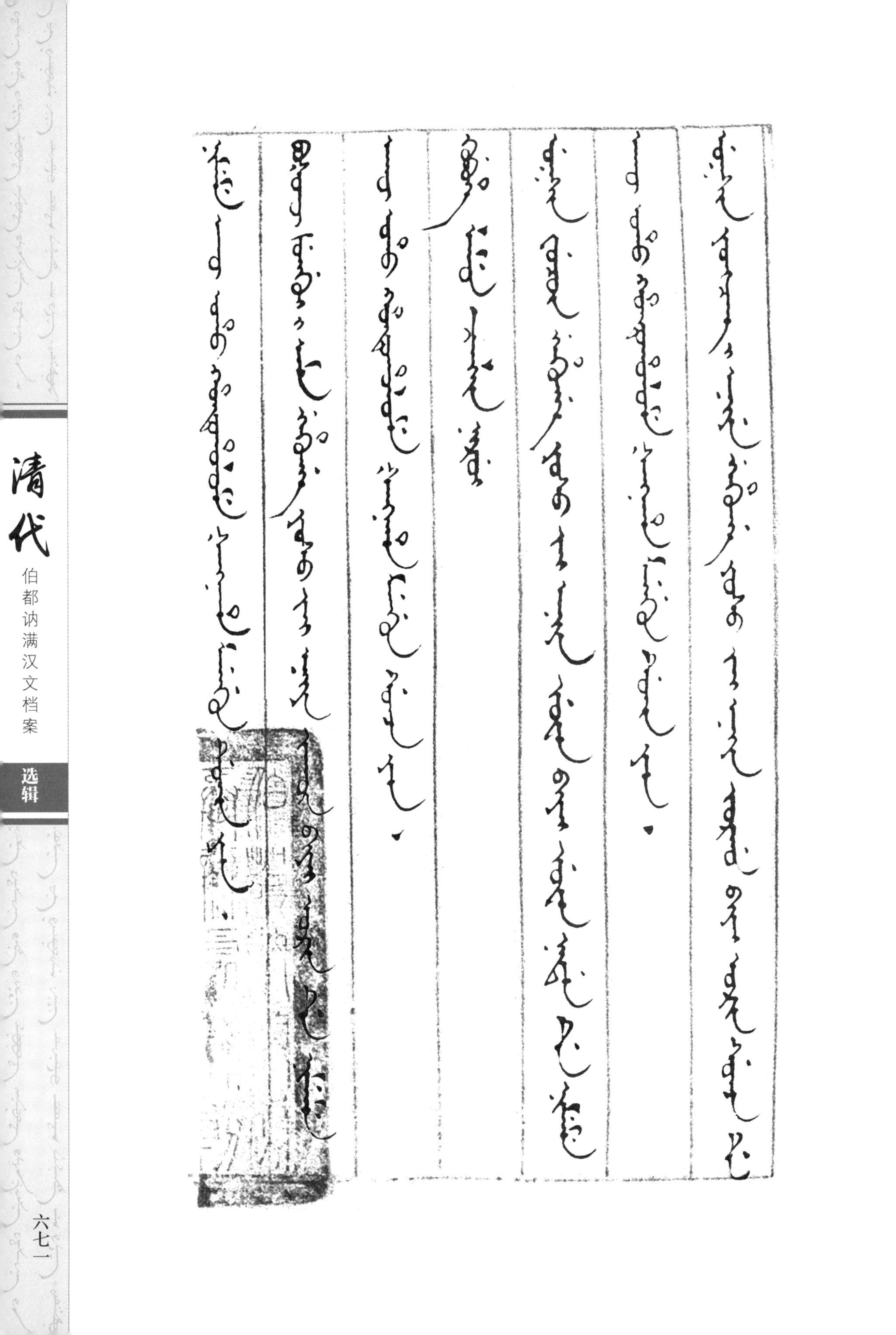

[illegible]

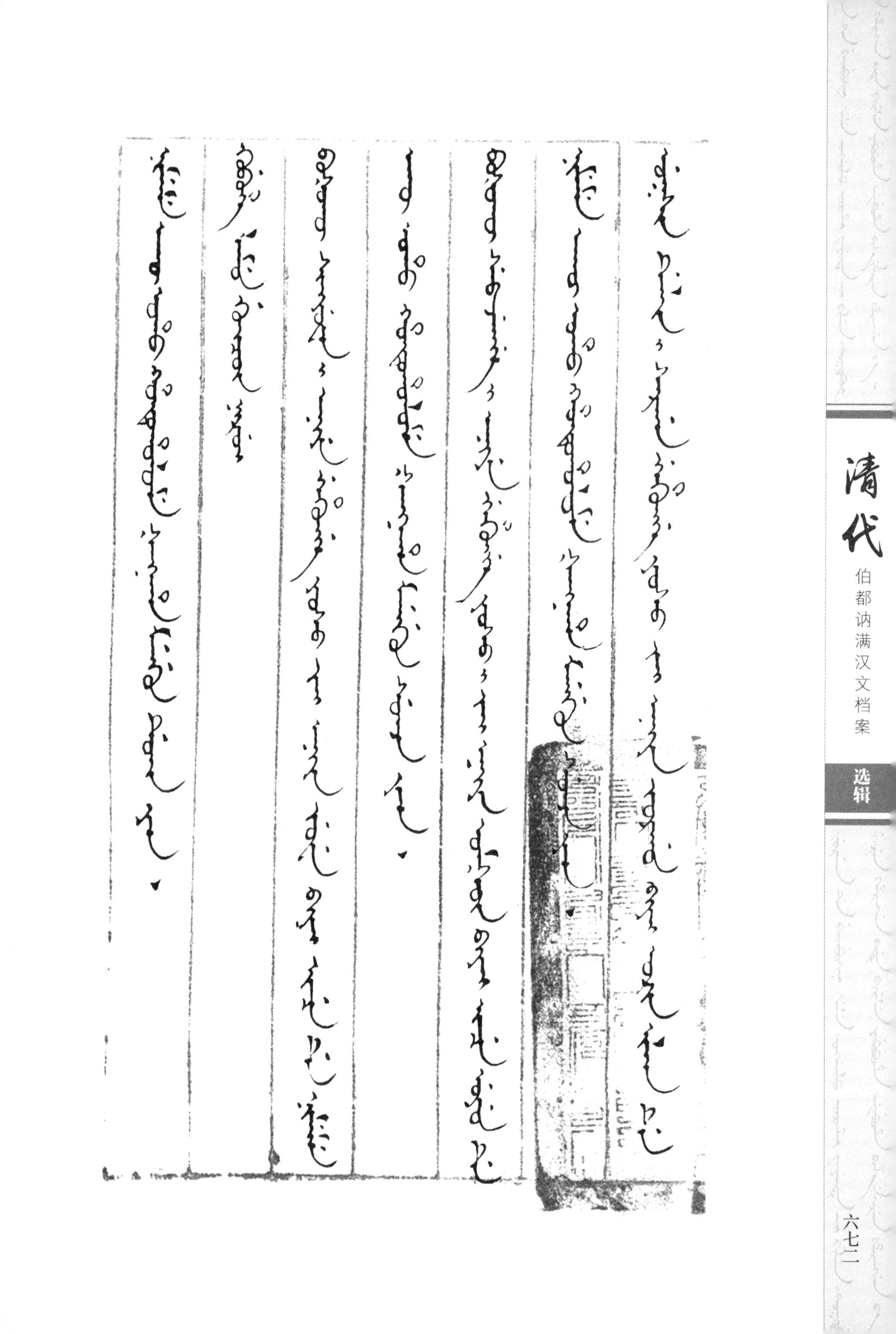

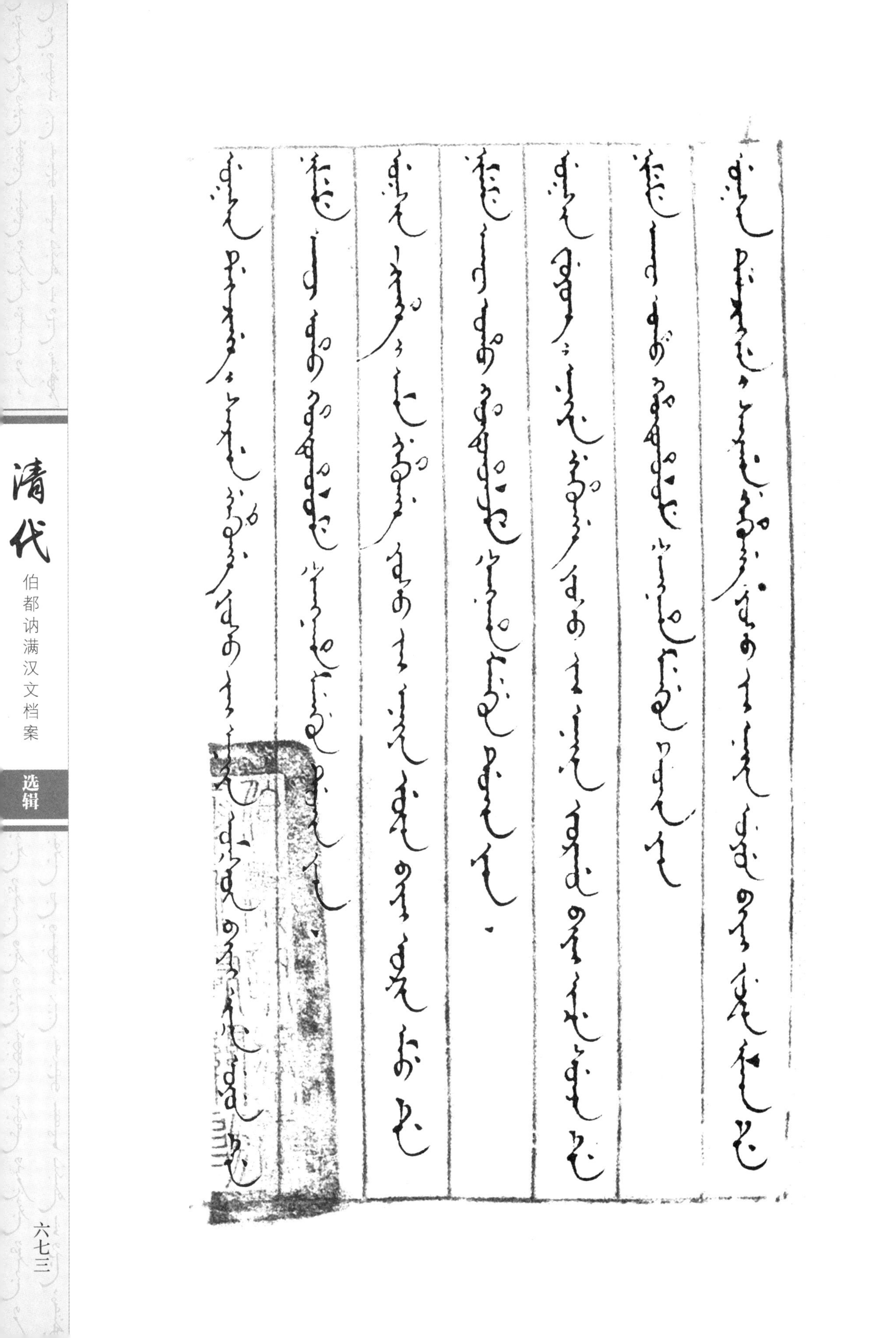

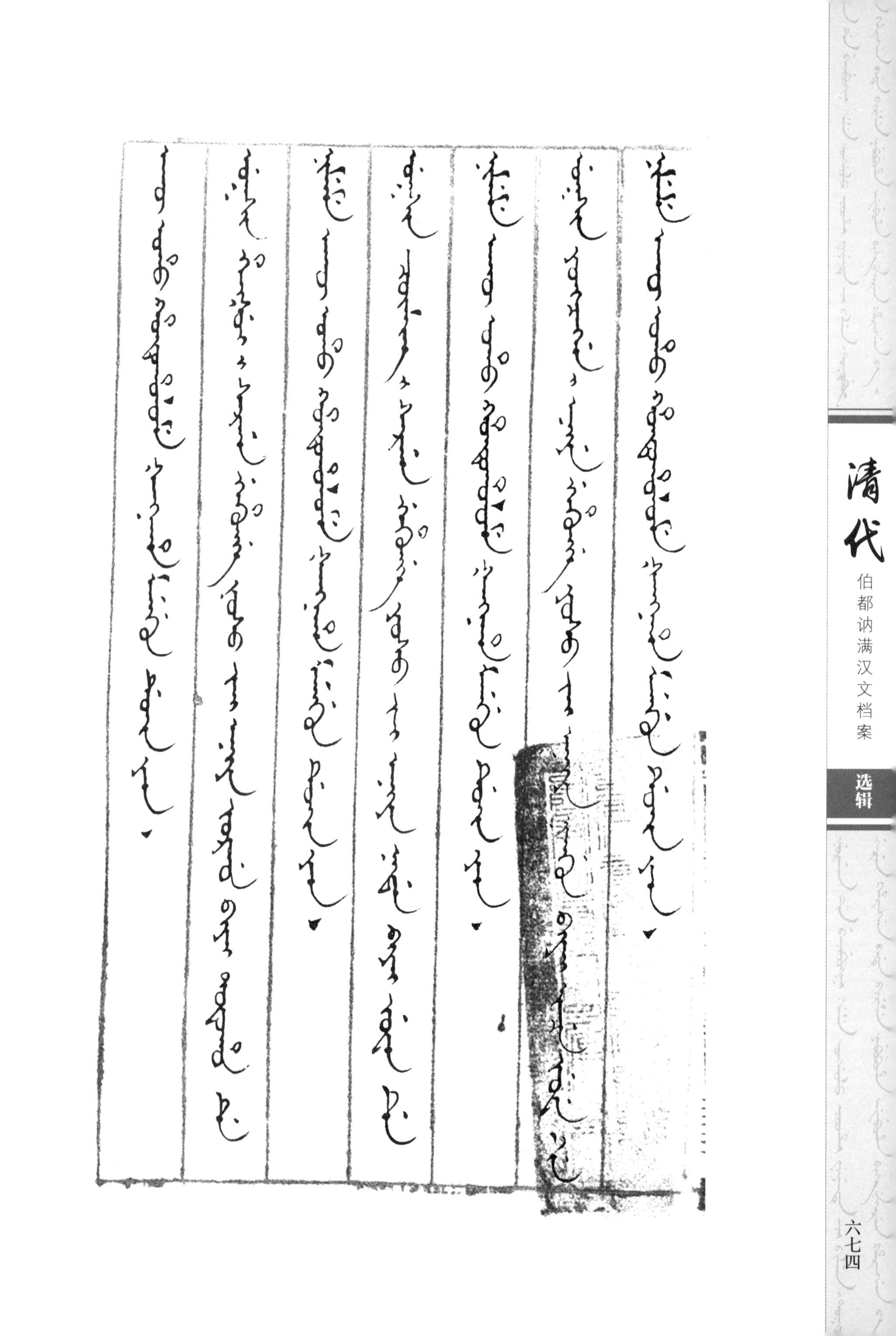

[illegible]

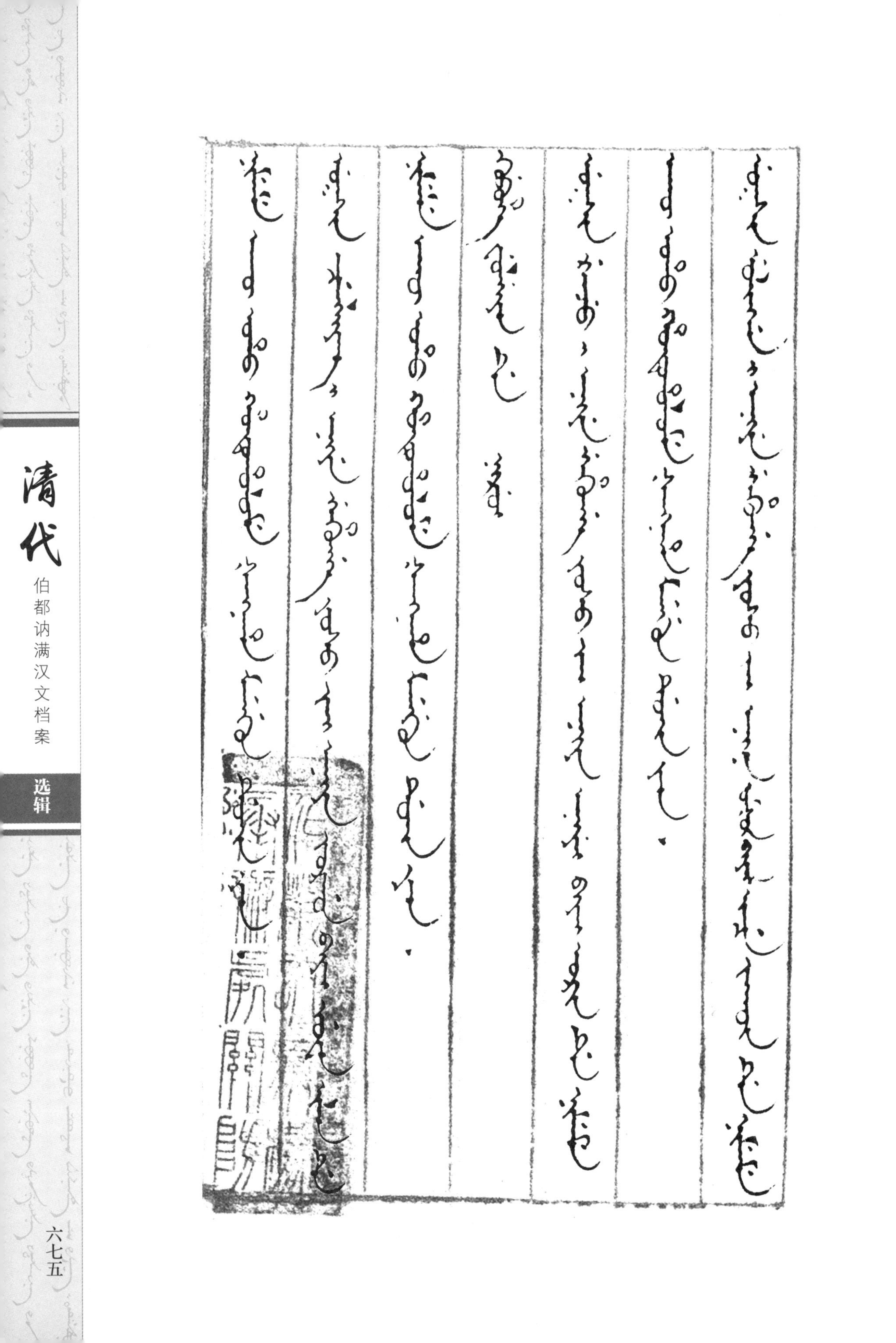

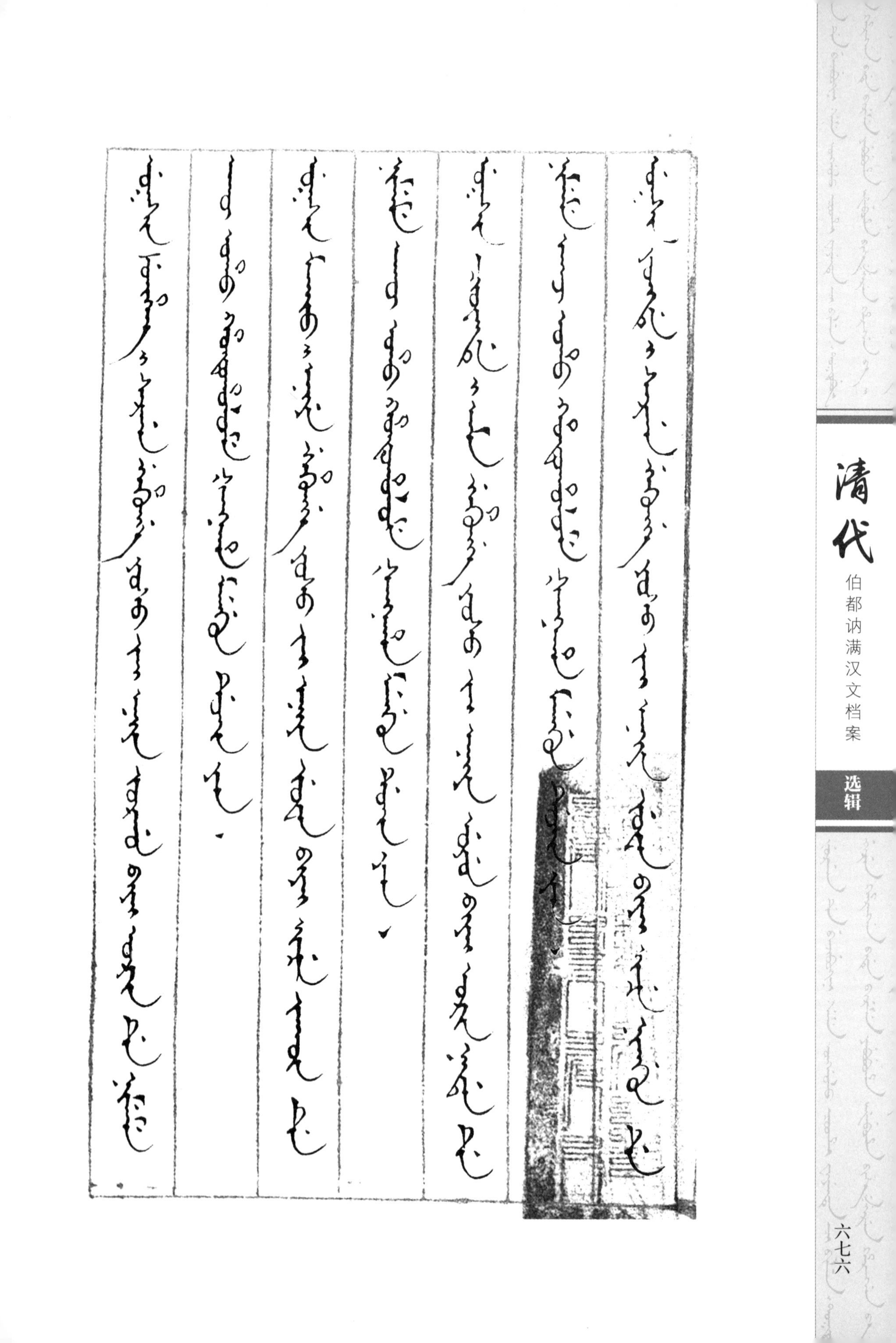

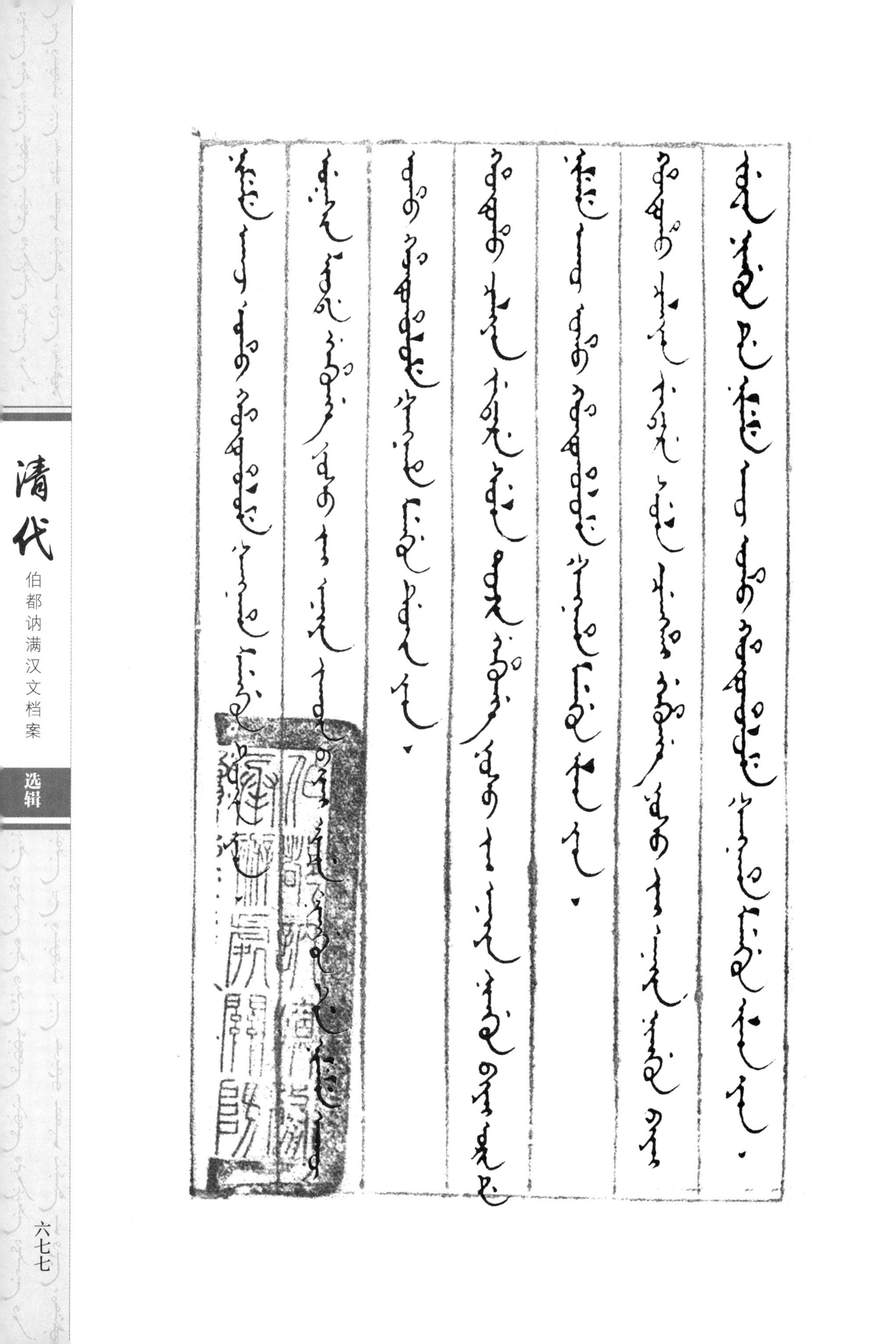

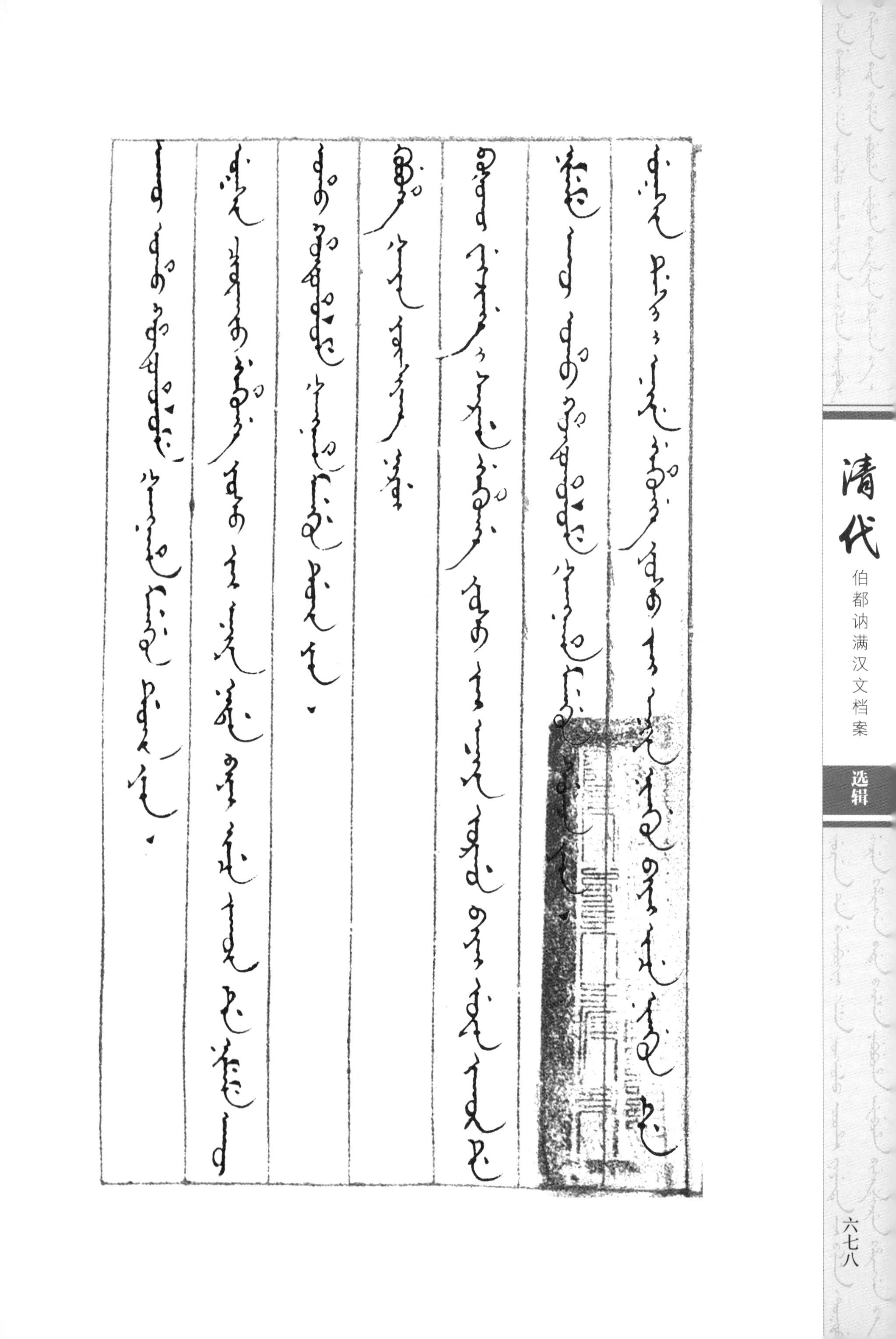

[illegible]

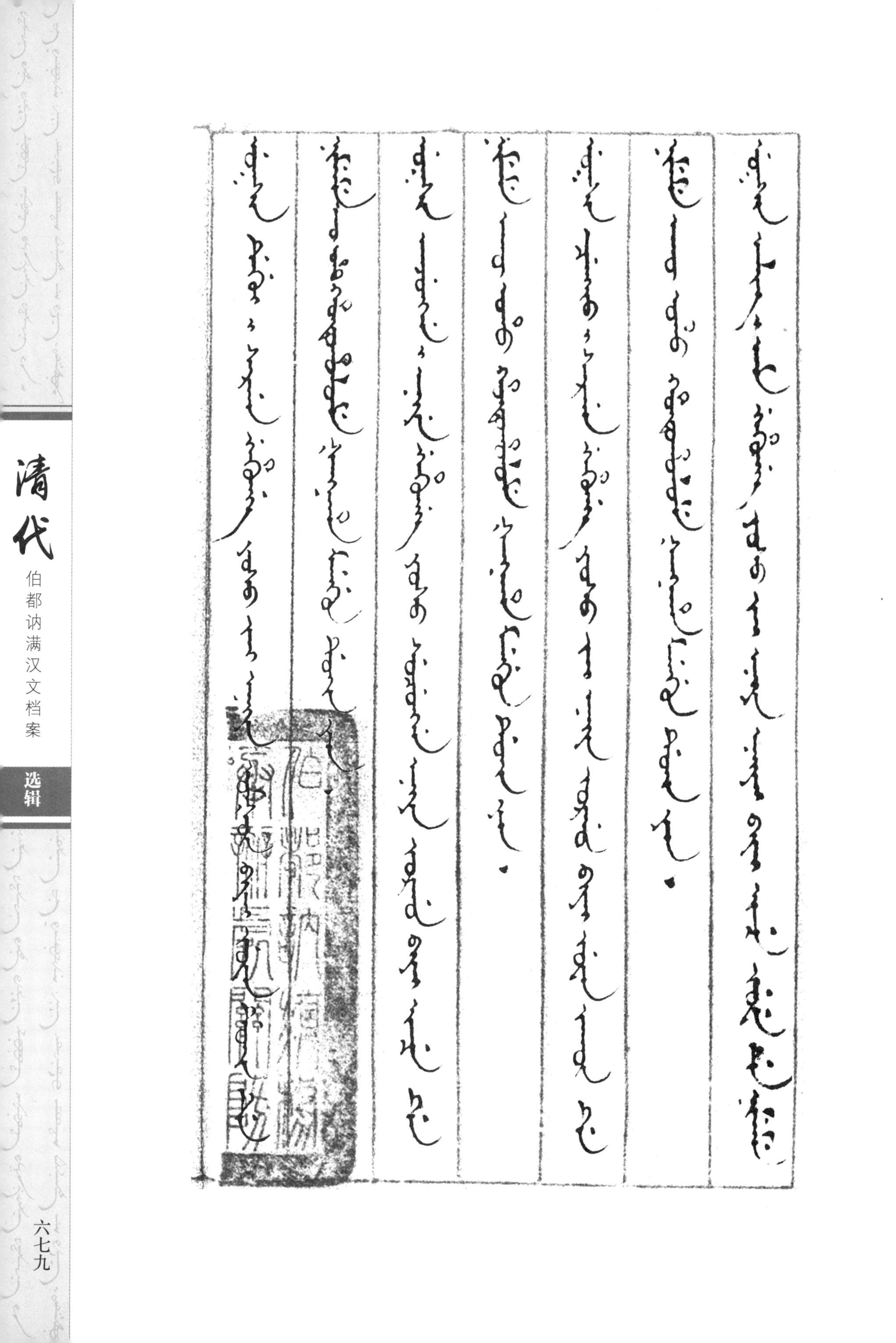

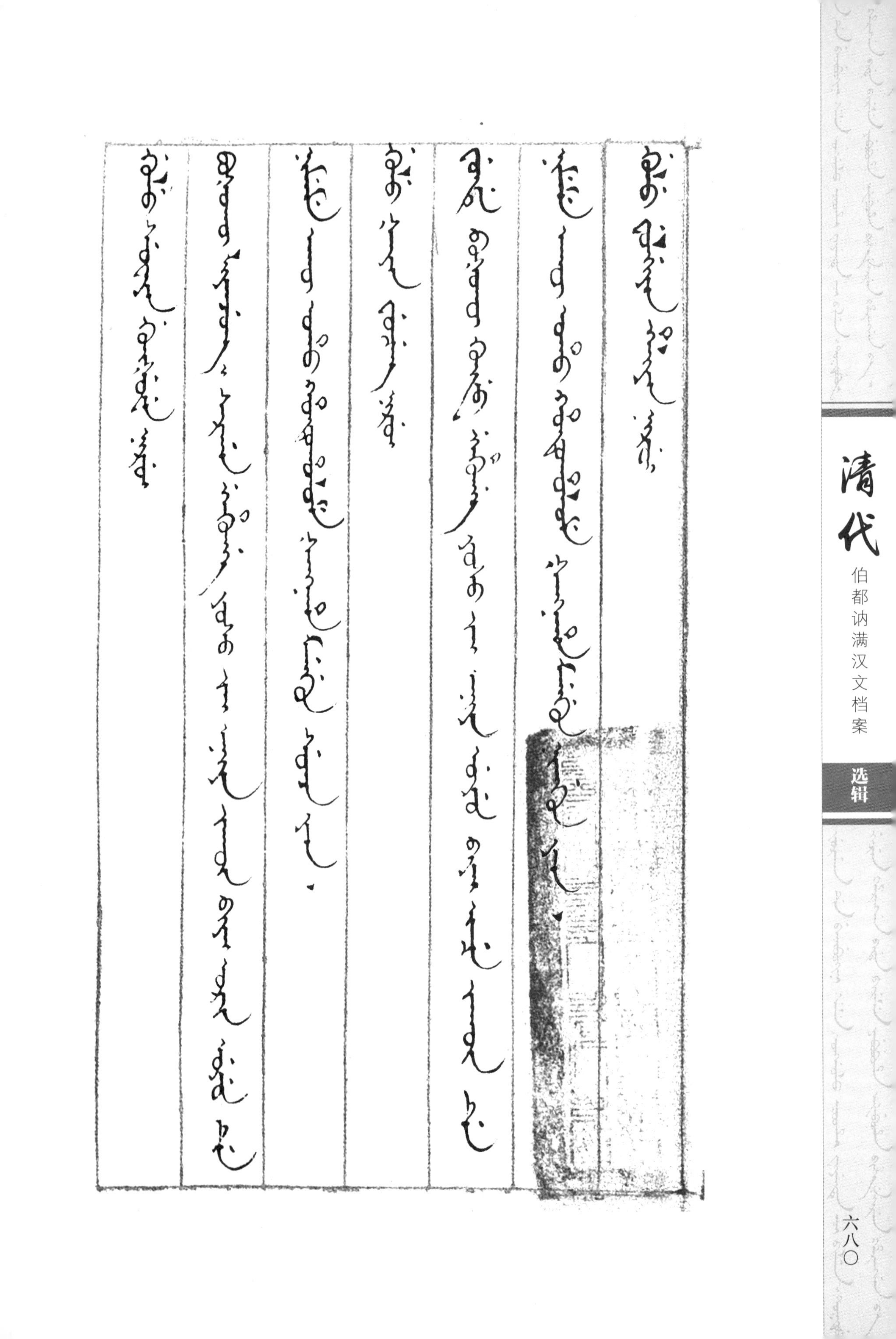

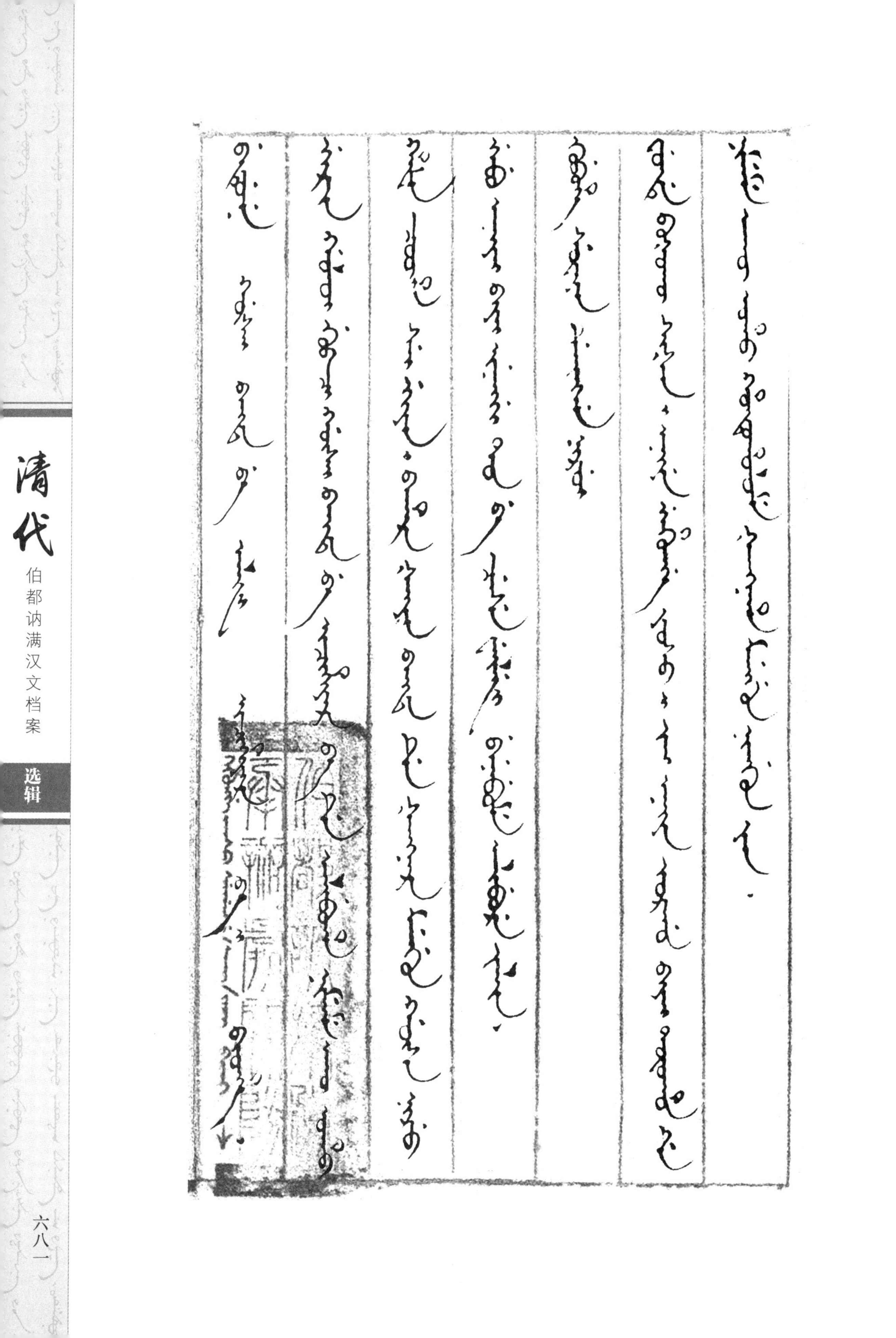

提調三品銜儘先協領花翎佐領德[illegible]

十一月[illegible]日

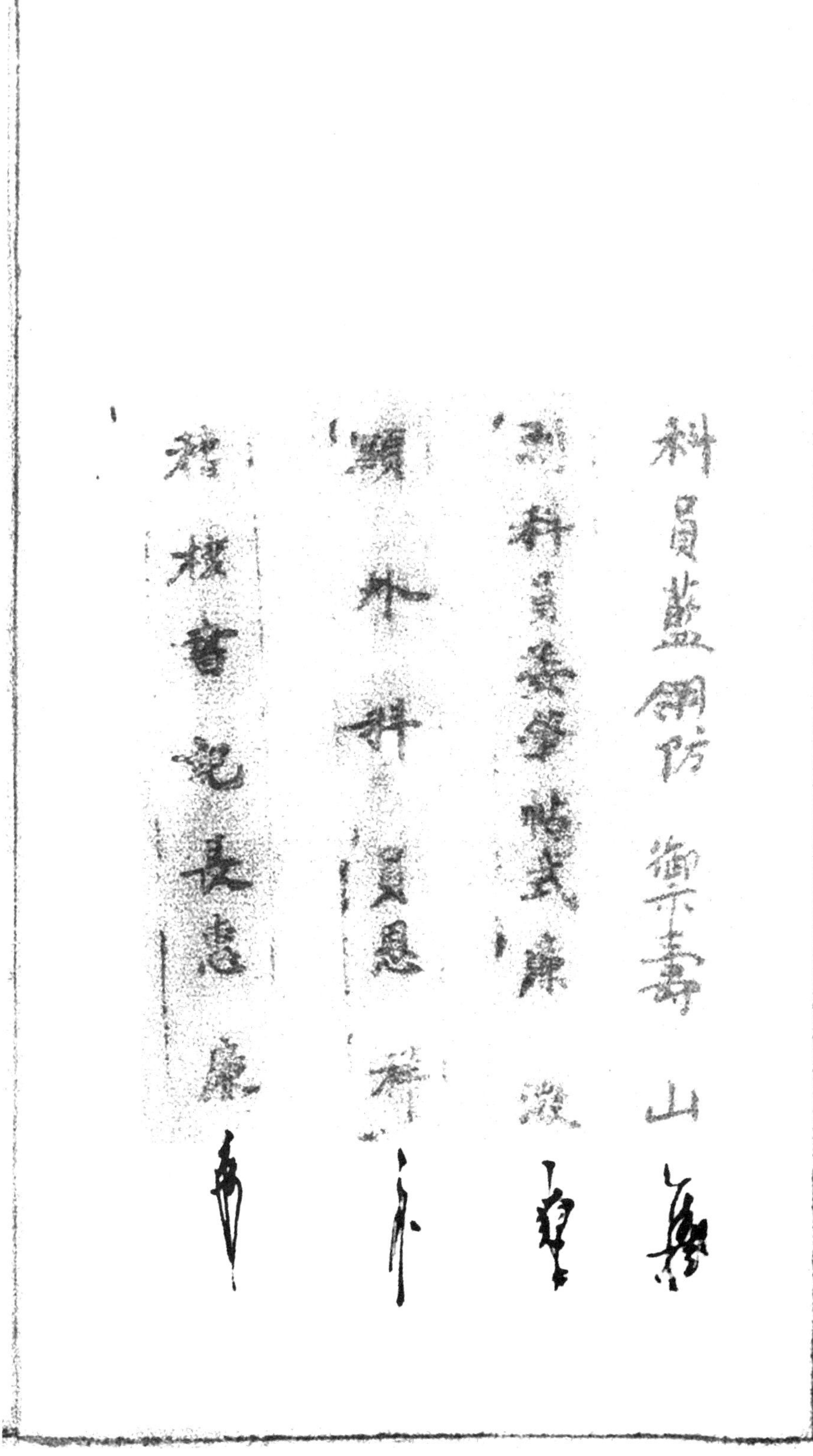
科員藍翎防禦壽山
幫科員委筆帖式康濬
額外科員恩祥
驍騎校管記長惠康

宣統

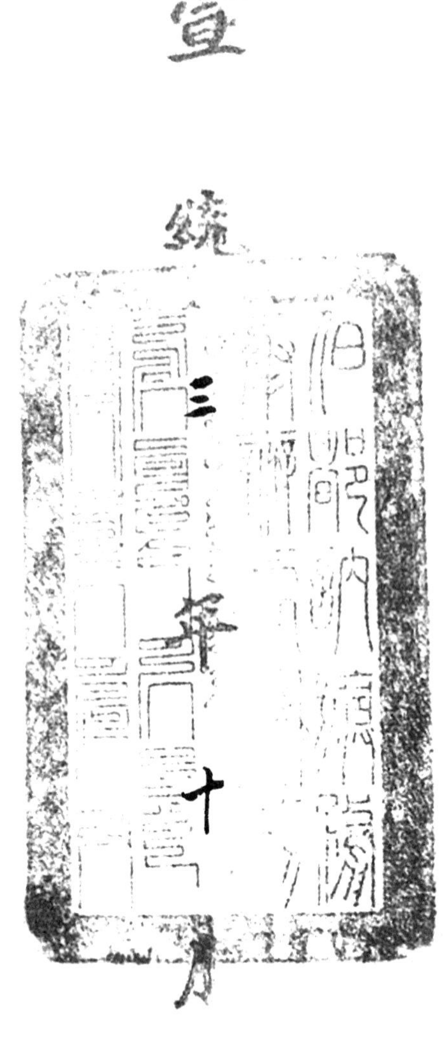

三年十月

日

32 伯都讷旗务承办处为报送八旗官兵应领白事赏银及已故官兵花名事呈吉林全省旗务处文

宣统二年八月二十八日

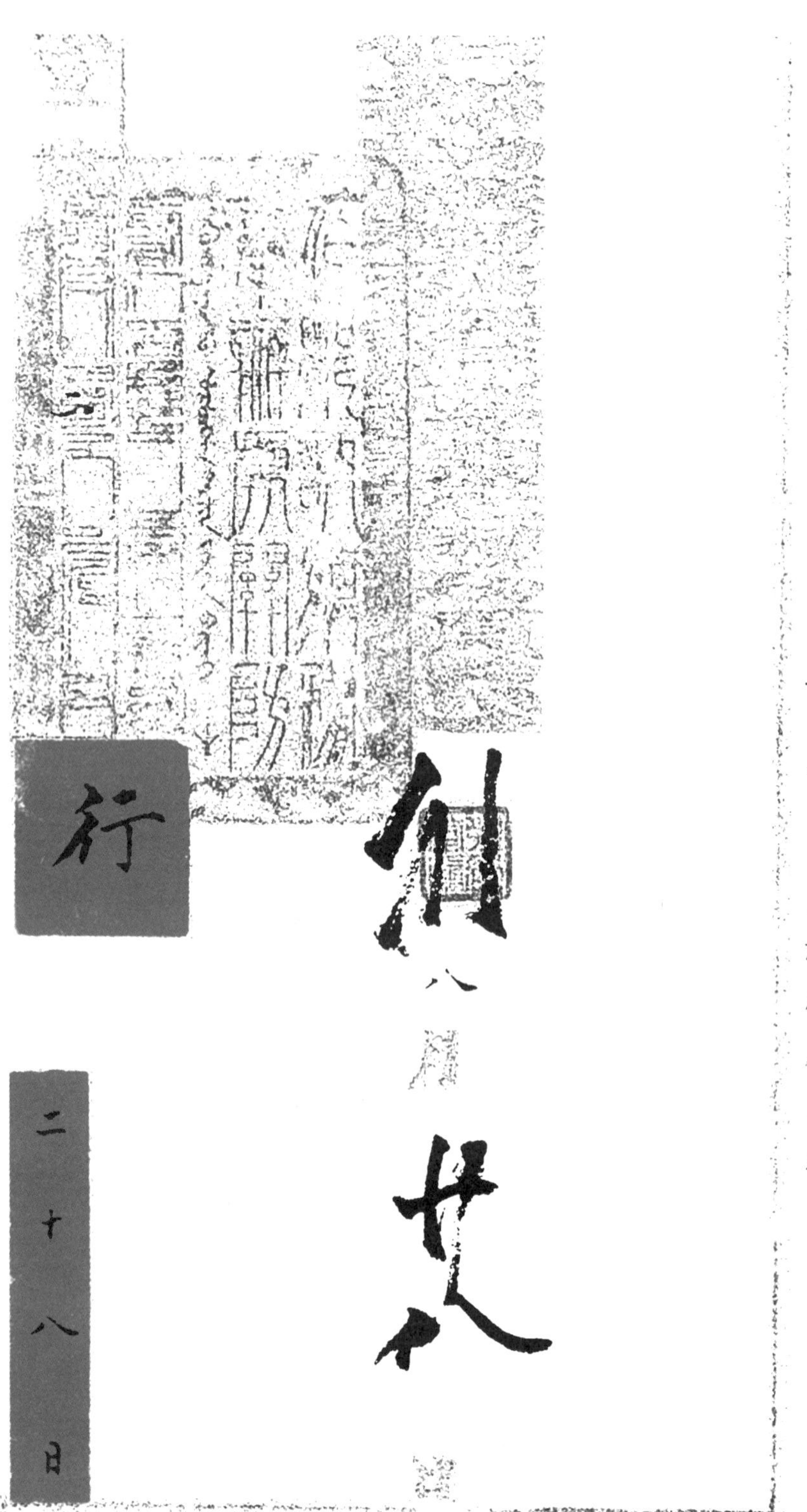

為將八旗官兵應領白事賞銀已故花名呈送
吉林旗務處鑒核由

行

二十八日

伯都訥旗務承辦處提調花翎協領忠　為造
冊呈送事案查前副都統衙門交代案卷內載
前准
將軍衙門咨開除原文減叙外惟查前經奉文
本部議覆准吉林所屬官兵紅白事件賞項
銀兩紅事仍行停止白事遵照舊章減半賞
給其各該處先將戶口檔冊造送來省以憑備查

分賞請領白事銀兩等因歷辦在案茲查職處
應報去歲分八旗十二牛彔官兵男女戶口檔冊
現飭各旗速為造報一俟呈遞到日再行另文
呈報外合將八旗十二佐已故官兵花名年月日
期應領賞項銀兩數目先行造具滿漢印白冊
四本包妥封固隨文呈送之處相應備文呈報
吉林全省旗務處 謹請
鑒核施行須至呈者

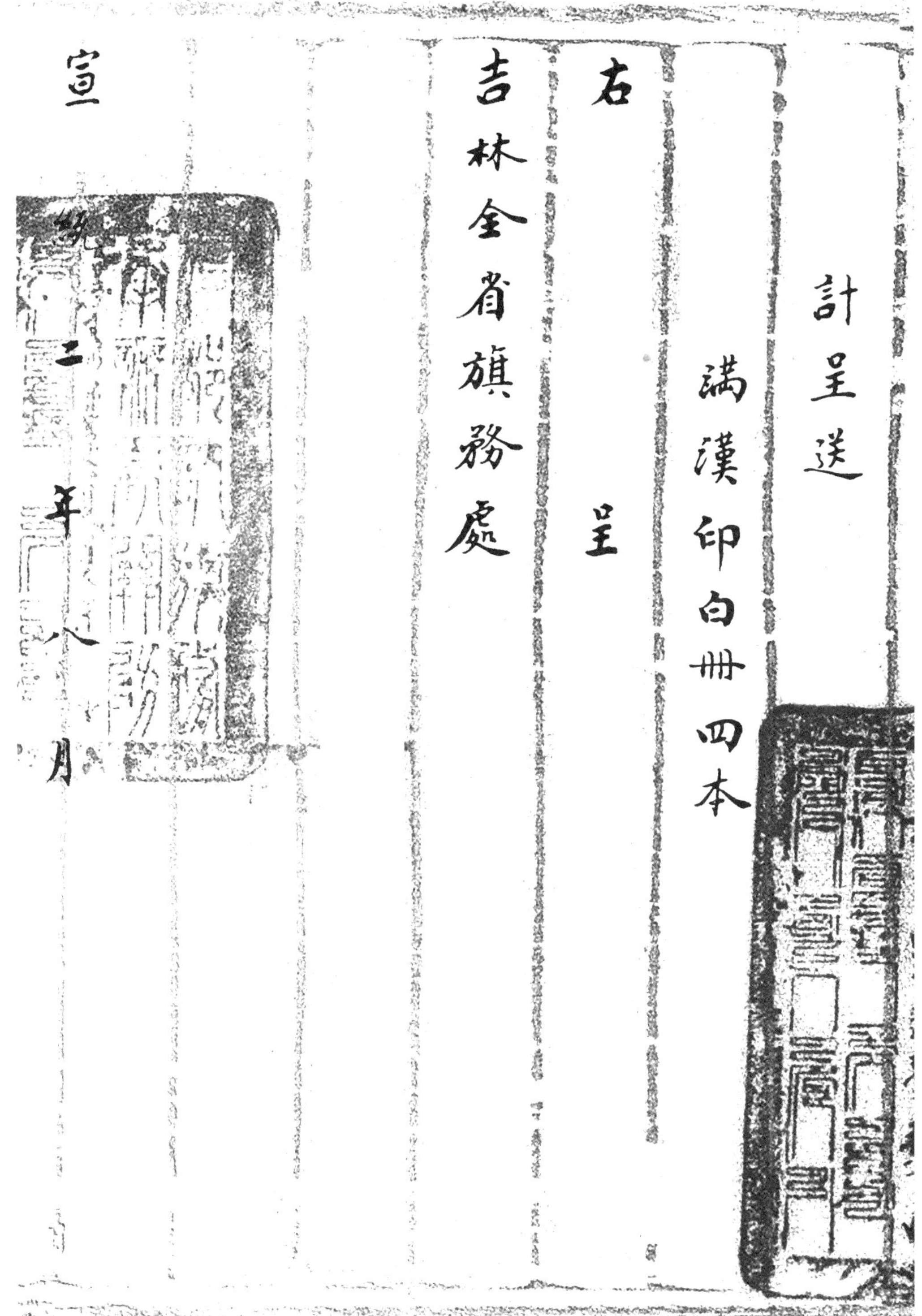

計呈送

滿漢印白冊四本

右

呈

吉林全省旗務處

宣統二年八月

冊底

伯都訥旗務承辦處　為造送已故官兵應領白
事賞銀旗佐花名年月日期銀兩數目清冊事

計開

廂黃旗德英阿佐領下

披甲德勝於宣統元年八月初四日病故減半賞銀

四两

食半餉閑散洩德於宣統元年八月二十八日病故

减半賞銀三两

食半餉閑散烏成於宣統元年十月初二日病故

减半賞銀三两

披甲根成阿於宣統元年十月二十日病故减半賞

銀四两

披甲根隆阿於宣統元年十月初十日病故減半賞

銀四兩

披甲富祥於宣統元年八月十三日病故減半賞

銀四兩

食半餉閑散阿凌阿於宣統元年九月初四日病

故減半賞銀三兩

披甲和瑞於光緒三十一年十二月十九日病故減半

賞銀四兩
正黄旗貴順佐領下
驍騎校順德於宣統元年二月二十八日病故減
半賞銀六兩
正白旗富成佐領下
驍騎校全陞於宣統元年正月二十日病故減半賞
銀六兩

披甲連貴之母於宣統元年十二月十一日病故減

半賞銀四兩

水手薩洪阿之妻於宣統元年十月初二日病故

減半賞銀三兩

蒙古正白旗吉陞佐領下

驍騎校景福於宣統元年閏二月初五日病故減

半賞銀六兩

蒙古正白旗英俊佐領下

領催烏勒吉圖於宣統元年十一月二十五日病故

減半賞銀五兩

披甲德明阿之母於宣統元年九月初二日病故

減半賞銀四兩

披甲慶德之妻於宣統元年十月初十日病故減

半賞銀四兩

正紅旗和連佐領下

披甲保祺之父於宣統元年九月十四日病故減半

賞銀四两

披甲玉林於宣統元年七月十一日病故減半賞

銀四两

前鋒平祿於宣統元年八月十一日病故減半賞

銀五两

廂白旗蘊祥佐領下
披甲富全於宣統元年十月初四日病故減半賞
銀四兩
披甲和祥於宣統元年十一月二十一日病故減半賞
銀四兩
披甲永符於宣統元年九月十三日病故減半賞
銀四兩

披甲富海於宣統元年十二月初八日病故減半

賞銀四兩

披甲胡松阿於宣統元年四月十五日病故減半

賞銀四兩

前鋒勝安之母於宣統元年十二月十六日病故減半

賞銀五兩

食半餉鬧散魁陞之妻於宣統元年七月十八日

病故减半賞銀三兩

披甲文喜之母於宣統元年十二月初七日病故

减半賞銀四兩

披甲滿有之毋於宣統元年八月初三日病故减

半賞銀四兩

披甲成亮之妻於宣統元年十月初五日病故减

半賞銀四兩

廂紅旗德亮佐領下

披甲春滿之妻於宣統元年七月十九日病故減

半賞銀四兩

披甲春明之妻於宣統元年十一月初十日病故減

半賞銀四兩

披甲烏凌阿之祖母於宣統元年十月初六日病

故減半賞銀四兩

披甲常海之祖母於宣統元年七月二十日病故

減半賞銀四兩

正藍旗斐喜佐領下

披甲富凌阿於宣統元年十二月初五日病故減

半賞銀四兩

披甲全有於宣統元年十月二十五日病故減半

賞銀四兩

披甲恩貴之母於宣統元年三月初七日病故

裁半賞銀四兩

披甲恩福之妻於宣統元年五月二十日病故裁

半賞銀四兩

正藍旗依凌阿佐領下

倉場筆帖式薩霖於宣統元年五月初四日病

故裁半賞銀五兩

披甲貽善之祖母於宣統元年十月二十三日病故減

半賞銀四兩

披甲永連之妻於宣統元年十一月十九日病故減

半賞銀四兩

披甲常福之父於宣統元年十二月二十日病故減半

賞銀四兩

食半餉關散婁墜於宣統元年五月二十日病故

減半賞銀三兩
廂藍旗貴春佐領下
食半餉閑散喜凌阿於宣統元年三月二十七日
病故減半賞銀三兩
食半餉閑散倭西洪額於宣統元年四月二十五日
病故減半賞銀三兩
廂藍旗常林佐領下

披甲德豐阿於宣統元年十二月初八日病故減半
賞銀四兩
披甲德豐阿之妻於宣統元年七月十三日病故
減半賞銀四兩
披甲額勒恒額之父於宣統元年四月二十日病
故減半賞銀四兩
披甲英貴之父於宣統元年九月初二日病故

減半賞銀四兩

披甲全海之父於宣統元年五月十五日病故減

半賞銀四兩

以上共銀一百九十八兩理合

登明須至冊者

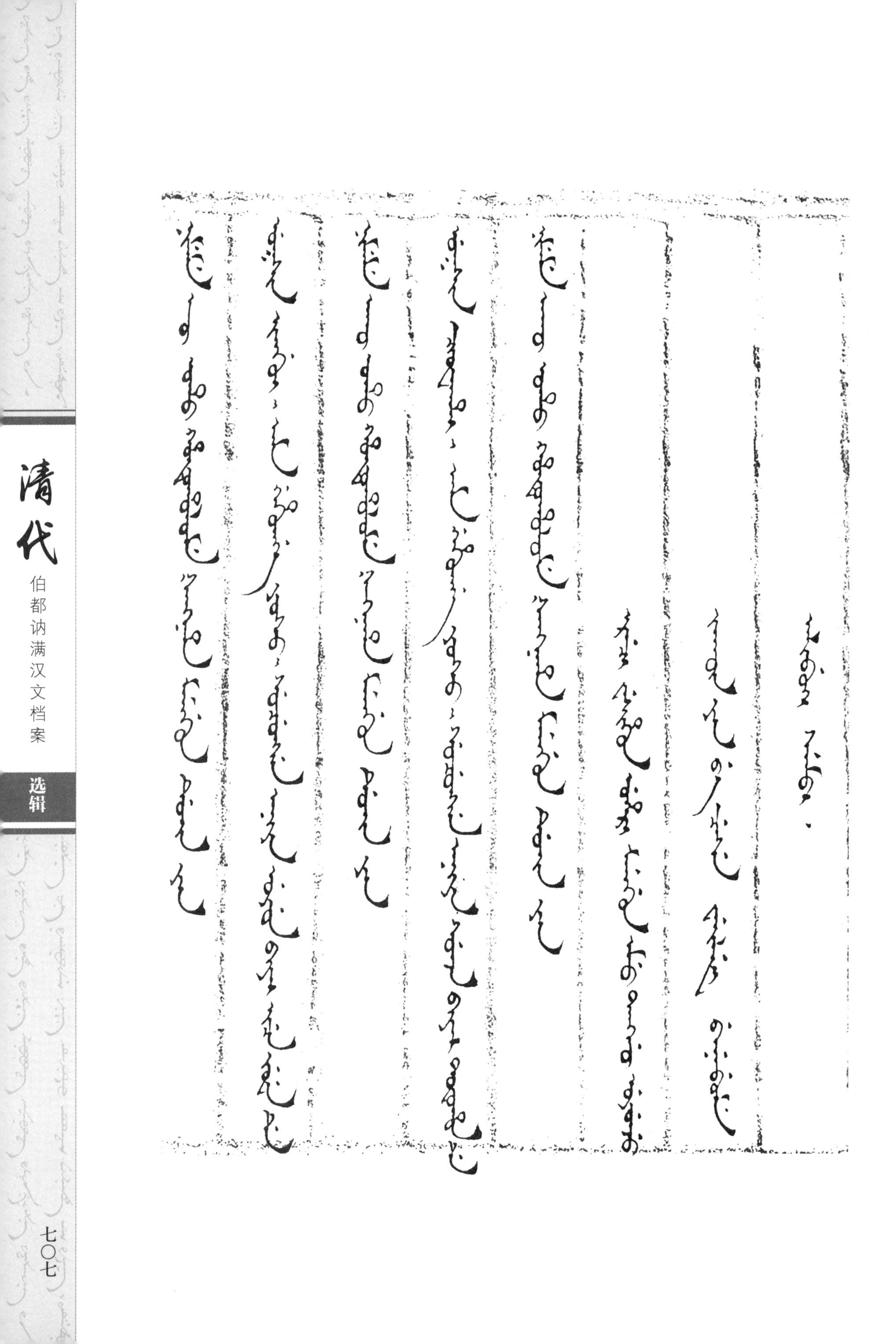

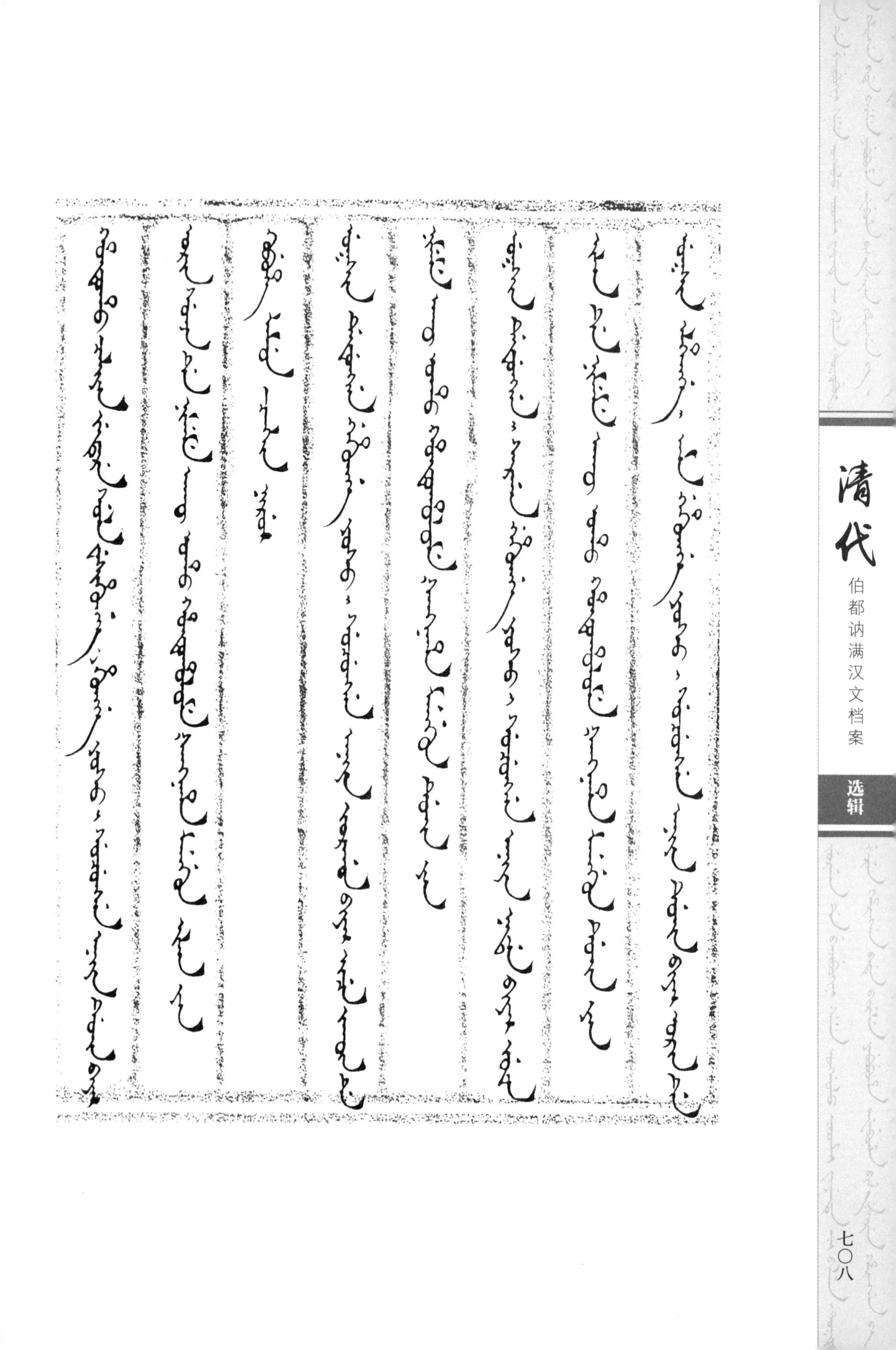

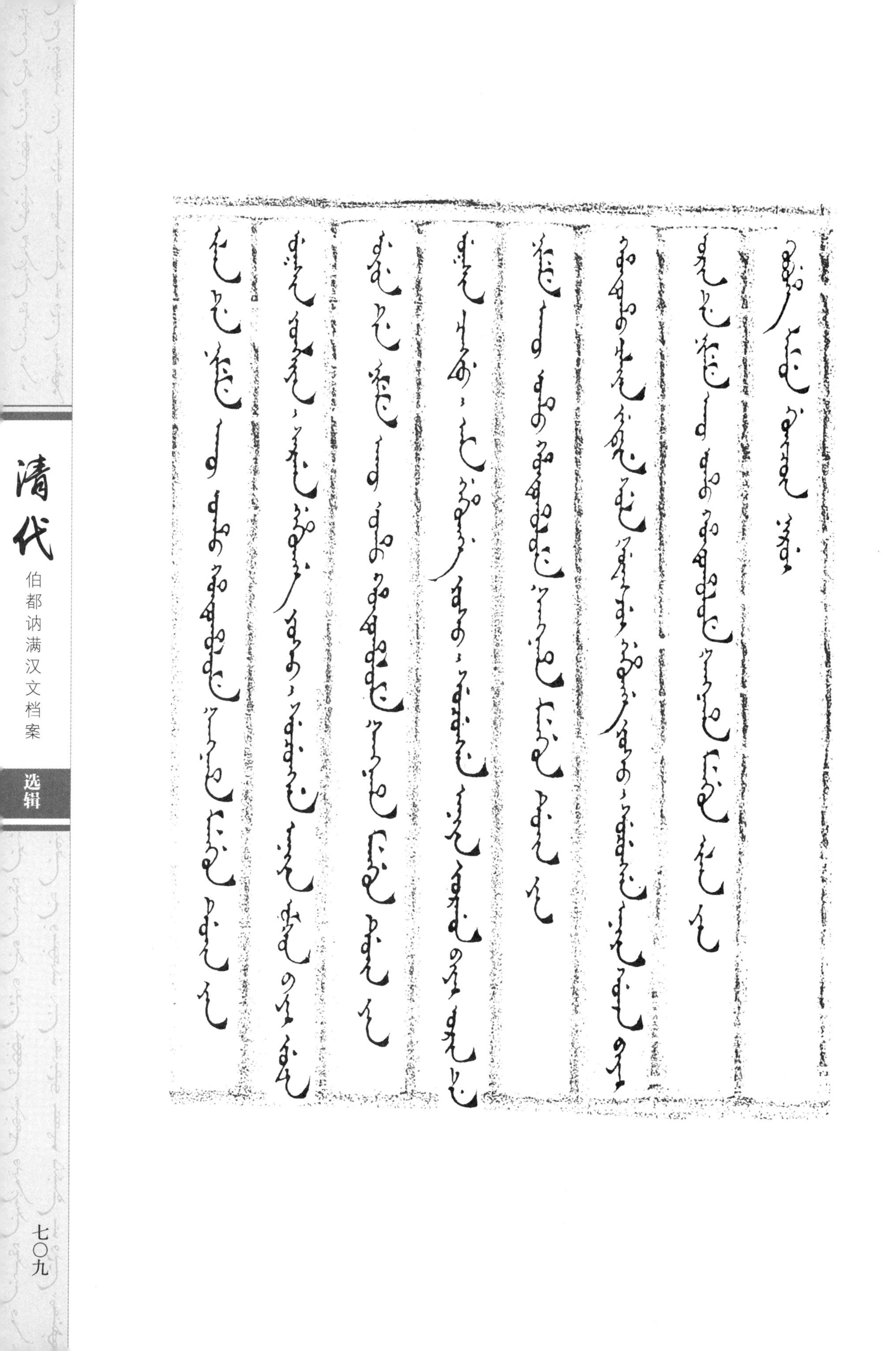

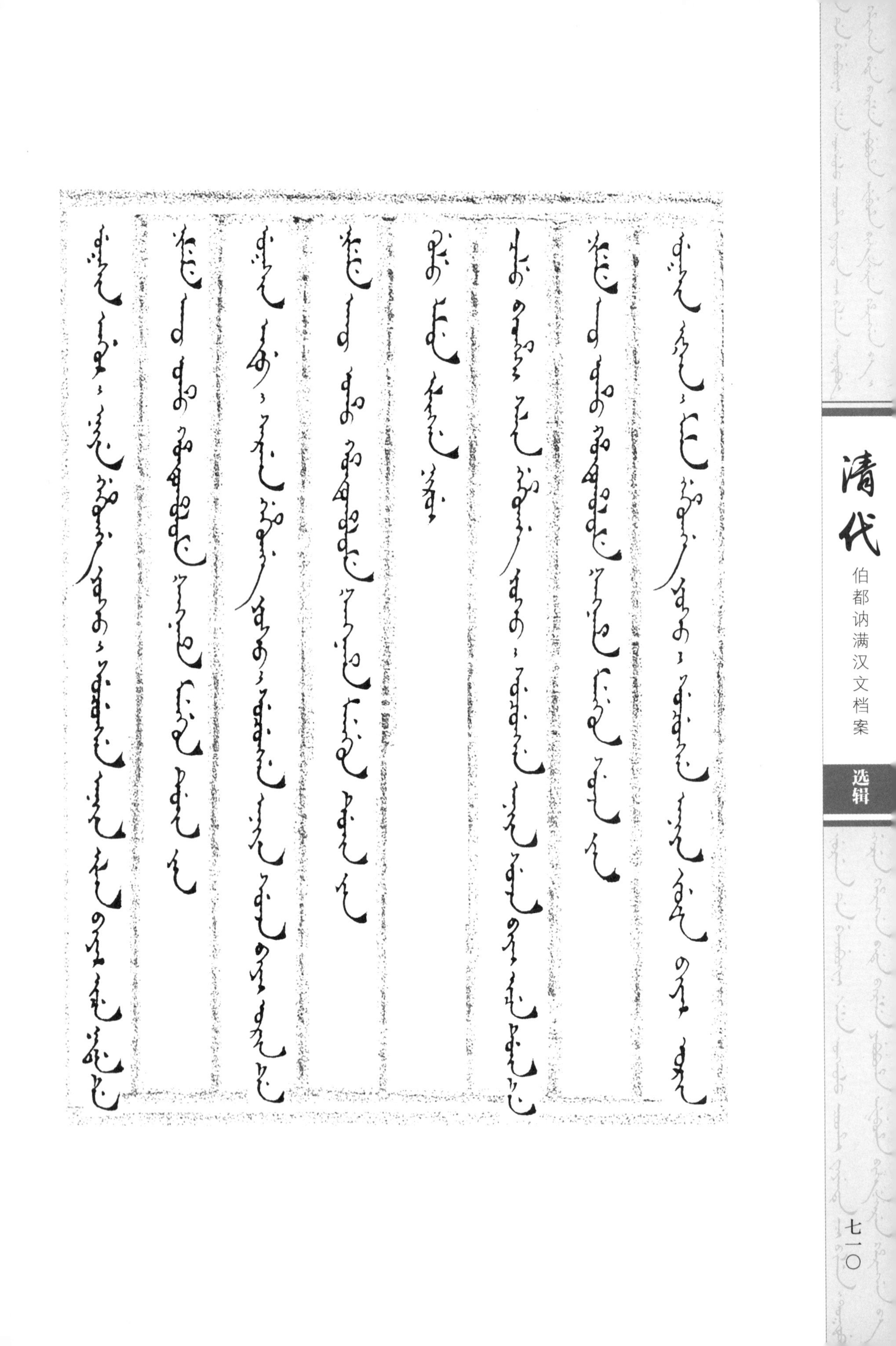

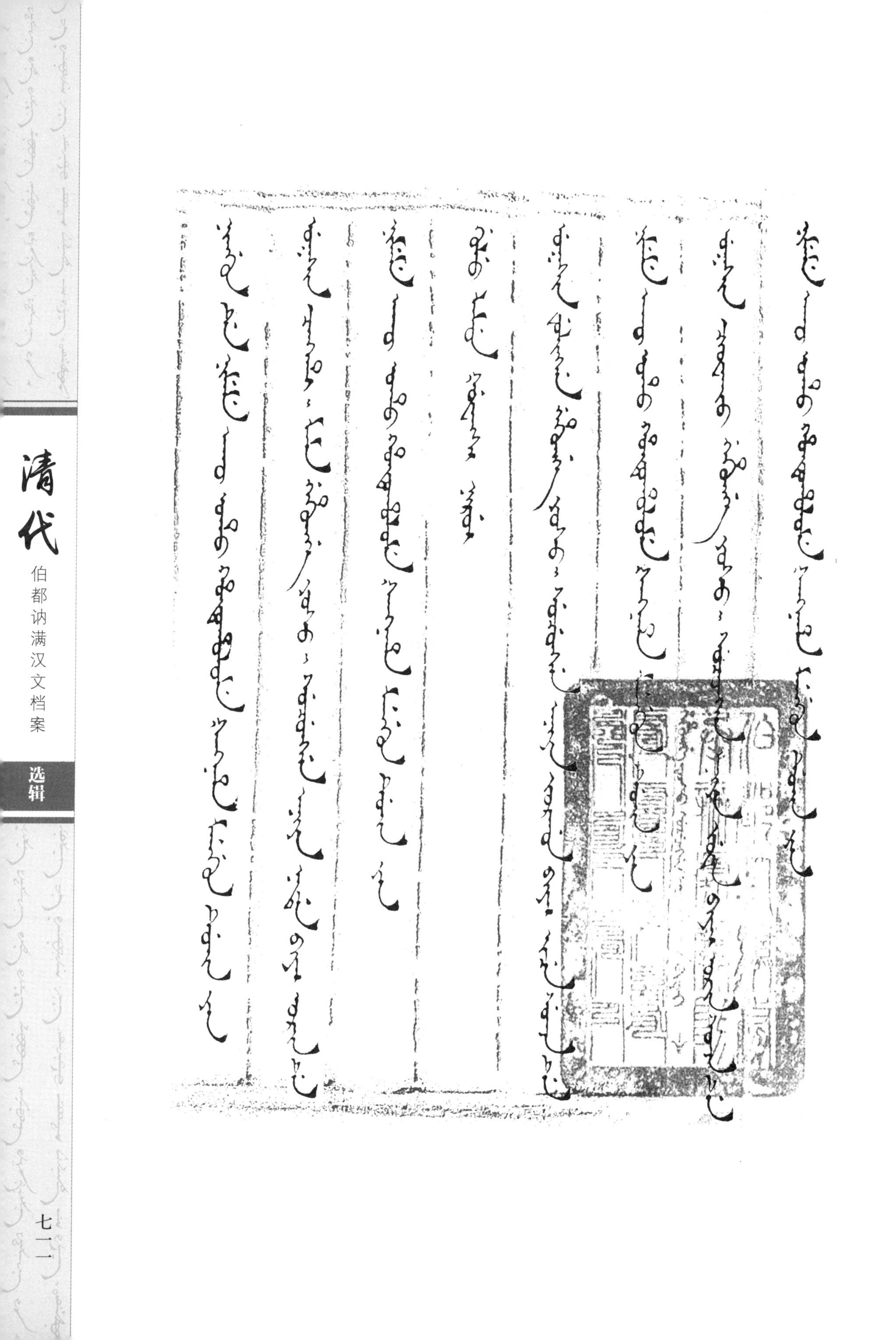

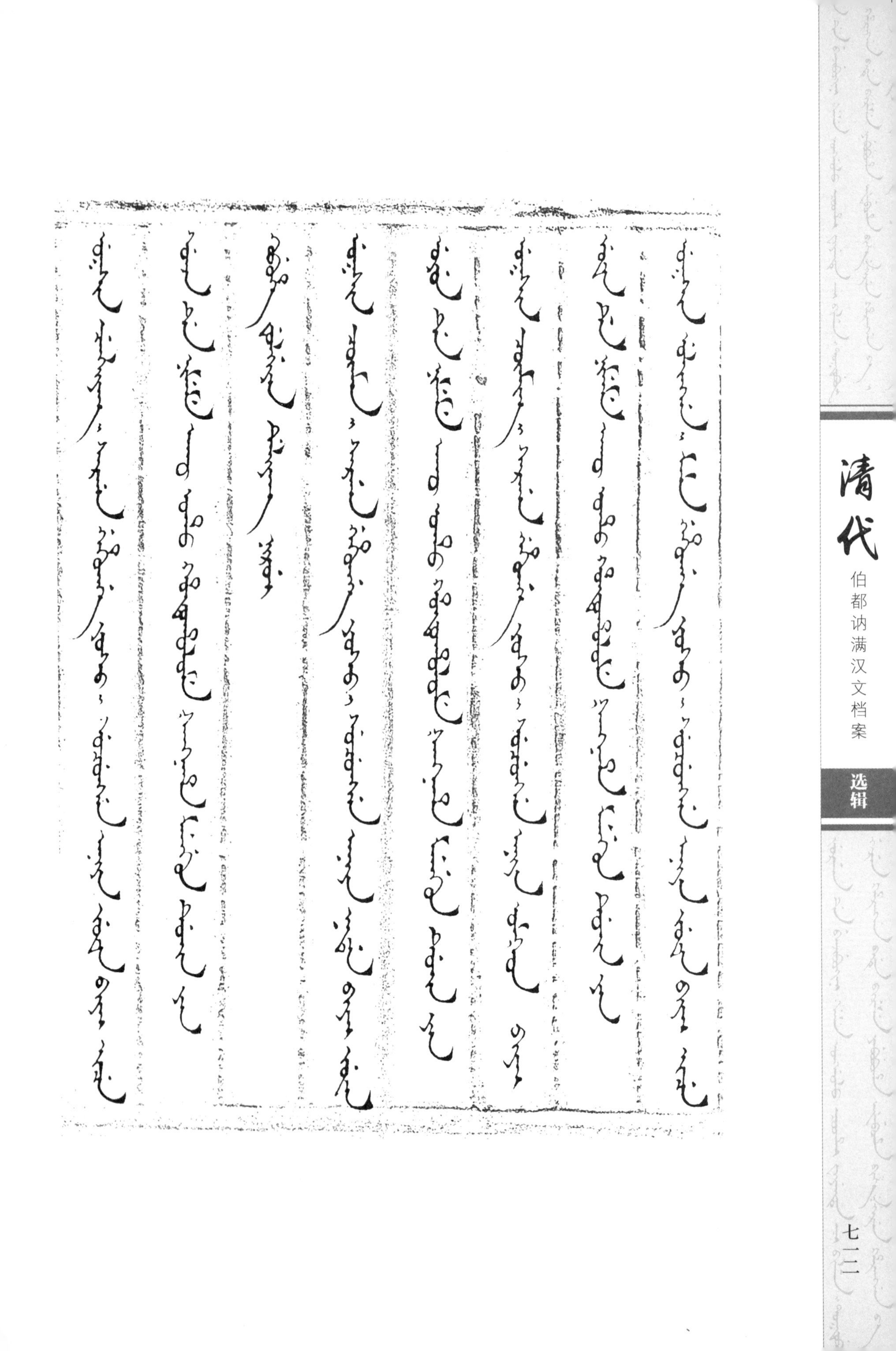

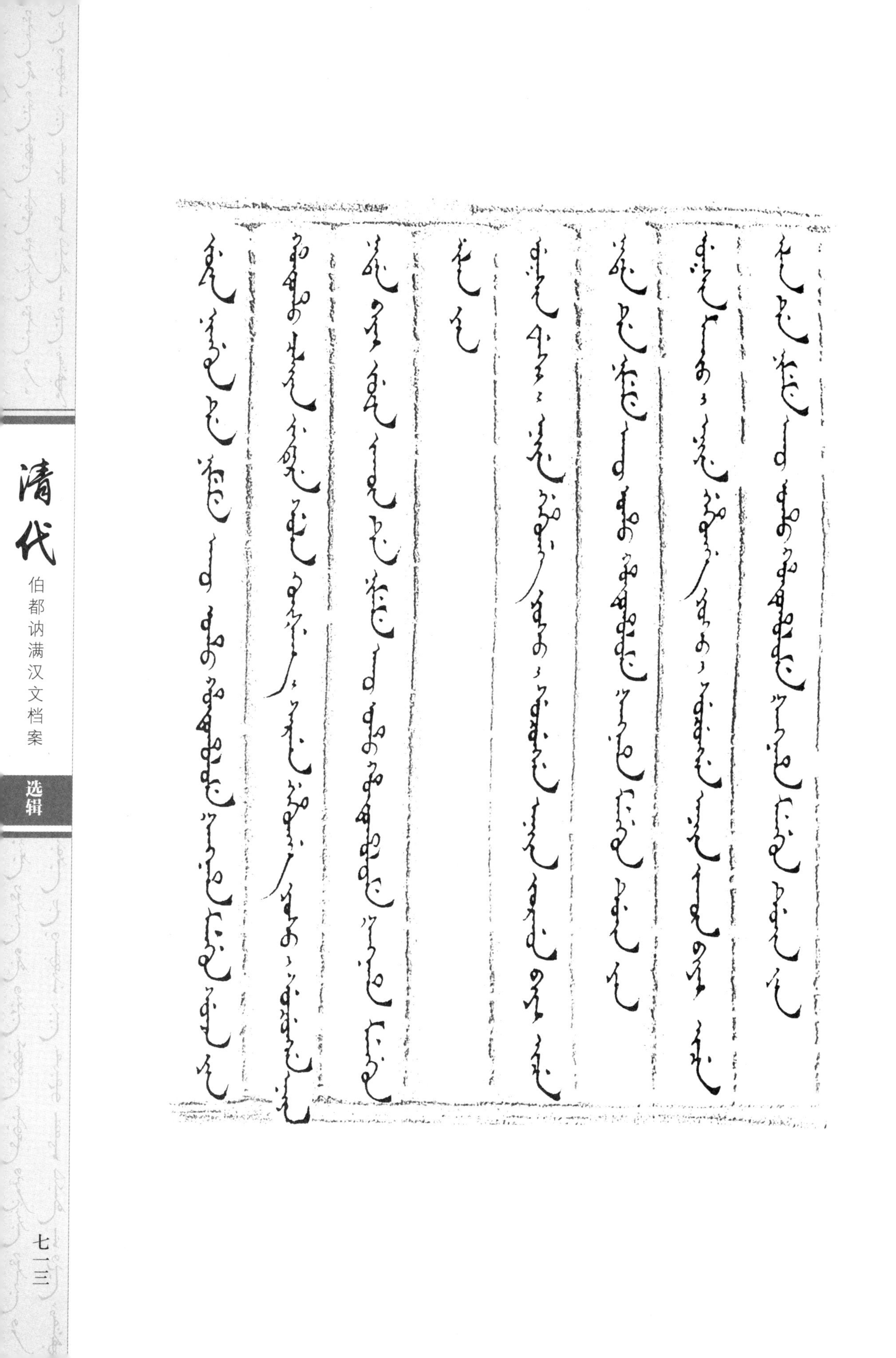

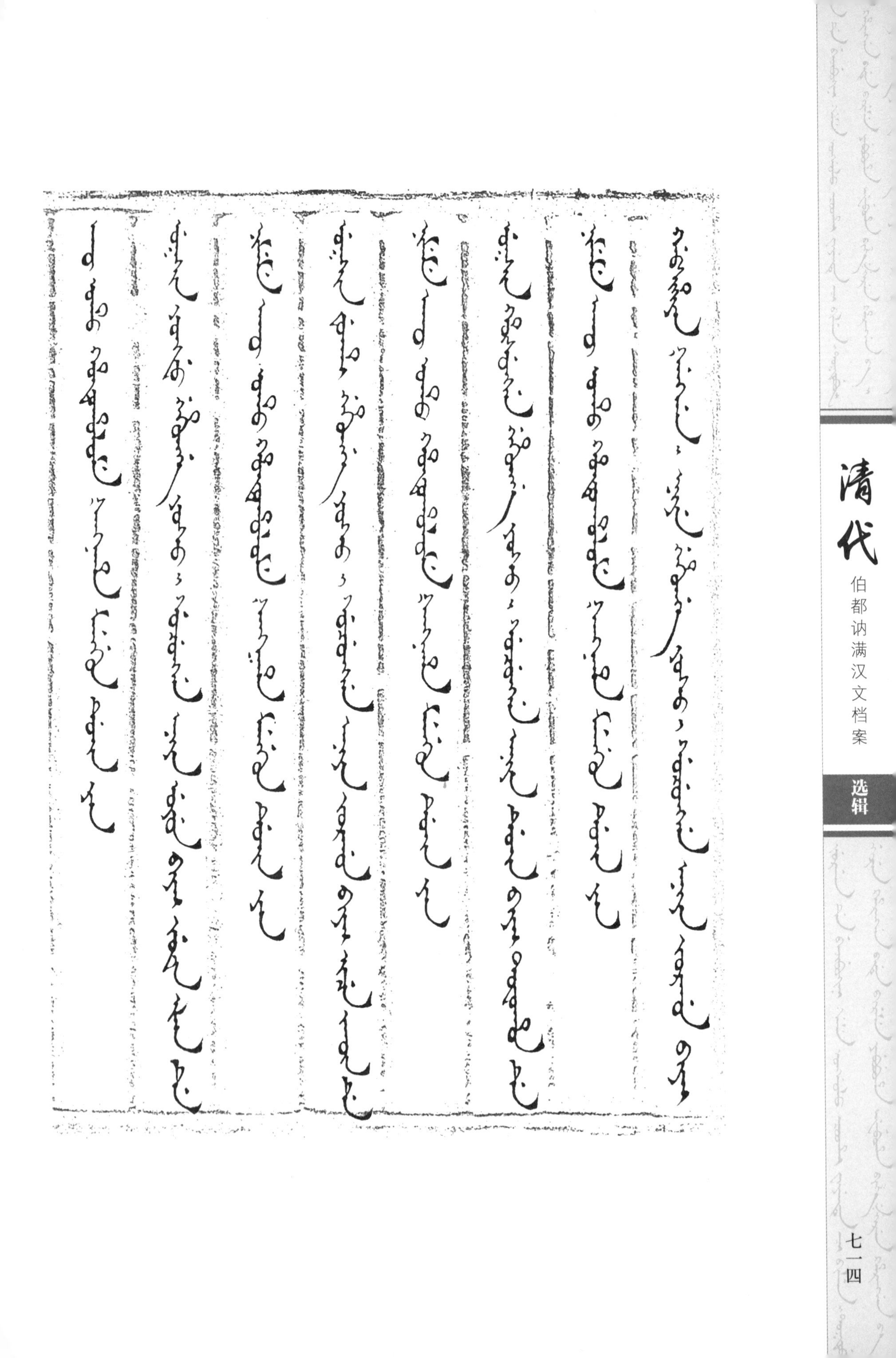

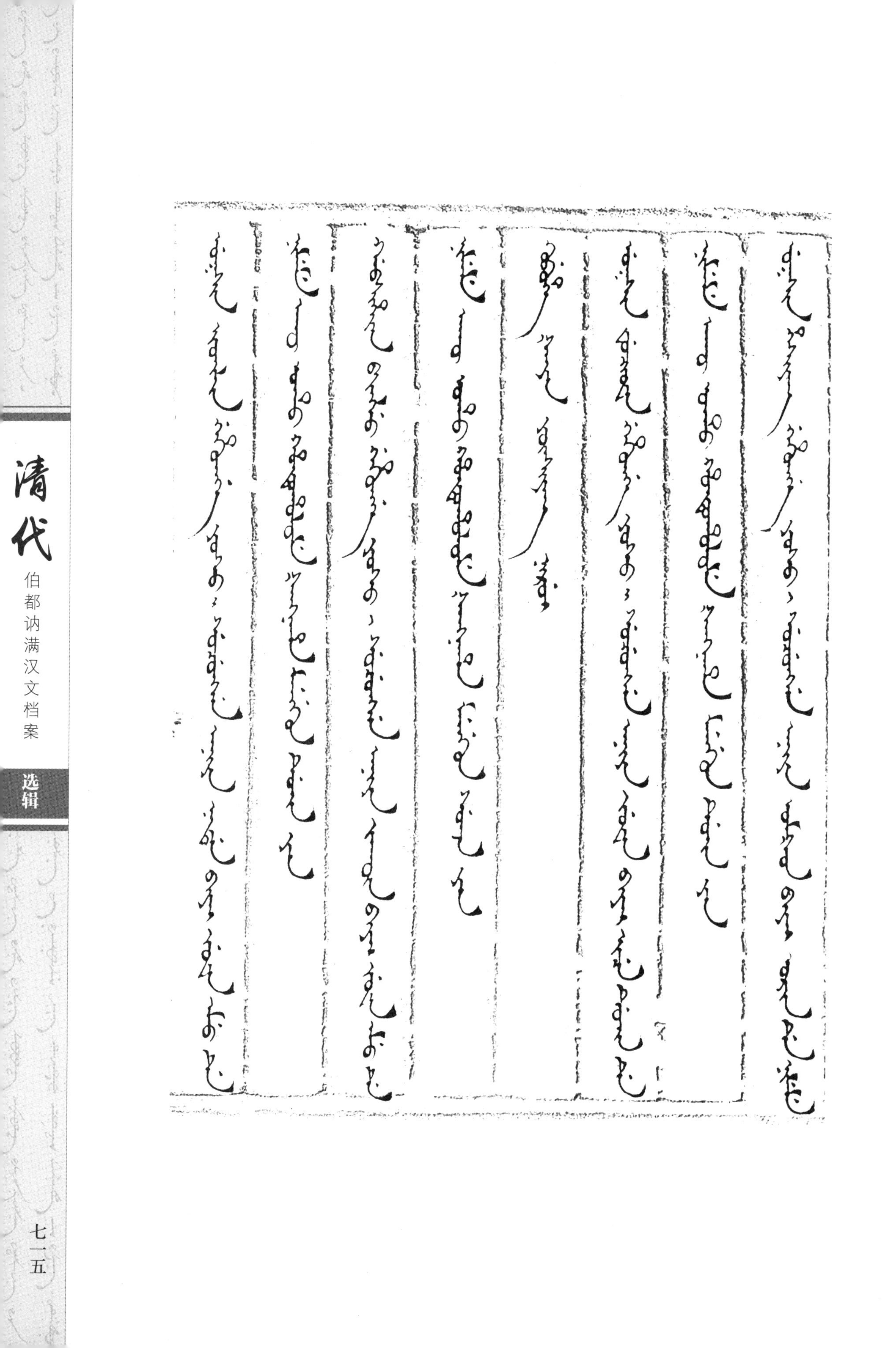

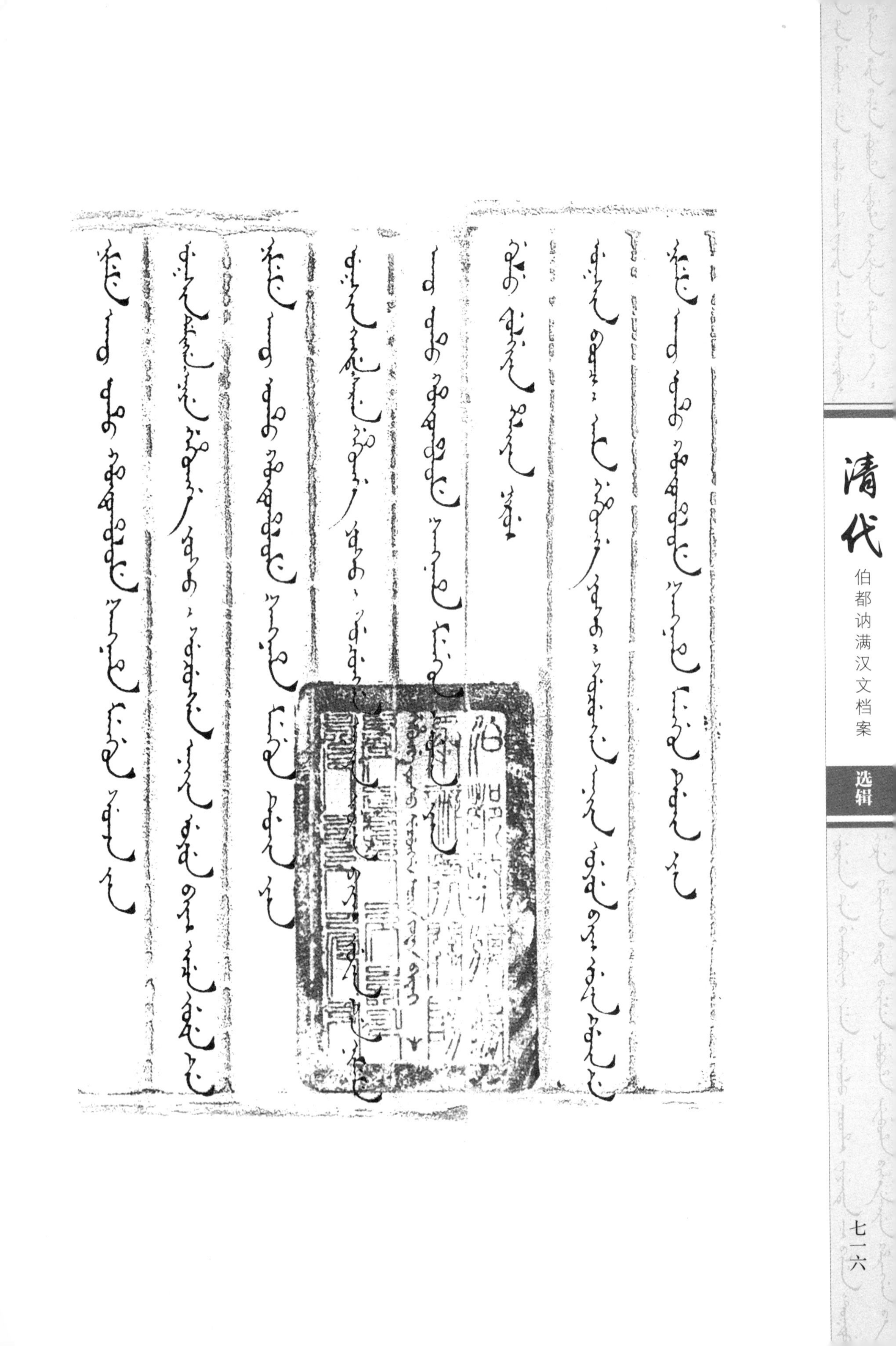

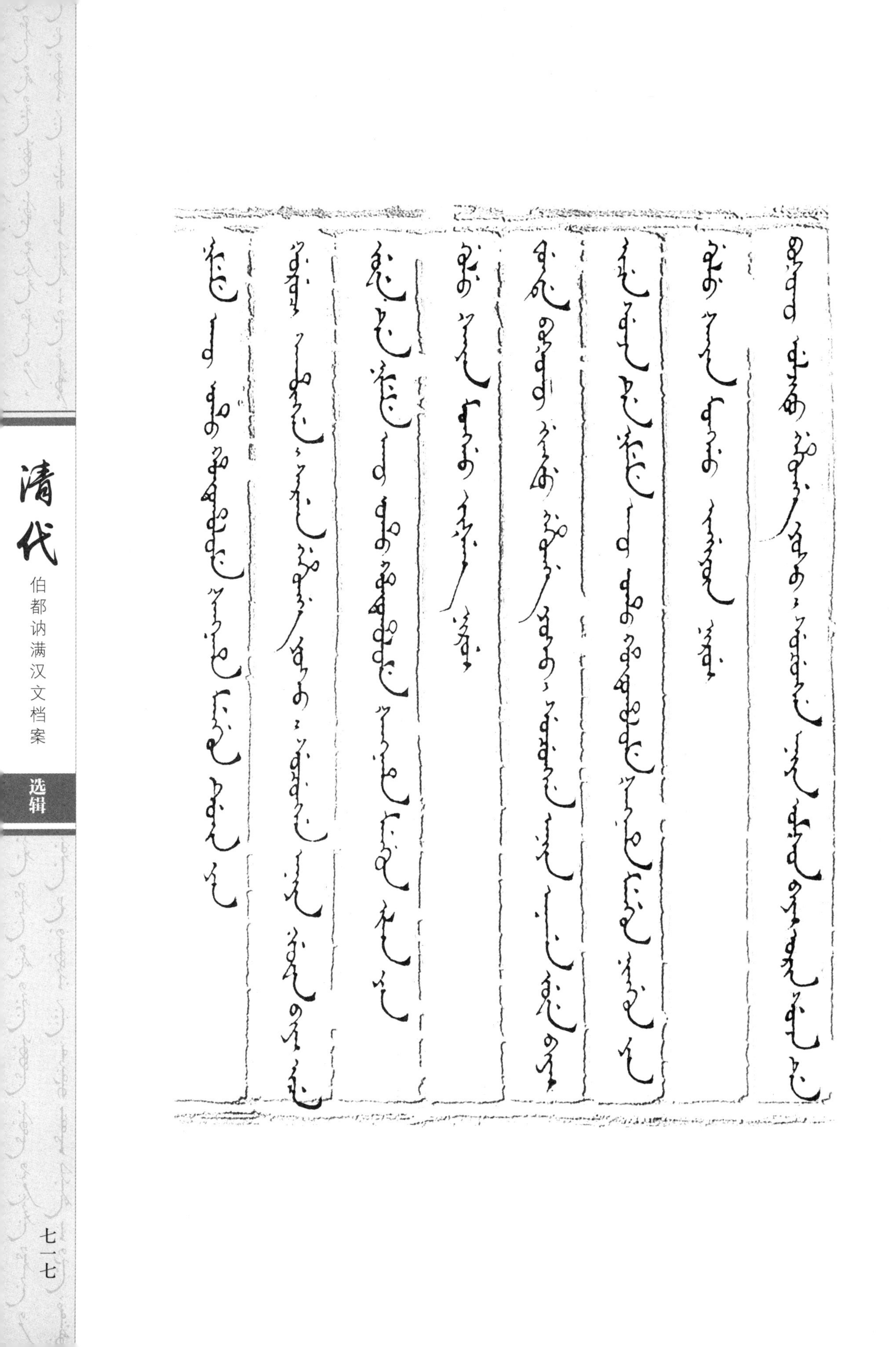

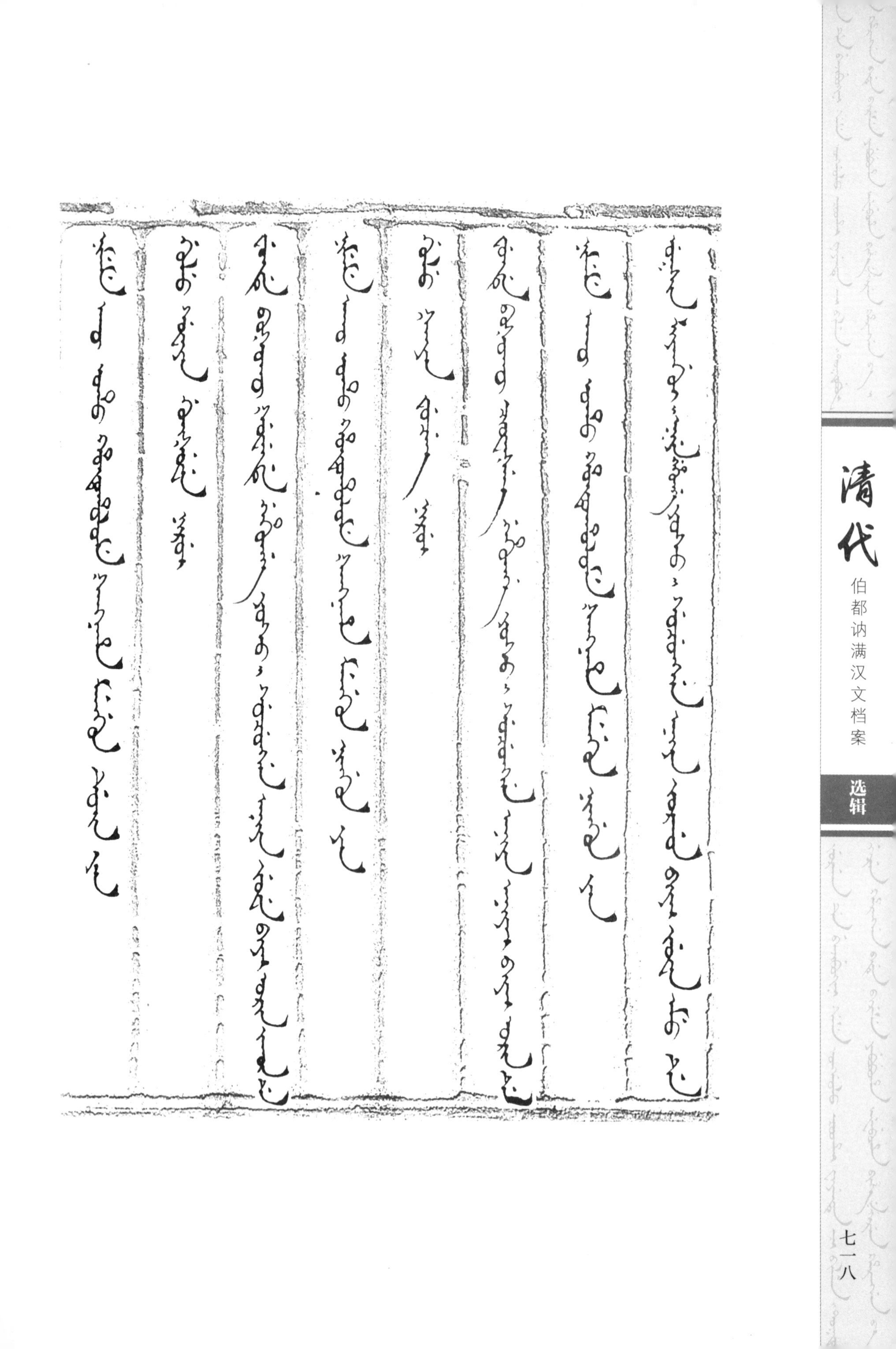

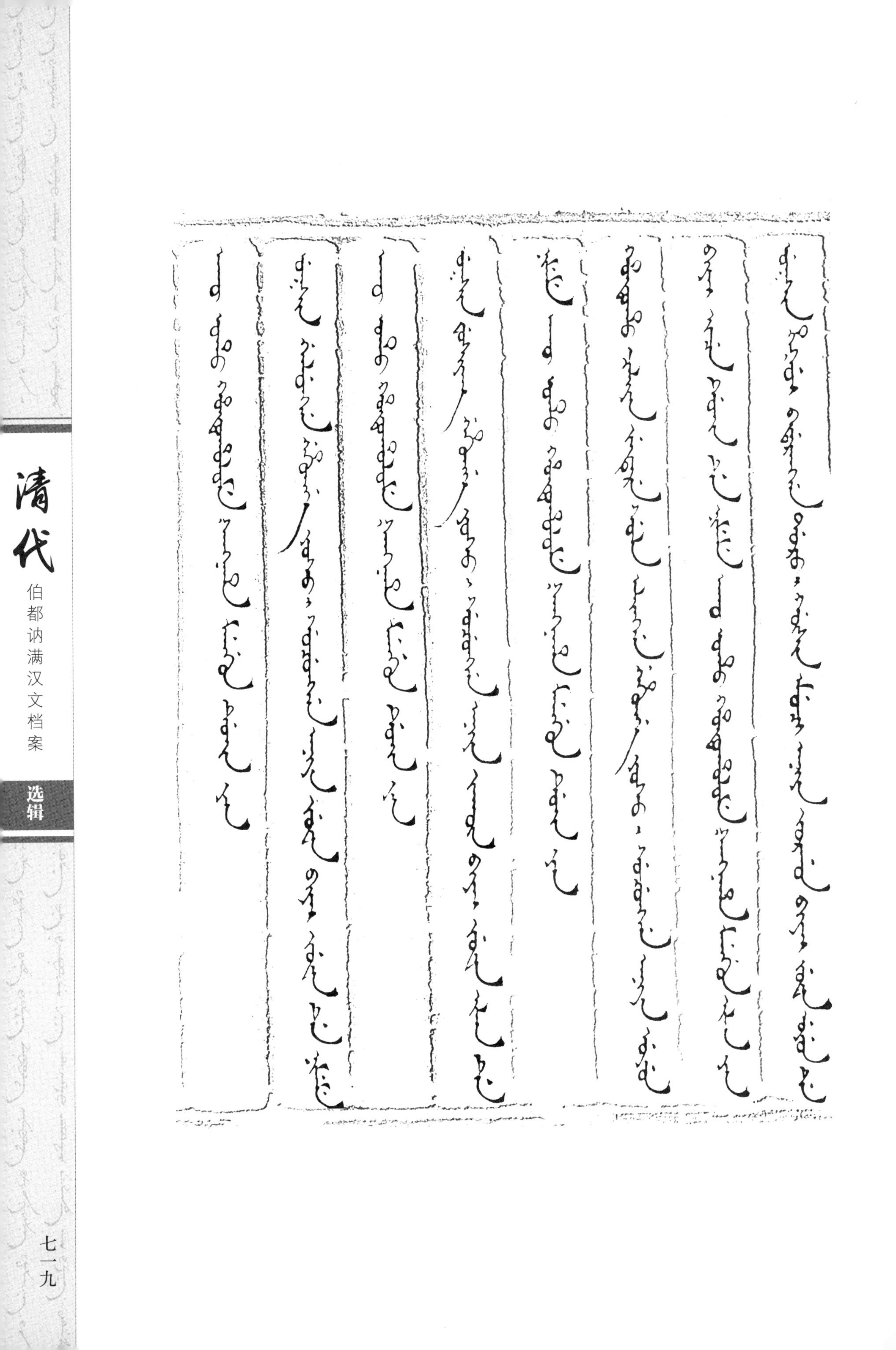

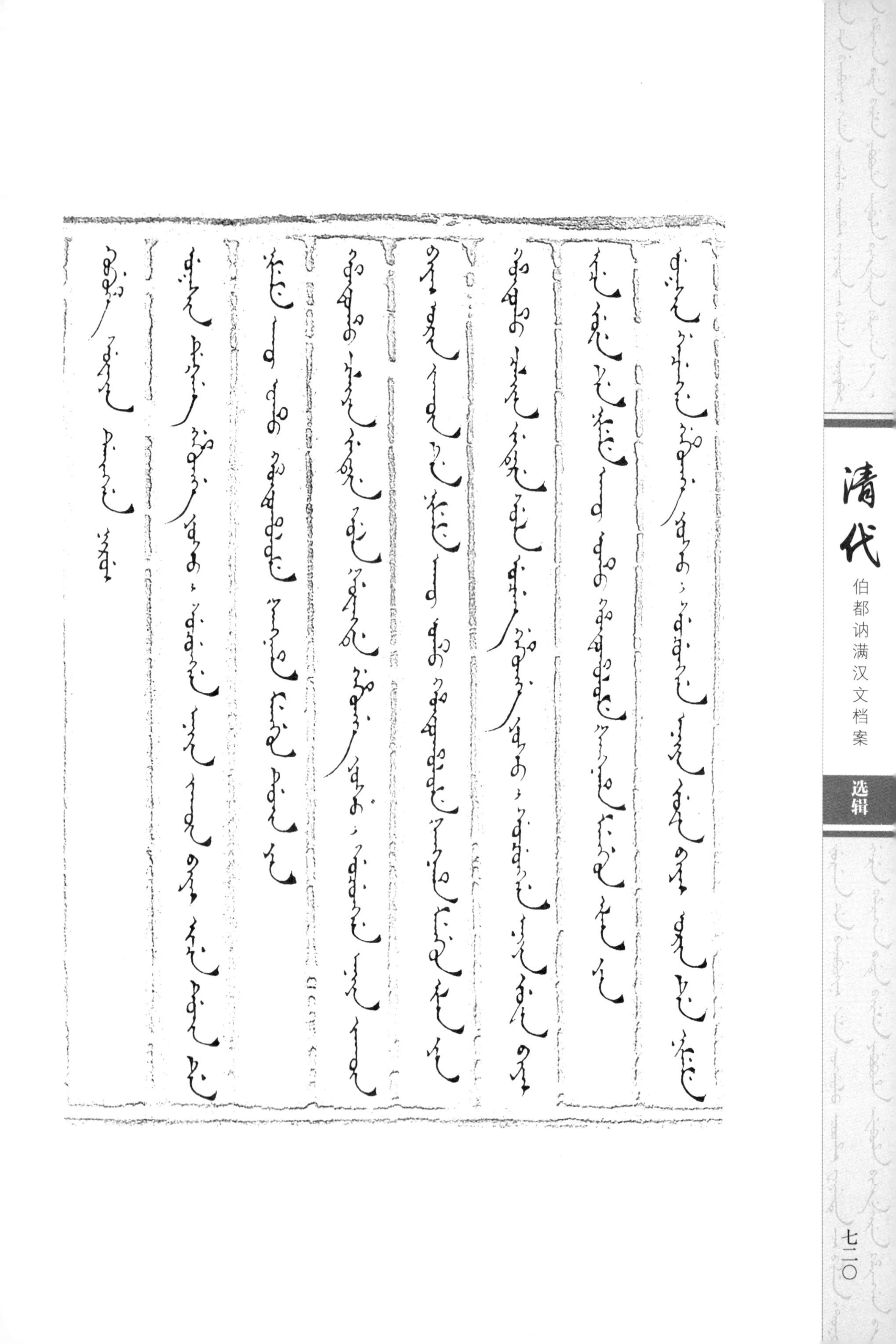

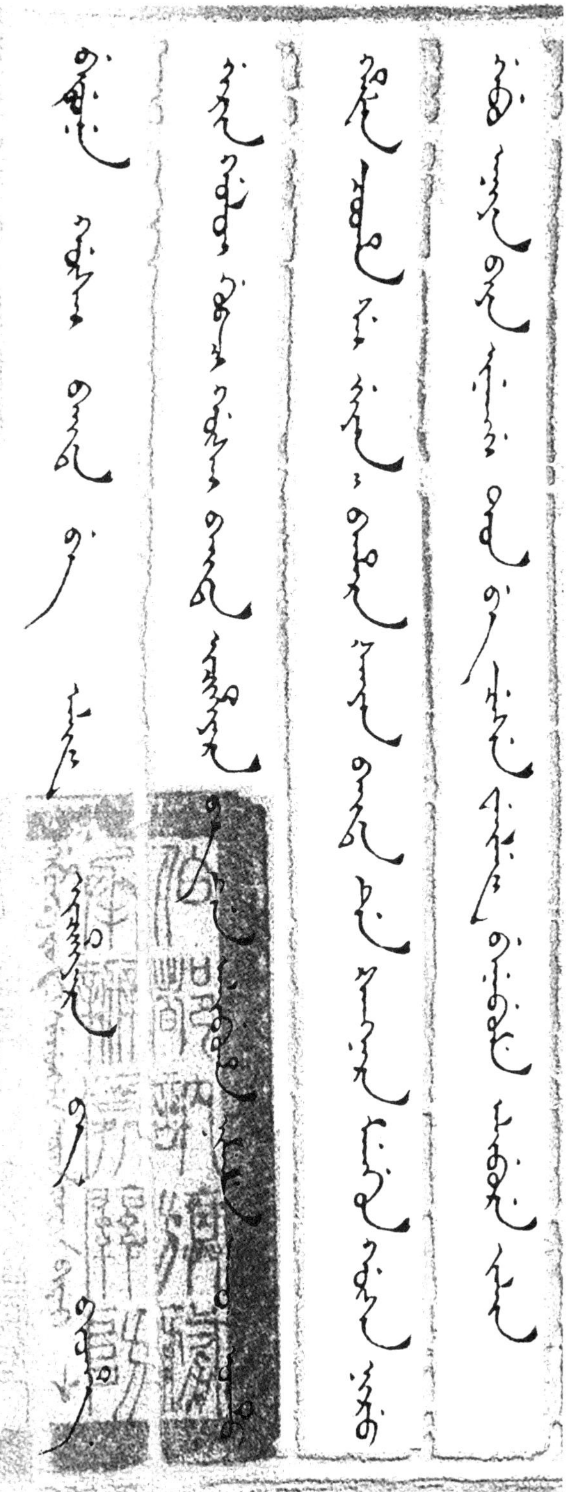

33 伯都讷旗务承办处为报送应领次年俸饷官兵旗佐花名满汉清册事呈吉林全省旗务处文

宣统二年八月二十八日

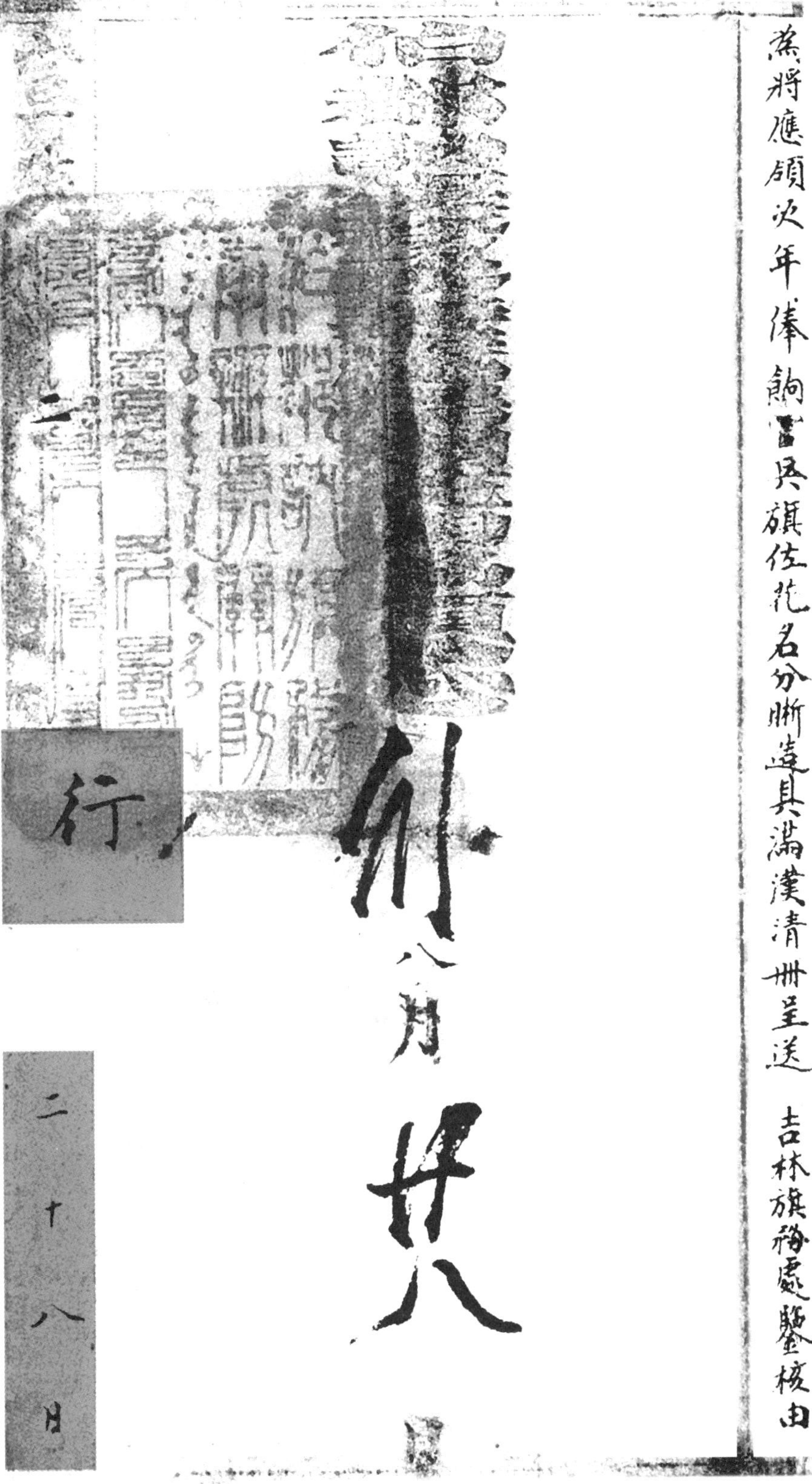
兹将应领次年俸饷当差旗佐花名分晰造具满汉清册呈送
吉林旗务处鉴核由
行
八月
廿八
二十八日

文牘科科員藍翎驍騎校 崇興

文牘科藍翎副科員 全壽

庶務科科員藍翎裁缺八品筆帖式 富克精阿

署庶務科科員藍翎副科員 西成阿

署庶務科副科員書記長 廣澂

監用關防文牘科書記長 恩隆阿

兼庶務科書記長撥給驍騎校 常慶

監用關防庶務科書記長 惠廣

伯都訥旗務承辦處　為造送官兵等應領辛亥年春秋兩季俸餉花名清册事

計開

厢黄旗德英阿佐領下

協領玉崑　佐領德英阿　雲騎尉連成　依順　德勝

永恩　保祥　瑞昌　驍騎校喜山

每月食餉銀三兩

領催六名

每月食餉銀二兩

披甲八十名

每月食餉銀一兩

閑散平福 雙和 勝林 果興阿 春德

水手六名

匠藝四名

食半餉半米

披甲海隆阿、成順等之妻孀婦

此佐領一員佐領一員雲騎尉六

員驍騎校一員領催六名披甲八

十名閑散五名水手六名匠藝
四名食半餉半米披甲之妻孀
婦二名口共應領春秋兩季連閏
一月俸餉銀三仟三百四十兩

正黃旗貴順佐領下
協領忠　佐領貴順　防禦兼雲騎尉富明阿　雲騎尉壽林

萬慶　祥林　常陞　海清阿　富慶　海全　恩惠
恩齡　恩貴　驍騎校豐隆阿　八品洋務筆帖式塔清阿
九品庫筆帖式倭喜琿　由領催無品級筆帖式挑補年滿
教習托精阿　由領催挑補無品級印務筆帖式文祥
每月食餉銀三兩
領催六名

每月食餉銀二兩

披甲八十名

每月食餉銀一兩

閑散富全　喜春　闞順　永喜　慶德　董慶

水手六名

匠藝四名

此佐協領一員佐領一員防禦兼雲
騎尉一員雲騎尉十員驍騎校一員
八品洋務筆帖式一員九品庫筆帖
式一員由領催無品級筆帖式挑補年
滿教習一員由領催挑補無品級印
務筆帖式一員領催六名披甲八十

名閑散六名水手六名匠藝四名

共應領春秋兩季連閏一月俸餉

銀三仟八百七十九兩一錢一分四厘

正白旗富成佐領下

佐領兼騎都尉兼雲騎尉富成　防禦兼雲騎尉英祥

雲騎尉阿勒吉春　廣山　惠全　德勝阿　成永　綽爾

果羅佈　驍騎校魁福　由領催挑補無品級滿漢繙譯

筆帖式年滿倉官峻陞　由領催挑補無品級驛站筆帖

式魁海

每月食餉銀三兩

領催六名

每月食餉銀二兩

披甲八十名
每月食餉銀一兩
閑散春陞 鉄福 來順
水手六名
匠藝三名
此佐佐領兼騎都尉兼雲騎尉一

員防禦兼雲騎尉一員雲騎尉六員
驍騎校一員由領催挑補無品級滿
漢繙譯筆帖式年滿倉官一員由領
催挑補無品級驛站筆帖式一員領
催六名披甲八十名閑散三名水
手六名匠藝三名共應領春秋兩

季連閏一月俸餉銀三仟三百三
十八兩

蒙古正白旗吉陞佐領下

佐領吉陞　雲騎尉連仲　海明　驍騎校文魁　恩騎
尉札郎阿　由領催挑補無品級滿蒙繙譯筆帖式德俊
每月食餉銀三兩

領催六名

每月食餉銀二兩

披甲四十四名

每月食餉銀一兩

閑散常壽　常海　賽英阿

台斐英阿

匠藝二名

此佐佐領一員雲騎尉二員驍騎
校一員恩騎尉一員由領催挑補無
品級滿蒙繙譯筆帖式一員領催
六名披甲四十四名閑散四名匠藝
二名共應領春秋兩季連閏一月
俸餉銀一仟八百七十五兩

蒙古正白旗英俊佐領下

佐領英俊　驍騎校永全

每月食餉銀三兩

領催六名

每月食餉銀二兩

披甲四十四名

每月食餉銀一兩

閑散何保　達哩

匠藝一名

此佐佐領一員驍騎校一員領催六

名披甲四十四名閑散二名匠藝一

名共應領春秋兩季連閏一月俸

餉銀一仟五百八十二兩

正紅旗和連佐領下

佐領和連　防禦燕雲騎尉成喜　騎都尉錫雲　雲騎

尉春全　驍騎校占春　年未及歲食半俸雲騎尉寶璋

由領催挑補無品級倉場筆帖式恩溥

每月食餉銀三兩

領催六名

每月食餉銀二兩

披甲八十名

每月食餉銀一兩

閑散六十九　永順　順福　凌德　丁柱　依常阿　成順

滿壽

水手六名

匠藝三名

食半餉半米

披甲托木松阿　佈勒吉德　常順　喜順等之妻孀婦

此佐佐領一員防禦兼雲騎尉一員

騎都尉一員雲騎尉一員驍騎校一

員年未及歲食半俸雲騎尉一員
由領催挑補無品級倉場筆帖式
一員領催六名披甲八十名閑散
八名水手六名匠藝三名食半
餉半米披甲之妻孀婦四名口
共應領春秋兩季連閏一月俸

餉銀三仟零九十二兩二錢五分

廂白旗藴祥佐領下

佐領藴祥　原品休致食全俸防禦成林　雲騎尉倭西洪額

騰春　文榮　驍騎校年常阿　八品廕監色克吉　八品驛

站筆帖式翰章阿　由領催挑補無品級驛站筆帖式德克錦

佈　德克錦保

每月食餉銀三兩

領催六名

每月食餉銀二兩

披甲八十名

每月食餉銀一兩

閑散
雙林　富春　成喜　魁陞

水手六名

匠藝三名

食半餉半米

披甲德山之妻孀婦

此佐佐領一員原品休致食全俸

防禦一員雲騎尉三員驍騎校一員

八品廐監一員八品驛站筆帖式一員
由領催挑補無品級驛站筆帖式二
員領催六名披甲八十名閑散四
名水手六名匠藝三名食半餉半
米披甲之妻孀婦一名口共應領
春秋兩季連閏一月俸餉銀三

仟一百四十二两

廂紅旗德亮佐領下

佐領德亮　防禦壽山　騎都尉淩福　雲騎尉慶春

富亮　富有　春陞　薩勒嘎春　順財　富成　和貴

驍騎校崇興　由殘廢雲騎尉賞食馬甲錢粮德順　由附

生挑補八品印務筆帖式富克精阿

每月食餉銀三兩
領催六名
每月食餉銀二兩
披甲八十名
食月食餉銀一兩
閑散依勒𪎭額　小魁　成海　連順　全成　勝連　德永

水手六名

匠藝三名

此佐佐領一員防禦一員驍騎都尉一

員雲騎尉八員驍騎校一員由殘

廢雲騎尉賞食馬甲錢糧一名由

附生挑補八品印務筆帖式一員領

催六名披甲八十名閑散七名水手六名匠藝三名共應領春秋兩季連閏一月俸餉銀三仟六百一十一兩

正藍旗雙喜佐領下

佐領兼騎都尉雙喜　防禦兼雲騎尉春明　雲騎尉海

永阿 喜春 德順 根羣 永喜 托璋阿 衡玉

驍騎校連春

每月食餉銀三兩

領催六名

每月食餉銀二兩

披甲八十名

每月食餉銀一兩

閑散喜倉　多隆阿　海當阿

水手五名

匠藝三名

食半俸半米

驍騎校九成之妻孀婦

此佐佐領兼騎都尉一員防禦兼雲
騎尉一員雲騎尉七員驍騎校一員
領催六名披甲八十名閑散三名
水手五名匠藝三名食半俸驍
騎校之妻孀婦一名口共應領
春秋兩季連閏一月俸餉銀三

仟三百三十七兩

正藍旗依凌阿佐領下

佐領依凌阿　雲騎尉恩特和　護　西拉佈德富君祥　榮福

金貴　魁元　驍騎校德豐阿　由領催挑補無品級筆帖式台

斐英阿

每月食餉銀三兩

領催六名
每月食餉銀二兩
披甲八十名
每月食餉銀一兩
閑散凱春　音登額　連喜　富恒　勝福
水手六名

匠藝三名

食半餉半米

前鋒永順之妻孀婦

此佐佐領一員雲騎尉六員驍騎

校一員由領催挑補無品級筆帖

式一員領催六名披甲八十名閑

散五名水手六名匠藝三名食
半餉前驛之妻孀婦一名口共
應領春秋兩季連閏一月俸餉
銀三仟二百二十九兩五錢
廂藍旗貴春佐領下
佐領貴春
防禦瑚圖禮
原品休致食全俸防禦薰雲

騎尉永慶　雲騎尉常山　成羣　春成　吉勒嘎春

瑞祥　西隆阿　驍騎校全魁

每月食餉銀三兩

領催六名

每月食餉銀二兩

披甲八十名

每月食餉銀一两

閑散額勒錦　七十八　巴爾精阿

水手六名

匠藝三名

食半餉半米

披甲永德之妻孀婦

此佐佐領一員防禦一員原品休
致食全俸防禦兼雲騎尉一員
雲騎尉六員驍騎校一員領催
六名披甲八十名閑散三名水
手六名匠藝三名食半餉披
甲之妻孀婦一名口共應領春

秋雨季連閏一月俸餉銀三仟

三百二十三两

廂藍旗常林佐領下

佐領兼騎都尉常林　雲騎尉吉凌阿　永海　多隆阿

連福　富勒琿　圖桑阿　恩貴　勝林　圖薩佈

驍騎校海瀫阿　由領催挑補無品級倉塲筆帖式慶祥

每月食餉銀三兩

領催七名水手在內

每月食餉銀二兩

披甲八十名

每月食餉銀一兩

閑散多隆阿　德喜　莫霍洛　喜順

水手五名
匠執藝三名
食半餉半米
披甲和春之妻孀婦

此佐佐領兼騎都尉一員雲騎尉
九員驍騎校一員由領催挑補無

品級倉場筆帖式一員領催七名披
甲八十名閑散四名水手五名匠
藝三名食半餉披甲之妻孀婦一
名口共應領春秋兩季連閏一月
俸餉銀三仟四百九十六兩
以上伯都訥地方官兵等統共應領

辛亥年春秋兩季連閏一月俸餉銀
三萬七仟二百四十四兩八錢六分四厘
理合登明須至冊者

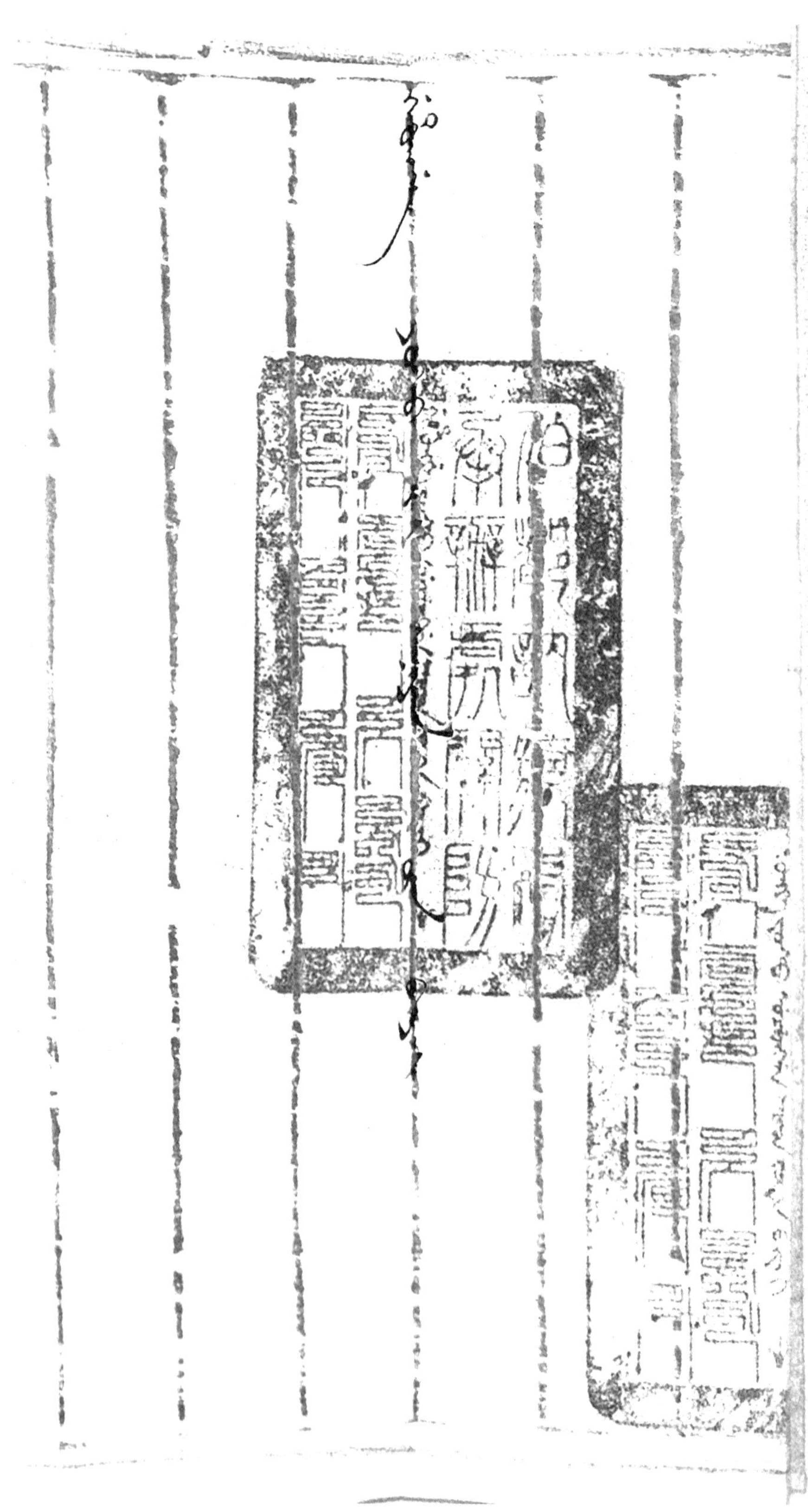

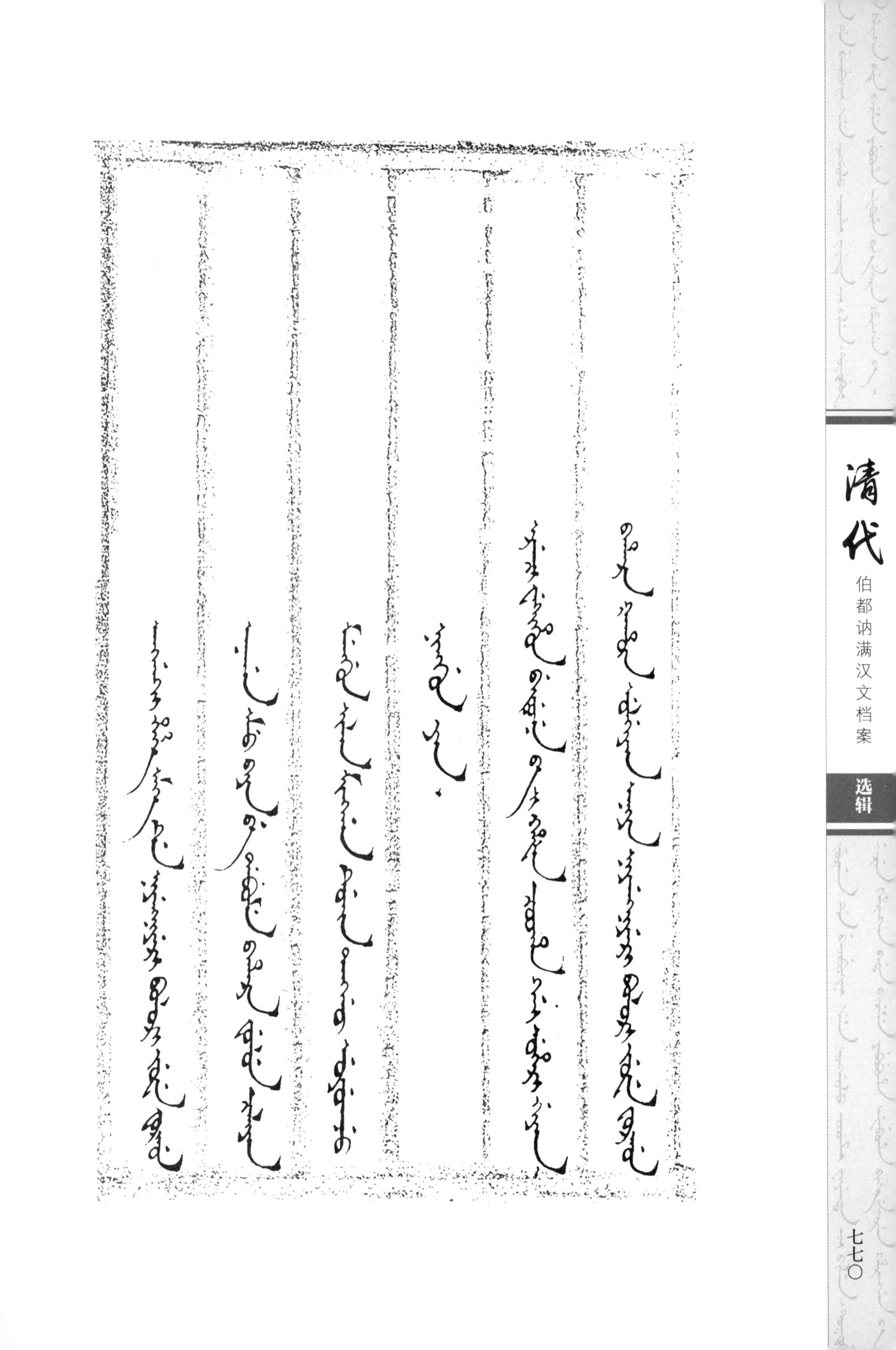

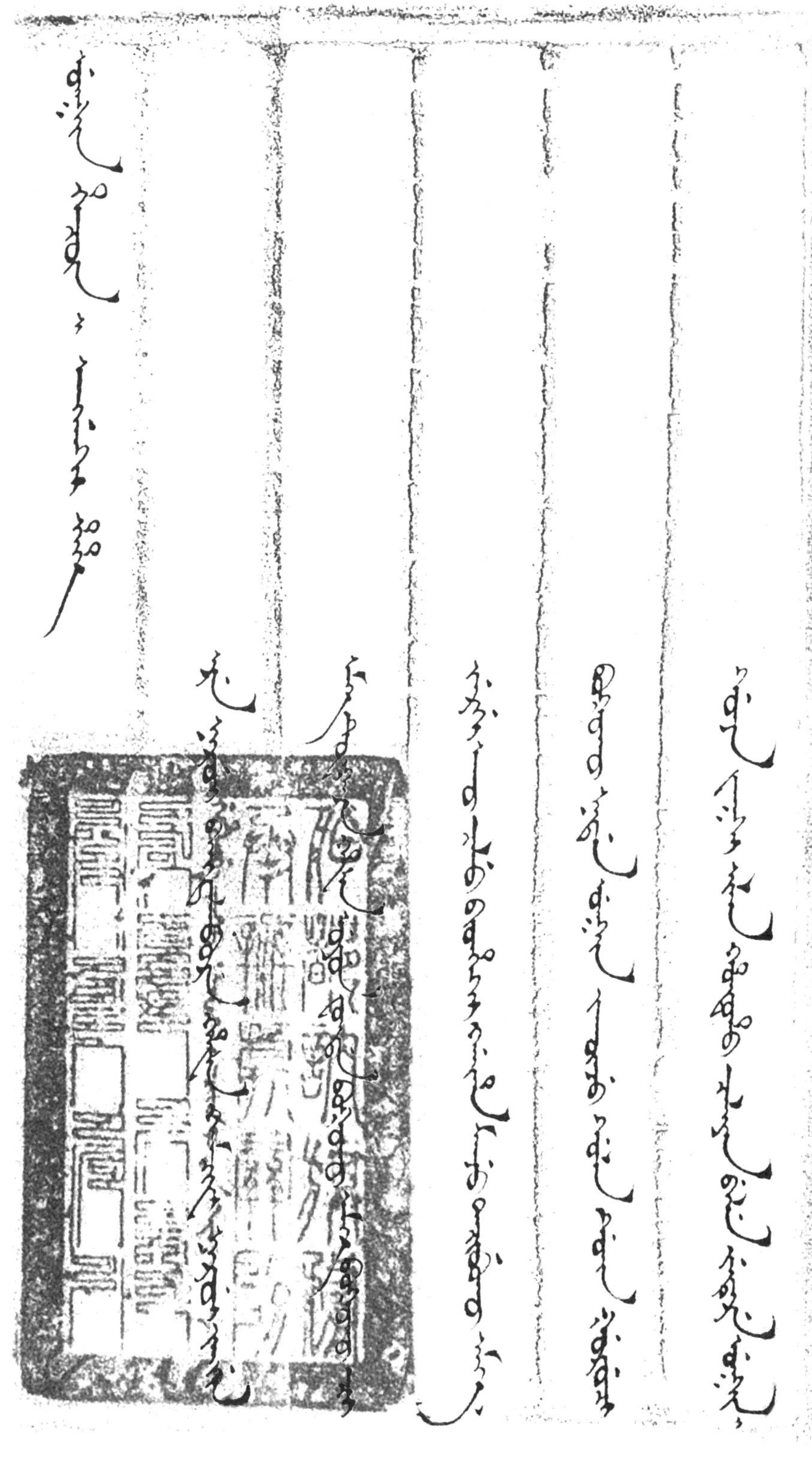

[illegible]

[illegible]

[illegible]

[illegible]

[illegible]

[illegible]

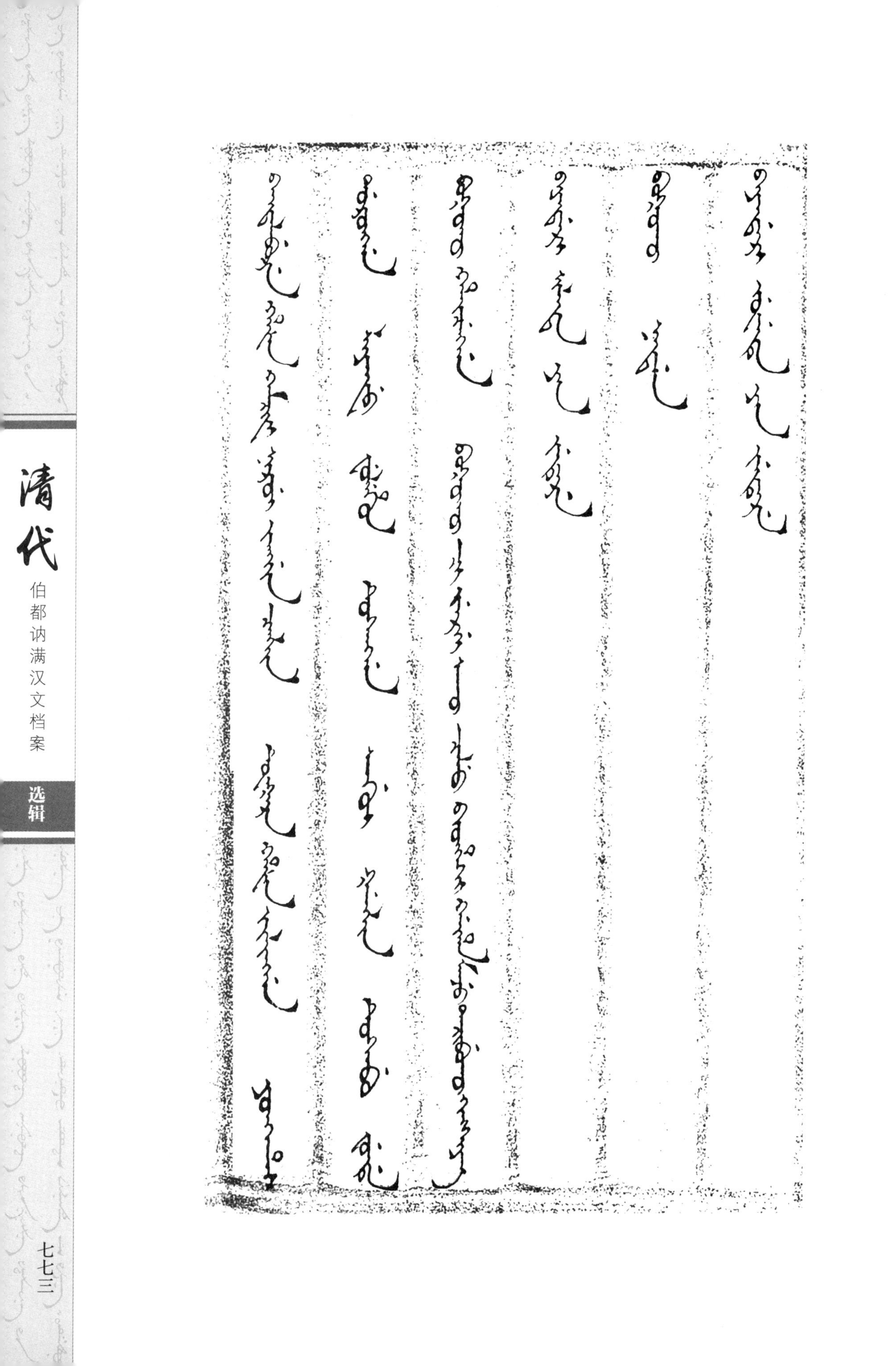

[illegible]

[illegible]

[illegible]

[illegible]

[illegible]

[illegible]

[illegible]

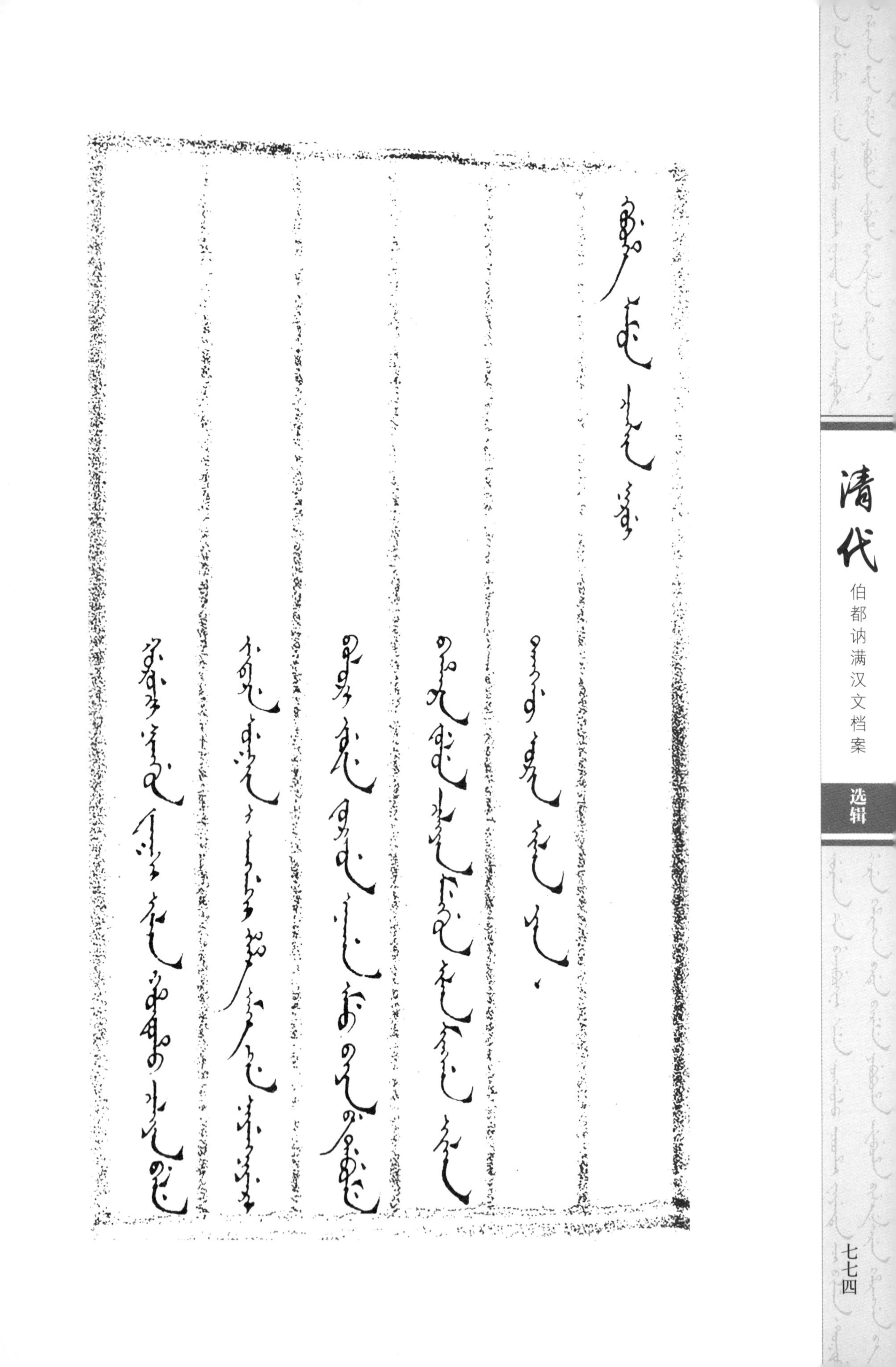

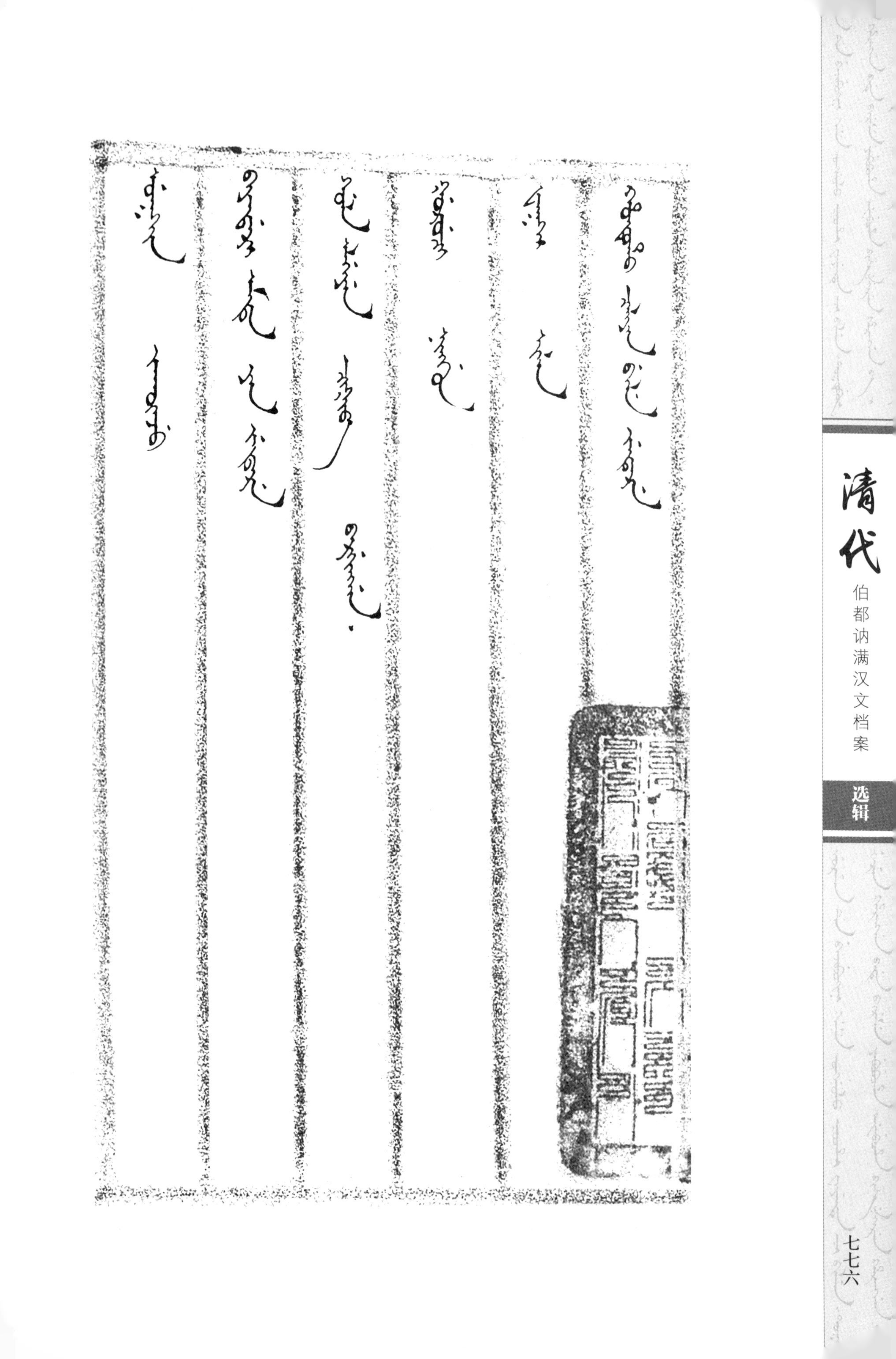

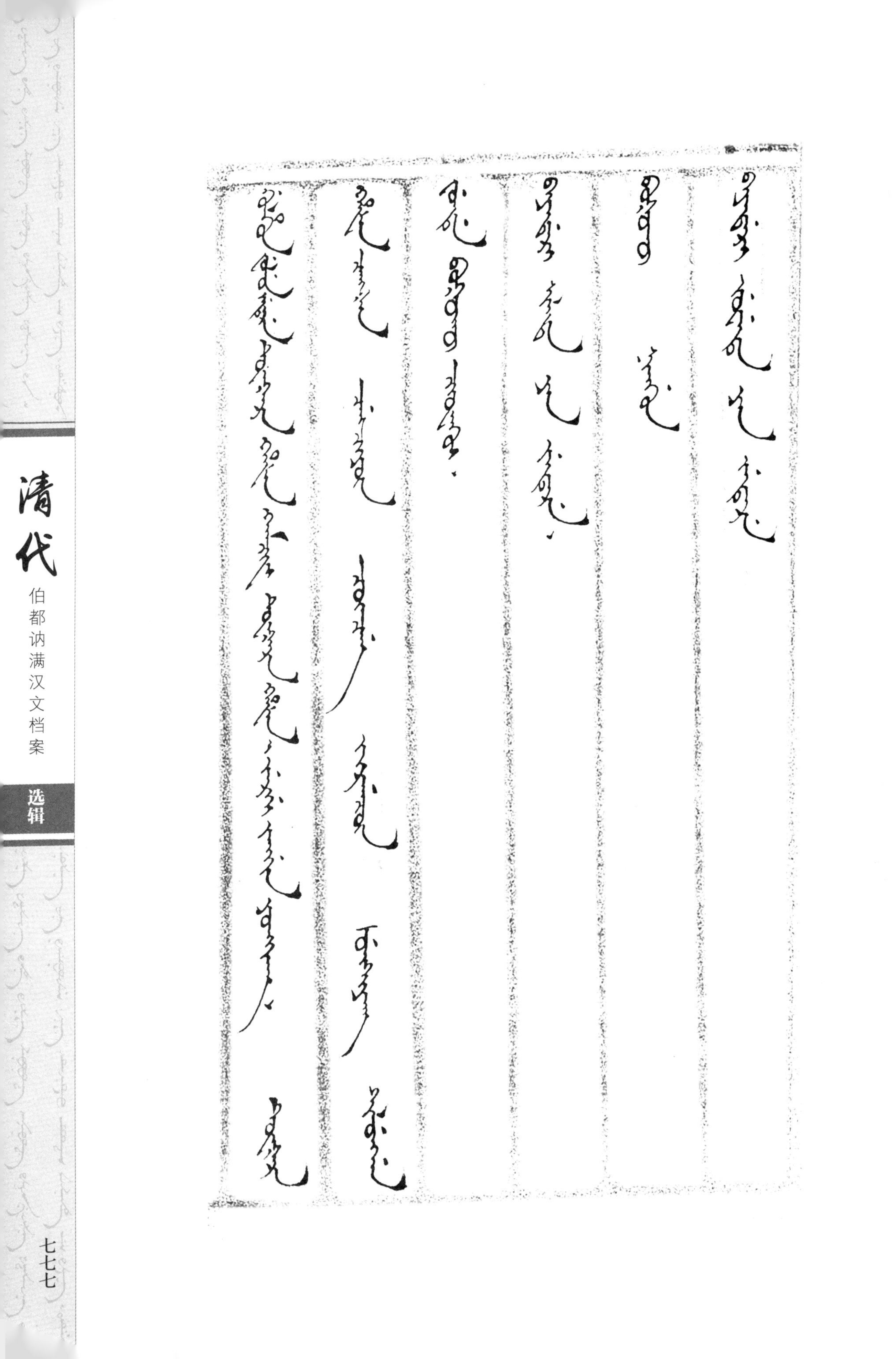

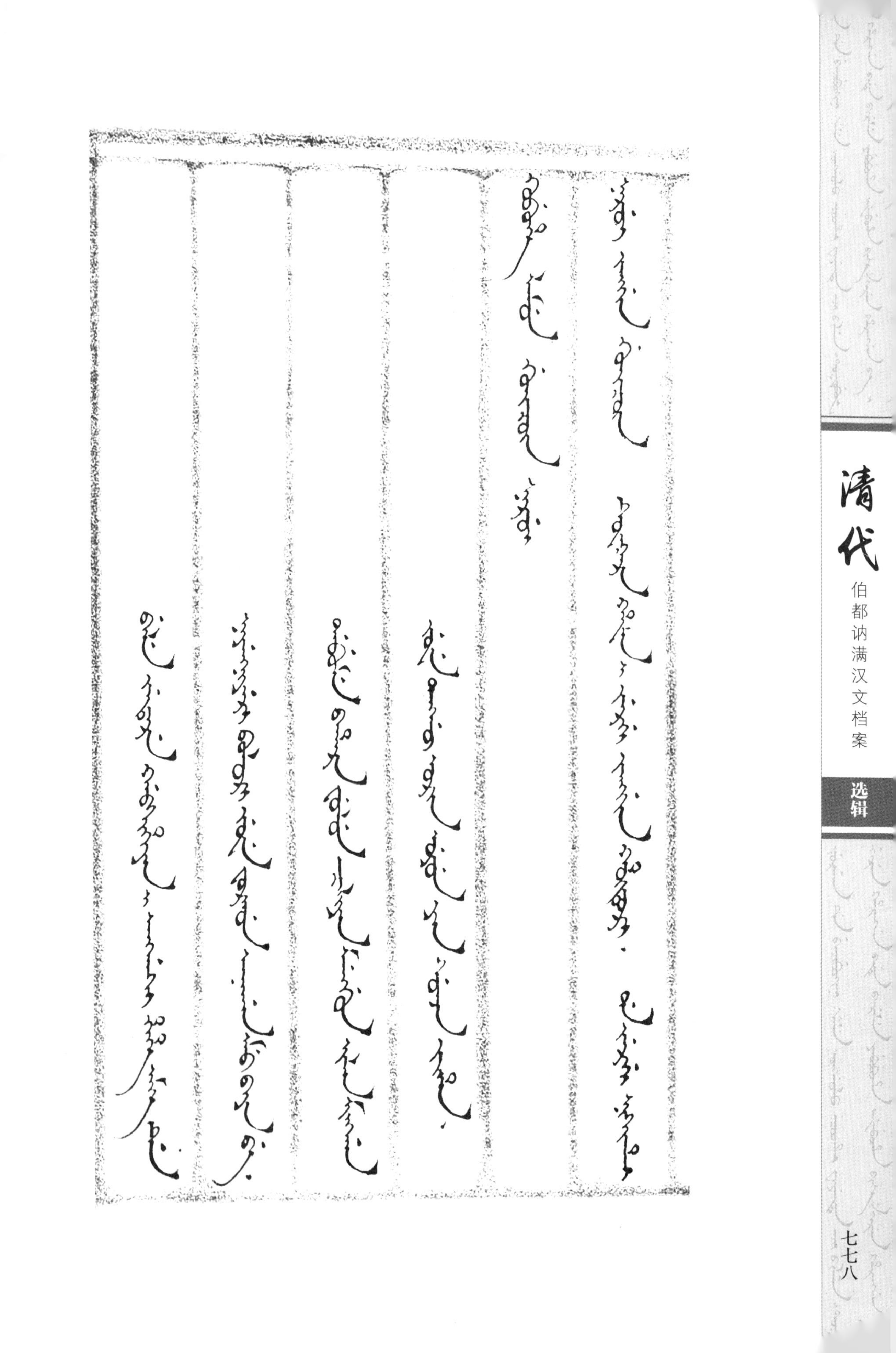

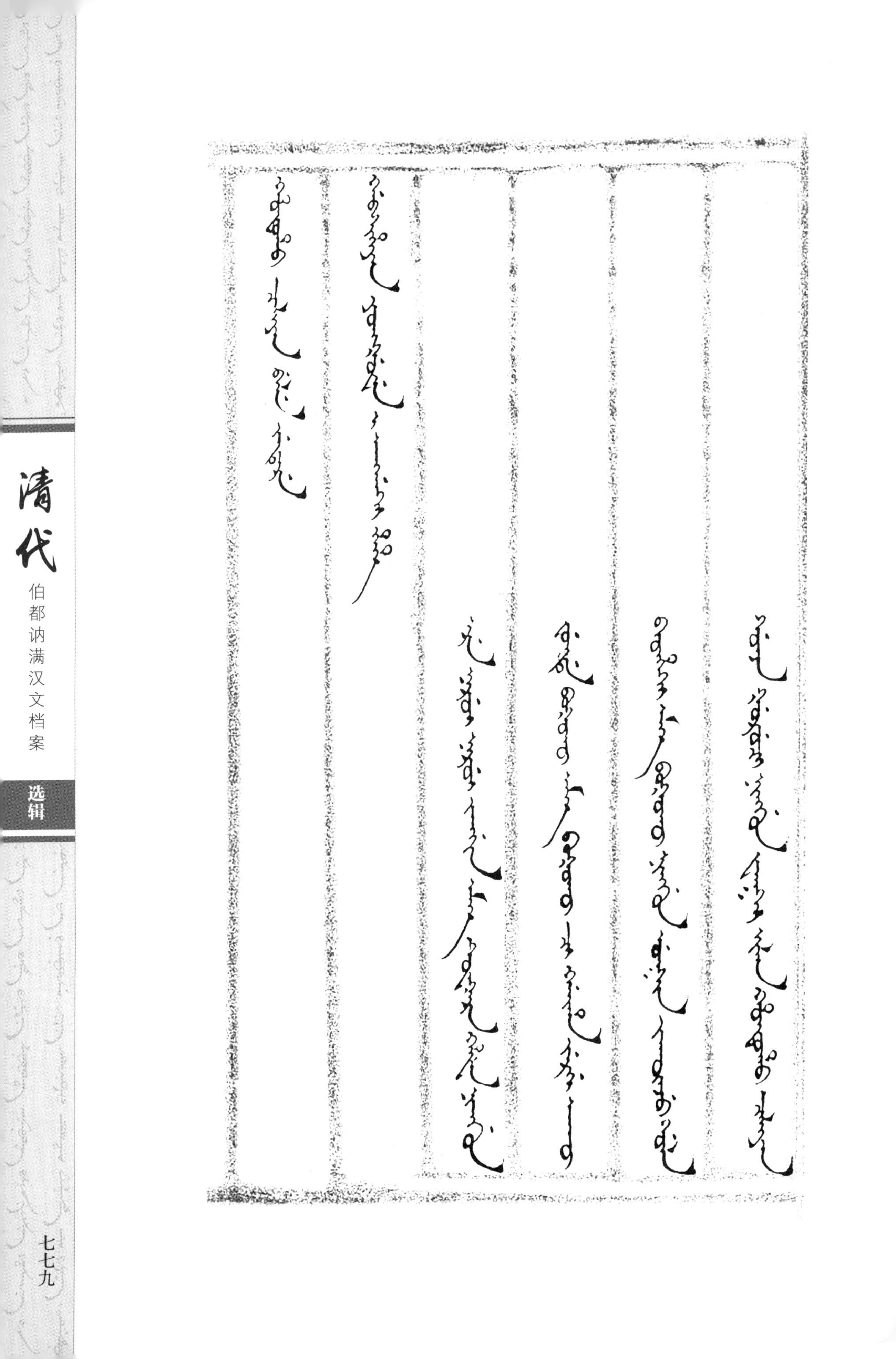

[illegible]

[illegible]

[illegible]

[illegible]

[illegible]

[illegible]

[illegible]

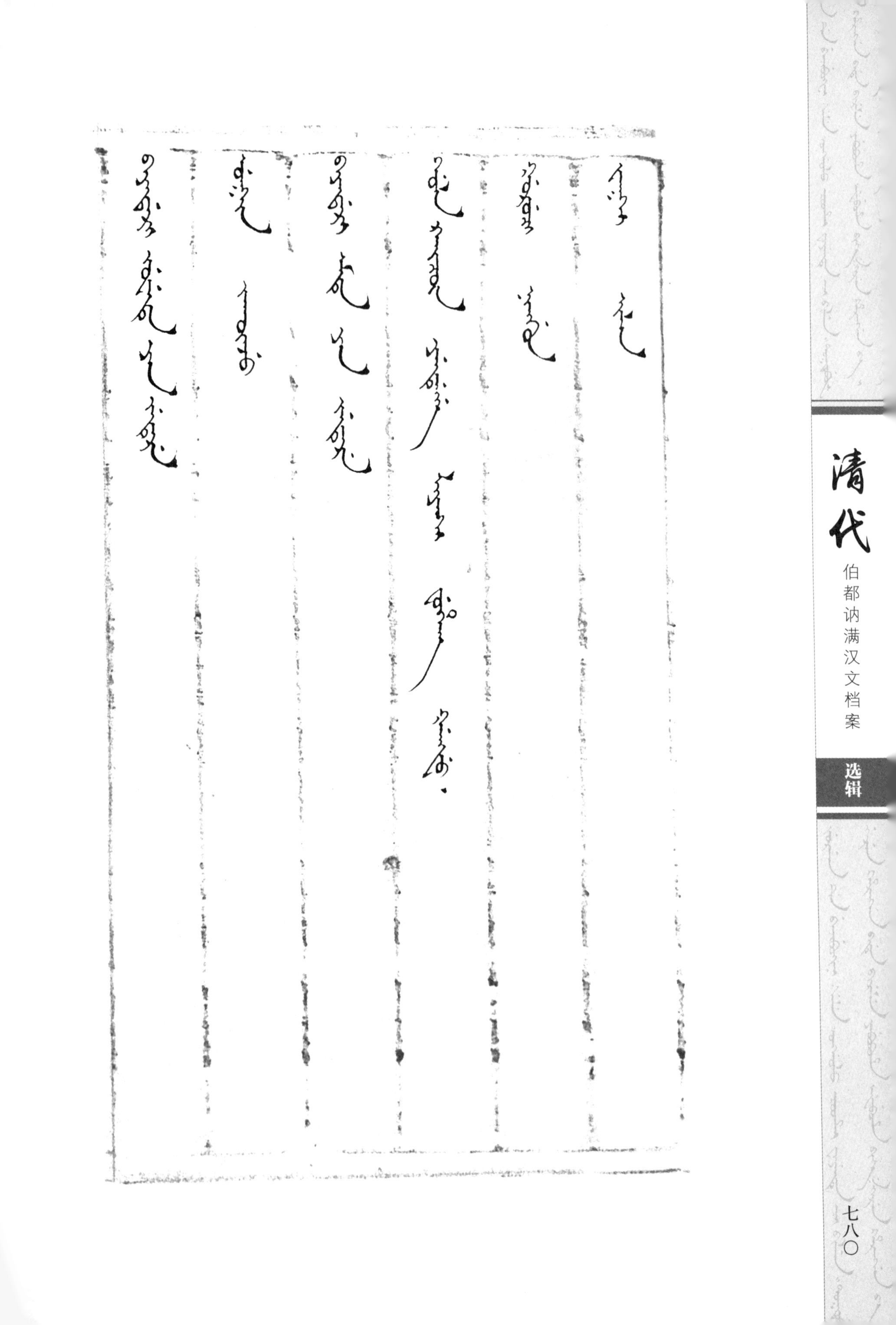

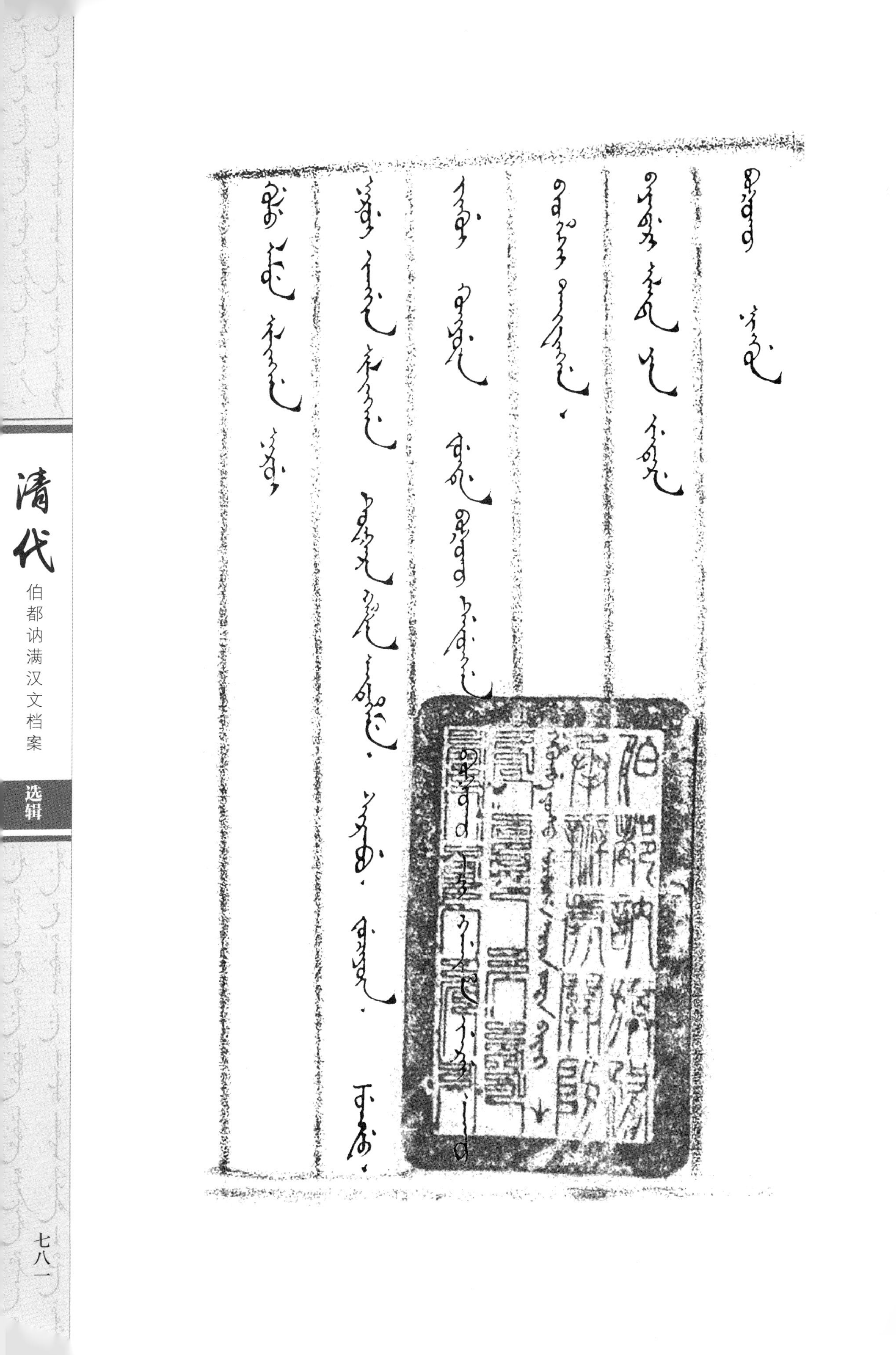

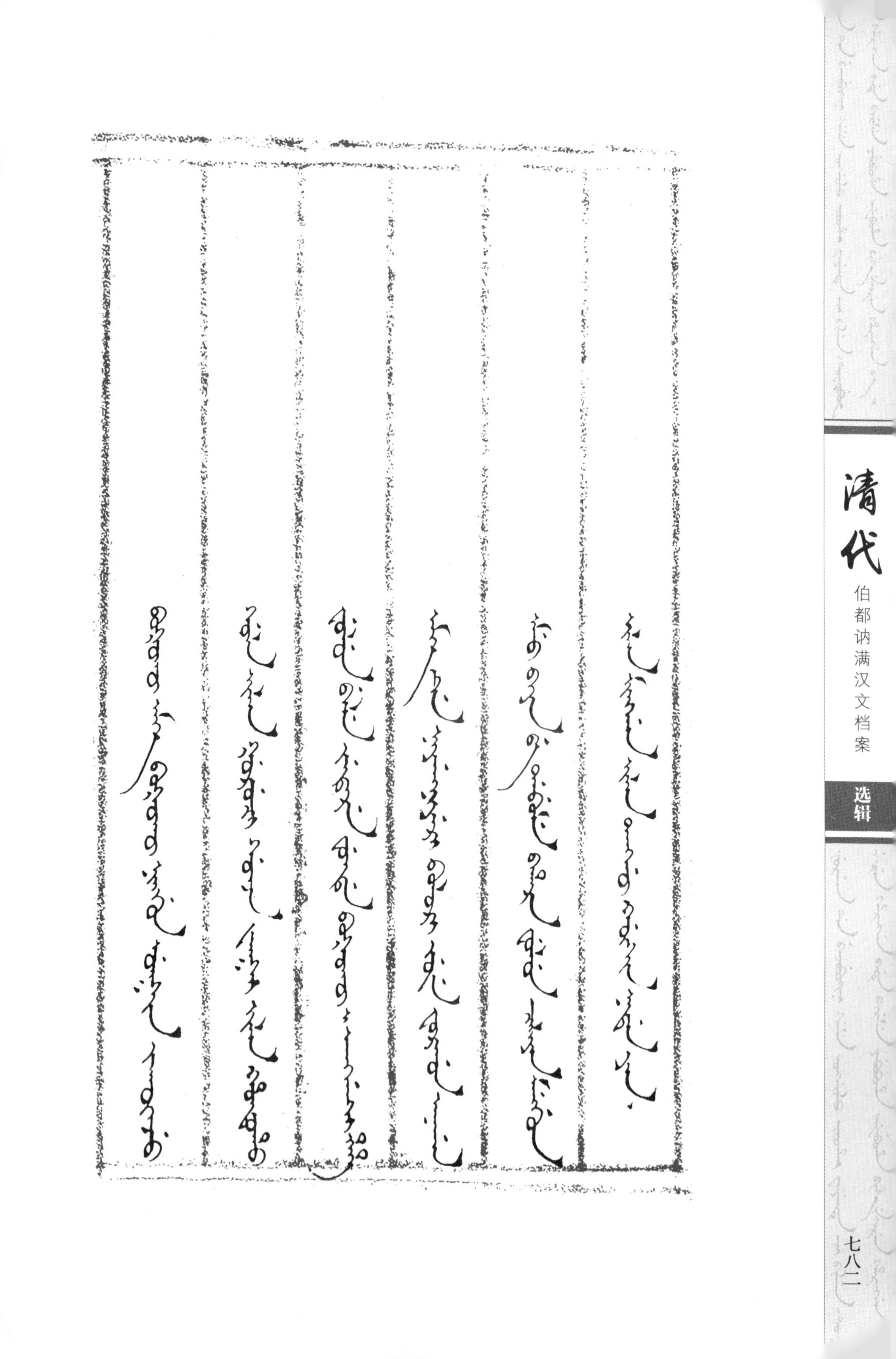

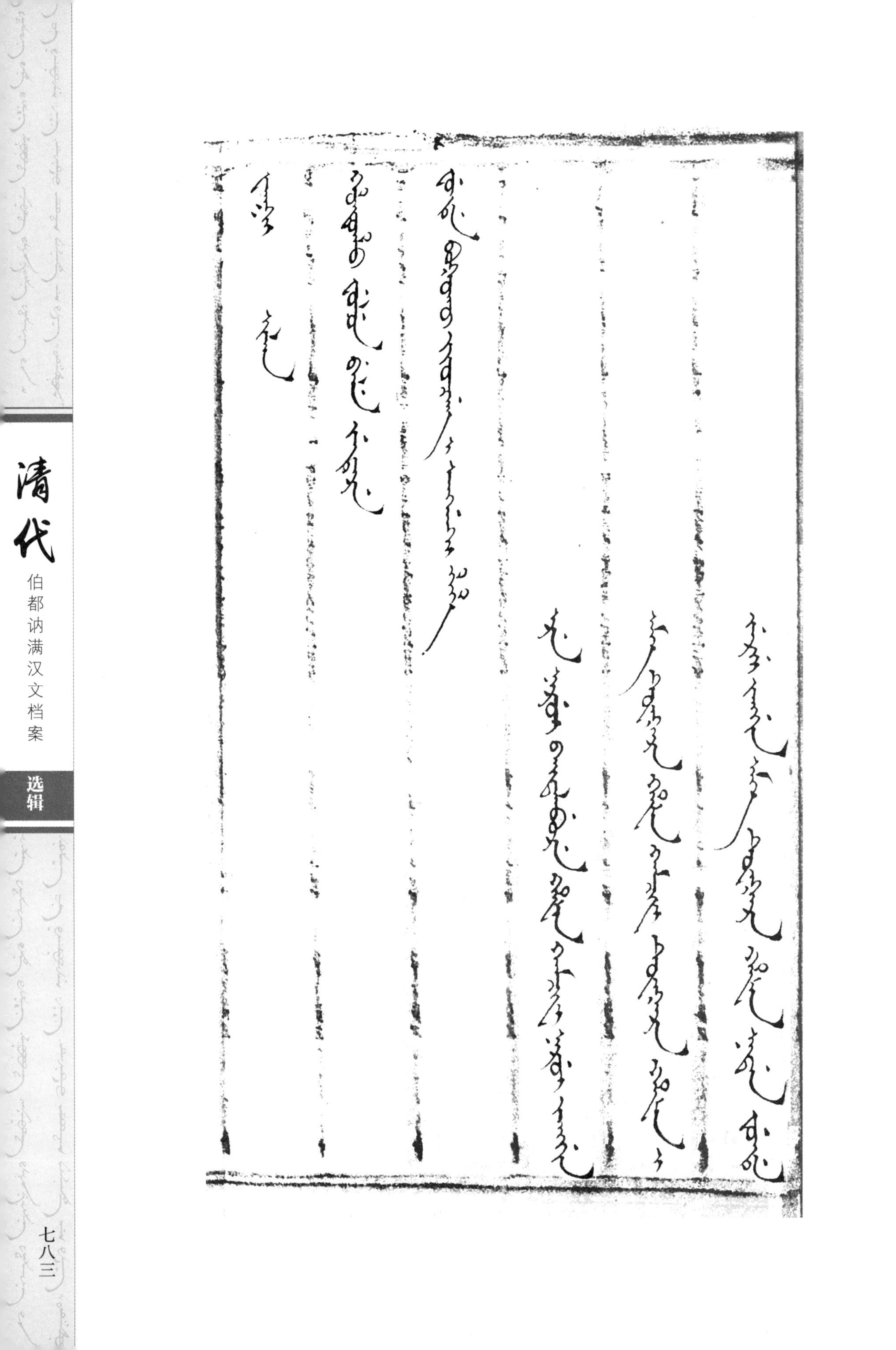

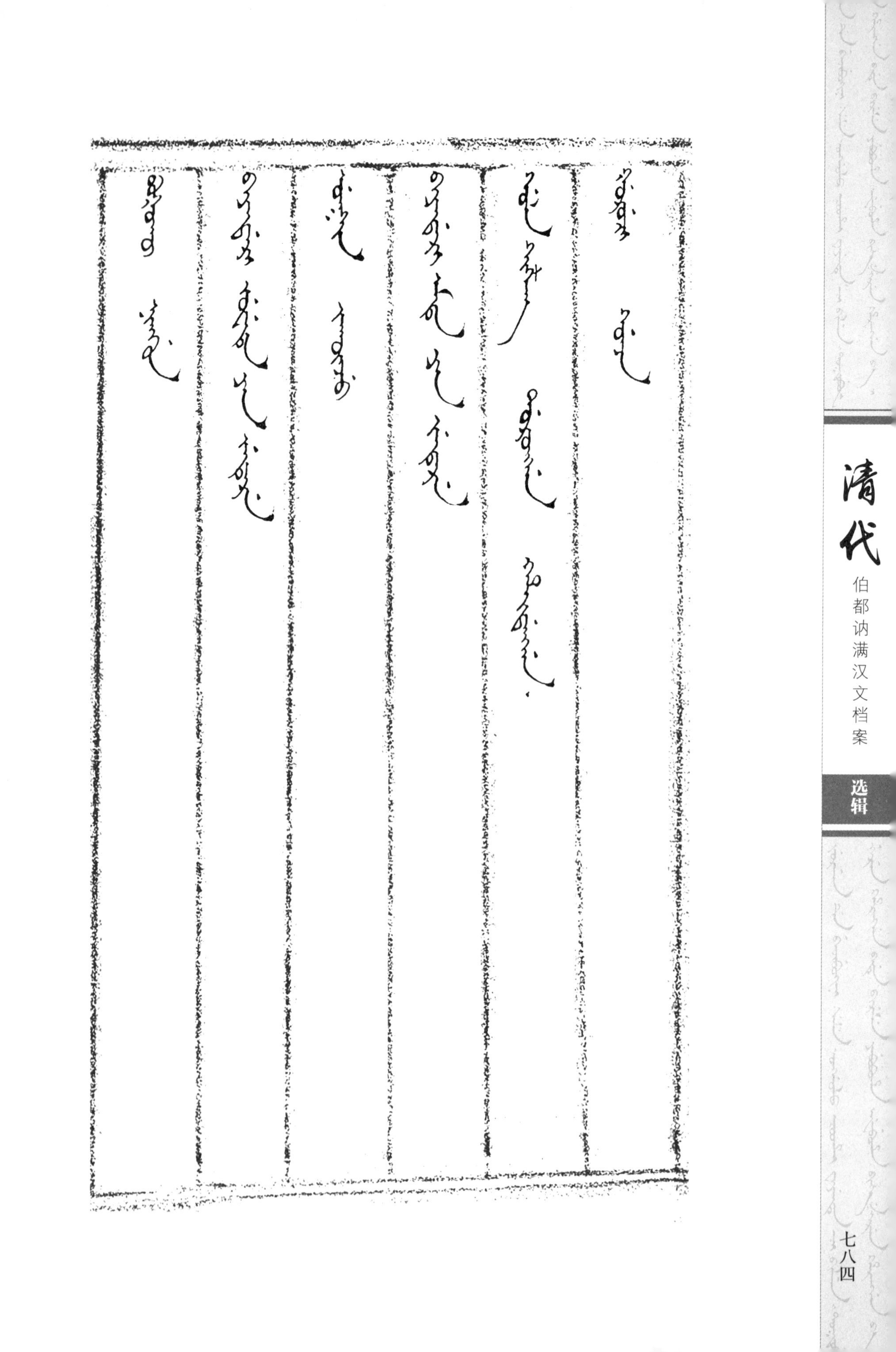

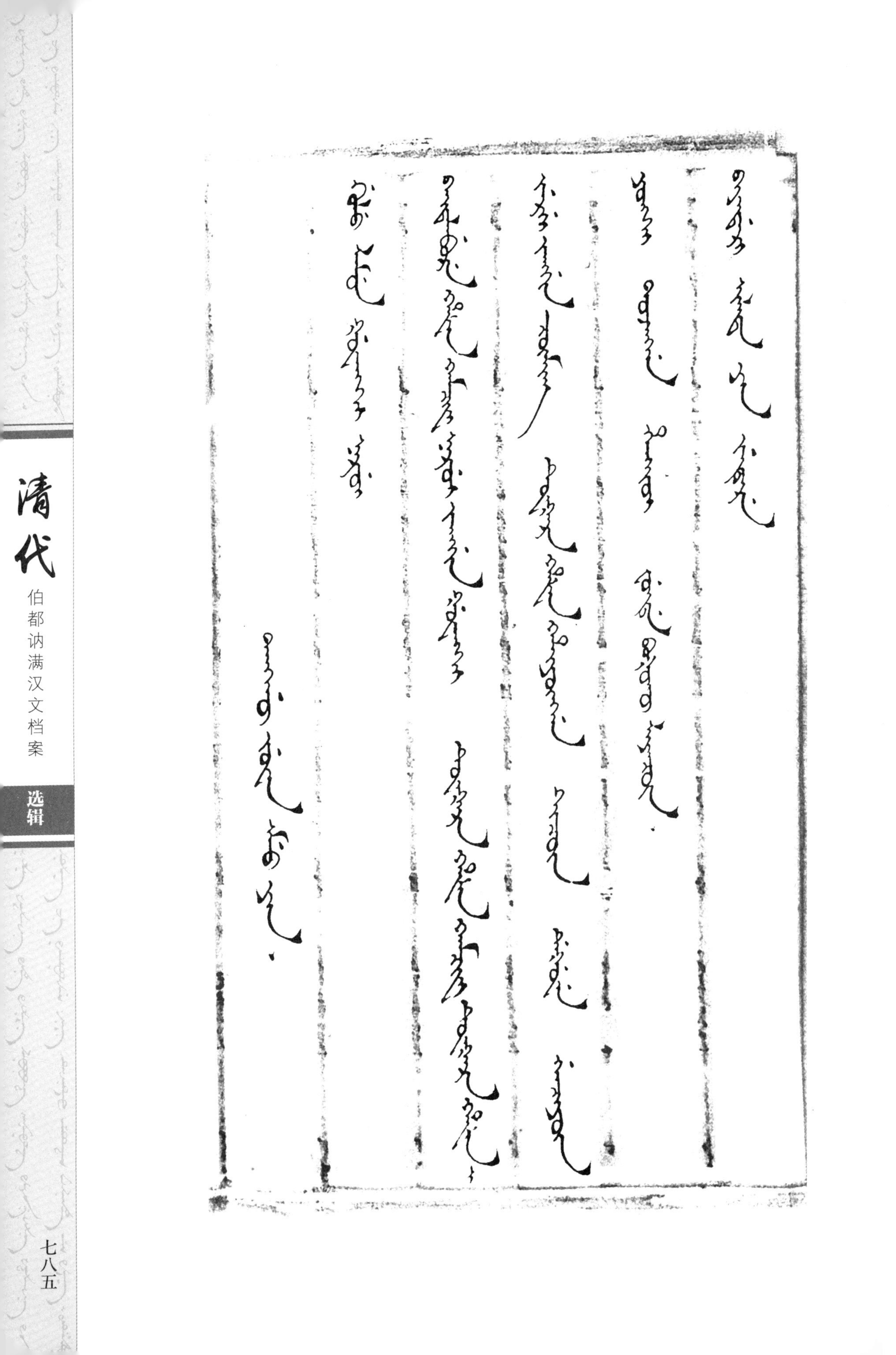

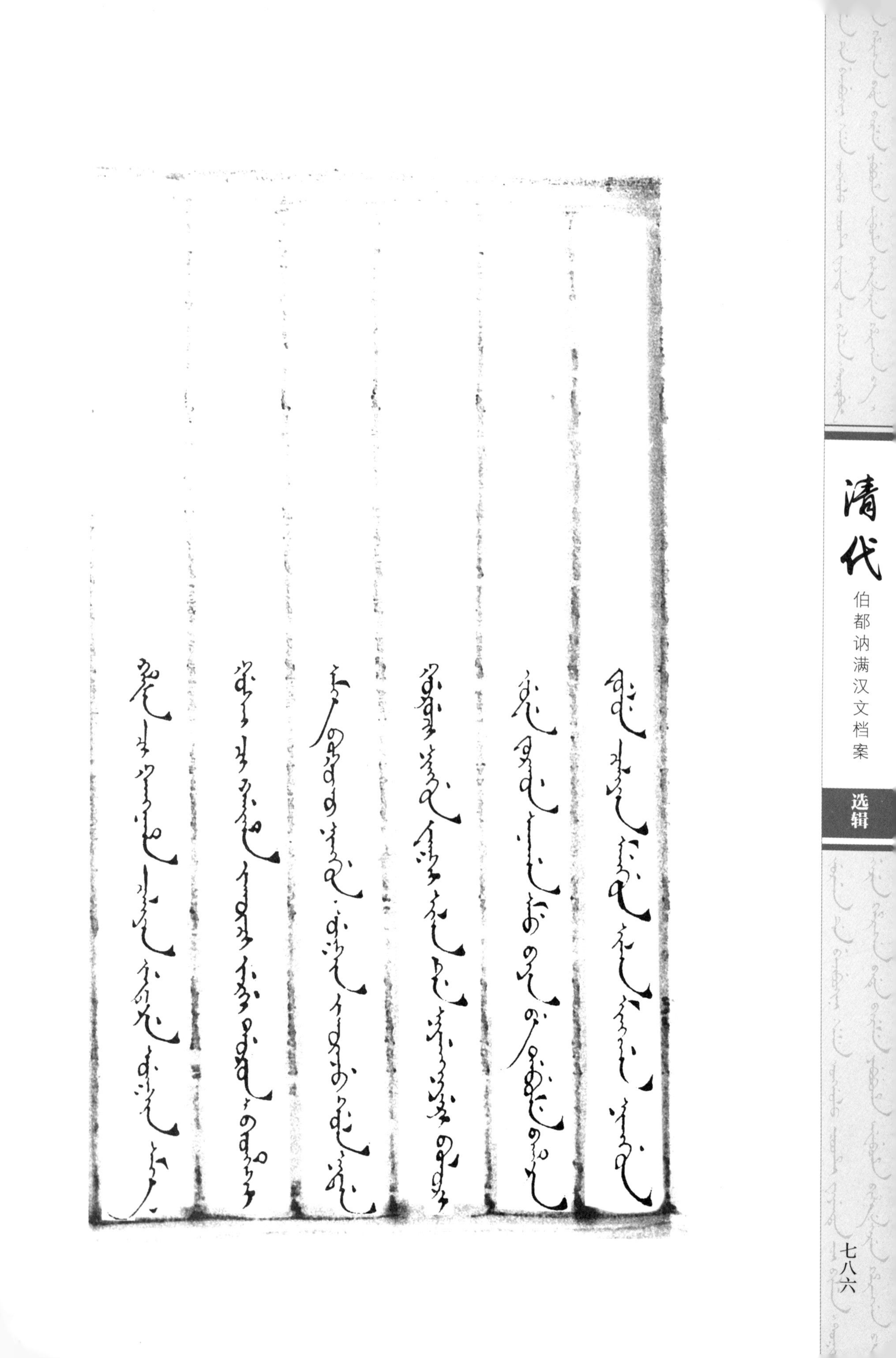

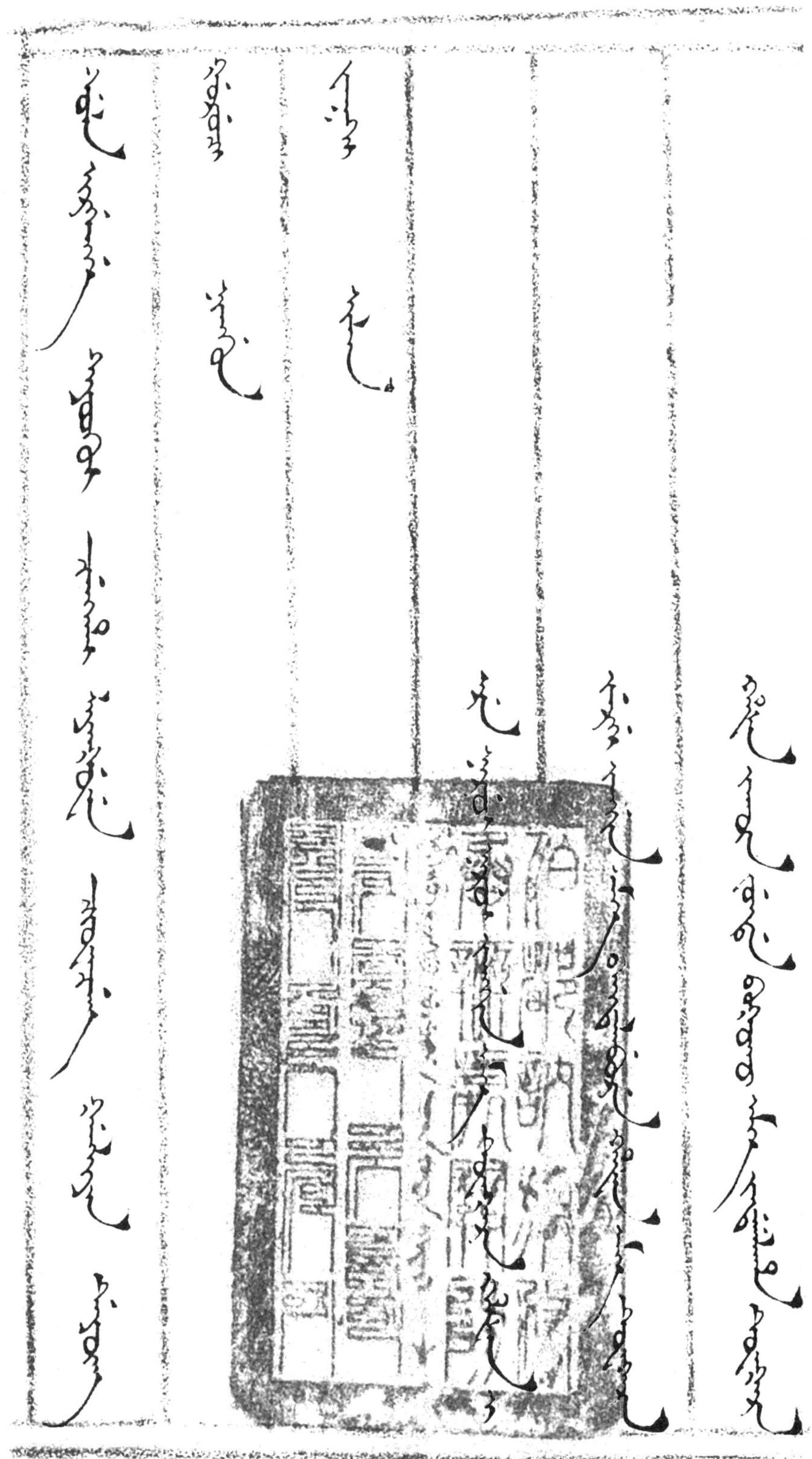

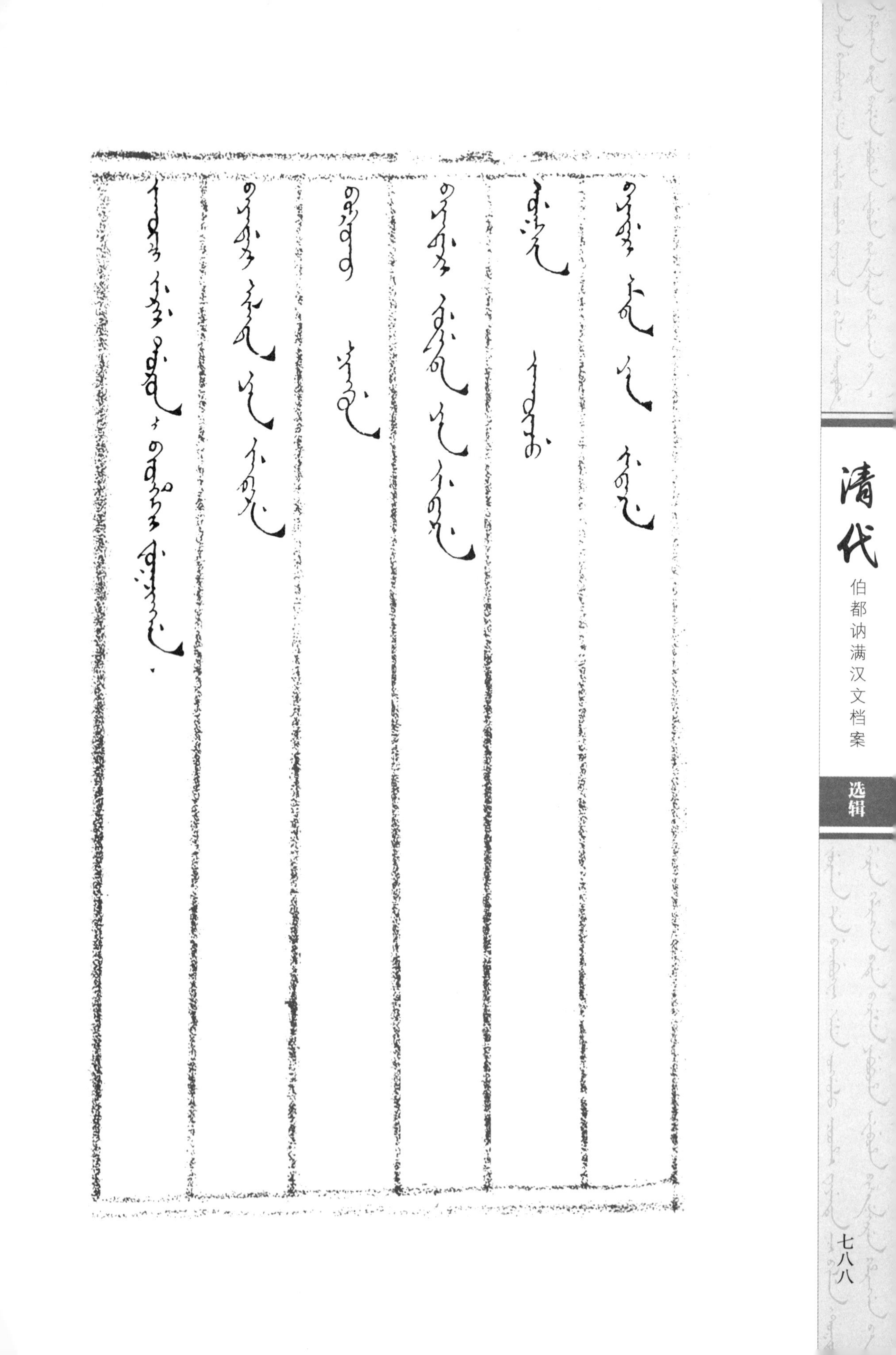

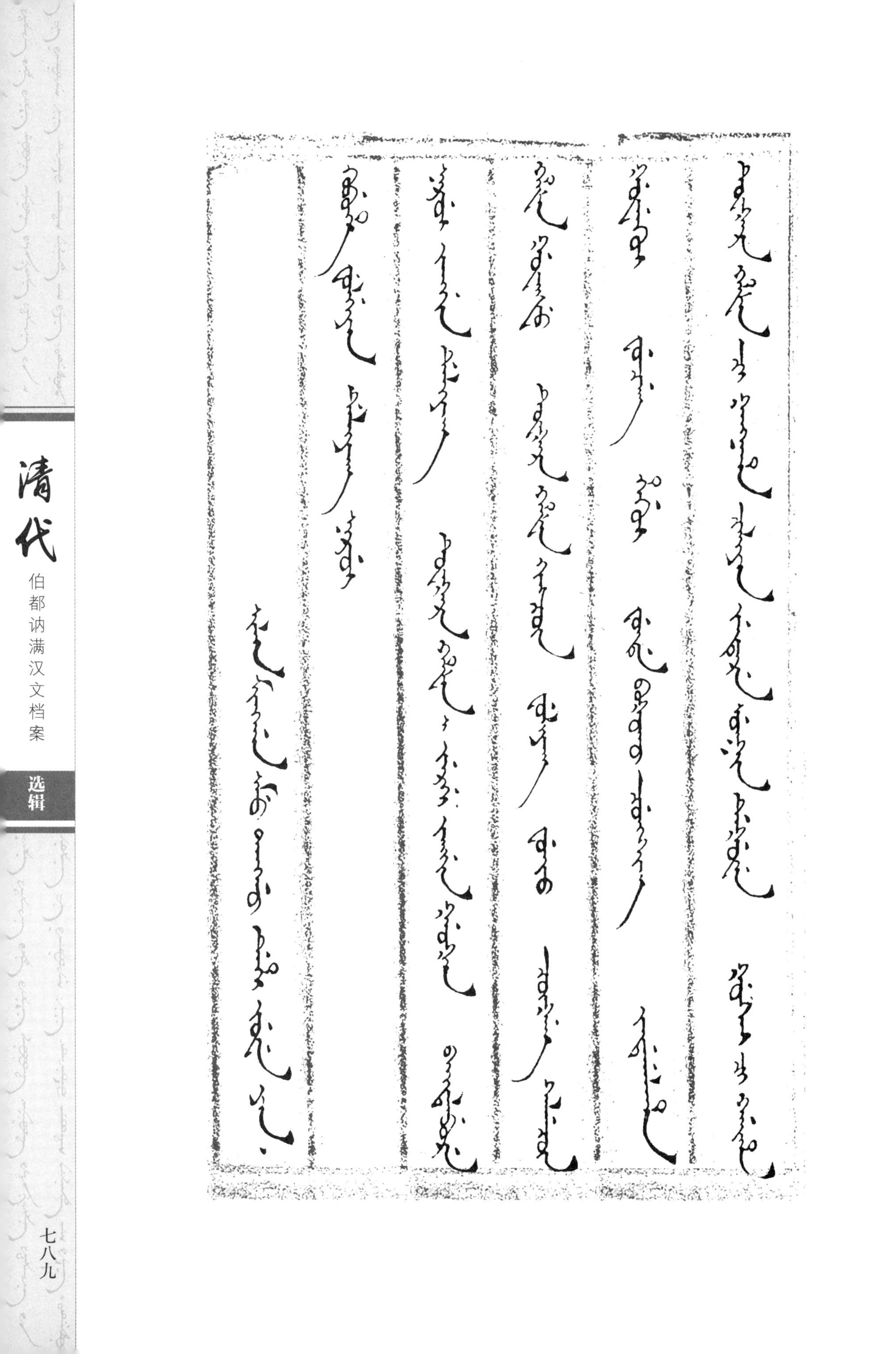

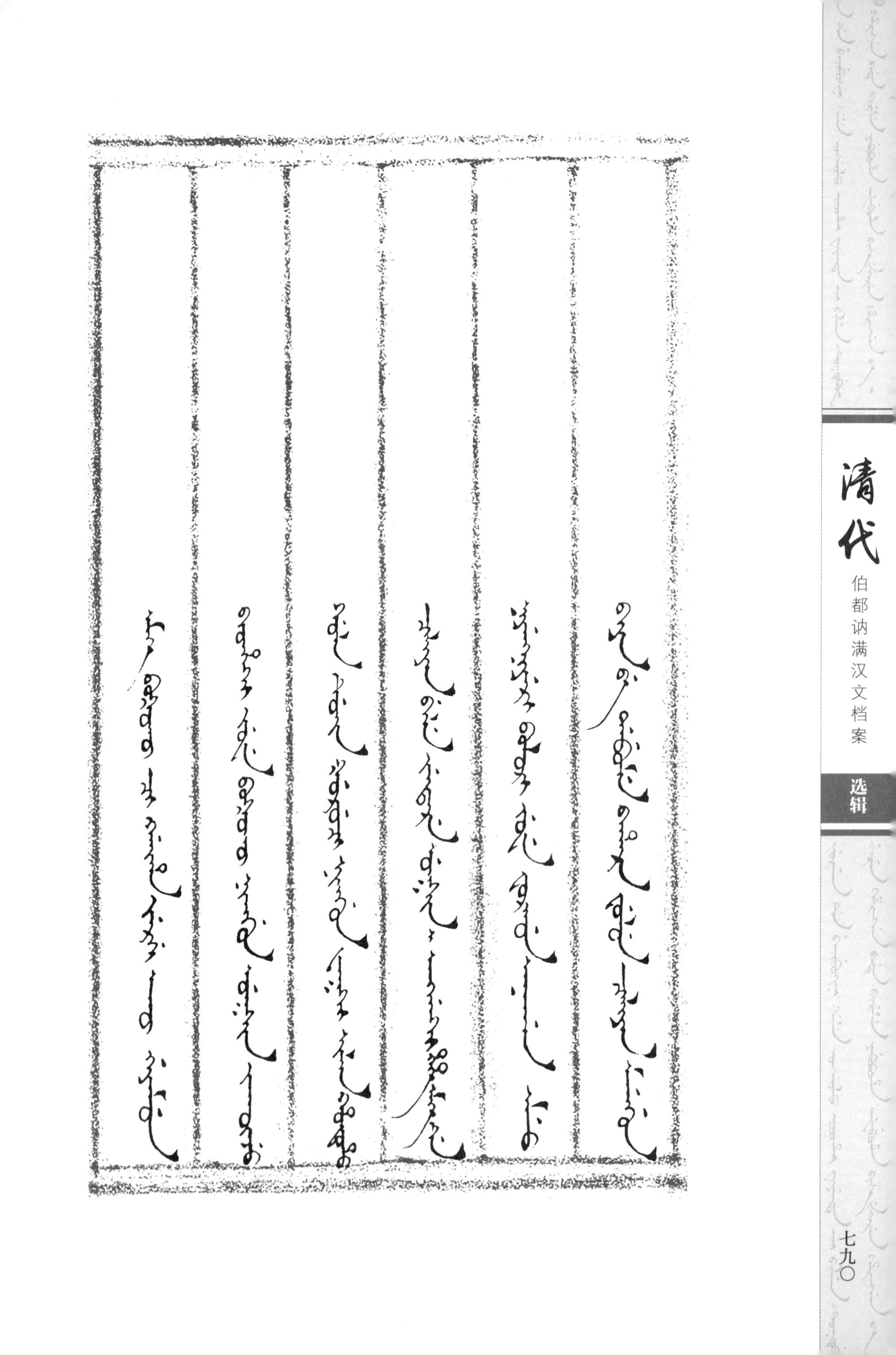

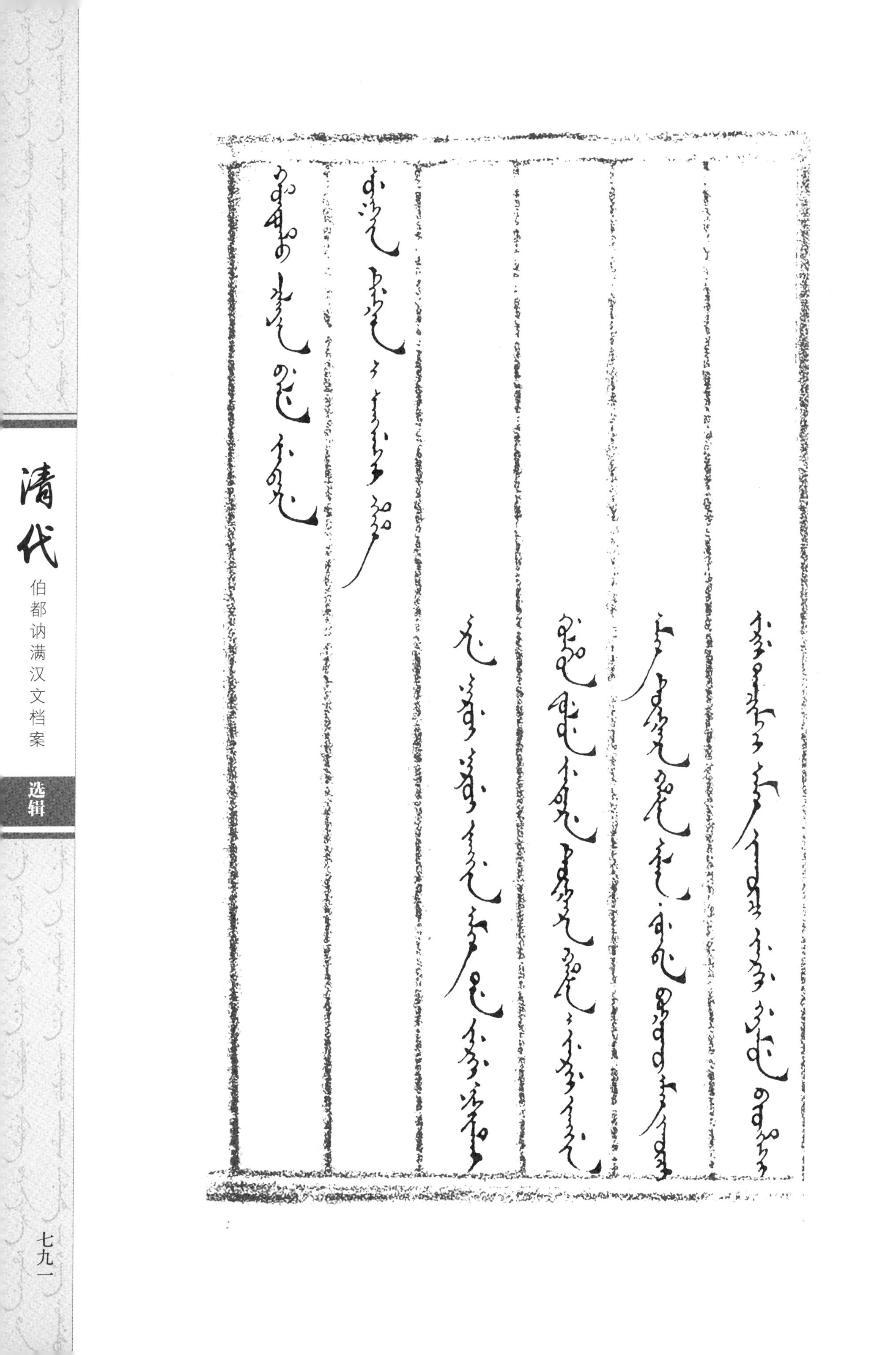

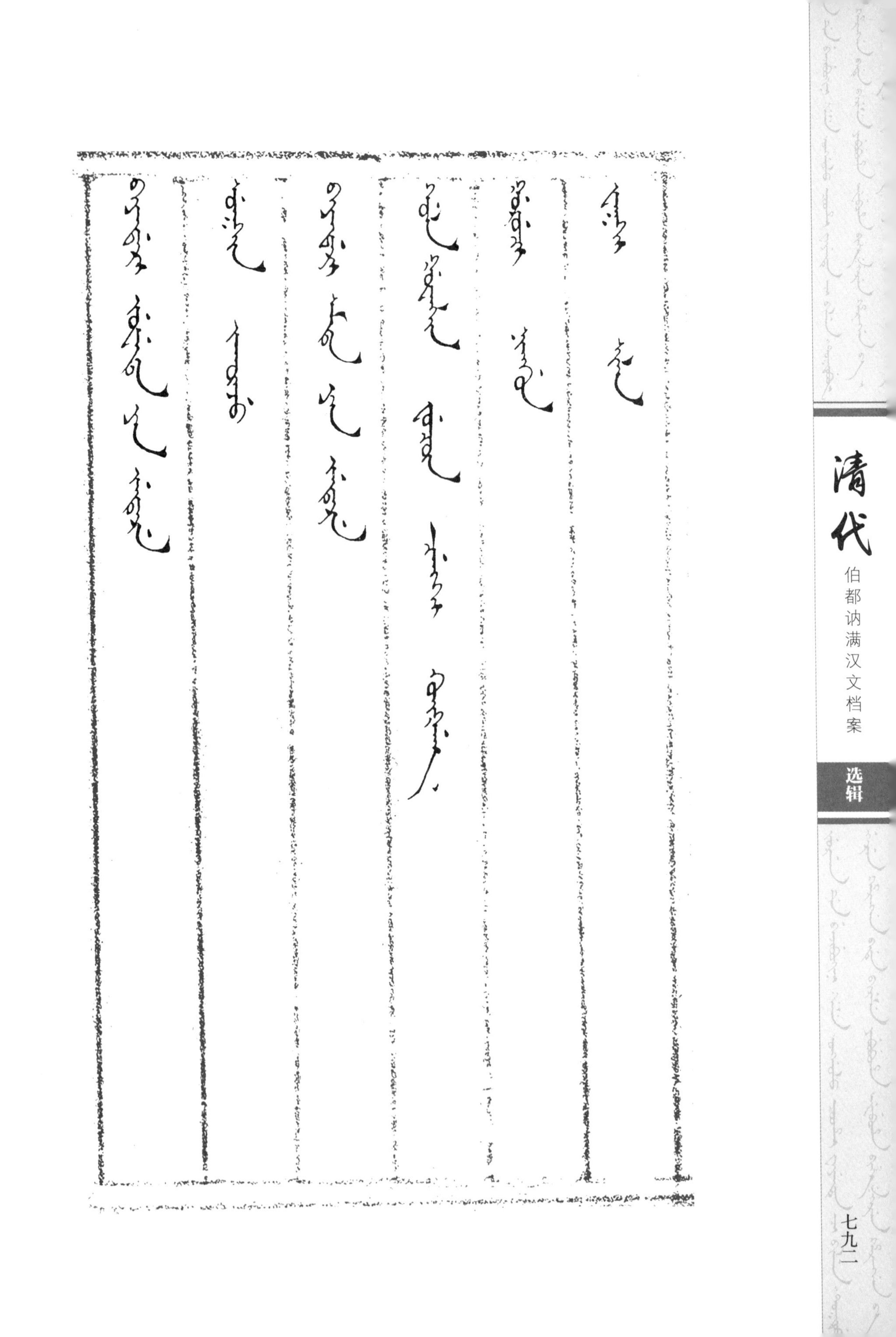

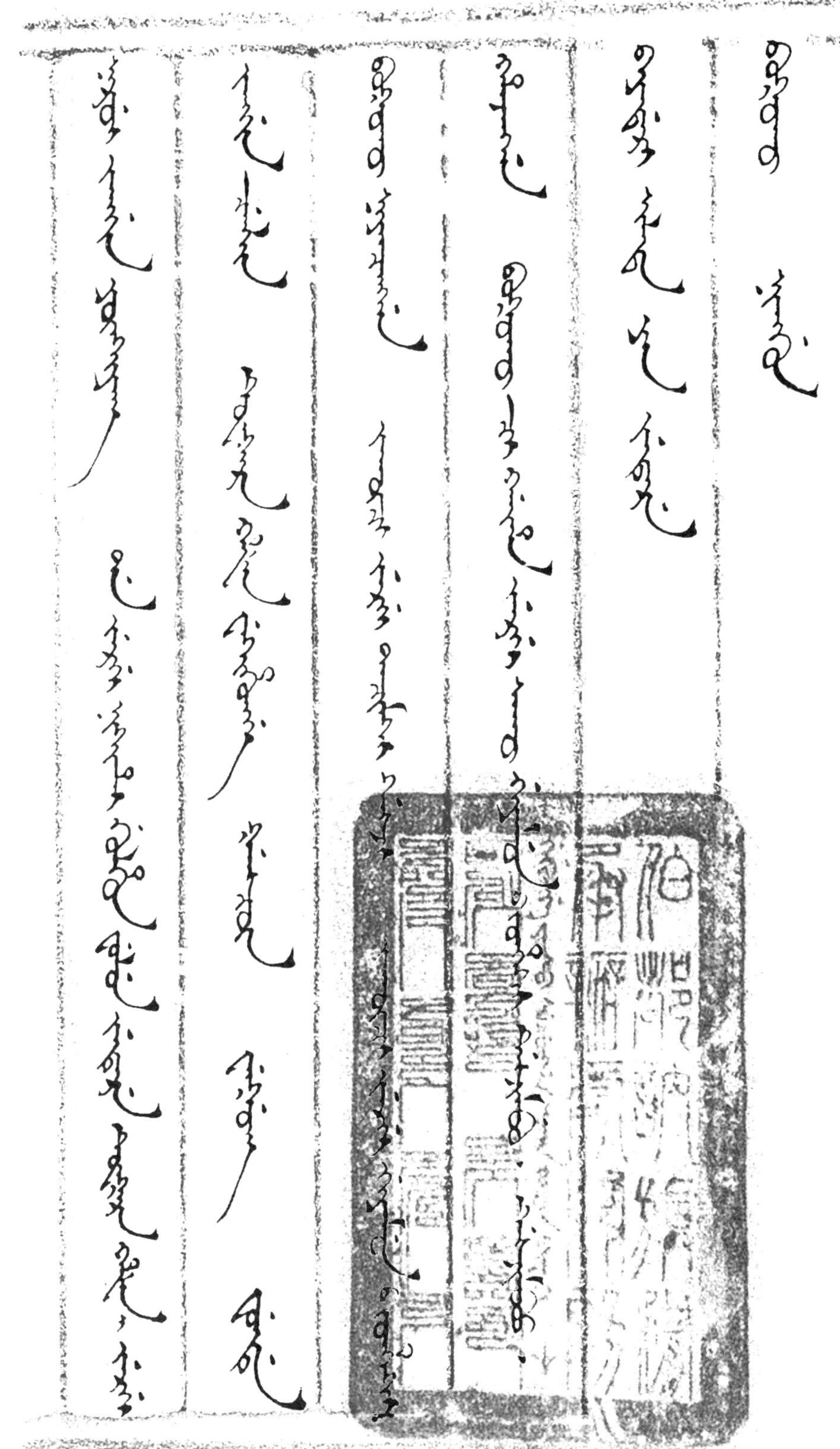

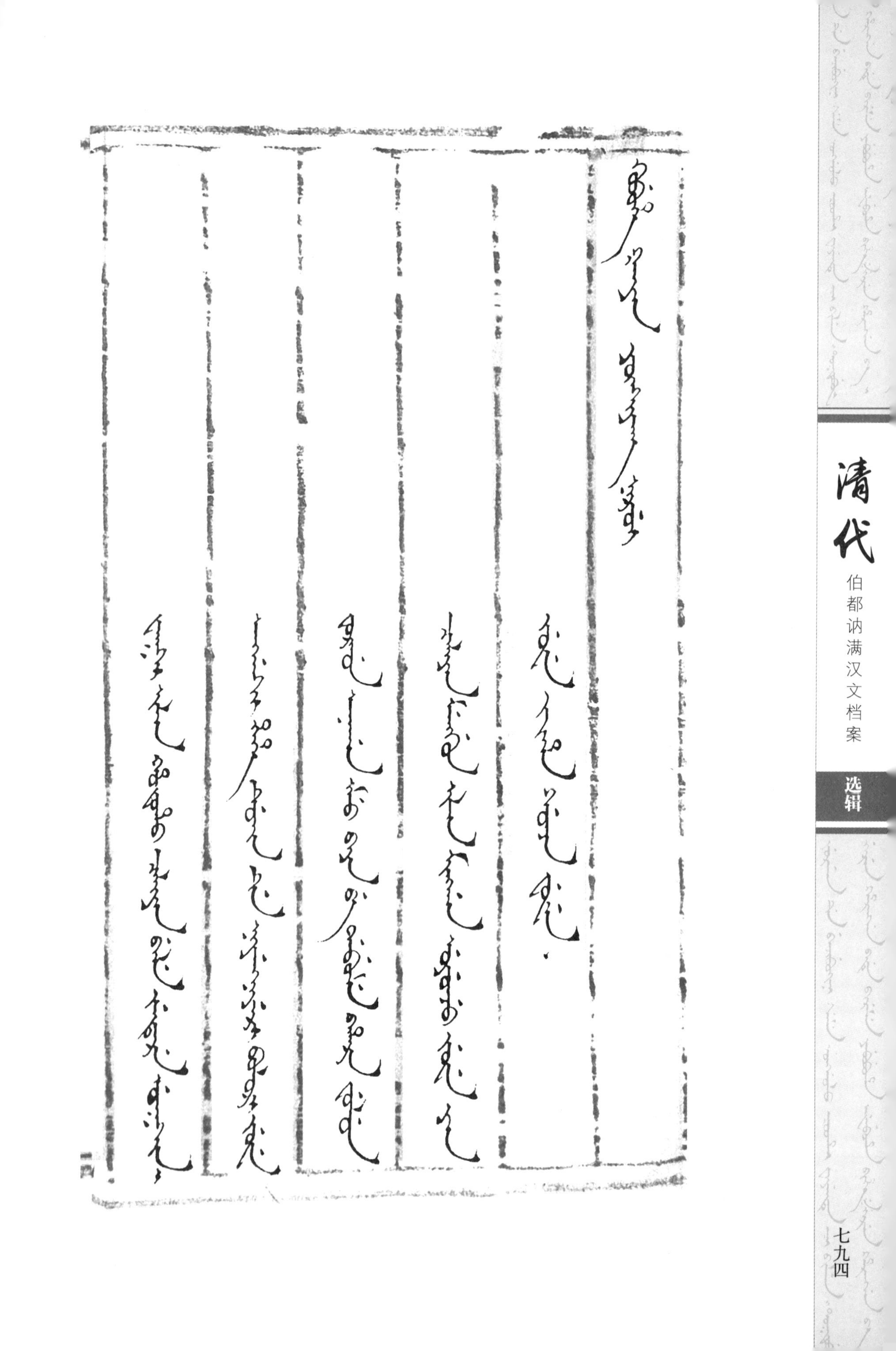

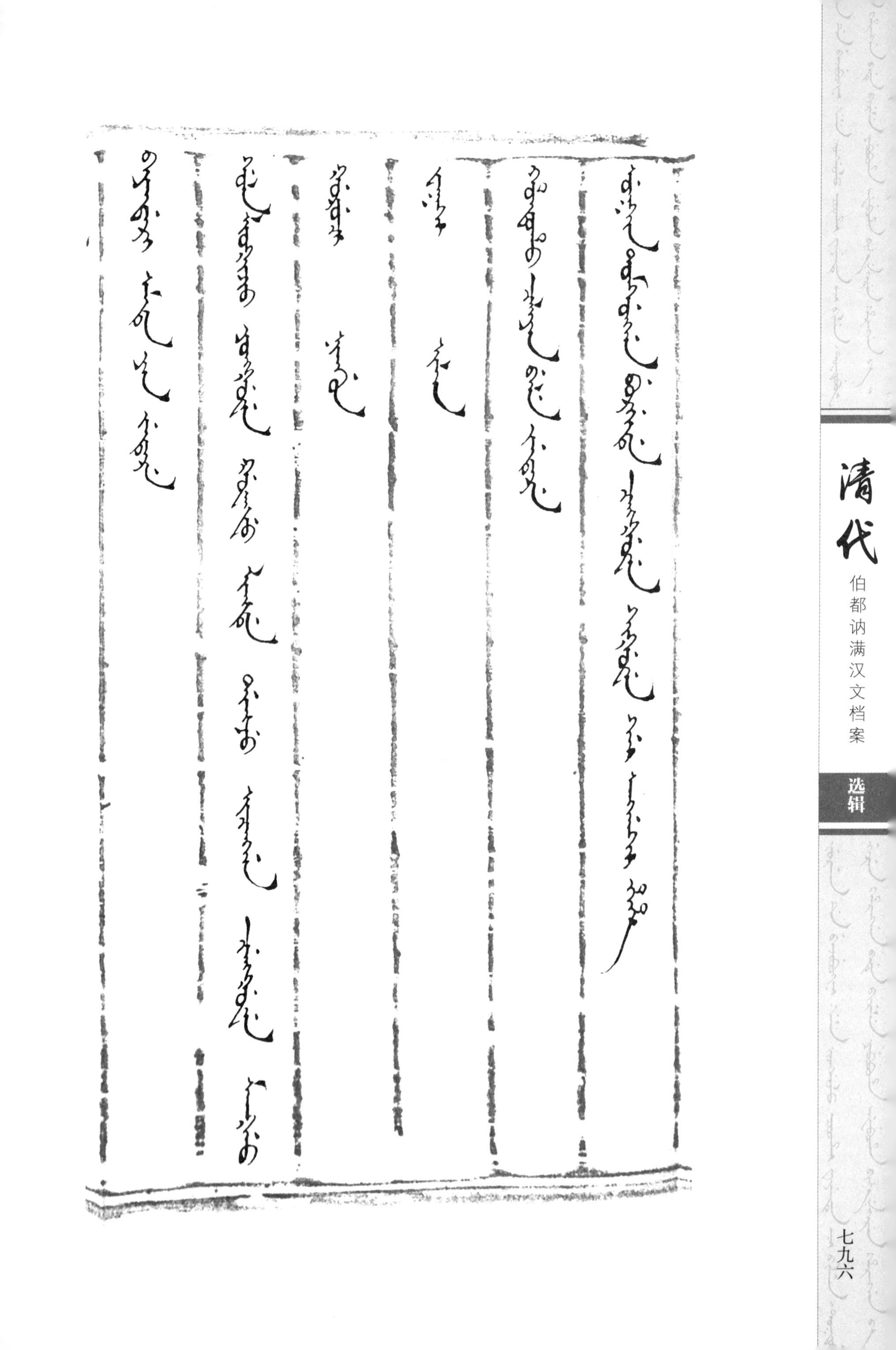

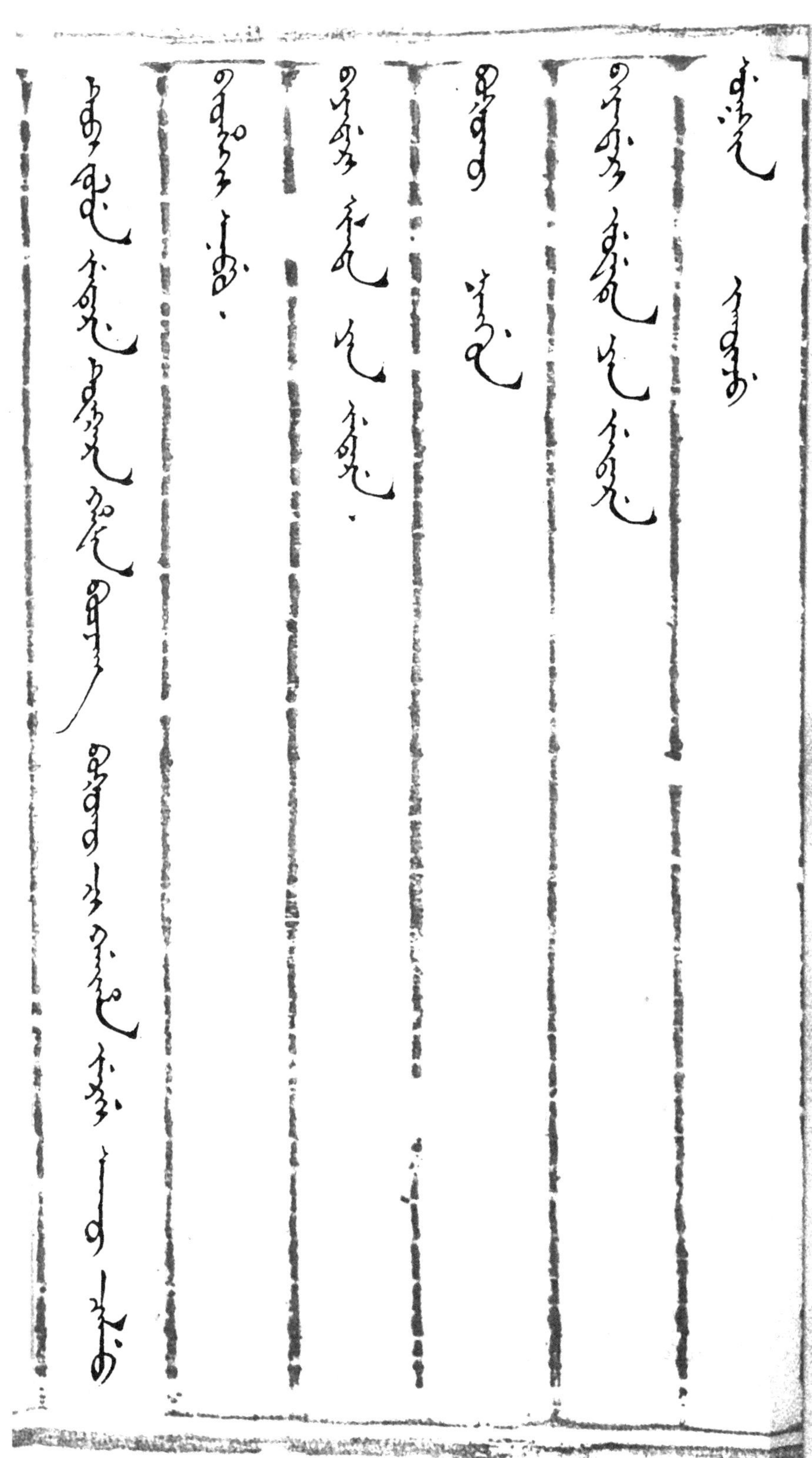

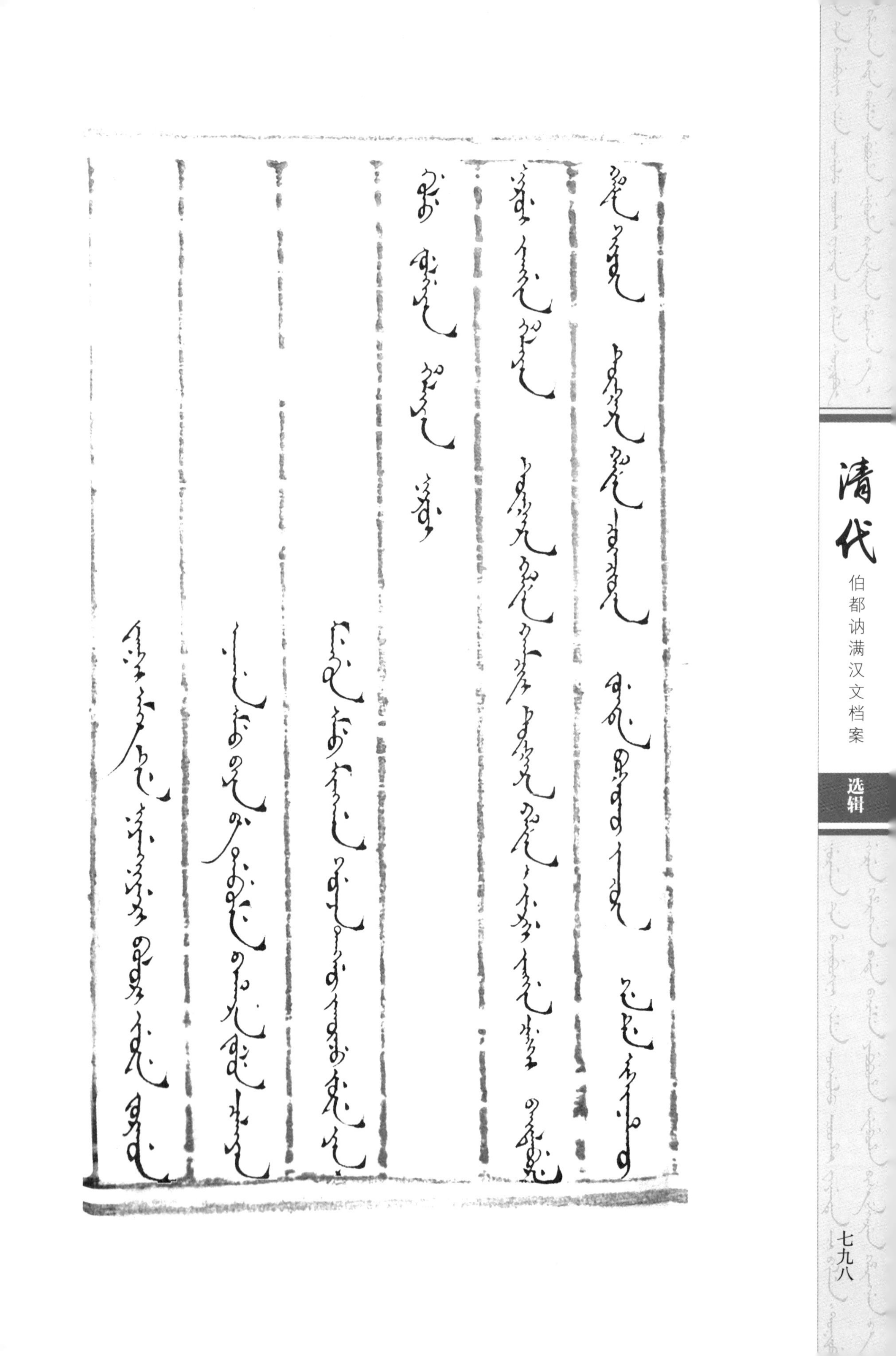

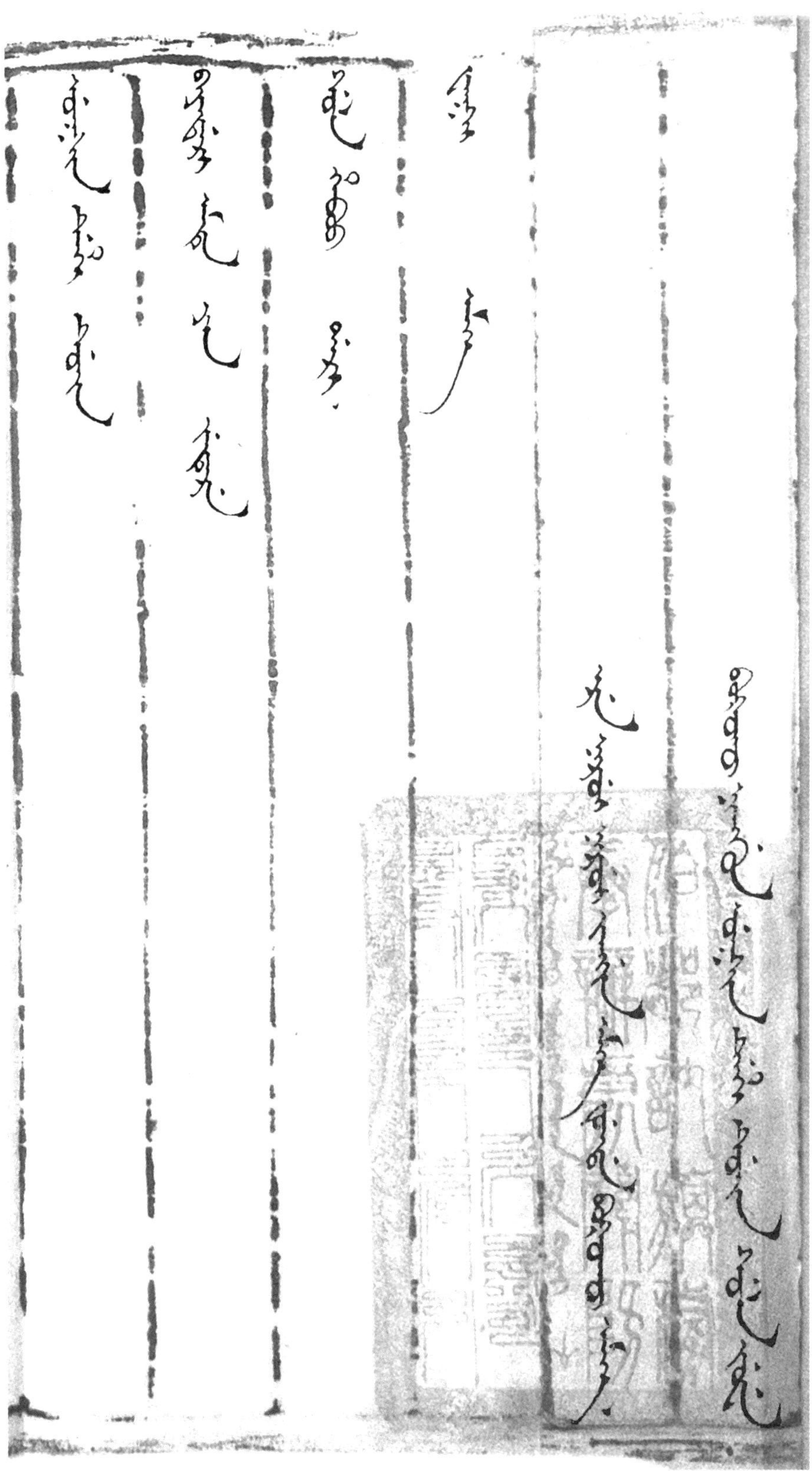

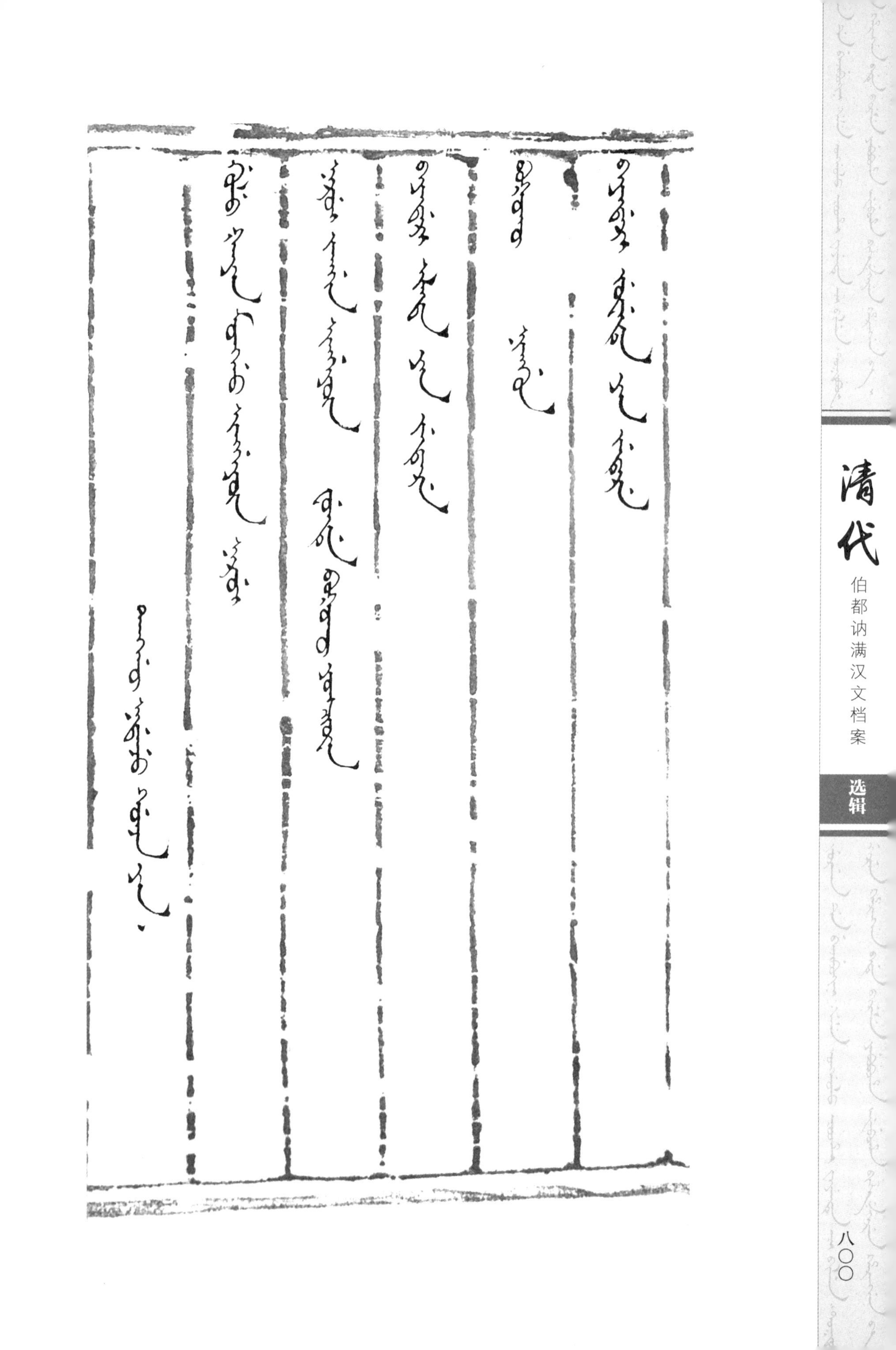

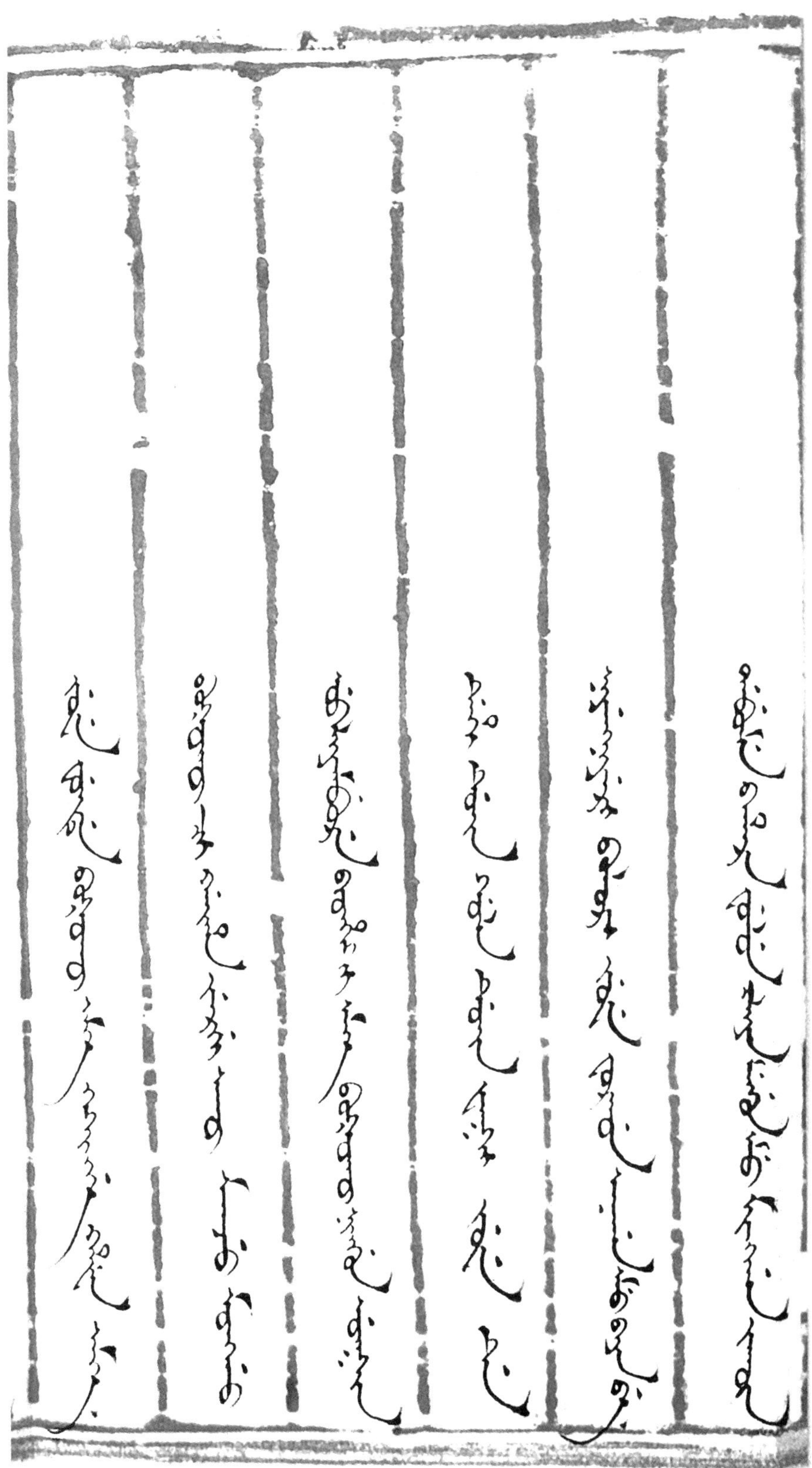

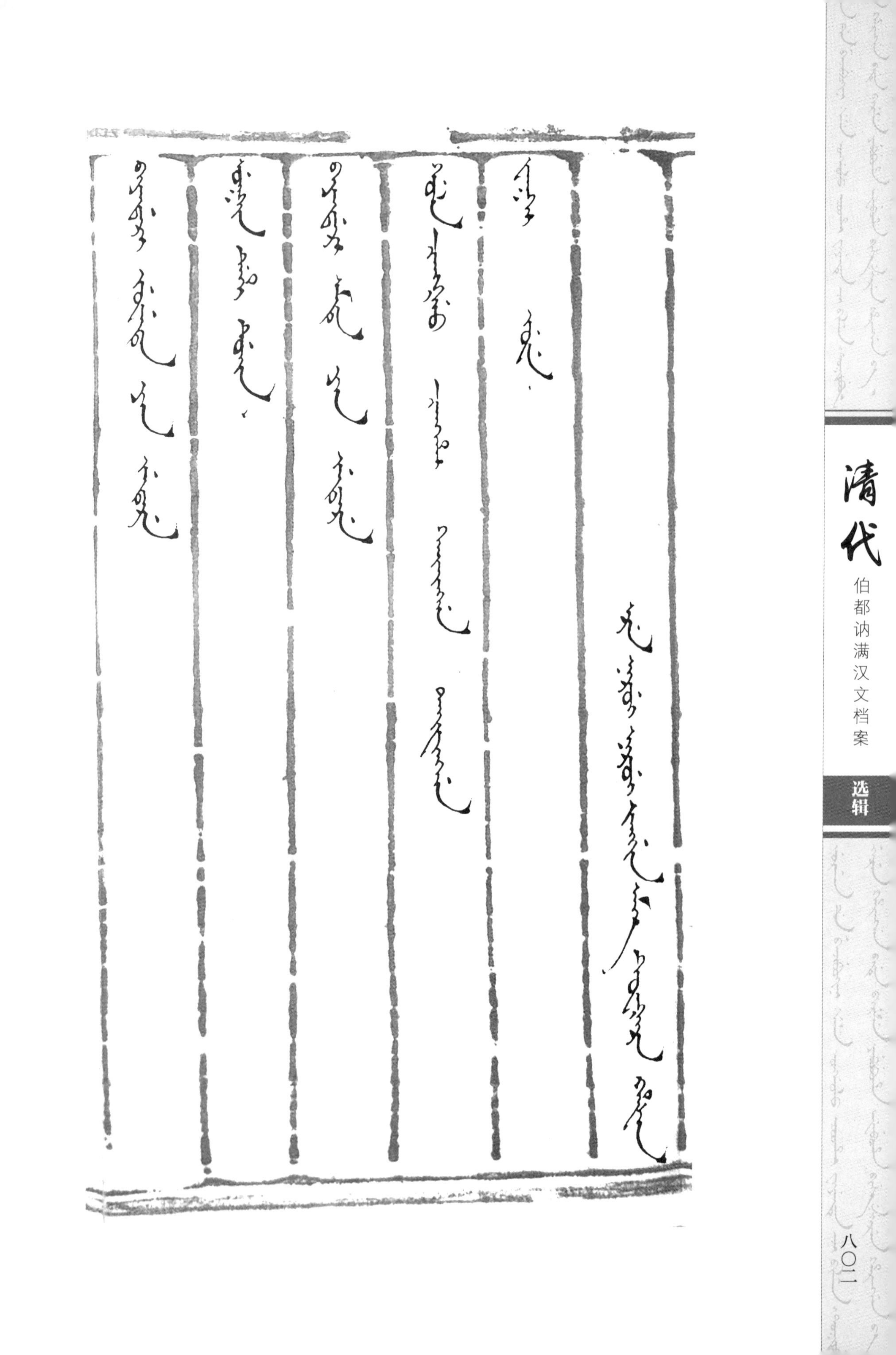

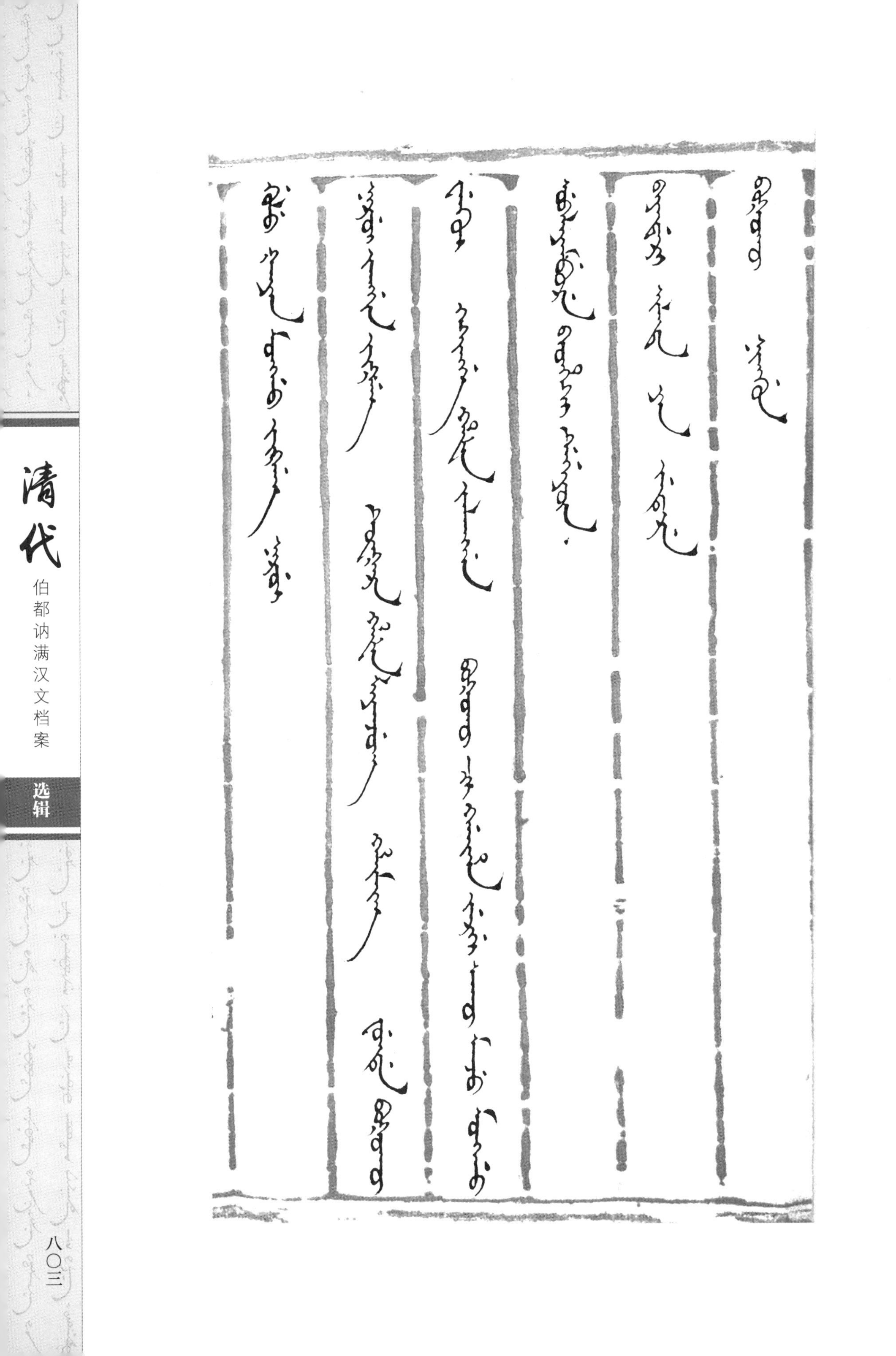

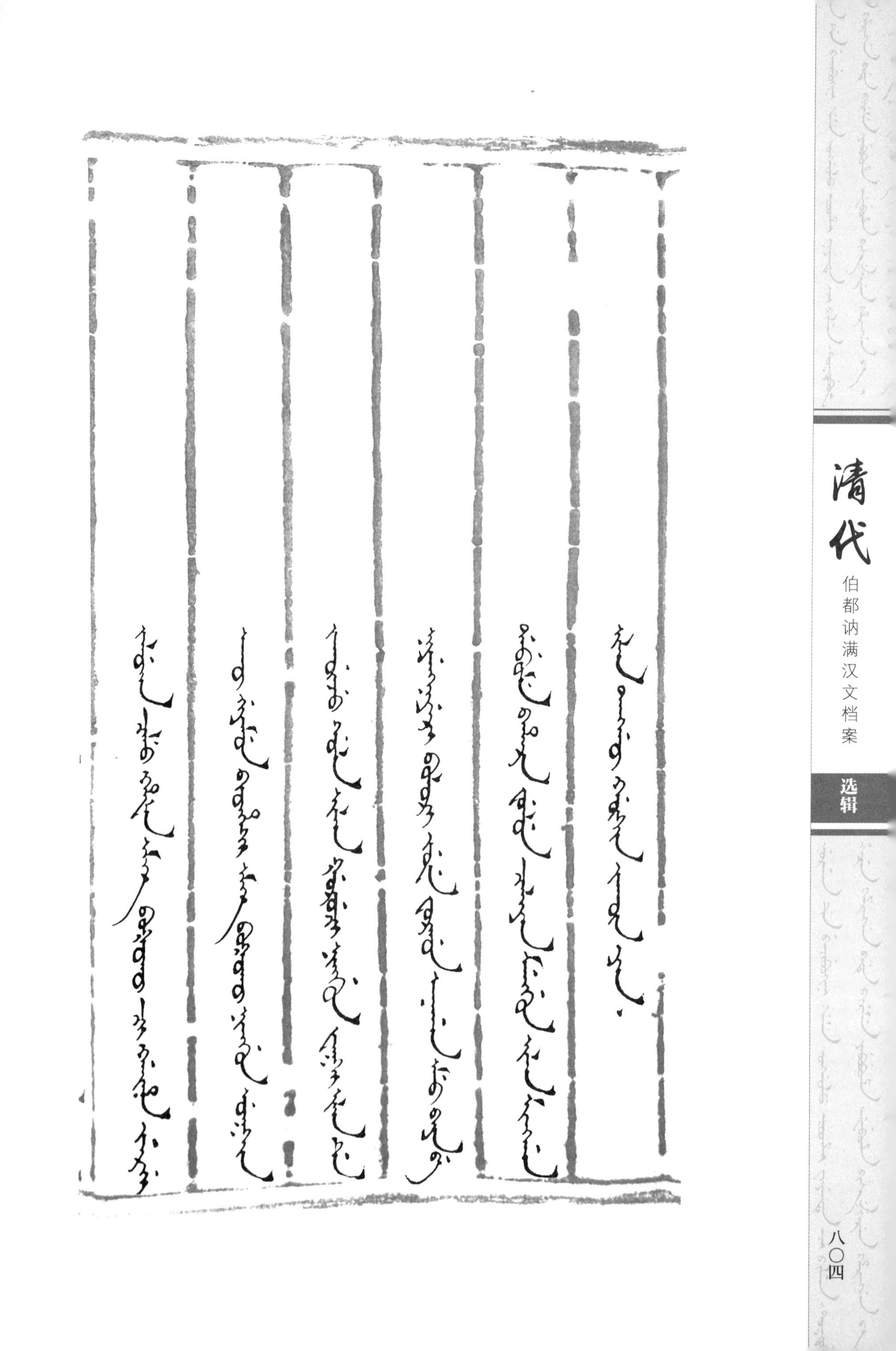

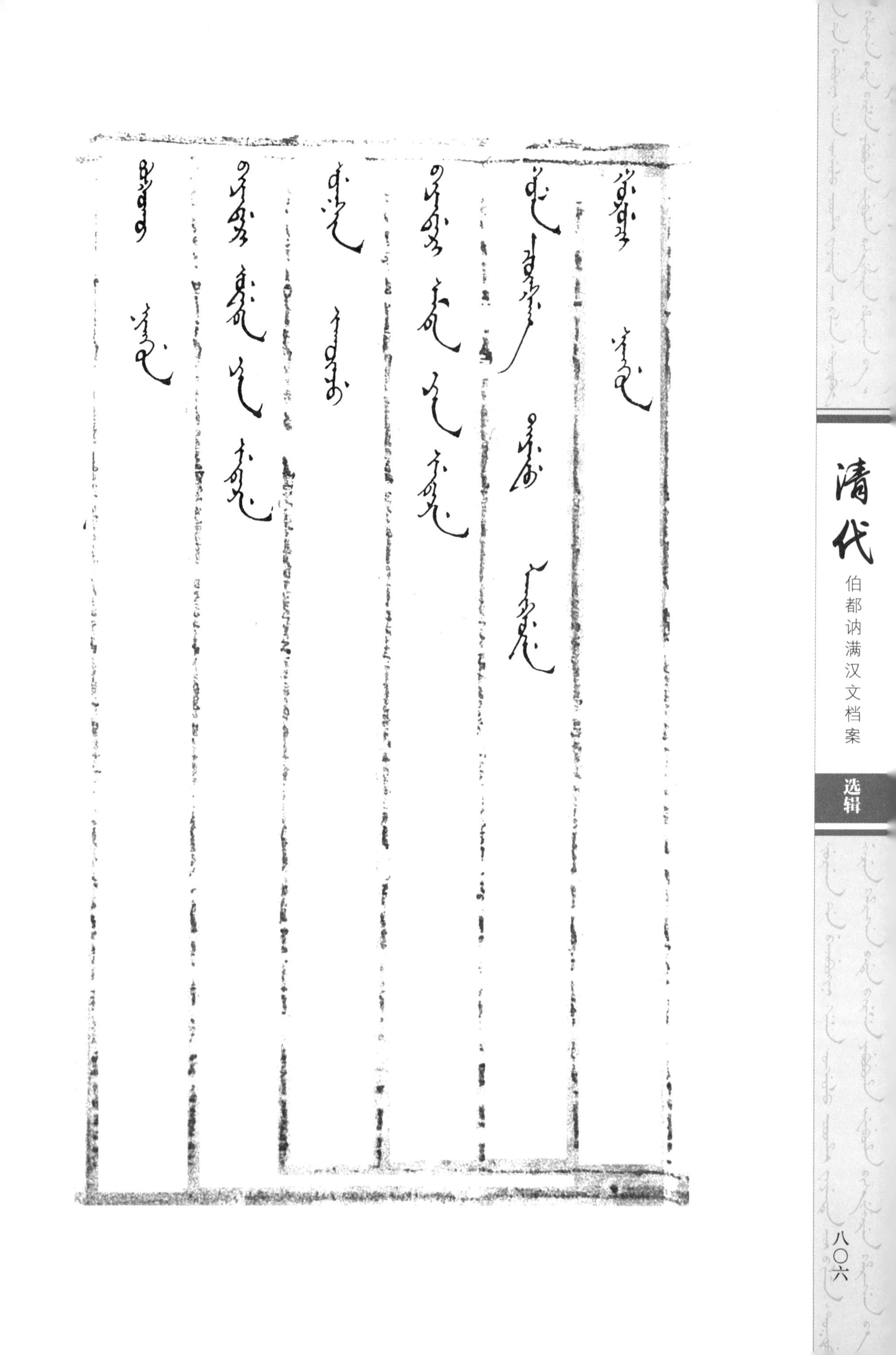

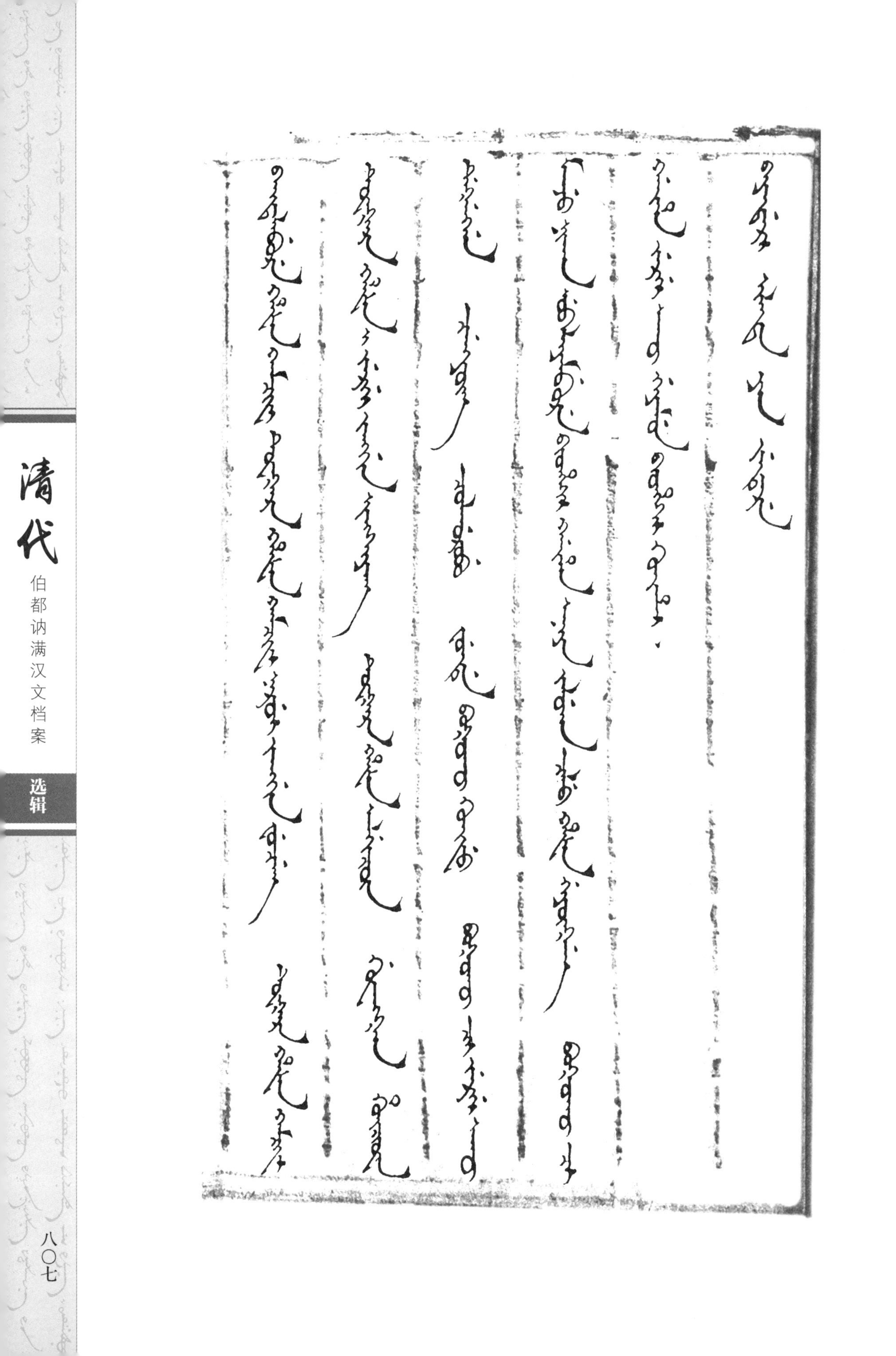

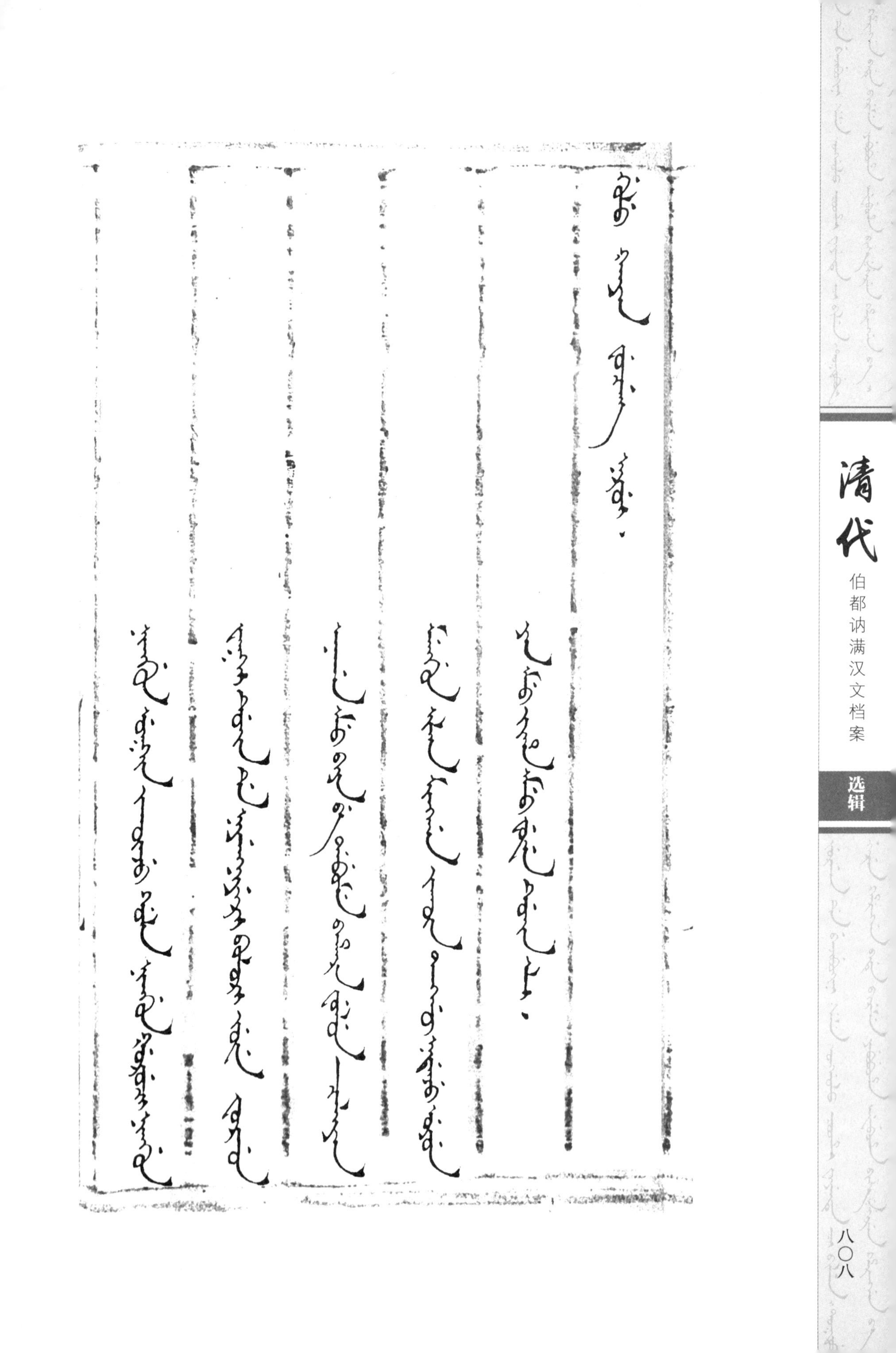

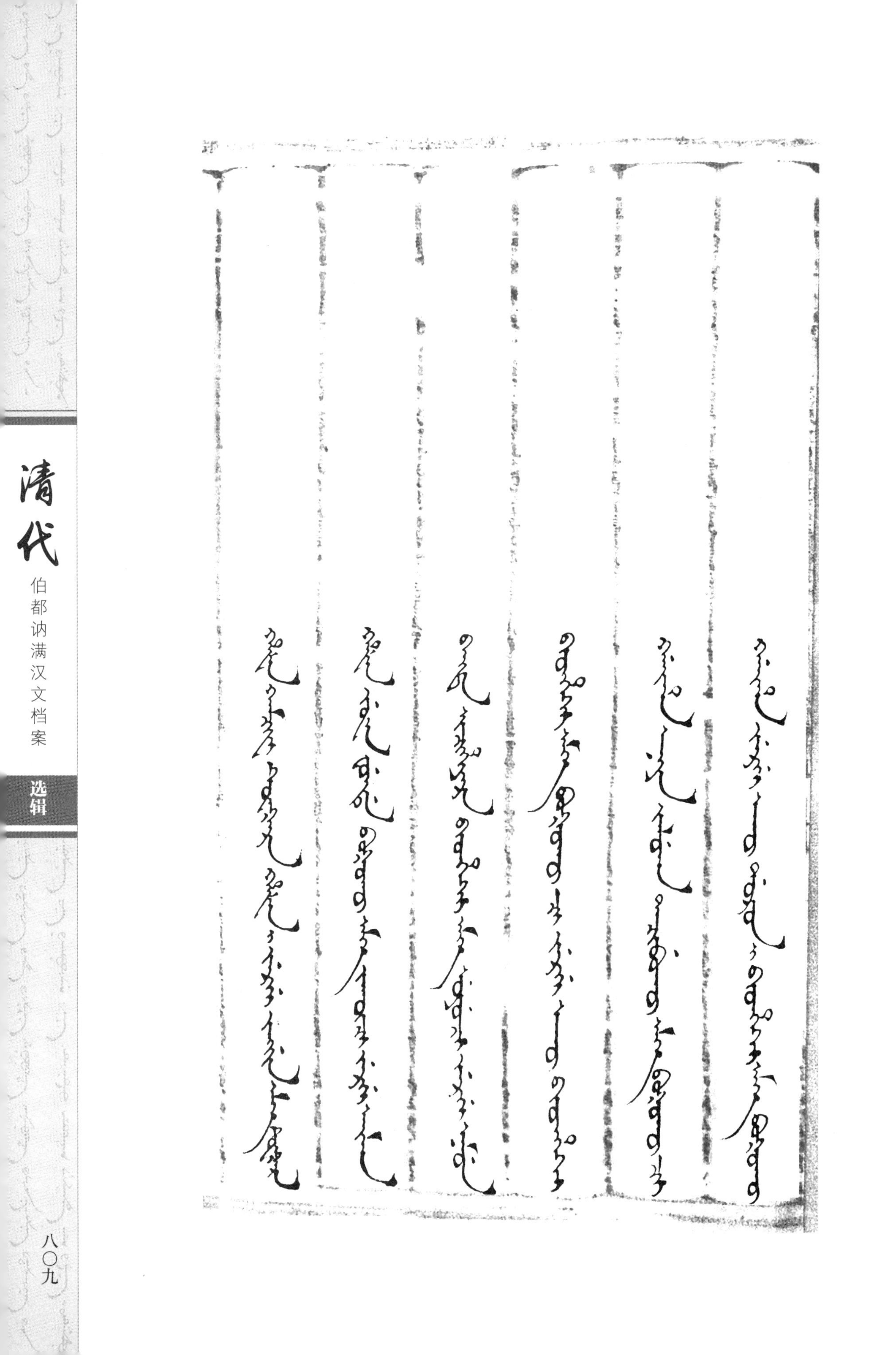

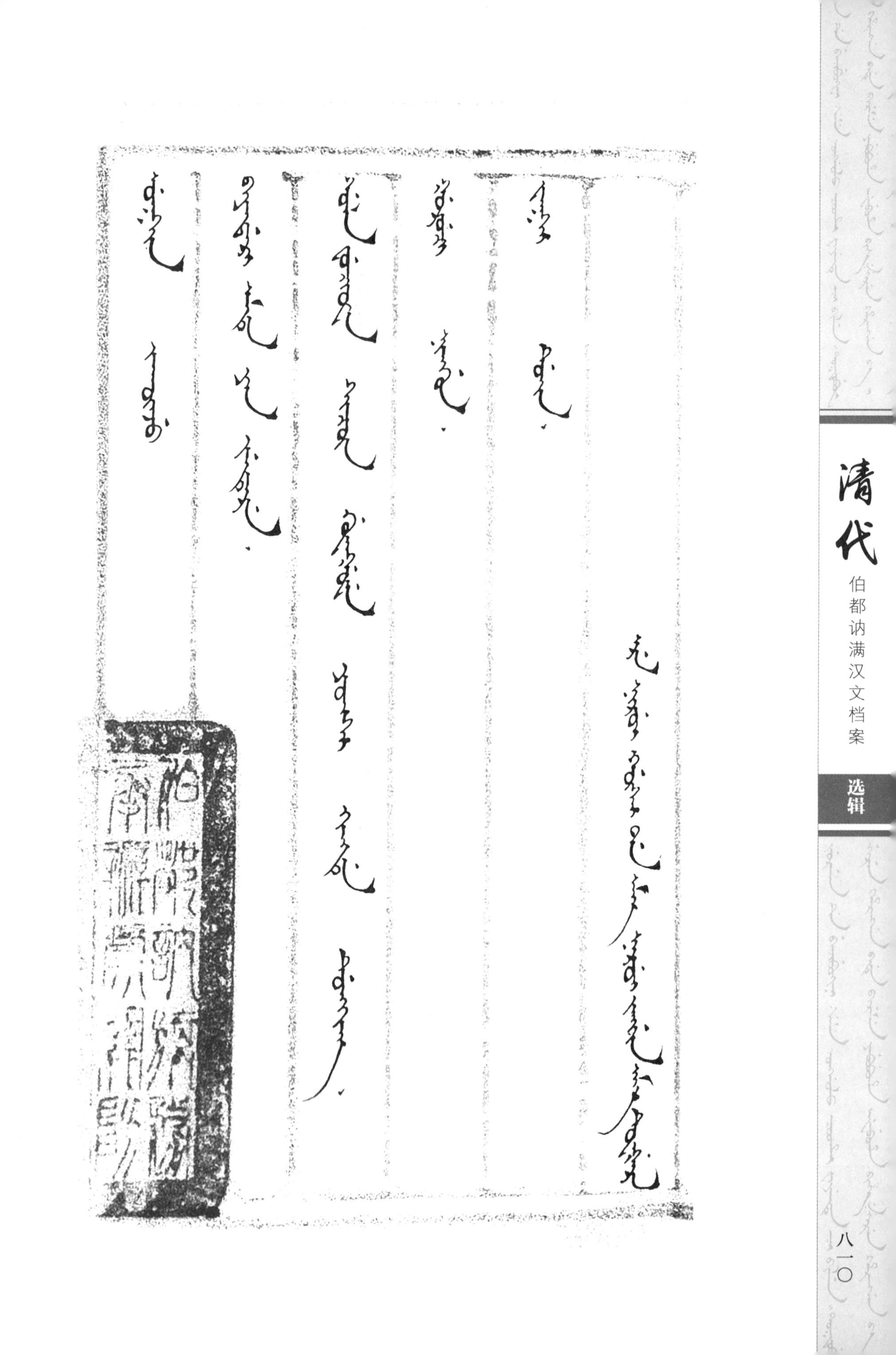

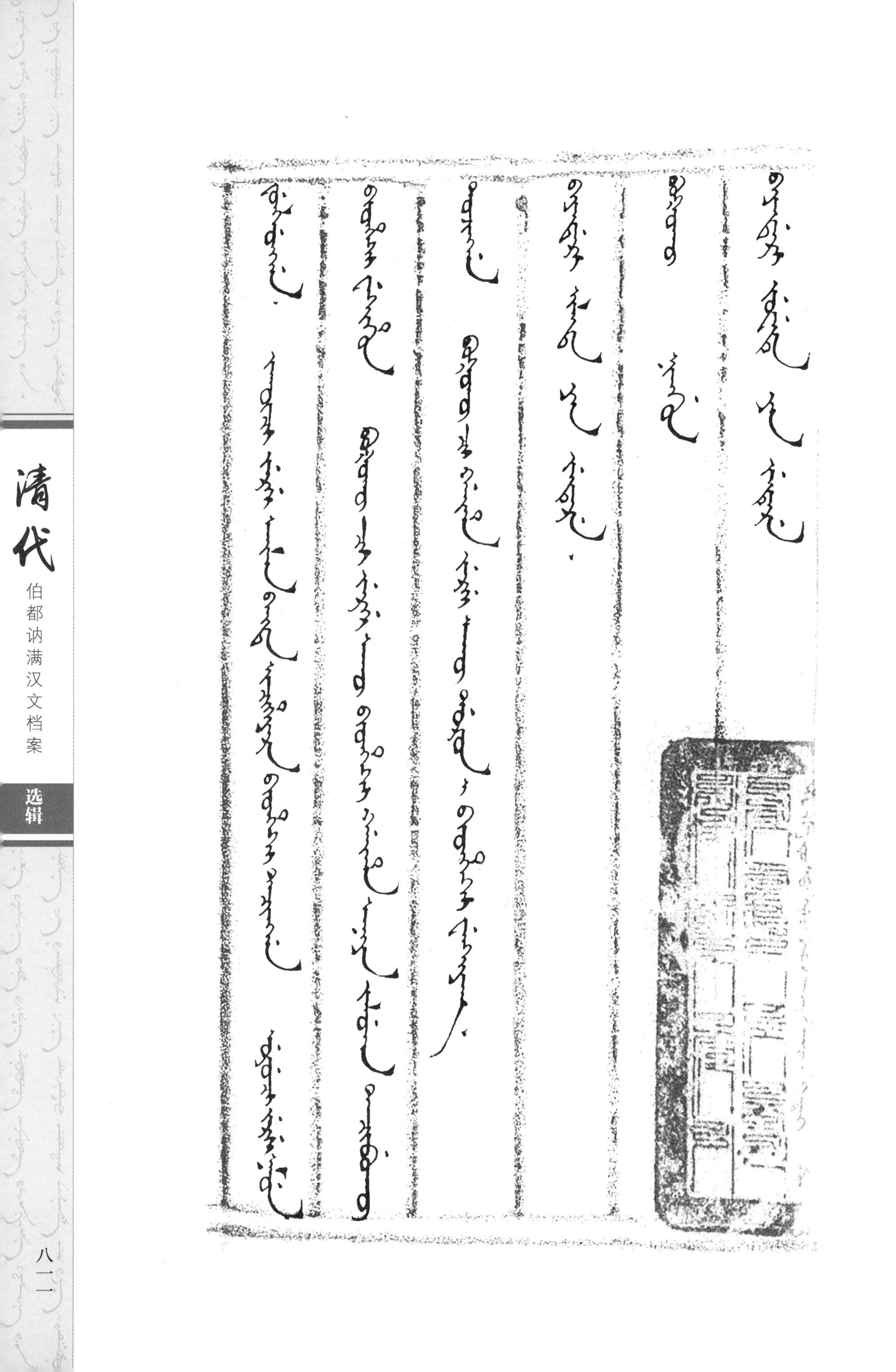

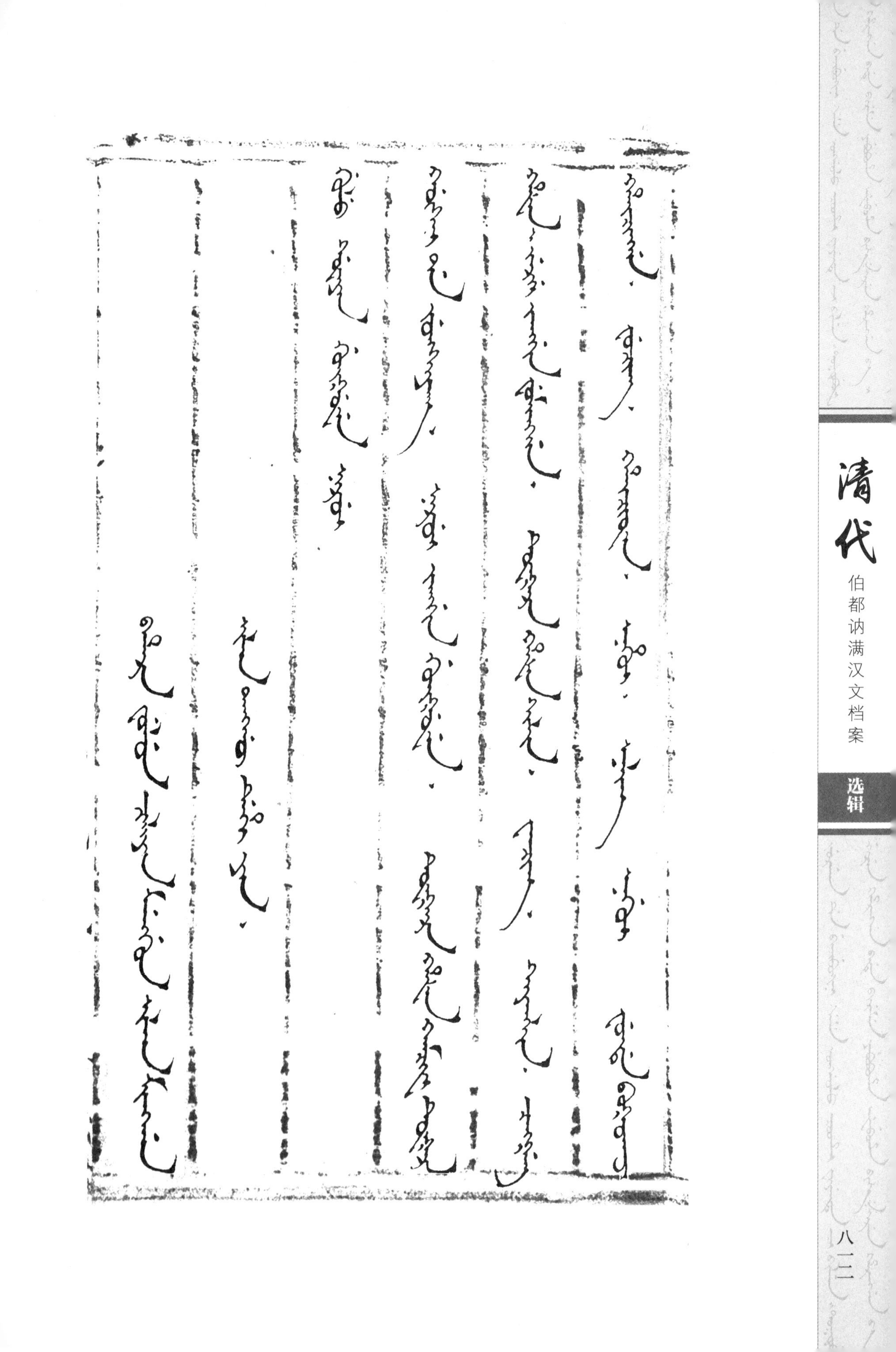

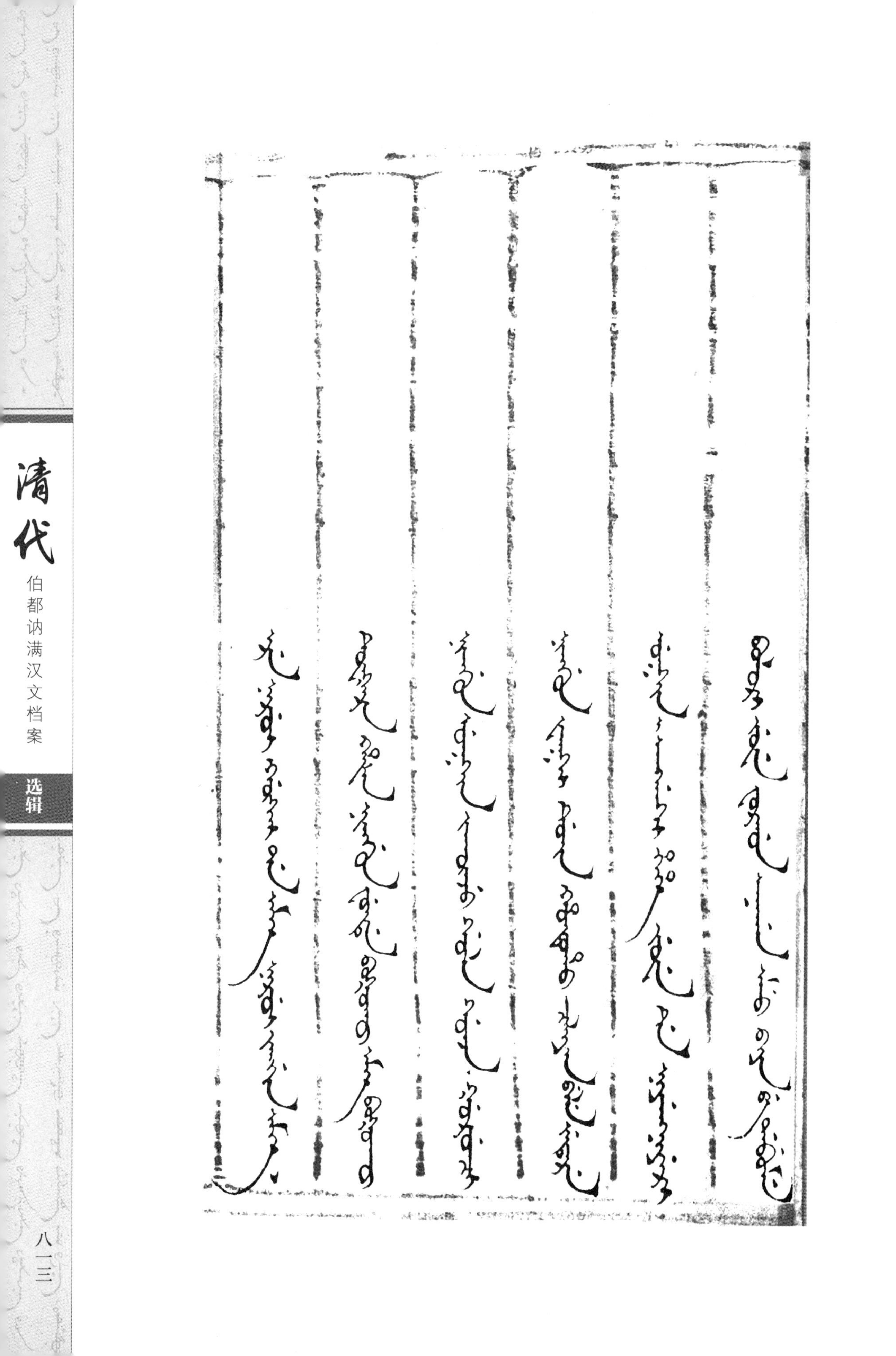

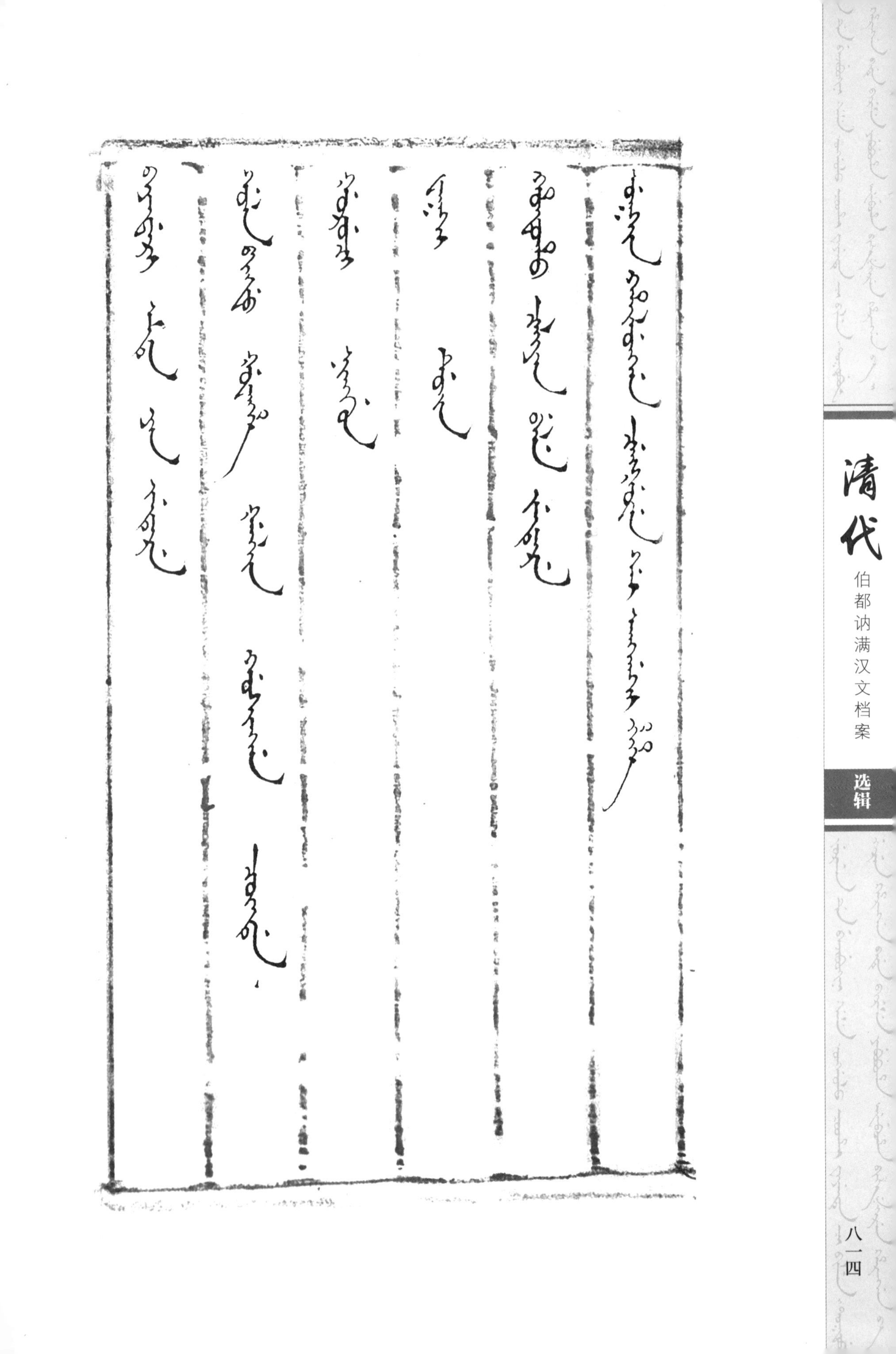

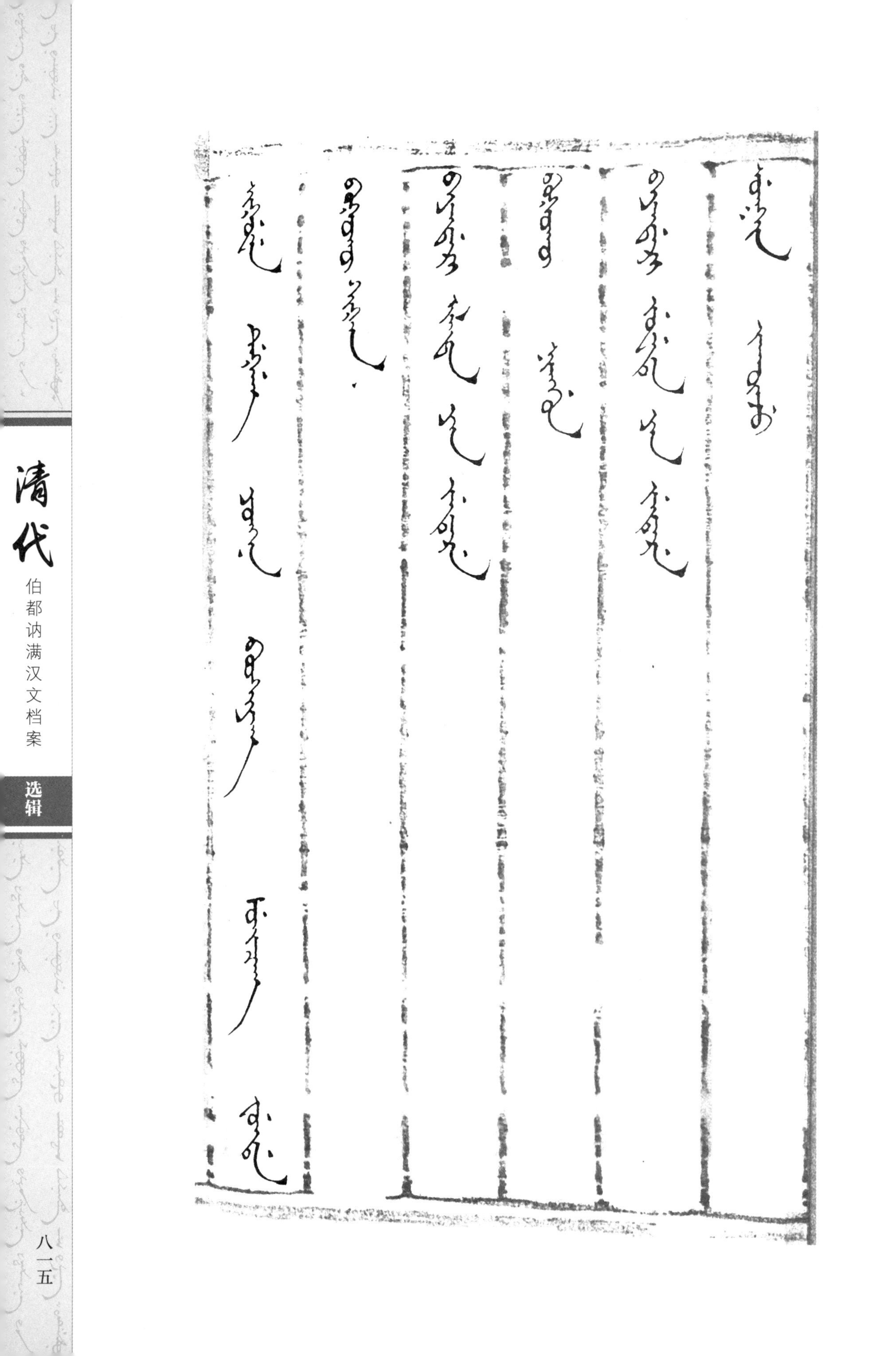

[illegible]

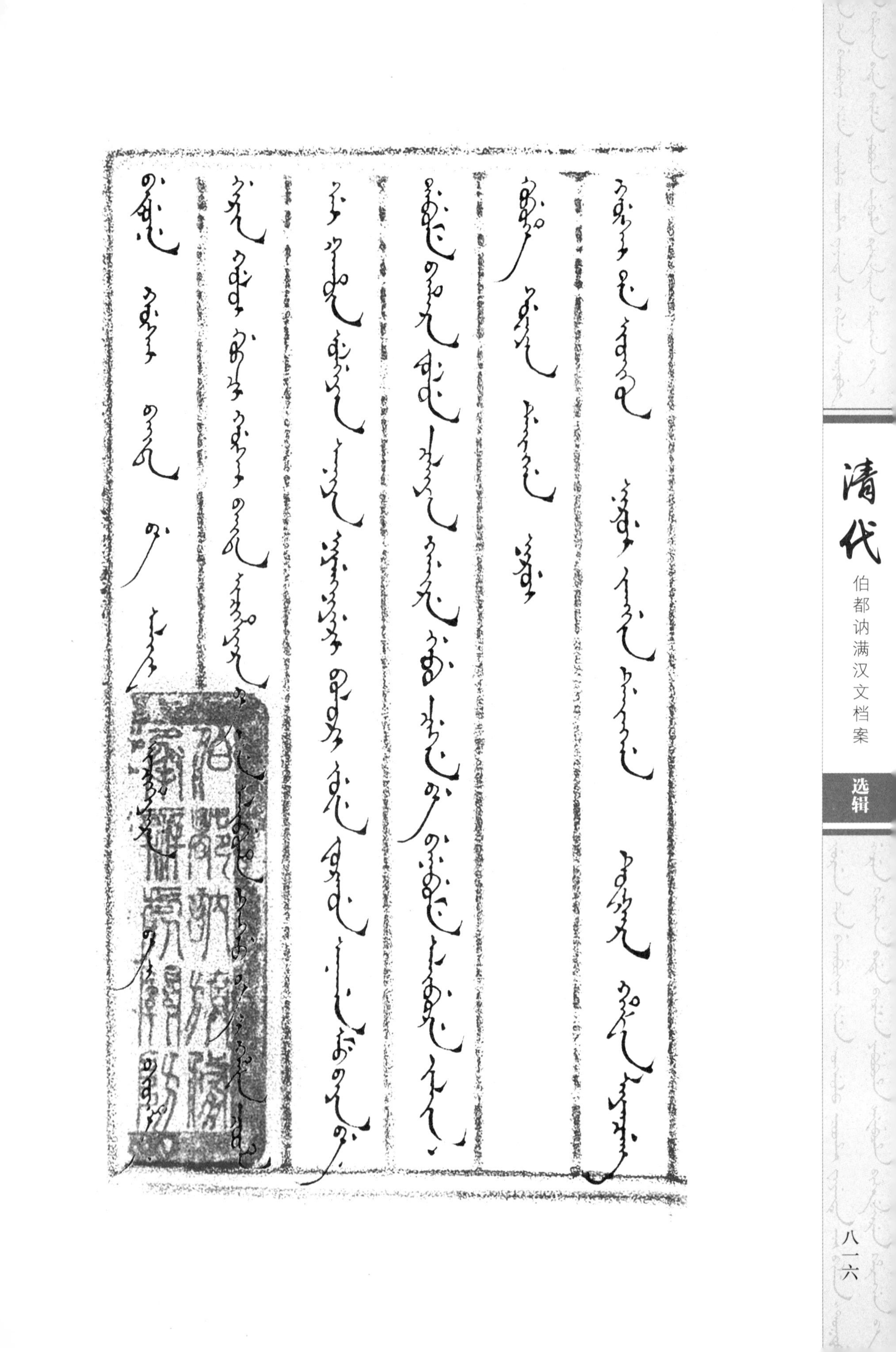

34 伯都讷旗务承办处为新放官员应领俸银由部请领事呈吉林全省旗务处文

宣统二年八月二十八日

為將新放官員應領俸銀由部請領之處造册呈送

吉林旗務處鑒核由

行

八月廿八

二十八日

文牘科科員藍翎驍騎校宗　興

文牘科藍[illegible]員全　壽

庶務科科員藍翎試用八品筆帖式富克精阿

署庶務科科員藍翎副科員西成阿

署庶務科副科員書記長廉　澂

監用關防文牘科書記長恩隆阿

兼庶務科書記長擬陪驍騎校常　慶

監用關防庶務科書記長惠　康

伯都訥旗務承辦處　為造送本處新放官員等應領俸餉銀兩數目清冊事

計開

宣統元年六月初五日

新放廂白旗佐領蘊祥應領宣統元年秋二年春秋三季俸銀一百五十七兩五錢

宣統元年十月初七日

由吉林轉回厢紅旗防禦壽山應領宣統二年春秋兩
季俸銀八十兩
宣統元年十月十六日
新放厢藍旗防禦瑚圖禮應領宣統二年春秋兩
季俸銀八十兩
宣統元年十二月十四日
新放正紅旗和連佐領下倉場筆帖式恩溥應領宣

統二年春秋兩季餉銀三十六兩

宣統元年十二月十七日

新襲正紅旗和連佐領下驍都尉錫雲應領宣統二年

秋一季俸銀五十五兩

宣統元年十二月二十日

原品休致食全俸廂白旗防禦戍林應領宣統二年秋一

季俸銀四十兩

宣統二年四月二十七日

新放正紅旗和連佐領下驍騎校占春應領宣統二年

秋一季俸銀三十兩

宣統二年四月二十七日

新放廂紅旗德亮佐領下驍騎校崇興應領宣統二年

秋一季俸銀三十兩

宣統二年六月十三日

新放右翼協領忠　應領宣統二年秋一季
俸銀六十五兩
以上共俸銀四百九十七兩五錢
内一半搭放官票銀二百四十八
兩七錢五分每兩按二錢五分折
給實銀六十二兩一錢八分七厘五
毫又一半實銀二百四十八兩七

錢五分每兩減扣二成按八折核
發實銀一百九十九兩內除每兩減
扣六分計扣減平銀十一兩九錢
四分外尚賸銀一百八十七兩零
六分連官票銀二共淨賸實銀
二百四十九兩二錢四分七厘五毫
又應領餉銀三十六兩按照通

省銀錢搭放章程核計一年
銀十八兩每兩減扣二錢按八
折核發實銀十四兩四錢内
除每兩減扣二分計減銀二錢
八分八厘外淨賸銀十四兩一
錢一分二厘又一年銀十八兩
再加休致防禦俸銀四十兩共

銀五十八两每两按三吊文折給

錢一百七十四吊共應領俸餉

實銀二百六十三两三錢五分九

厘五毫錢一百七十四吊理合登

明須至册者

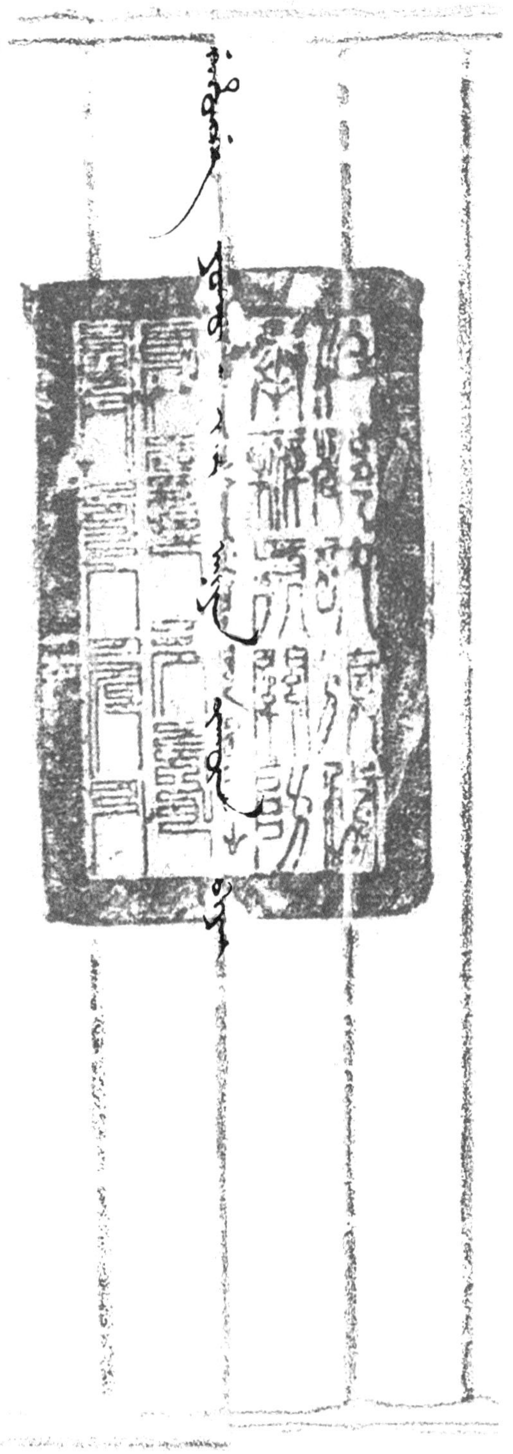

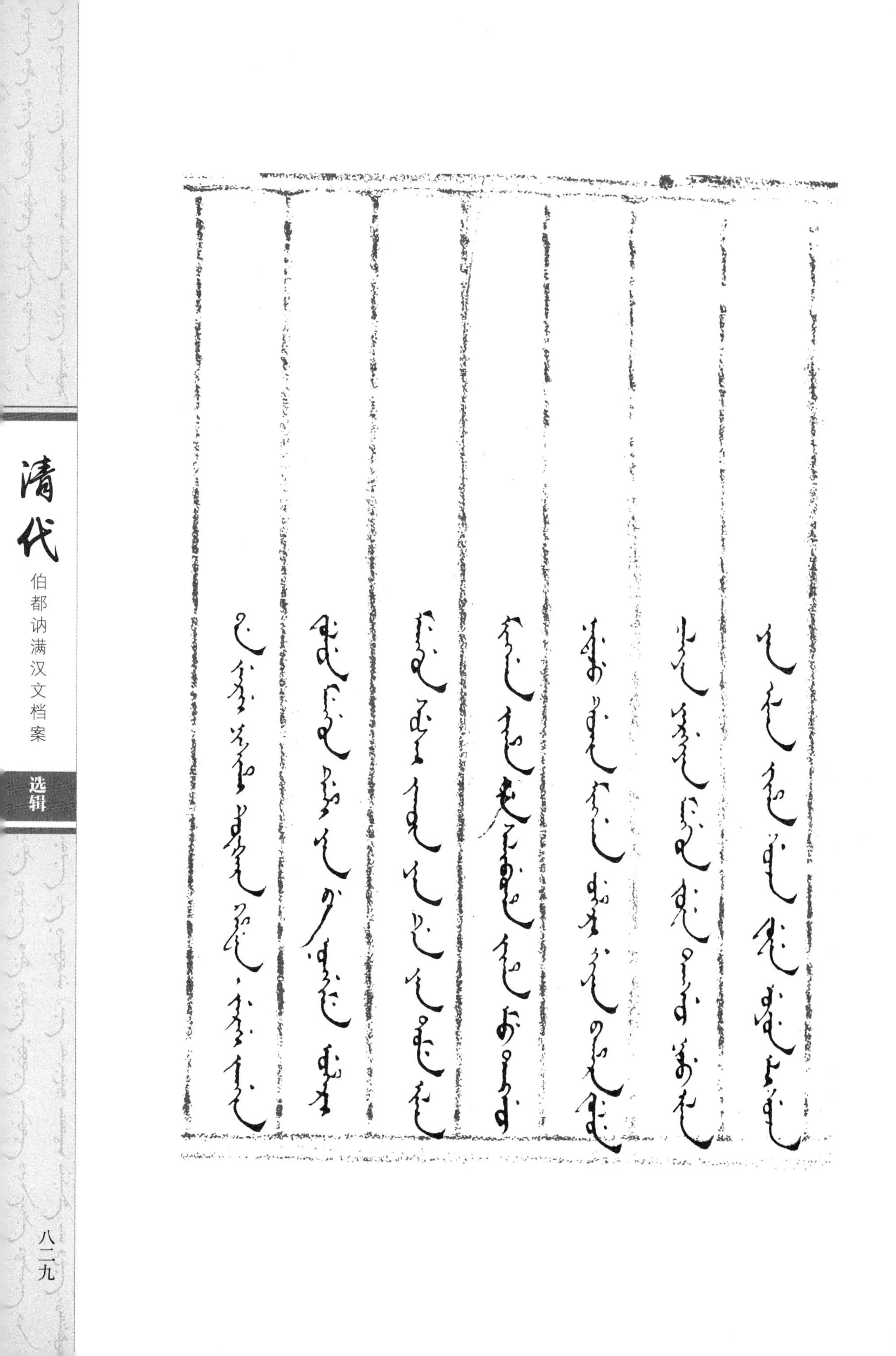

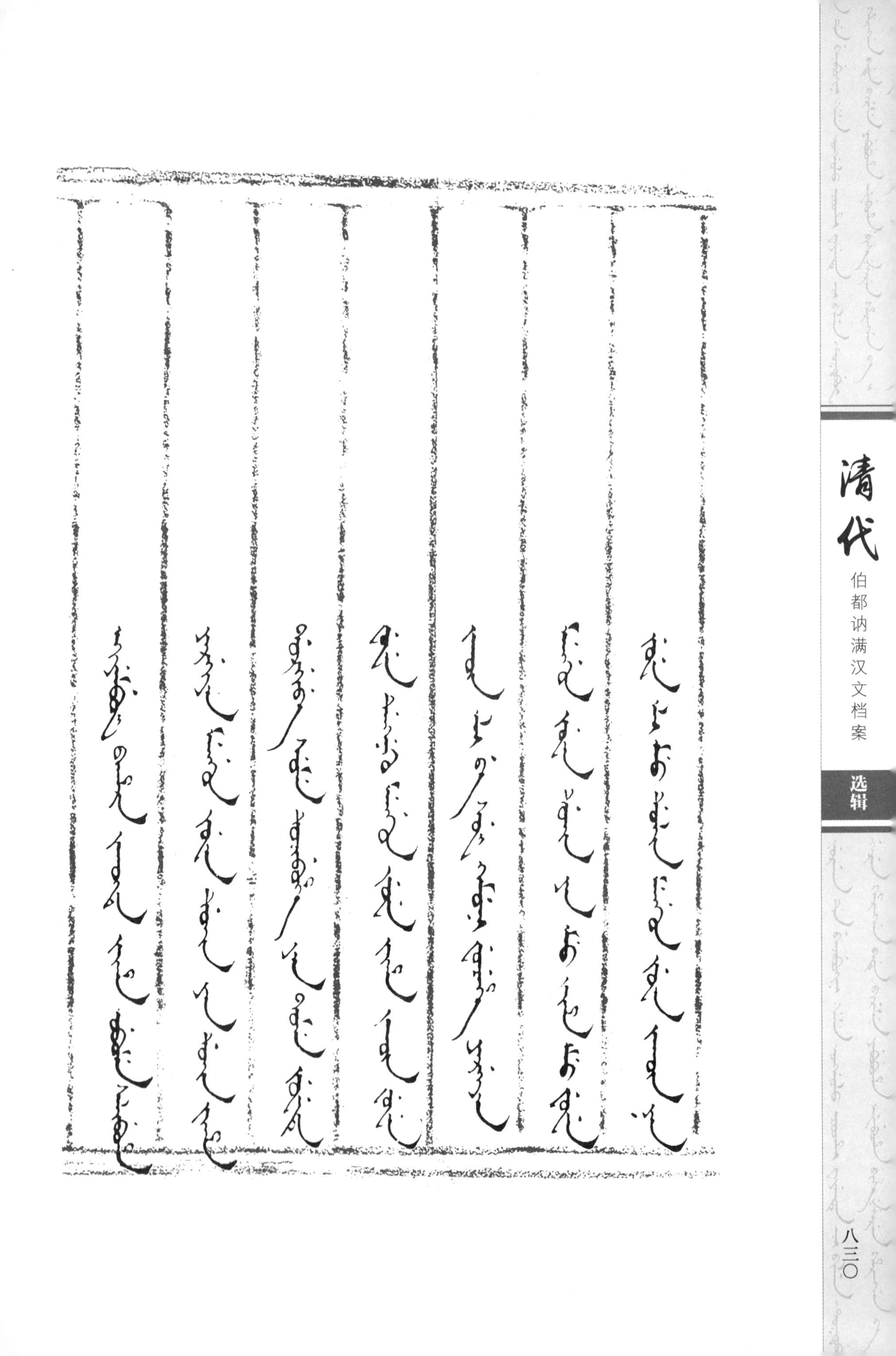

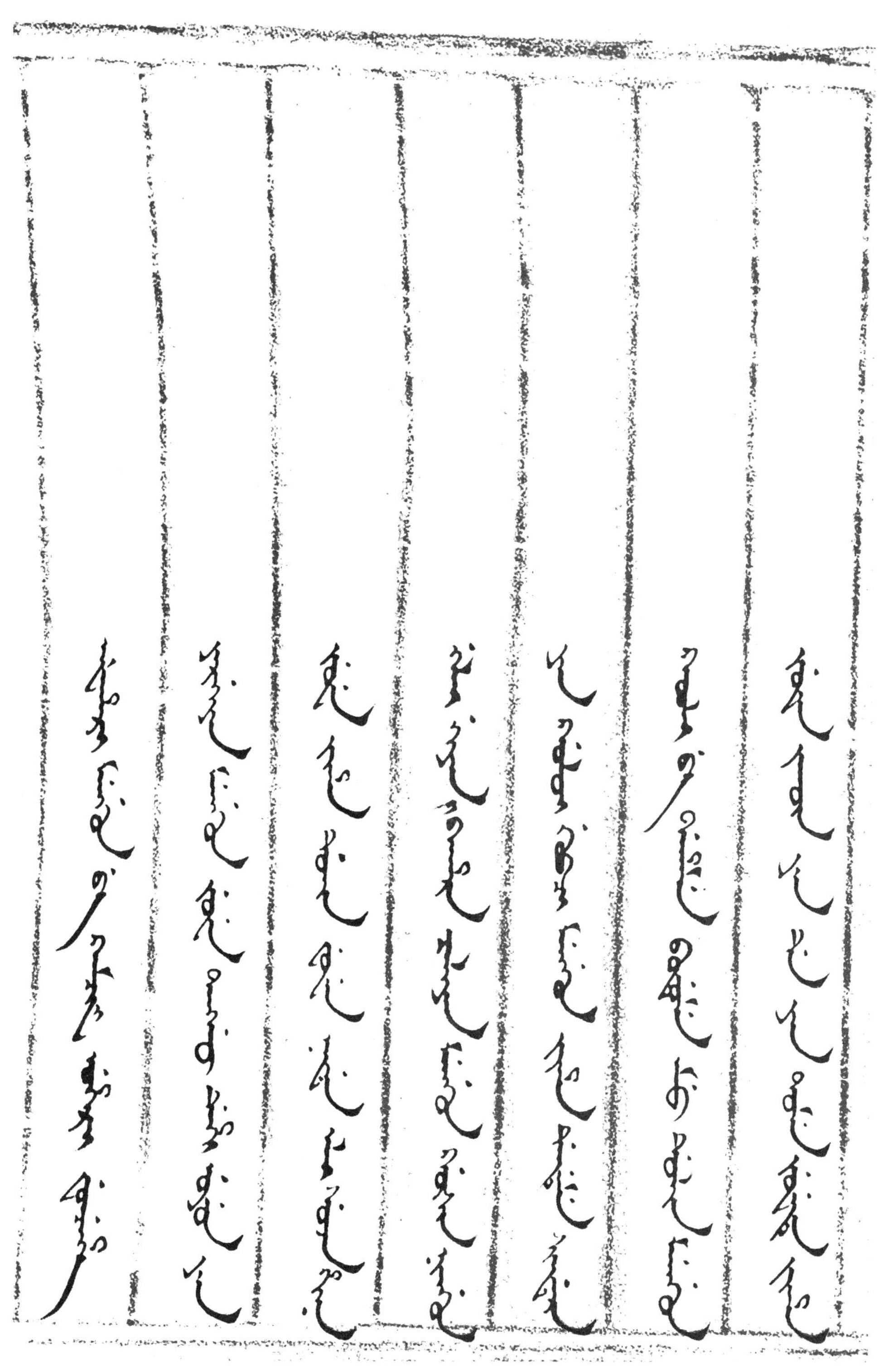

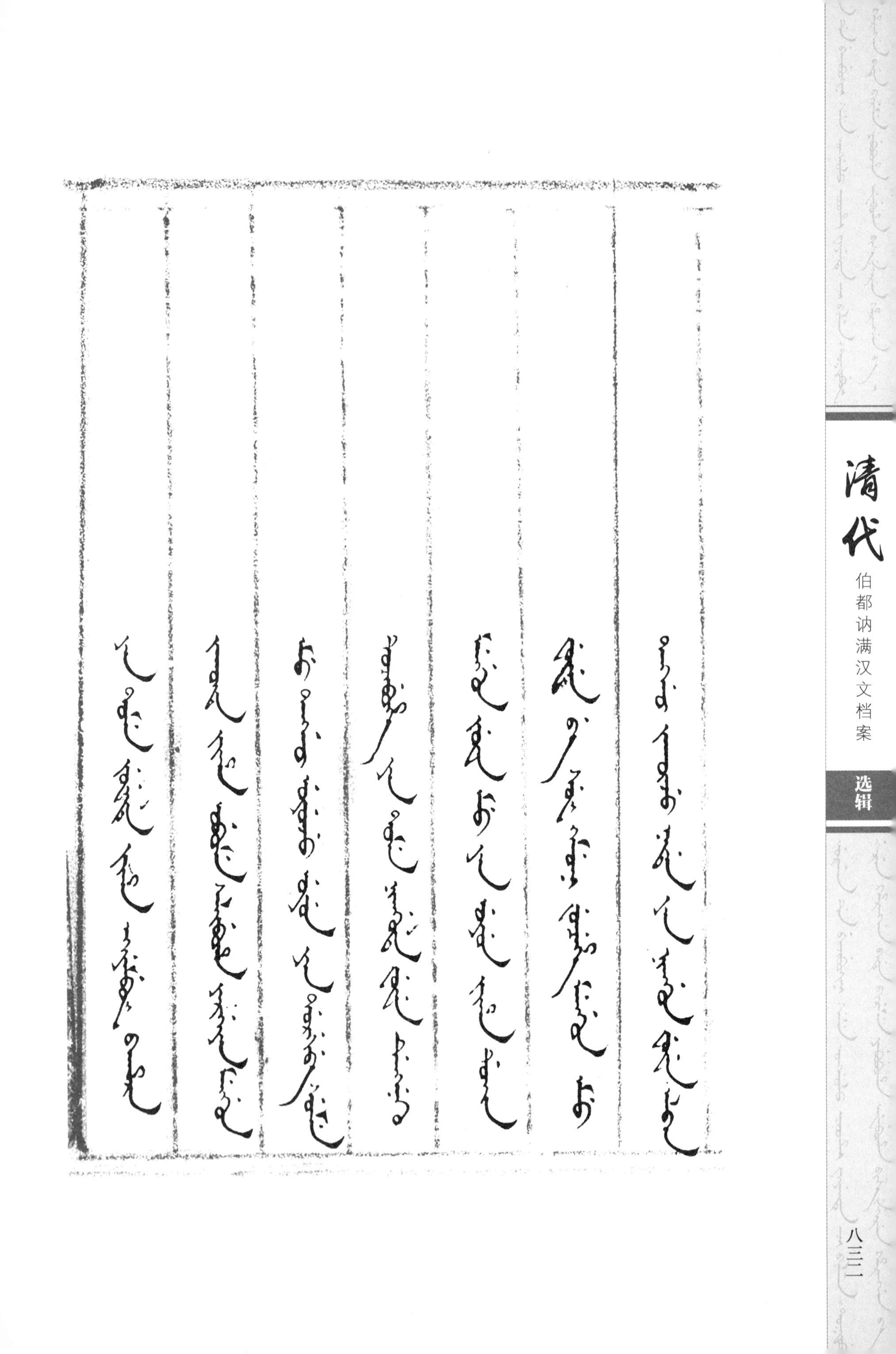

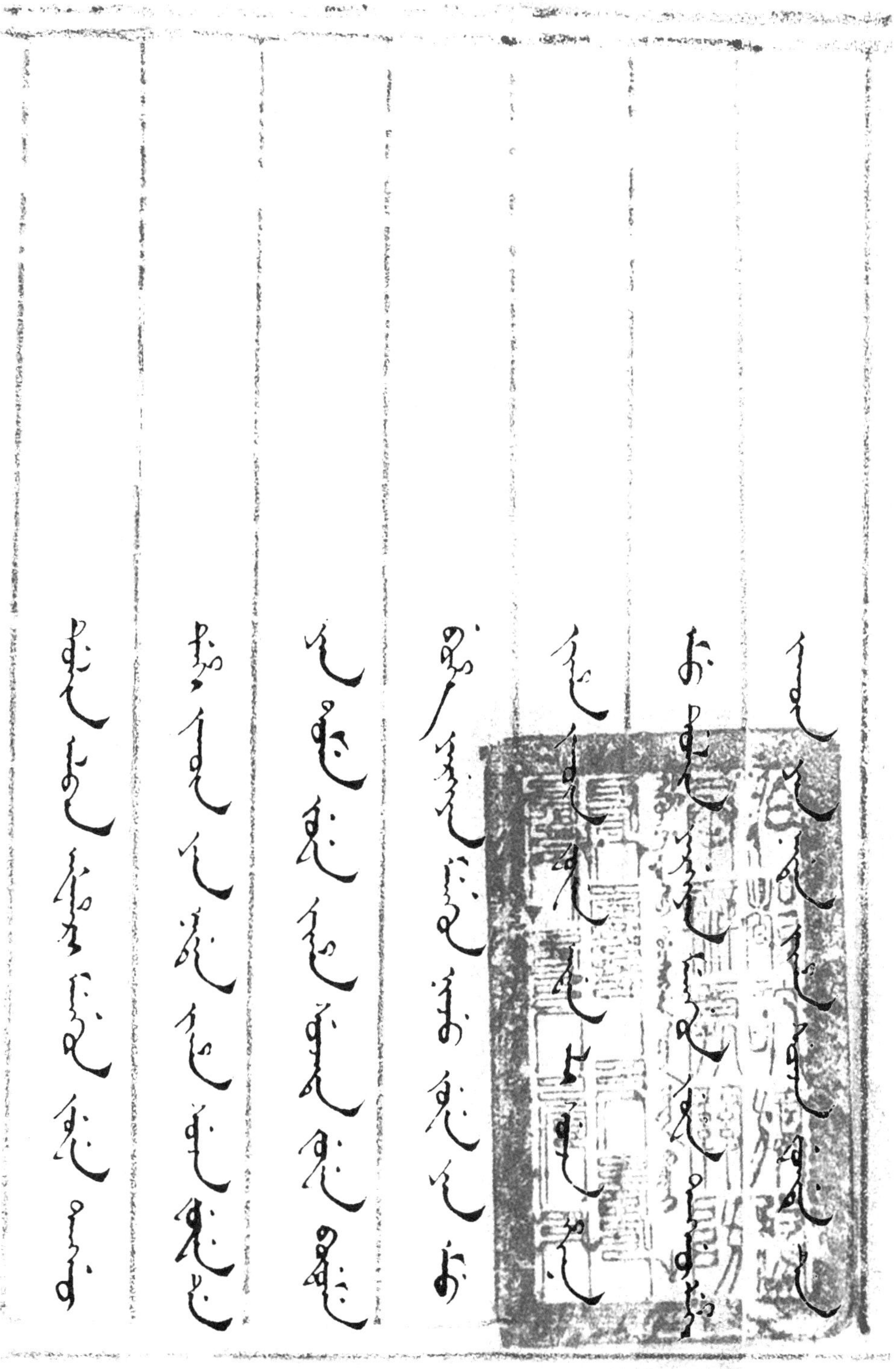

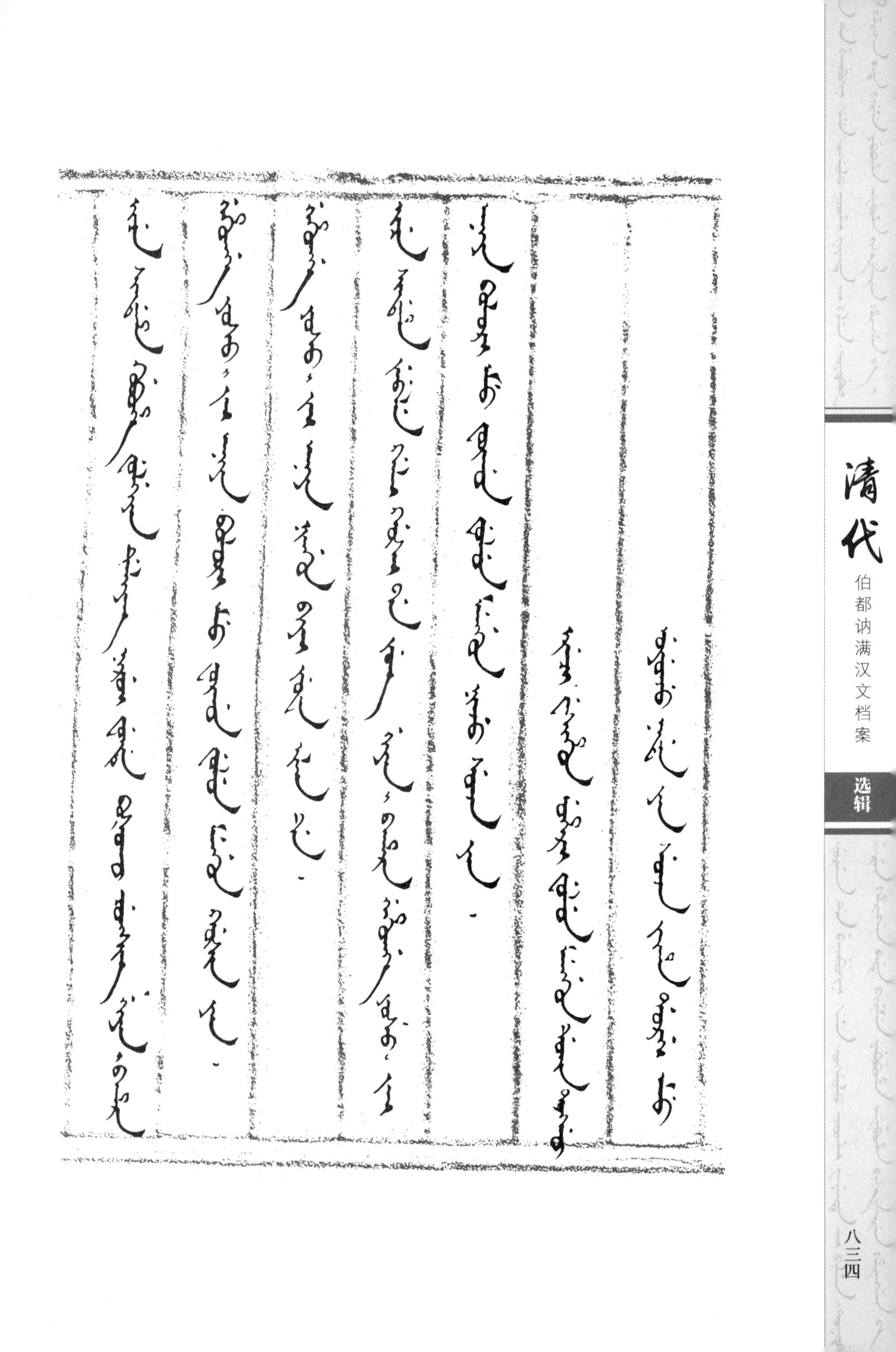

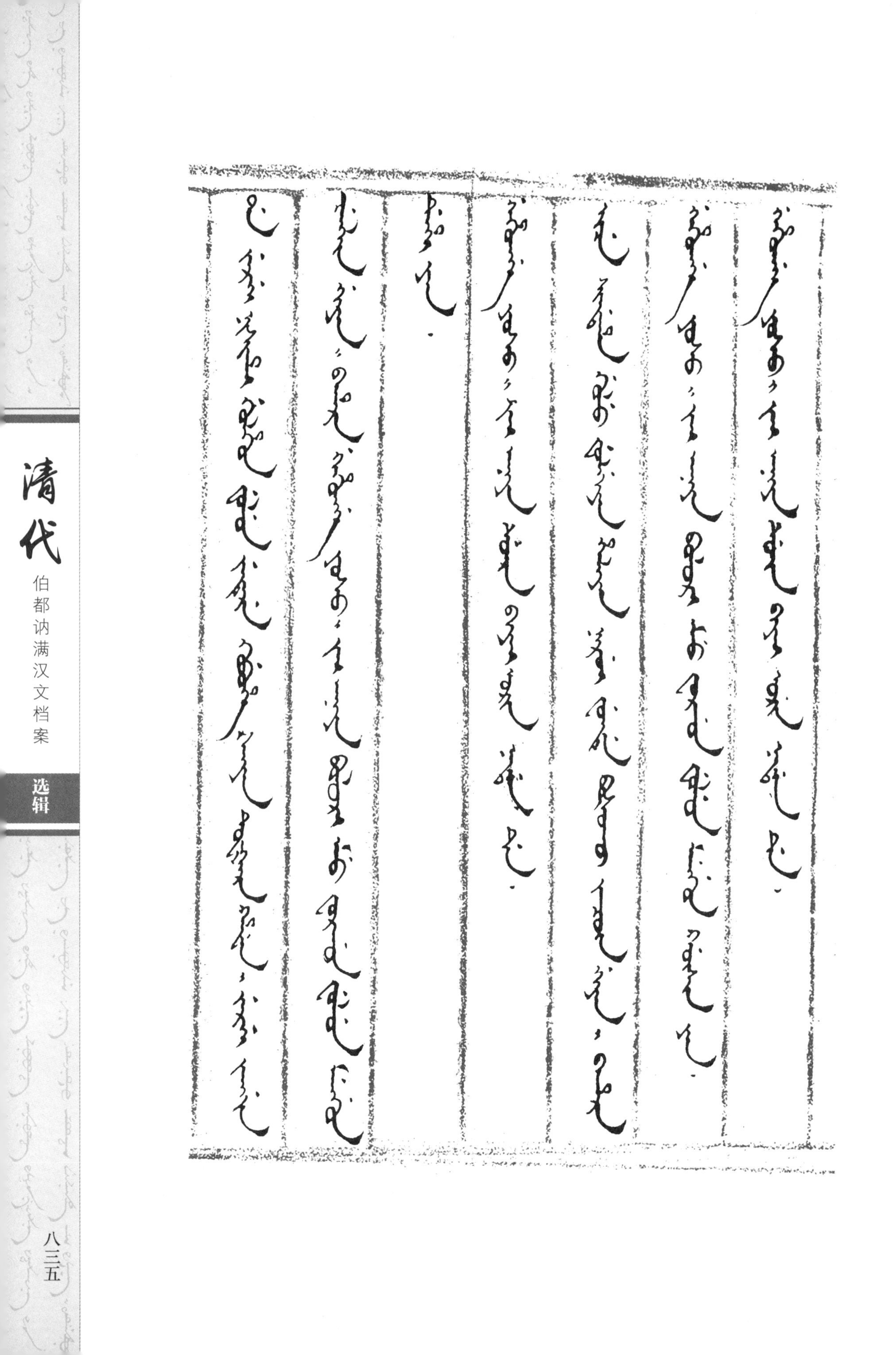

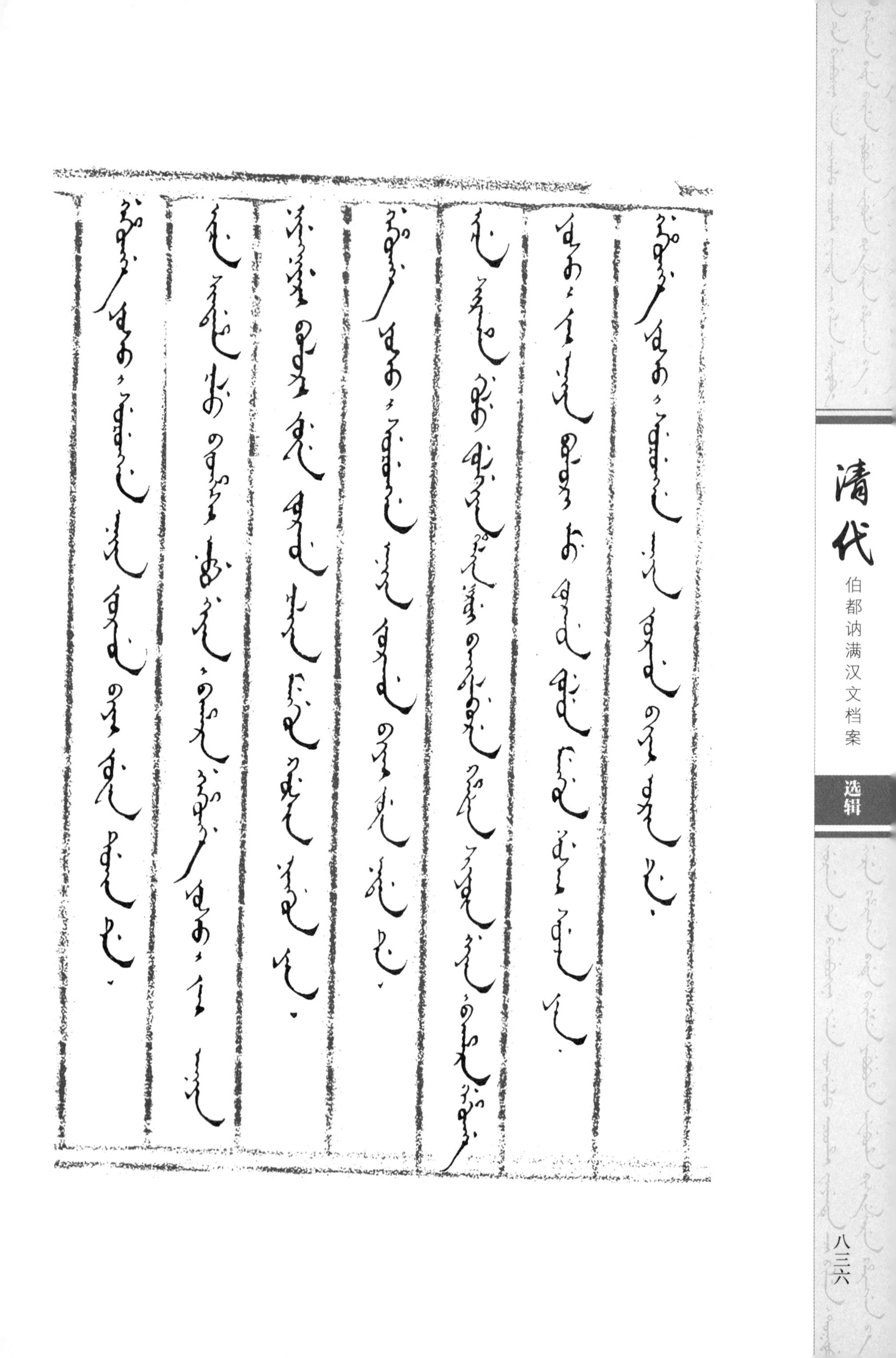

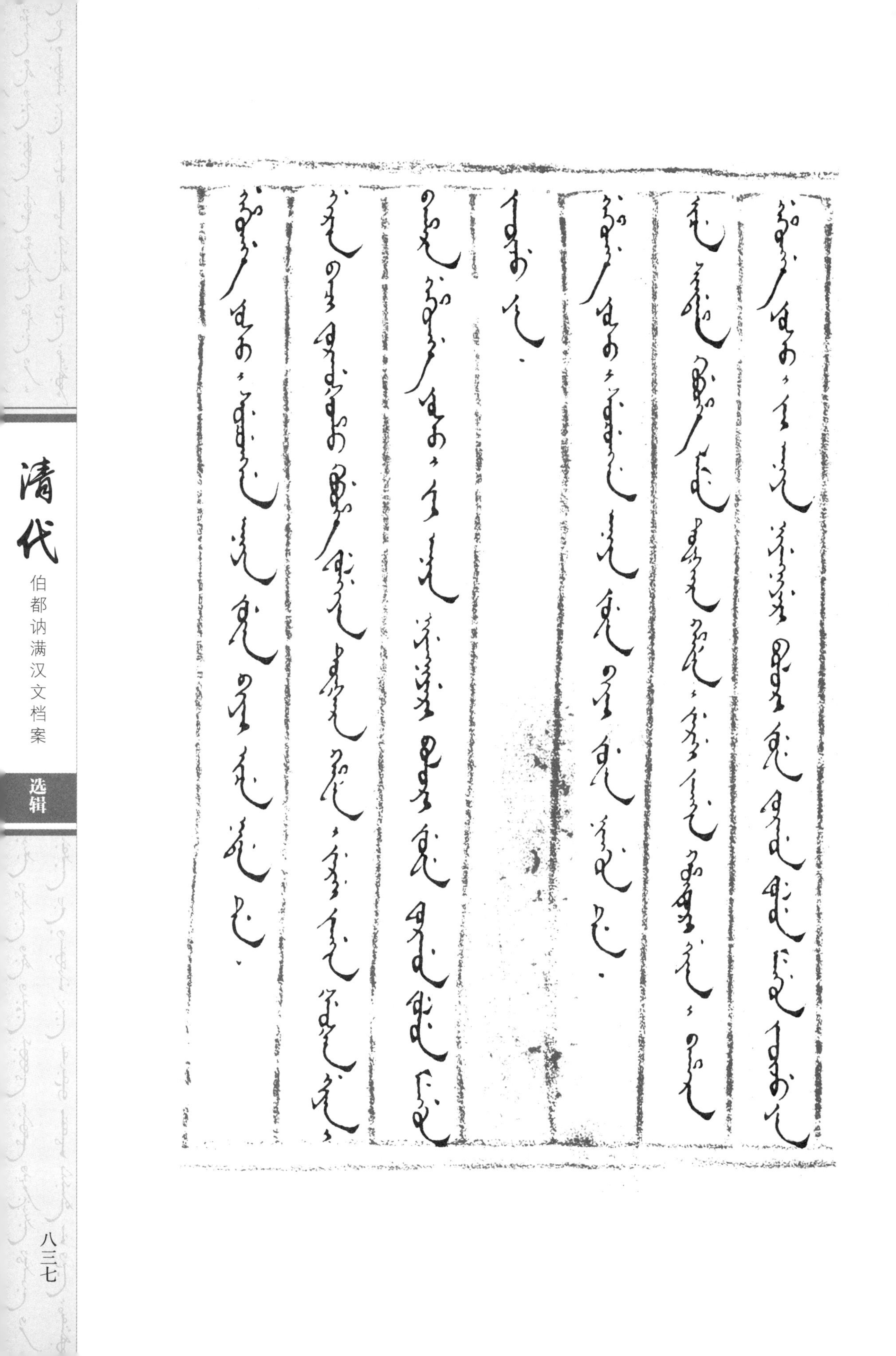

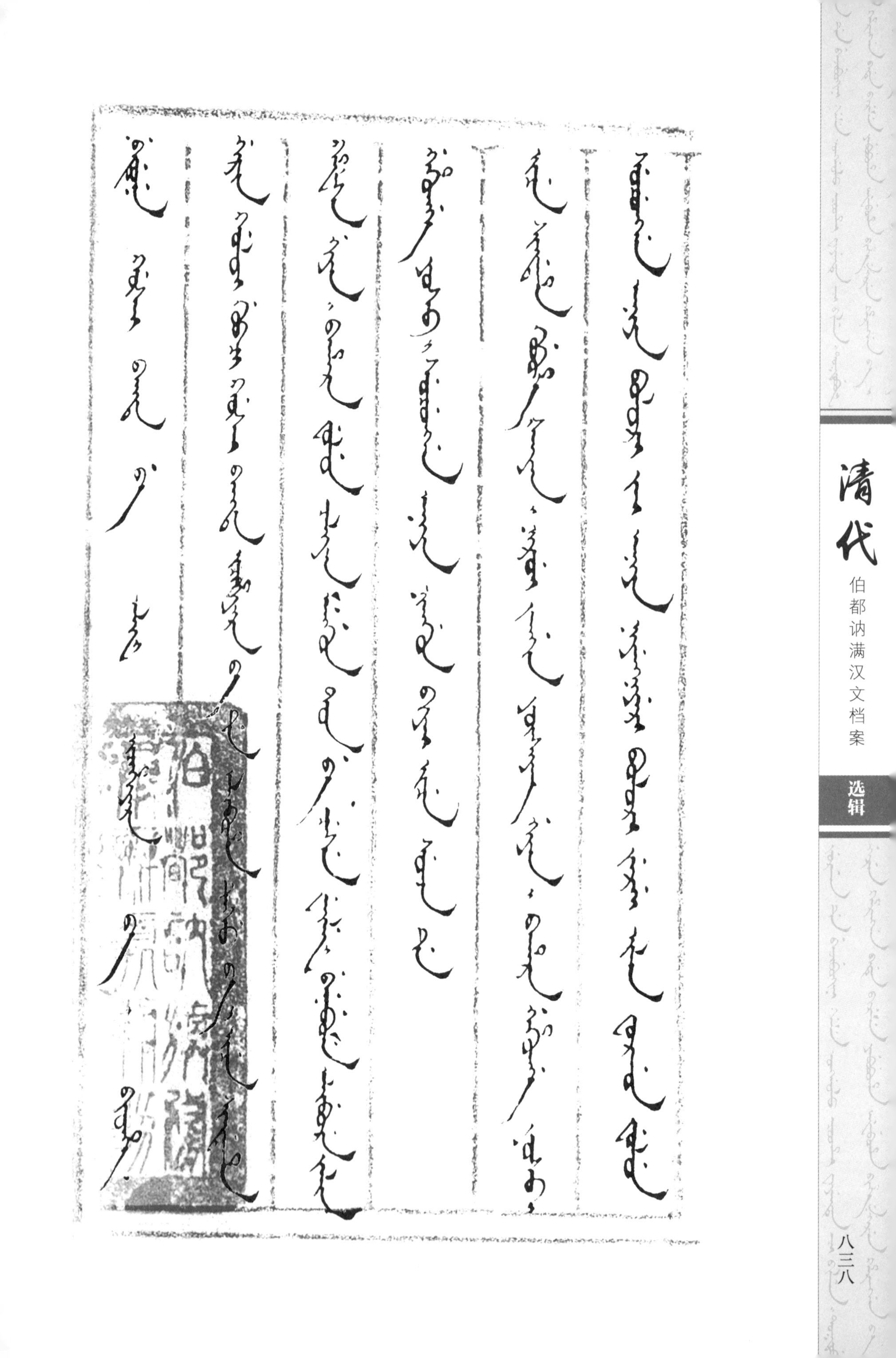

35 伯都讷旗务承办处为报送请领俸饷各项清册事呈吉林全省旗务处文

宣统二年八月二十八日

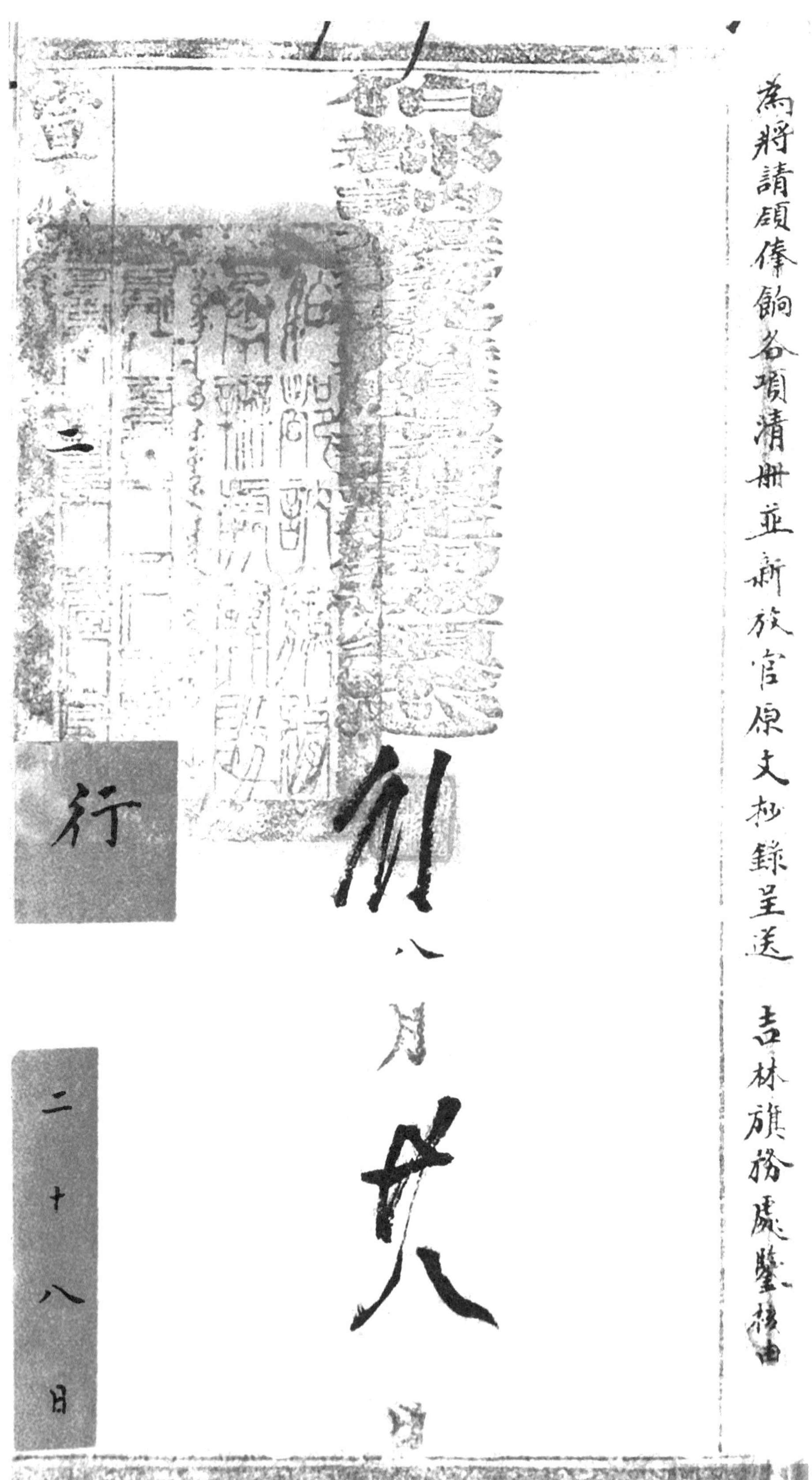

為將請領俸餉各項清冊並新放官原文抄錄呈送 吉林旗務處鑒核由

二

行

八月

二十八日

伯都訥旗務承辦處提調花翎協領忠　爲
造册呈送事案據前副都統衙門交代案巻
内戴按年造送請領雜項册籍隨有根丈一
件等因歷辦在案茲查新放官員等應領俸
銀清字册二本漢字册三本已故官兵之妻
孀婦等應領俸餉銀呈文一件清字册二本
漢字册三本

官兵應領次年

俸餉清字冊三本漢字冊四本已故食半餉

閑散等病故日期清字冊一本一併造具妥協

包妥封固隨文呈送外並將新放官員等

原文鈔錄呈送等情據此擬合呈報

吉林全省旗務處謹請鑒核施行須至呈者

計呈送

滿漢印白册十八本

右

呈

吉林全省旗務處

吉林全省旗務處　爲札飭事軍衡科案呈宣統

二年七月初九日奉

公署發交七月初六日准

陸軍部咨開内閣抄出吉林巡撫陳奏伯都訥右
翼協領富興故遺一缺揀選得佐領忠 堪以擬正
佐領景貴堪以擬陪例應適時給咨送部引
見惟因伯都訥副都統員缺裁撤所有旗務改設提調
管理當派該員充當該城旗務提調開辦伊始
諸務待理寔難遽易生手合無仰懇
天恩俯准援案將忠 暫緩送部引

見一俟該城旗務辦有端倪再行補送並請
旨將擬正協領忠先行依擬陞擬陪協領景貴照例
記名等因一摺於宣統二年六月十三日奉
硃批着照所請該部知道欽此欽遵抄出到部相應咨行
吉林巡撫查照可也計擬正忠應繳註冊費銀二十兩等因發交
到處奉此除分別註冊外合亟札飭札到該處即便遵照可也

吉林全省旗務處　為札飭事軍衙科案呈宣統二年五月二十二日奉

公署發交五月二十日准

陸軍部咨開軍衡司案呈內閣抄出吉林巡撫奏稱吉林滿洲正藍旗
驍騎校錫春故遺一缺揀選以領催恩綬擬正前鋒常魁擬陪吉林蒙
古廂紅旗驍騎校恩善故遺一缺揀選以領催祥魁擬正領催福純擬
陪伯都訥廂紅旗驍騎校瑚圖禮陞遺一缺揀選以領催崇興
擬正前鋒常慶擬陪又該城正紅旗驍騎校西良阿陞遺一缺揀選
以領催占春擬正領催連仲擬陪五常堡正黃旗驍騎校勝春轉
遺一缺揀選以領催董蘭瑞擬正領催阿林太擬陪繕單恭呈

御覽等因一摺於宣統二年四月二十七日奉

硃筆圈出擬正委筆帖式恩綬領催祥魁崇興占春董蘭瑞欽此

欽遵到部相應咨行吉林巡撫查照可也計擬正恩綬祥魁

崇興占春董蘭瑞等五員各應繳註冊費銀四兩等因發

交到處奉此除註冊並分行外合亟札飭札到該處即便遵照可也特札

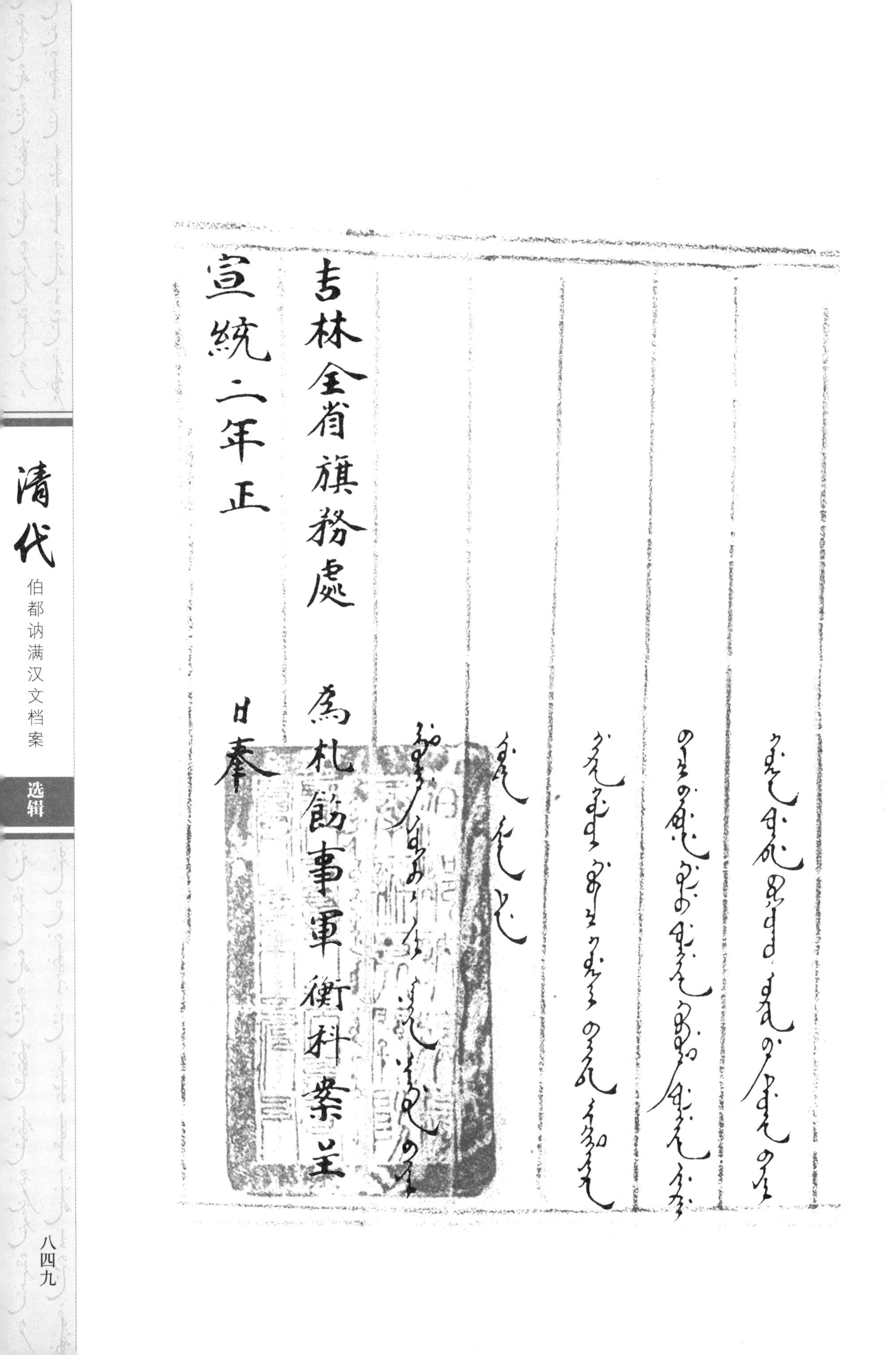

吉林全省旗務處　為札飭事軍衙科案呈

宣統二年正　日奉

公署發交正月二十日准
陸軍部咨開軍衡司案呈准正紅旗滿洲咨
稱吉林騎都尉貴英華職揀選得伊長子
閑散錫雲承襲於宣統元年十二月十七日
帶領引
見奉
旨着揀定之錫雲承襲欽此欽遵等因前來相

應行文吉林巡撫查照可也等因發交到處

奉此合亟札飭札到該處即便遵照可也特札

吉林巡撫陳　為札飭事旗務處案呈
案照本部院於宣統元年十二月初四日恭摺具
奏為吉林寧古塔廂黃旗佐領烏勒喜蘇伯
都訥廂白旗防禦成林省城正紅旗防禦訥

蘇肯等均因年老力衰觸發單營舊疾不
能當差照例呈請休致等因一摺當經照抄
原摺札飭在案茲於宣統元年十二月二十日
差弁賚廻原摺奉
硃批烏勒喜蘇等三員均准其原品休致賞食全
俸該部知道欽此欽遵相應恭錄呈請札飭
等情據此除分行外合亟札飭札到該處即

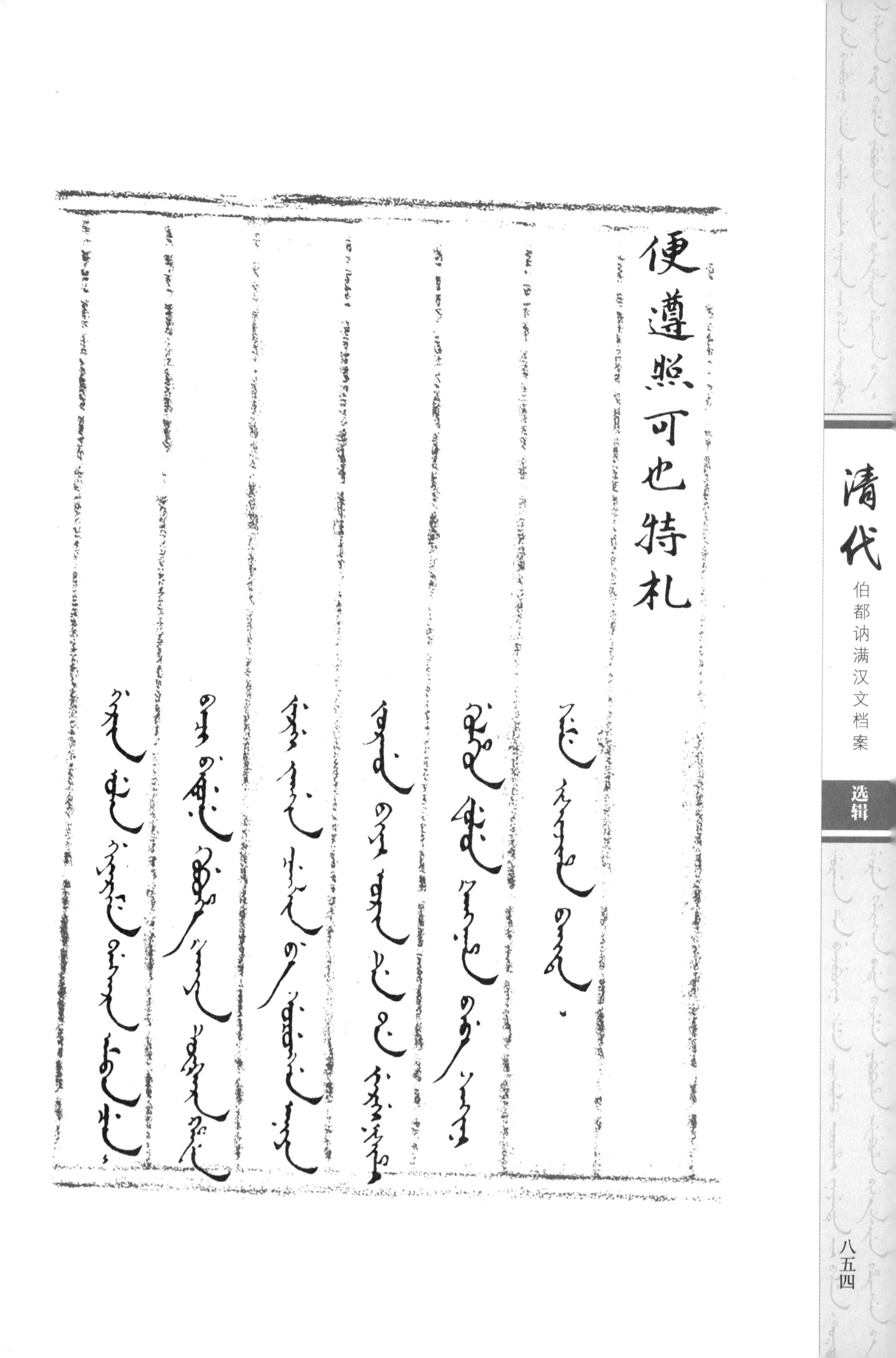

便遵照可也特札

吉林全省旗務處為札飭事軍衙科案
呈宣統元年十二月二十七日奉
公署發交准
吏部咨開文選司案呈准吉林巡撫咨稱旗
務處案呈現由伯都訥副都統衙門來文左

司案呈查本處倉務筆帖式薩霖病故此
缺將額內委筆帖式領催恩溥差使勤堪以
揀放咨行吏部等因前來自應照咨准其補
放除知照度支部外相應咨覆可也於宣統
元年十二月十四日由部出咨前來等因發交
到處奉此合亟札飭札到該處即便遵照可
也特札

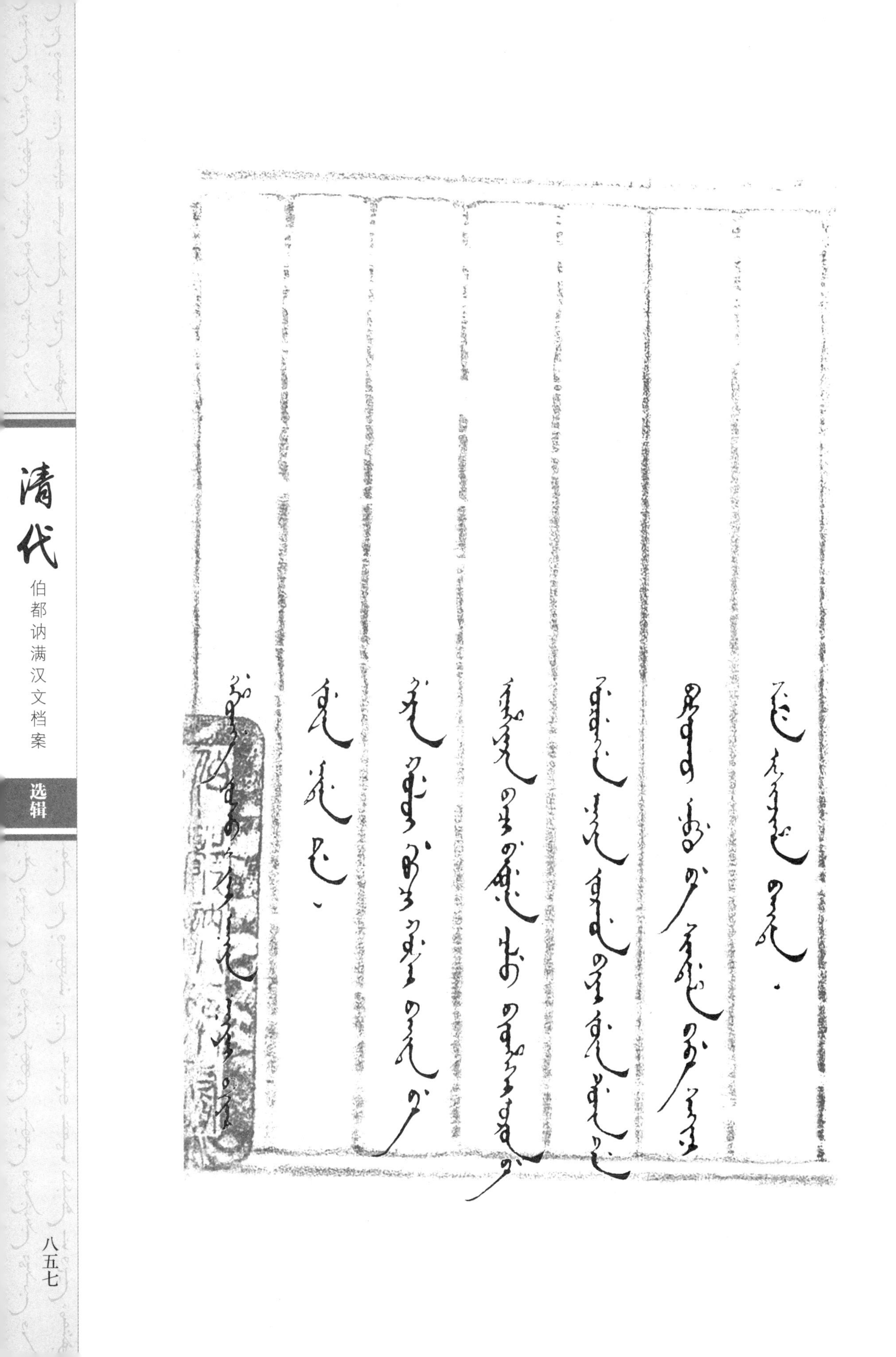

吉林全省旗務處　為札飭事軍衡科案呈
本年十一月初九日奉
公署發交十一月初七日准
陸軍部咨開軍衡司案呈准廂藍旗滿洲
咨稱吉林防禦員缺由該處揀選得驍騎校
瑚圖禮擬正驍騎校連榮擬陪本旗於宣統
元年十月十六日帶領引

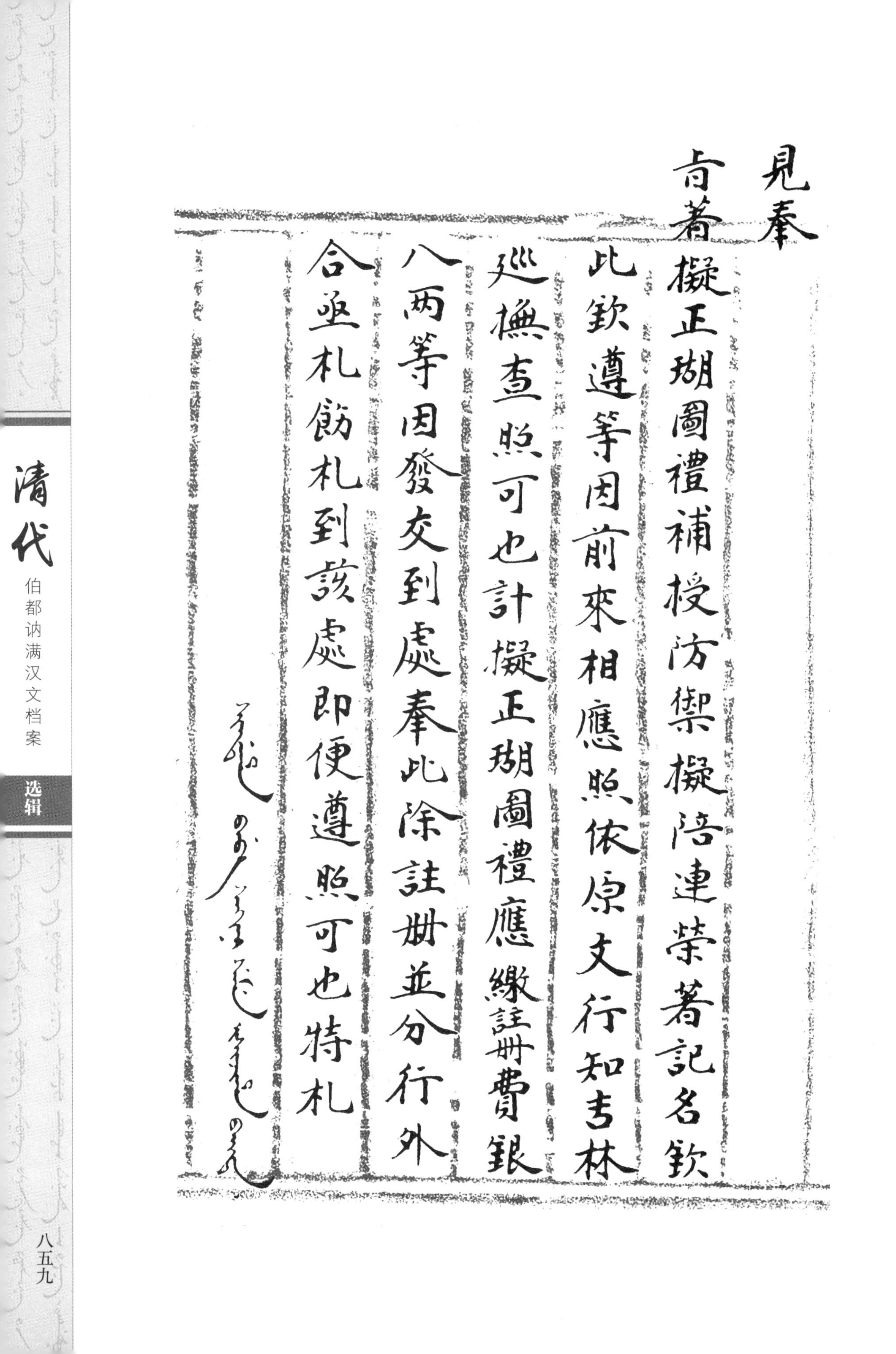

見奉

旨著擬正瑚圖禮補授防禦擬陪連榮著記名欽

此欽遵等因前來相應照依原文行知吉林

巡撫查照可也計擬正瑚圖禮應繳註冊費銀

八兩等因發交到處奉此除註冊並分行外

合亟札飭札到該處即便遵照可也特札

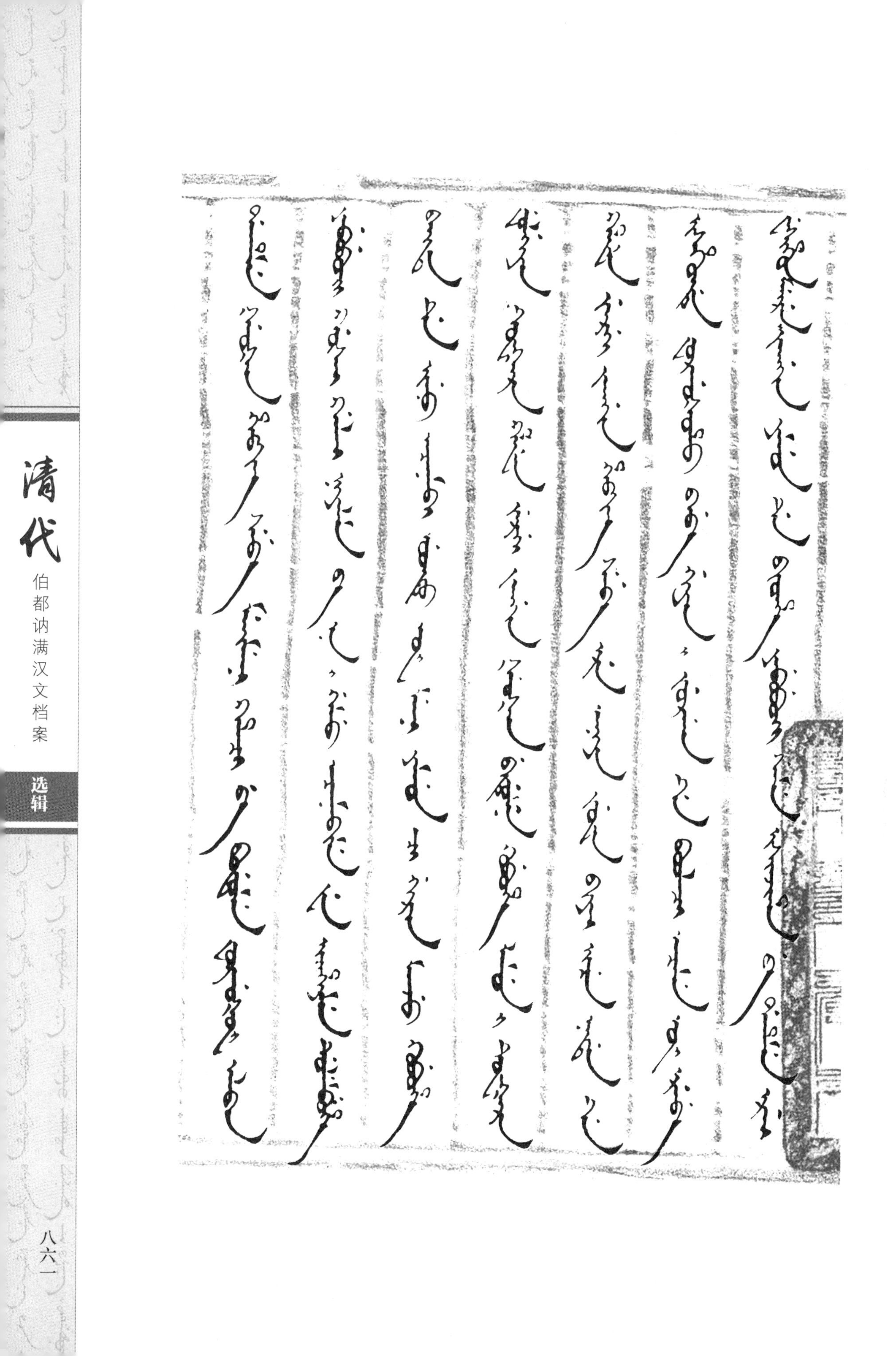

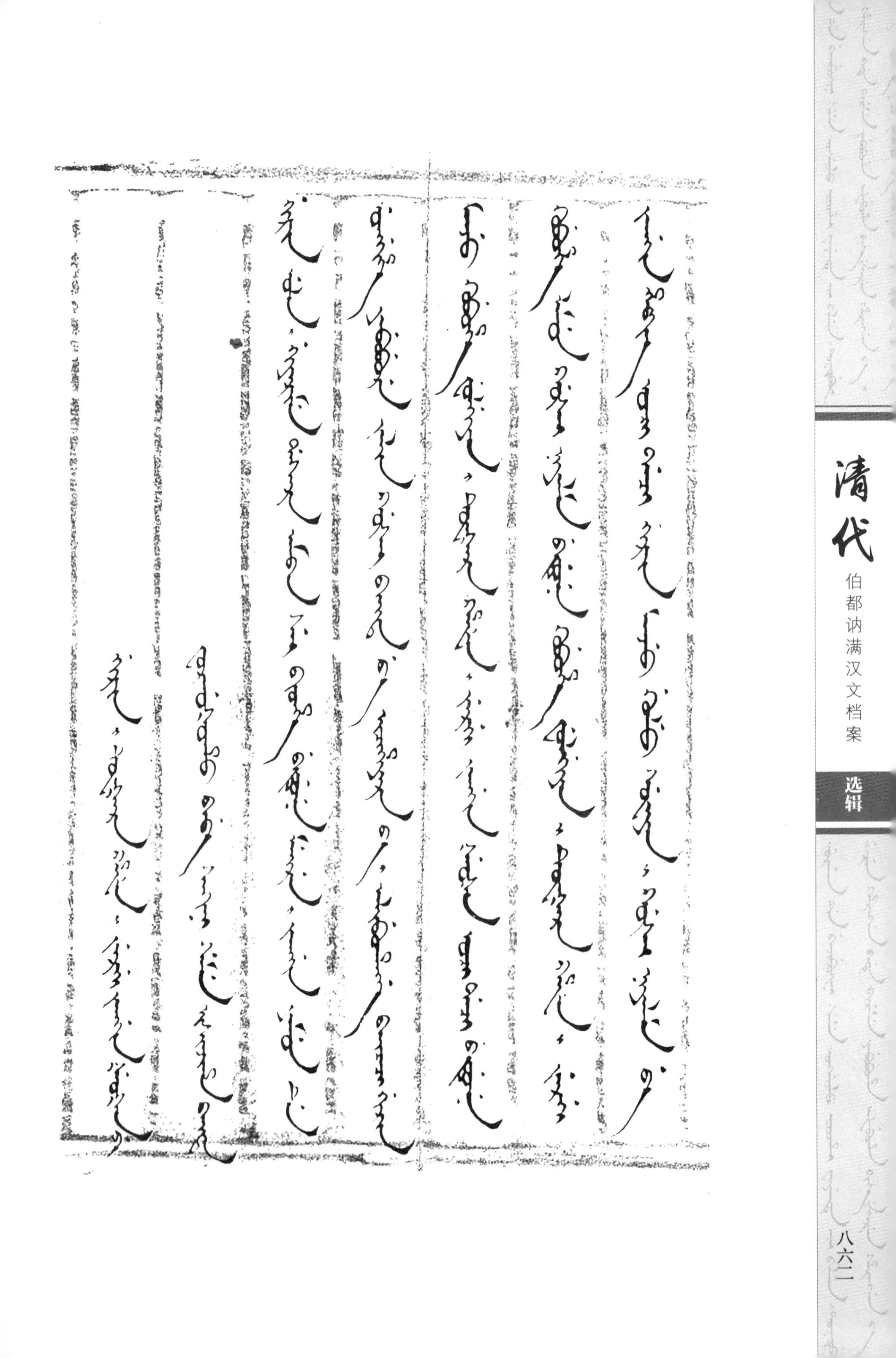

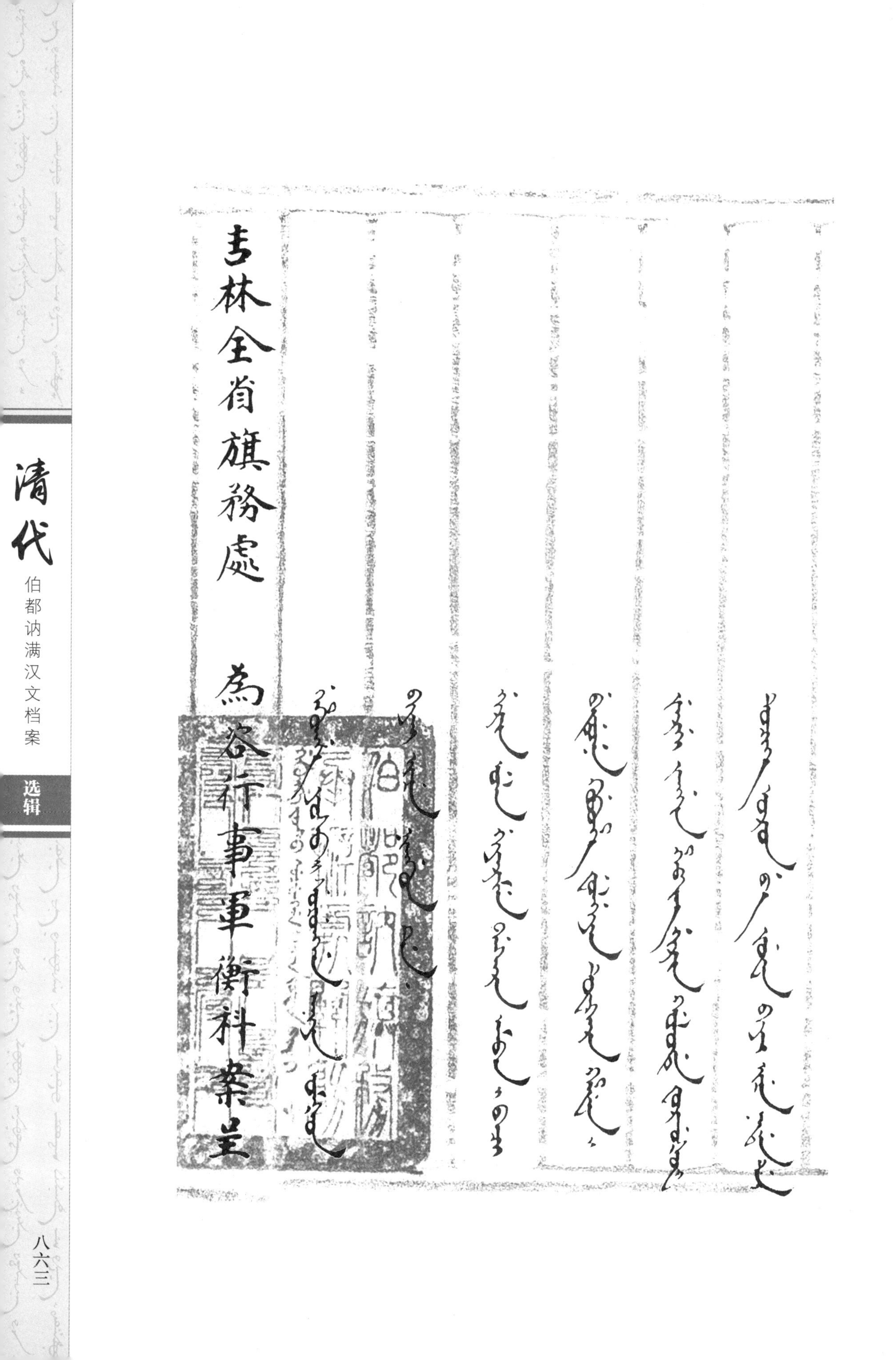

吉林全省旗務處

為咨行事軍衡科案呈

宣統元年七月初九日奉

公署發交七月初七日承准

陸軍部咨開軍衡司案呈准廂白旗滿洲咨

稱吉林佐領員缺由該處揀選得防禦蘊祥擬正防禦毓明擬

陪於宣統元年六月初五日帶領引

見奉

旨著擬正蘊祥補授吉林佐領擬陪毓明著記名

欽此欽遵等因前來相應照依原文轉行吉
林巡撫查照可也計擬正藴祥應繳註冊費
銀十两等因發交到處奉此除由本處分
別註冊並分行外相應備文咨行為此合咨
貴副都統衙門請煩查照可也

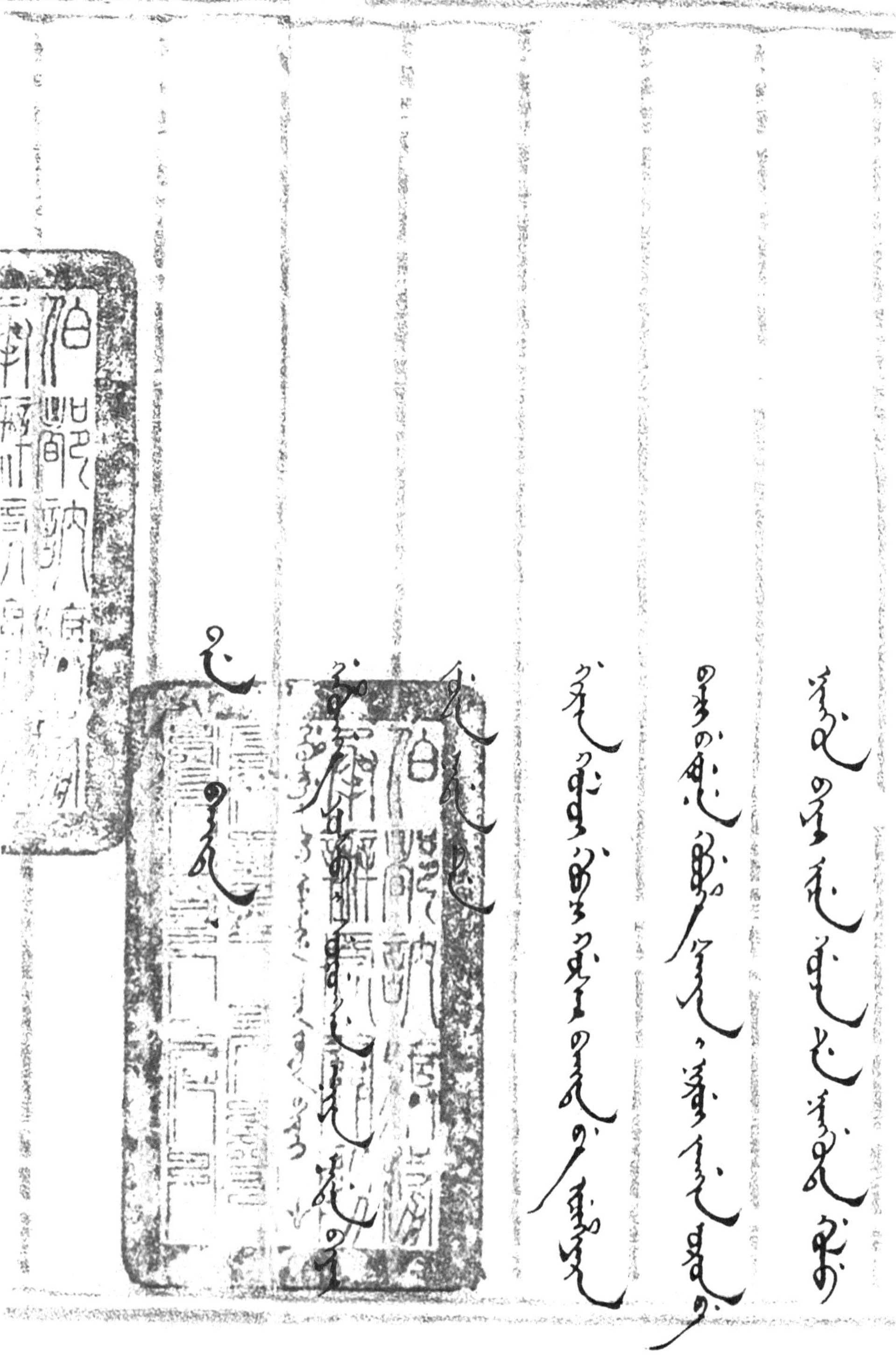

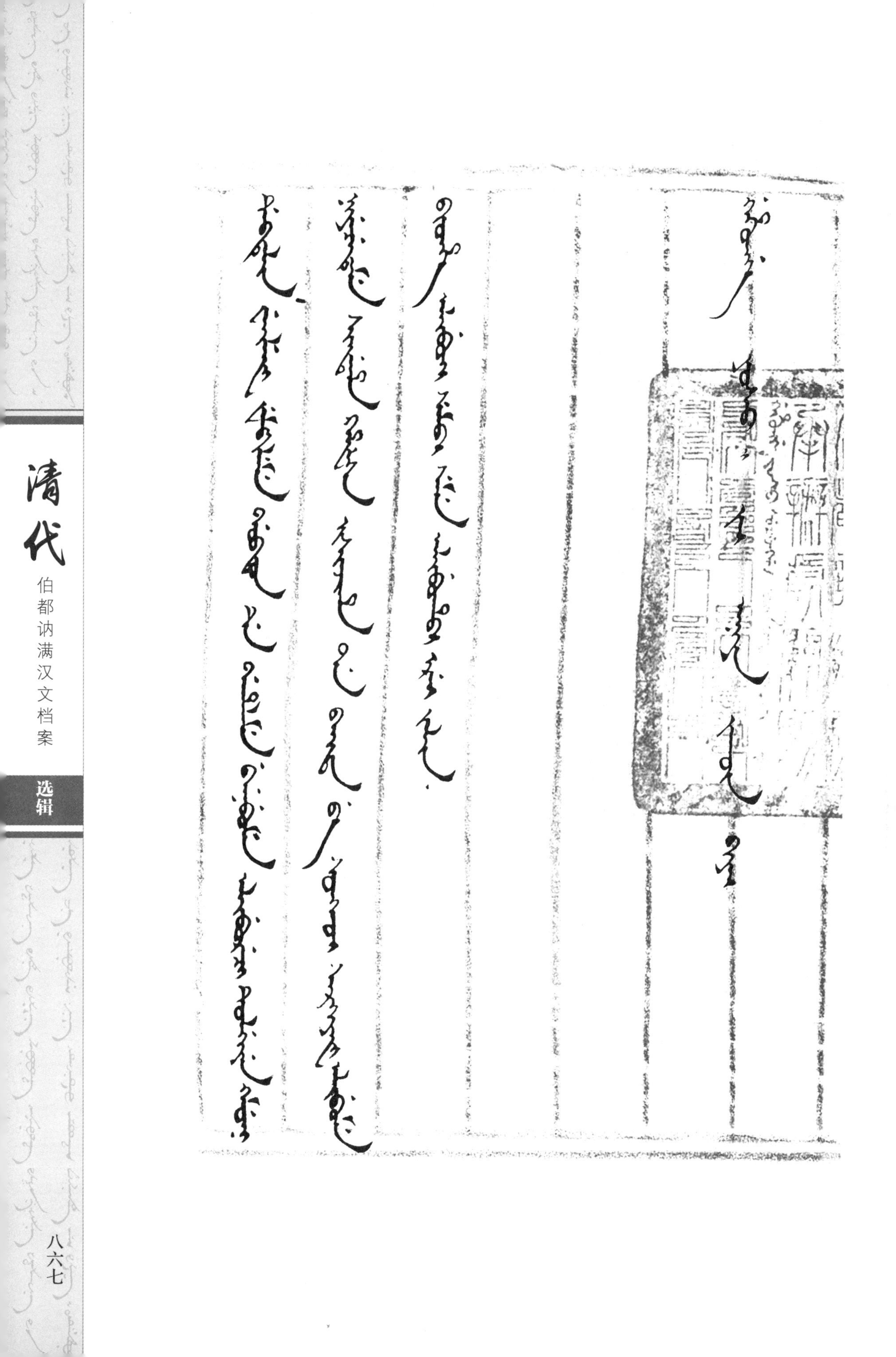

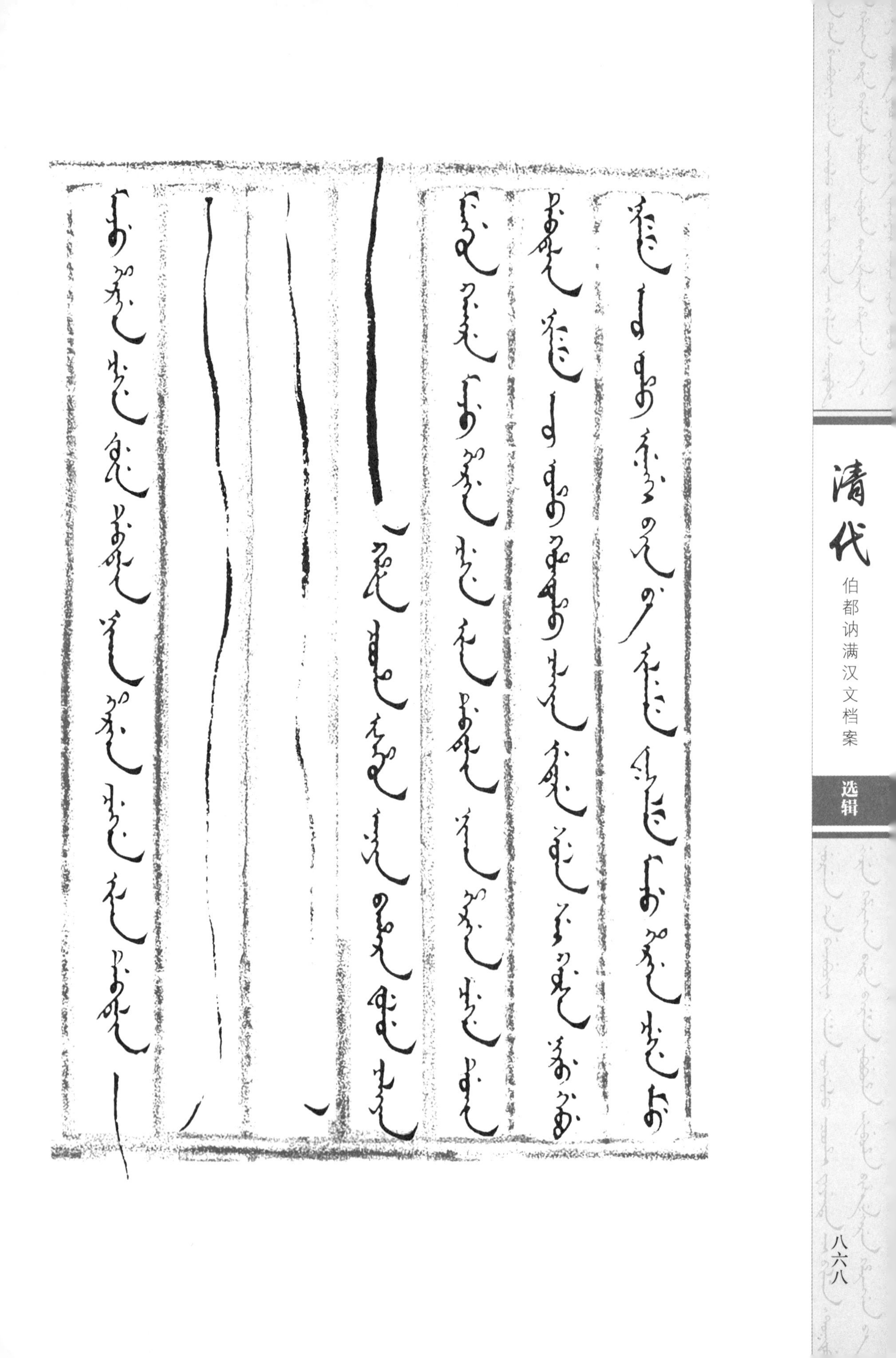

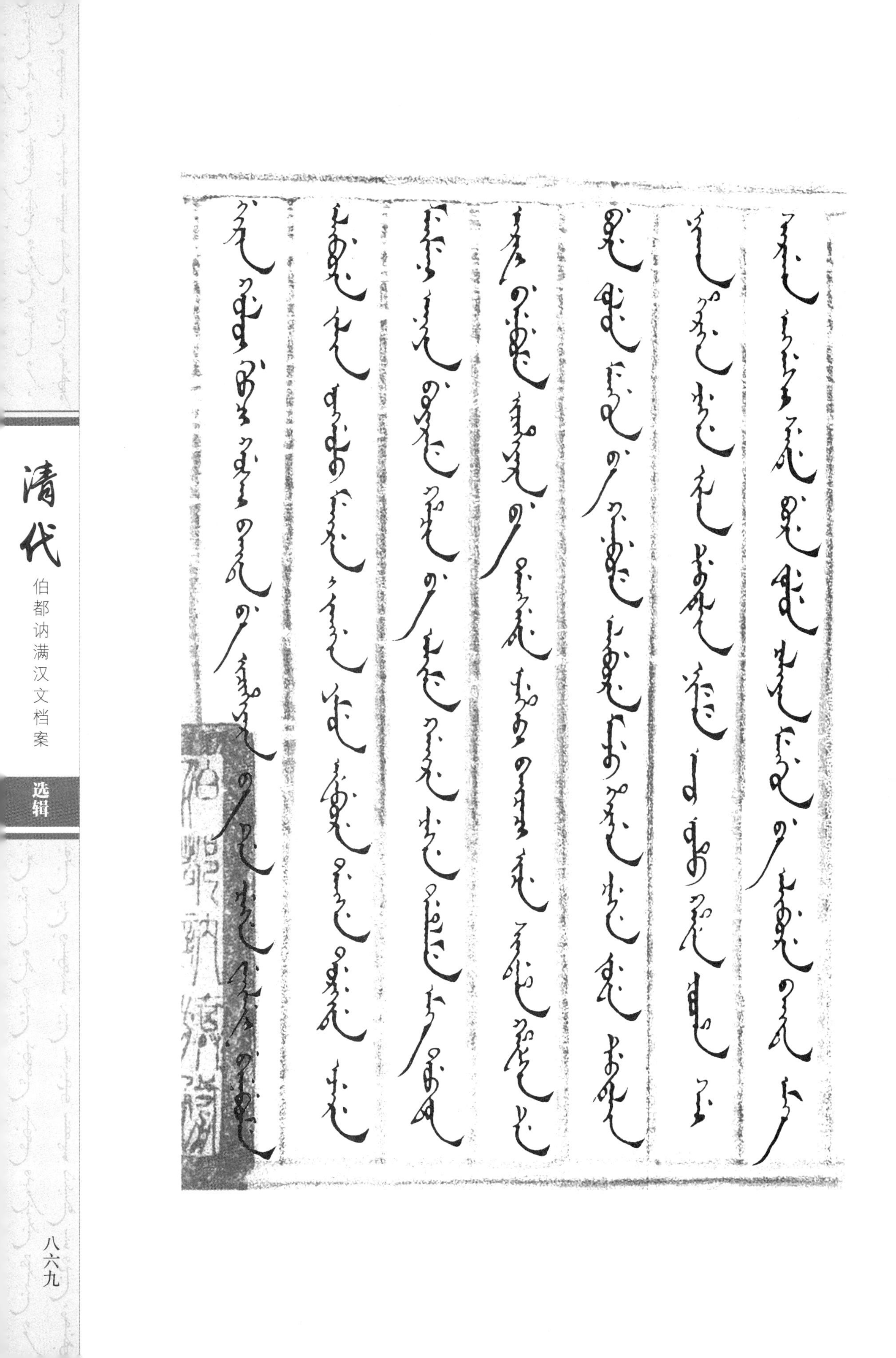

文牘科科員藍翎驍騎校崇洪

文牘科藍翎副科員全

庶務科科員藍翎裁缺八品筆帖式富克精阿

署庶務科科員藍翎副科員西成阿

署庶務科副科員書記長康澂

監用關防文牘科書記長恩隆阿

兼庶務科書記長擬陞驍騎校常慶

監用關防庶務科書記長惠廉

36 伯都讷旗务承办处为报送大小官员出身满汉履历清册事呈吉林全省旗务处文

宣统二年九月五日

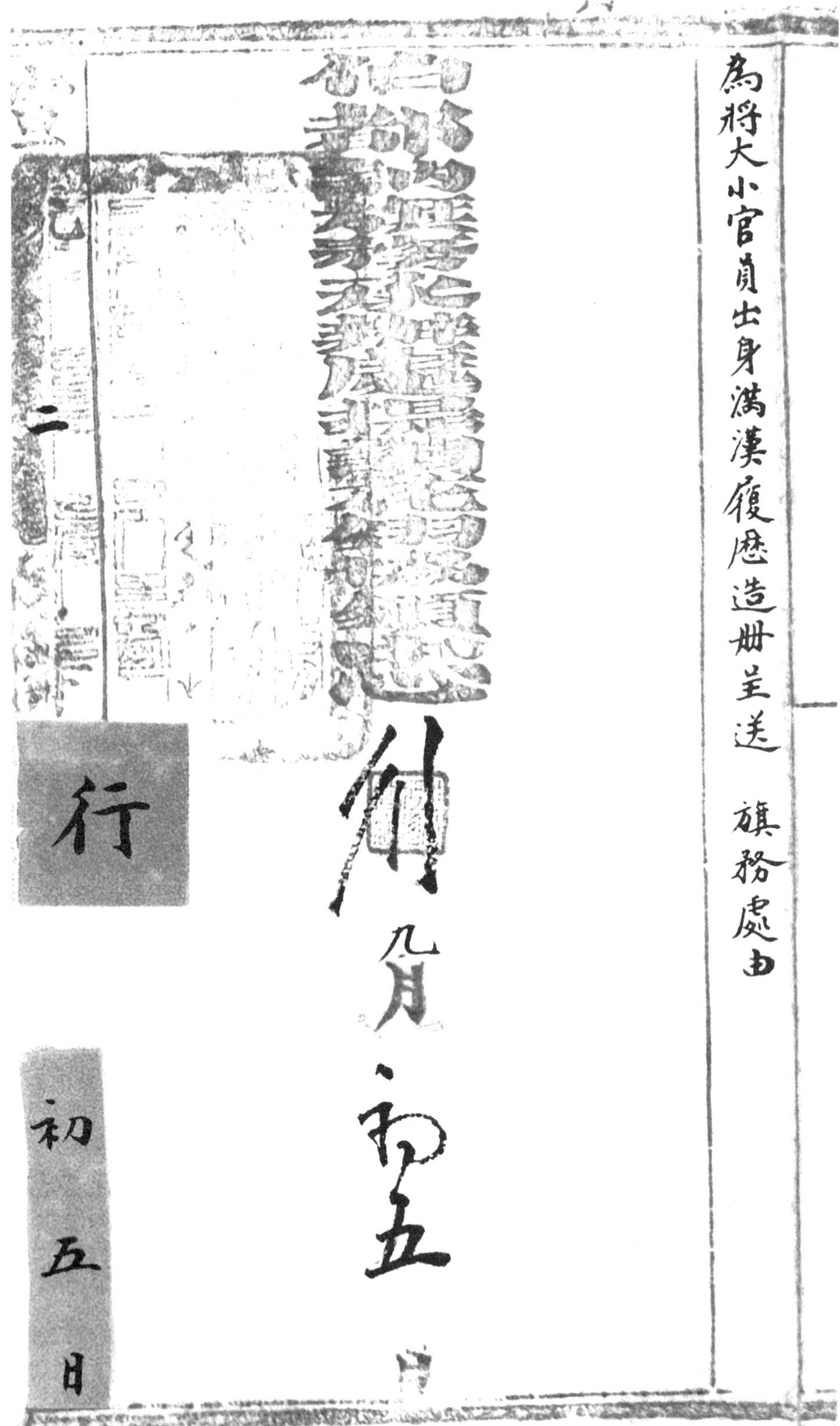
爲將大小官員出身滿漢履歷造册呈送　旗務處由
行
九月初五日
初五日

文□科員藍翎驍騎校崇興

文牘科□□科員□壽

庶務科科員藍翎戴缺八品筆帖式富克精阿

署庶務科科員藍翎副科菖西成阿

署庶務科副科員書記長康瀓

監用關防文牘科書記長恩隆阿

兼庶務科書記長撫倍驍騎校常慶

監用關防庶務科書記長惠康

伯都訥旗務承辦處提調花翎協領忠　為造冊
呈送事竊查本年秋季應報職處現任大小
官員出身履歷有無加級紀錄並將加級
紀錄銷去抵免加級罰俸以及降革留任之
處逐一查明連世職並原品休致食全俸各
官一併造具滿漢銓用關防細冊各一本空白
滿漢細冊各一本一併包封妥固飭交文報局所遞送訖再

查職陞授右翼協領已經奏請暫緩赴引奉
准在案現將職履歷添入冊内其餘大小各官
之履歷或裁或添已在冊内合併聲明謹此具
文呈送為此合呈
憲台鑒核轉詳咨部施行須至呈者
計呈送
滿漢關防白冊四本

右

呈

吉林全省旗務處

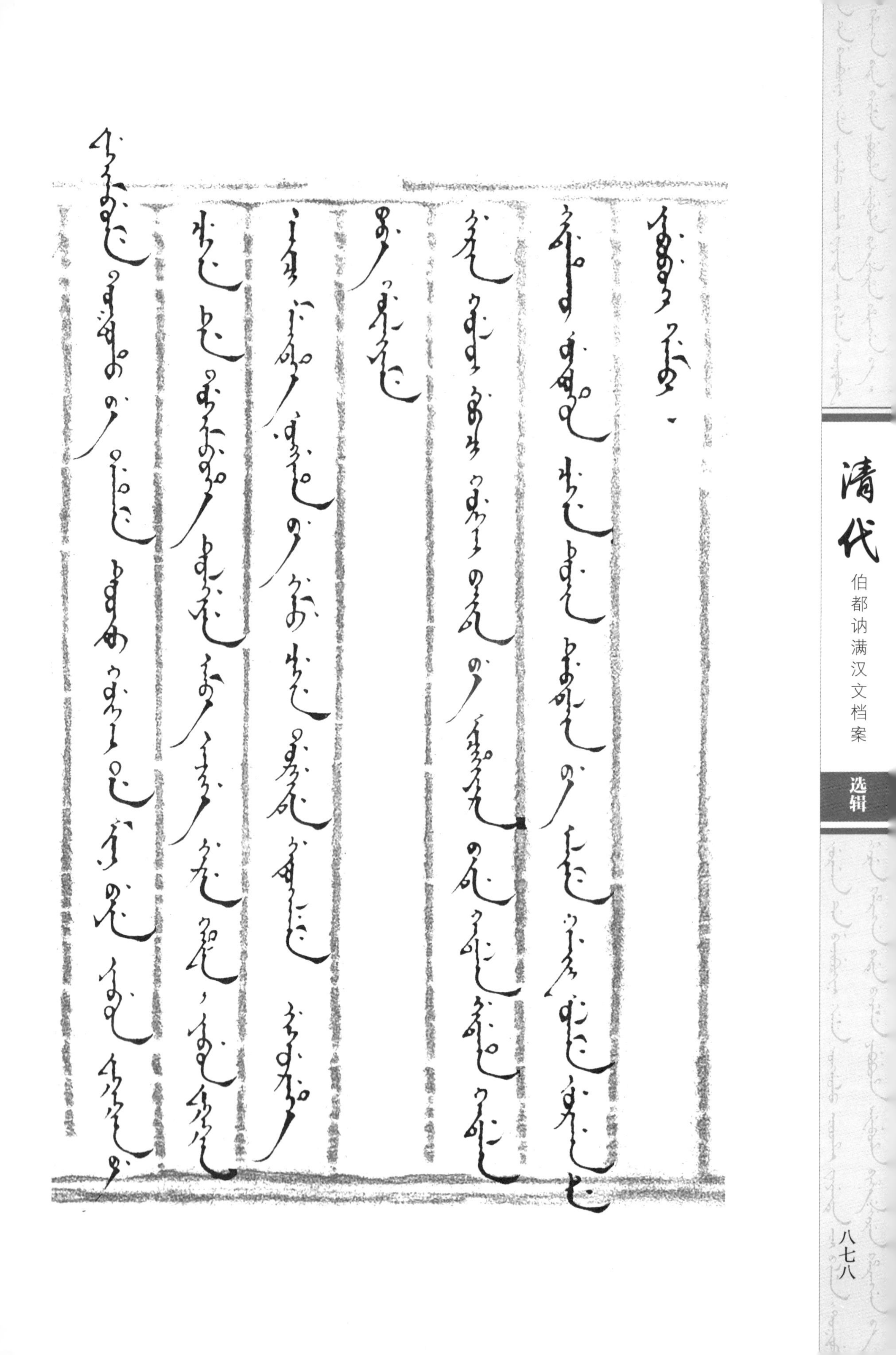

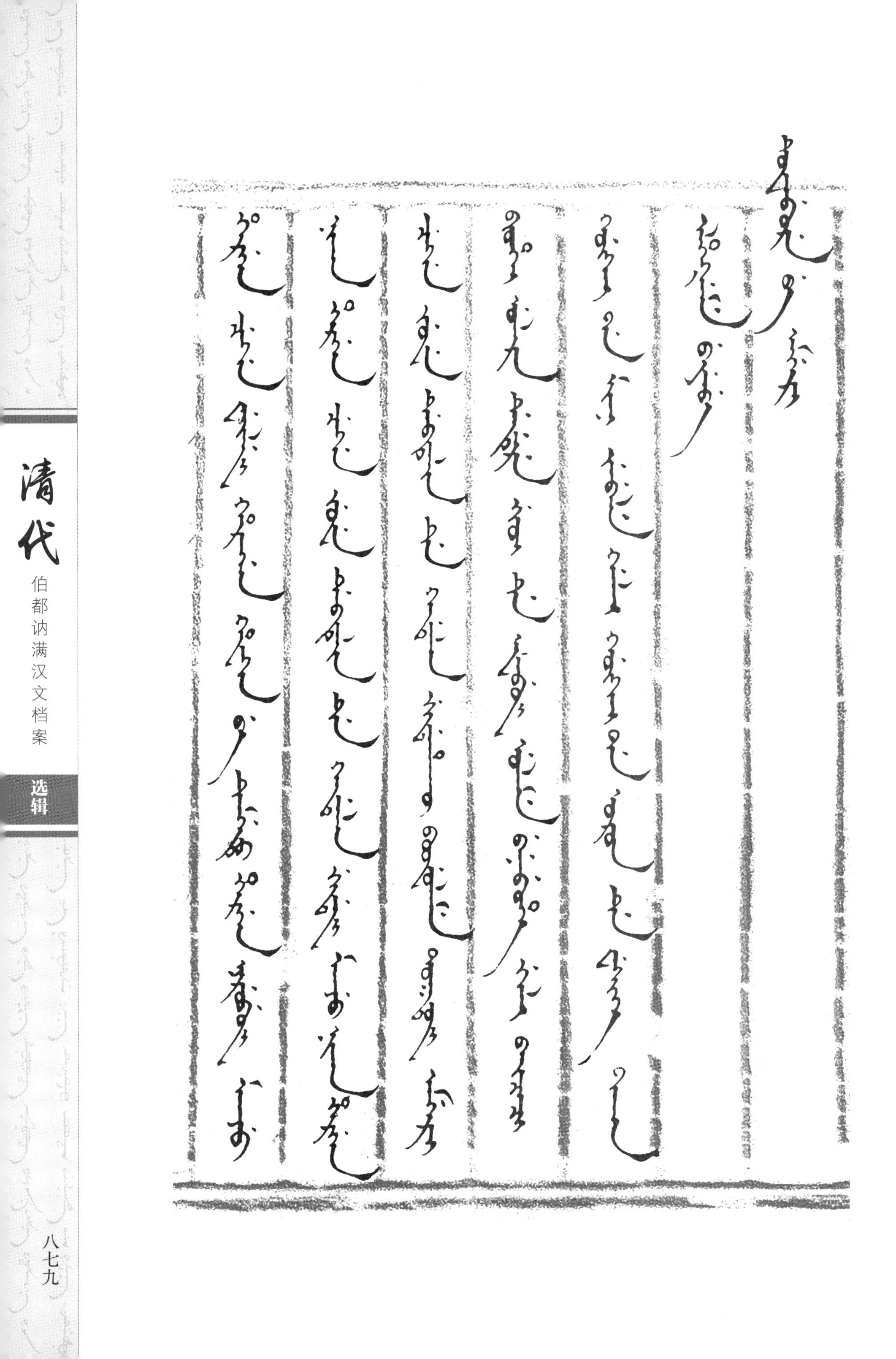

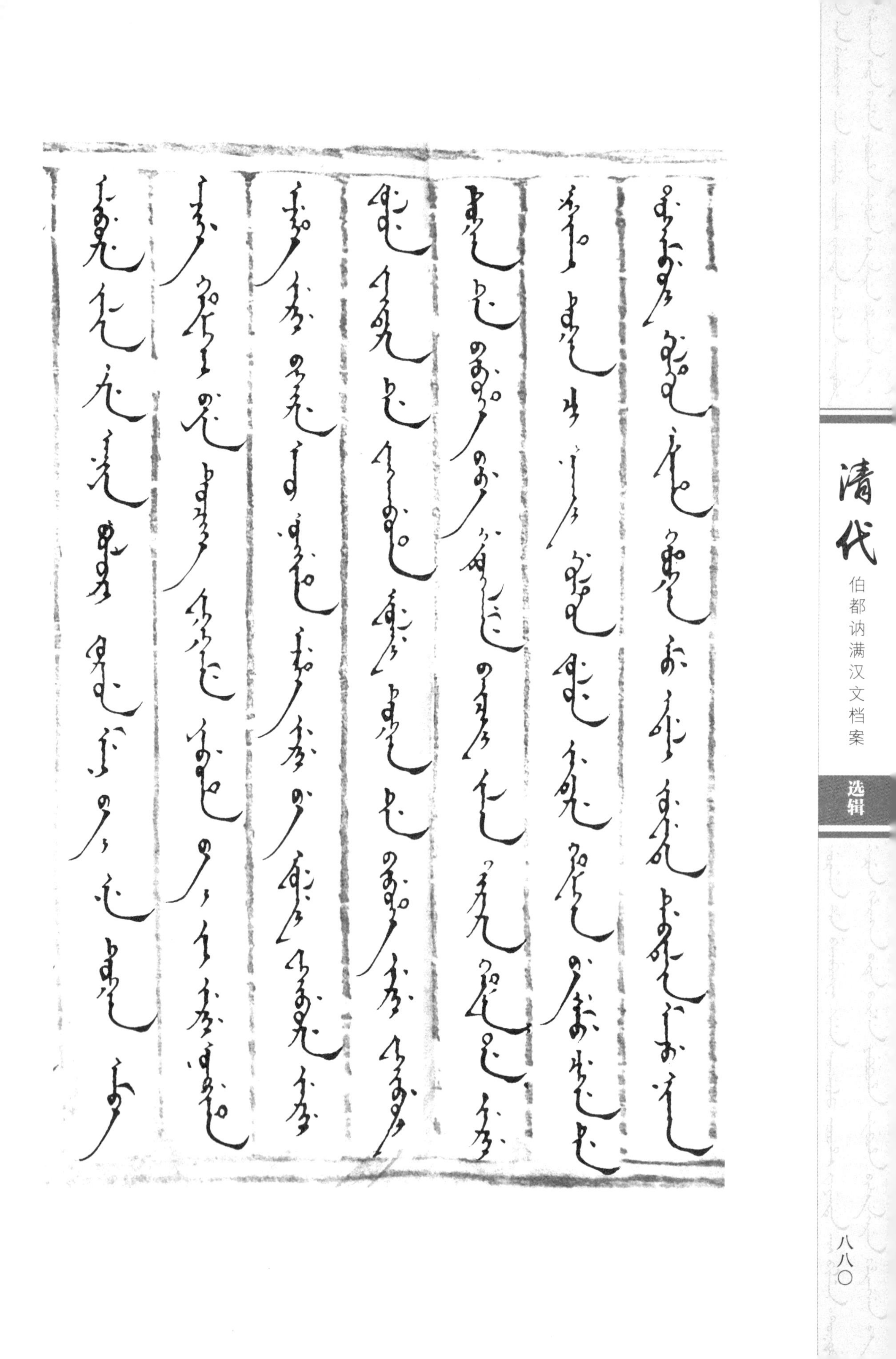

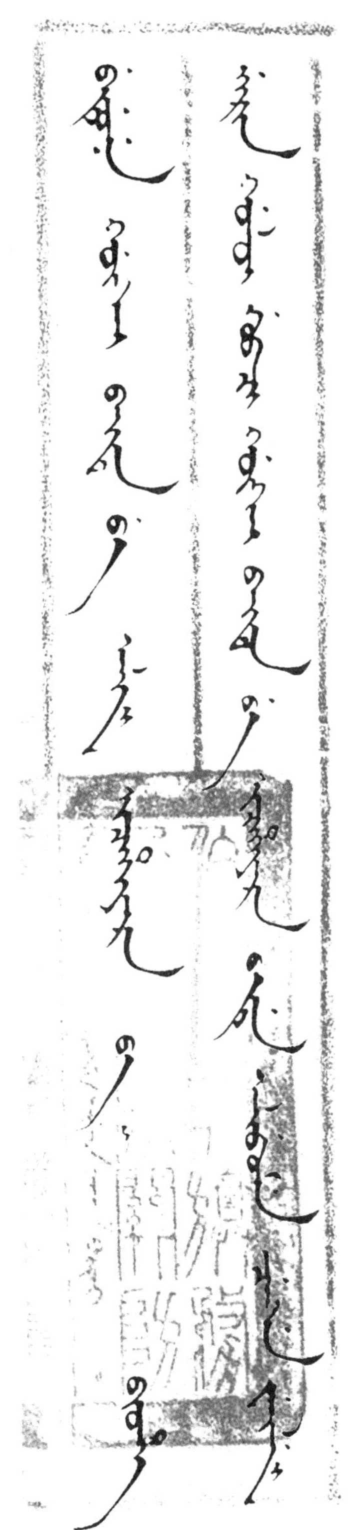

37 伯都讷旗务承办处为请旌表银两报送守节孀妇等旗佐姓氏清册事呈吉林全省旗务处文

宣统二年九月八日

為將應請旌表守節孀婦等旗佐姓氏造册呈送旗務處鑒核由

九月初八

二

行

初八日

文牘科科員藍翎驍騎校崇興

文牘科藍翎副科員全壽

庶務科科員藍翎截缺公呂筆帖式富克精阿

署庶務科科員藍翎副科員西成阿

署庶務科副科員書記長廉徵

監用關防文牘科書記長恩隆阿

兼庶務科書記長擬陪驍騎校常慶

監用關防庶務科書記長惠康

伯都訥旗務承辦處提調花翎協領忠　為
造册呈報事茲據左翼花翎協領玉移
稱據署廂白旗佐領事務雲騎尉永海
呈稱據職旗雲騎尉文榮呈稱職几西丹
文瑞於光緒十二年七月初一日病故伊
妻現年五十歲守節計今二十五年懇請
轉呈請領

旌表建坊銀兩又據職旗閑散連喜呈稱本旗
披甲喜春於光緒六年二月初二日在練隊
充差與賊接仗陣亡伊妻現年五十七歲
守節計今三十一年懇請轉呈請領
旌表建坊銀兩各等情前來職即飭派領催
滿林往查已故西丹文瑞陣亡披甲喜春
等之妻孀婦等自幼守節事蹟俱屬確實

核與給餉建坊定例相符等情具結呈請
轉報前來據此覆查無異理合移請轉報又
據右翼花翎協領忠移稱據署廂藍旗
佐領事務雲騎尉廣山呈稱據職旗閑散
德順報稱本族披甲吉順於光緒四年病
故伊妻現年六十歲守節計今三十三年懇
請轉呈請領

旗來建坊銀兩等情前來職即飭領催色普徵額
往查已故吉順之妻孀婦自幼守節事蹟
俱屬確寔核與給銀建坊定例相符等情
具結呈請轉報前來據此覆查無異理合
移請轉報各等因移付前來據此職處當
於前副都統衙門交代案卷內查歷年造報
守節孀婦請領

旌表建坊銀兩案載前准
將軍衙門咨開准
禮部咨開儀制司案呈所有前事一案相應
抄单知照可也計粘单内開查定例八旗並
各省駐防節孝人等本部每年彙題一次
於三月内通行各旗並各省駐防將合例
應請

旌表人等造冊送部年終彙題又例載其有三
十歲以前守節婦人等至五十歲以上者及
三十歲以前守節已滿六年而身故者並
未婚貞女年例相符或未符年例而身
故者俱准報部題請
旌表八旗由該叅佐領等出具保結申送該都
統各省駐防由該叅佐領等申送該將軍

副都統詳具事蹟各造具滿漢册註明並
無再醮違例字樣務於八月造册送部如
有違至十月十五日以後始行到部者即扣
除歸入次年彙題相應通行八旗內務府並
各省駐防查照幸勿視為具文可也等因前
來相應呈請咨札遵照等情據此合亟咨
行伯都訥副都統衙門遵照辦理可也等因

歷經遵辦在案茲查今據左右翼協領移稱

應請

旌表守節孀婦三名口職處合仍將該孀婦姓氏旗

佐守節年歲造具滿漢印白冊六本附封呈

送之處理合備文呈報

吉林全省旗務處鑒核施行須至呈者

計呈送

印白册六本

右　呈

吉林全省旗務處

宣統二年九月　日

宣統二年九月　日

册底

伯都訥旗務承辦處　爲造送本屬守節孀婦

旗佐姓氏年歲清册事

計開

伯都訥廂白旗滿洲蘊祥佐領下已故西丹文瑞原
配妻唐古特氏係廂藍旗滿洲貴春佐領下已故記
名筆帖式恒德之女於光緒十一年唐古特氏二十五歲
時聘嫁於文瑞為妻二十六歲時其夫病故計至本
年守節二十五年

查唐古特氏家甚貧窮甘願
淡飯粗食身受艱辛饑寒扶

養幼子成丁以守節操

佐領蘊祥　領催滿林　族長文榮

吉勒嘎春　同保得唐古特氏守節事蹟俱屬確實並無虛揑亦無再醮等情覈與給銀建坊定例相符所具結呈是寔

佐領蘊祥

署左翼协领事务佐领英俊覆禀无异

伯都訥廂白旗滿洲蘊祥佐領下已故披甲喜春原
配妻傅查氏係廂紅旗滿洲德亮佐領下已故披甲
吉陞之女於光緒元年傅查氏二十二歲時聘嫁於喜
春為妻二十七歲時其夫在練隊陣亡計至本年守
節三十一年

查傅查氏家甚貧窮甘願淡
飯粗食身受艱辛饑寒扶養幼子成丁以守節操

佐領蘊祥　領催滿林　族長連喜　明貴

同保得傅查氏守節事蹟俱屬確實並無虛揑

亦無再醮等情與給銀建坊定例相符所具結

呈是寔

佐領蘊祥

署左翼協領事務佐領英俊覆覈無異

伯都訥廂藍旗滿洲貴春佐領下已故披甲吉順原配妻

傅查氏係廂紅旗滿洲德亮佐領下已故閑散和

通阿之女於同治四年傅查氏十五歲時聘嫁於

吉順為妻二十八歲時其夫病故計至本年守節
三十三年
查傅查氏家甚阸窮甘顧淡
飯粗食身受艱辛饑寒扶養
幼子成丁以守節操
佐領貴春　領催色普徵額　族長德順
鐵錘　同保得傅查氏守節事蹟俱屬確實並無

虚捏亦無再醮等情覈與給銀建坊定例相符所

具結呈是寔

佐領胄春

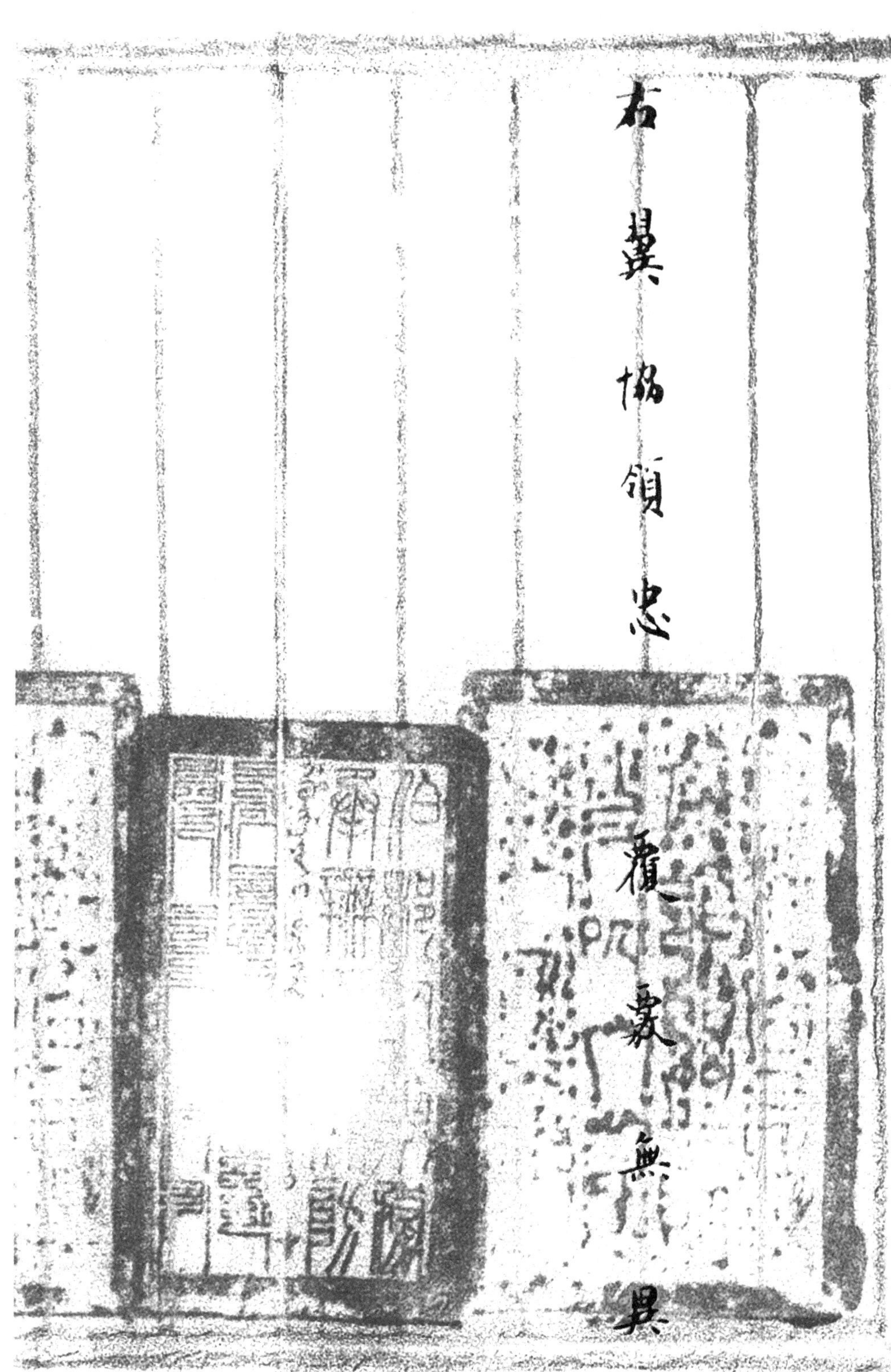
右翼協領忠覆覈無異

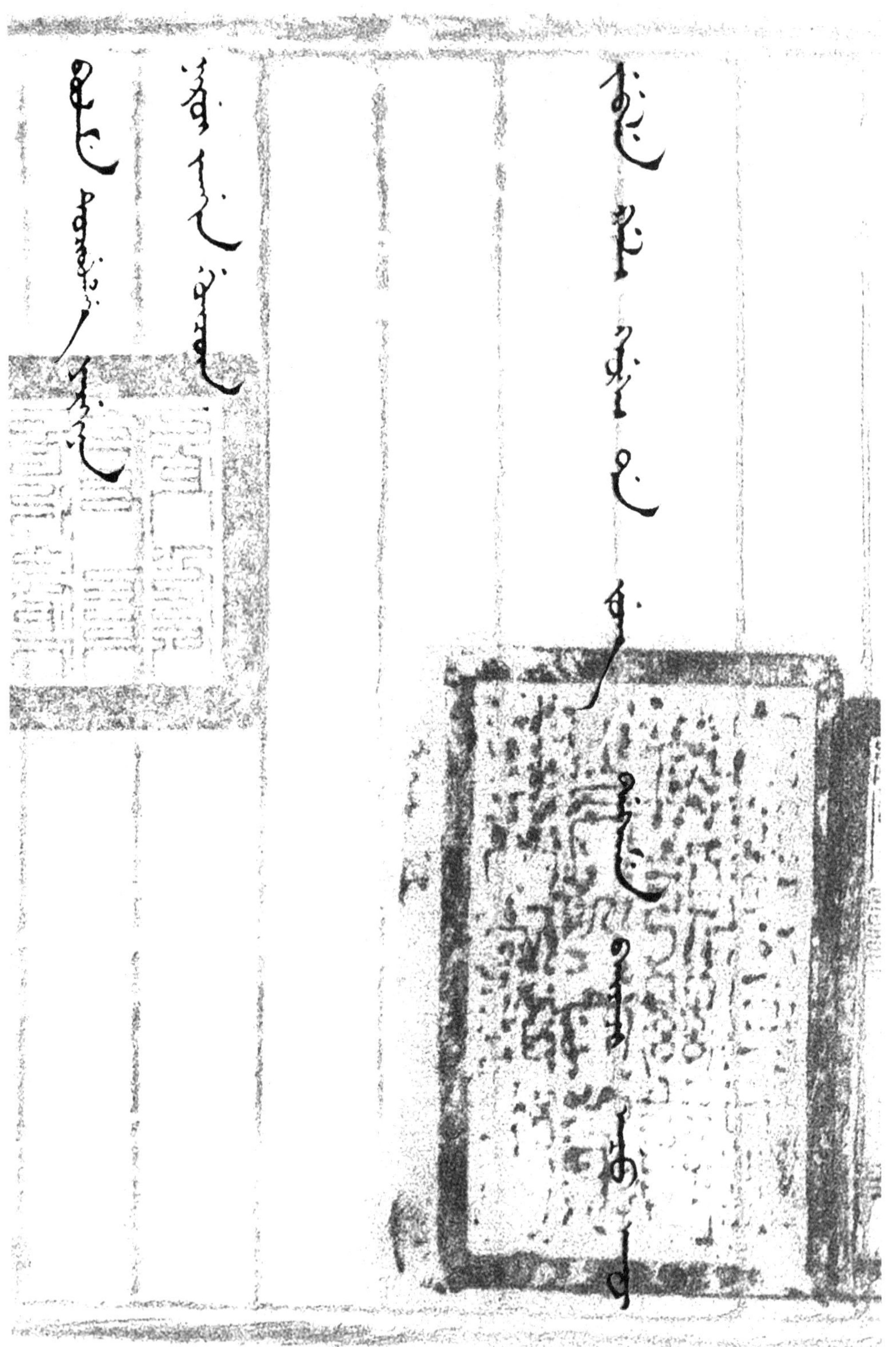

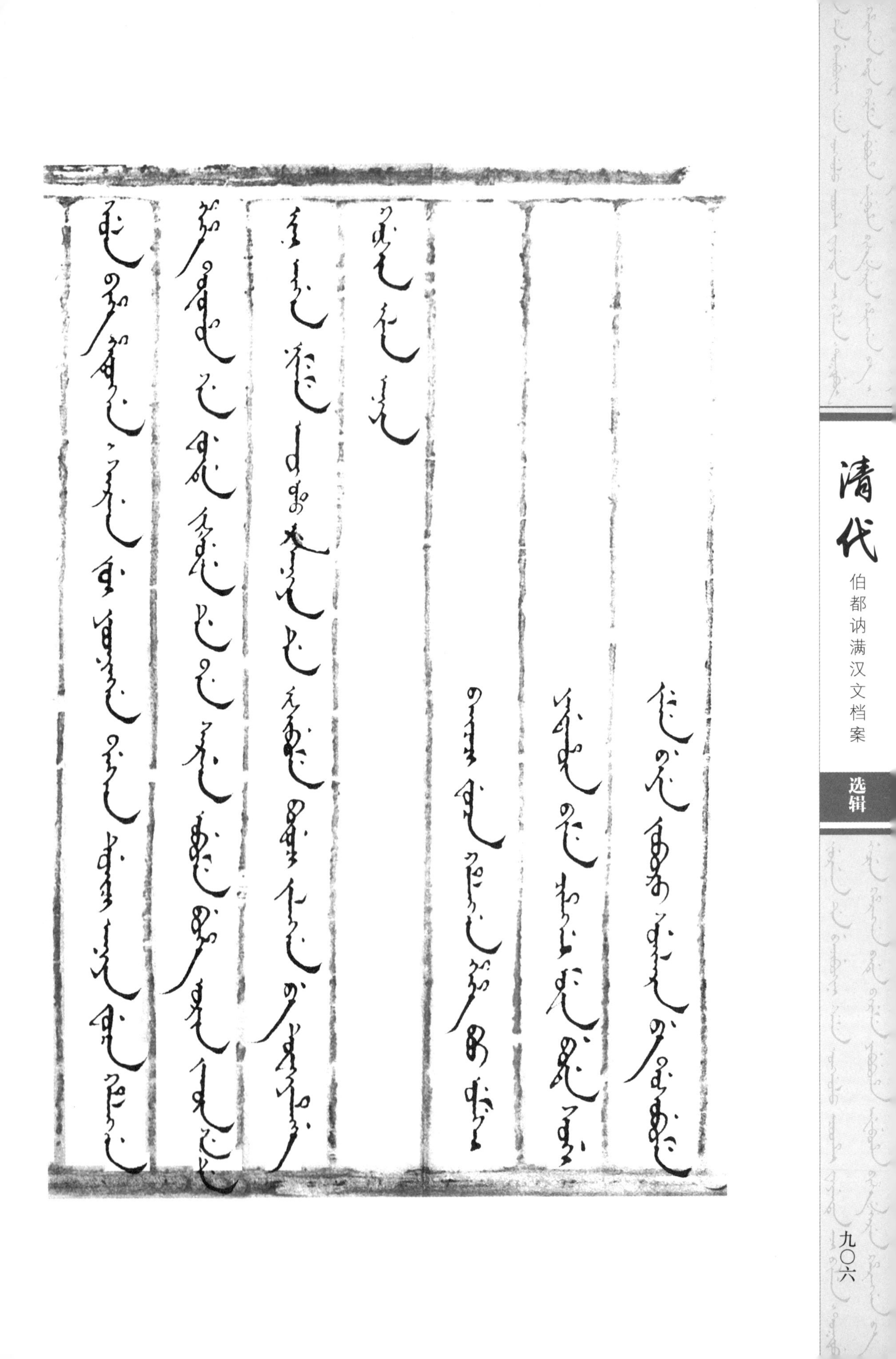

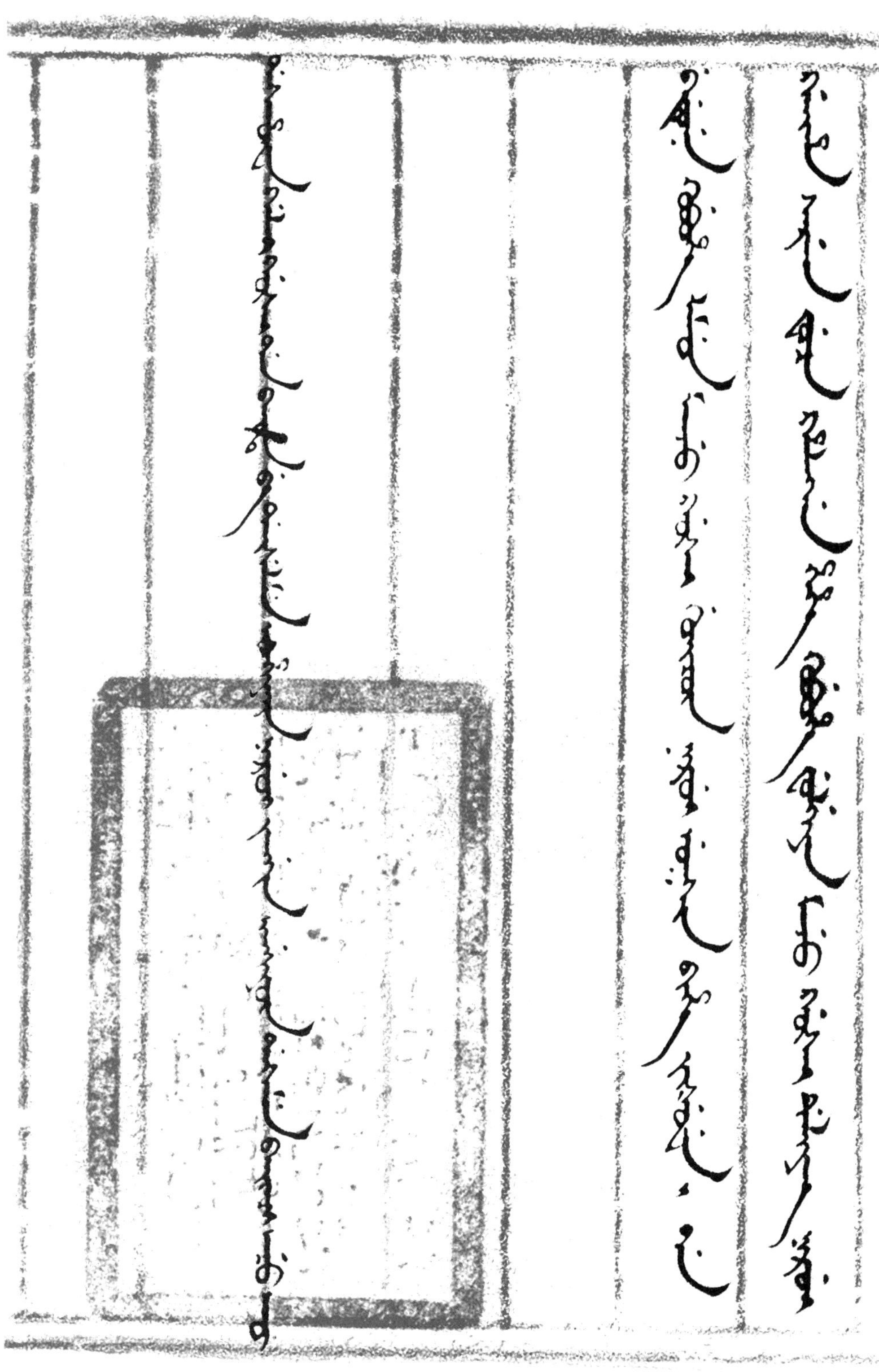

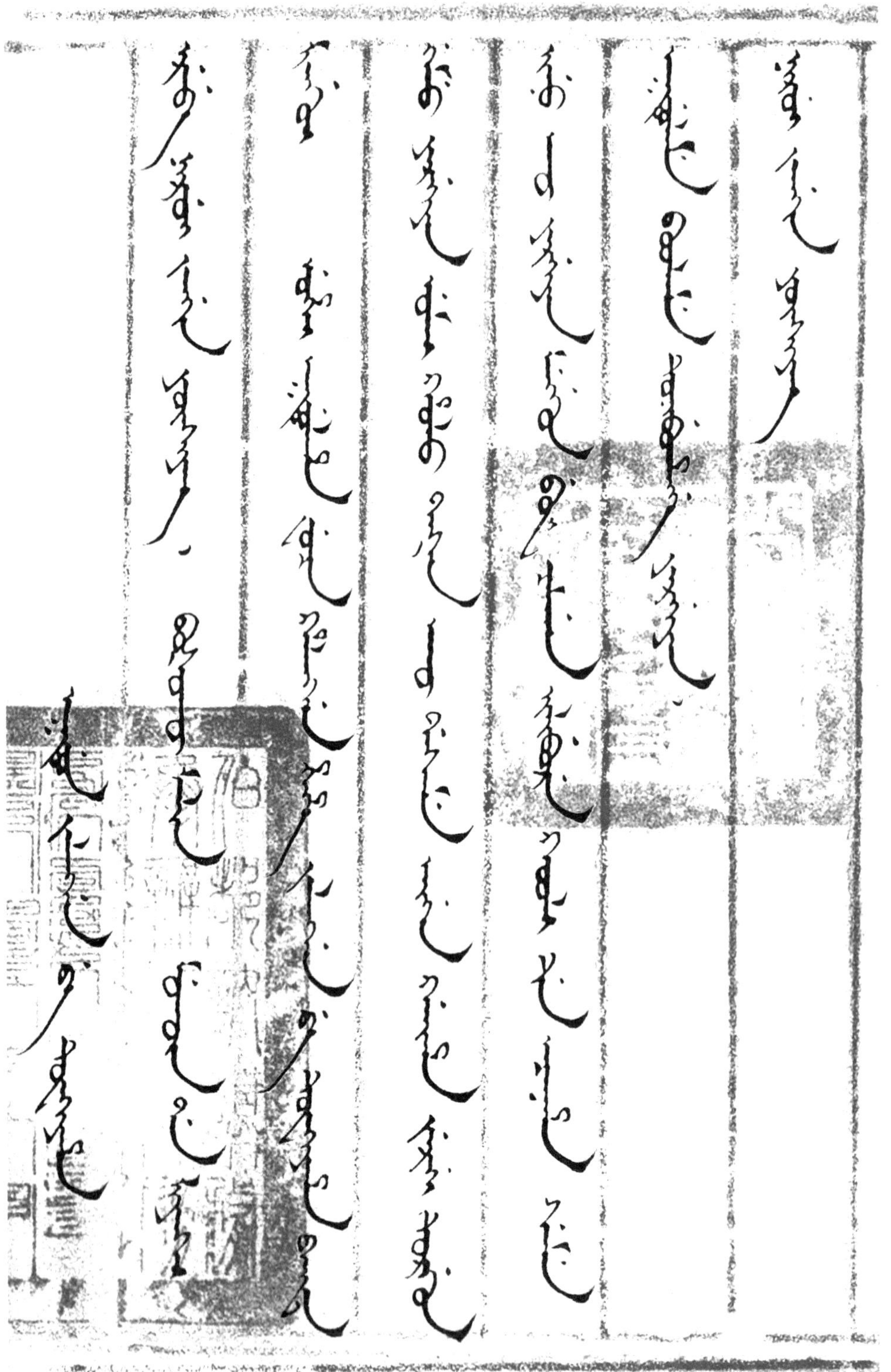

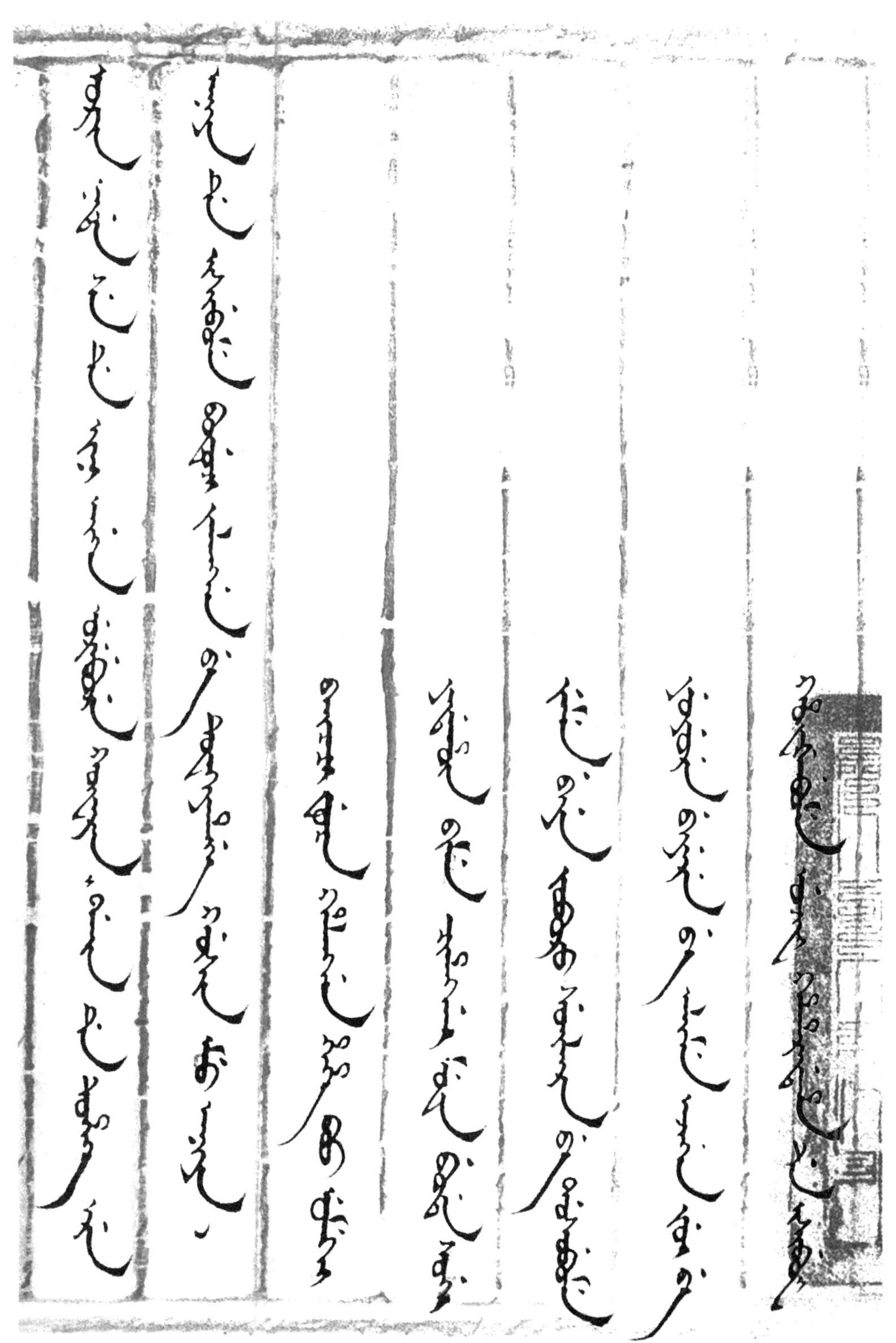

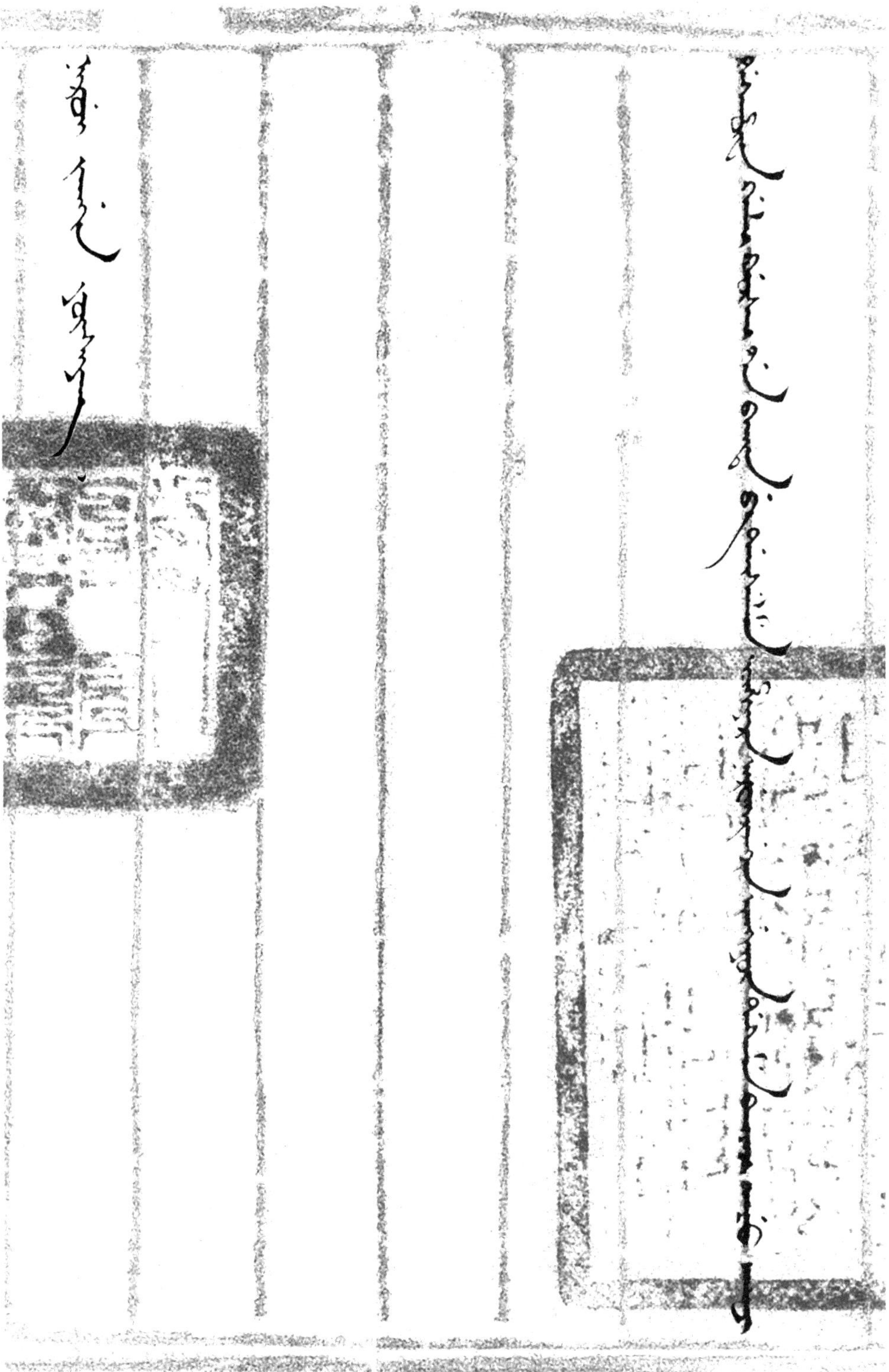

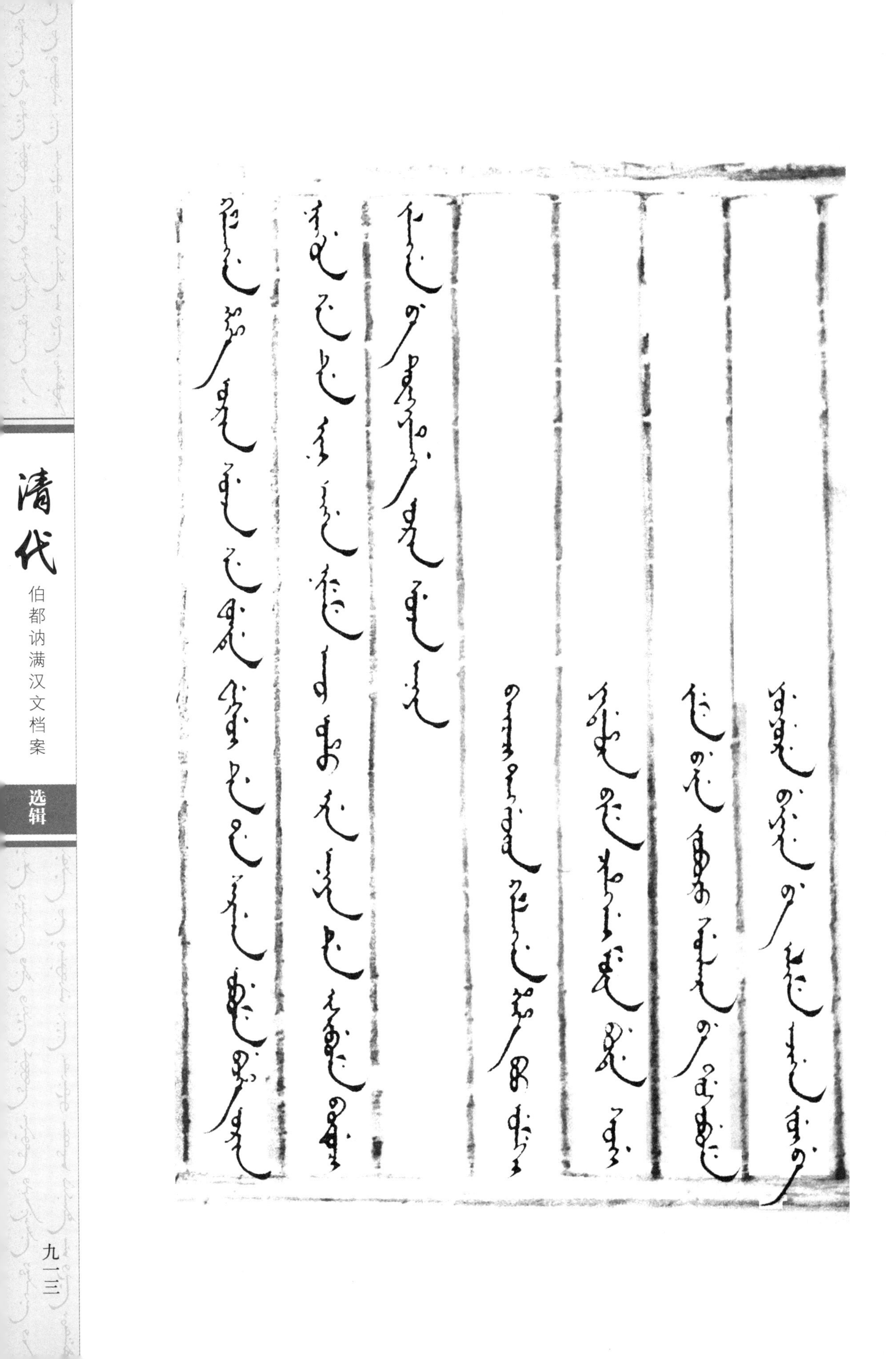

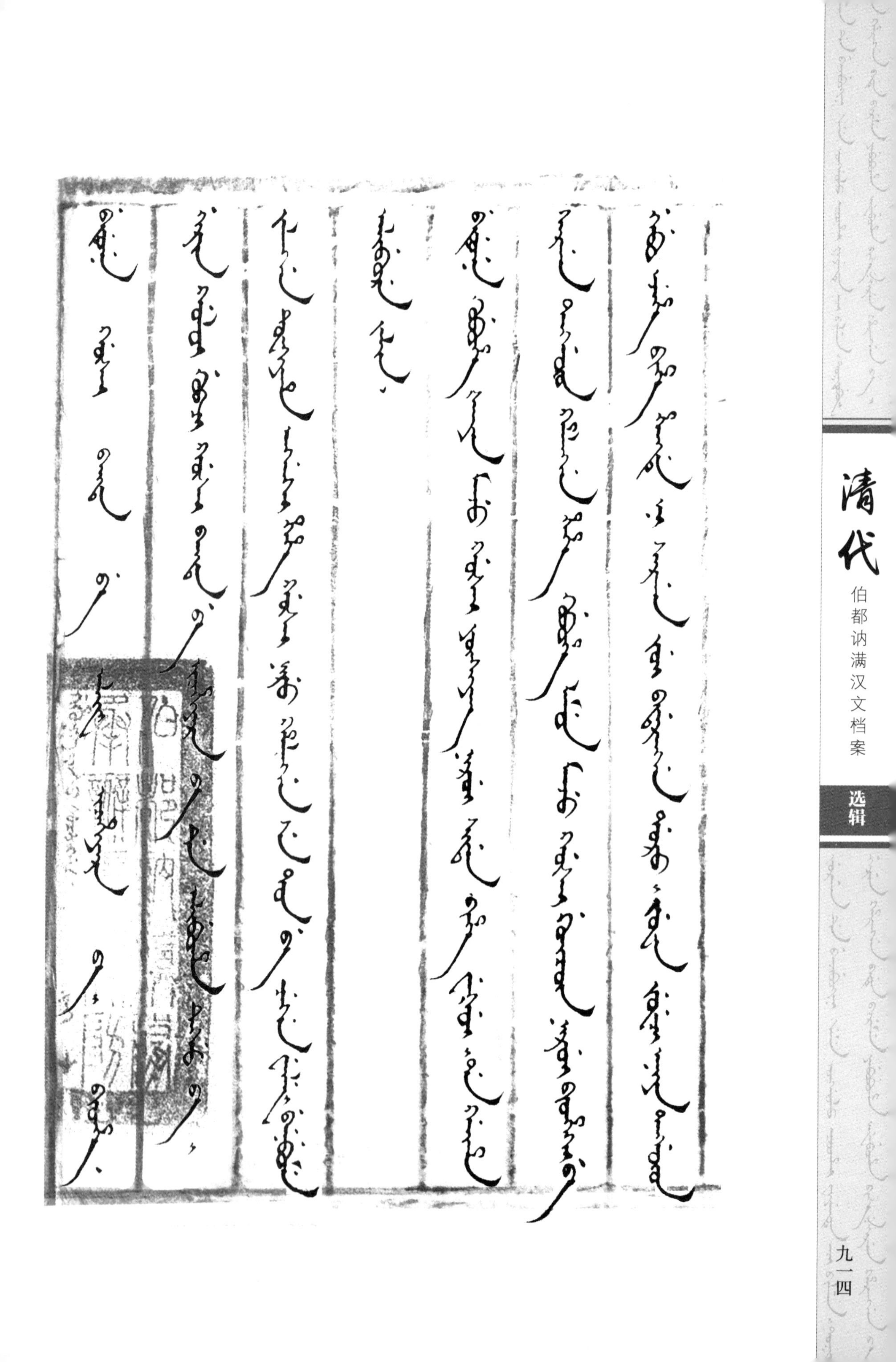

38 伯都讷旗务承办处为一年内无接收发遣人犯事呈东三省总督吉林巡抚文

宣统二年十月二日

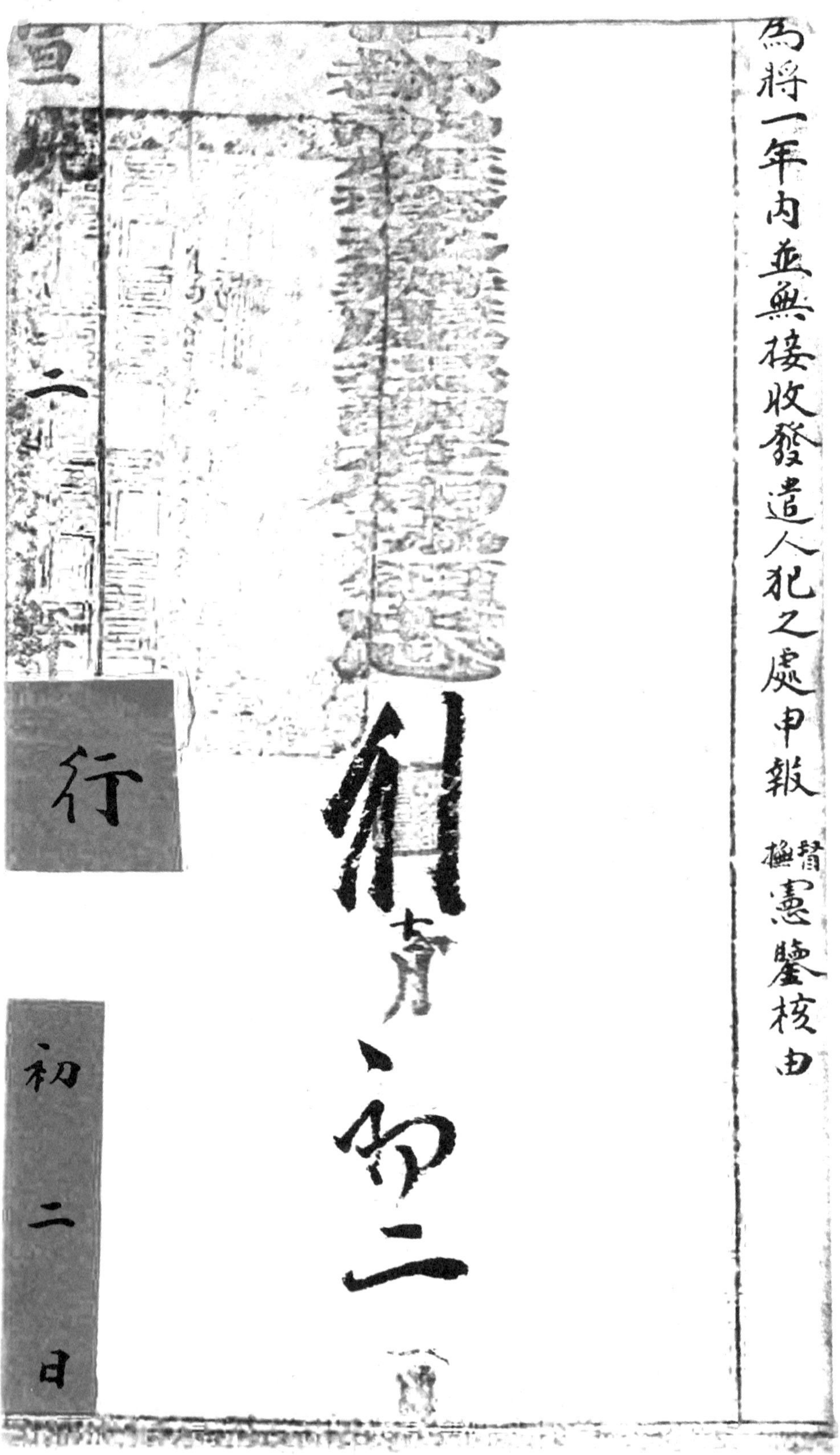
爲將一年内並無接收發遣人犯之處申報
督撫憲鑒核由

行

初二日

文牘科科員藍翎驍騎校崇興

文牘科藍翎副科員全壽

庶務科科員藍翎裁缺八品筆帖式富克精阿

署庶務科科員藍翎副科員丙成阿

署庶務科副科員書記長廉澂

監用關防文牘科書記長恩隆阿

兼庶務科書記長擬陞驍騎校常慶

監用關防庶務科書記長惠康

伯都訥旗務承辦處提調花翎協領忠 為申報

事查宣統元年十月起至二年九月底止此一年内

並無接收發到人犯之處理合具文申報為此合申

督撫憲鑒核施行須至申者

右 申

欽差大臣東三省總督兼管三省將軍事務錫

欽命陸軍部侍郎銜都察院副都御史兼副都統銜賞戴花翎吉林巡撫陳

宣統二年十月　日

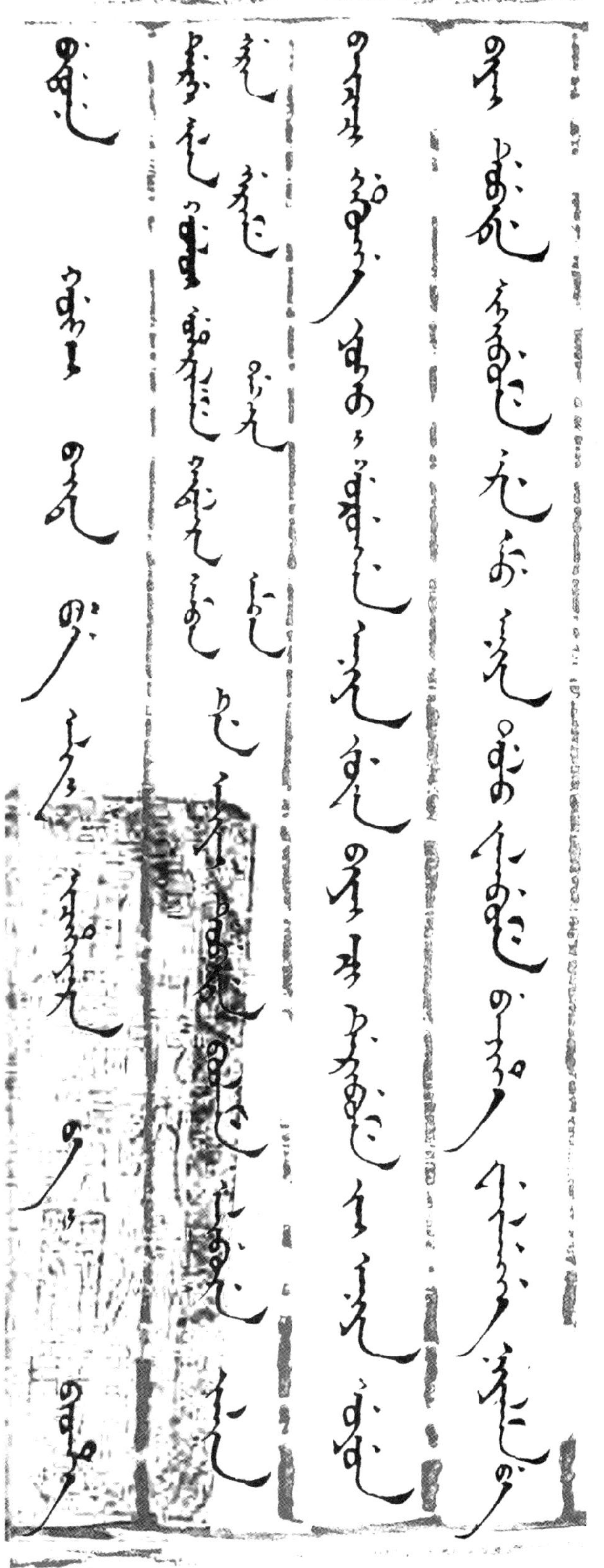

39 伯都讷旗务承办处为年终申报无安置人犯事呈东三省总督吉林巡抚文

宣统二年十月二日

为将并无安置人犯之处年终申报
抚宪鉴核由

文牘科科員藍翎驍騎校崇興

文牘科藍翎副科員全壽

庶務科科員藍翎賦缺八品筆帖式富克精阿

署庶務科科員藍翎副科員西成阿

署庶務科副科員書記長康徵

監用關防文牘科書記長恩陞阿

兼庶務科書記長擬陪驍騎校常慶

監用關防庶務科書記長惠康

伯都訥旗務承辦處提調花翎協領忠　為年終

申報事查伯都訥地方於宣統元年十月起至

二年九月底止此一年內並無新收安置人犯

之處理合具文申報為此合申

督撫憲鑒核施行須至申者

右　　　　申

欽差大臣東三省總督兼管三省將軍事[illegible]錫

欽命陸軍部侍郎銜都察院副都御史兼副都統銜賞戴花翎吉林巡撫陳

宣統二年十月　日

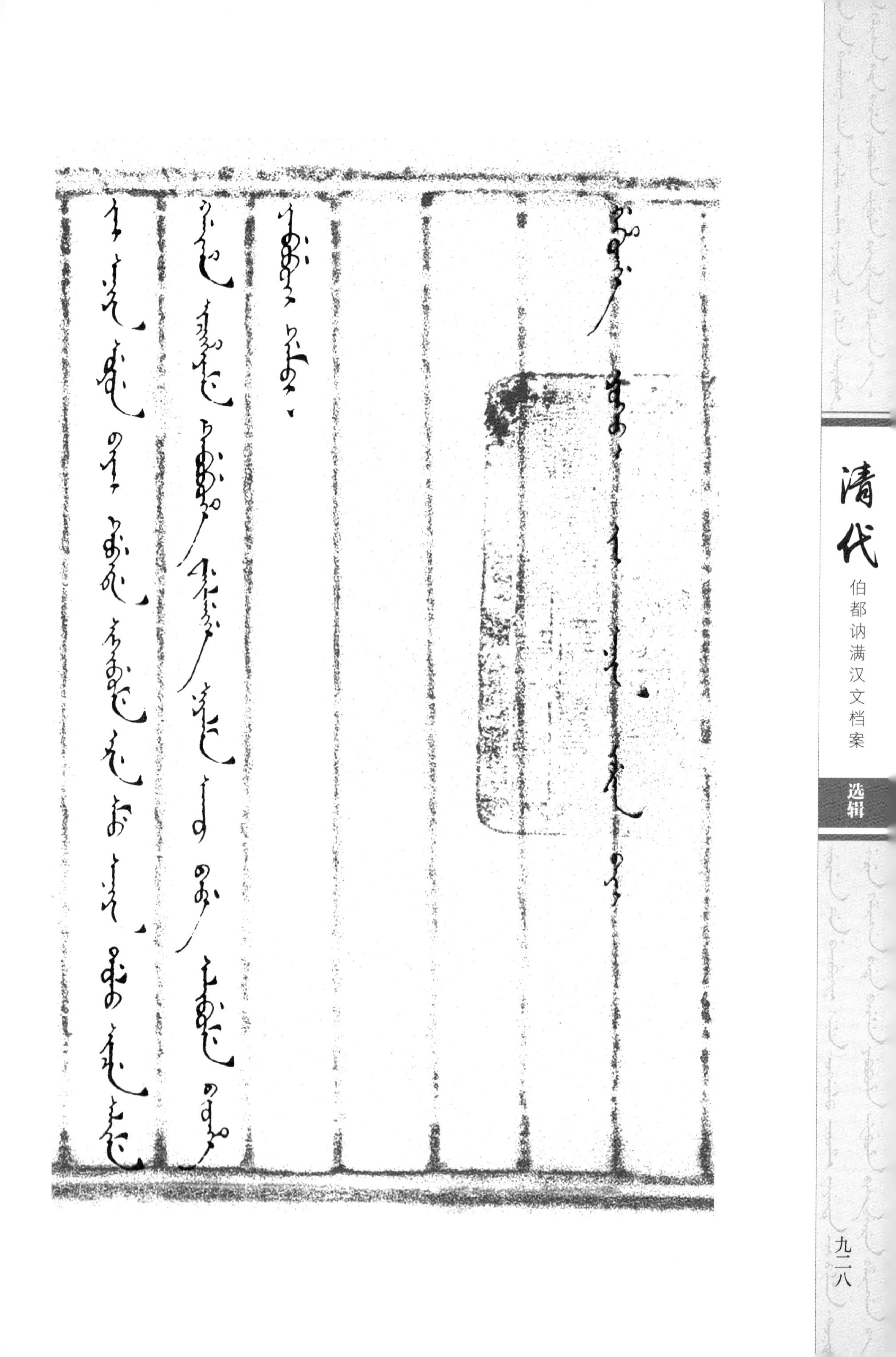

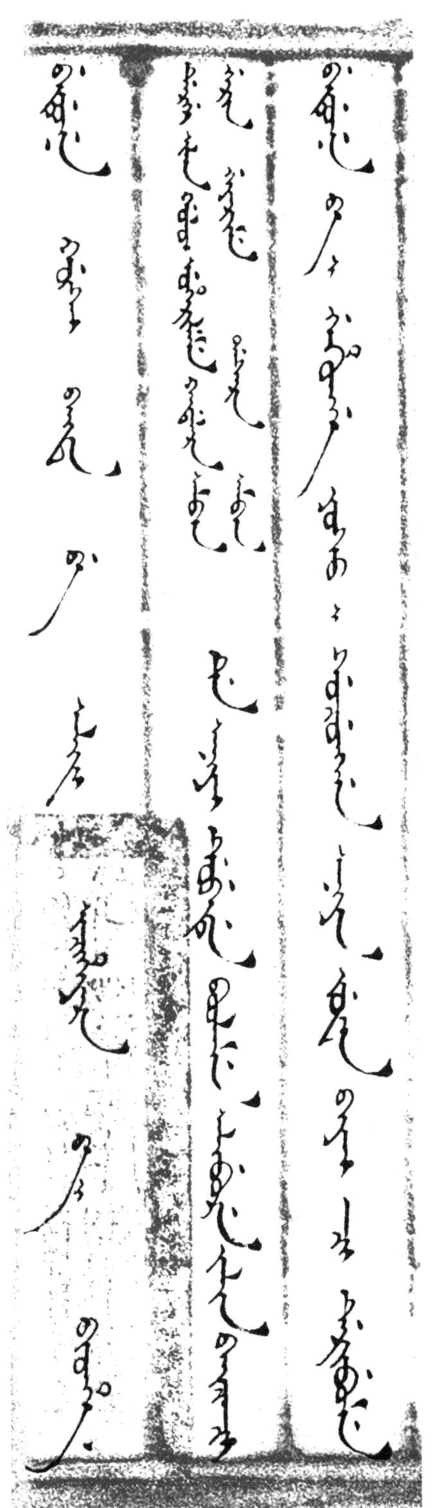

40 伯都讷旗务承办处为年终申报无安置人犯事呈东三省总督吉林巡抚文

宣统二年十月二日

为将并无发遣人犯之处年终申报　㨿督宪鉴核由

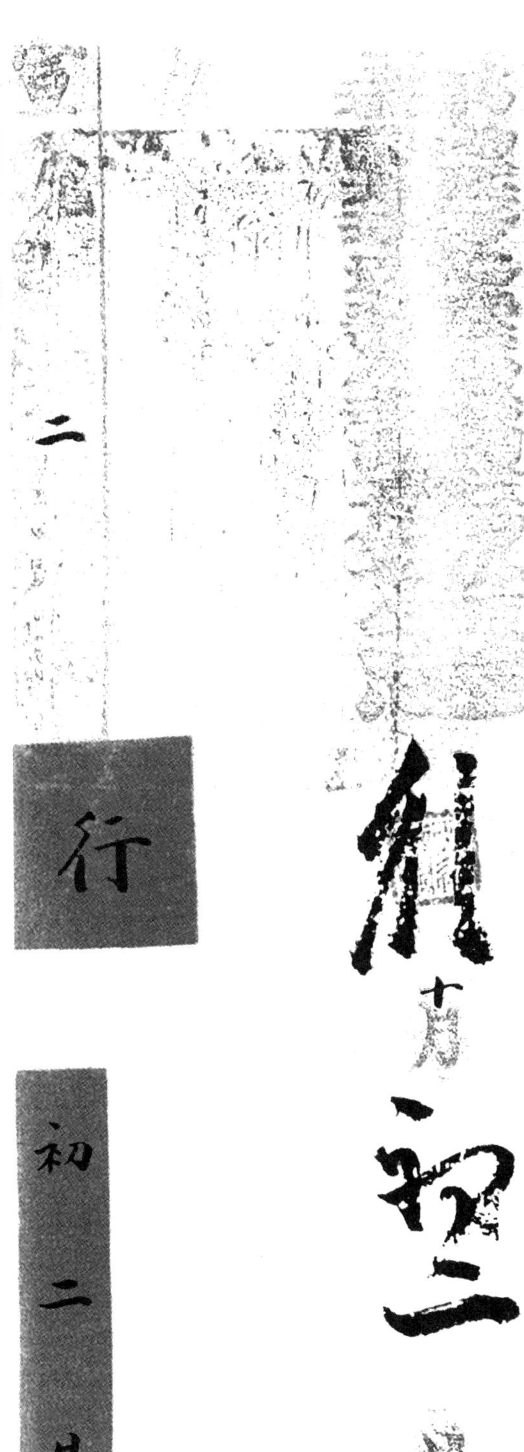

二

行

初二日

文牘科科員藍翎驍騎校崇興

文牘科監用副科員全壽

庶務科科員藍翎截缺八品筆帖式富克精阿

署庶務科科員藍翎副科員西成阿

署庶務科副科員書記長康徵

監用關防文牘科書記長恩隆阿

兼庶務科書記長擬陪驍騎校常慶

監用關防庶務科書記長惠康

為造冊申報事。茲查前副都統衙門於道光元年
月十六日准
而將軍衙門來咨云云，理合附抄具文申報，為此合申
憲台謹請鑒核施行
督撫憲

色封安圖

伯都訥旗務承辦處提調花翎協領忠　為年終申

報事查伯都訥地方於宣統元年十月起至二年九

月底止此一年内並無接收脱逃以及改發赦回人

犯之處理合具文申報為此合申

督撫憲鑒核施行須至申者

右

申

欽差大臣東三省總督兼管三省將軍事務錫

欽命陸軍部侍郎銜都察院副都御史兼副都統銜署理奉天巡撫程

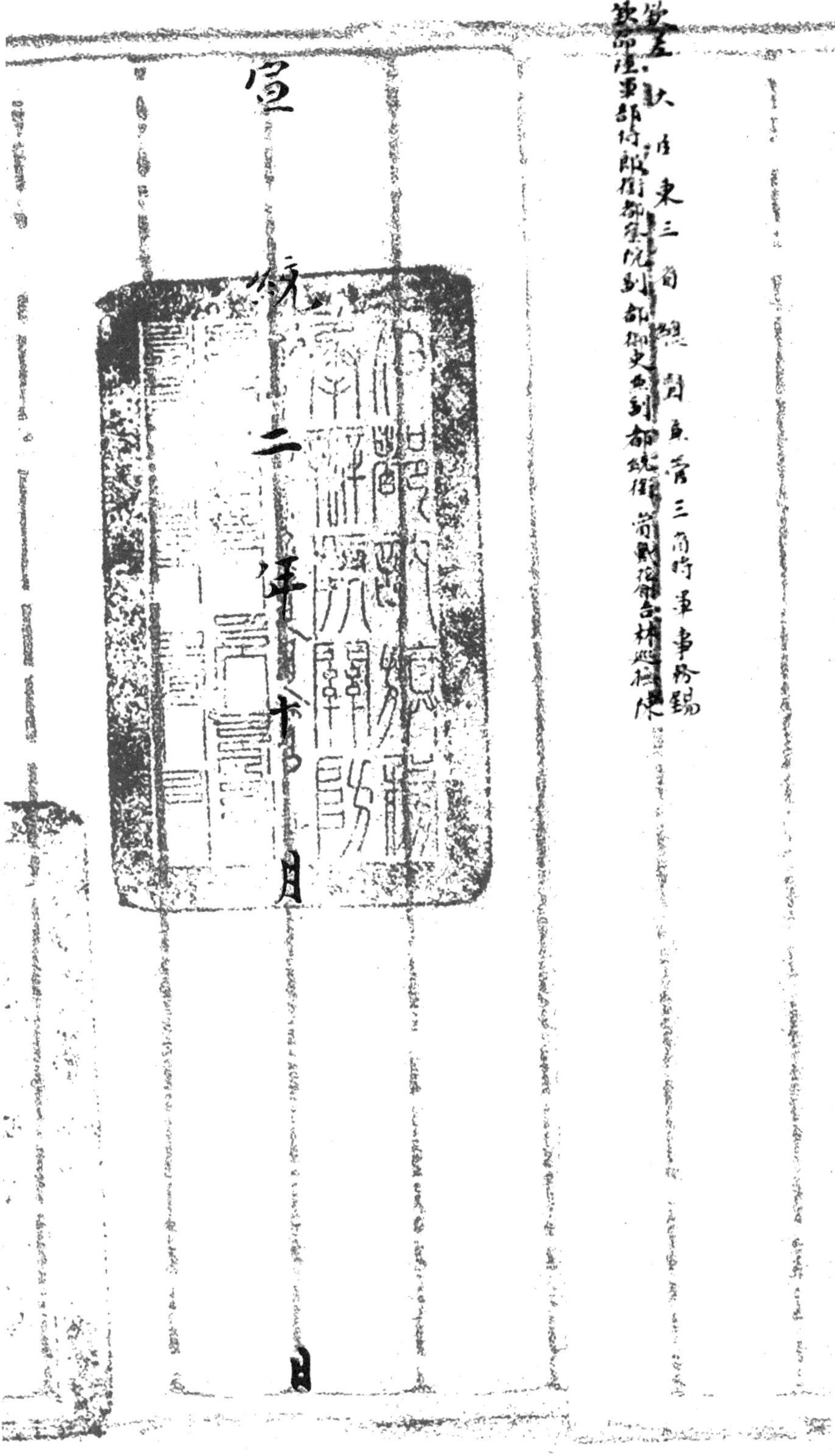

宣統二年十一月　日

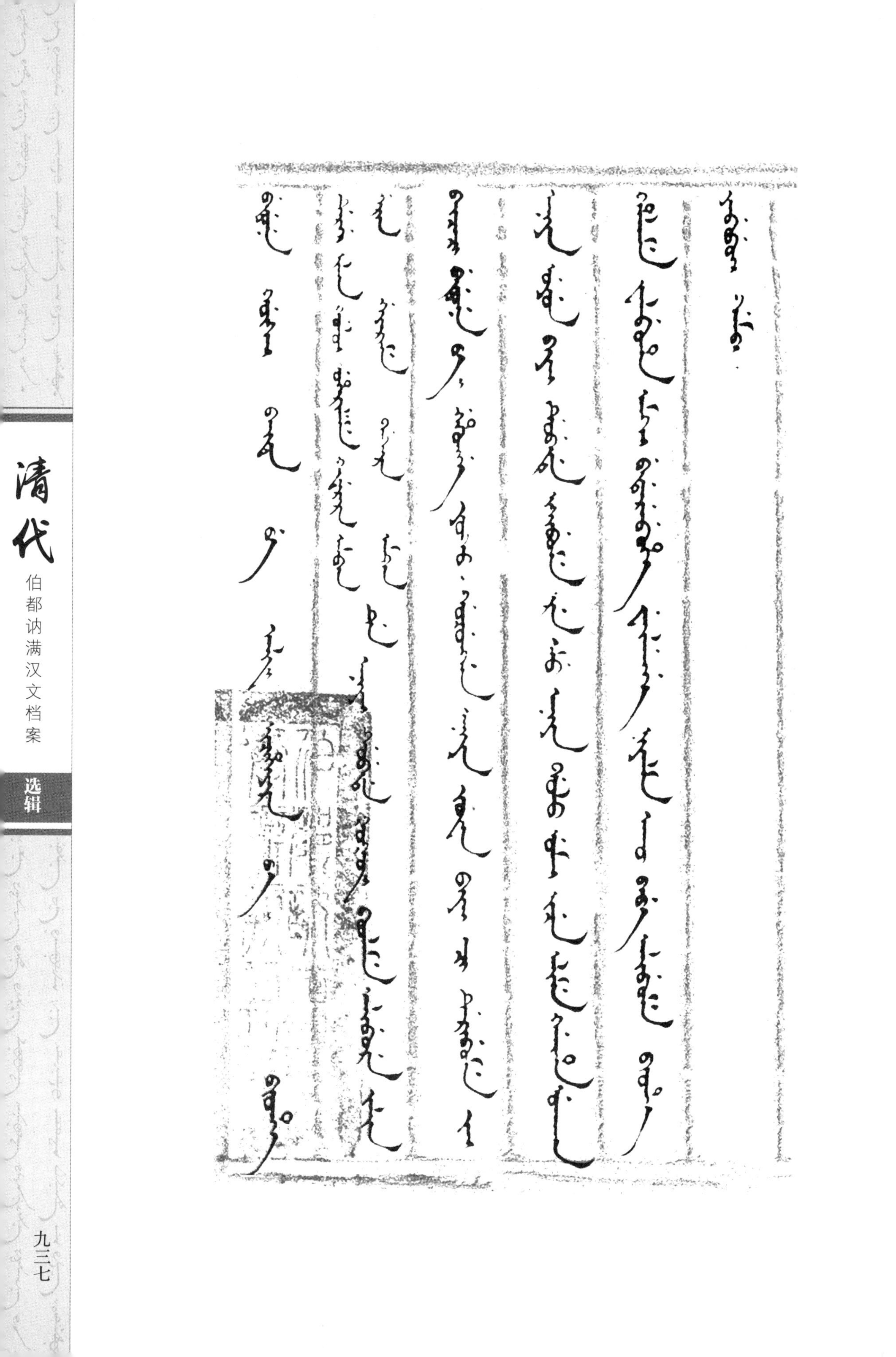

41 伯都讷旗务承办处为年终造册申报官兵数目事呈东三省总督吉林巡抚文

宣统二年十月二日

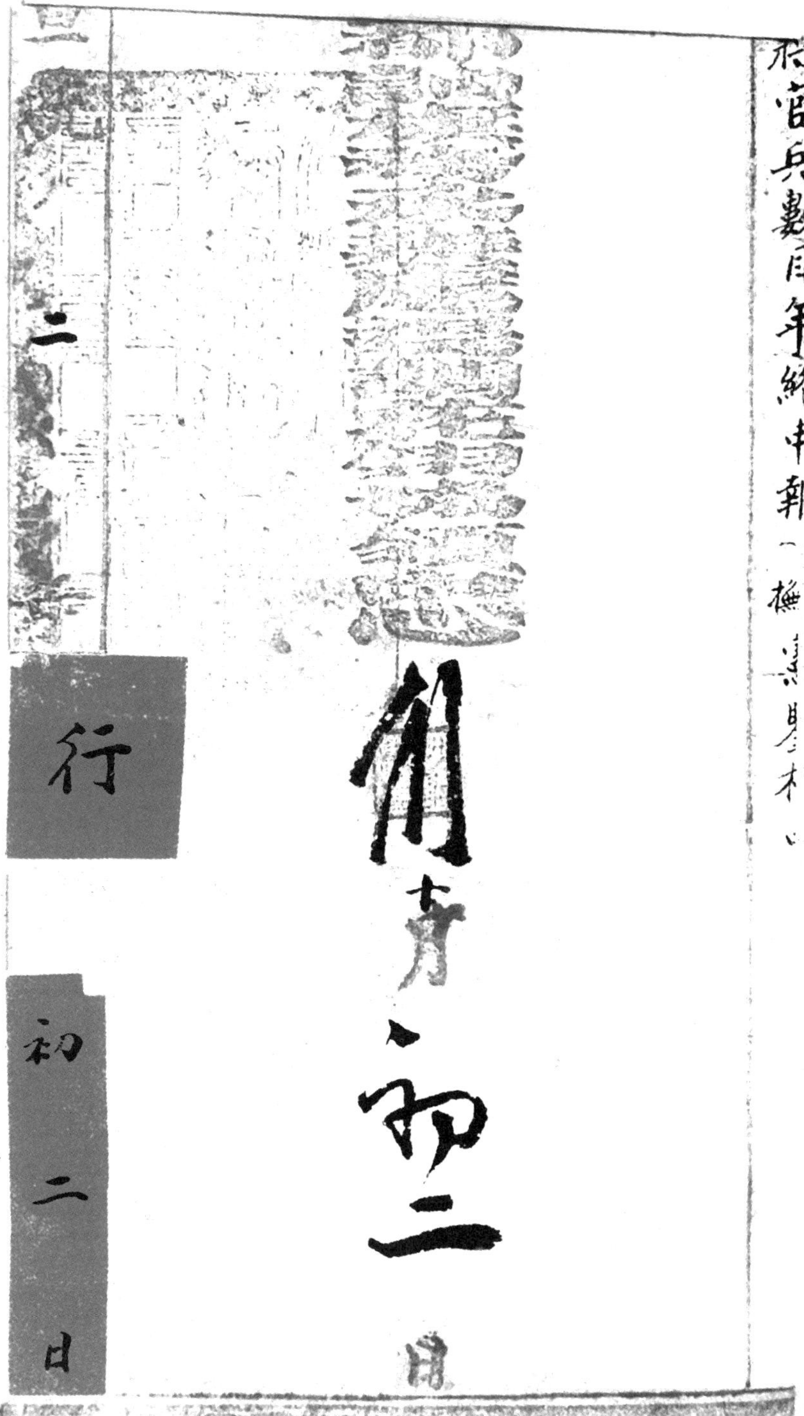

伯都訥旗務承辦處提調花翎協領忠　為

年終造冊申報官兵數目事查得伯都訥地方

於康熙三十一年編立希伯三十牛彔厄爾察十牛

彔共披甲二千名挑放弓匠鐵匠一百二十名八旗每

旗編為五牛彔擬放佐領四十員驍騎校四十員防

禦八員協領二員總轄管理擬放副都統一員三十四

年添放協領六員於三十七年將希伯三十牛彔厄

爾察十牛彔俱行裁汰將布伯等移住
盛京等處其瓜爾察十牛彔兵六百名匠藝三十五
名仍留伯都訥令防禦八員協領八員管轄於四十
年將協領六員除銷於四十六年郭爾羅斯扎薩克
公固魯扎佈旗屬原任三等台吉查吉查妻室
孀婦進納兩牛彔蒙古每牛彔兵五十名擬放蒙
古佐領二員驍騎校二員編入正白旗於五十二年

吉林四百滿洲旗丁著令披甲移至伯都訥與
瓜爾察六百名編八十牛彔每牛彔披甲一百名
編定廂黃旗正黃旗正白旗正紅旗廂白旗廂紅
旗此六旗各一牛彔正藍旗廂藍旗此二旗各二牛
彔除將前擬放防禦八員協領二員外滿洲内添
設佐領十員驍騎校十員連蒙古二牛彔兵一百
名共一千一百名雍正三年伯都訥地方滿洲十

牛彔一千兵内將瓜爾察兵一百名連甲移往
阿勒楚喀七年於滿洲十牛彔内派出北路兵三
百名所遺原缺將閑散照數擬補於九年亦於
滿洲十牛彔内派出北路兵二百五十名其遺缺亦
照數擬補此二年派出共兵四百五十名於十三年
由軍營撤回後擬補之四百五十名兵俟缺出停
其挑補陸續俱已除銷於是年將吉林鳥槍營

兵二百五十名移至伯都訥兼入八旗滿洲蒙古十
二牛彔內駐防於乾隆元年移來烏槍營兵二
百五十名仍移回吉林康熙三十一年伯都訥副都
統衙門擬放筆帖式四員三十四年擬放倉官一
員筆帖式二員康熙二十五年伯都訥地方未設
兵以前松阿哩嫩烏拉兩江交界圖什圖屯地方
設立水手十六名擺渡三十四年將原有水手十六

名裁汰撥歸各站添補所遺缺壯丁數目由伯都
訥閑丁內挑放水手七十八名管水手領催二名雍正
五年將水手二十名移往阿勒楚喀所屬卡撒哩
渡口駐防於乾隆元年伯都訥副都統衙門挑
放查拏賊匪番役十名於乾隆十三年挑放檢驗
屍傷仵作二名嘉慶十五年裁汰委署主事添
設專管地方刑錢事件理事同知一員巡檢二員

於咸豐六年裁汰畨役二名撥歸雙城堡於九年裁汰畨役一名撥歸琿春於同治六年伯都訥副都統衙門添設管庫九品筆帖式一員於八九等二年陸續裁汰前鋒五名撥歸雙城堡於九年由筆帖式内添設滿教習一員於光緒八年將原設理事同知改為理事撫民同知一員光緒十年四月初四日由雙城堡還回原送前鋒缺三分隨時歸旗

補放十一年將前經撥歸雙城堡前鋒缺二分由
彼撥歸琿春十二年裁汰前鋒一名亦撥歸琿春
十五年九月十七日裁汰領催一名撥歸雙城堡十七
年五月初十日添設印務處筆帖式二員二十五年五
月十八日添設承辦洋務筆帖式一員三十二年間理
事撫民同知陞為新城府添設榆樹縣知縣一員於
宣統元年將榆樹縣改為榆樹直隸廳廳官一

員宣統元年間將副都統裁缺改設旗務承辦提調

一員又將原設左右司印務交涉等處額設筆帖式

等七缺並額設前鋒三十七名及弓匠鐵匠三十五名

當役七名仵作二名僅敷裁汰伯都訥地方現有

額設提調一員協領二員佐領十員防禦八員驍騎

校十員蒙古佐領二員驍騎校二員滿洲十牛彔兵

八百五十九名蒙古兩牛彔兵一百名共兵九百五十

九名倉官一員倉筆帖式二員九品庫筆帖式一員滿教
習一員新城府知府一員榆樹直隸廳一員府經
歷巡檢各一員水手領催二名水手五十八名等因
造册申送理合登明須至申册者
右
申

欽差大臣東三省總督兼管三省將軍事務錫
欽命陸軍部侍郎銜都察院副都御史兼副都統銜賞戴花翎吉林巡撫陳

宣統二年十月 日

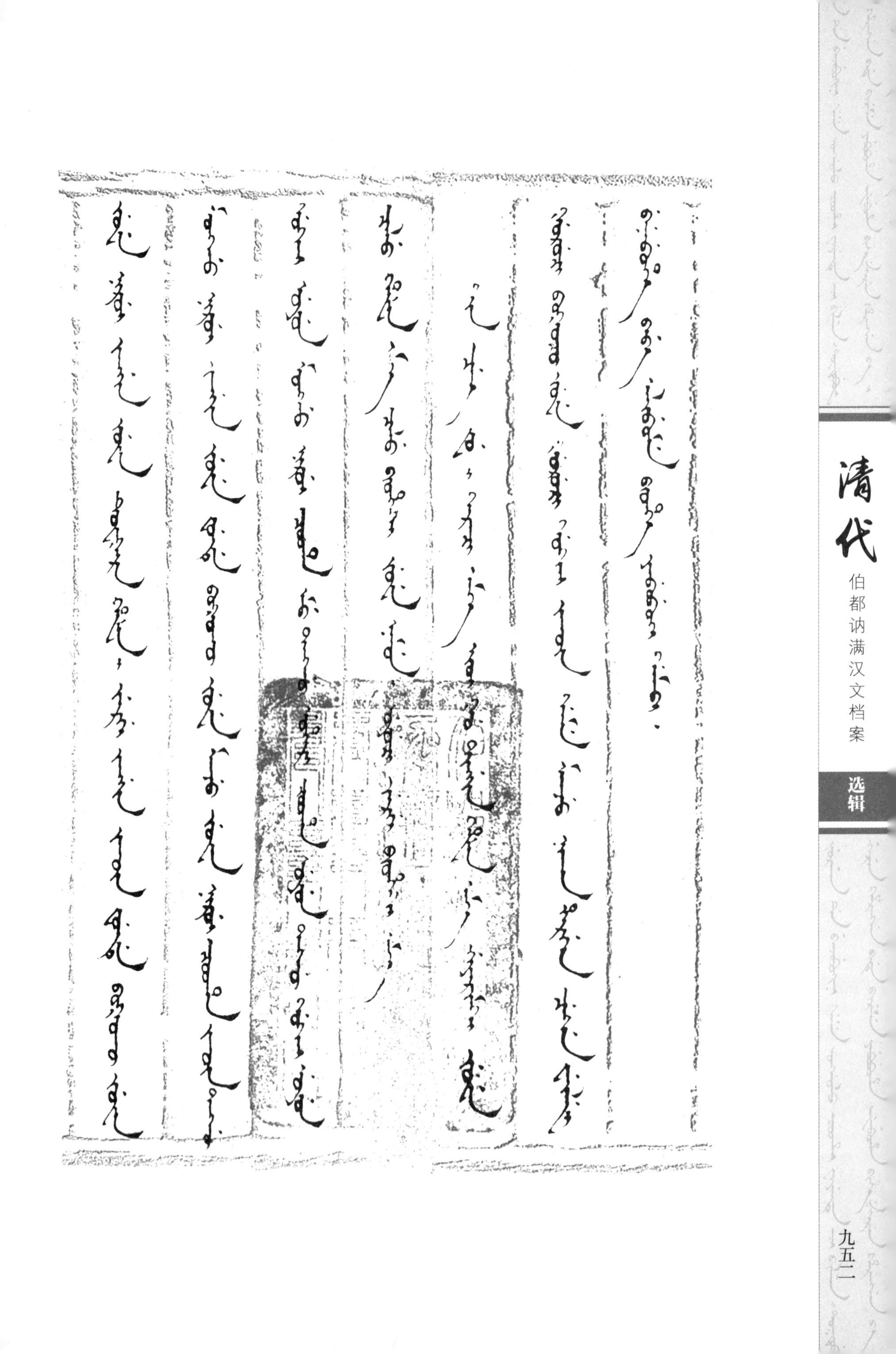

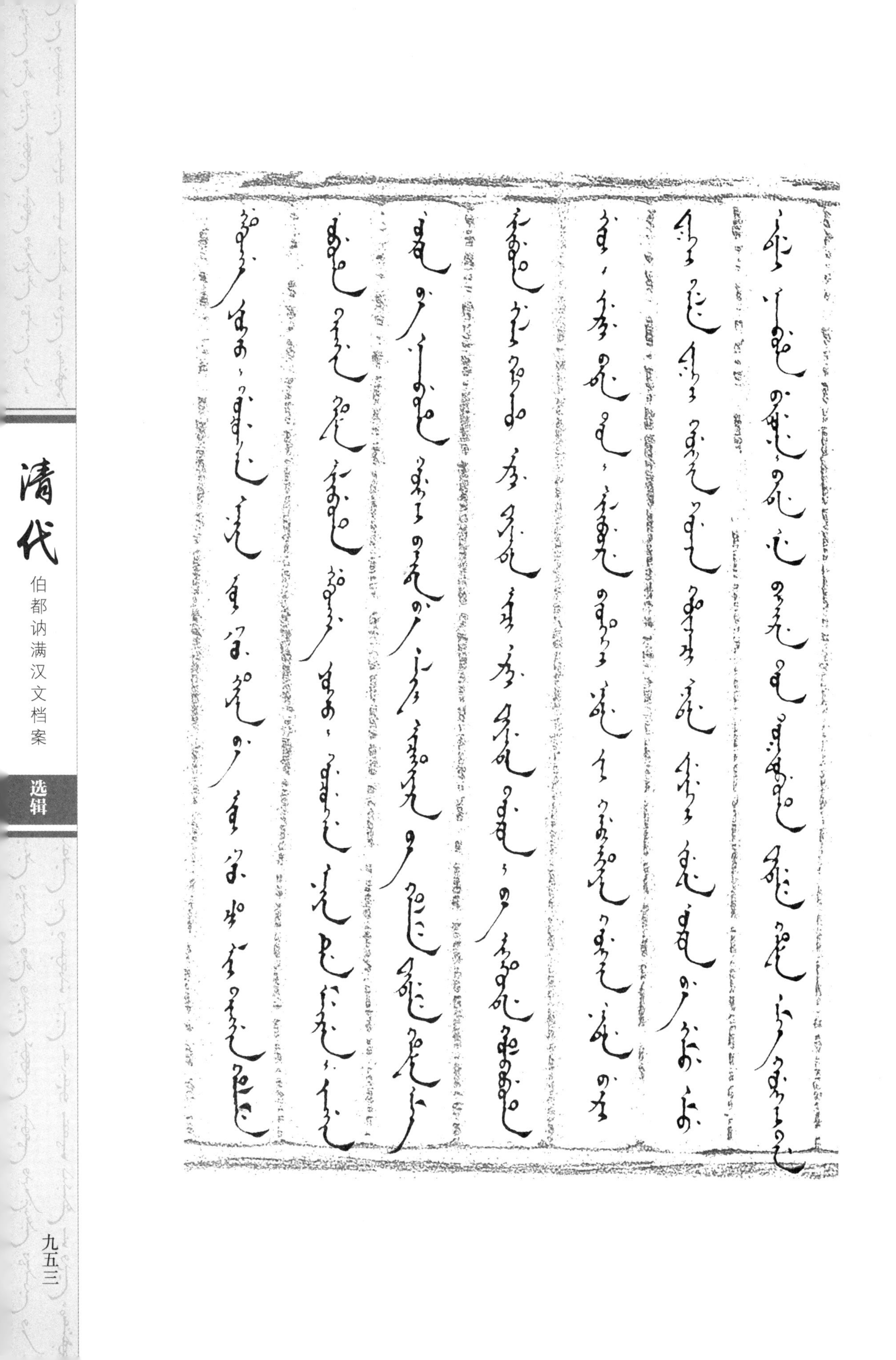

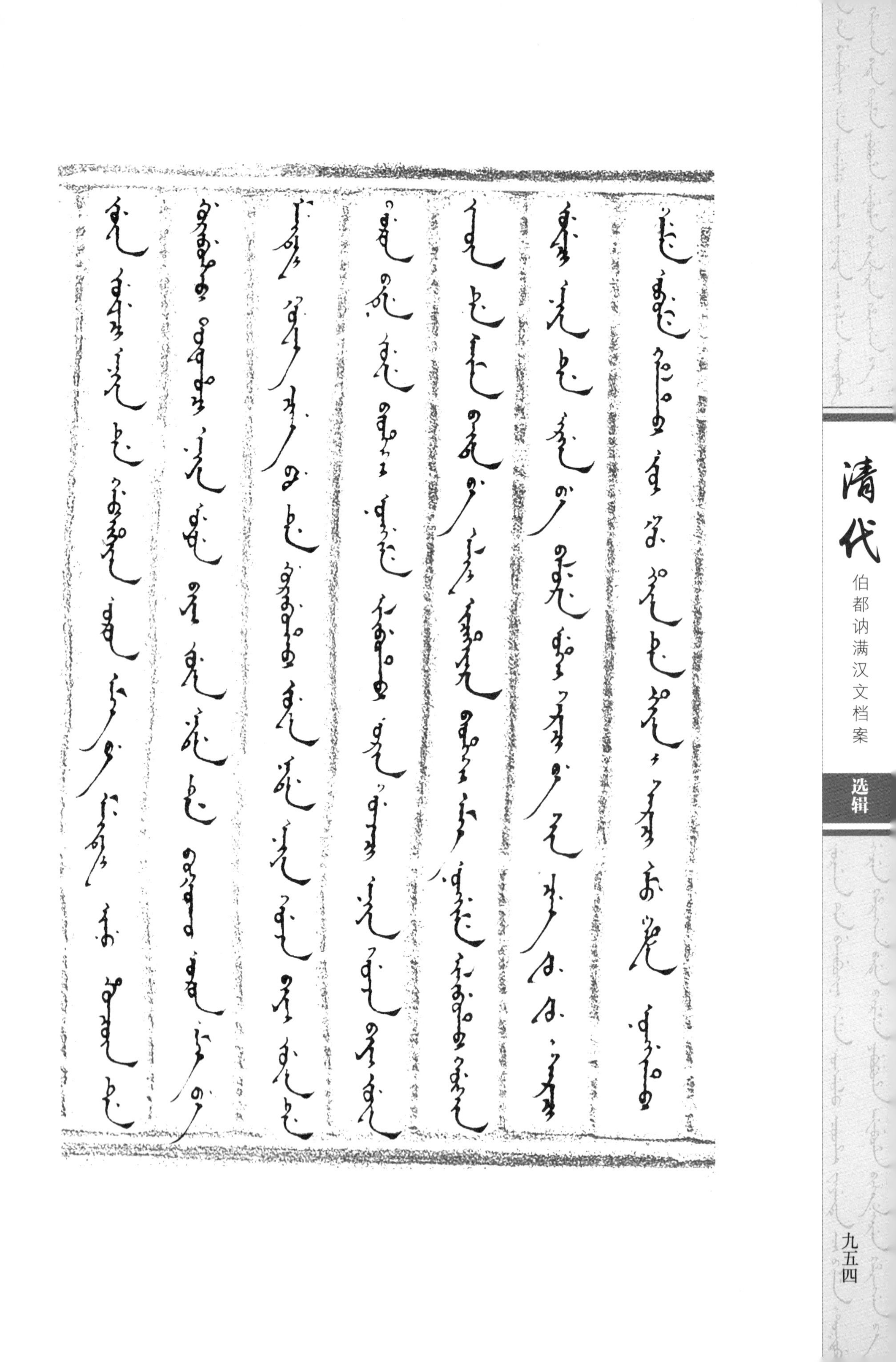

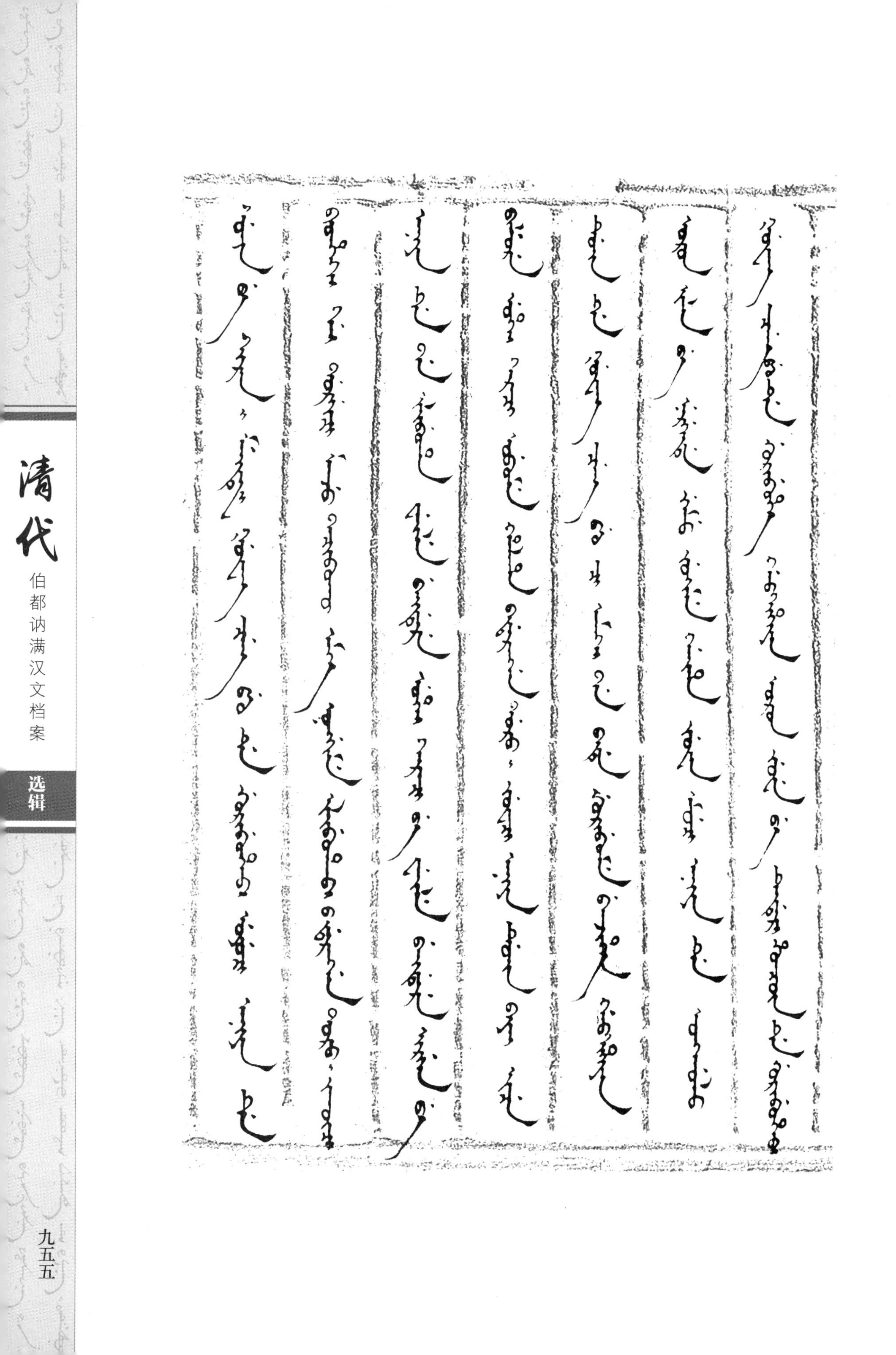

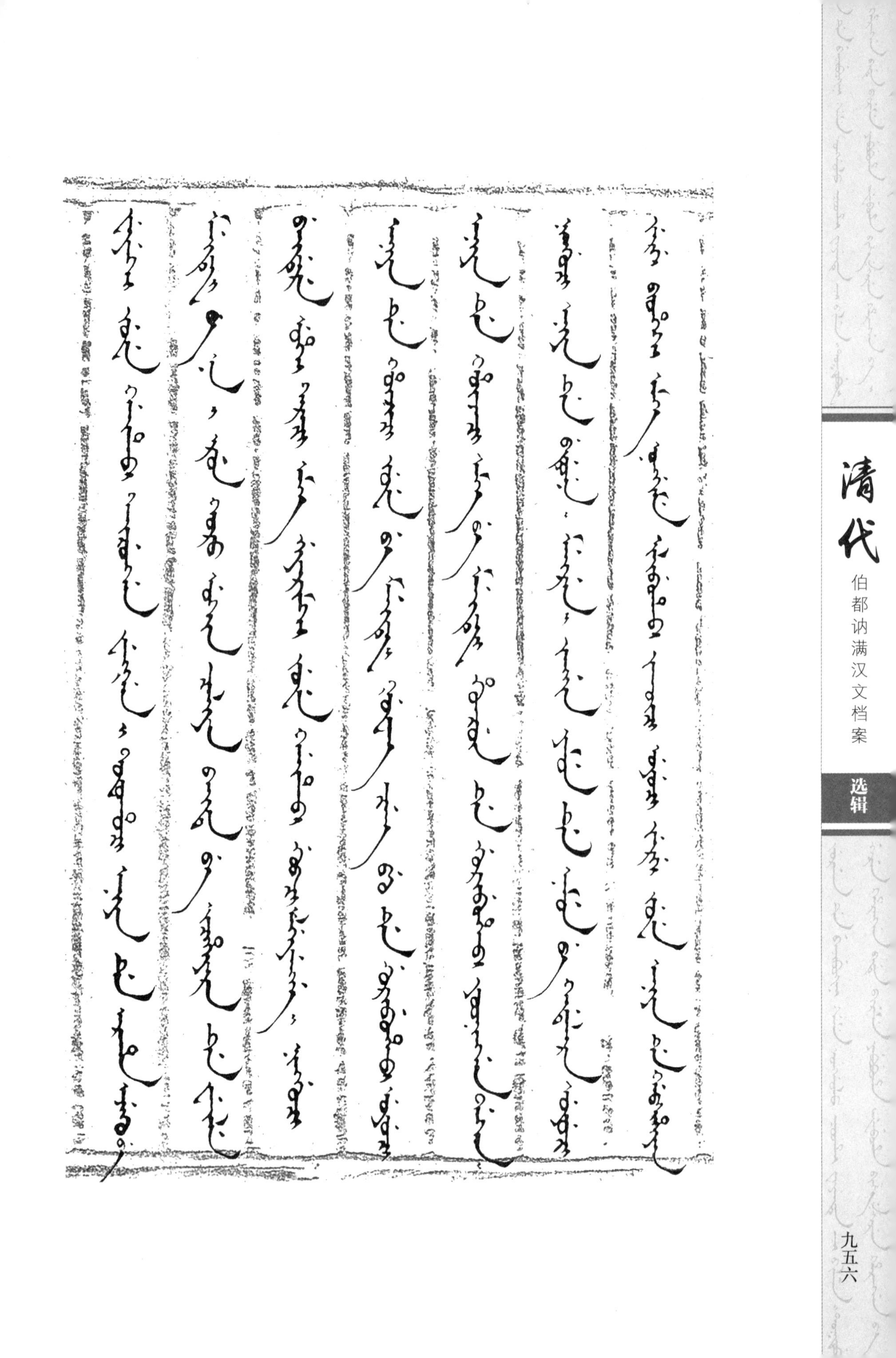

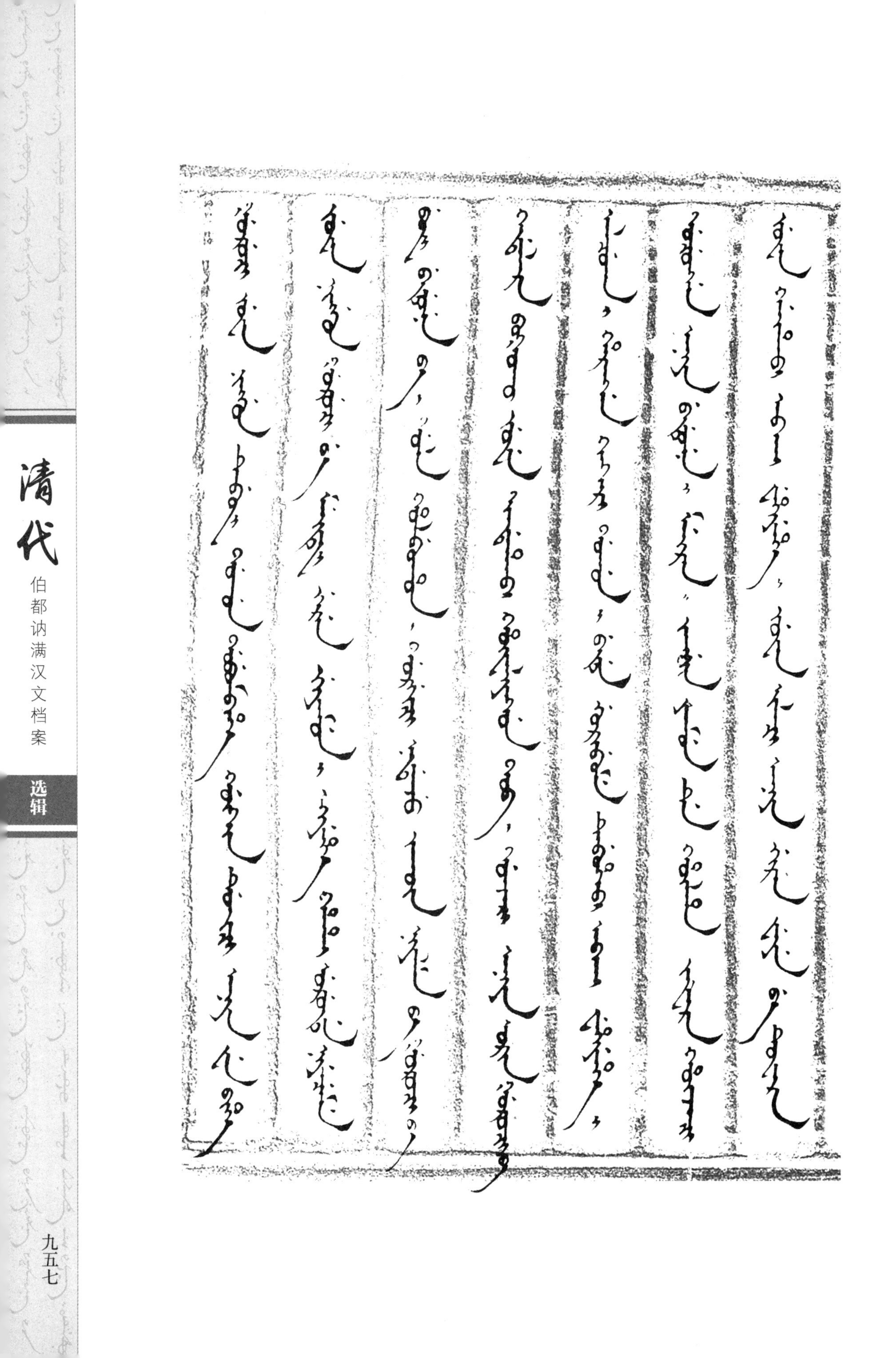

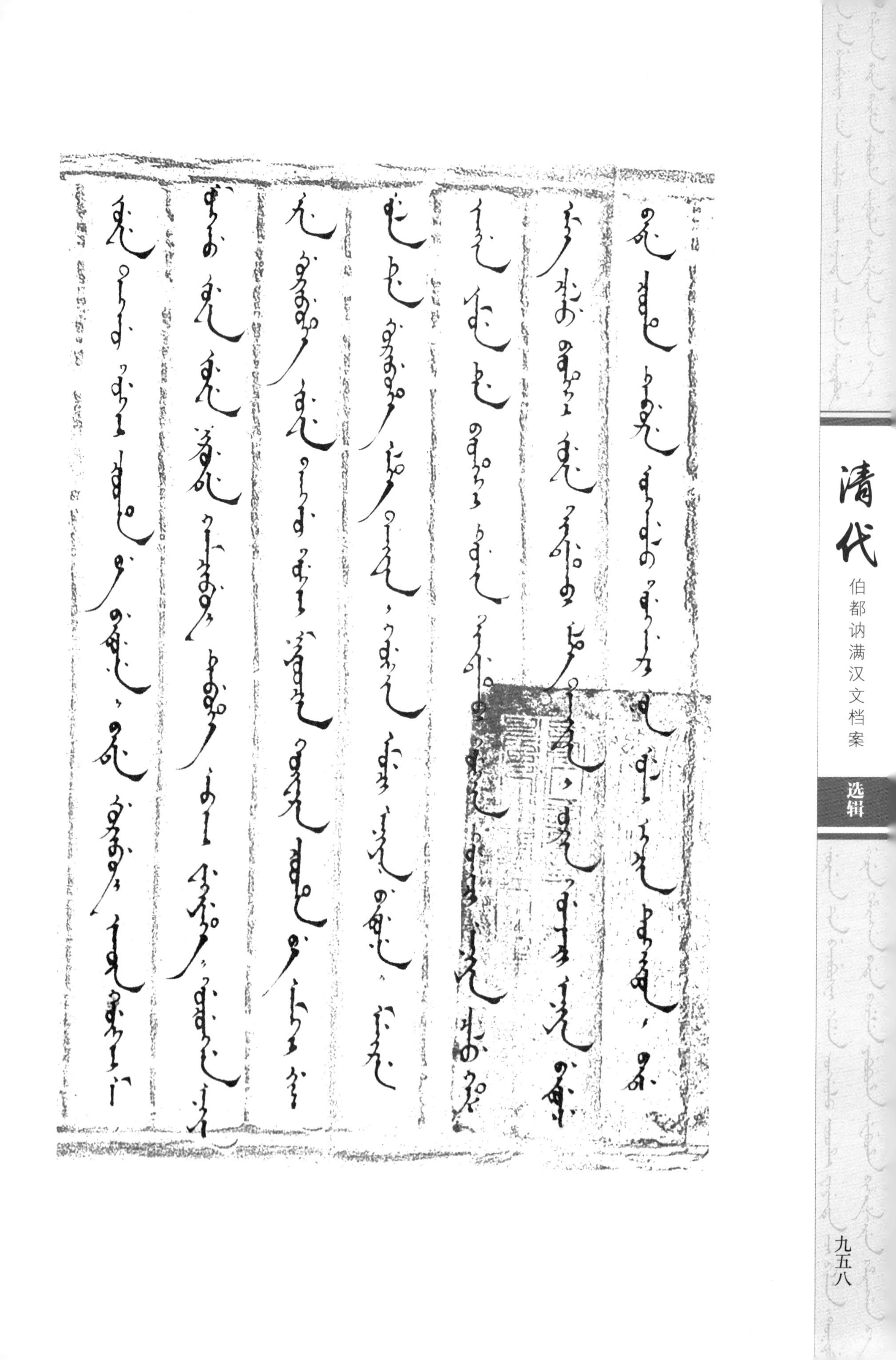

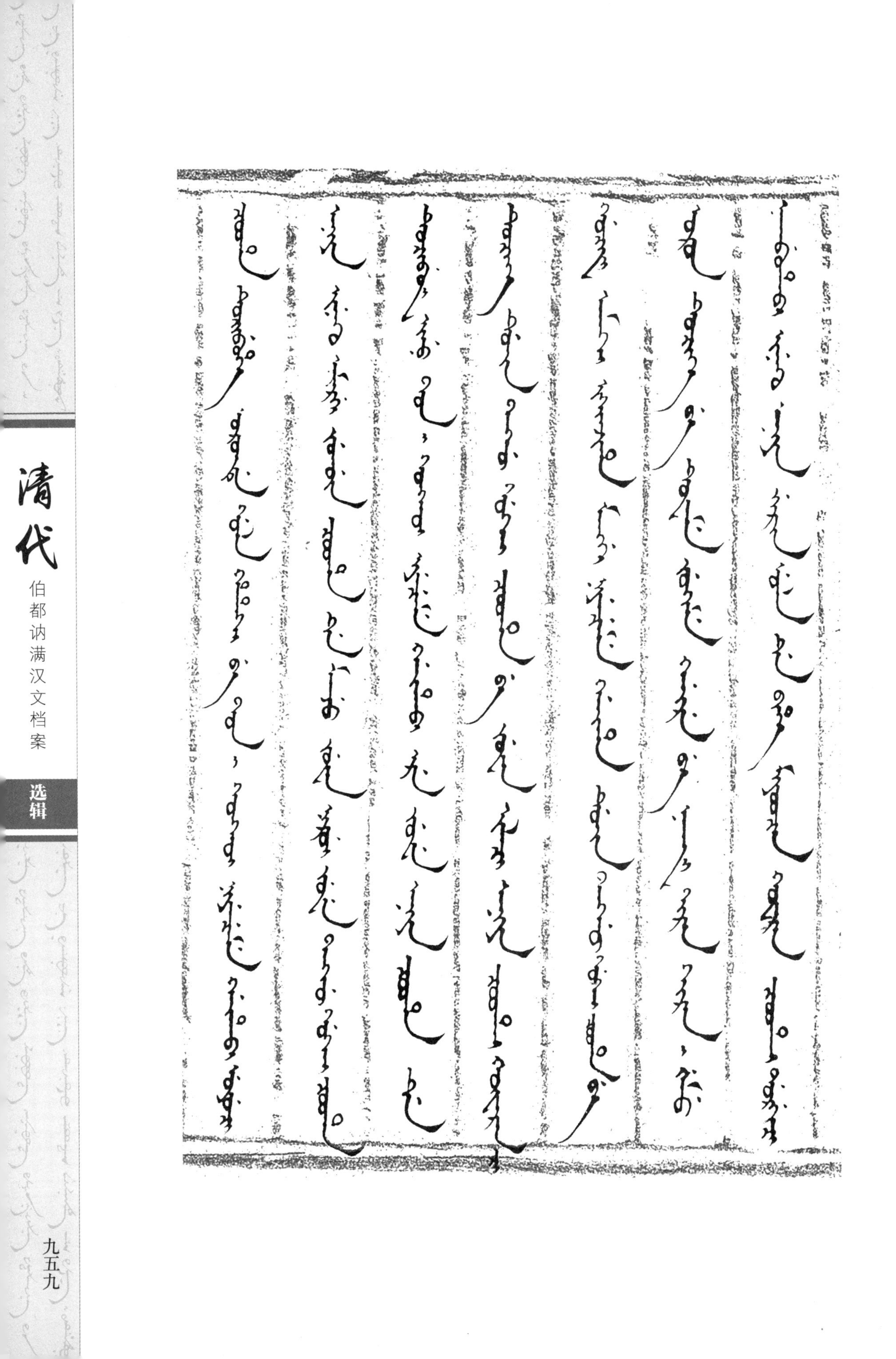

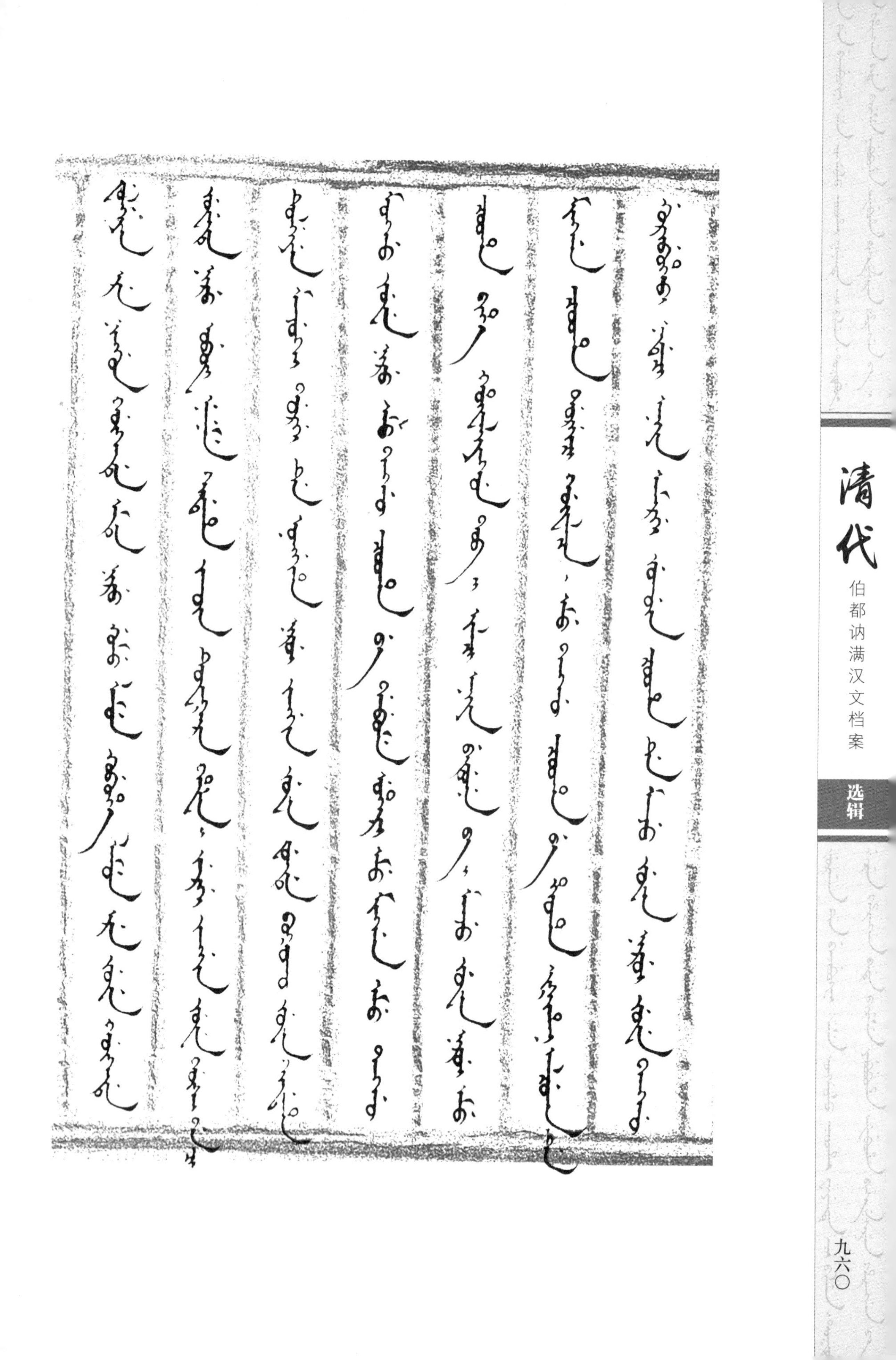

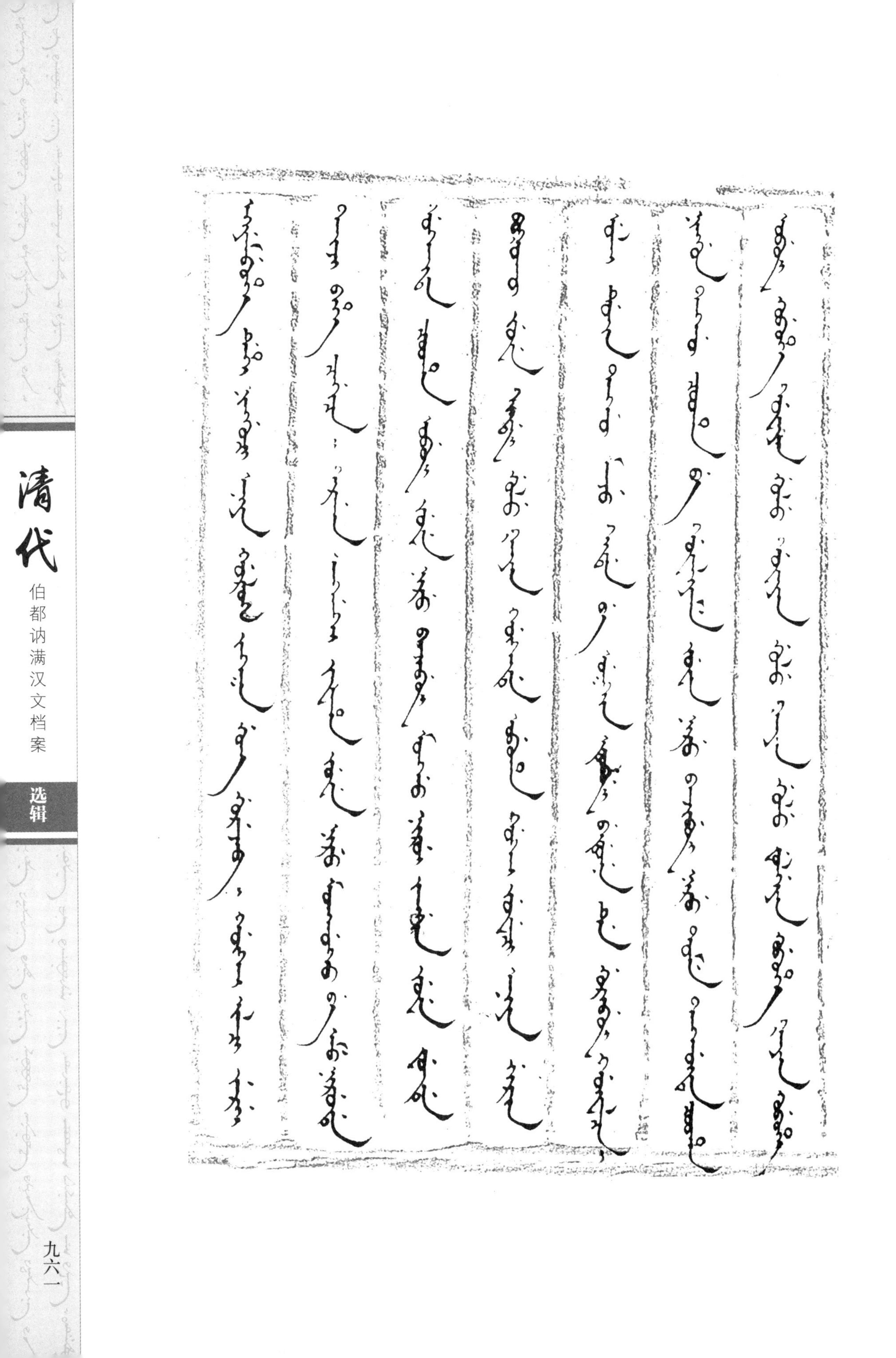

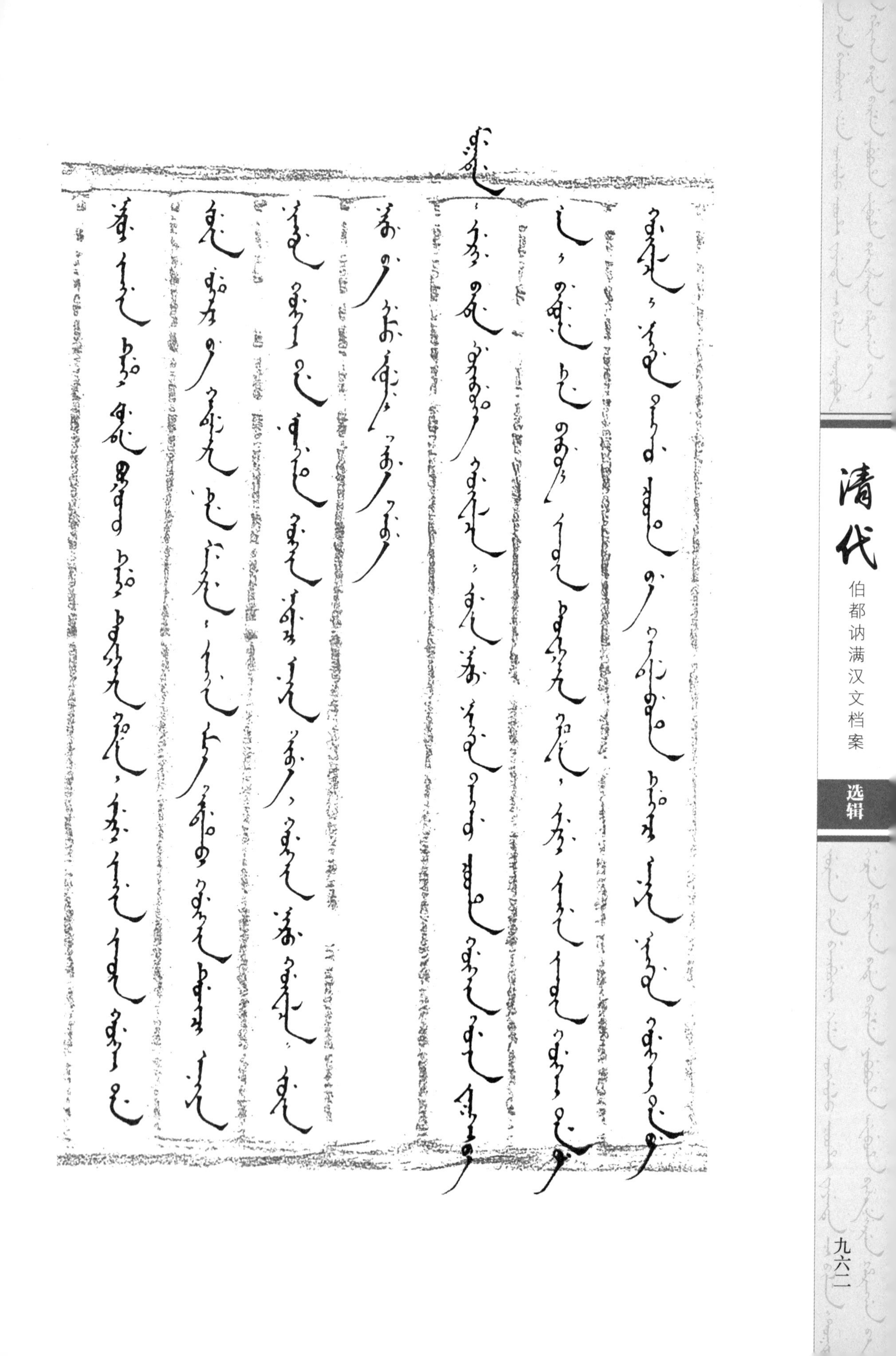

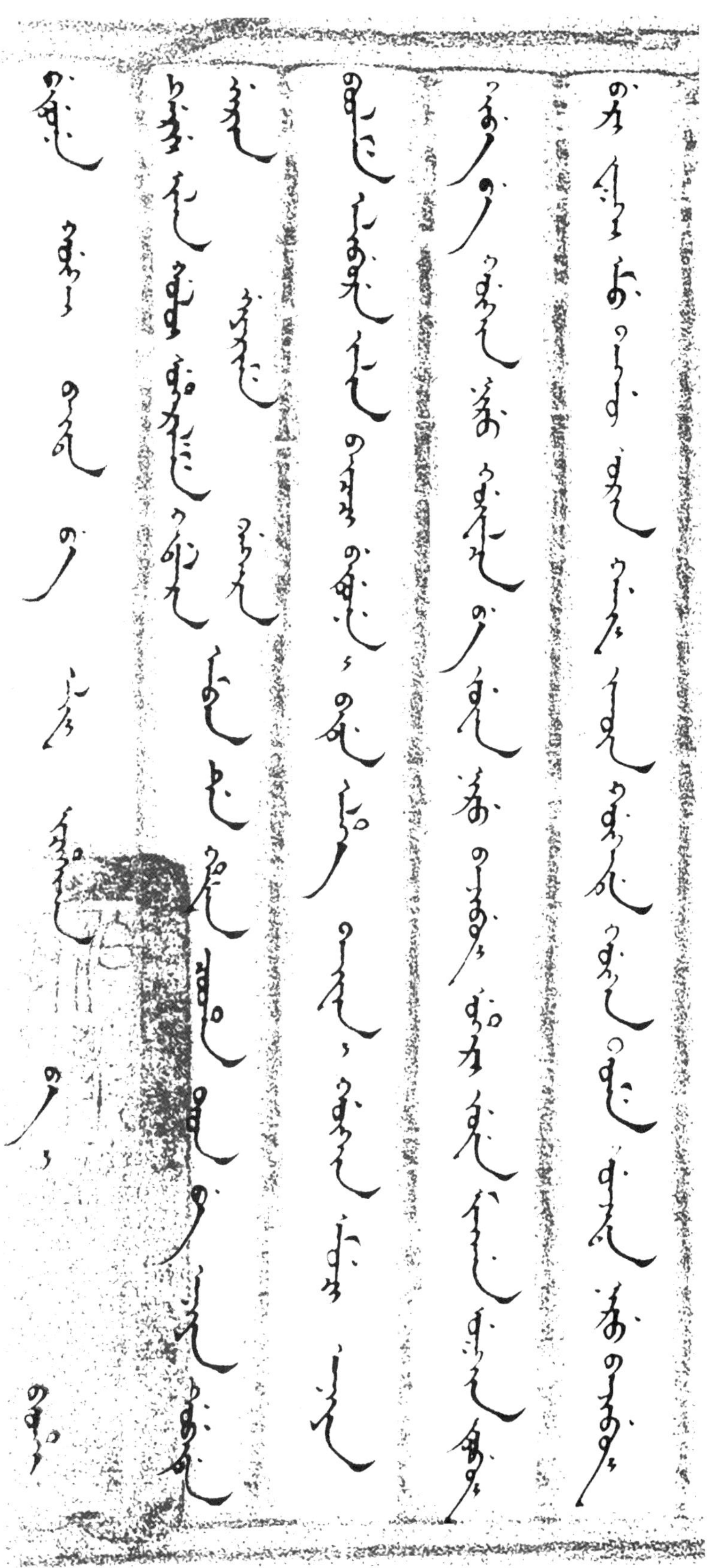

42 伯都讷旗务承办处为报送因公差出署理旗佐官员衔名清册事呈吉林全省旗务处文

宣统二年十月十八日

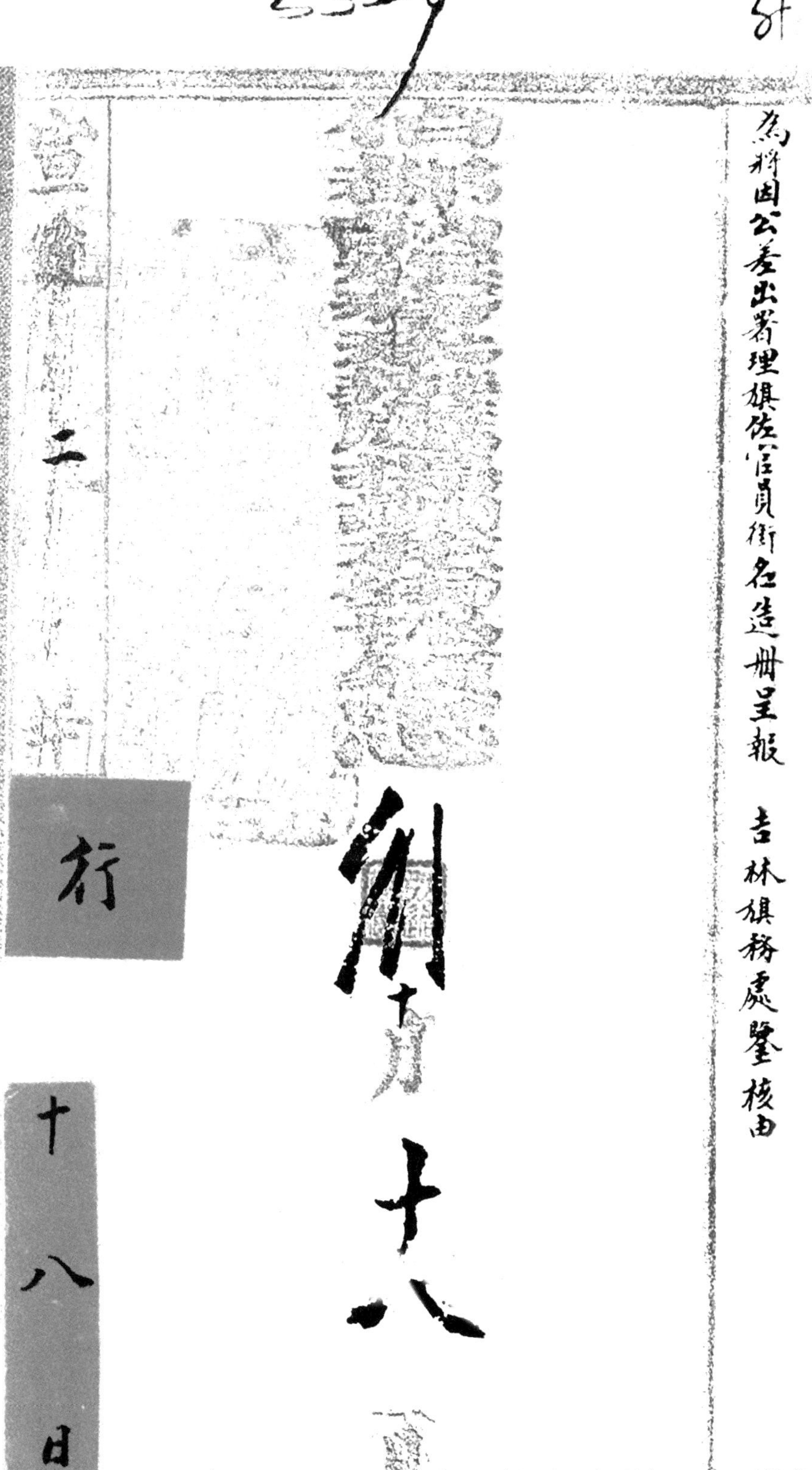
為將因公差出署理旗佐官員銜名造册呈報

吉林旗務處鑒核由

行

十八日

文牘科科員藍翎驍騎校崇興

文牘科藍翎副科員全壽

庶務科科員藍翎裁缺八品筆帖式富克精阿

署庶務科科員藍翎副科員西成阿

署庶務科副科員書記長廉澂

監用關防文牘科書記長恩隆阿

兼庶務科書記長擬陪驍騎校常慶

監用關防庶務科書記長惠康

出之佐领现由林中余帅接理钤记日期造册呈送为此合呈 已着该旗回销等

報

伯都讷正白旗佐领富成因派往津粮着出其钤记
厢兰旗部府刘兰洲防于湖图札罗理呈报在案该佐领富成
现在着该旗回销着已另接理钤记
伯都讷正黄旗佐领贵顺富有着云骑尉
富有因派往津粮着出其钤记
防御厢红旗云骑尉春升接理呈报在案
縂令
现着该旗回销着该员接理钤记
仍令

伯都訥旗務兼辦處提調花翎協領忠　為呈報事案

查前副都統衙門接准

將軍衙門來咨遵奉部文，第自宣統二年秋季

起冬季止，此三個月內因公差出佐領其鈐記

派員署理，合將該署理旗佐官員銜名造册附

封呈送。為此合呈

台鑒核施行。須至呈者。

計呈送
清册一本
右
呈
吉林全省旗務處

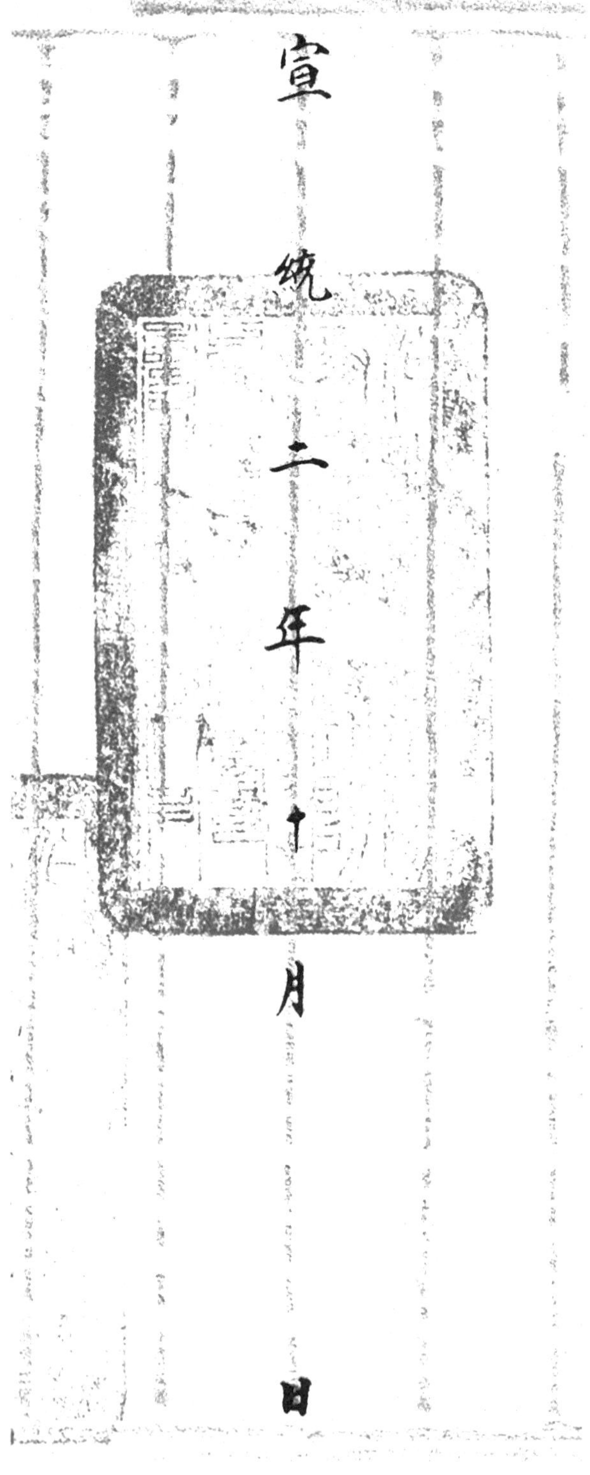
宣统二年十月日

冊底

伯都訥正白旗佐領富成現派徵收津貼租賦差
出其鈐記於十月十四日當派廂藍旗知府銜藍
翎防禦瑚圖禮署理
伯都訥正黃旗佐領貴順留省膺差其鈐記當
派雲騎尉富有署理該員今因派收津貼租賦差
出其鈐記於十月十四日改派廂紅旗雲騎尉春陞

署理

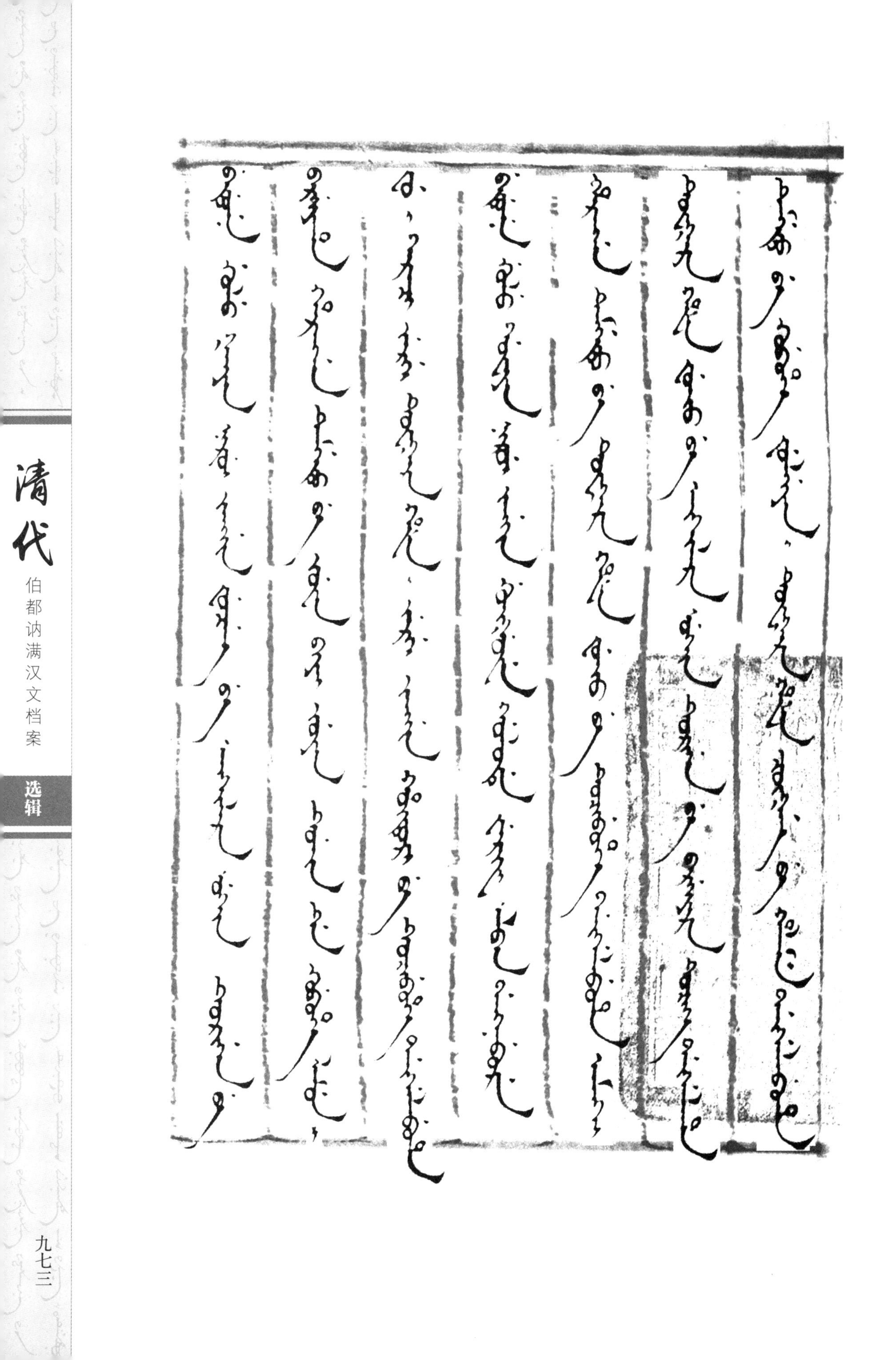

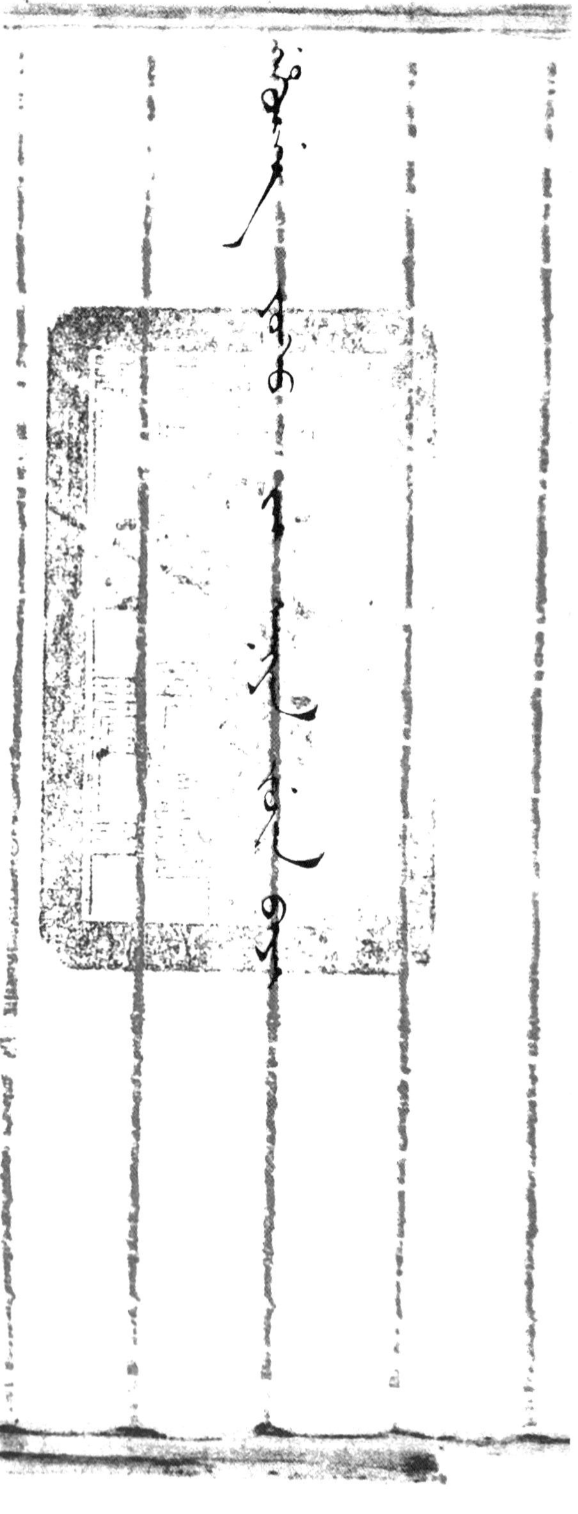

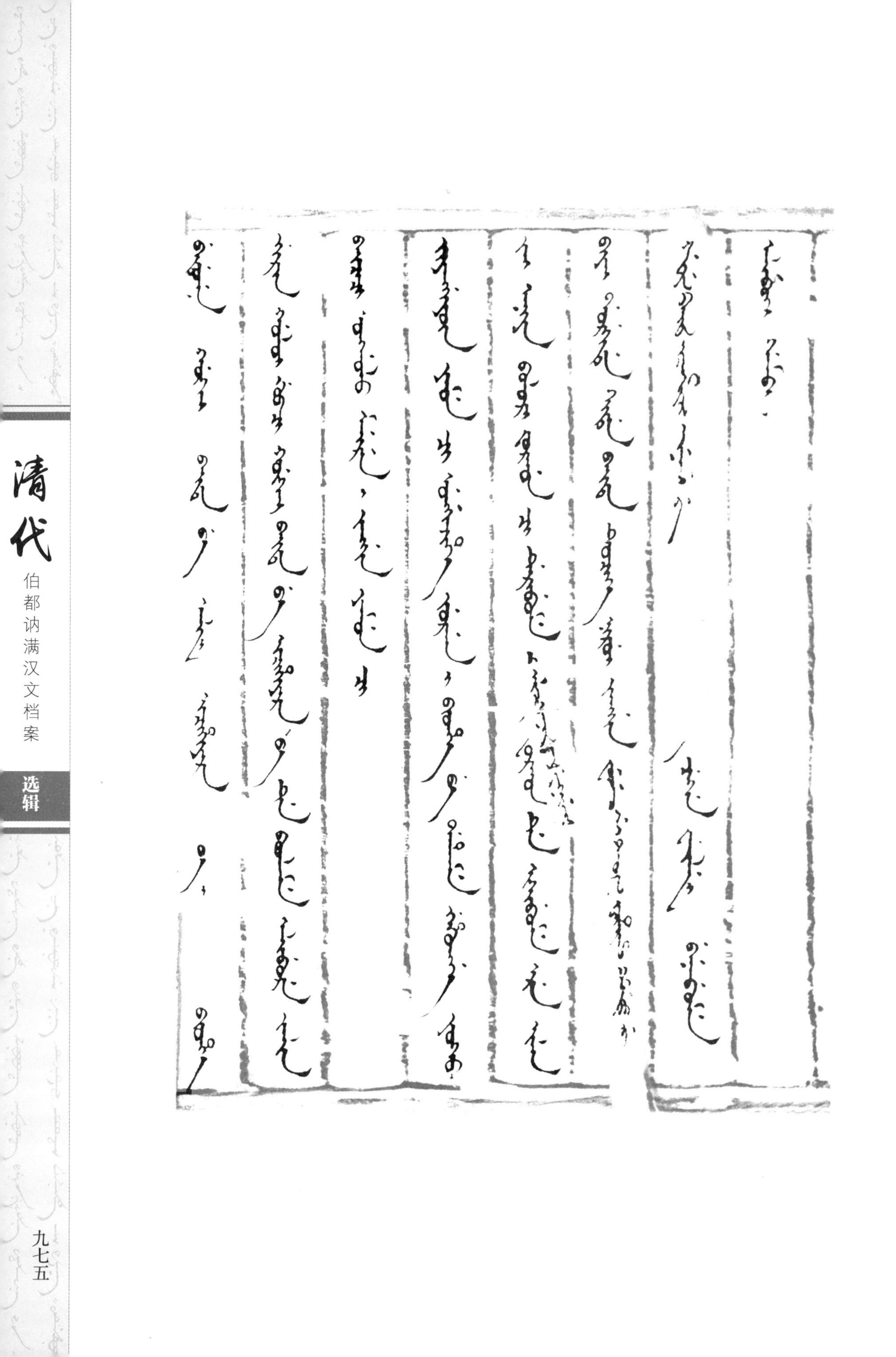

43 伯都讷旗务承办处为年终造册申报兵等旗佐花名事呈东三省总督吉林巡抚文

宣统二年十一月一日

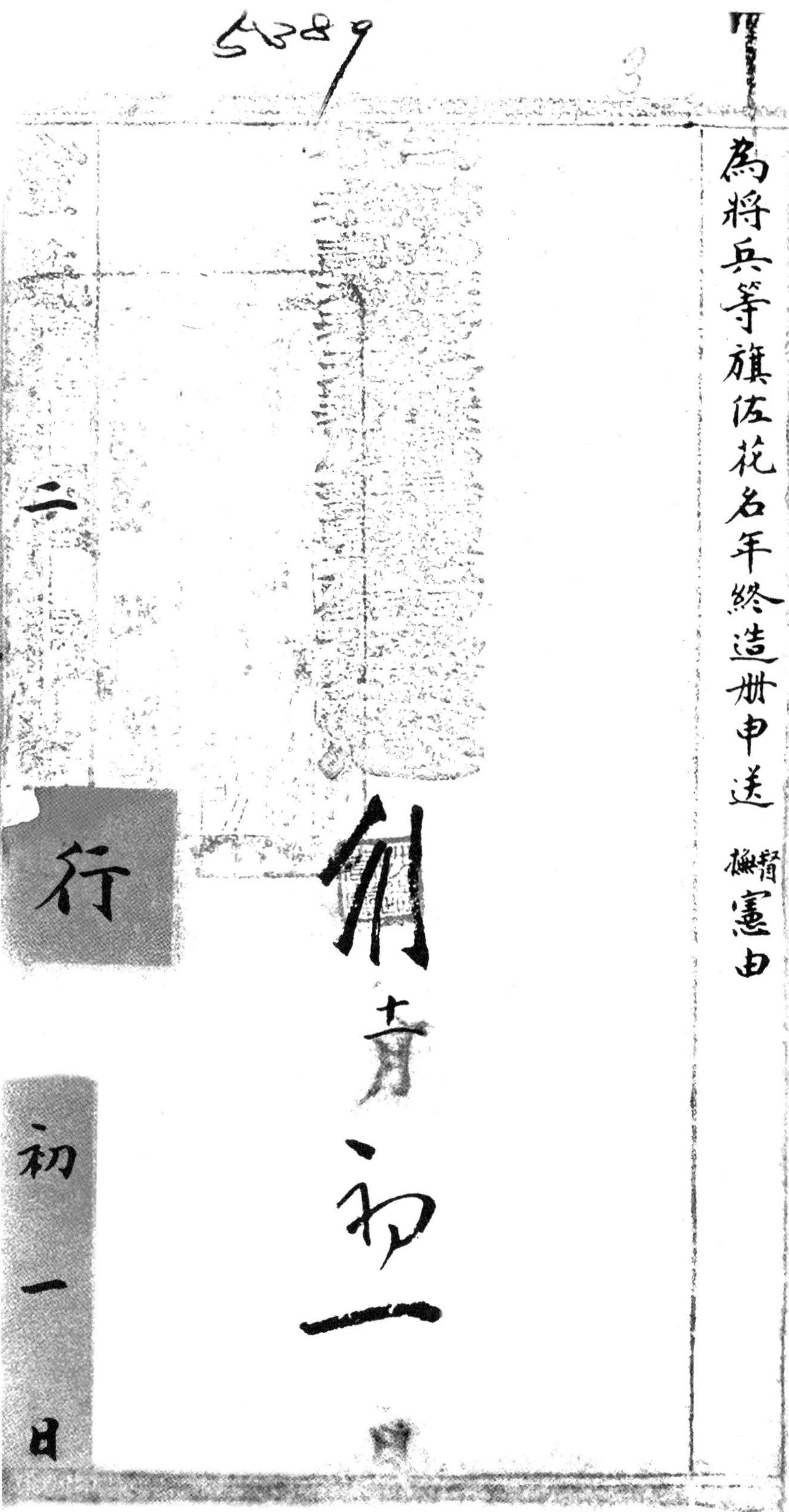
5389

为将兵等旗佐花名年终造册申送 憲由

二

行

初一日

伯都訥旗務承辦處提調花翎協領忠 為造册

申報事案查前副都統衙門於道光十七年

八月十六日准

前將軍衙門來咨遵照部文本處兵丁等旗

佐花名年歲造具印白册二本包封妥固

隨文申送 為此合申

督撫憲謹請鑒核施行須至申者

計申送

印白冊二本

右　申

欽差大臣東三省總督兼管三省將軍事務賜

欽命陸軍部侍郎銜都察院副都御史兼副都統銜賞戴花翎吉林巡撫陳

宣統二年十一月　日

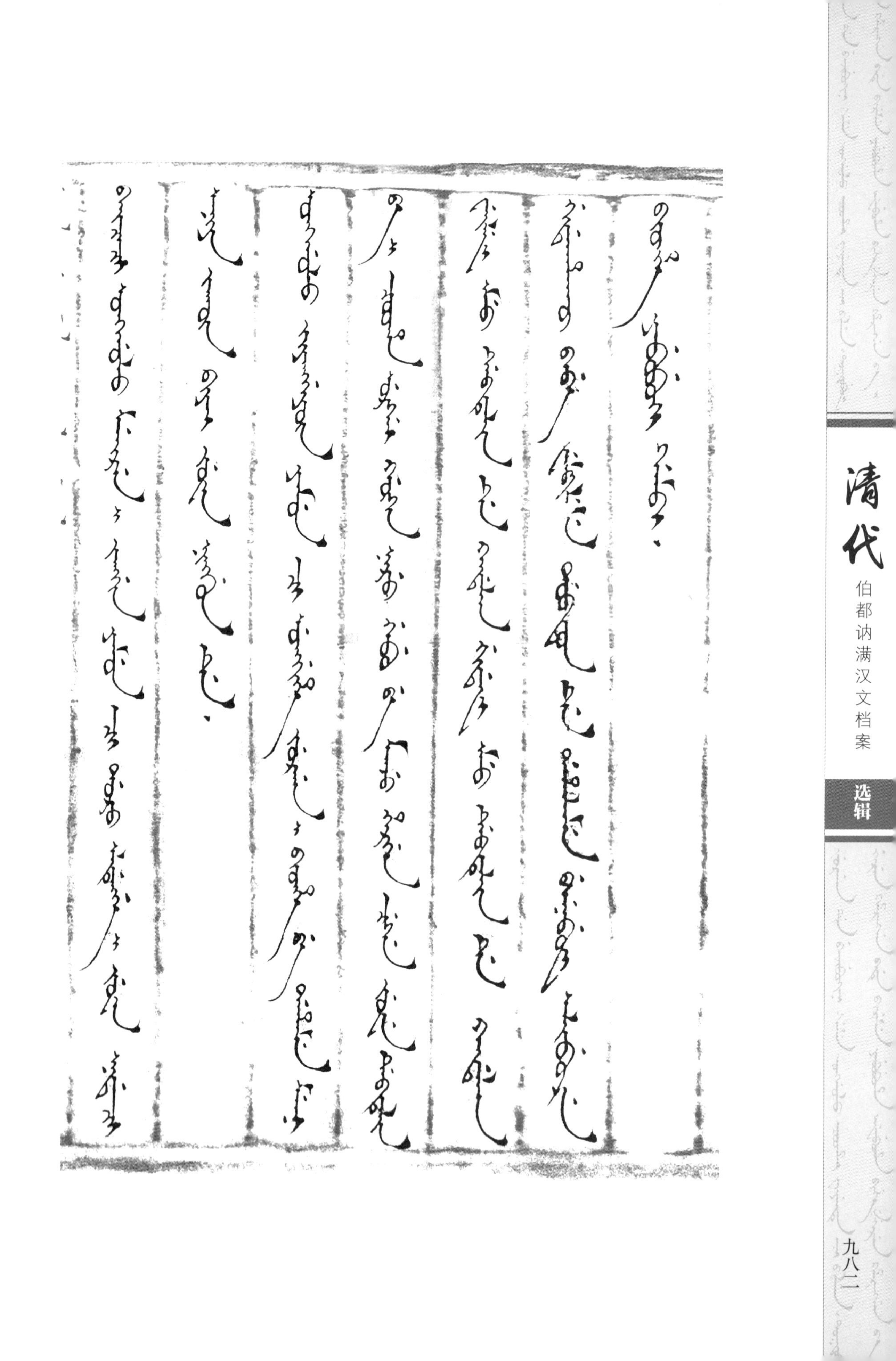

大牘科科員藍翎驍騎校崇興

文牘科藍翎副科員全壽

庶務科科員藍翎裁缺八品筆帖式富克精阿

署庶務科科員藍翎副科員西成阿

署庶務科副科員書記長康徵

監用關防文牘科書記長恩隆阿

兼庶務科書記長擬陪驍騎校常慶

監用關防庶務科書記長惠康

44 伯都讷旗务承办处为年终申报兵丁内无脱逃事呈东三省总督吉林巡抚文

宣统二年十一月三日

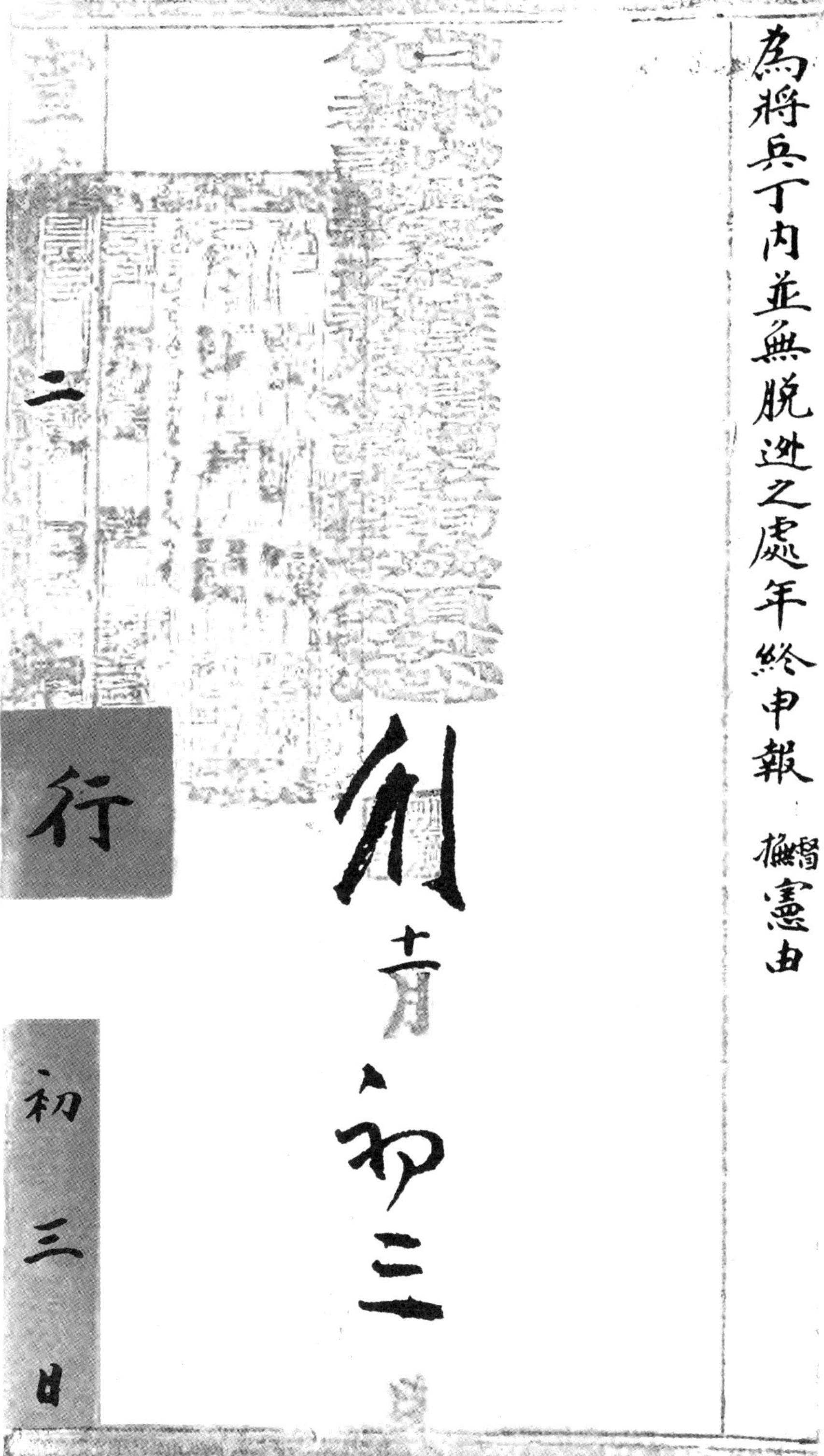
為將兵丁内並無脱逃之處年終申報
撫憲由
二
行
初三日
十二月初三

文牘科科員藍翎驍騎校崇興

文牘科藍翎副科員全壽

庶務科科員藍翎栽缺八品筆帖式富克精阿

署庶務科科員藍翎副科員西成阿

署庶務科副科員書記長康徵

監用關防文牘科書記長恩隆阿

兼庶務科書記長擬陪驍騎校常慶

監用關防庶務科書記長惠廉

伯都訥旗務承辦處提調花翎協領忠　為
年終申報事於嘉慶二十二年十二月二十二日准
將軍衙門來咨遵照部文於宣統元年
十二月初一日起至宣統二年十月止查伯
都訥地方八旗兵丁閑散内並無初次脫
逃一年期内亦没投回拏獲二次脫逃
銷除旗檔之處理合具文申報

督撫憲謹請鑒核施行須至申者

右　　申

欽差大臣東三省總督兼管三省將軍事務錫

欽命陸軍部侍郎銜都察院副都御史兼副都統銜賞戴花翎吉林巡撫陳

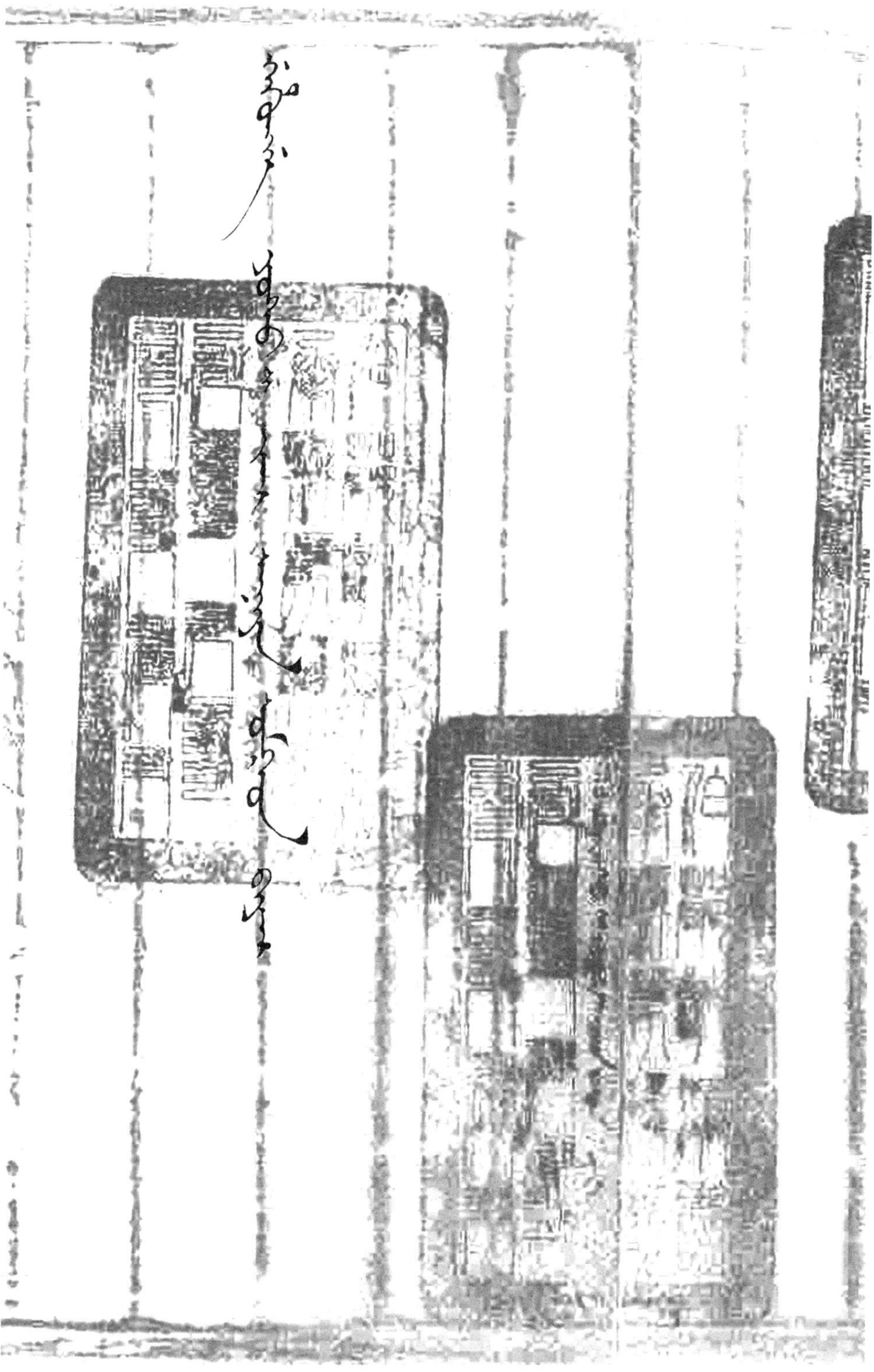

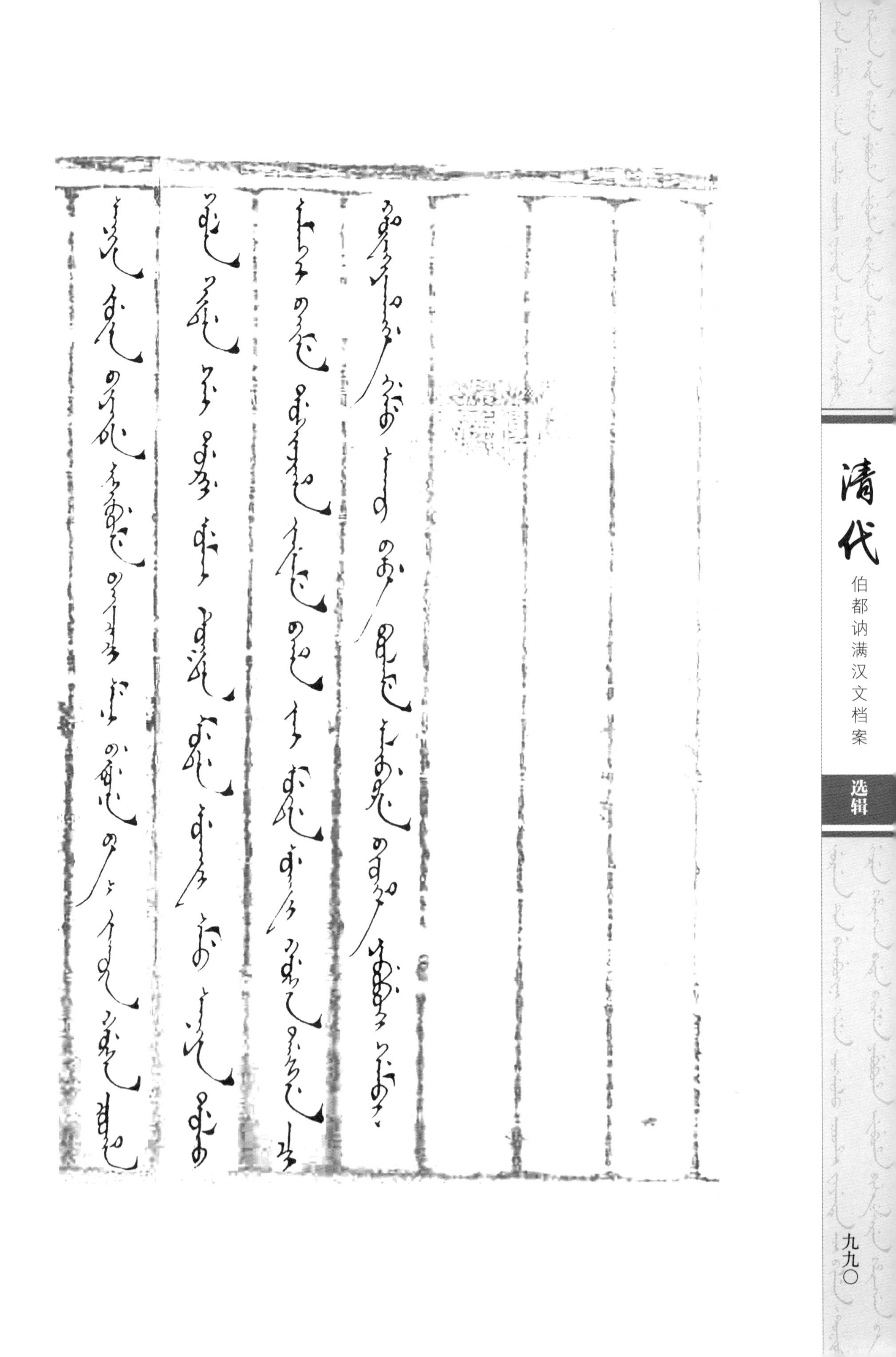

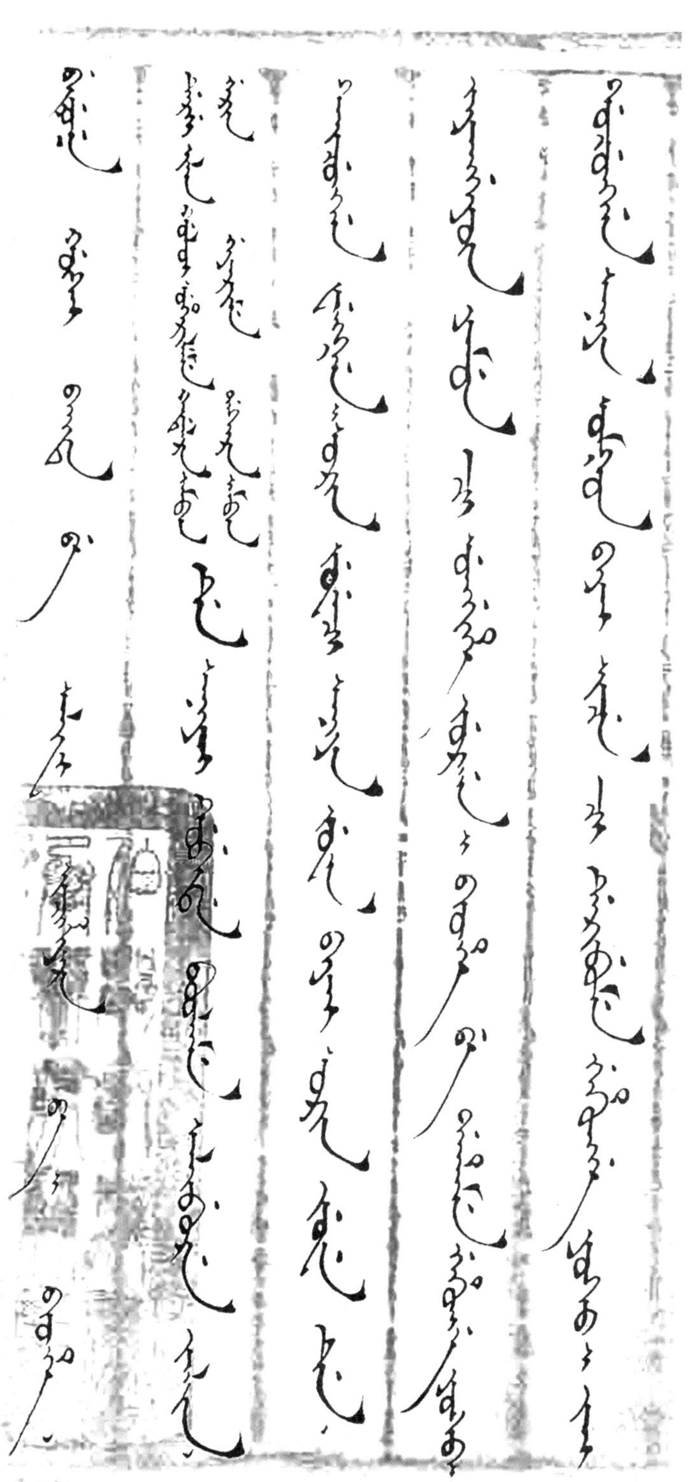

45 伯都讷旗务承办处为望祭长白山需用活兔事呈吉林全省旗务处文

宣统三年一月十五日

16

為將望祭、長白山需用沽兔呈報

吉林旗務處由

護理伯都訥旗務承辦處候調事務藍翎佐領英

三

行

二十五

日

文牘科科員藍翎驍騎校崇興

文牘科藍翎副科員全奇

庶務科科員藍翎裁缺八品筆帖式富克精阿

署庶務科科員藍翎副科員西成阿

署庶務科副科員書記長康澂

監用關防文牘科書記長恩隆阿

兼庶務科書記長擬陪驍騎校常慶

監用關防庶務科書記長惠康

護理伯都訥旗務承辦處提調事務藍翎佐領英　為

呈報事於本年春季望祭

長白山需用活兎當經職處出派官兵捕得

活兎四隻飭交領催委官成志往送之

處理合具文呈送為此合呈

吉林全省旗務處　鑒核查收施行須至呈者

右　　呈

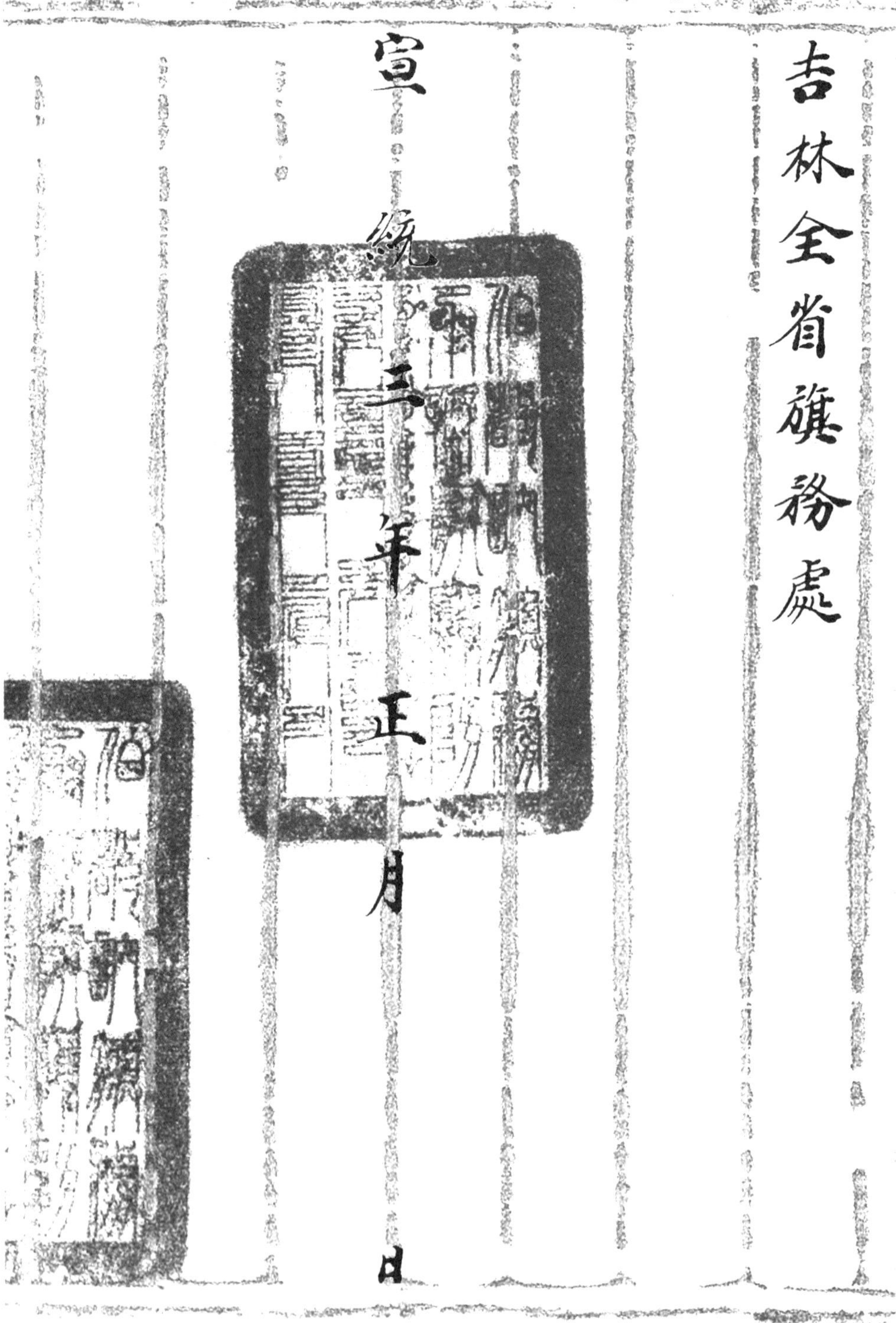
吉林全省旗務處

宣統三年正月　日

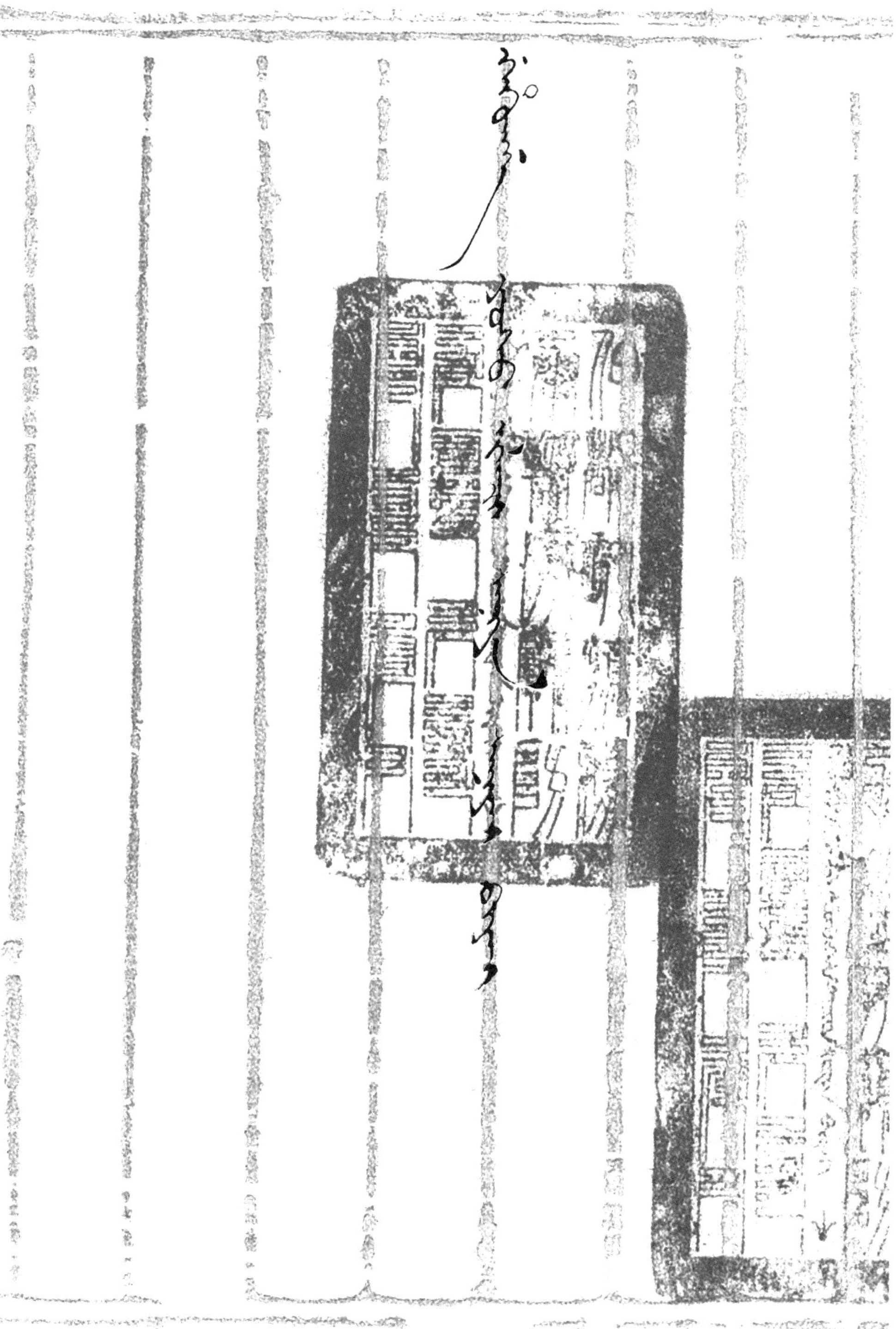

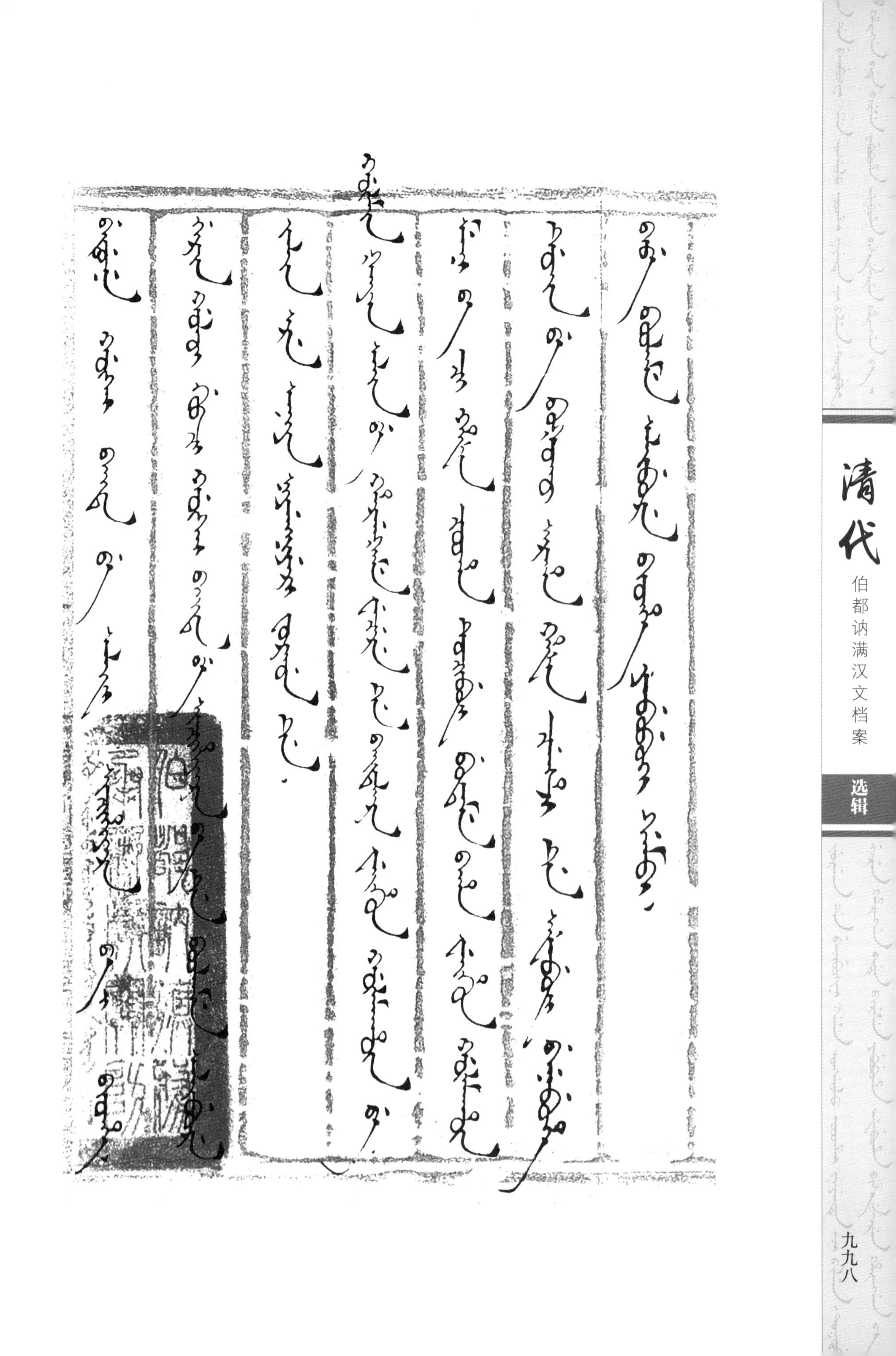

46 伯都讷旗务承办处为云骑尉常山病故事呈吉林全省旗务处文

宣统三年二月十一日

為將雲騎尉常山病故日期呈報 旗務處由

護理旗務承辦處提調事務藍翎佐領英

行 二 十一 日

三

行

十一日

文晉
文牘
崇興
全

庶務科科員藍翎栽欽八品筆帖式富克精阿
署庶務科科員藍翎副科員西成阿
署庶務科副科員書記長康瀫
監用關防文牘科書記長恩隆阿
兼庶務科書記長擬陪騎校常慶
監用關防庶務科書記長惠康

護理伯都訥旗務承辦處提調事務藍翎佐領英　為
呈報事茲准署右翼協領事務藍翎佐領英　移據
署廂藍旗佐領事務驍騎校豐隆阿報稱職旗雲
騎尉常山現年六十九歲於宣統三年正月初十日
因病身故經其長子披甲喜榮阿呈報到旗隨
派領催色普徵額往查屬實等情轉呈前來據
覆查無異合將廂藍旗雲騎尉常山病故之

處理合具文呈報為此合呈

憲台鑒核施行須至呈者

右　　　　呈

吉林全省旗務處

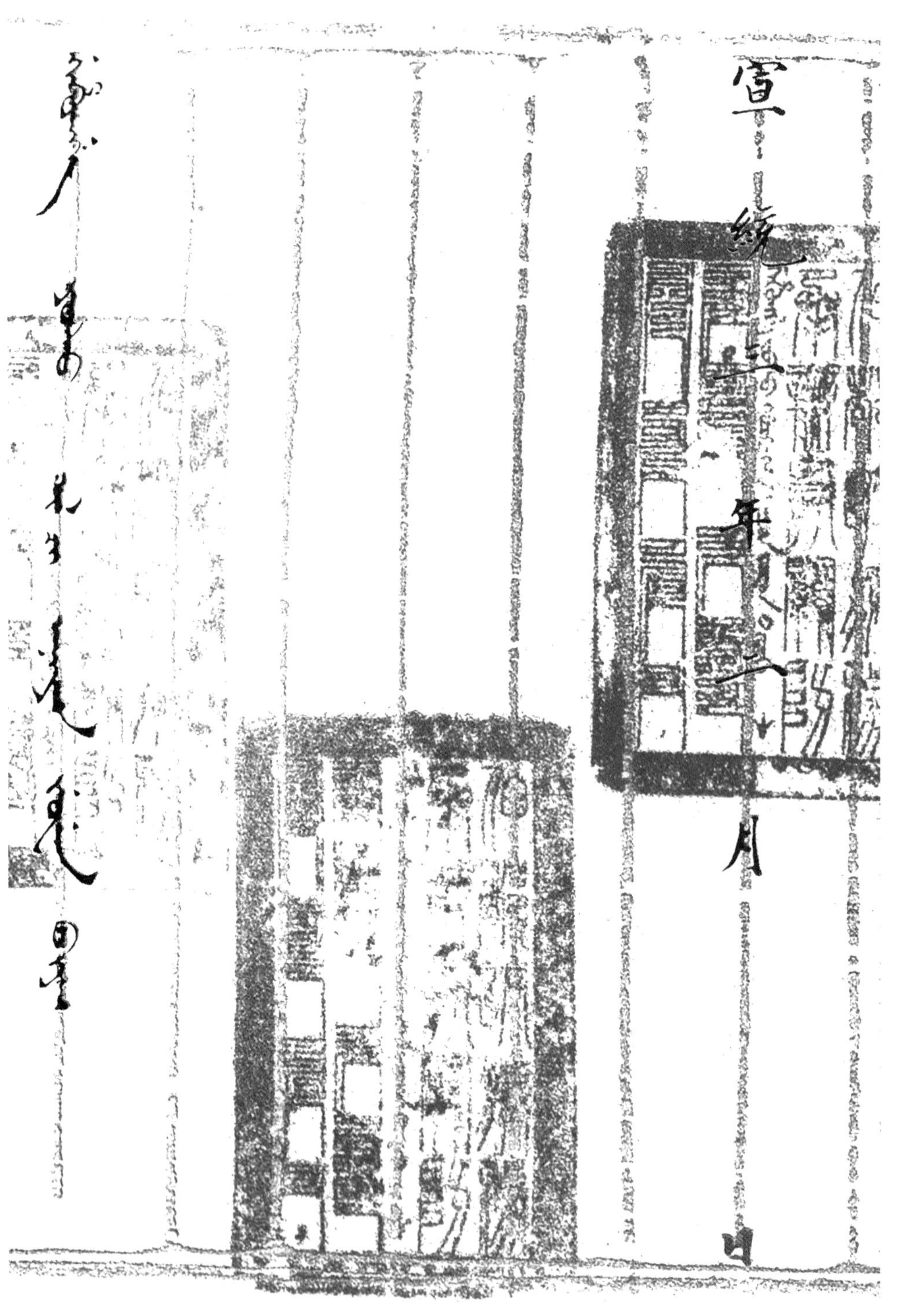

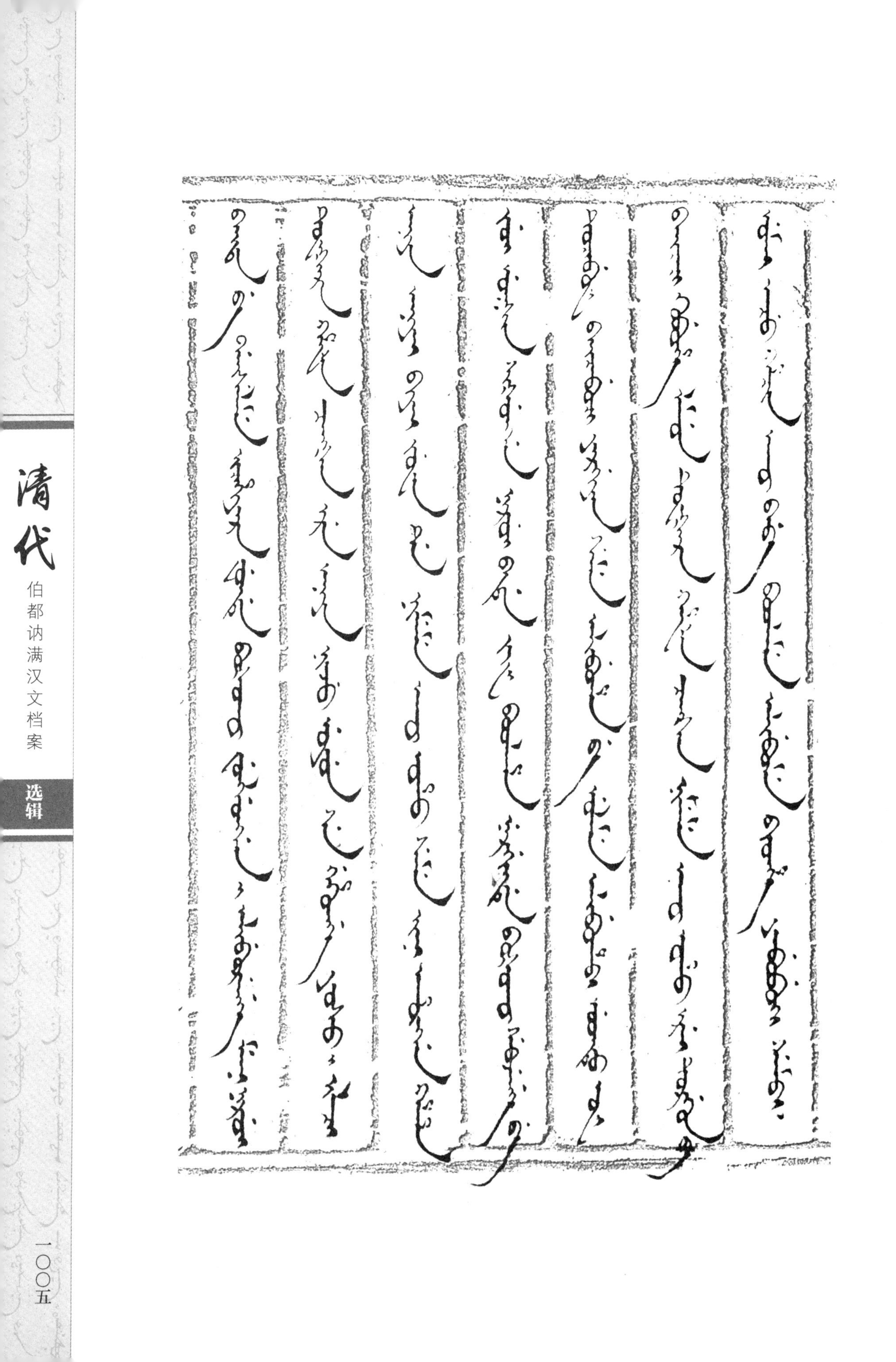

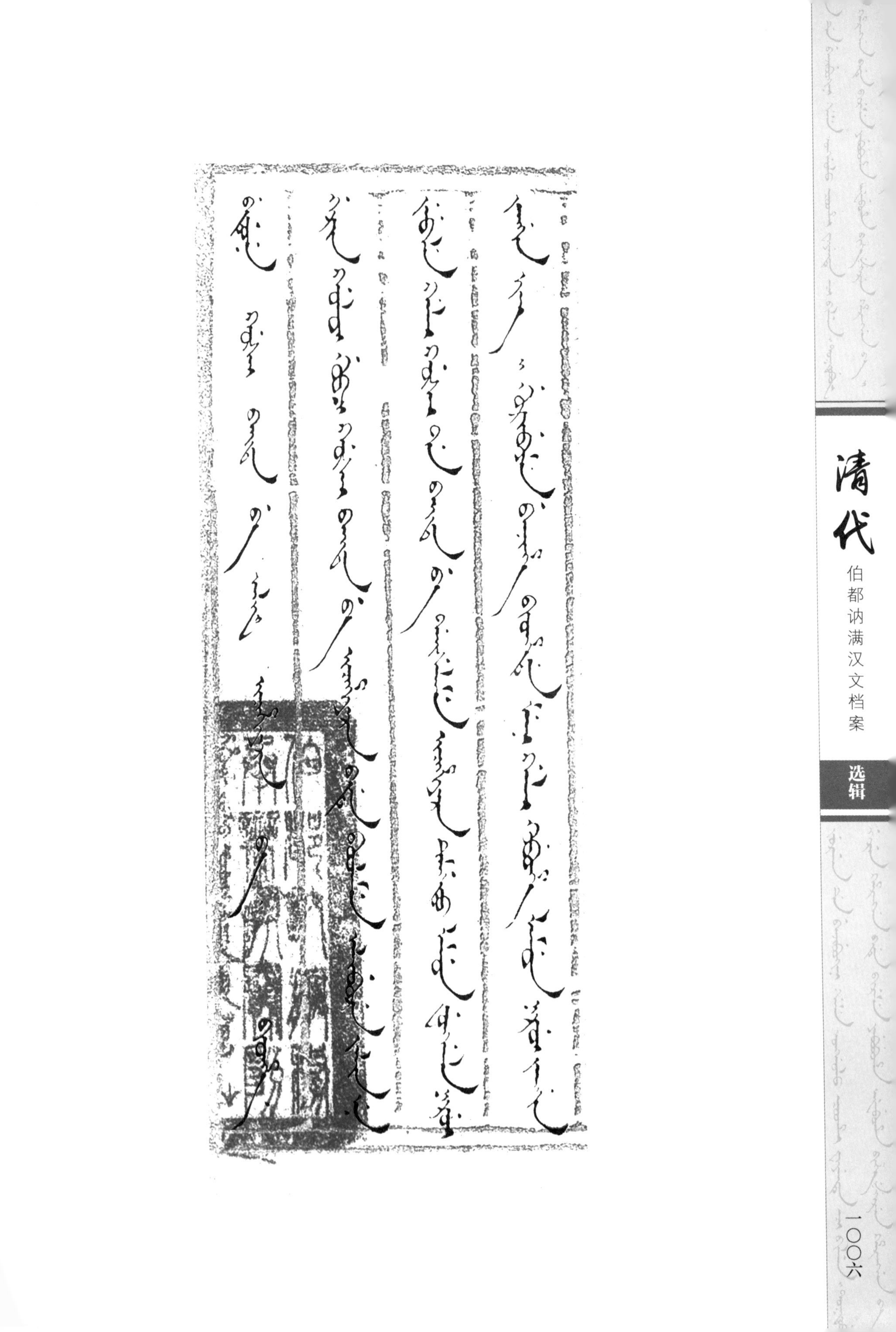

47 伯都讷旗务承办处为云骑尉德胜病故事呈吉林全省旗务处文

宣统三年二月十三日

為將雲騎尉德勝病故日期呈報　旗務處由

護理旗務承辦處提調事務藍翎佐領英

行

十三

行

十三

日

文牘科科員藍翎驍騎校崇興

文牘科[illegible]員全壽

兵務科科員藍翎裁缺八品筆帖式富克精阿

署兵務科科員藍翎副科員西成阿

署兵務科副科員書記長康徵

監用關防文牘科書記長恩隆阿

兼兵務科書記長擬陪驍騎校常慶

監用關防兵務科書記長惠康

護理伯都訥旗務承辦處提調事務藍翎佐領英 為
呈報事茲准右翼花翎協領玉 移據署廂黃旗
佐領事務藍翎防禦知府銜瑚圖禮報稱職
旗雲騎尉德勝現年五十八歲於宣統二年十
二月二十八日因病身故經其族長披甲玉慶
呈報到旗隨派領催全瑞往查屬寔等情
轉呈前來據此覆查無異合將廂黃旗雲

騎尉德勝病故之處理合具文呈報爲此合呈

憲台鑒核施行須至呈者

右　　　　呈

吉林全省旗務處

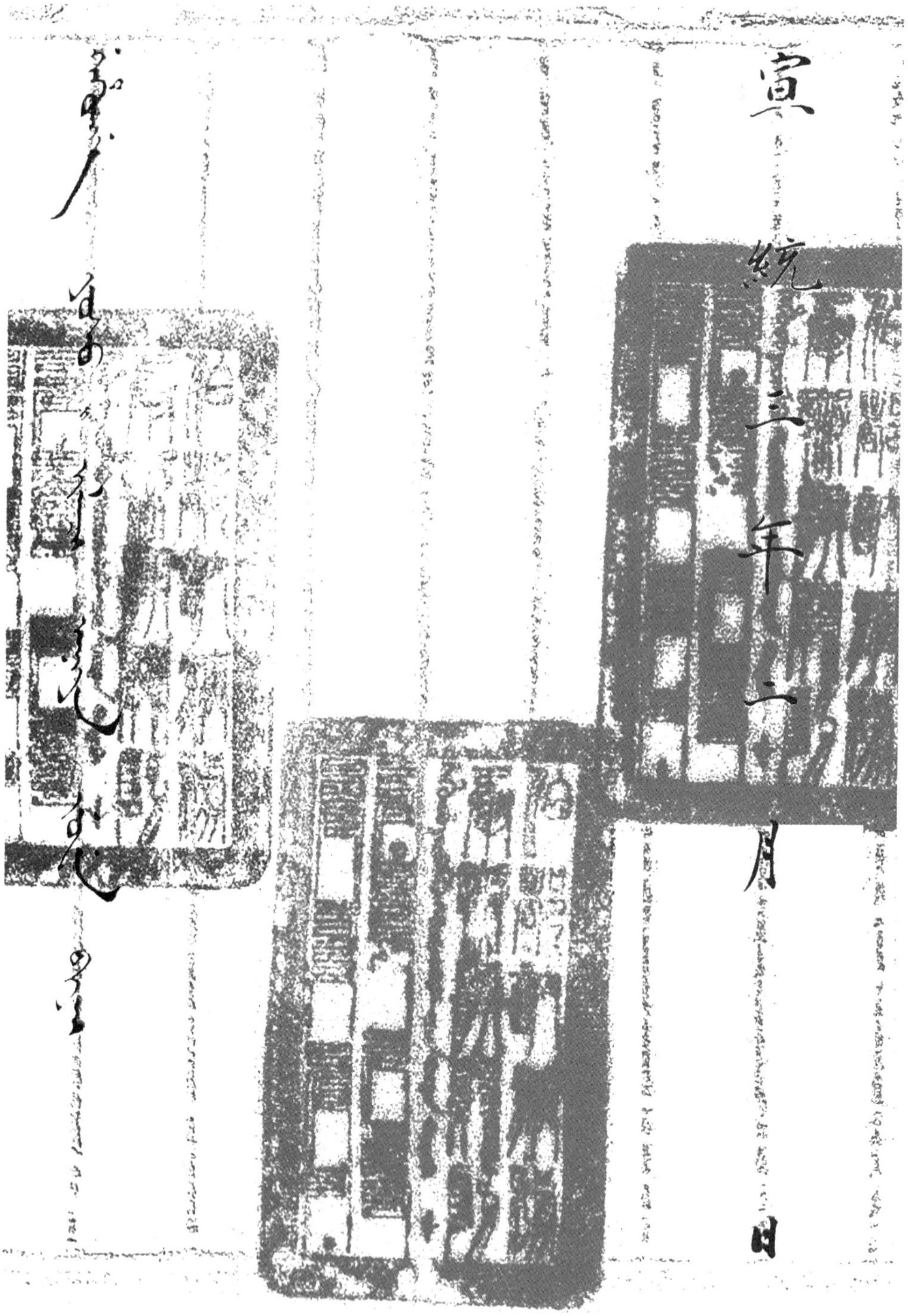

宣統三年二月 日

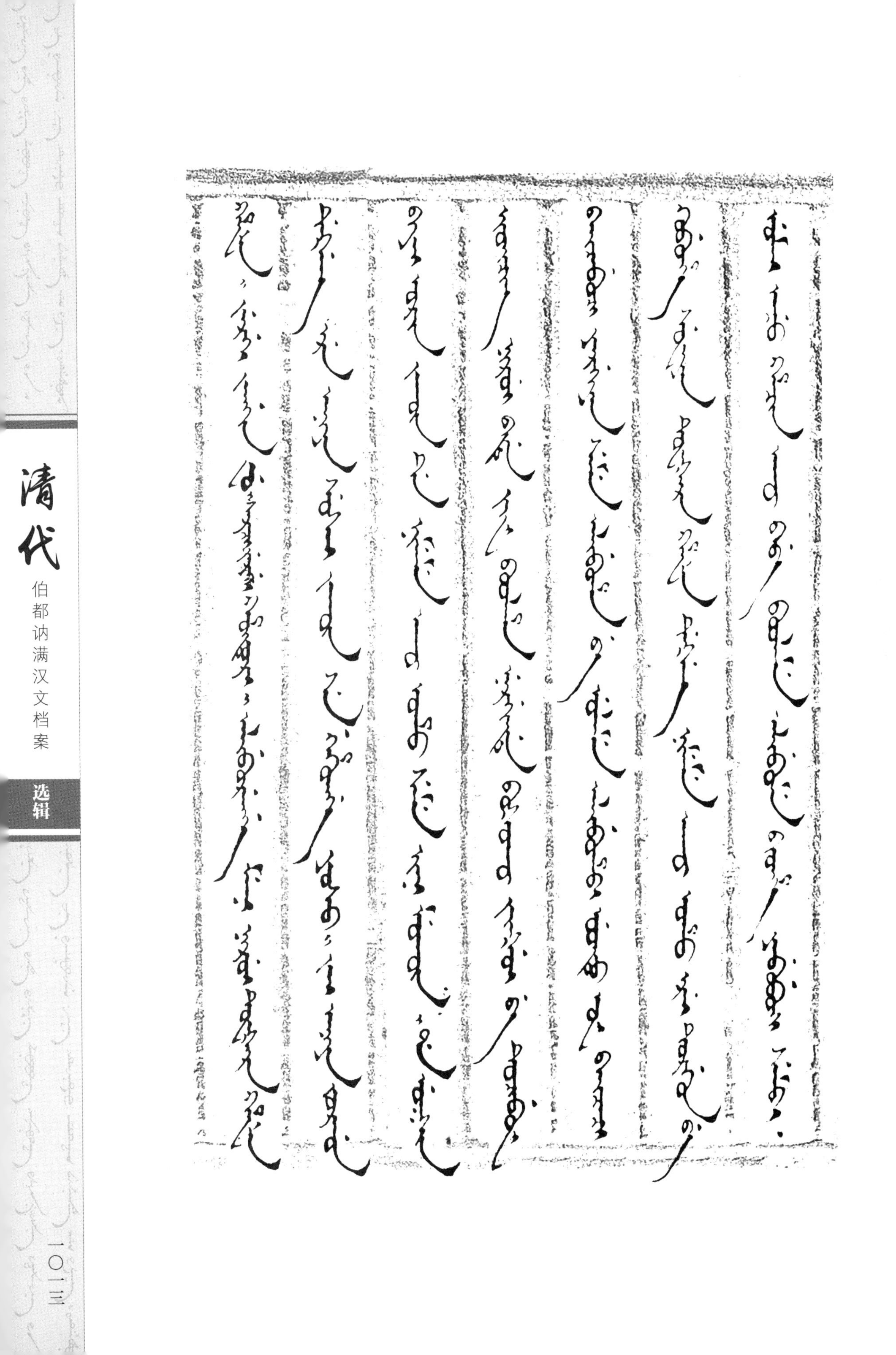

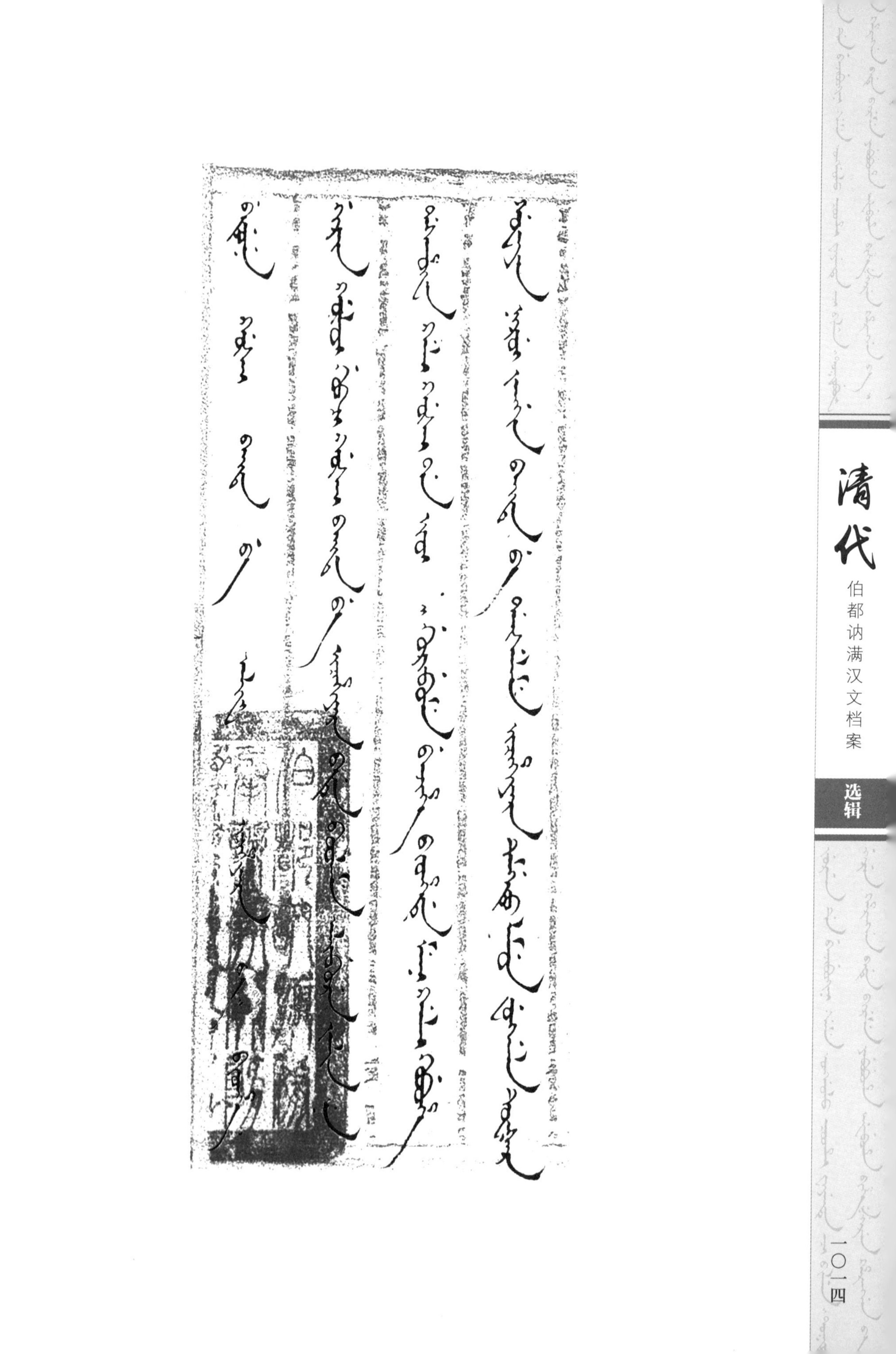

48 伯都讷旗务承办处为休致防御永庆病故事呈吉林全省旗务处文

宣统三年二月十五日

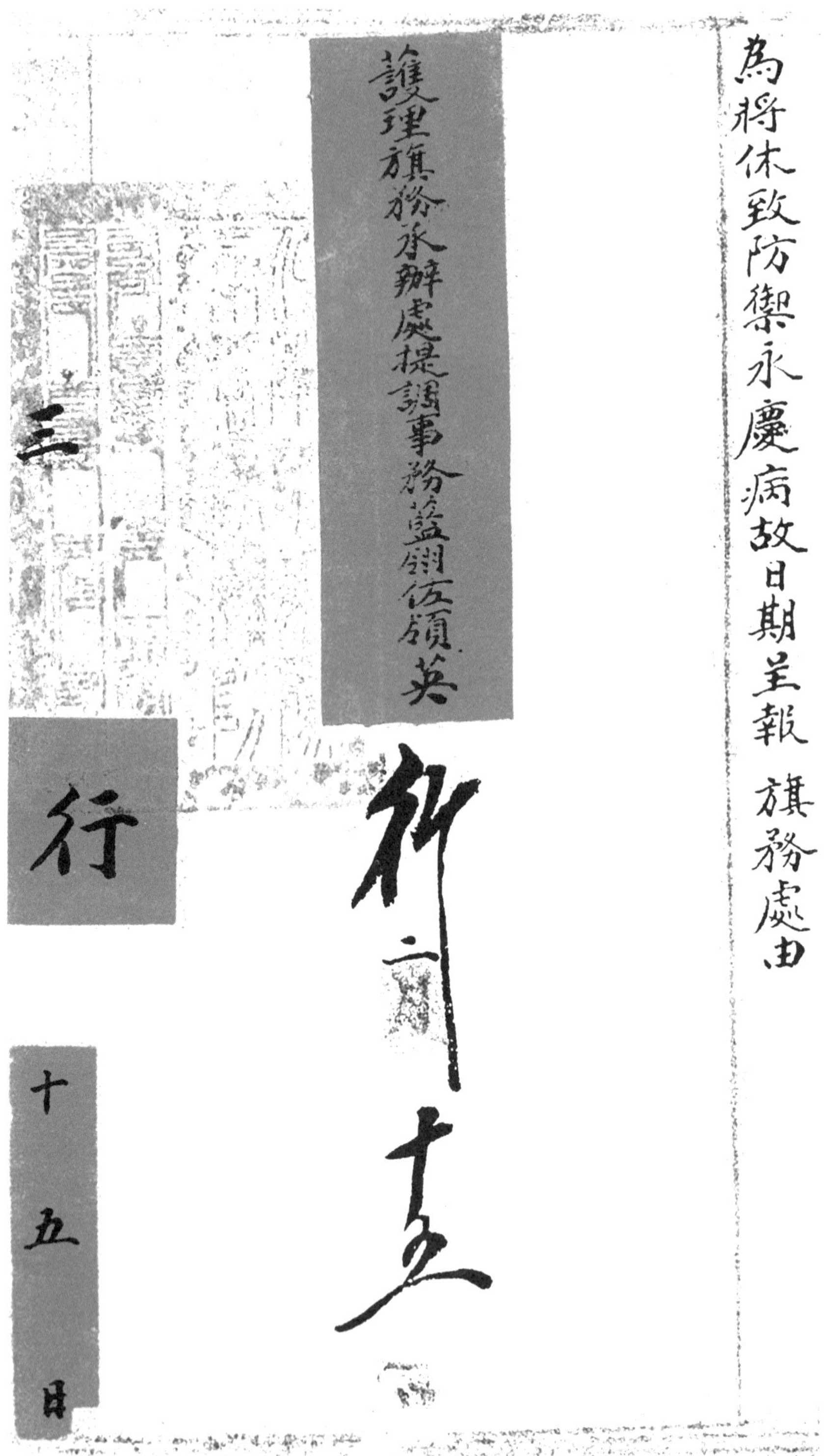

為將休致防禦永慶病故日期呈報 旗務處由

護理旗務承辦處提調事務藍翎佐領英

三 行

十五日

文牘科科員藍翎驍騎校崇興

文牘科藍翎副科員全壽

庶務科科員藍翎裁缺八品筆帖式富克精阿

署庶務科科員藍翎副科員西成阿

署庶務科副科員書記長康澂

監用關防文牘科書記長恩隆阿

兼庶務科書記長擬陪驍騎校常慶

監用關防庶務科書記長惠康

護理伯都訥旗務參辦處提調事務藍翎佐領英　為

呈報事茲准署右翼協領事務藍翎佐領英

移據署廂藍旗佐領事務驍騎校豐隆阿報

稱職旗休致防禦永慶現年六十三歲於宣

統三年正月二十日因病身故經其長子領

催壽恒呈報到旗隨派領催色普徵額徃查

屬實等情轉呈前來據此覆查無異合將廂藍

旗休致防禦永慶病故之處理合具文呈

報為此合呈

憲台鑒核施行須至呈者

右

呈

吉林全省旗務處

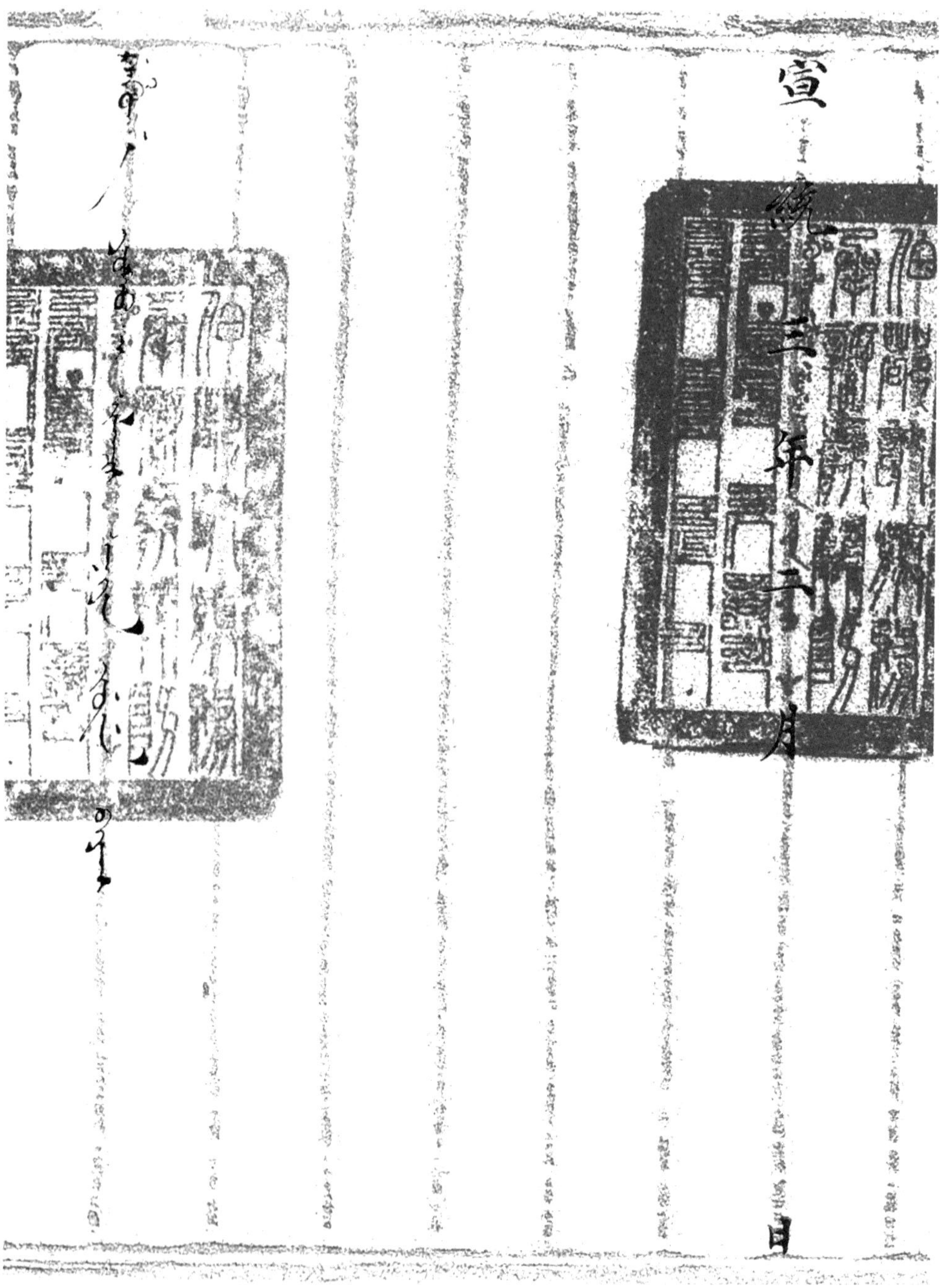
宣统三年十二月　日

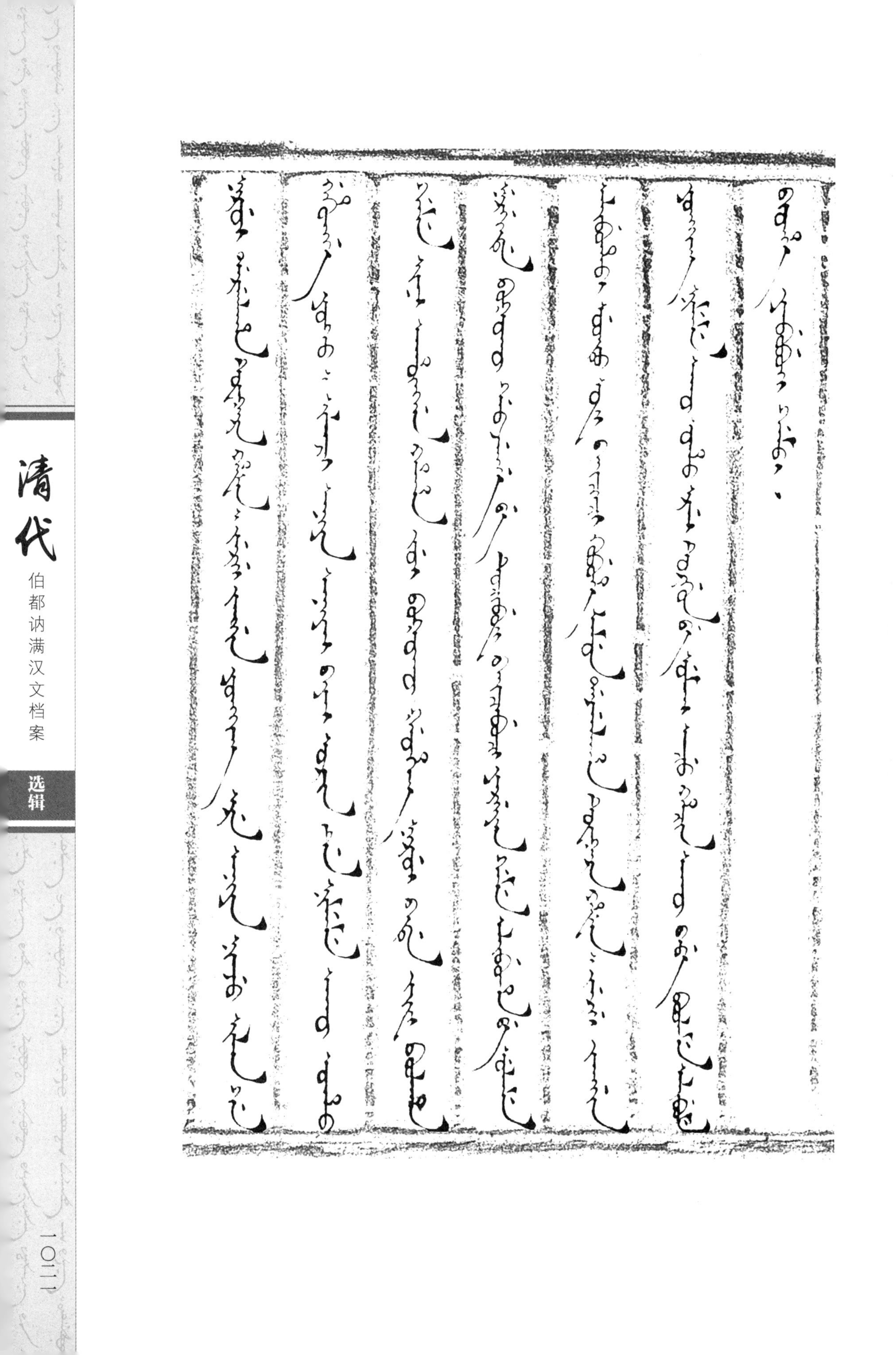

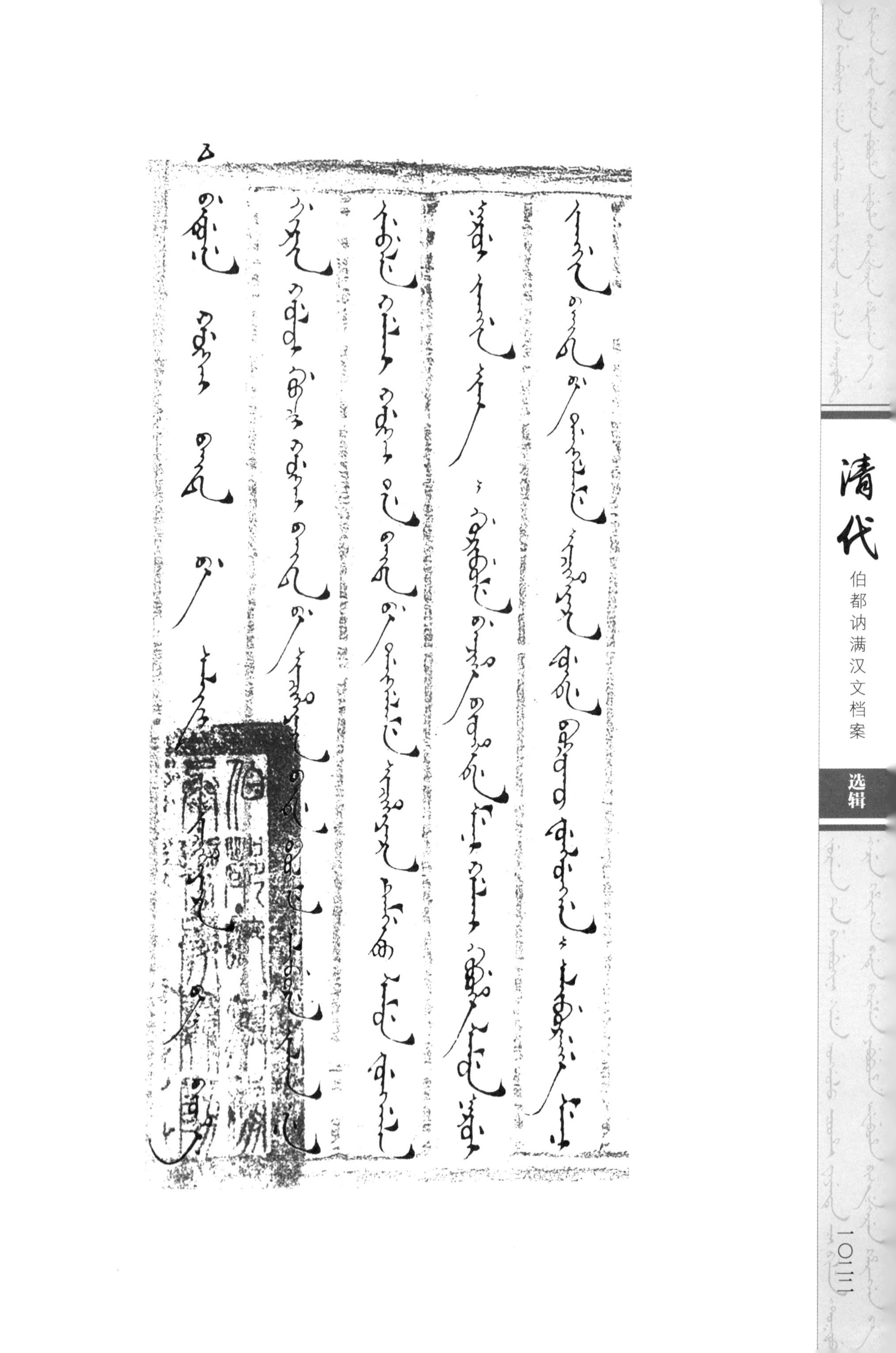

49 伯都讷旗务承办处为造册报送大小官员出身满汉履历事呈吉林全省旗务处文

宣统三年三月十六日

5683

为将大小官员出身满汉履历造册呈送 旗务处由

护理旗务承办处提调事务蓝翎佐领英

行

十六日

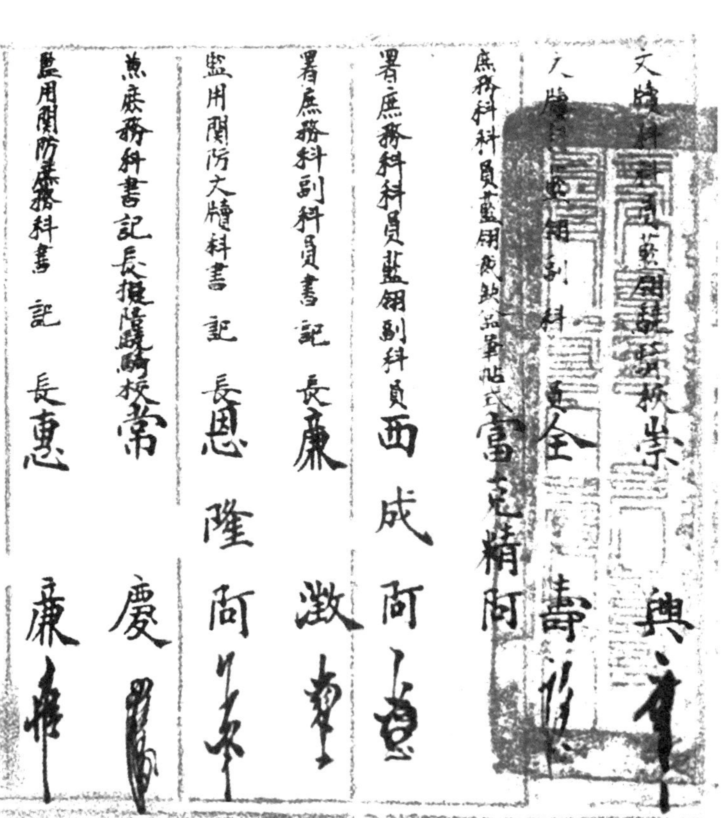

文牘科科員藍翎驍騎校崇　興

文牘科藍翎副科員全　壽

庶務科科員藍翎防禦缺品筆帖式富克精阿

署庶務科科員藍翎副科員西　成　阿

署庶務科副科員書記長廉　澂

監用關防文牘科書記長恩　隆　阿

兼庶務科書記長捷陞驍騎校常　慶

監用關防庶務科書記長惠　康

護理伯都訥旗務承辦處提調事務藍翎佐領英　　為
造册呈送事竊查本年春季應報本處現任大
小官員出身履歷有無加級紀錄並將加級
紀錄銷去抵免加級罰俸以及降革留任
之處逐一查明連世職並原品休致食全俸各
官一併造具滿漢鈐用關防細册各一本空
白滿漢細册各一本一併包妥封固飭交文報局

所遞送訖謹此具文呈送爲此合呈

憲台鑒核轉詳咨部施行須至呈者

計呈送

滿漢關防白册四本

右

呈

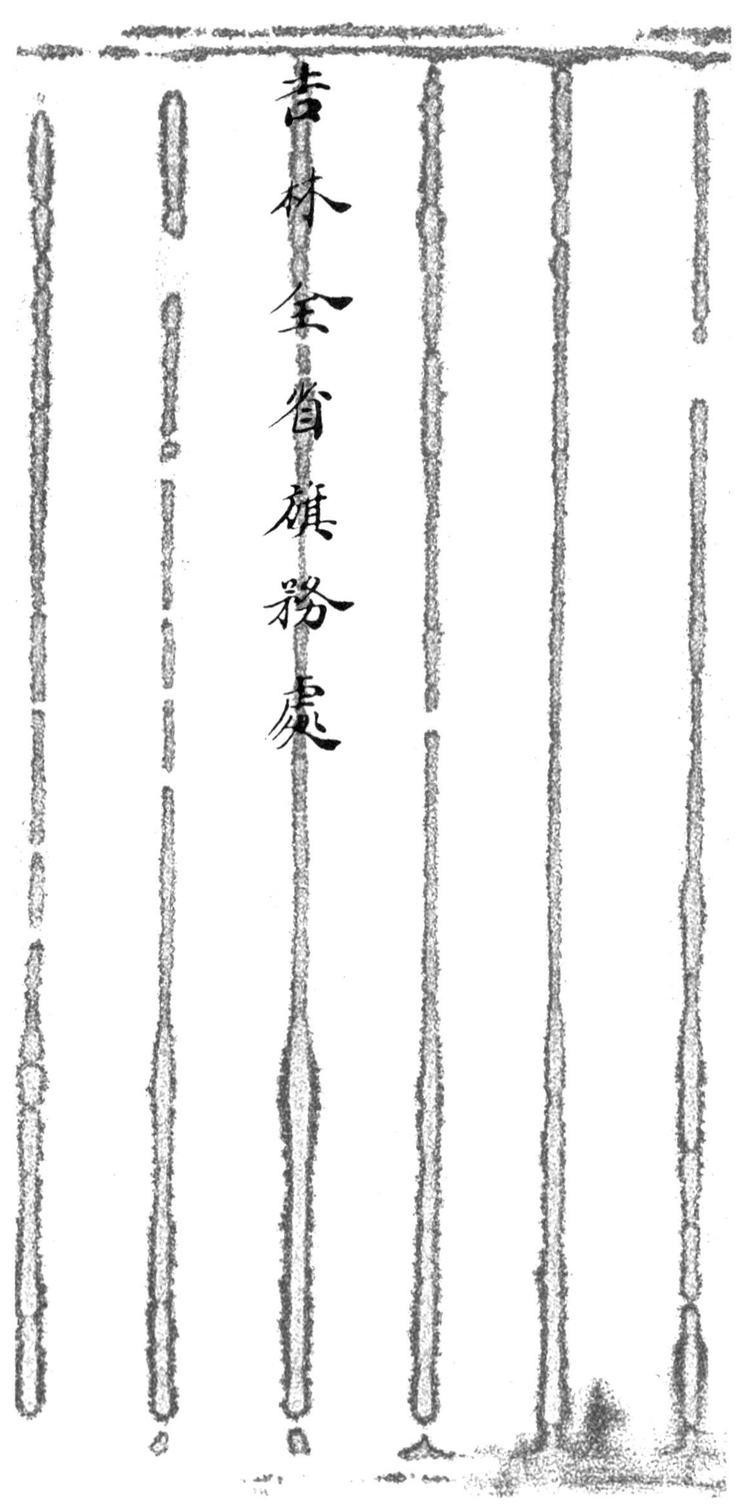
吉林全省旗務處

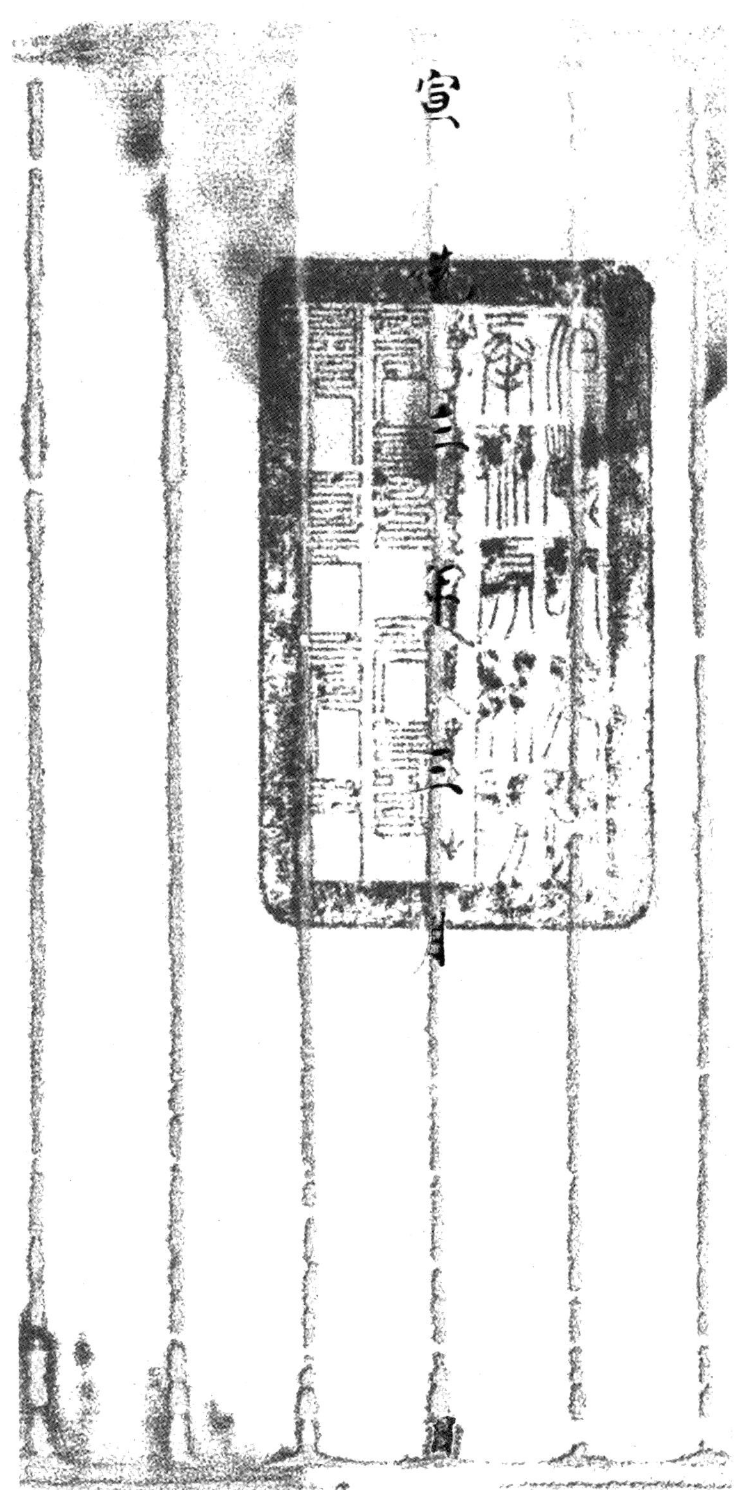

宣統三年三月

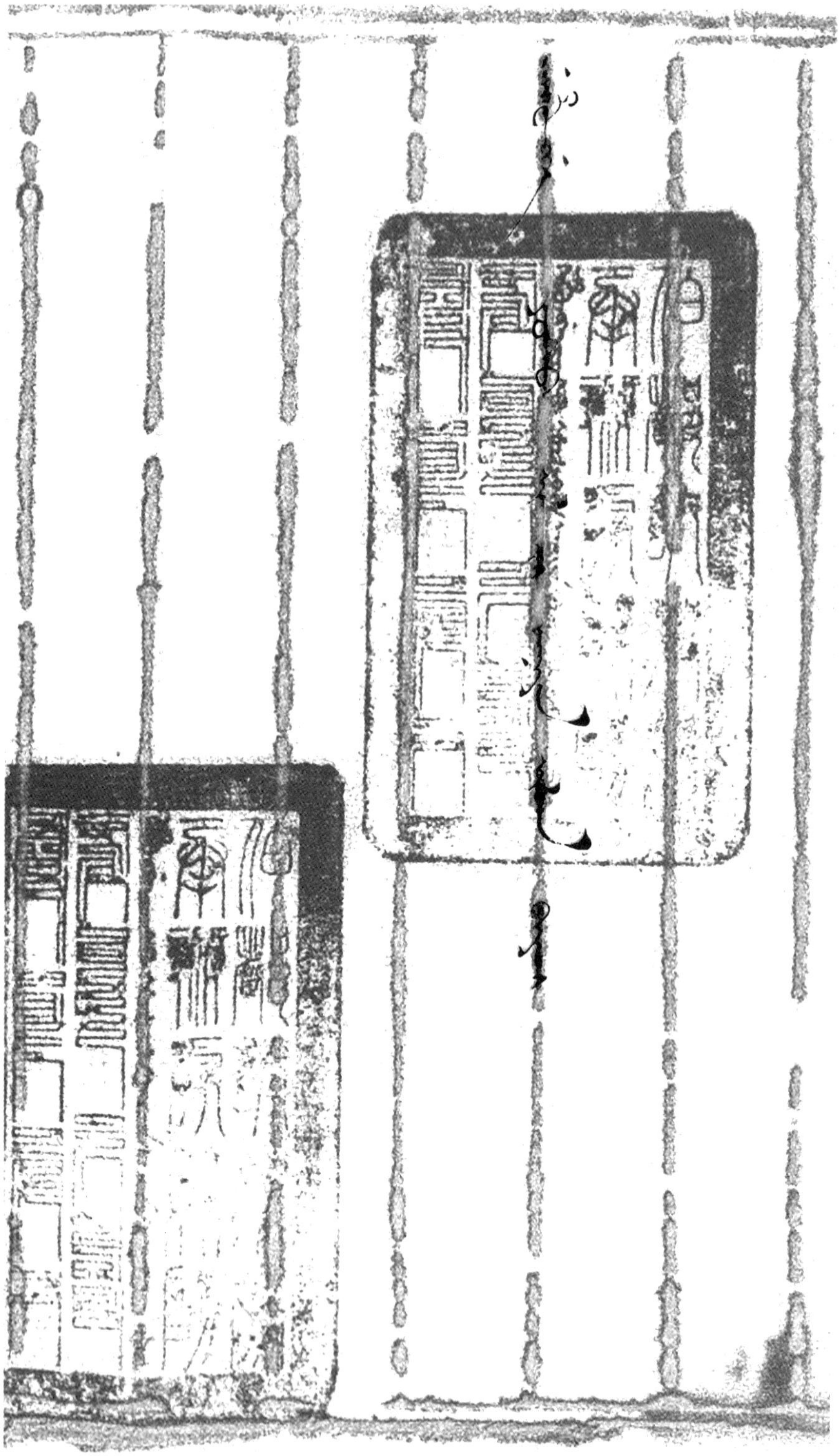

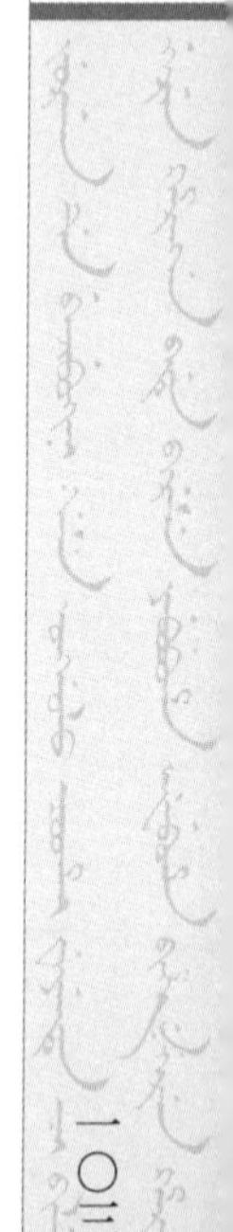

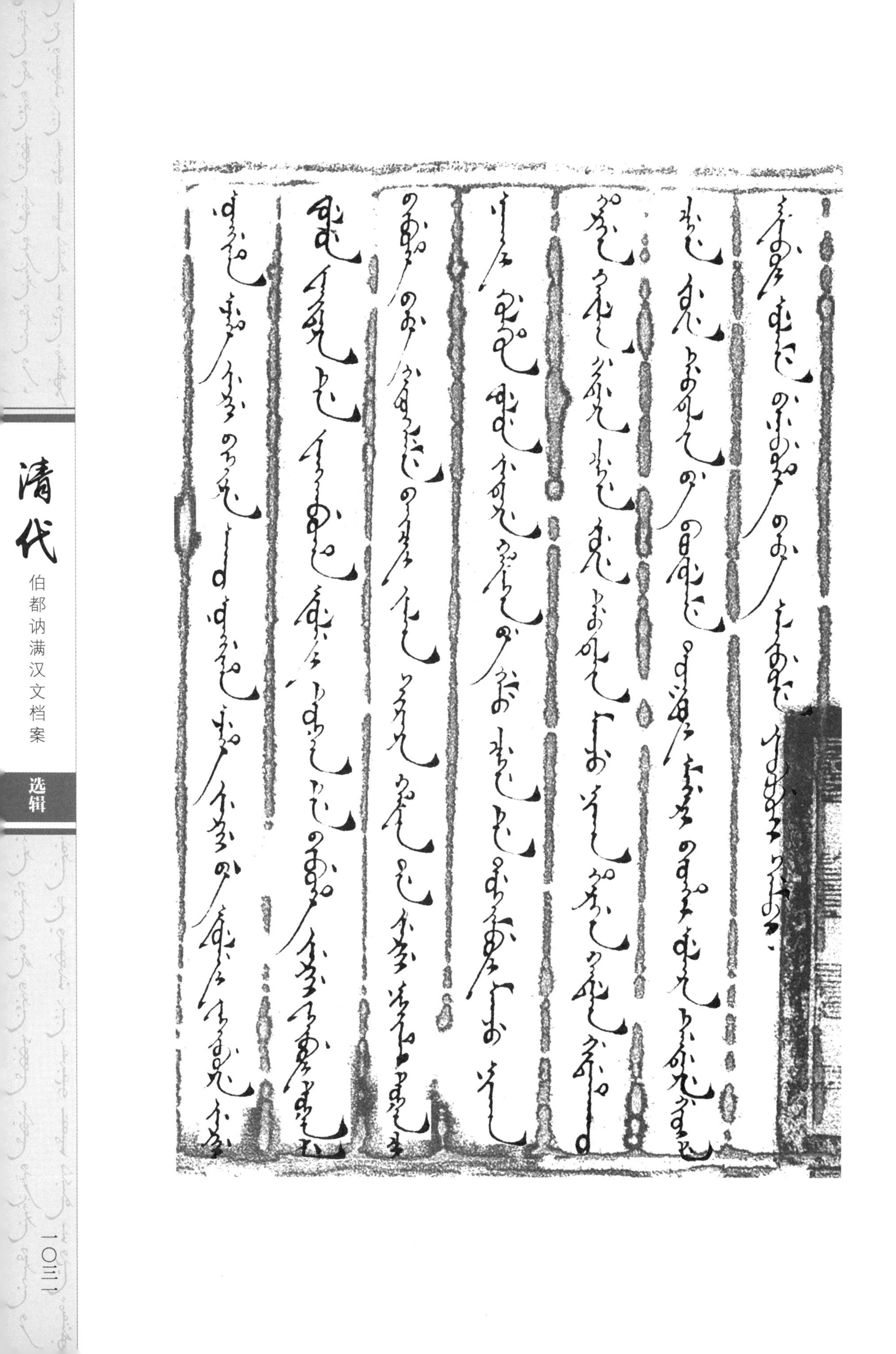

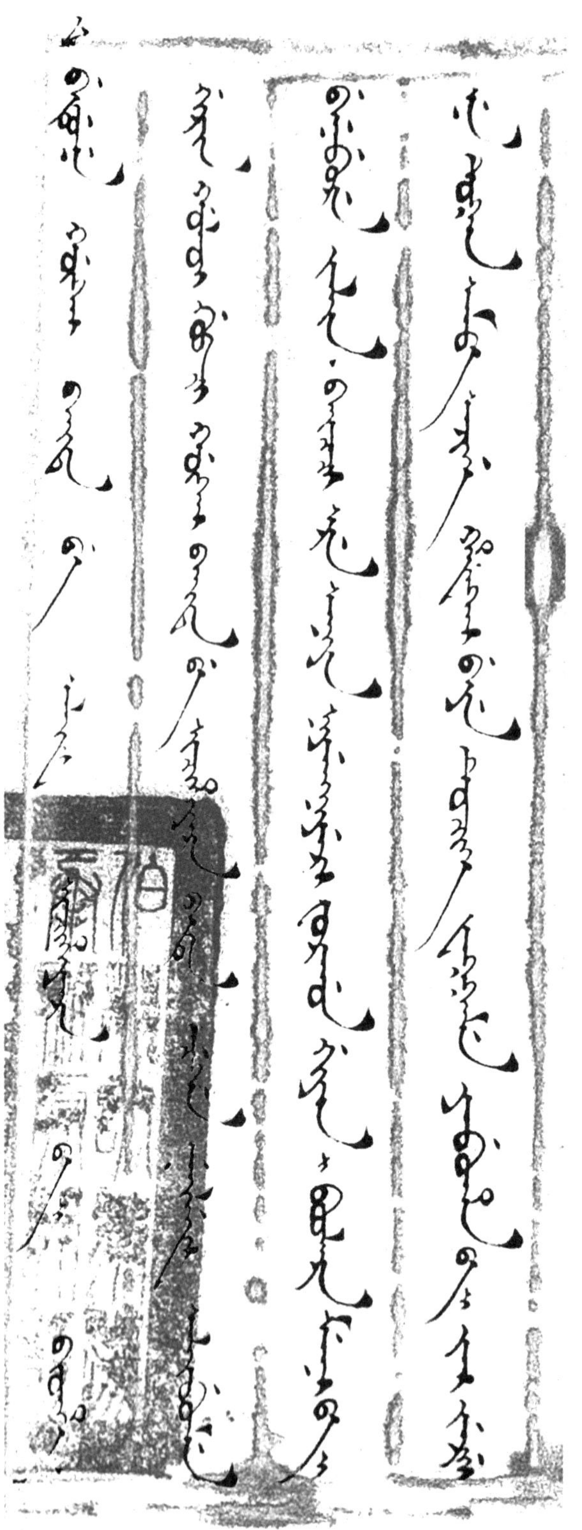

50 伯都讷临时旗务筹备分处为因隆冬难挖立堆请缓明年春融再行派员会勘办理事呈伯都讷旗务承办处文

宣统三年十月二十一日

14-16

來文簽函

宣統三年十月二十一日收

監印防禦壽山

委筆帖式

北公咨現届隆冬恐難挖立堆記請緩明年春融再行派員會勘辦理

稽核書記長

應歸廳署科承辦列入冬字十八

提調德

十月廿一

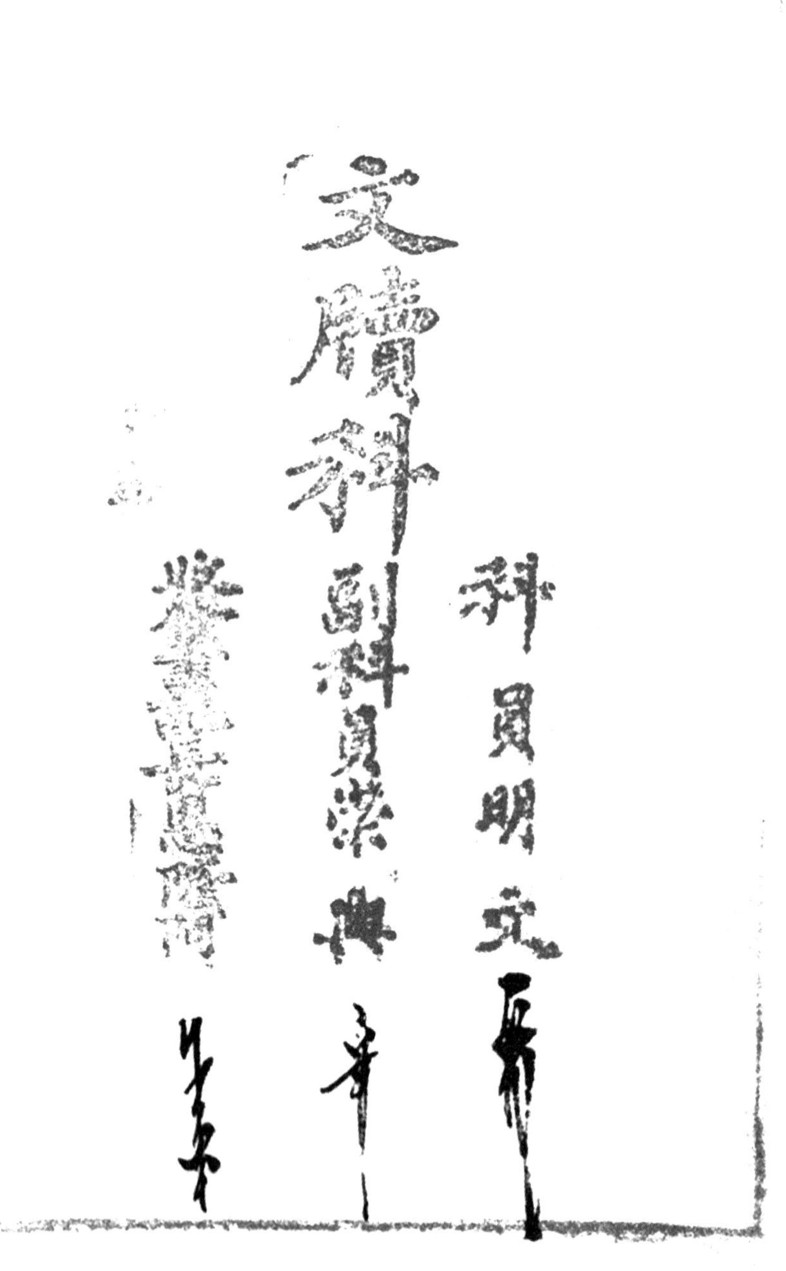

文牘科

科員明克

副科員崇典

[illegible]

14

伯都訥臨時旗務籌備分處　為咨請會勘事案查江北岸水手營
吐什圖兩屯係於早年間經吉江兩省合請由
貴公界內劃歸訥屬水手等荒地寬長以十五里為度忽於前清宣
統二年間被沙拉哈將水手營圖什吐兩屯熟地生荒另招民佃聲言出
放並不知會敝署以致該兩屯旗户水手惶恐來署呈報當經轉詳
吉林黑龍江兩省公署轉行
貴公依照舊界劃留以免旗户流離失所曾於宣統二年年兩次請派員

會勘卒因時局變遷未能劃分清楚現國體改建大局已定旗户
生計日艱一日籌辦生計為民國第一要務未有者尚須設法預
籌已有者何能任其拋棄況兩屯旗户饑寒交迫屢次懇請速行籌劃
以安生業等情如再事牽延恐激起風潮除已撫諭該屯旗户暫行
歸屯靜候外兹特派該管水手營總理佐領英 筆帖式恩 持文
親赴
貴公商請 望速派員公同劃撥如此兩屯荒地業經放出不能挽回

應請另由佐近閑荒撥補以足舊界寬長十五里之數如再遷延
不能劃撥衆旗戶飢寒交困寔已迫不及待即按照舊界自行
開墾總不出十五里寬長原數但自行劃撥難免日後爭議仍請
急速派員會勘以免轇轕為此咨請
貴廓爾羅斯 公查照前案速行派員會勘實為公便施行

15

北郭爾羅斯札薩克頭等台吉博　為咨覆事於本年九
月十九日准
貴伯都訥旗務承辦處提調德　移文內開據本處管理
北渡口藍翎佐領英俊稟請派員往赴水手營兩屯勘明界
址挖立堆記以免侵爭等情當查前經咨請省示旋准
吉林全省旗務處札開應將該兩屯界址會同蒙公勘明遵
循原定十五里寬長挖立堆記勿致旗户流離緣由已咨

江省公署經行轉知蒙公循舊劃撥辦理望勿延緩等因
奉准在案惟貴公處迄未見覆核查此案尤關旗蒙兩有
俾益之件殊難再延是以飭派驍騎校豐隆阿持文即赴
該屯照依界址挖立堆記去訖等情前來當查此次自應隨時
派員會勘辦理無如現届隆冬封凍恐難掘土挖立堆記請
緩明年春融再行揀派妥員携帶舊案前往該處援案查
明確立堆記以憑立案備核可也

右

咨

伯都訥旗務承辦處

宣统三年十月初三

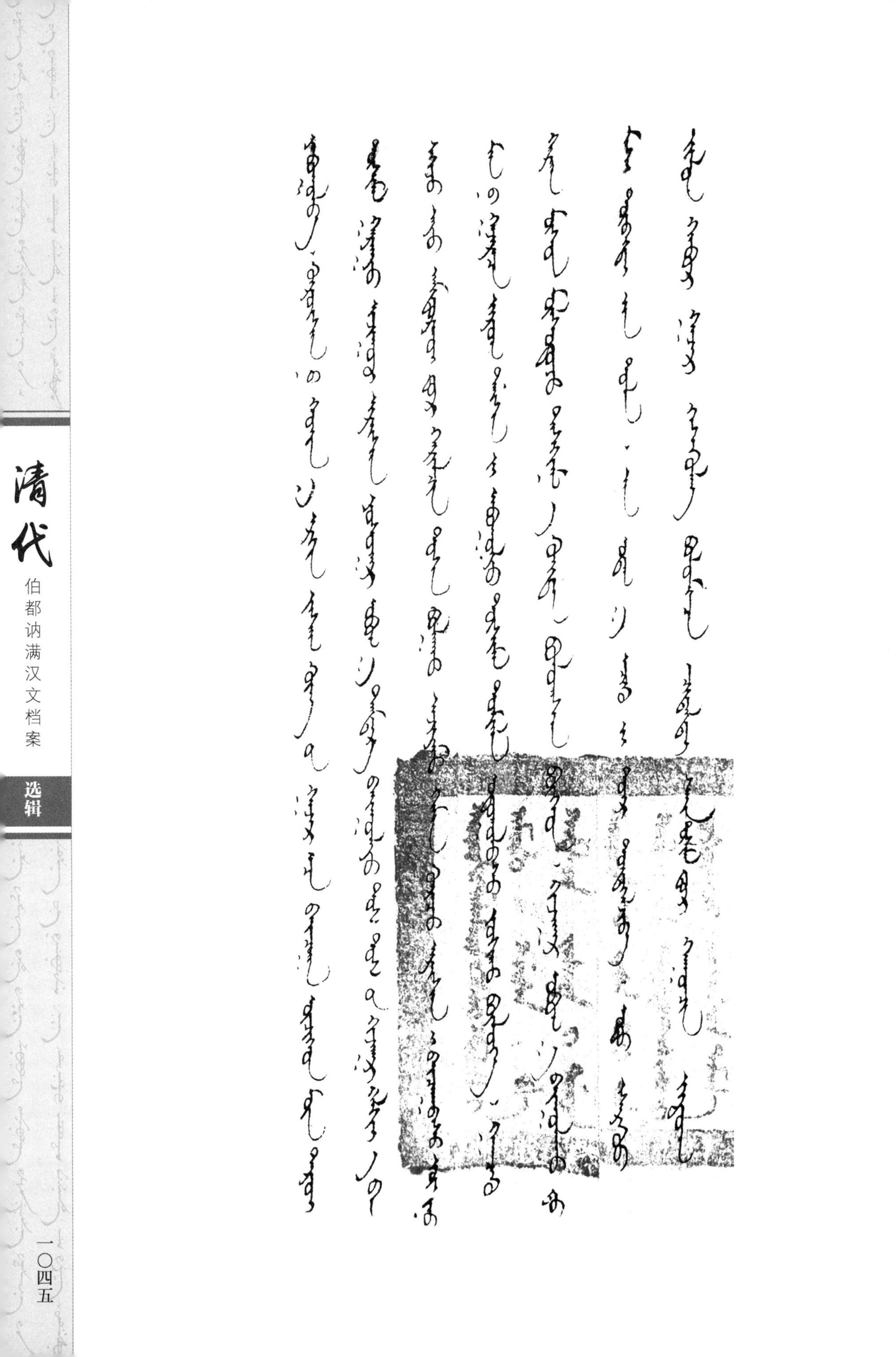

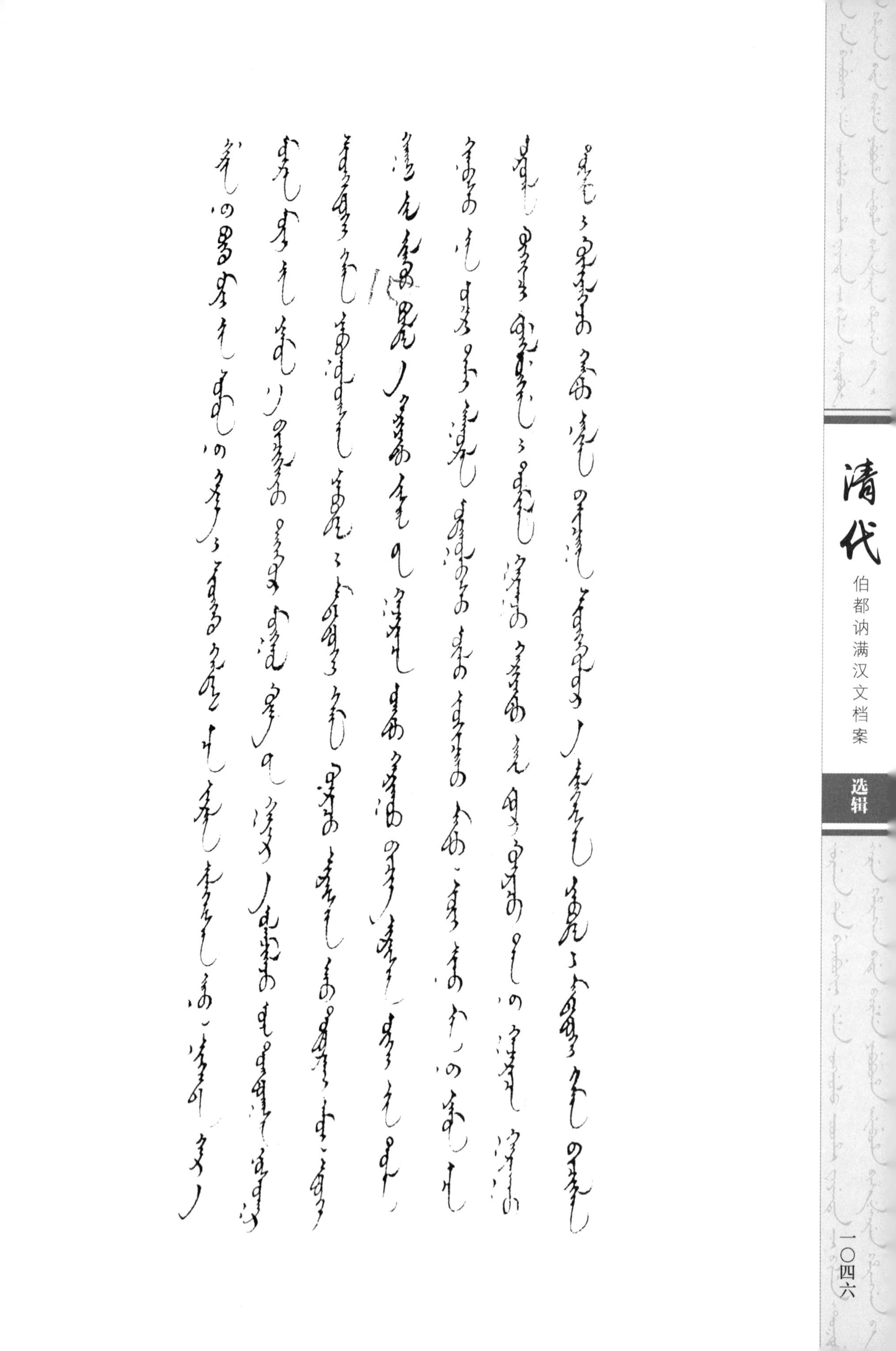

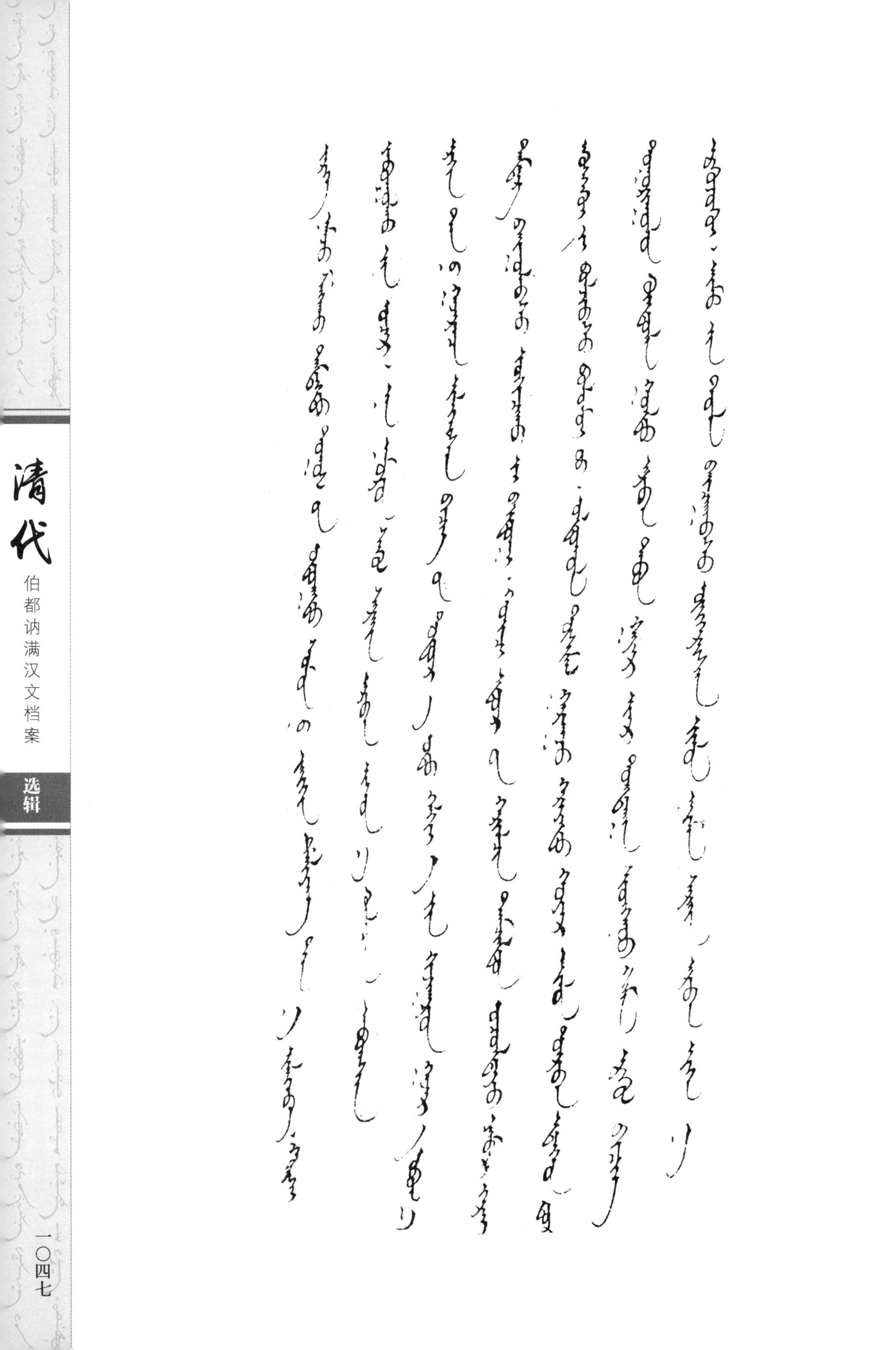

[illegible]

[illegible]

[illegible]

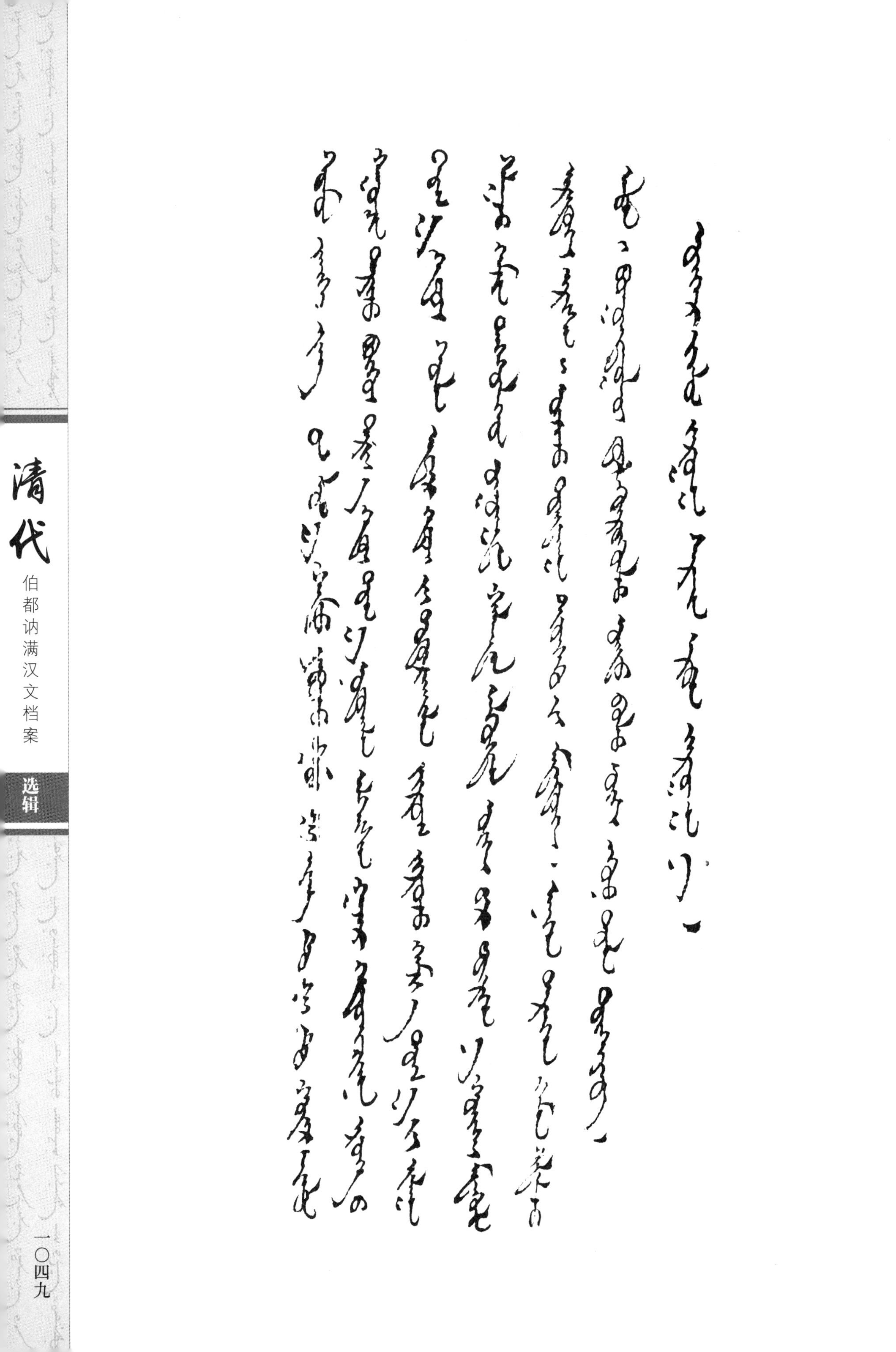

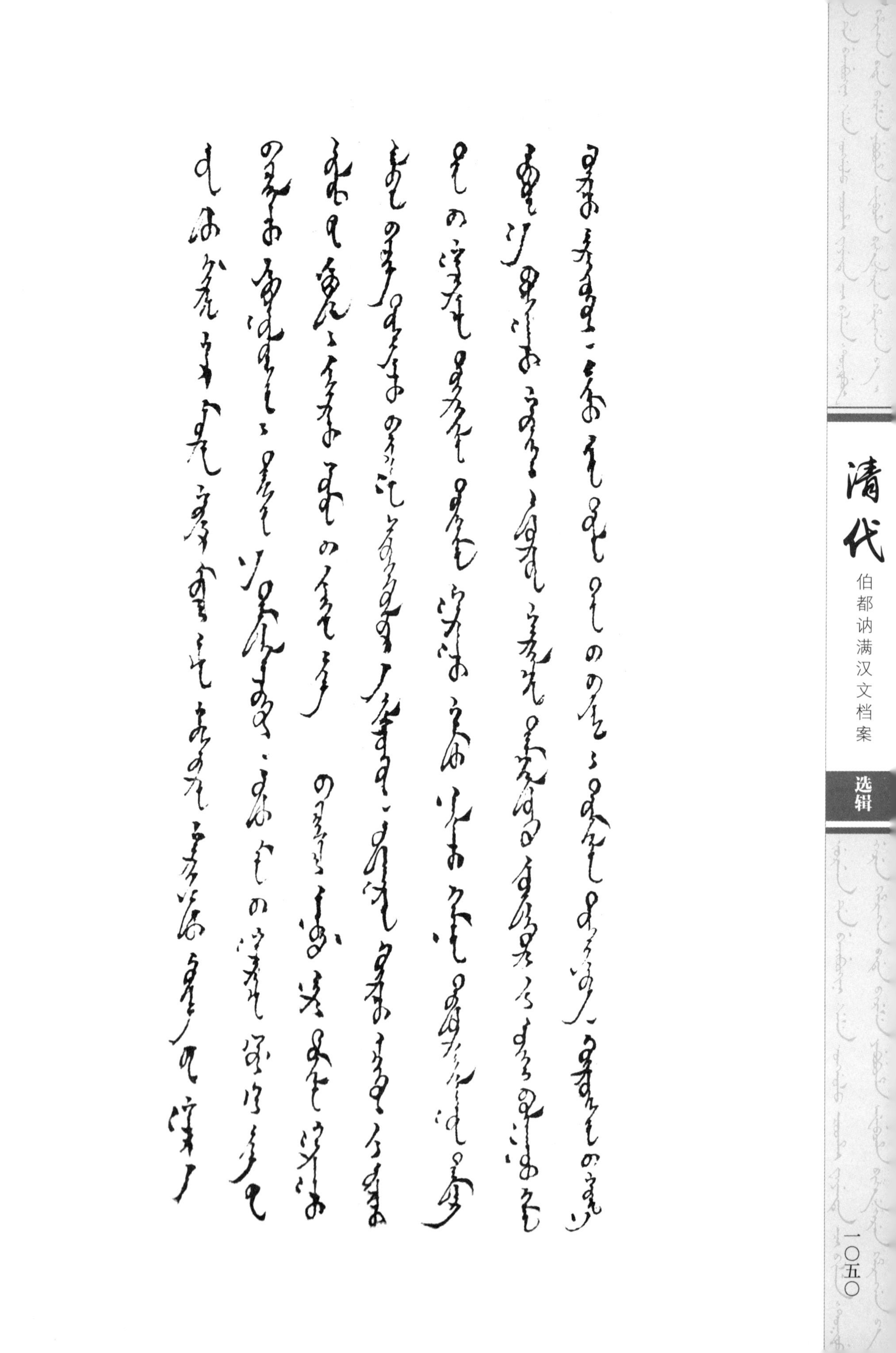

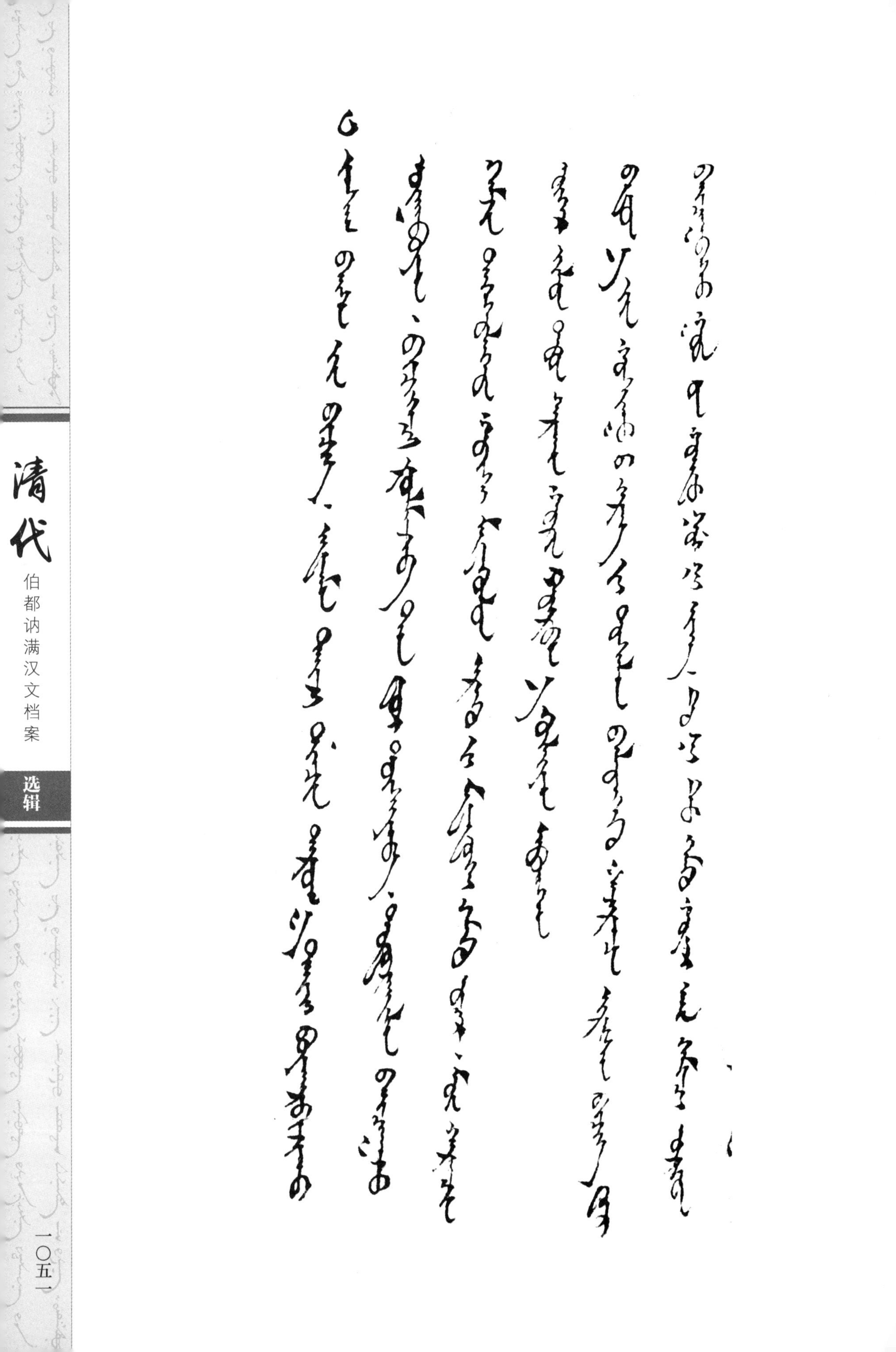

51 伯都讷右翼协领为移请支借钱文以资接济事呈伯都讷旗务承办处文

宣统三年十月二十九日

73

為將關防處請領
薪工膏伙等項移付
承辦處借給由

署右翼協領事務藍翎佐領英賢

十月　二十九日

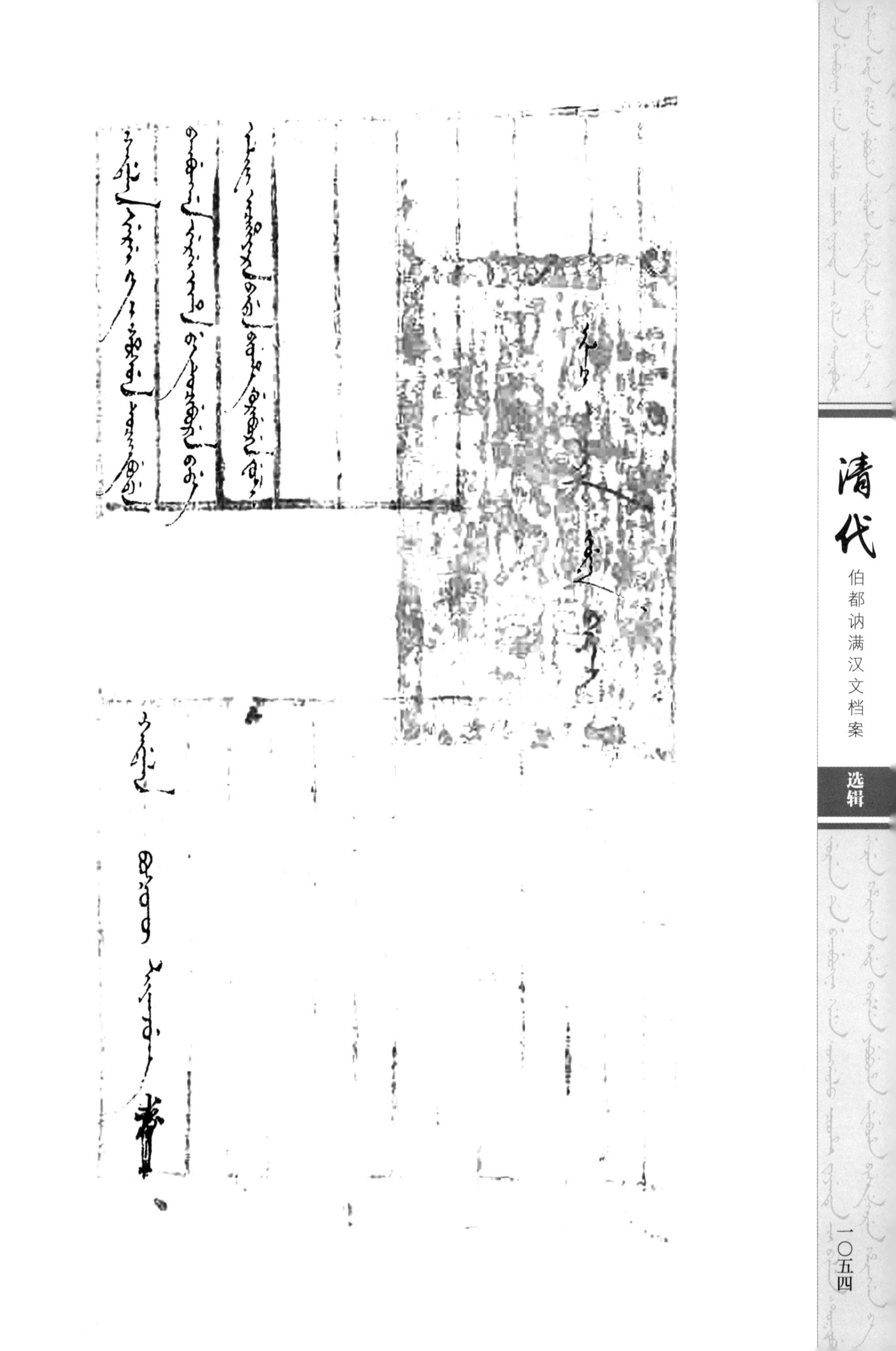

署右翼協領事務藍翎佐領英 為移請支借錢文
以資接濟事茲查兩翼關防處充差人等按月應
需辦公紙筆以及糜費並銀庫登記賬簿書記
應需工食等因前蒙按月接濟以資辦公俟
散放俸餉時將所支接濟錢文 如數由各兵等餉
下攤扣等因向辦在案現查本年十一月分兩翼
關防處應需辦公紙筆糜費等項錢一佰二十吊

銀庫登記賬簿書記一名應需工食錢三十六吊更

夫工名每月工食錢四十吊共錢一佰九十六吊合應

移請借給以資貝辦公而免拮据之處據此理合移請

為此合移

貴旗務承辦處提調希即查核借給施行須至移者

右　　移

右移

旗務承辦處

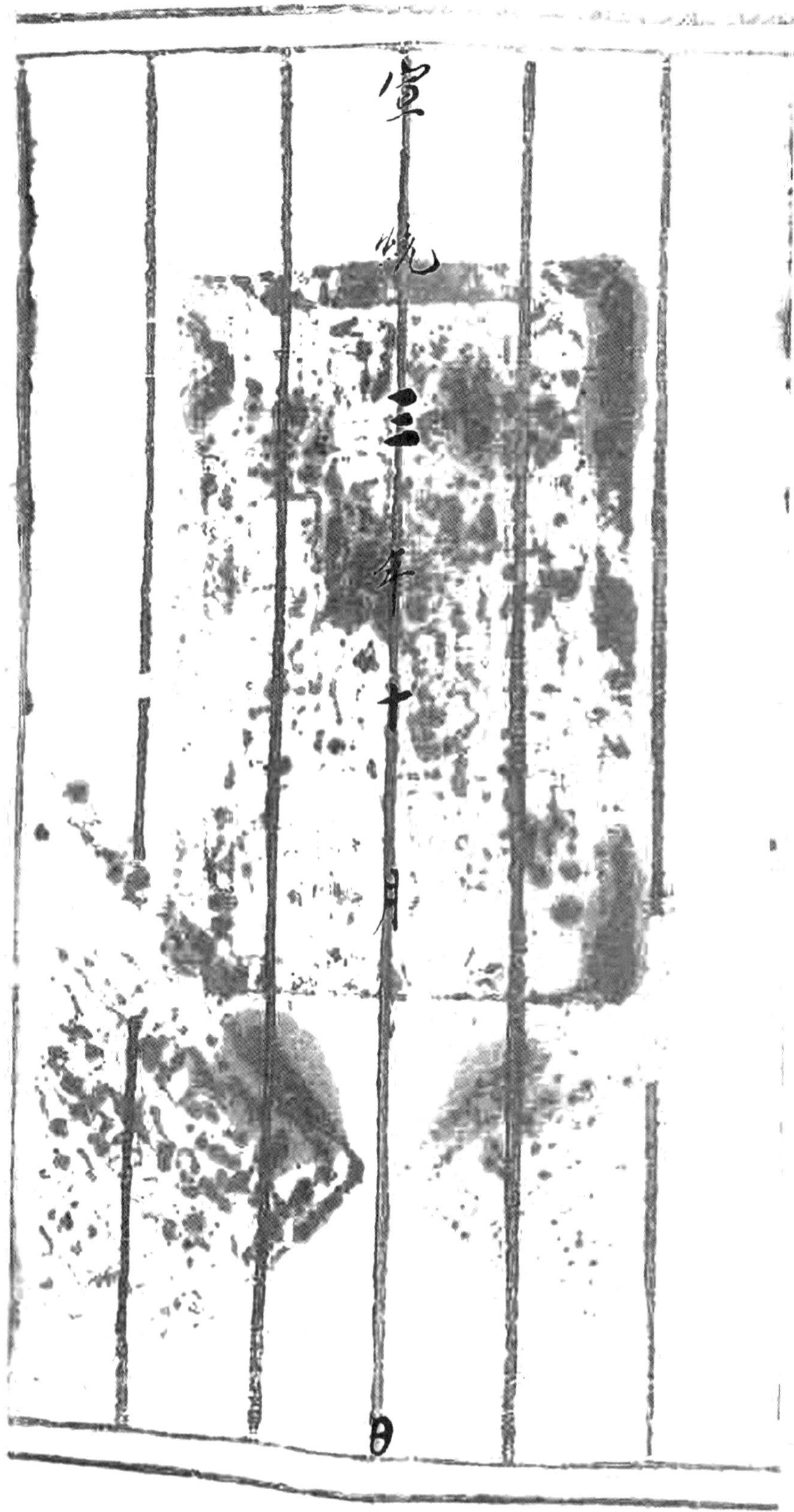
宣统三年十月　日

52 伯都讷旗务承办处为造册报送已故官兵之妻孀妇等应领半饷银两事呈吉林全省旗务处文

宣统三年十一月一日

藏七

21

為將已故官兵之妻孀婦等應領半餉銀兩造冊呈送　旗務處鑒核

伯都訥滿漢文檔案

月　日到文

月　日繳稿

十一月初一日判行

月　日印發

庶務科

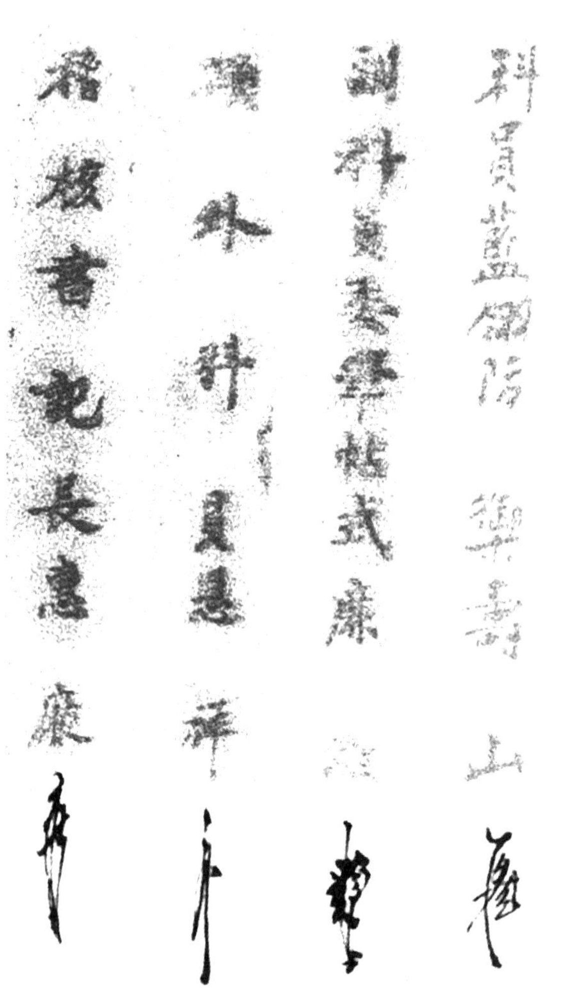

科員藍翎侍衛壽山
副科員委署驍騎校武康
額外科員恩祥
稽核書記長惠康

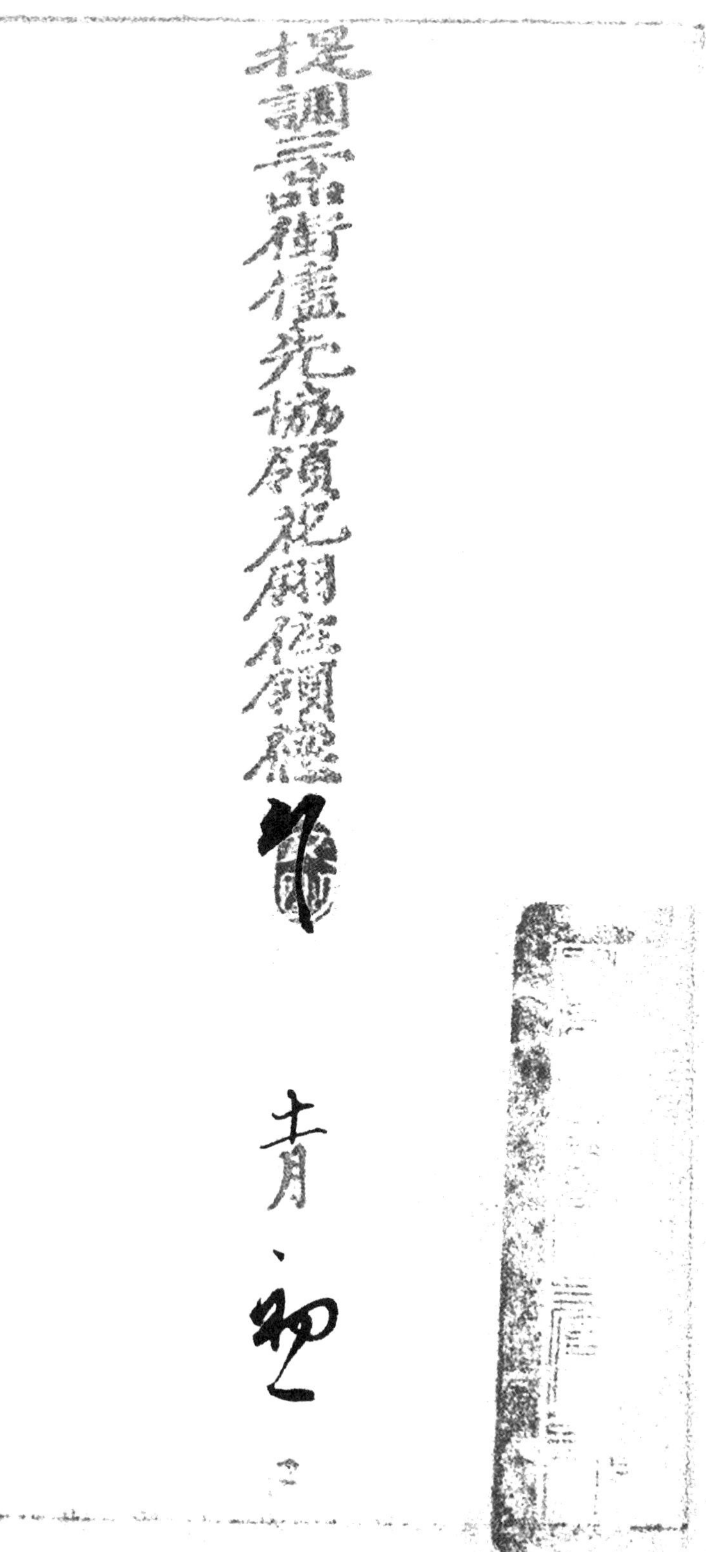

提調三品銜儘先協領花翎佐領

青、初

為造册呈送事茲據左右兩翼呈遞已故官兵之妻孀婦
等應領半餉銀兩懇請轉報請領等情據此合將該
兩翼呈遞已故官兵之妻孀婦等應領半餉銀分季造
具滿漢仰白册五本色妥封固隨文呈送為此呈報
憲台鑒核施行須至呈者

計呈送

滿漢仰白册五本

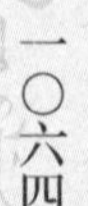

右　呈

吉林全省旗務處

伯都訥旗務承辦處　為造送本處已故官兵之
妻孀婦等應領上下兩季半餉銀兩数目清册事

計開

正白旗富成佐領下
驍騎校魁福之妻孀婦應領宣統三年上下兩季俸
銀三十两

正藍旗依凌阿佐領下

倉官薩霖之妻孀婦應領宣統三年上下兩季半餉
銀十八兩
雲騎尉全喜之妻孀婦應領宣統三年上下兩季半
俸銀四十二兩五錢
廂藍旗貴春佐領下
雲騎尉常山之妻孀婦應領宣統三年上一季半俸銀
二十一兩二錢五分

仝旗常林佐領下

披甲喜隆阿之妻孀婦應領宣統三年上下兩季半餉

銀十二兩

以上共銀一百二十三兩七錢五分理合登

明須至冊者

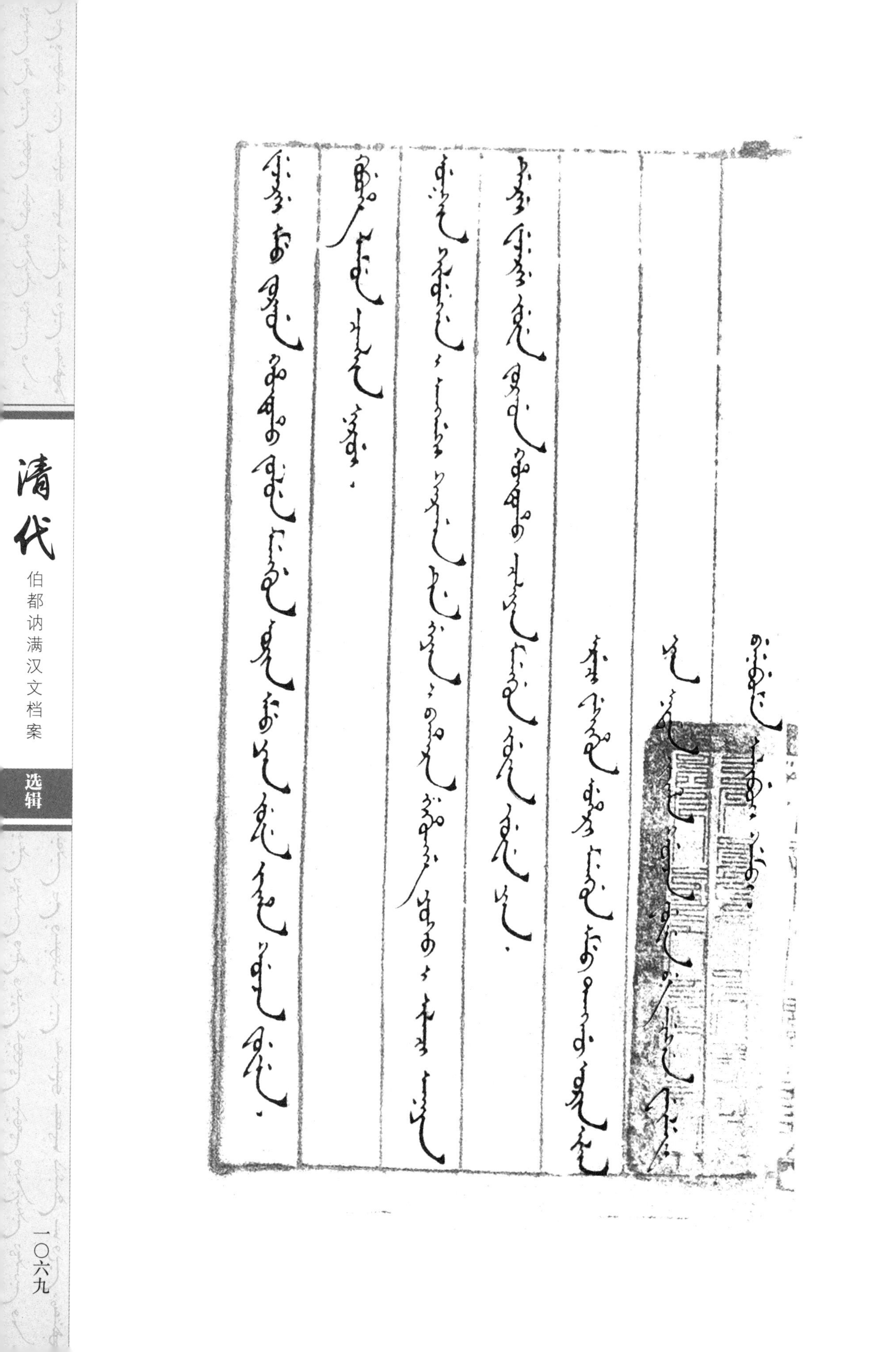

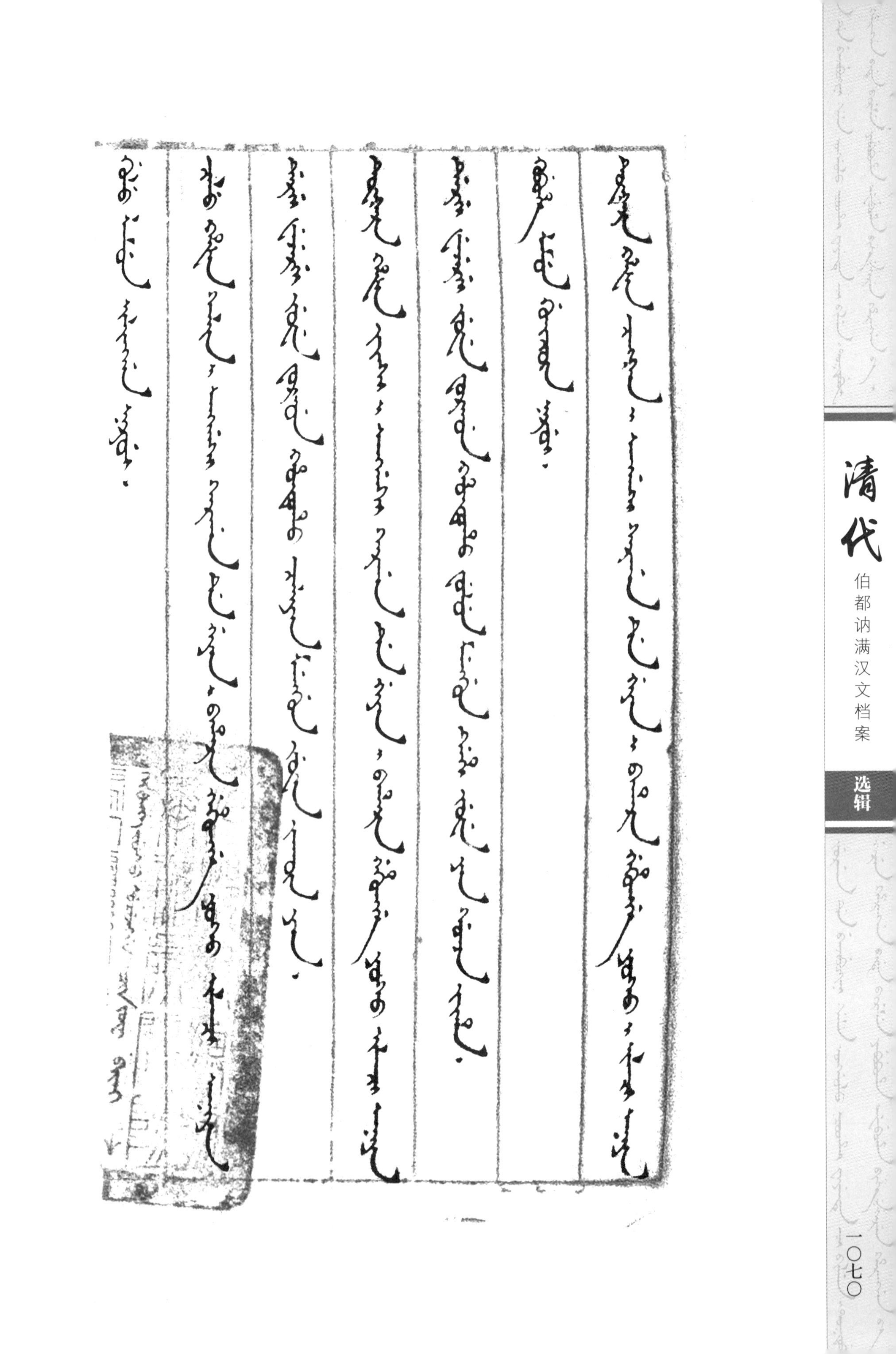

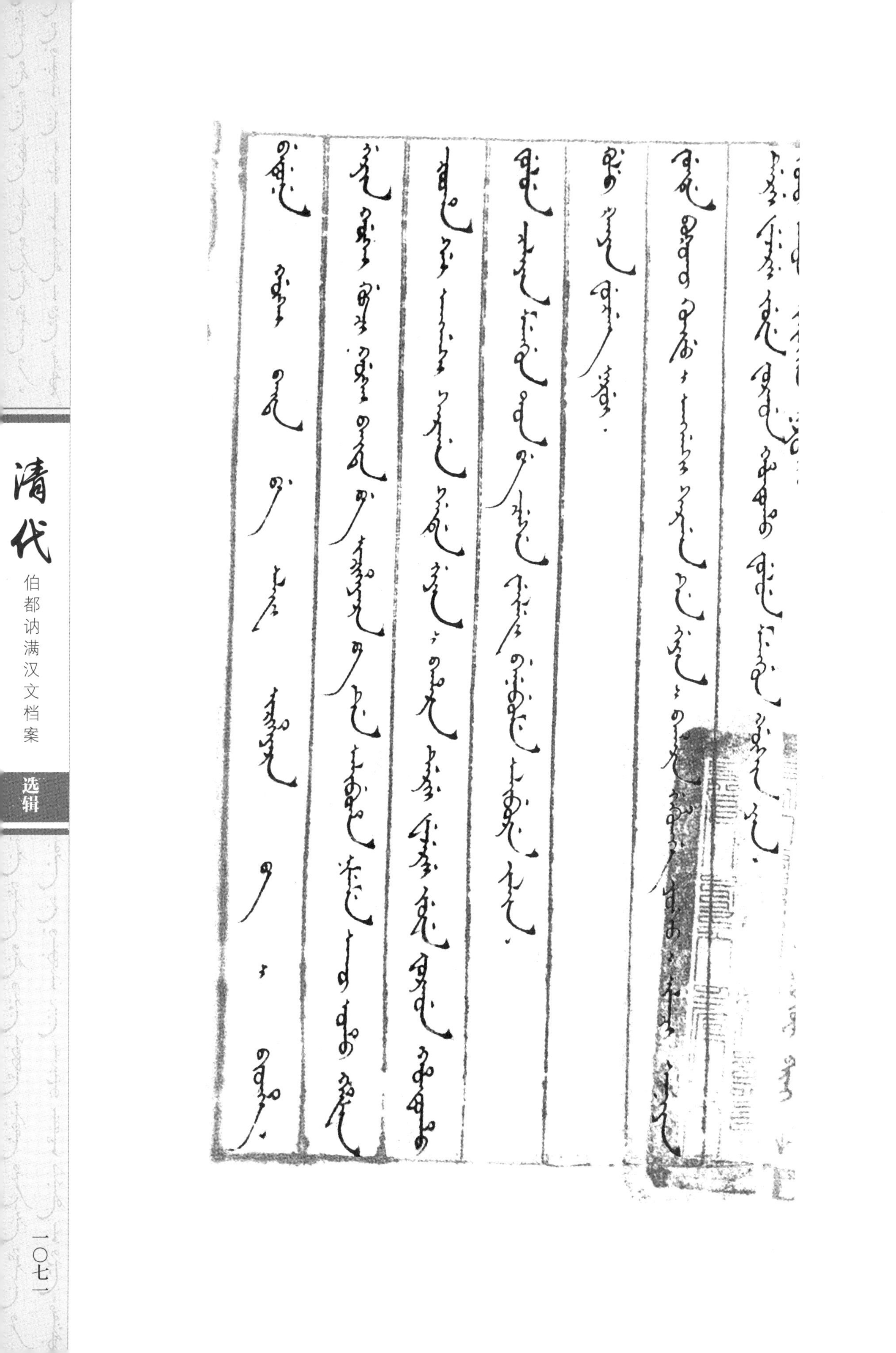

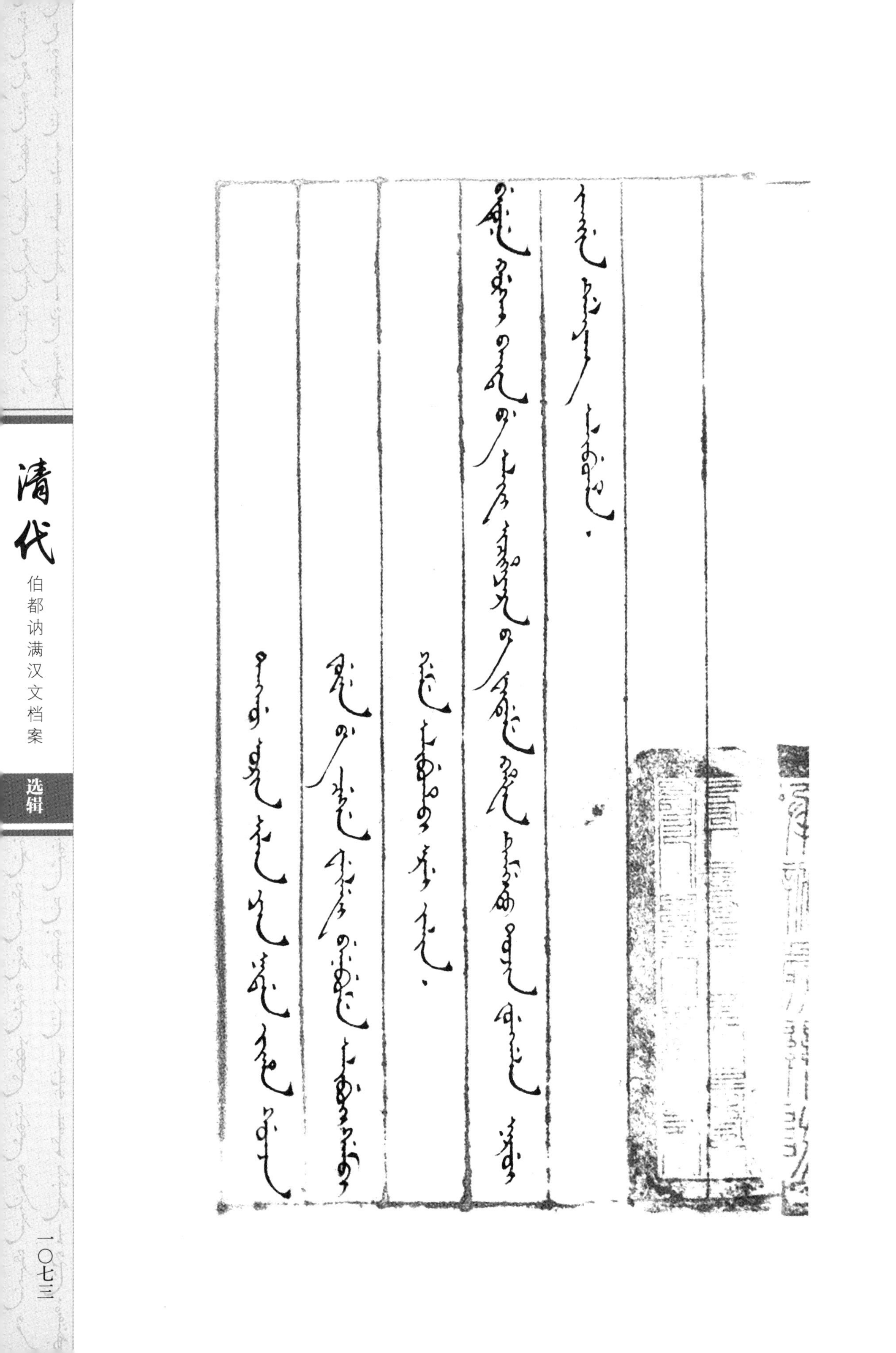

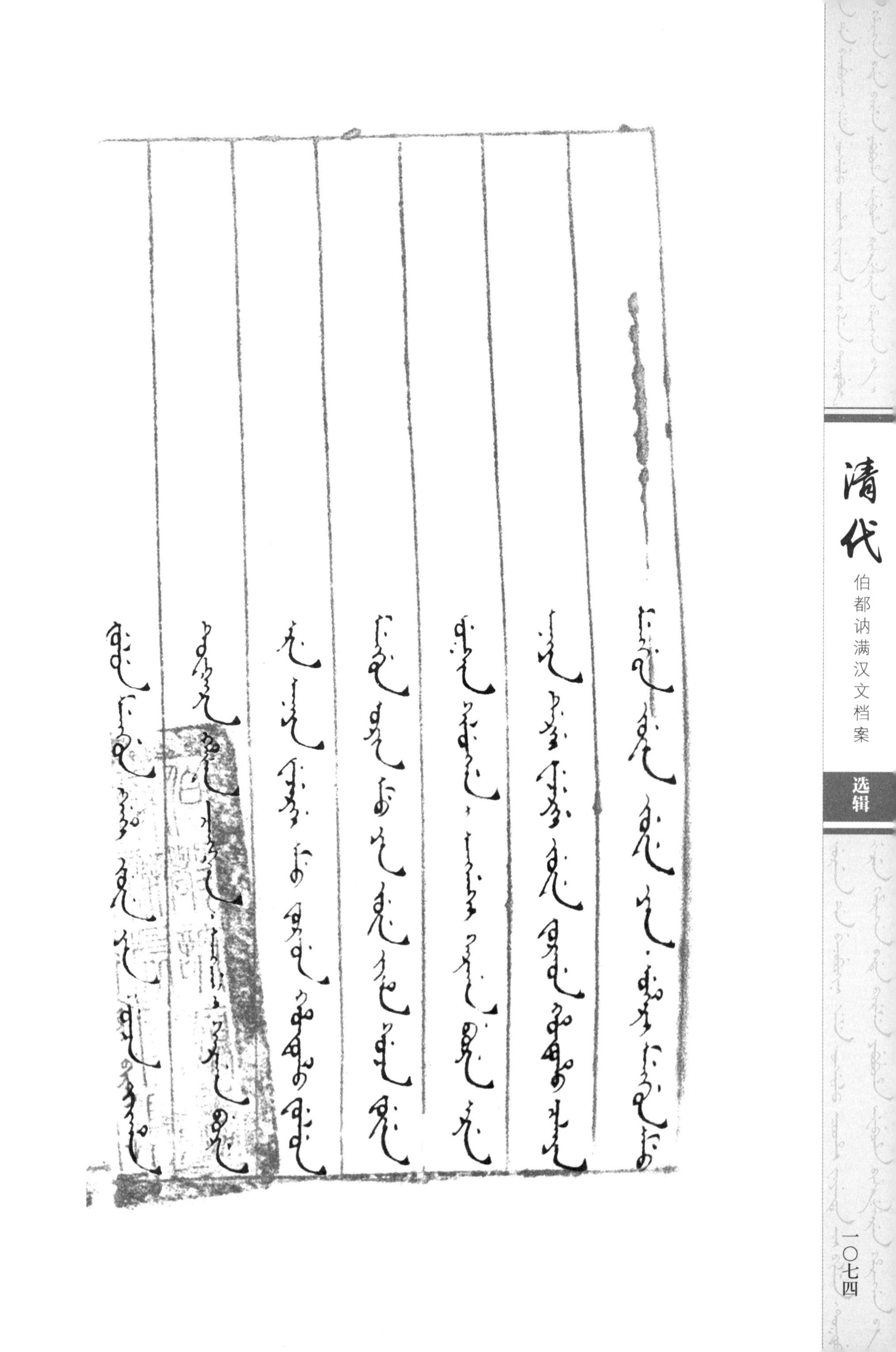

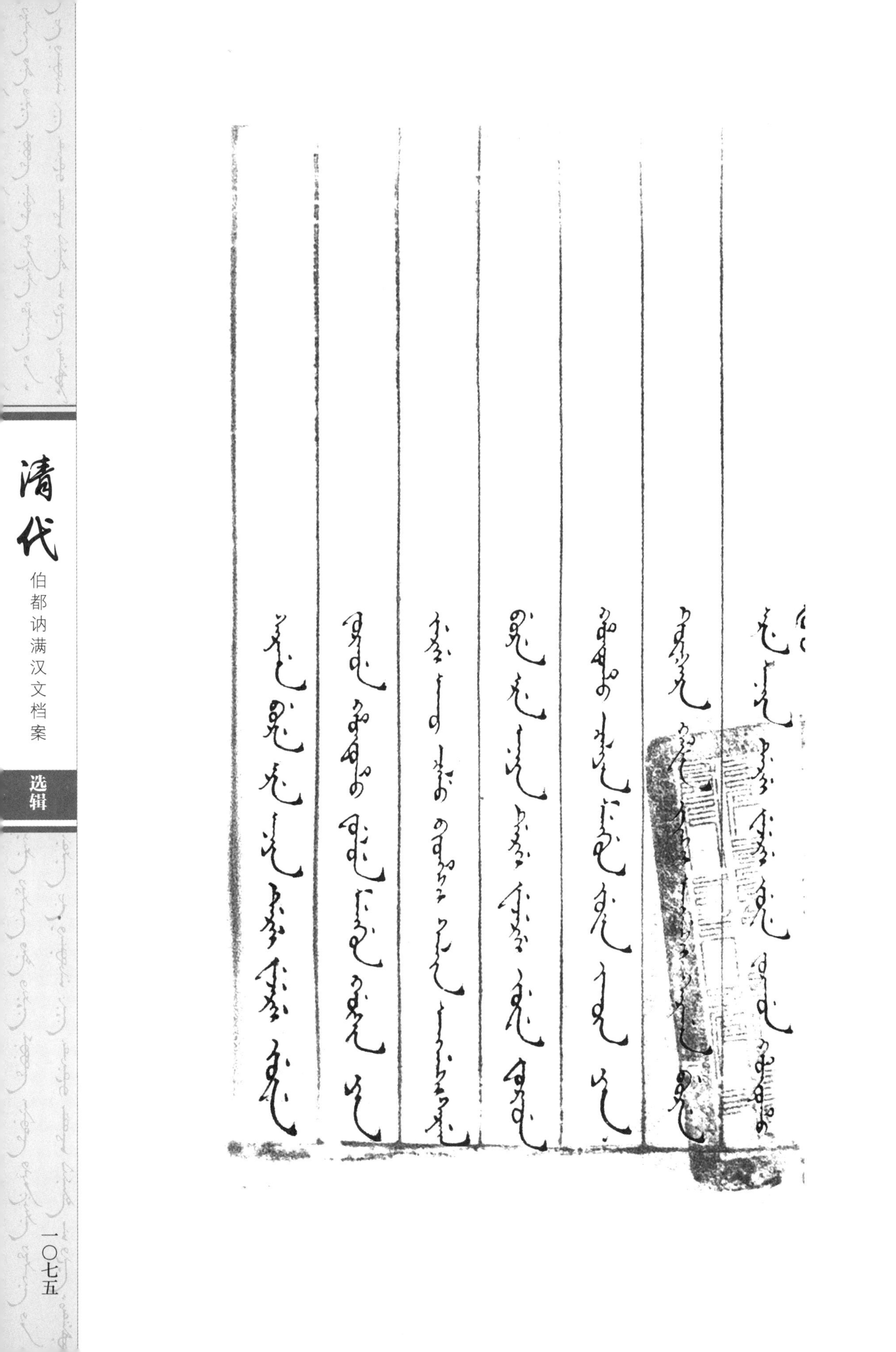

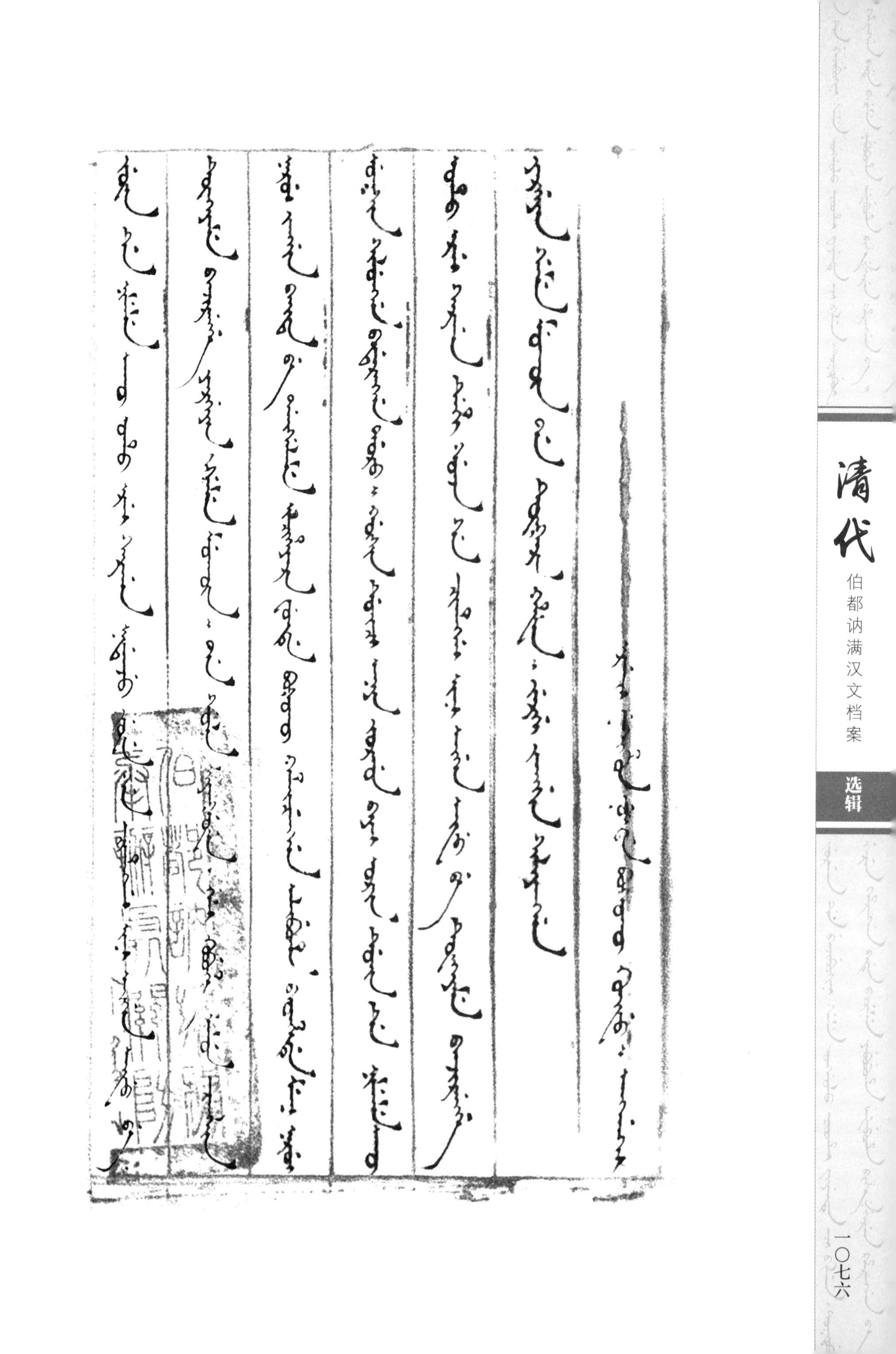

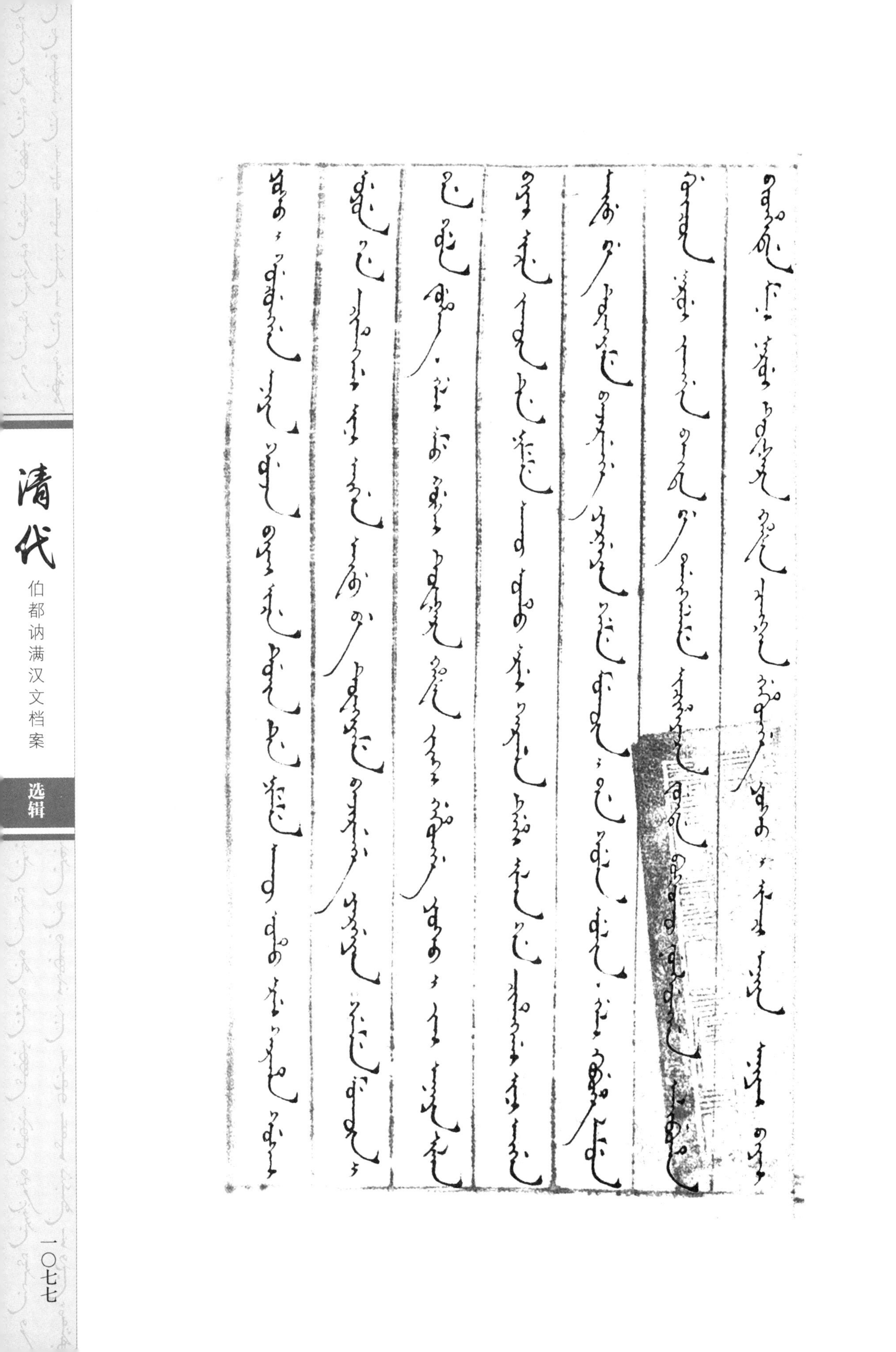

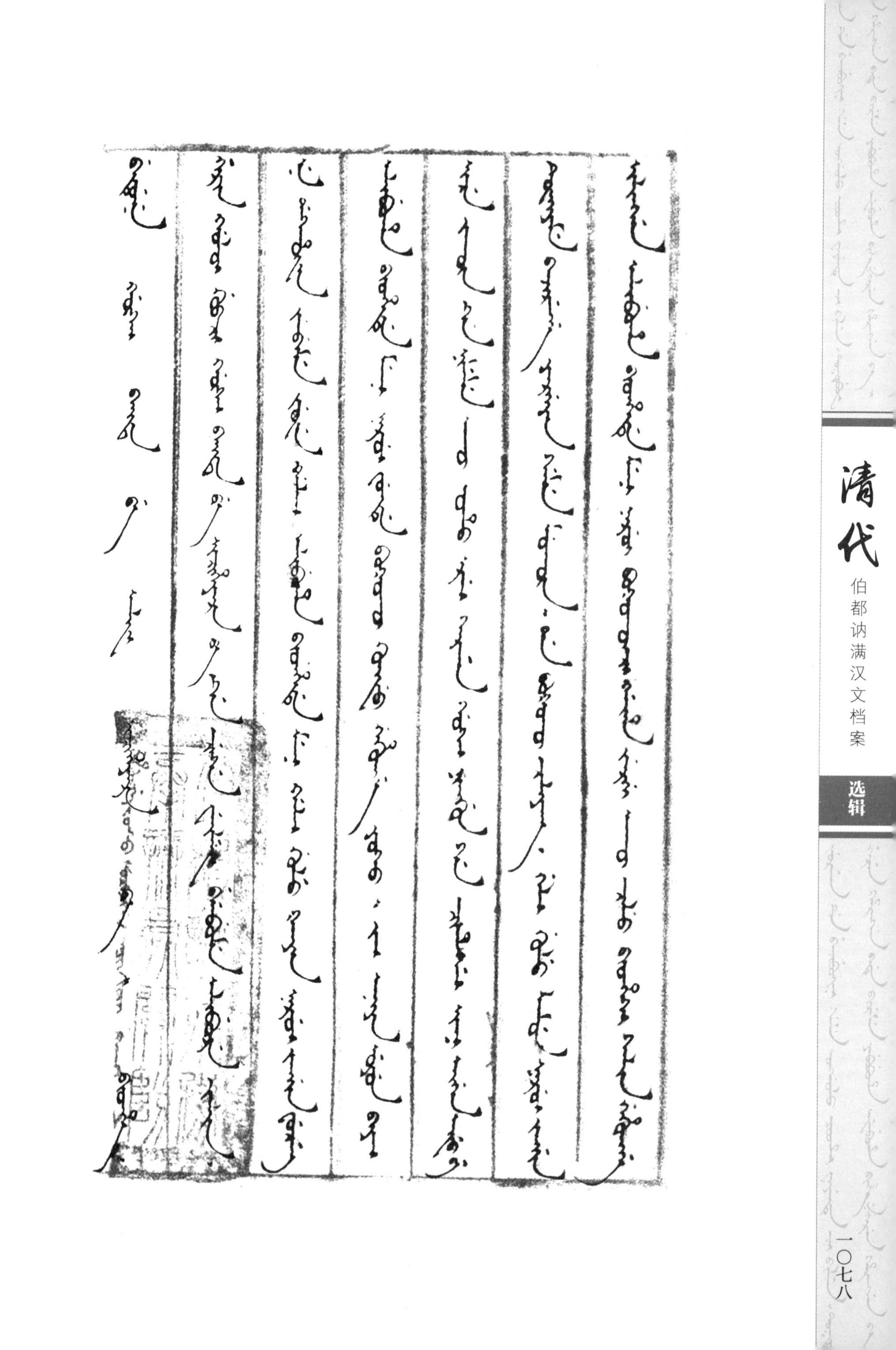

53 伯都讷旗务承办处为报送春秋两季应领俸饷官兵名册事呈吉林全省旗务处文

宣统三年十一月一日

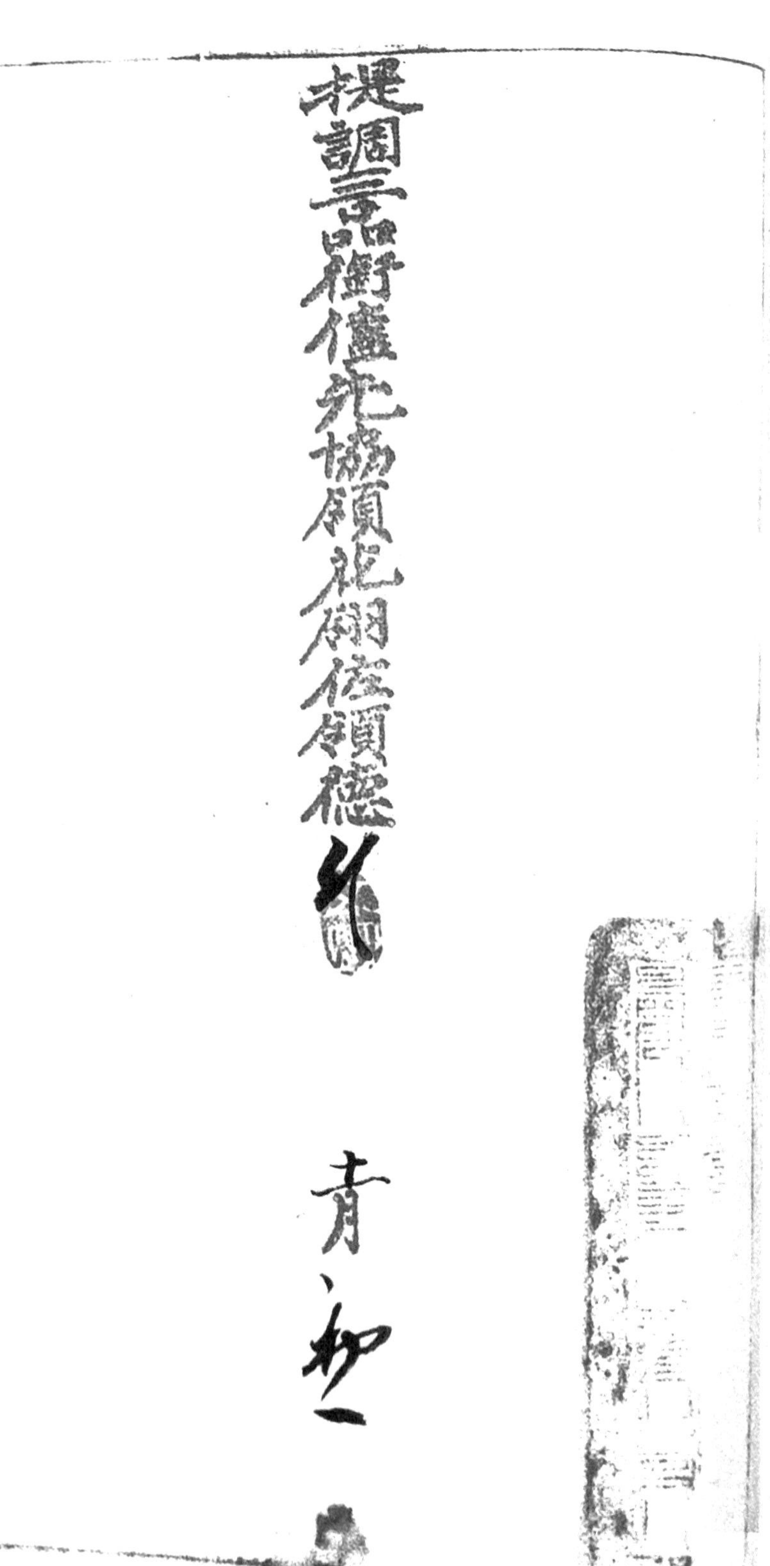
提調三品銜儘先協領花翎佐領穗

青知一

科員藍翎防禦壽山

副科員委筆帖式廉滋

額外科員恩祥

[illegible][illegible]書記長惠廉

宣
統
三
年
十
月

4583

15

領催六名

每月食餉銀二兩

披甲八十名

每月食餉一兩

閑散斐和 勝林

水手六名

匠役四名

食半餉半米

官統三年十二月　行文

披甲海隆阿 成順等之妻孀婦
此佐協領一員佐領一員 雲
騎尉五員驍騎校一員領催六名披甲
八十名閑散二名水手六名匠役四名食
半餉半米披甲之妻孀婦二名口共應
領春秋兩季俸餉銀三千零廿四兩
正黃旗貴順佐領下

協領忠祥　佐領貴順　防禦兼雲騎尉富明阿　雲

騎尉喜林　萬慶　祥林　常陞　海清阿　富慶　海　全

恩惠　恩凌　恩貴　驍騎校豐隆阿　八品洋務筆帖式塔

清阿　由領催挑補無品級筆帖式　年　滿教習托精阿

由領催挑補無品級筆帖式文祥

每月食餉銀三两

領催六名

每月食餉銀二兩

披甲八十名

每月食餉銀一兩

閑散富全 喜春 關順 永喜 慶德 董慶

水手六名

匠役四名

此佐協領一員佐領一員防禦兼雲

騎尉一員雲騎尉十員驍騎校一員八
品洋務筆帖式一員由領催挑補無
品級筆帖式 年 滿 教習一員由領
催挑補無品級筆帖式一員領催六名
披甲八十名閑散六名水手六名匠役
四名共應領春秋兩季俸餉銀三仟
六百五十八兩

正白旗富成佐領下

佐領兼騎都尉兼雲騎尉富成 防禦兼雲騎尉英祥

雲騎尉阿勒吉春、廣山 惠全 德勝阿 成永 綽爾

果羅佈 由領催挑補無品級滿漢繙譯筆帖式年滿倉官

俊陞 由領催挑補無品級驛站筆帖式魁海

每月食餉銀三兩

領催六名

每月食餉銀二兩

披甲八十名

每月食餉銀一兩

閑散春陞 鉄福 來順

水手六名

匠役三名

此佐佐領兼騎都尉兼雲騎尉一

員防禦兼雲騎尉一員雲騎尉
六員由領催挑補無品級滿漢繙
譯筆帖式年滿倉官一員由領催
挑補無品級驛站筆帖式一員領
催六名披甲八十名閑散三名水手
六名匠役三名共應領春秋兩季
俸餉銀三仟零八十三兩

蒙古正白旗吉陞佐領下

佐領吉陞 雲騎尉連仲 海明 驍騎校文魁 恩騎尉扎郎

阿由領催挑補無品級滿蒙繙譯筆帖式德俊

每月食餉銀三两

領催六名

每月食餉銀二两

披甲四十四名

每月食餉銀一两

閑散常壽 常海 賽英阿 台斐英阿

匠役二名

此佐佐領一員雲騎尉二員驍騎校一員恩騎尉一員由領催挑補無品級滿蒙繙譯筆帖式一員領催六名披甲四十四名閑散四名匠役二

名共應領春秋兩季俸餉銀一仟七
百六十兩

蒙古正白旗英俊佐領下
佐領英俊　驍騎校永全
每月食餉銀三兩
領催六名
每月食餉銀二兩

披甲四十四名
每月食餉銀一兩
閑散何保 達哩
匠役一名

此佐佐領一員驍騎校一員領催六名
披甲四十四名閑散二名匠役一名共
應領春秋兩季俸餉銀一仟四百七十二兩

正紅旗和連佐領下

佐領和連 防禦兼雲騎尉成喜 騎都尉錫雲

雲騎尉春全 寶璋 驍騎校占春 由領催挑補無品

級倉場筆帖式恩溥

每月食餉銀三兩

領催六名

每月食餉銀二兩

披甲八十名
每月食餉銀一两
閑散六十九 永順 順福 凌德 丁柱 依常阿 成順
滿壽
水手六名
匠役三名
食半餉半米

披甲托木松阿 佈勒吉德 常順 喜順 等之妻孀婦
此佐佐領一員防禦兼雲騎尉一
員騎都尉一員雲騎尉二員驍騎
校一員由領催挑補無品級筆帖式
一員領催六名披甲八十名閑散八名
水手六名匠役三名食半餉半米
披甲之妻孀婦四名口共應領春秋

兩季俸餉銀二仟九百五十四两

廂白旗

原品休致食全俸防禦成林　雲騎尉倭西洪額　勝春

文榮　恩祺　驍騎校年常阿　八品廕監色克吉　八品

驛站筆帖式翰章阿　由領催挑補無品級譯站筆帖式德克

錦保　德克錦佈

每月食餉銀三两

领催六名
每月食餉銀二兩
披甲八十名
每月食餉銀一兩
閑散成喜　魁陞
水手六名
匠役三名

食半餉半米

披甲德山之妻孀婦

此佐領〔防禦一員〕原品休致食全俸防禦一員雲騎

尉四員驍騎校一員八品廕監一員八品譯

站筆帖式一員由領催挑補無品級譯站

筆帖式二員領催六名披甲八十名閑散五名

水手六名匠役三名食半餉半米披甲之

妻孀婦一名口共應領春秋兩季俸餉

銀三什〇五兩

廂紅旗德 佐領下

佐領德 防禦壽 山 騎都尉雙福 雲騎尉慶春 富亮

富有 春陞 薩勒嘎春 順魁 富成 和貴 驍騎校崇興

由殘廢雲騎尉賞食馬甲錢糧德 順 八品印務筆帖式富克精阿

每月食餉銀三兩

領催六名

每月食餉銀二兩

披甲八十名

每月食餉銀一兩

閑散依勒釐額 小魁 成海 連順 全成 勝連 德永

水手六名

匠役三名

正藍旗雙喜佐領下

此佐佐領一員防禦一員驍騎都尉一員

雲騎尉八員驍騎校一員由殘廢雲騎

尉賞食馬甲錢粮一名由附生挑補八品

印務筆帖式一員領催六名披甲八十名

閑散七名水手六名匠役三名共應領

春秋兩季俸餉銀三仟四百一十五兩

佐領兼騎都尉雙喜　防禦兼雲騎尉春明　雲騎尉海永阿
喜春　德順　根群　永喜　托璋阿　衡玉　驍騎校連春
每月食餉銀三兩
領催六名
每月食餉銀二兩
披甲八十名
每月食餉銀一兩

閑散喜倉　多隆阿　海當阿

水手五名

匠役三名

食半俸半米

驍騎校九成之妻孀婦

此佐佐領兼騎都尉一員防禦兼雲騎

尉一員雲騎尉七員驍騎校一員領

催六名披甲八十八名閑散三名水手
五名匠役三名食半俸驍騎校之妻
孀婦一名口共應領春秋兩季俸餉
銀三仟一百四十八兩

正藍旗依淩阿佐領下
佐領依淩阿 雲騎尉恩特和謨 西拉佈 福群 榮福
金貴 魁元 驍騎校德豐阿 由領催挑補無品級筆帖

式台斐英阿

每月食餉銀三两

領催六名

每月食餉銀二两

披甲八十名

每月食餉銀一两

閑散凱喜 音登額 連喜 富恒 勝福

水手六名
匠役三名

此佐佐領一員雲騎尉六員驍騎校一員由領催挑補無品級筆帖式一員領催六名披甲八十名閑散五名水手六名匠役三名應領春秋兩季俸餉銀二什零一十五兩

厢藍旗貴春佐領下

佐領貴春　防禦瑚圖禮　雲騎尉成群春成　吉勒嘎

春　瑞祥　喜隆阿　清廉　驍騎校全魁

每月食餉銀三两

領催六名

每月食餉銀二两

披甲八十名

每月食餉銀一両

閑散額勒錦　七十八　巴爾精阿

水手六名

匠役三名

食半餉半米

披甲永德之妻孀婦

此佐佐領一員　防禦一員　雲騎尉一員

驍騎校一員領催六名披甲八十名閑散三名水手六名匠役三名食半餉披甲之妻孀婦一名口共應領春秋兩季俸餉銀三仟零四十七兩

廂藍旗常林佐領下

佐領兼騎都尉常林 雲騎尉吉凌阿 永海 多隆阿

連福 富勒琿 圖桑阿 恩貴 騰林 圖薩佈 驍騎校

海激阿　由領催挑補無品級倉塲筆帖式慶祥

每月食餉銀三兩

領催七名

每月食餉銀二兩

披甲八十名

每月食餉銀一兩

閑散多隆阿　德喜　莫霍洛

喜順

水手五名
匠役三名
食半餉半米
披甲和春之妻孀婦
此佐佐領兼驍騎都尉一員雲騎尉九
員驍騎校一員由領催挑補無品級倉
場筆帖式一員領催七名披甲八十名閑

散四名水手五名匠役三名食半餉
米披甲之妻孀婦一名口共應領春秋
兩季俸餉銀三仟二百九十九兩
以上伯都訥地方官兵等統共應領癸丑年
春秋兩季俸餉銀三萬四仟八百八十兩理
合登明須至册者

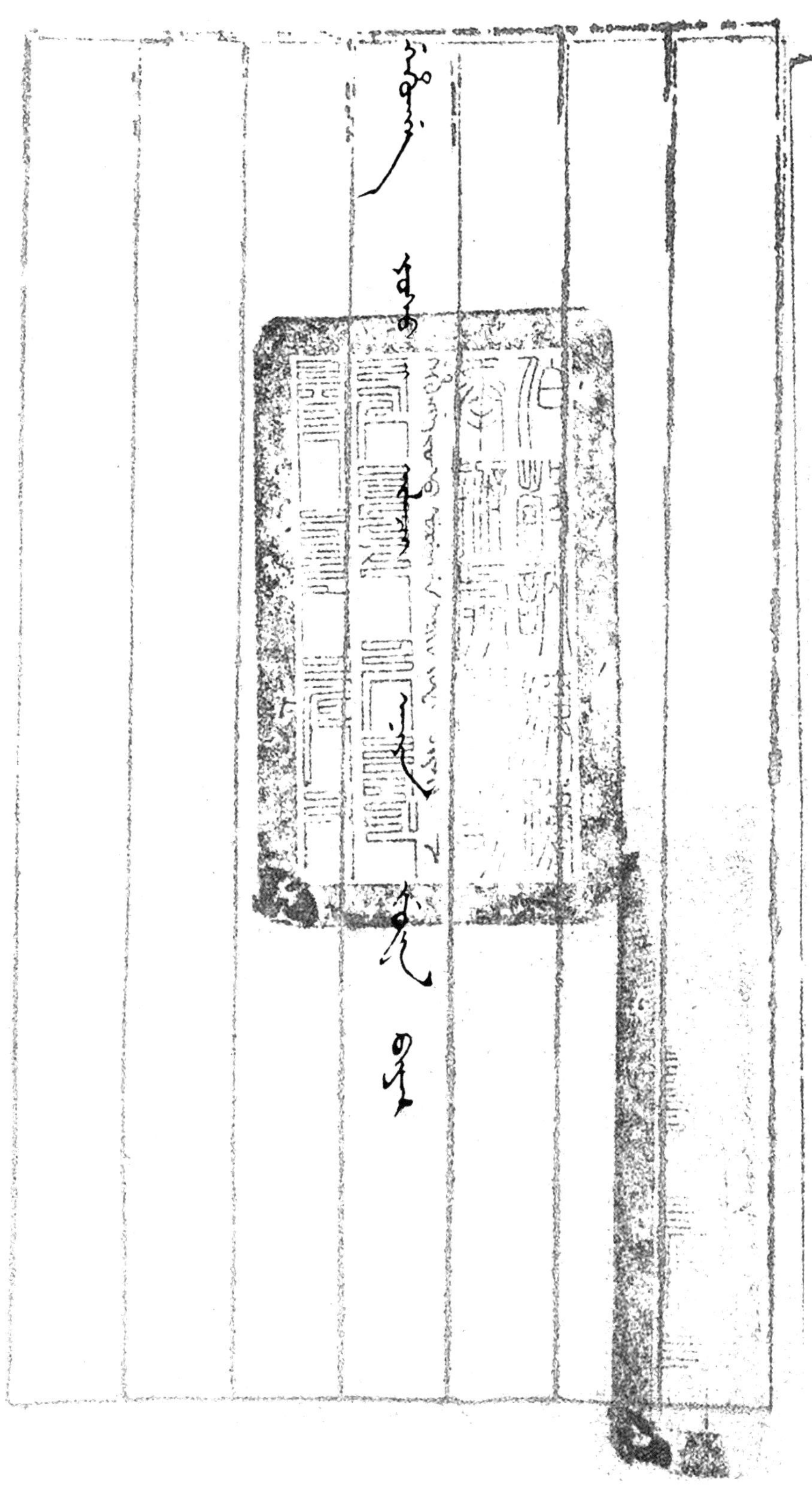

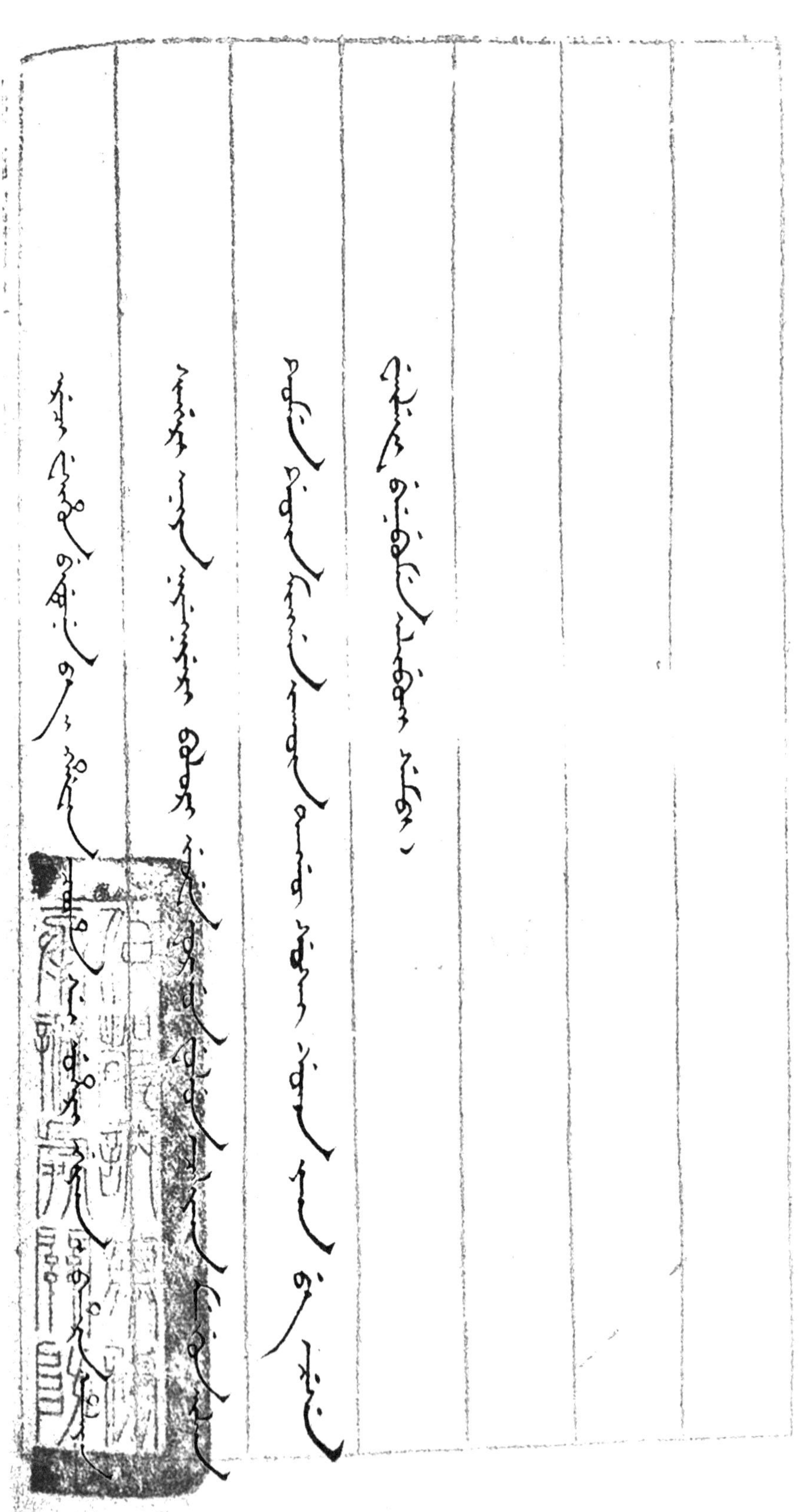

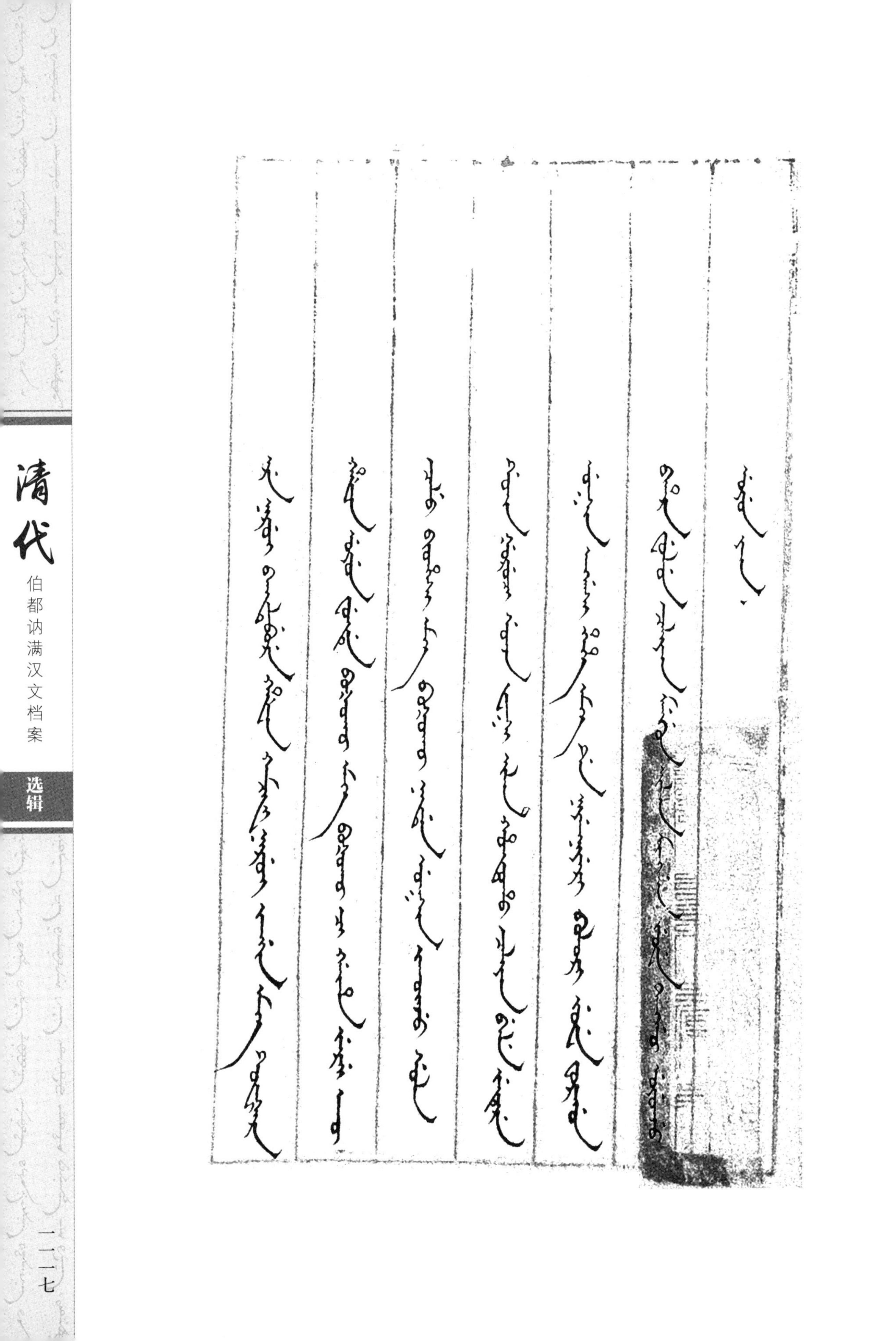

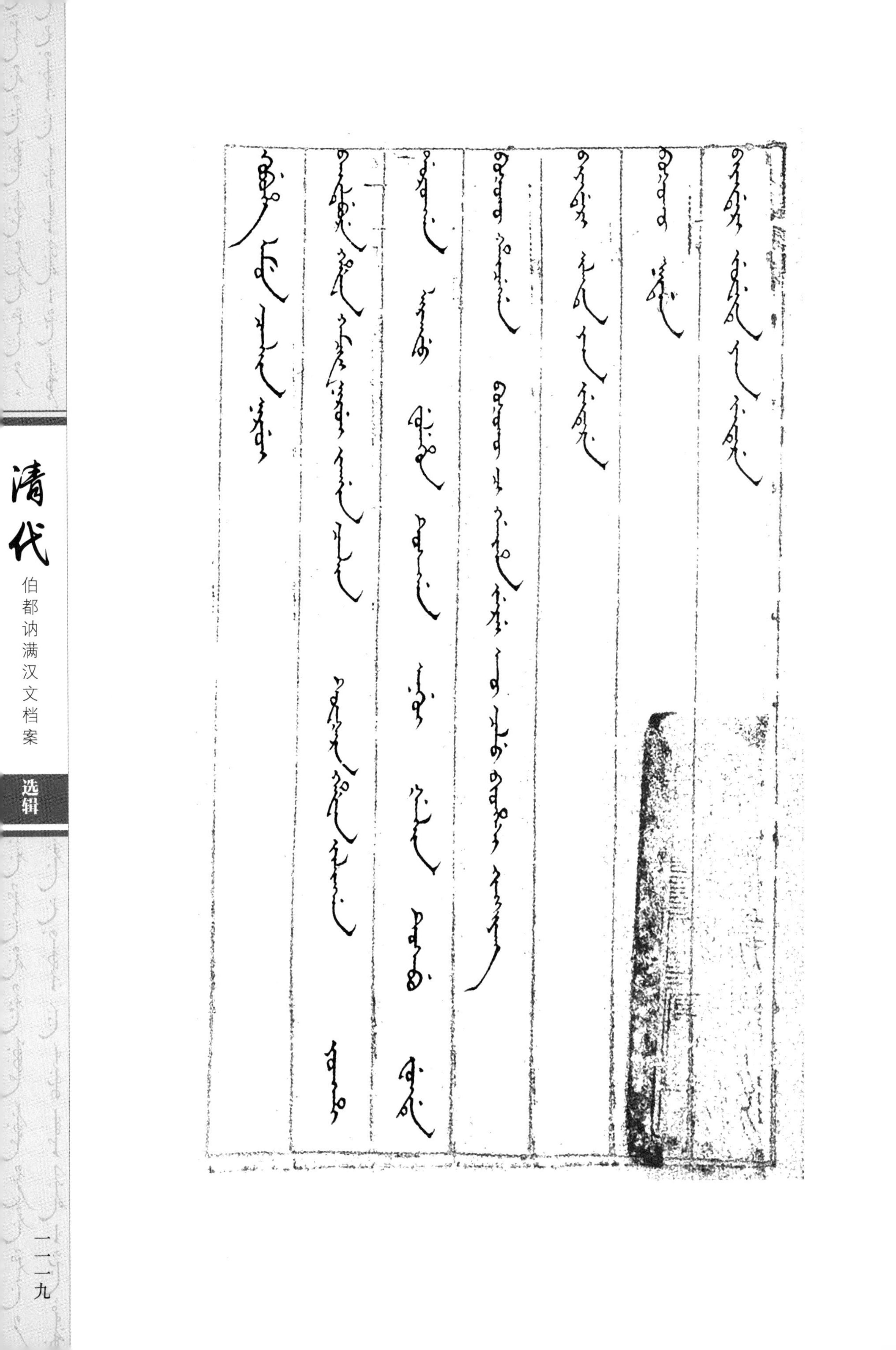

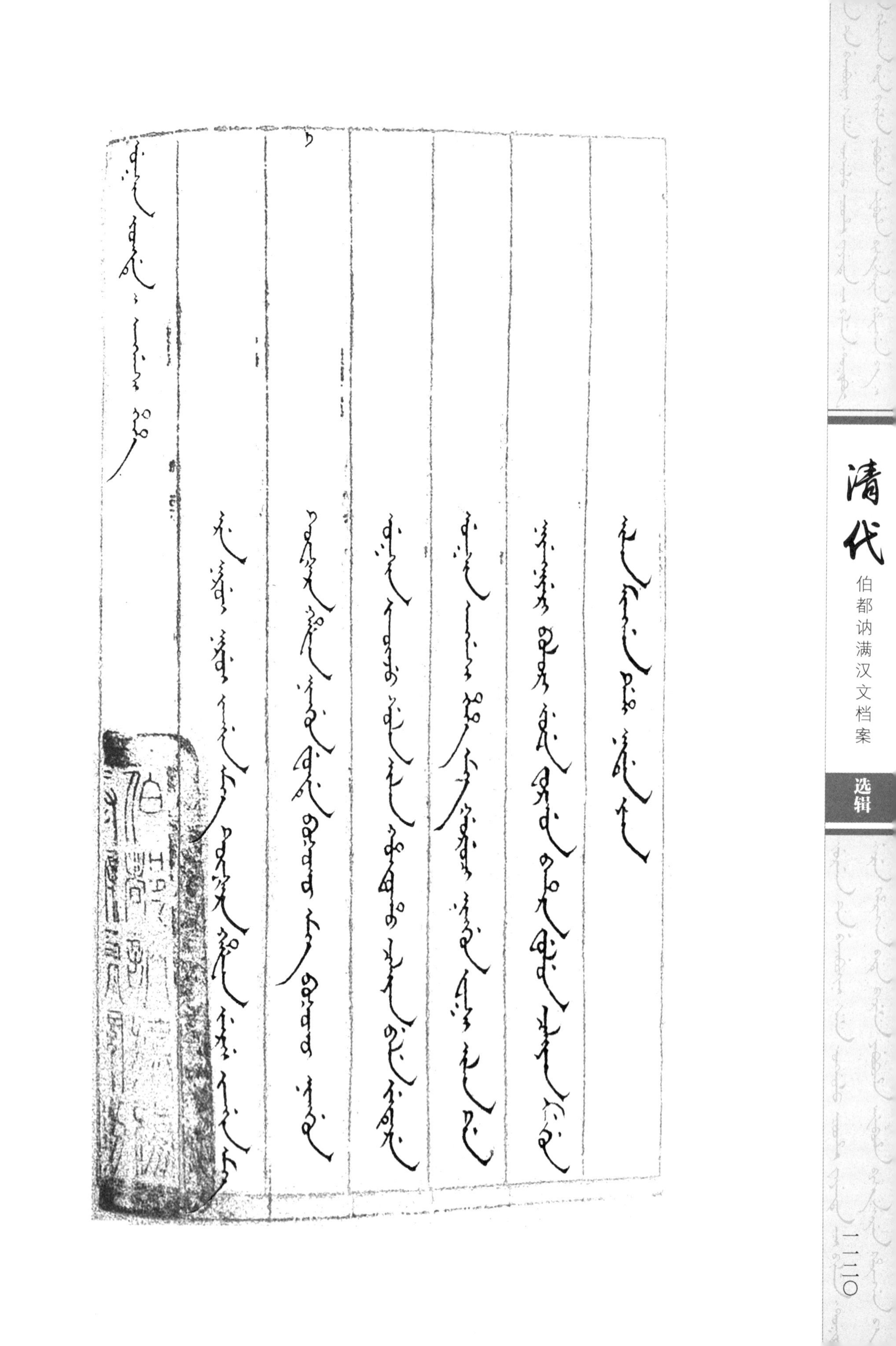

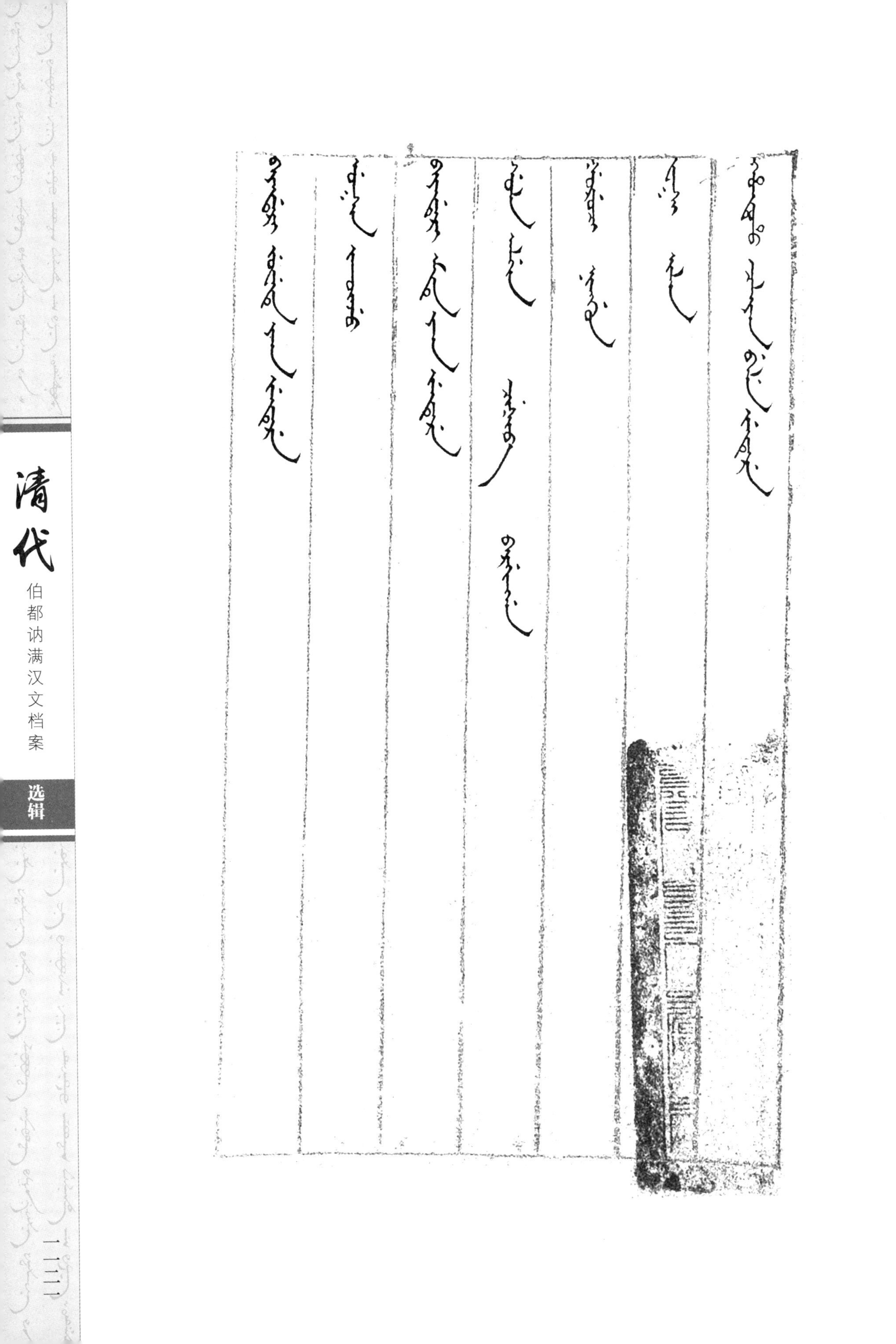

[illegible]

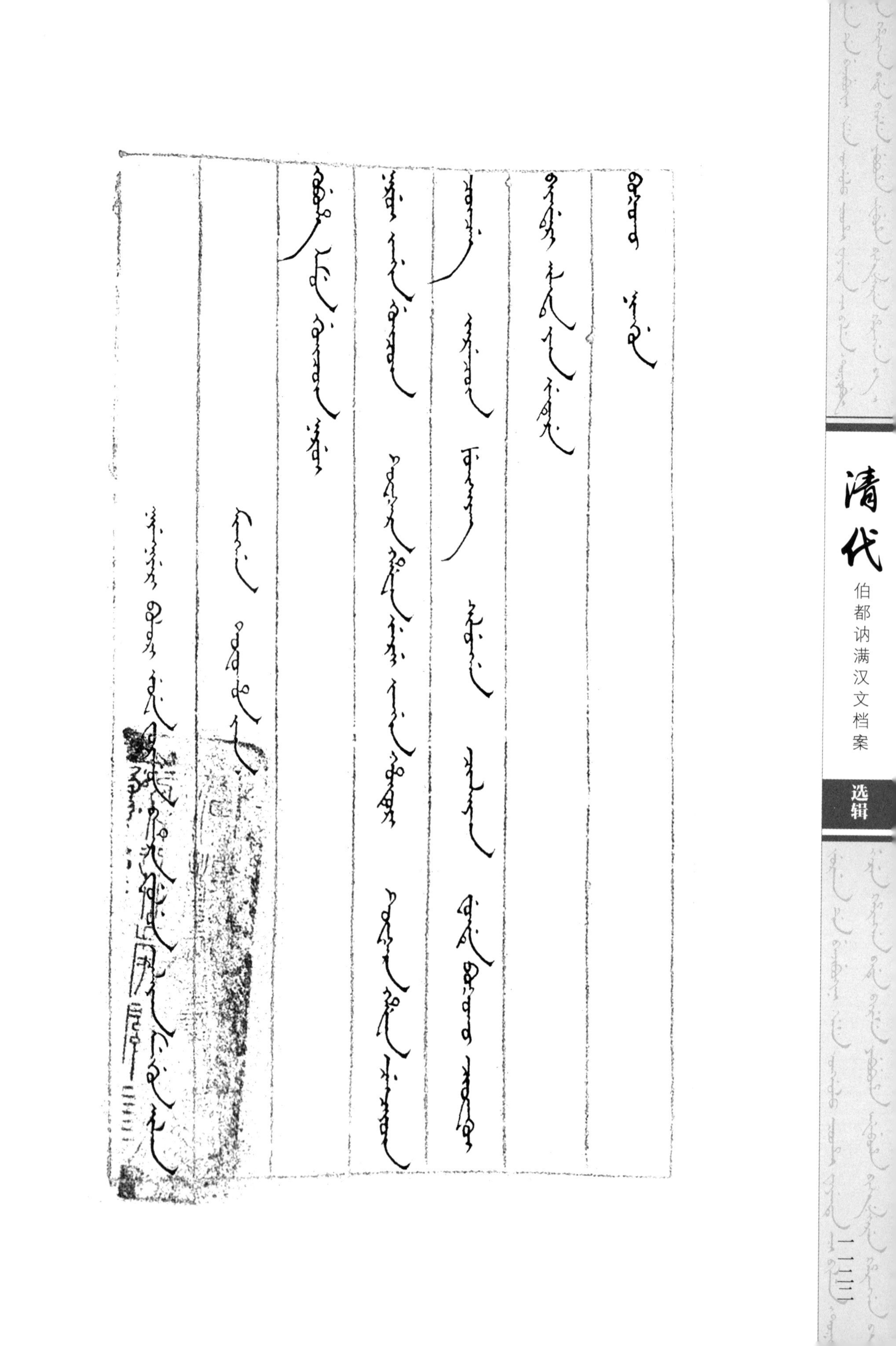

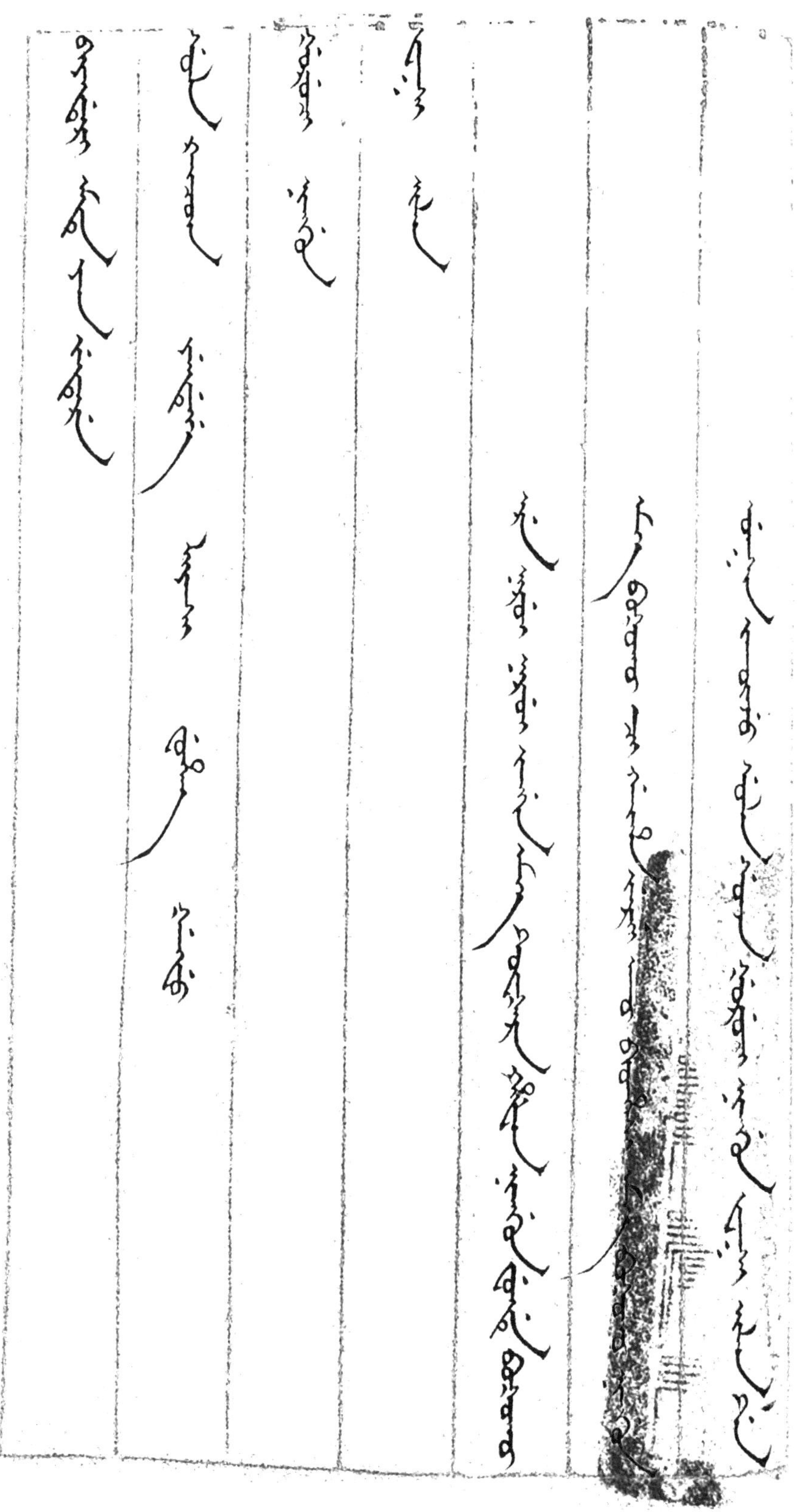

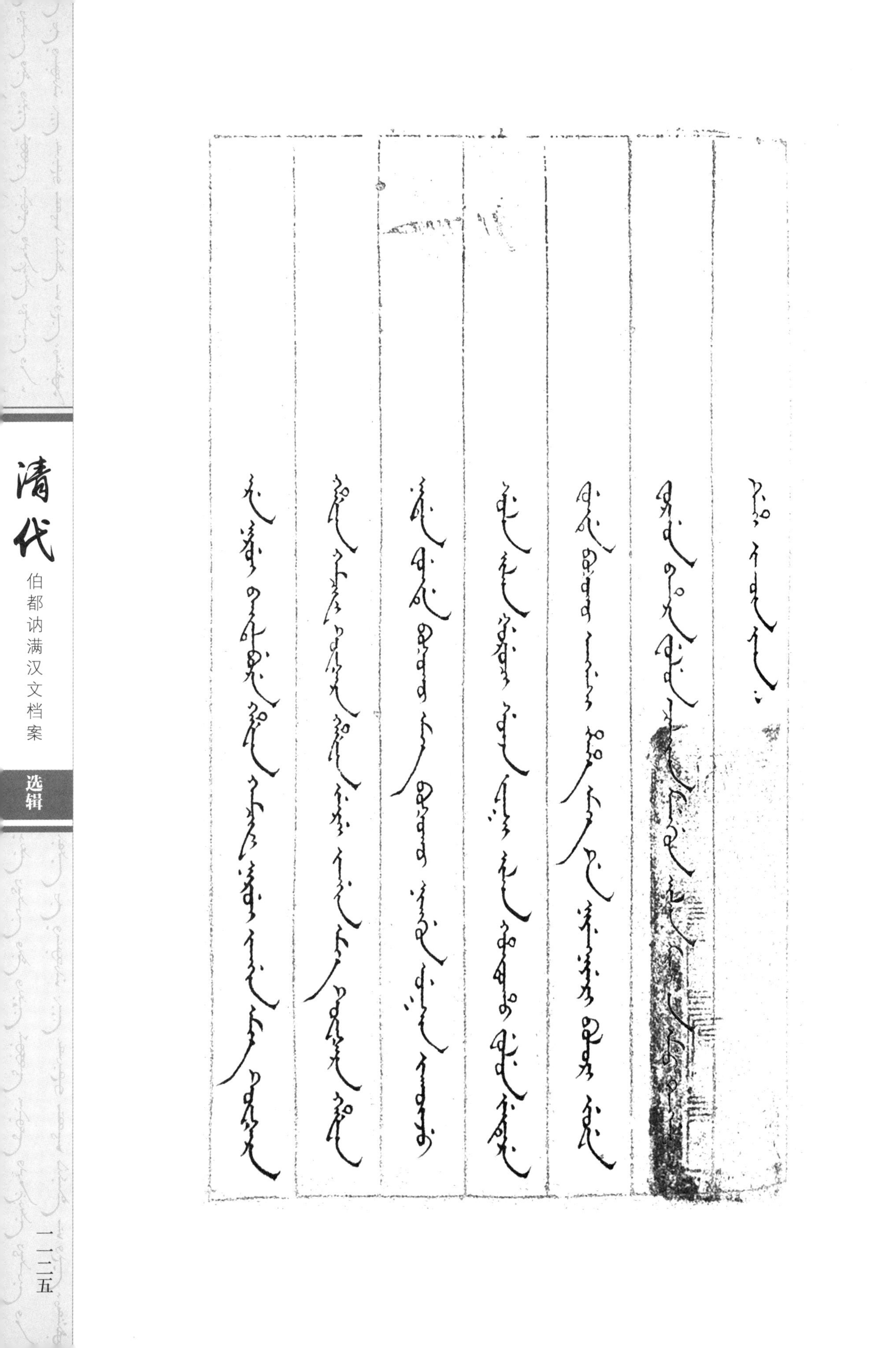

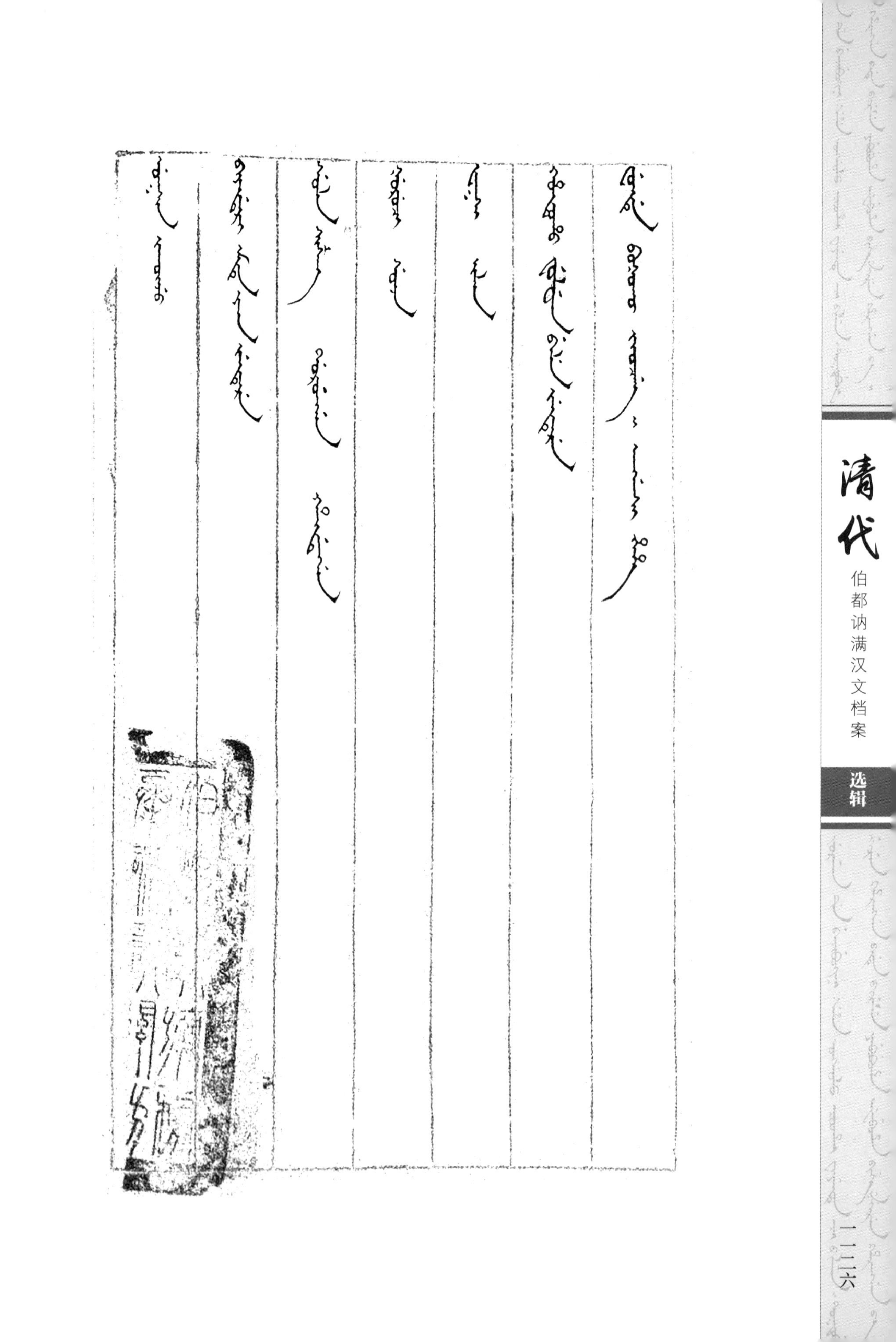

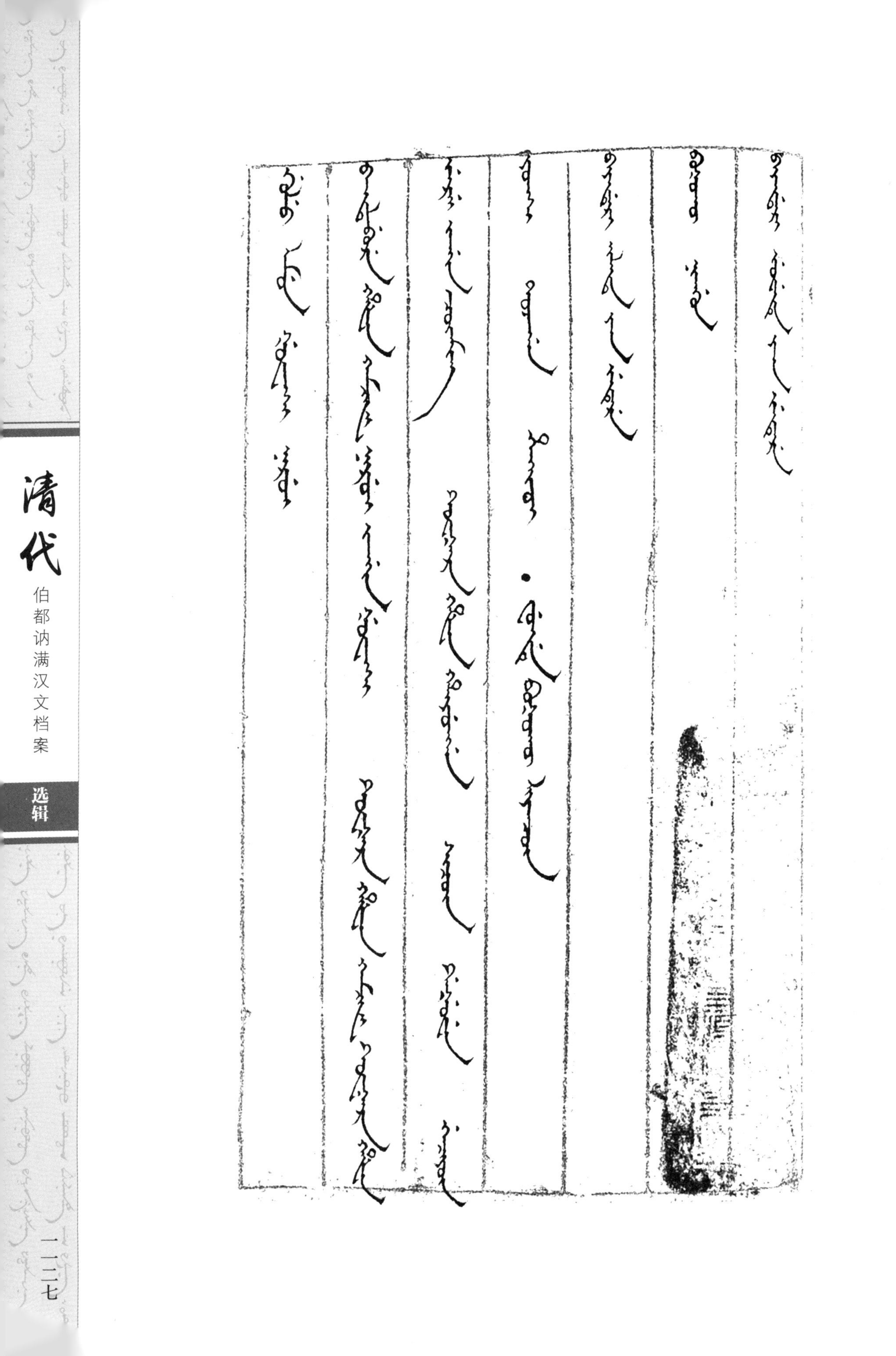

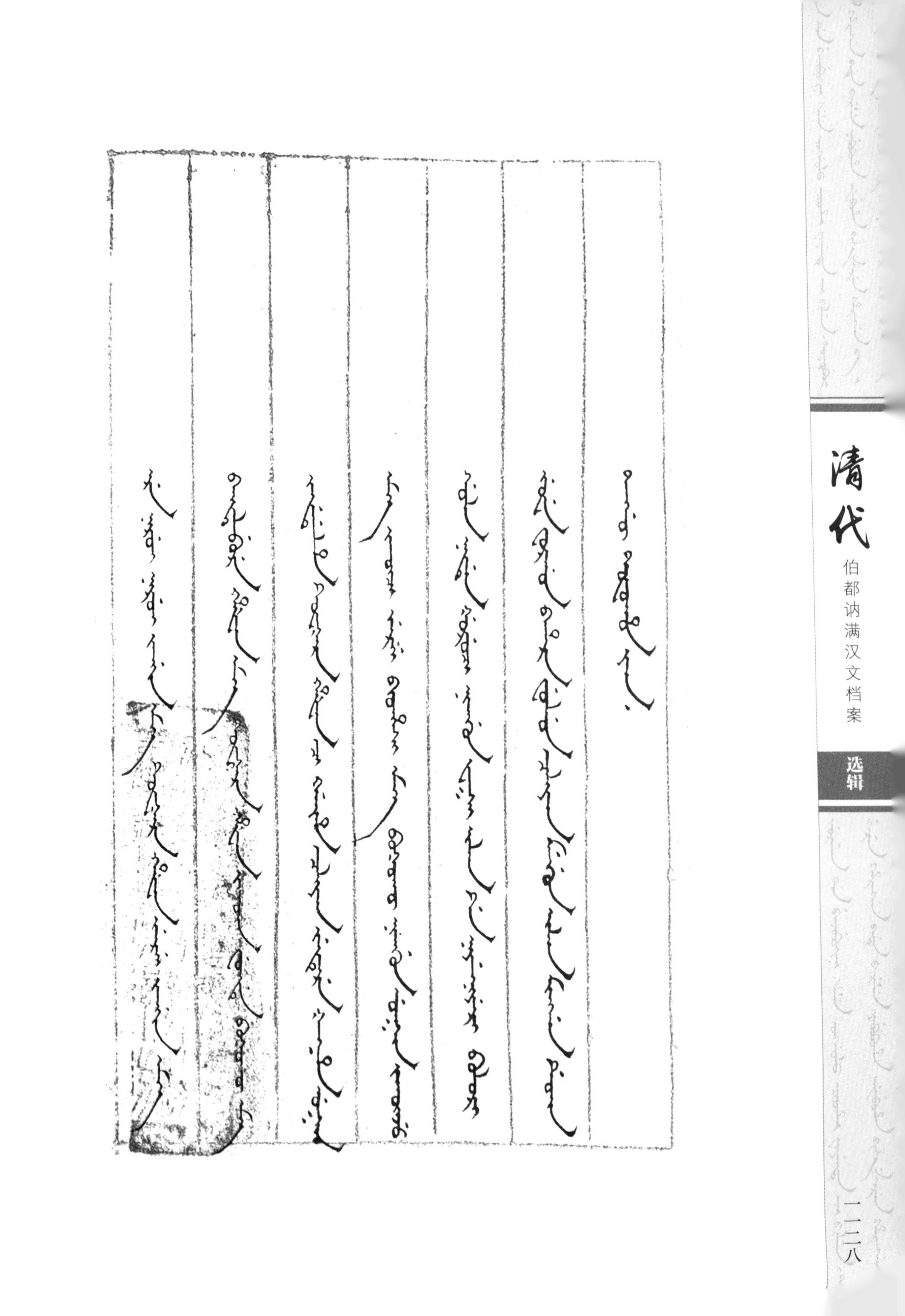

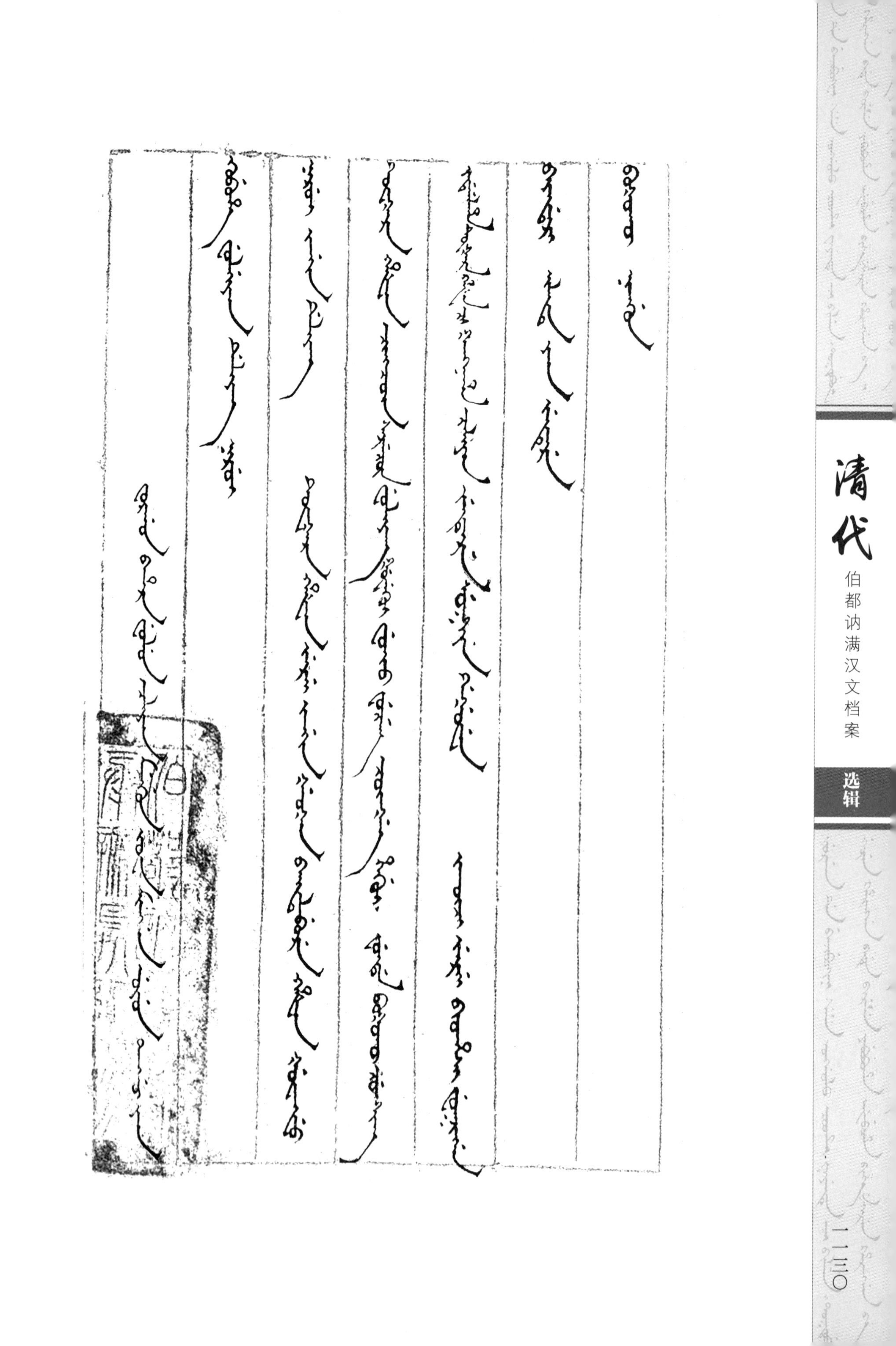

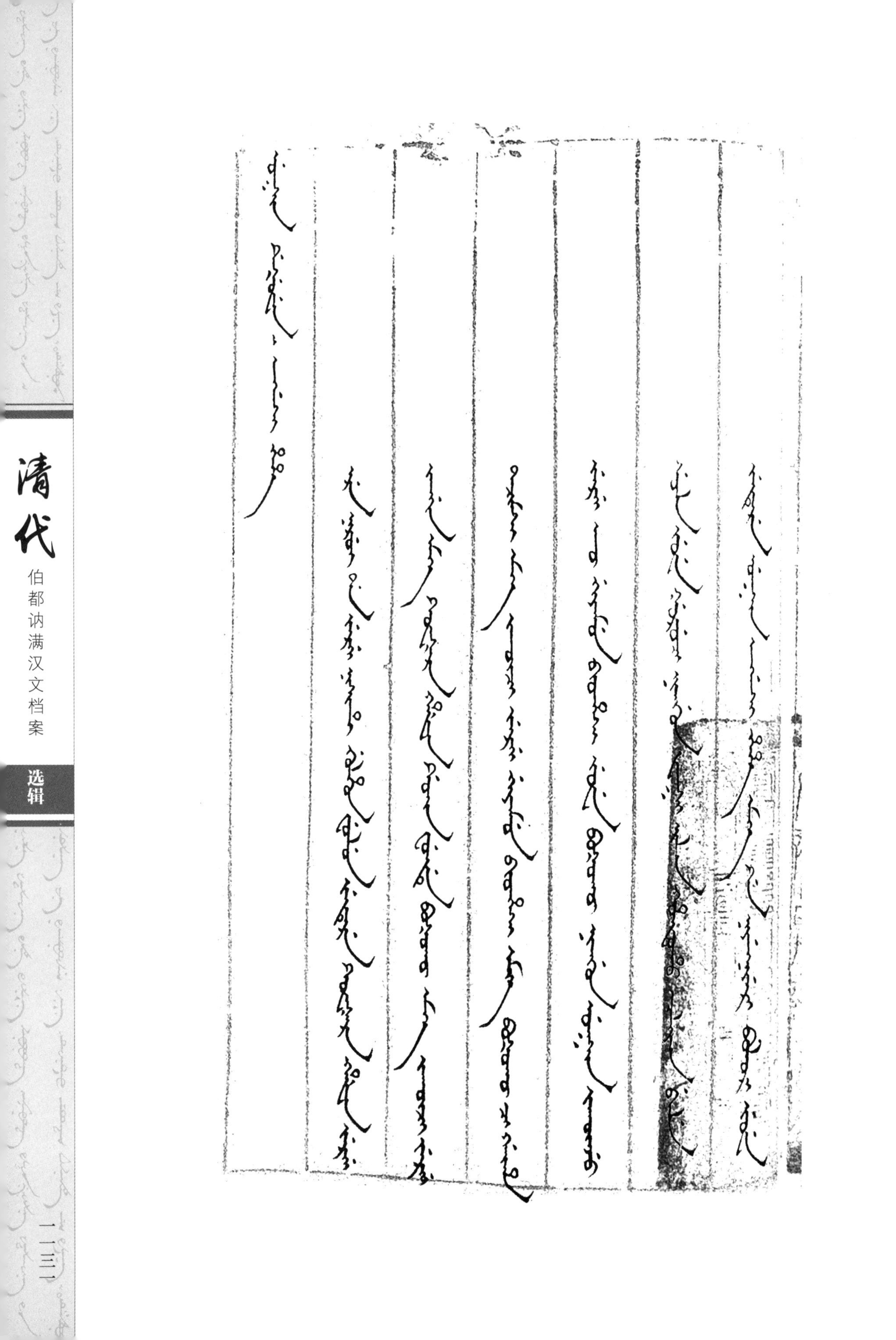

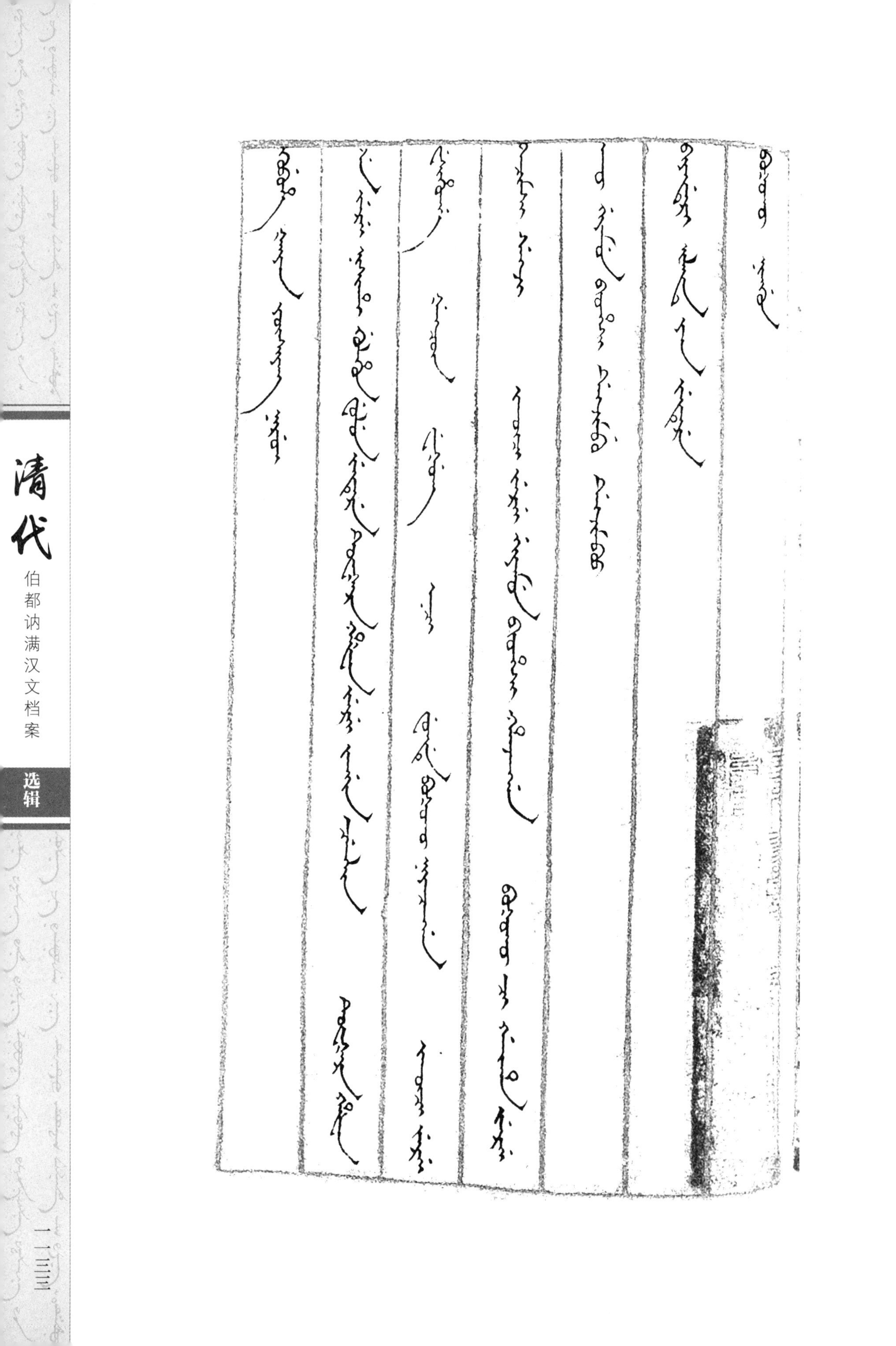

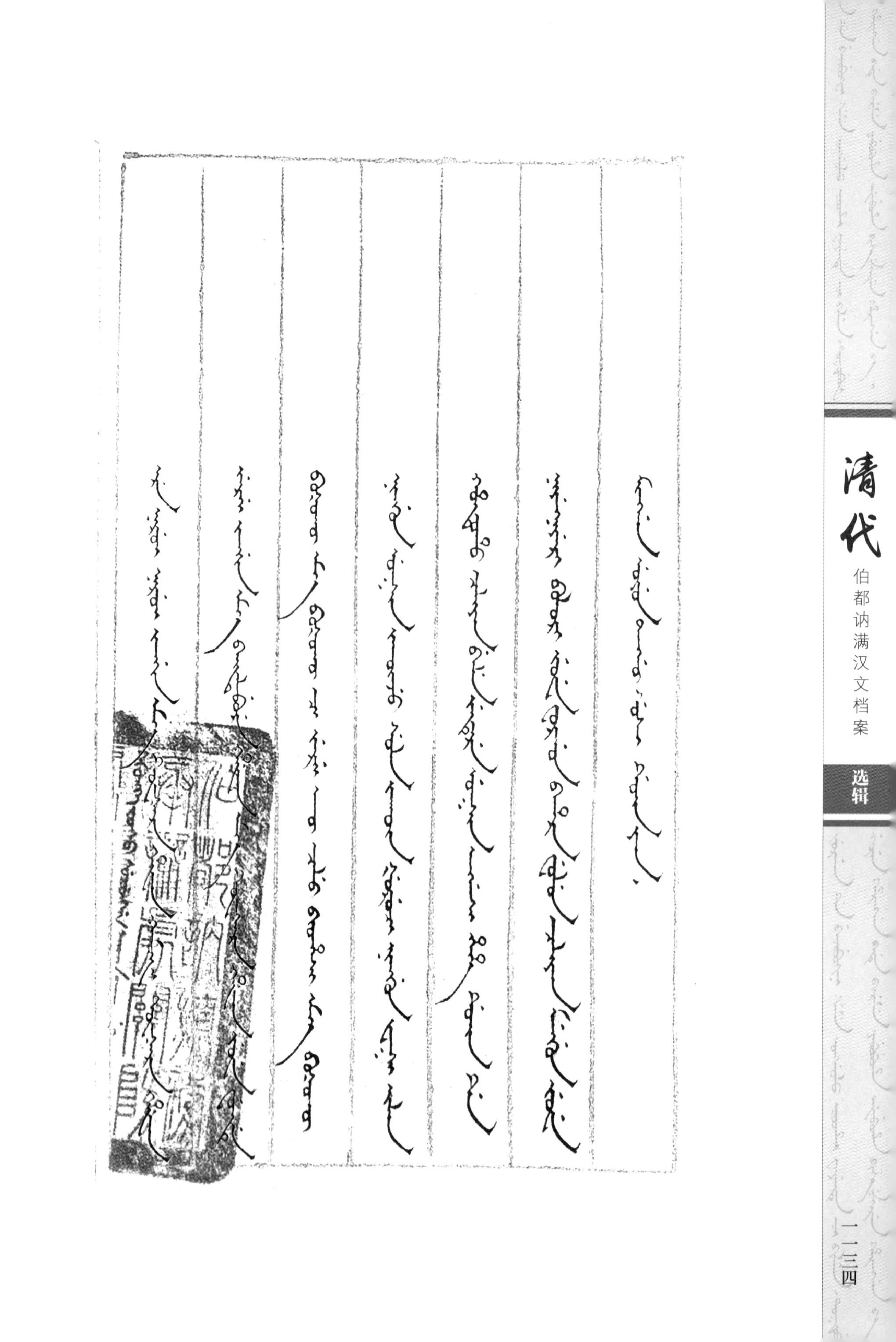

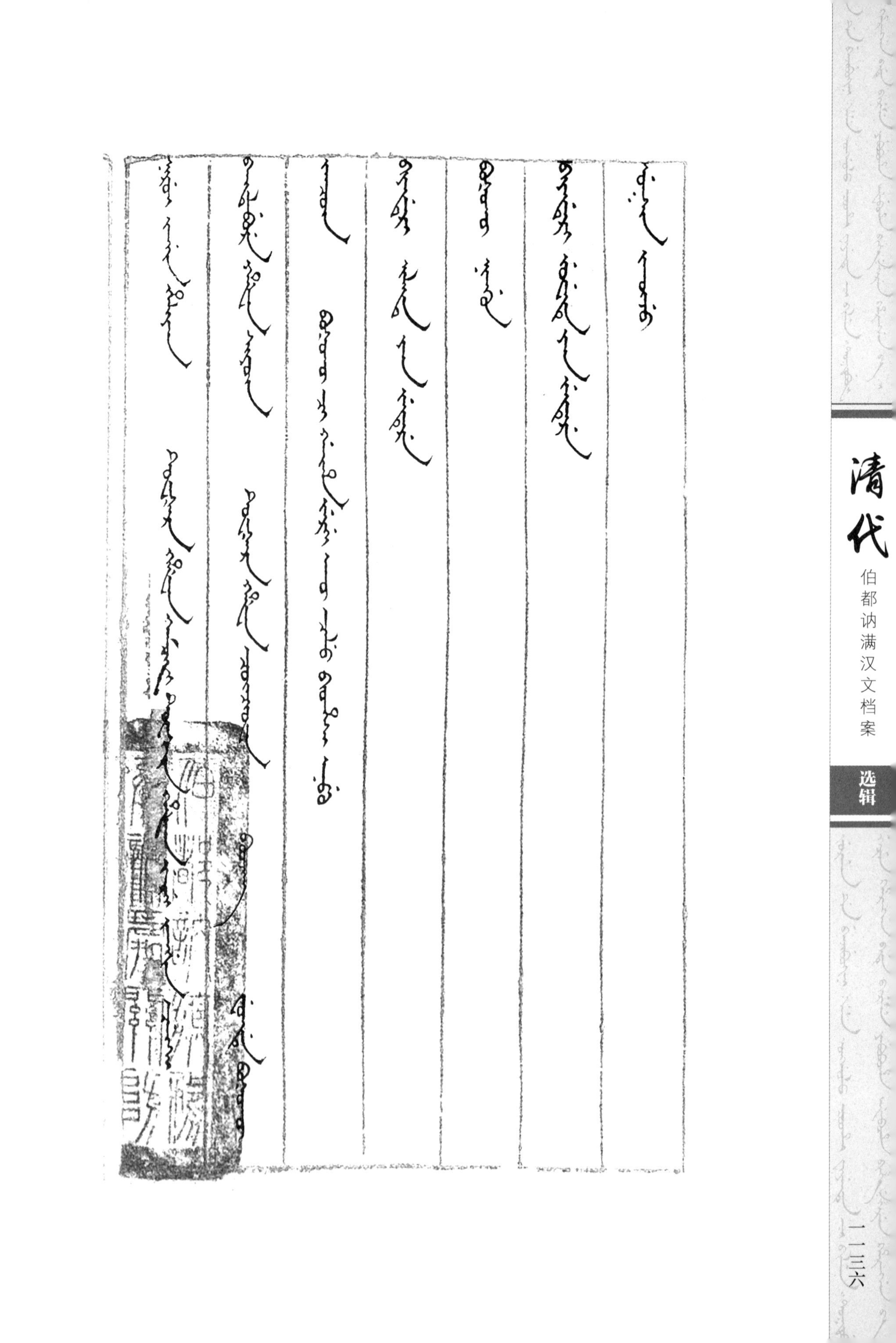

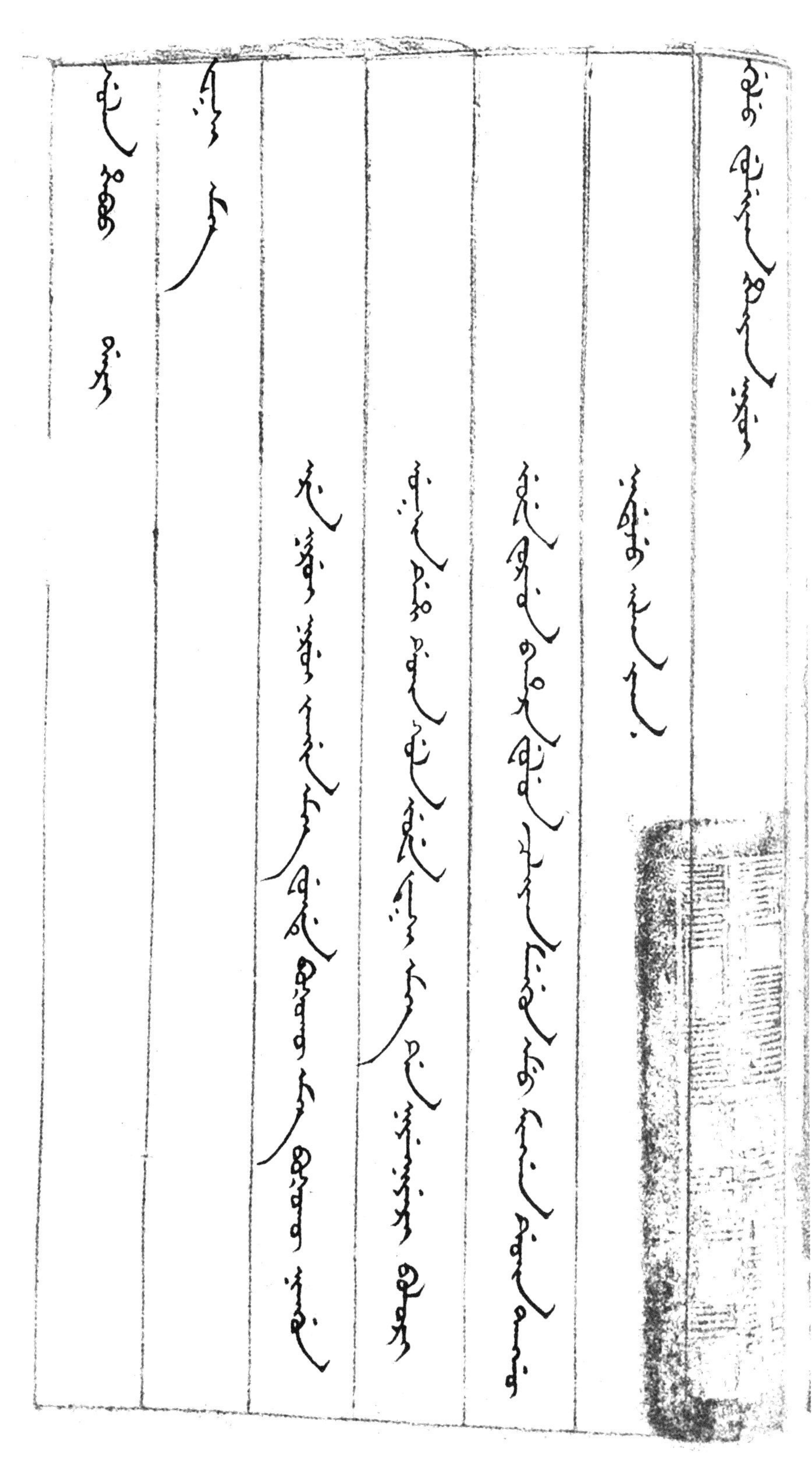

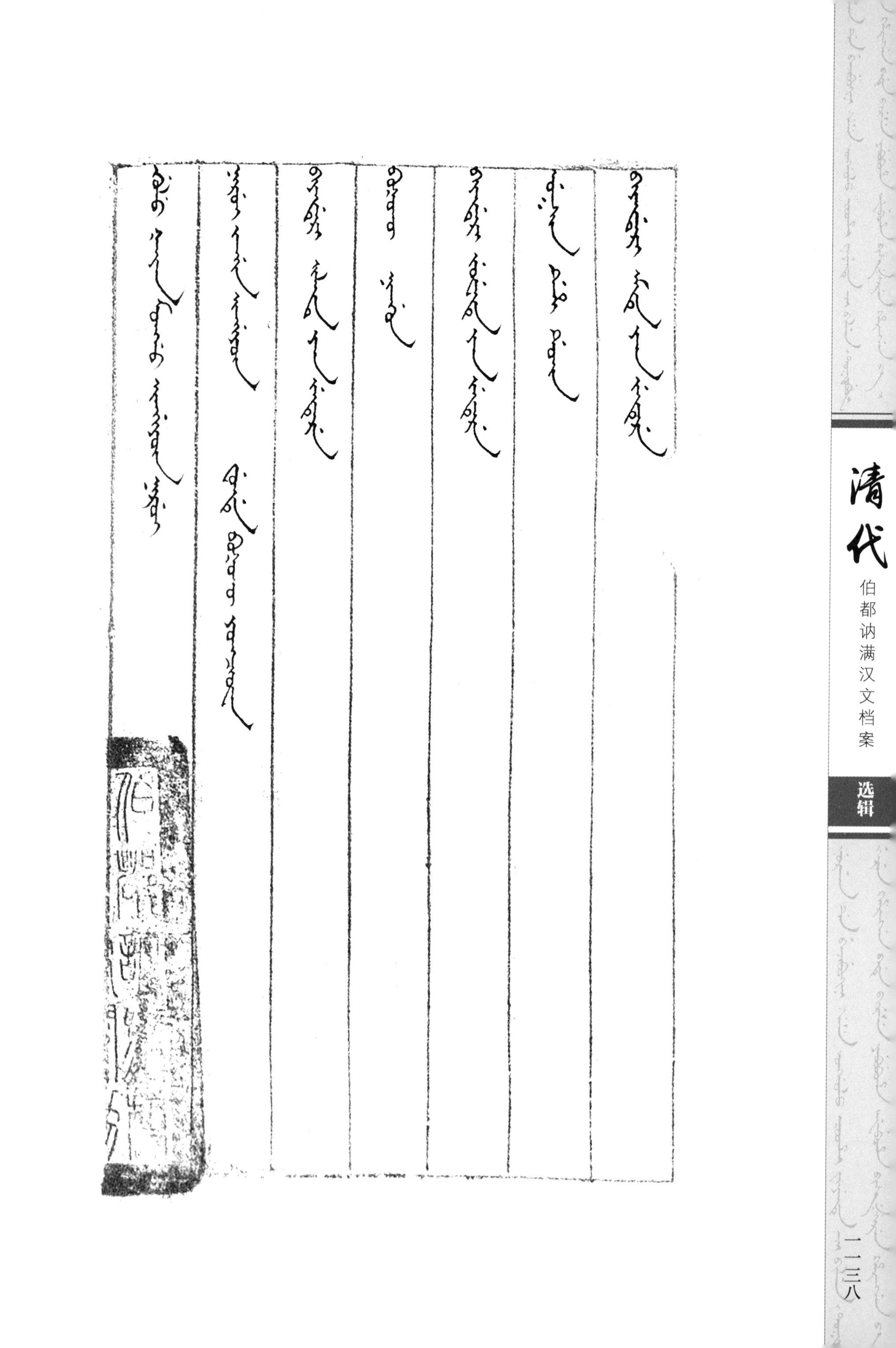

[illegible]

[illegible]

[illegible]

[illegible]

[illegible]

[illegible]

[illegible]

[illegible]

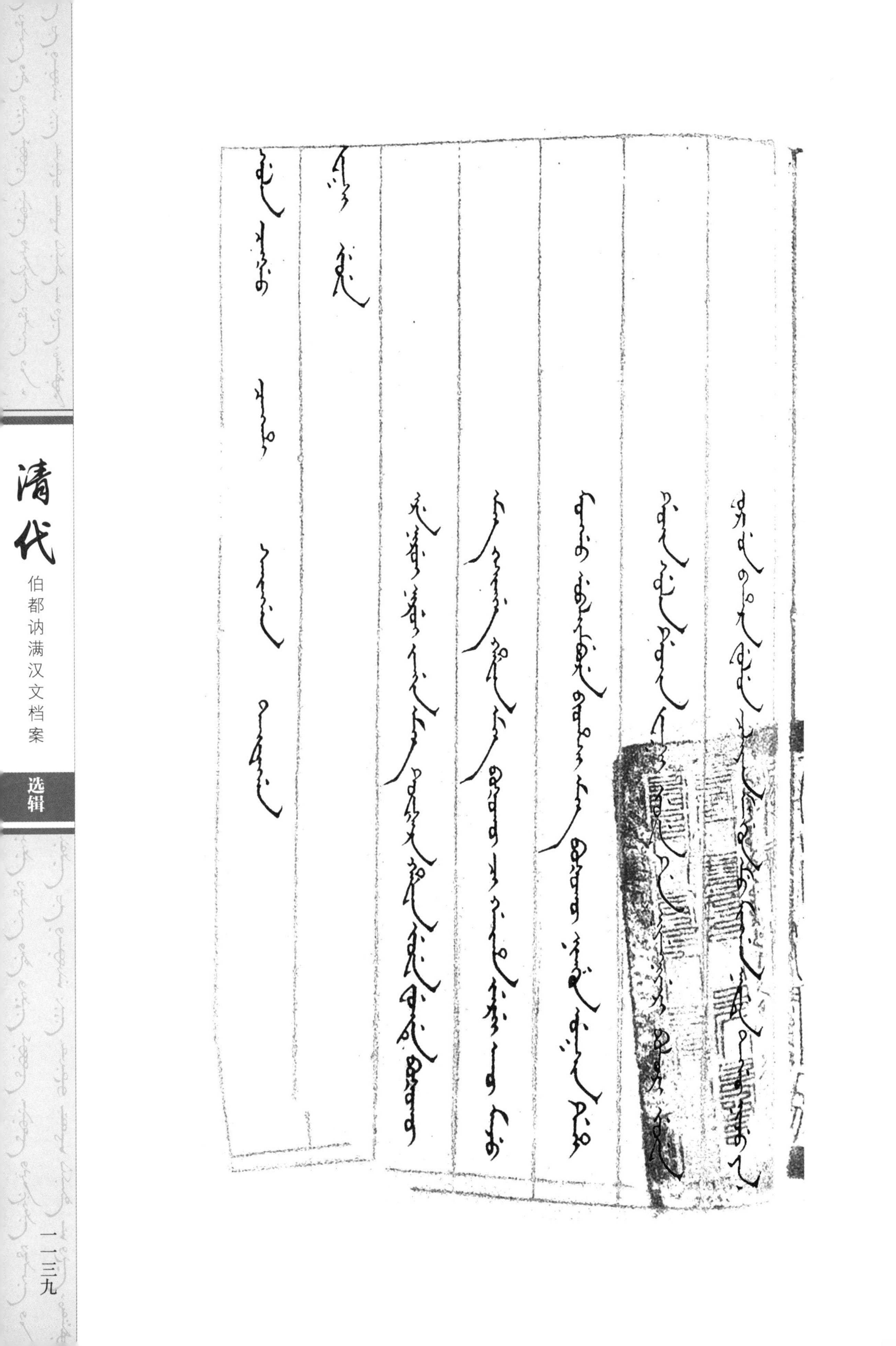

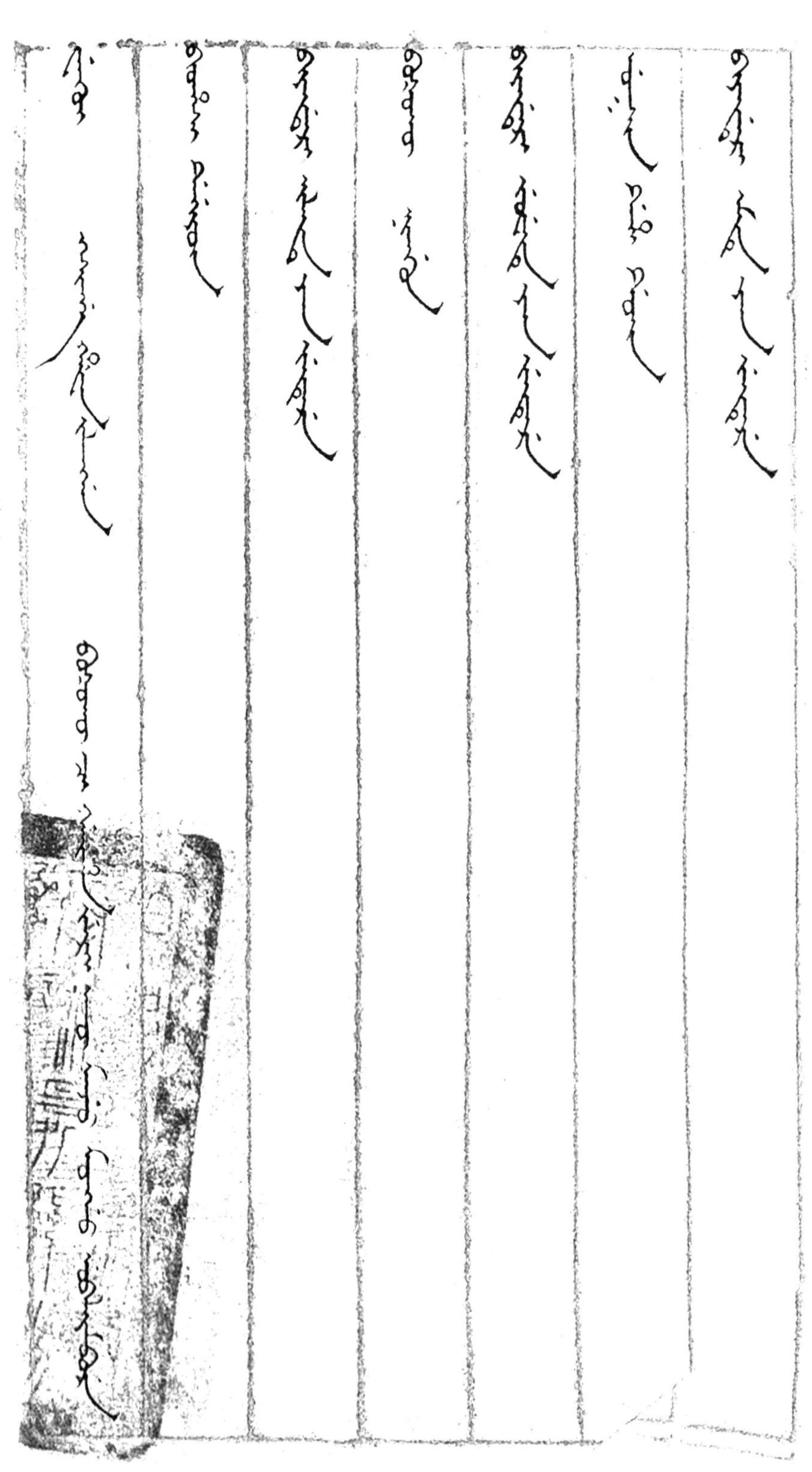

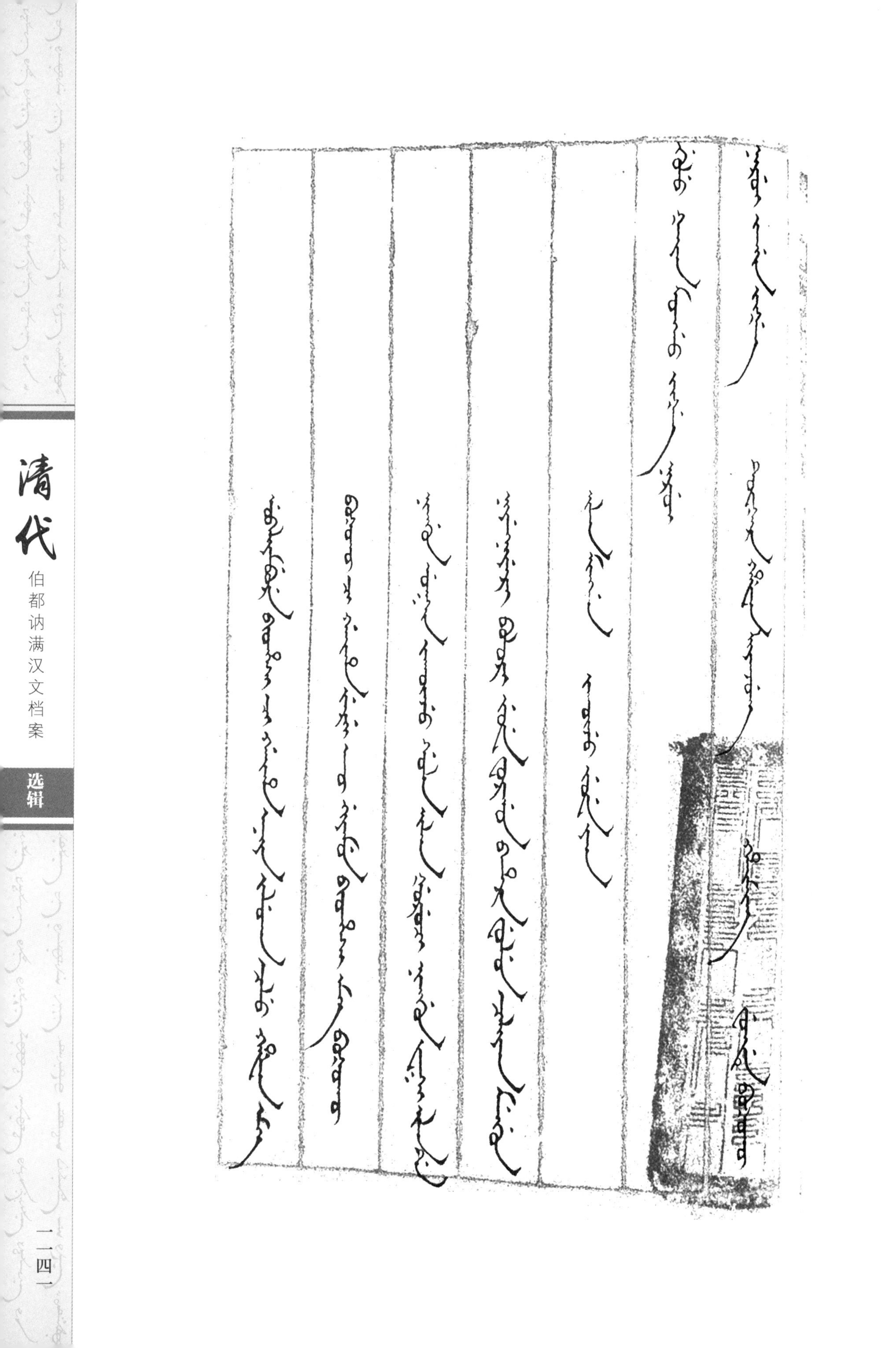

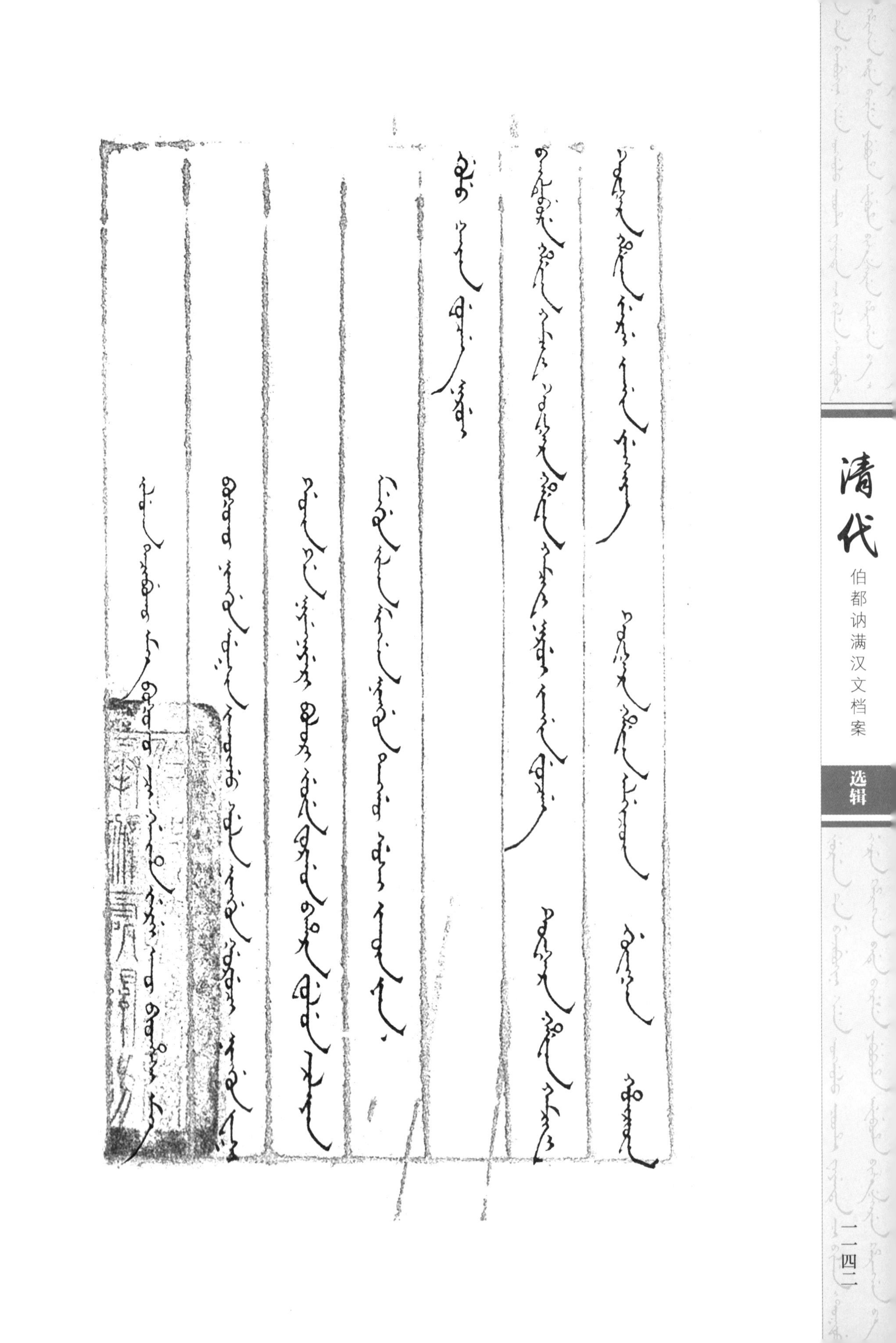

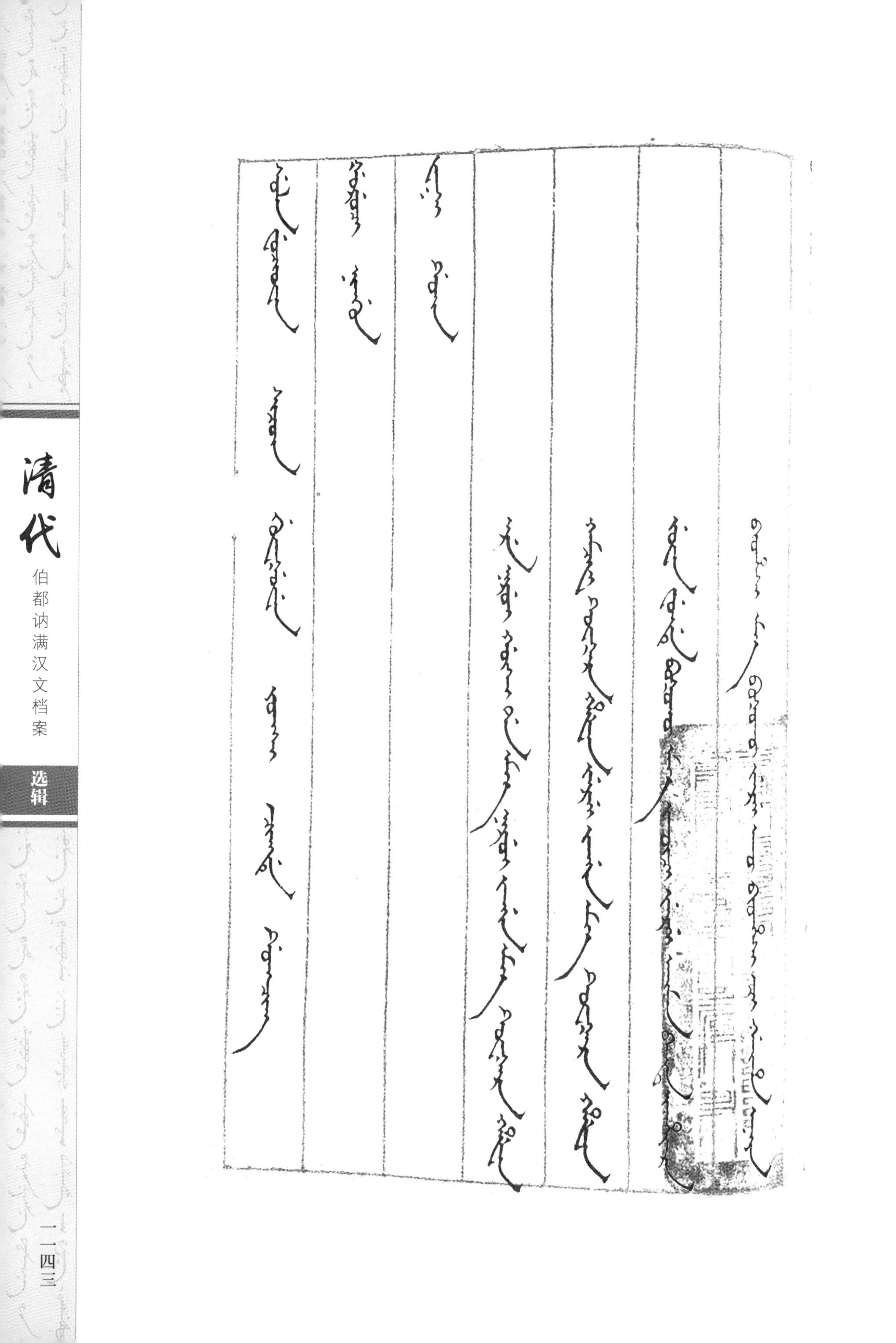

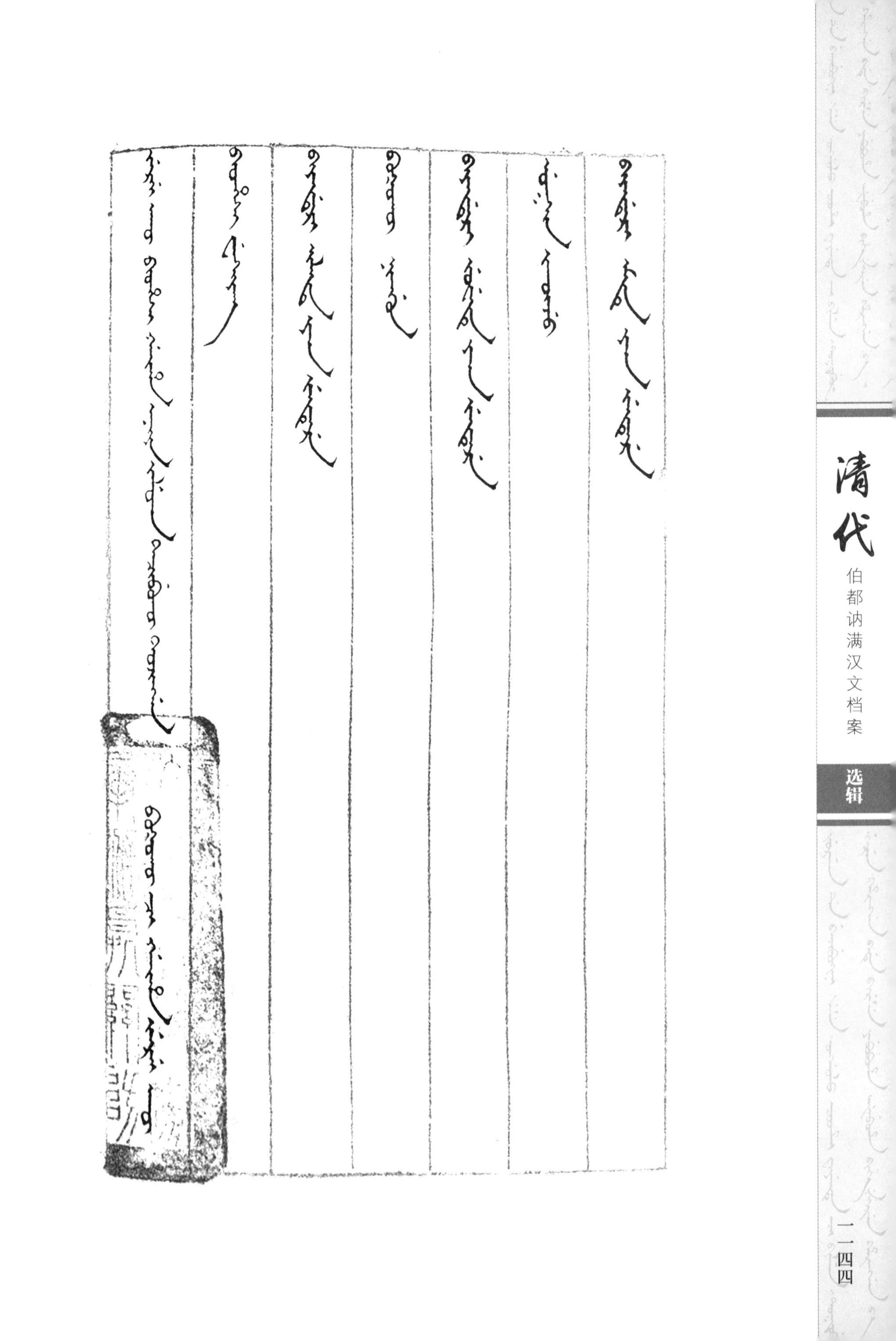

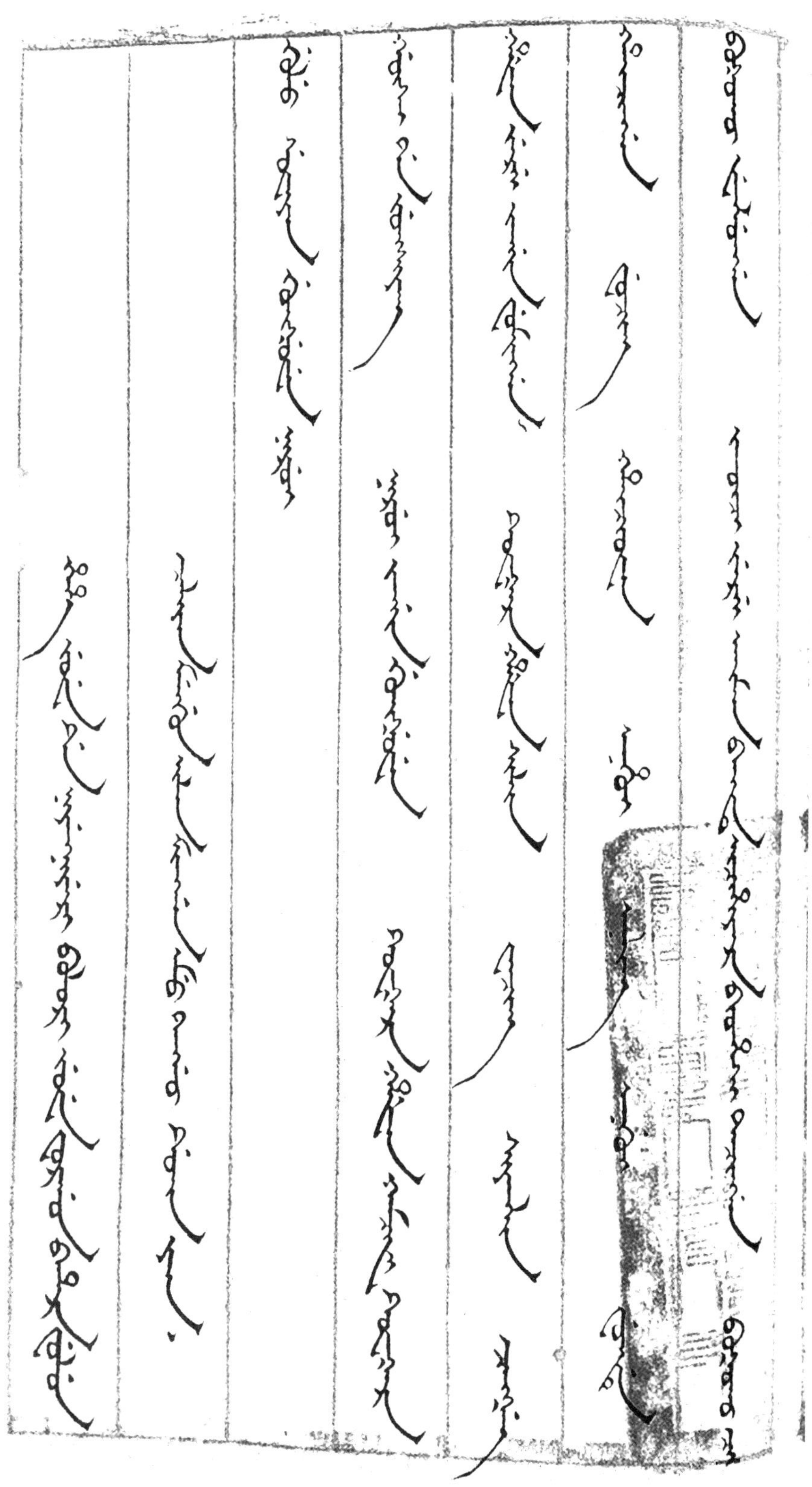

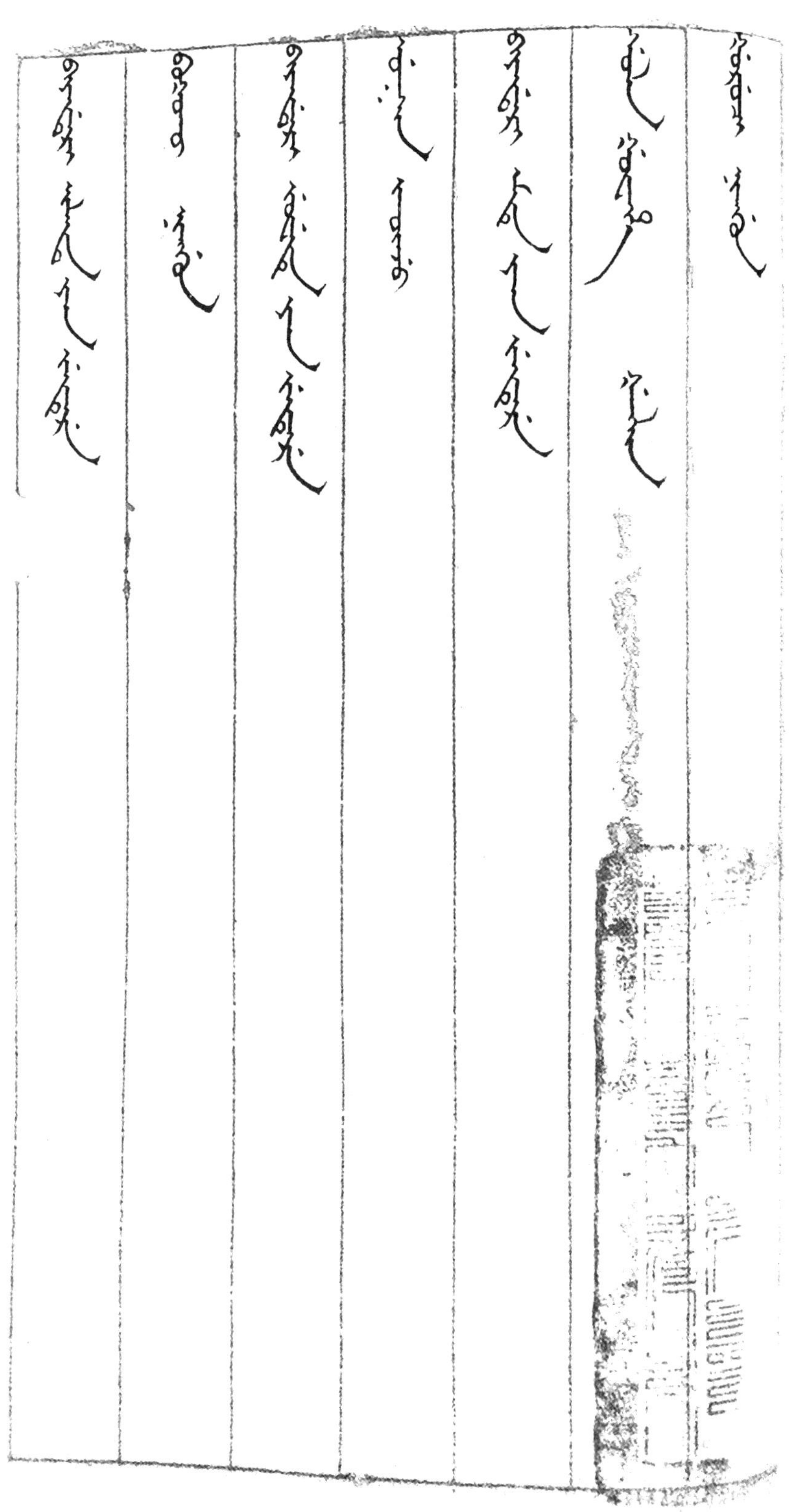

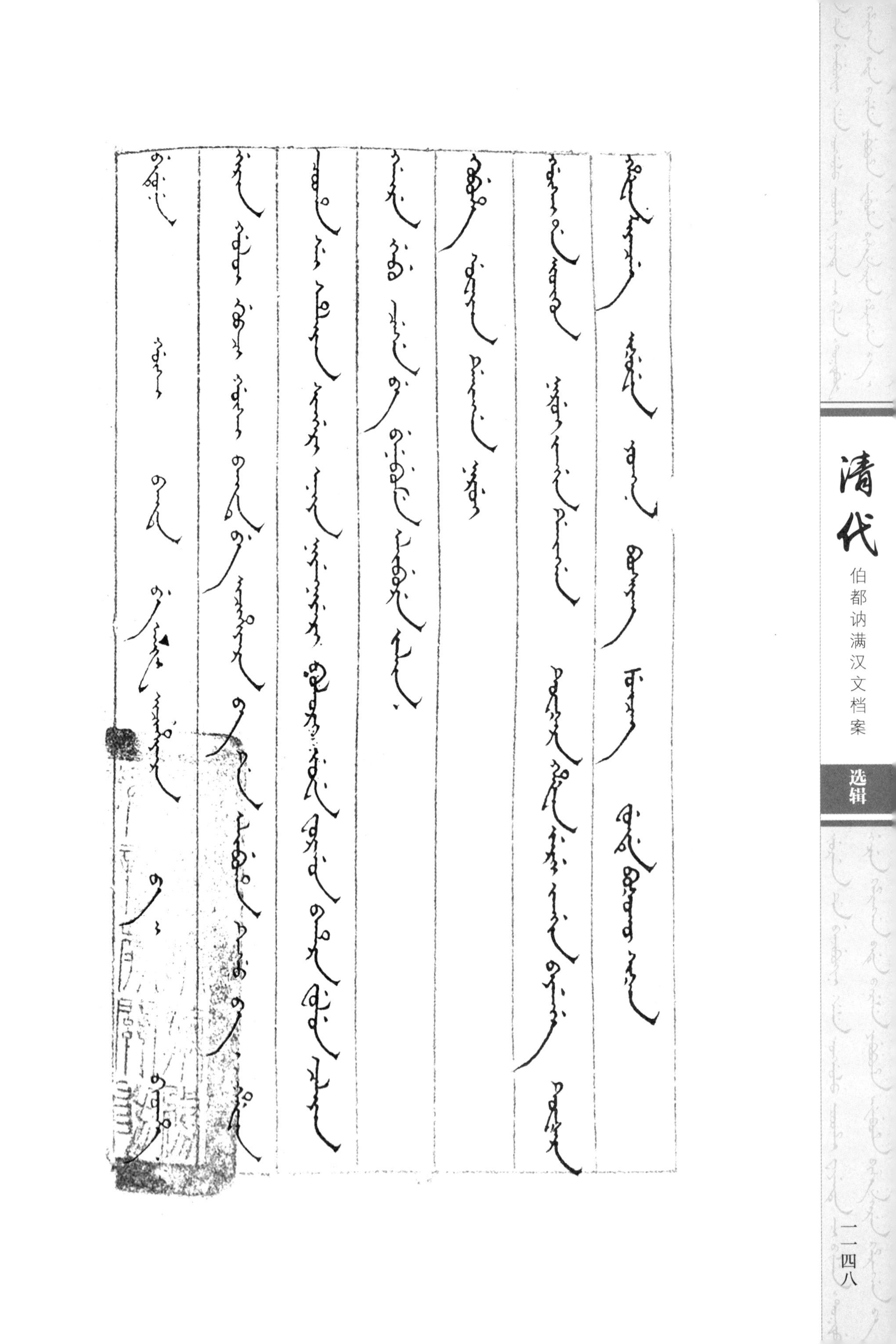

54 伯都讷旗务承办处为年终申报兵丁内无脱逃事呈东三省总督吉林巡抚文

宣统三年十一月十六日

6398

呈報為將兵丁內並無脫逃之處年終申報

伯都訥副都統之關防

撫憲

十一月十六日

月 日到文

十一月十六日繕稿

月 日判行

月 日印發

兵

吏 科

宣统三年十一月 日

科員崇興

副科員恩祥

提调三品衔儘先协领花翎佐领德[illegible]

十一月十六日

為年終申報事於嘉慶二十二年十二月二十一日准
將軍衙門來咨遵照部文於宣統三年十一月初
一日起至宣三年十月止查伯都訥地方八旗兵丁
閑散內並無初次脫逃一年期內亦沒投回拏
獲二次脫逃銷除旗檔之處理合具文申報
督撫憲謹請鑒核施行須至申者
右　申

督撫憲趙陳

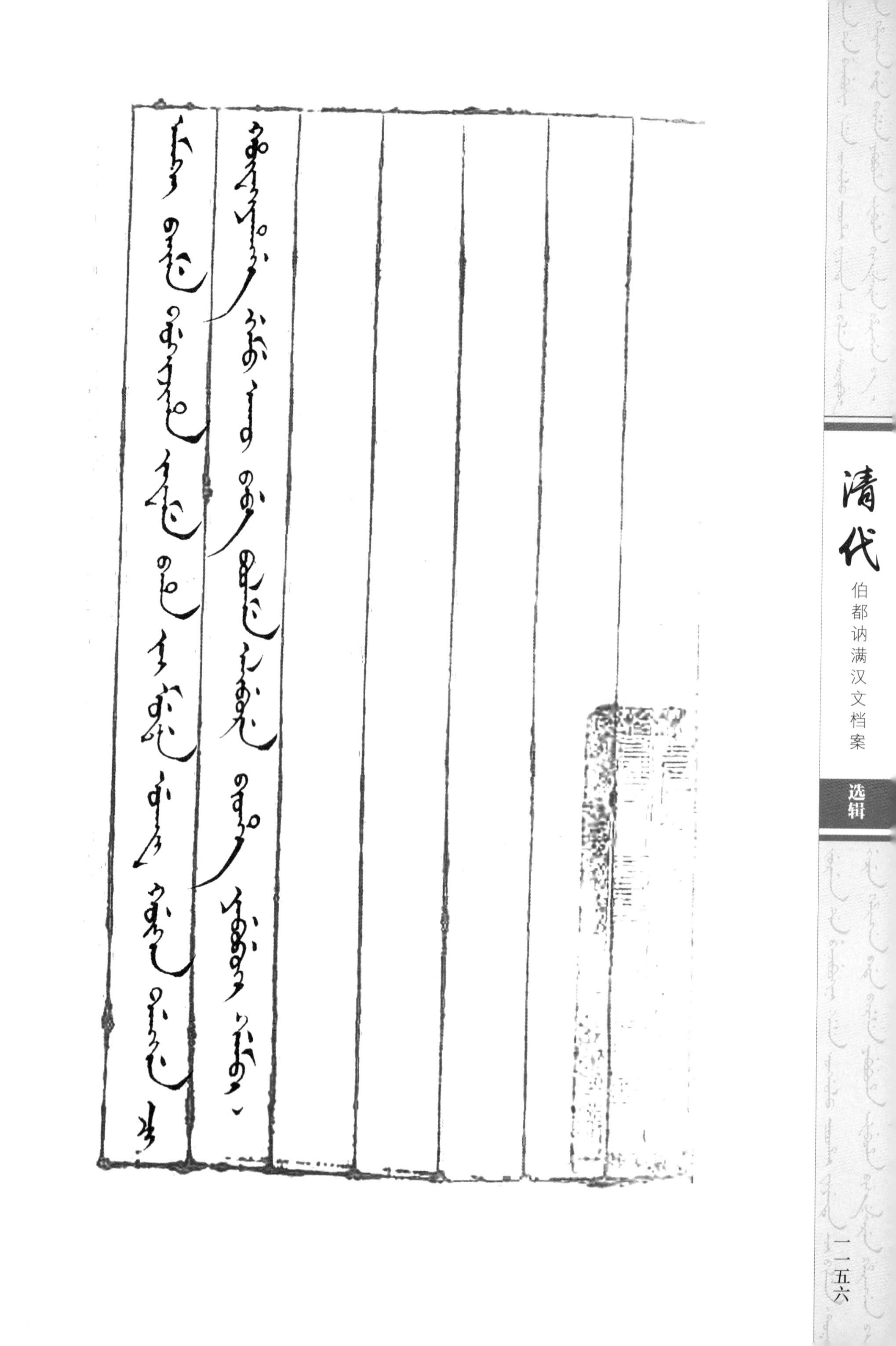

[illegible]

[illegible]

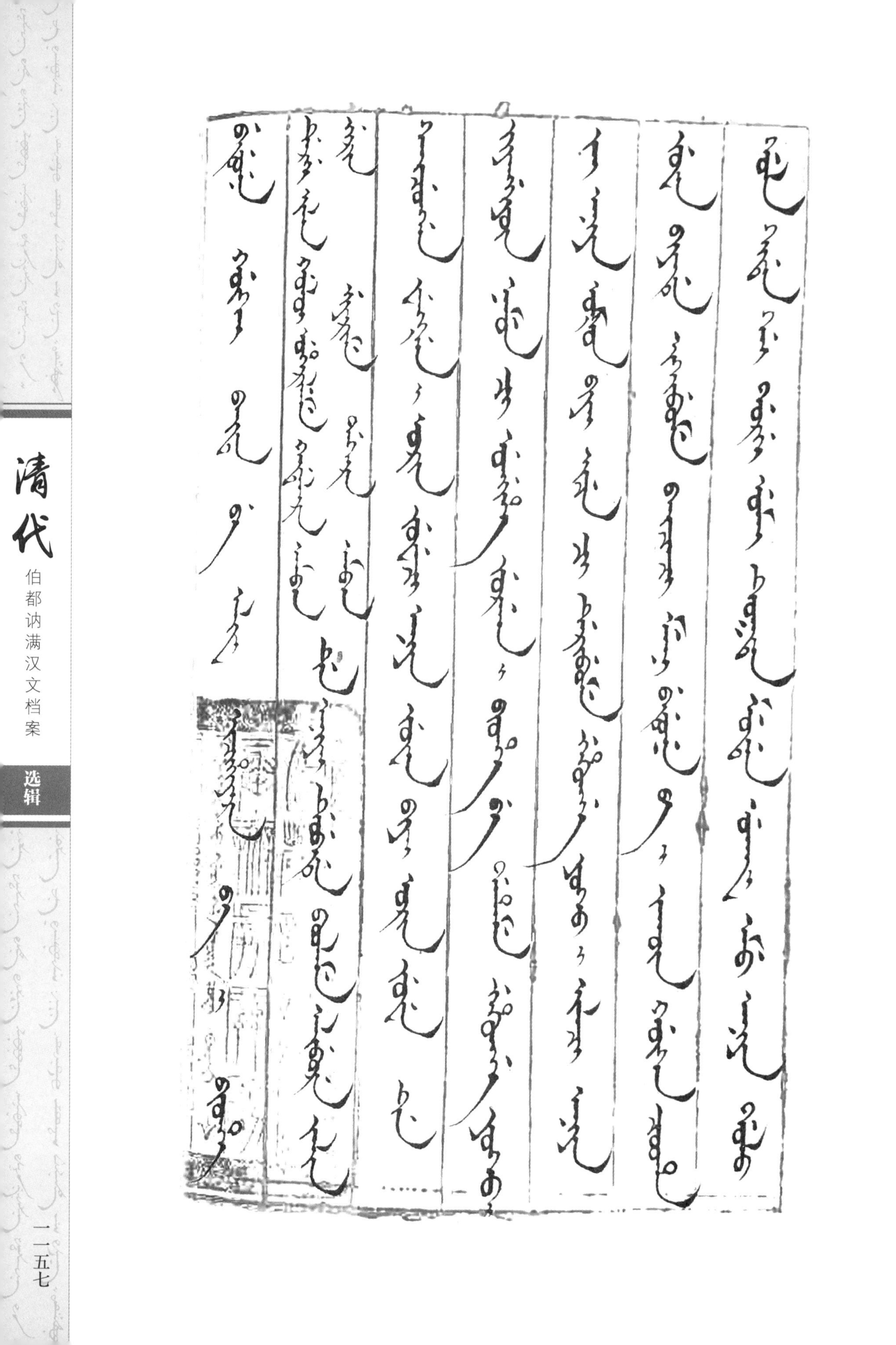

55 伯都讷左翼协领为严查各旗苛措白事银两事札四旗七佐领文

宣统三年十一月三十日

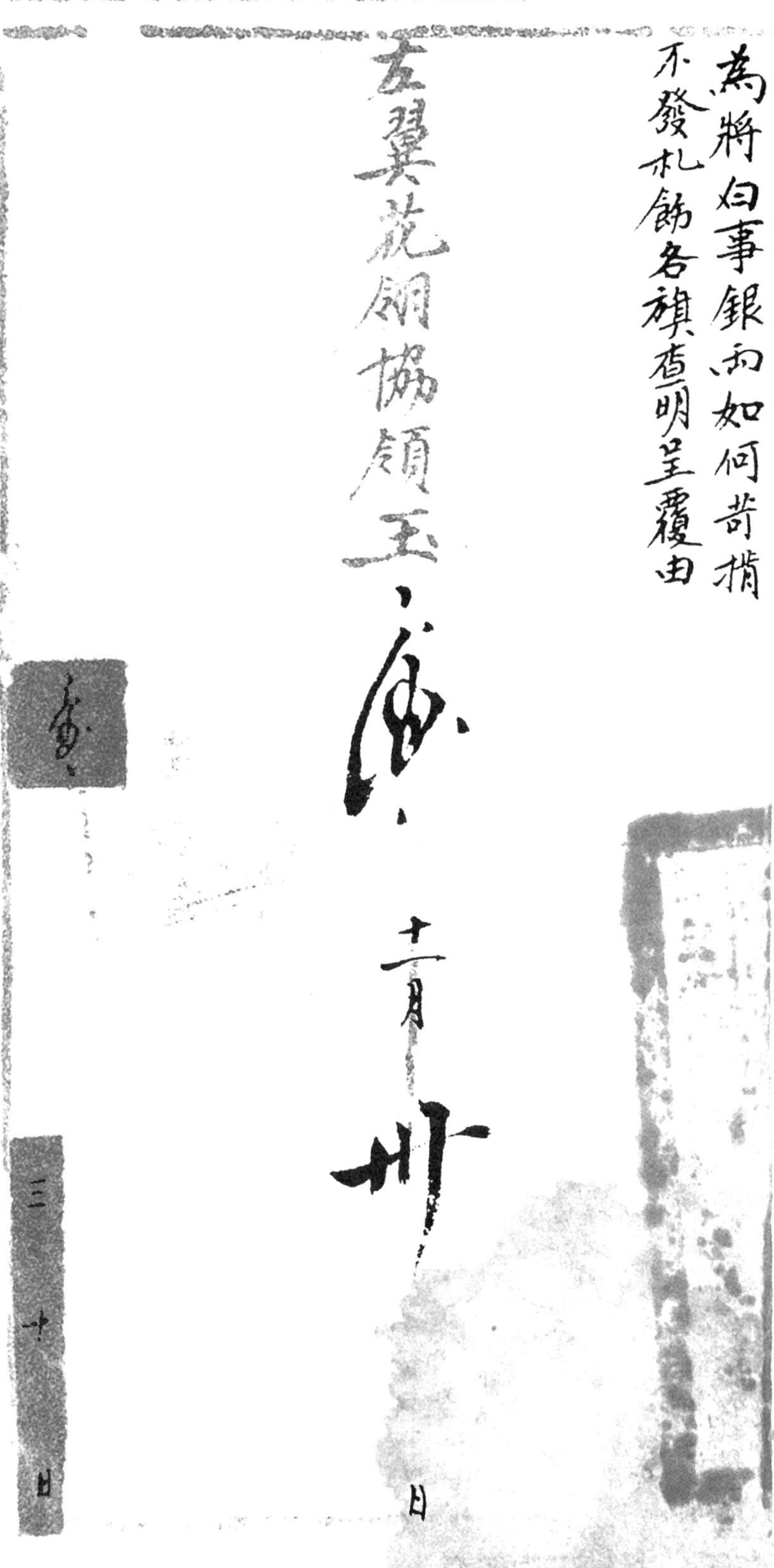
為將归事銀兩如何苛揹不發札飭各旗查明呈覆由
左翼苑關協領玉
十一月卅日
三十日

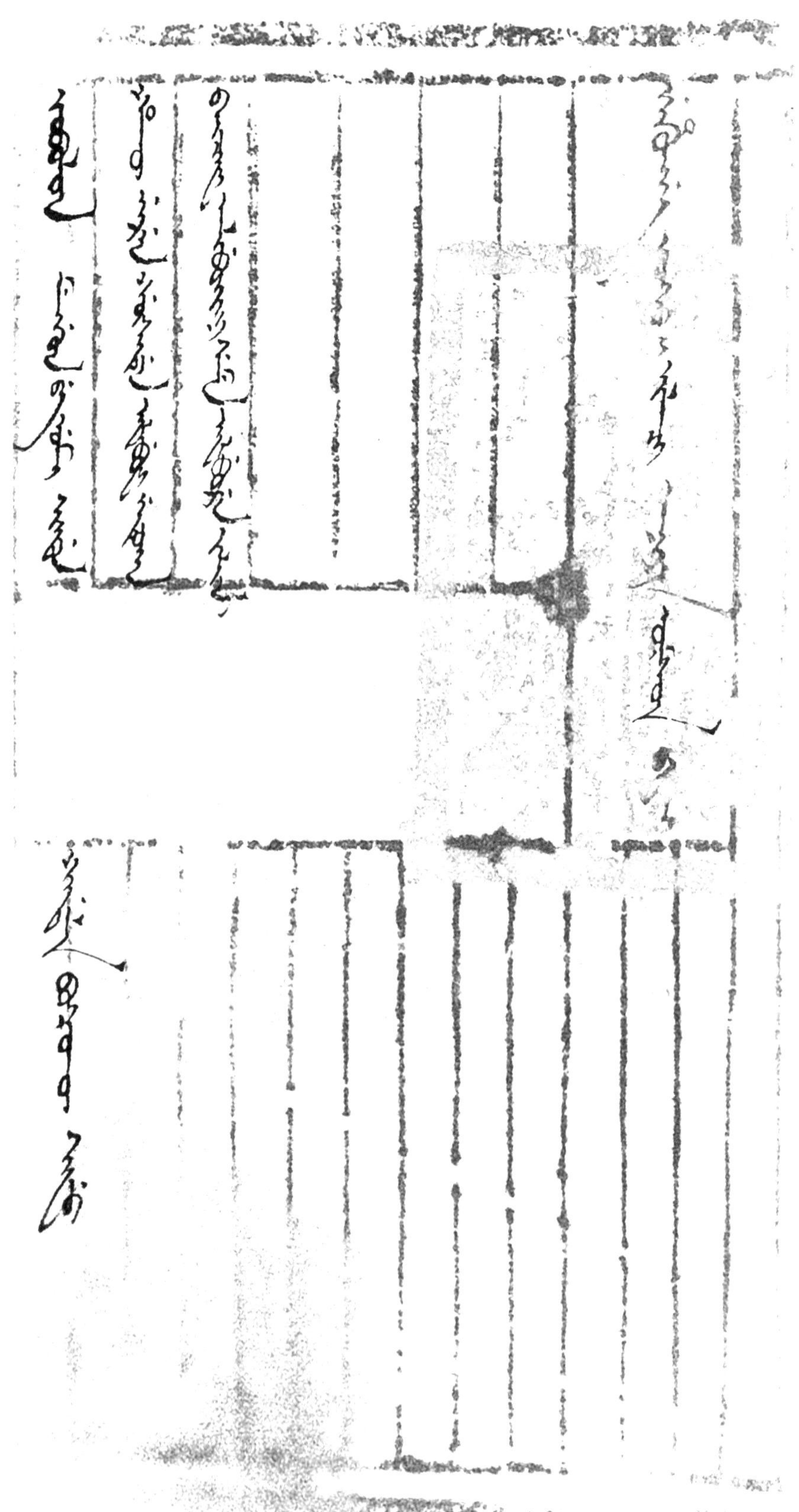

左翼花翎協領玉　為札飭事茲准
旗務承辦處移開文牘科案呈案查宣統
二年分由省領來白事銀兩業經各旗領訖
發放在案現屆計一年之久何各旗應領白
事人等以屢領不得有來處鳴冤之說信
是辦事人員中有苛措不發酷累困殊
堪痛恨茲擬移請嚴查所屬如有未經發

放之旗亟為勤令速行撤結痛切申斥以免
久累困苦嗣後若再有苛措情事一經本處
查出或被告發定以應得從重懲處之處相應
備文移付為此合移貴翼查照希為嚴行
轉飭查辦施行等因准此合亟札飭各旗
佐領等遵照務將歷次白事銀兩如何苛措
不發今奉飭查該旗速即查明立待核轉

切切特札

右札四旗七佐佐領等𠊧准此

宣统三年十一月　日

第三编

56 伯都讷旗务处为奉文催报本年春季官员等出身履历满汉清册事行左右两翼文

宣统二年二月二十四日

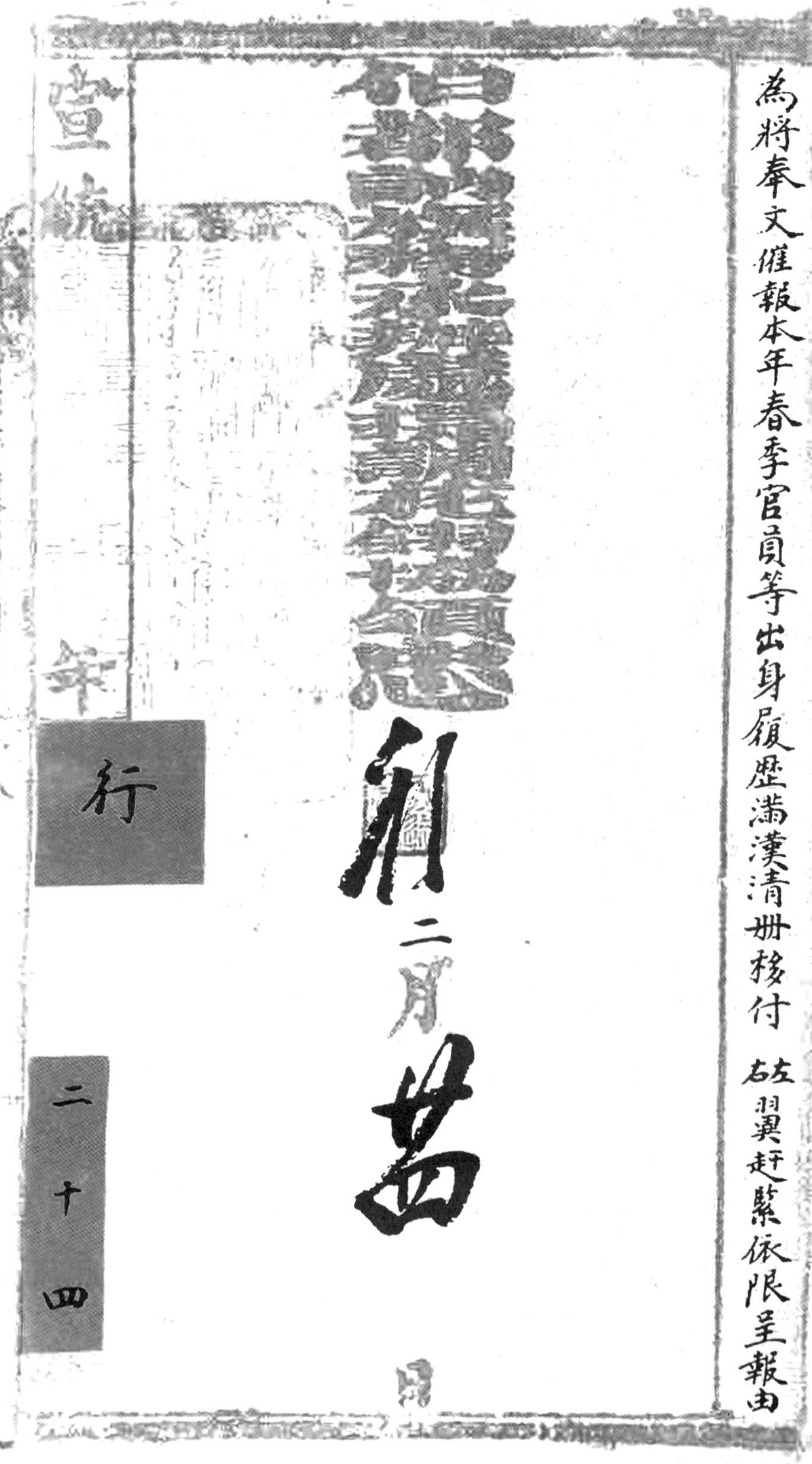
為將奉文催報本年春季官員等出身履歷滿漢清册移付
右翼赶緊依限呈報由

册

二月

行

二十四

署理文牘庶務兩科科員文牘科書記長崇　興

監用關防文牘科書記長全　壽

庶務科書記長西成阿差

監用關防庶務科書記長康　徵

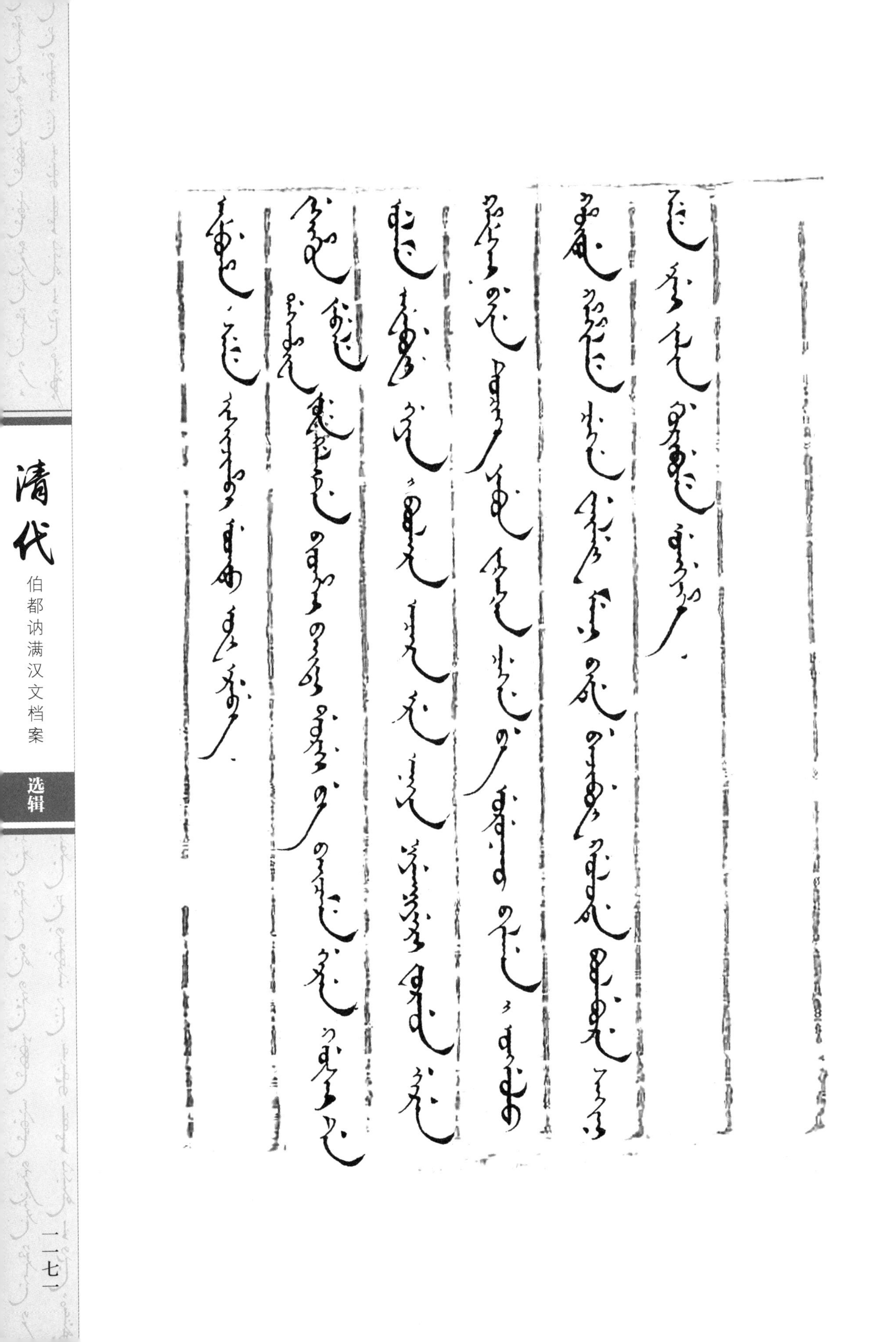

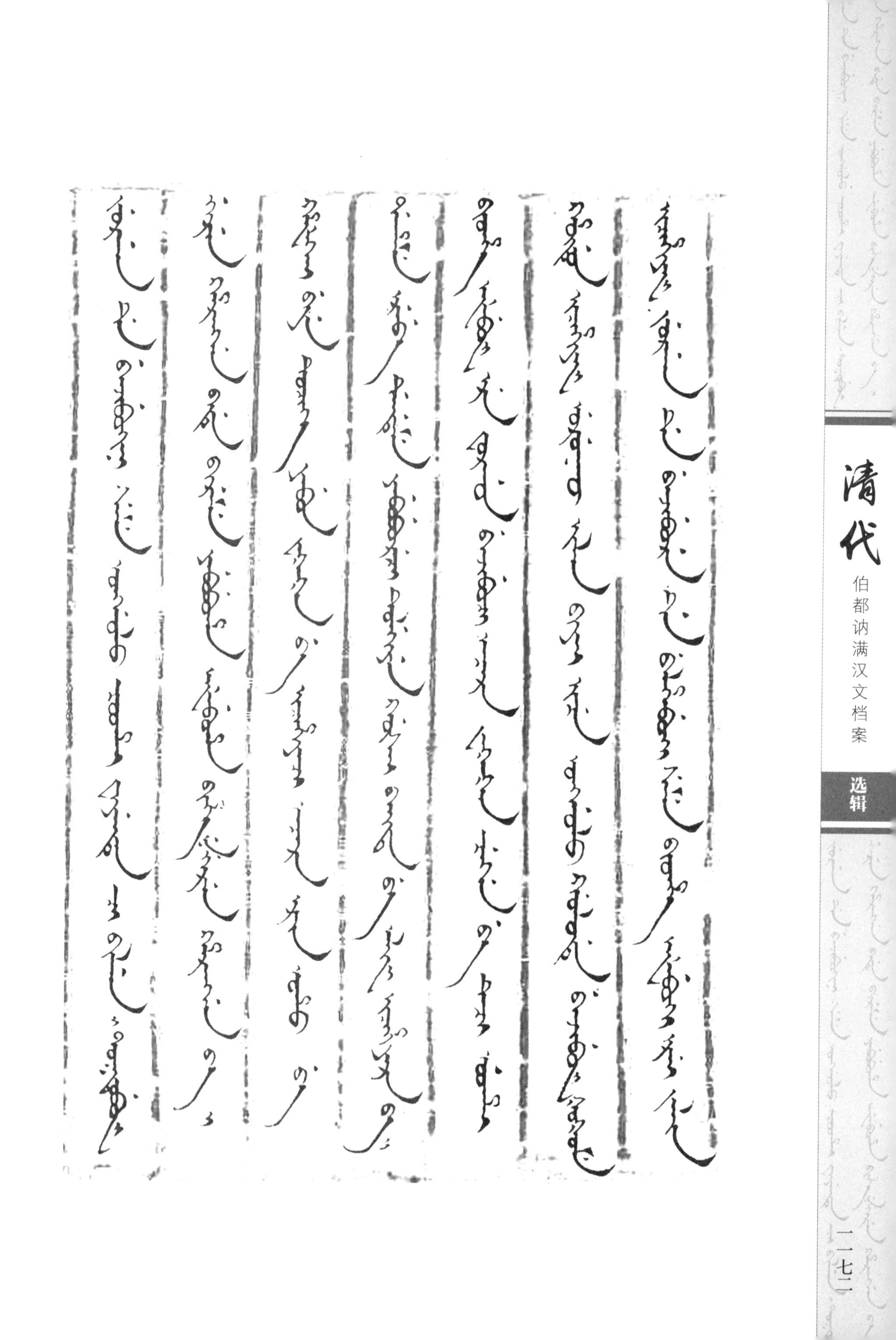

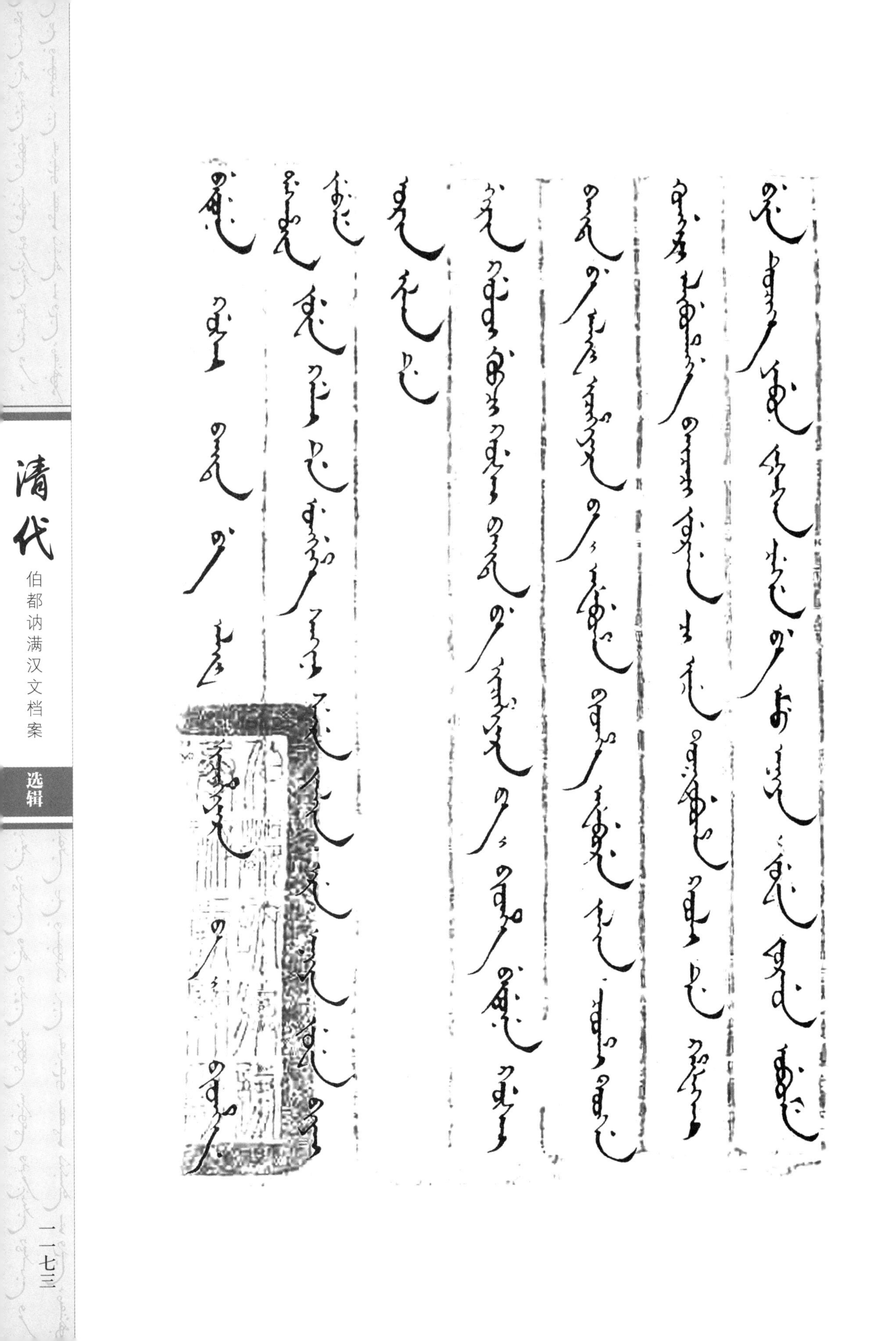

57 吉林全省旗务处为将宣统元年伯都讷所有补放佐防校等官抄粘咨送事札伯都讷旗务处文

宣统二年三月二十日

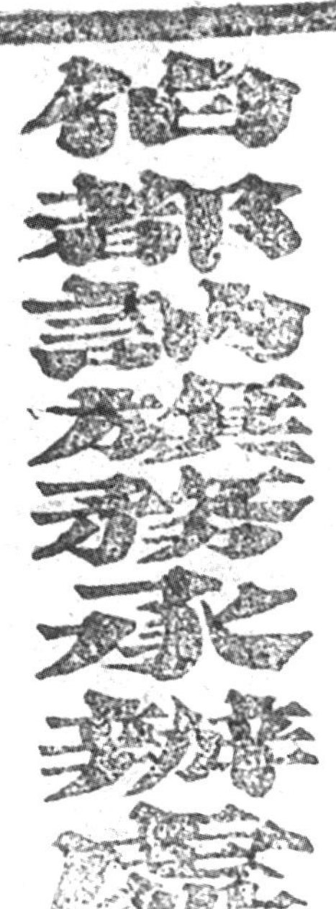

吉林全省旗務處 爲將

宣統元年一年所有訥

城補放佐防校等官旗

佐銜名抄粘札尾等因來

文一件

崇興

全壽

西成阿

廉瀓

宣統二年三月二十五日

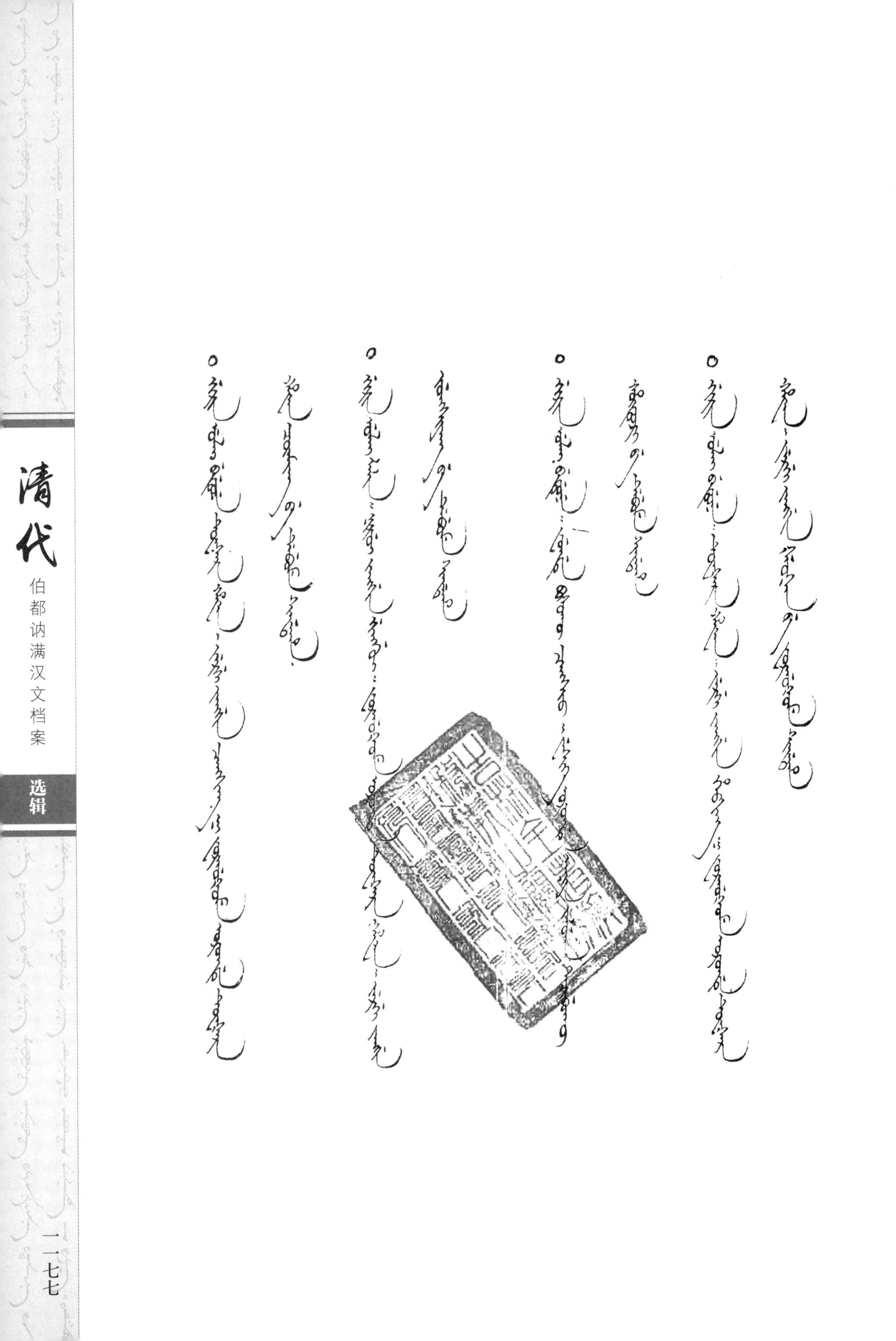

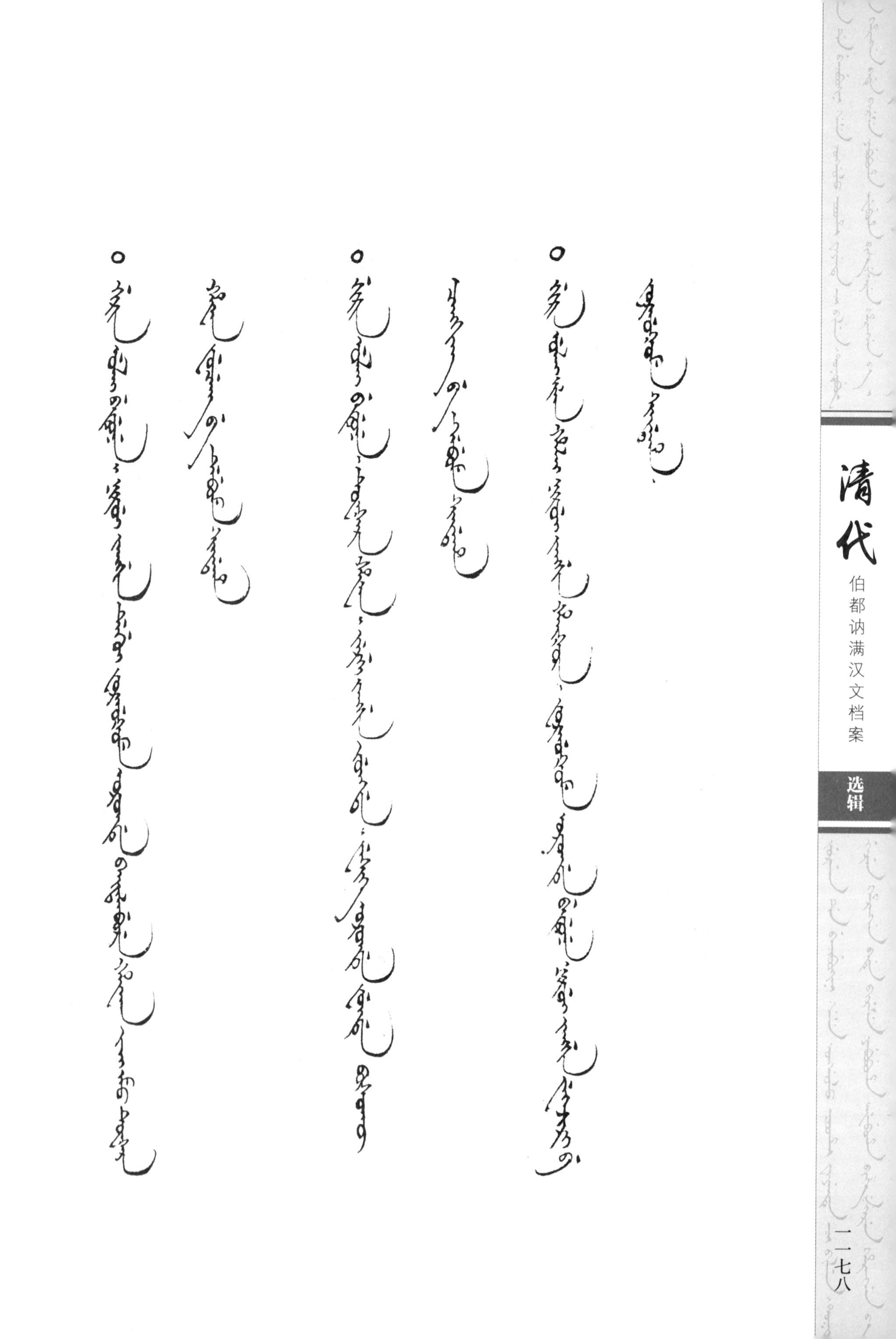

ᠣ [illegible]
[illegible]
ᠣ [illegible]
[illegible]
ᠣ [illegible]
[illegible]

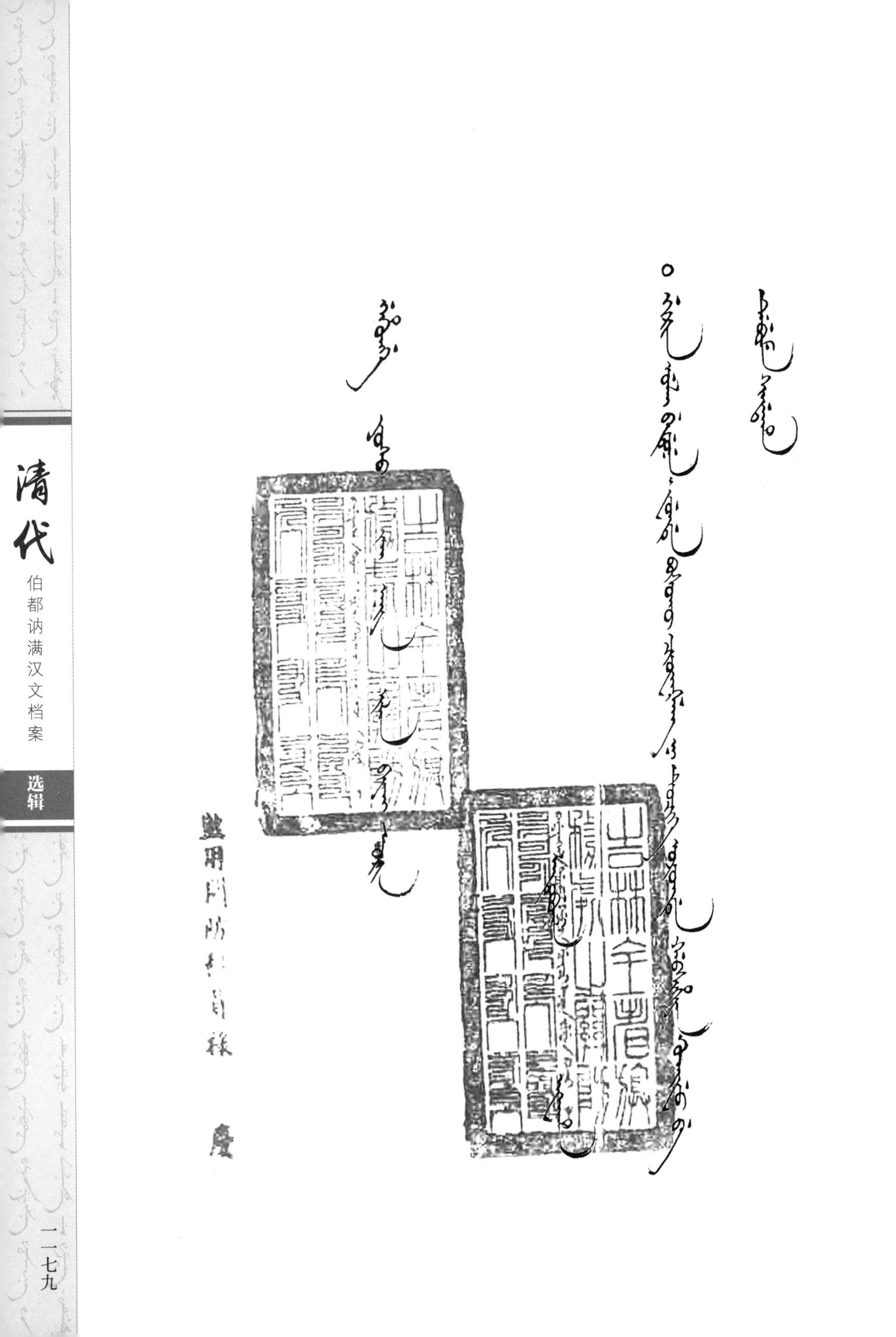

監明阿防都目禄　慶

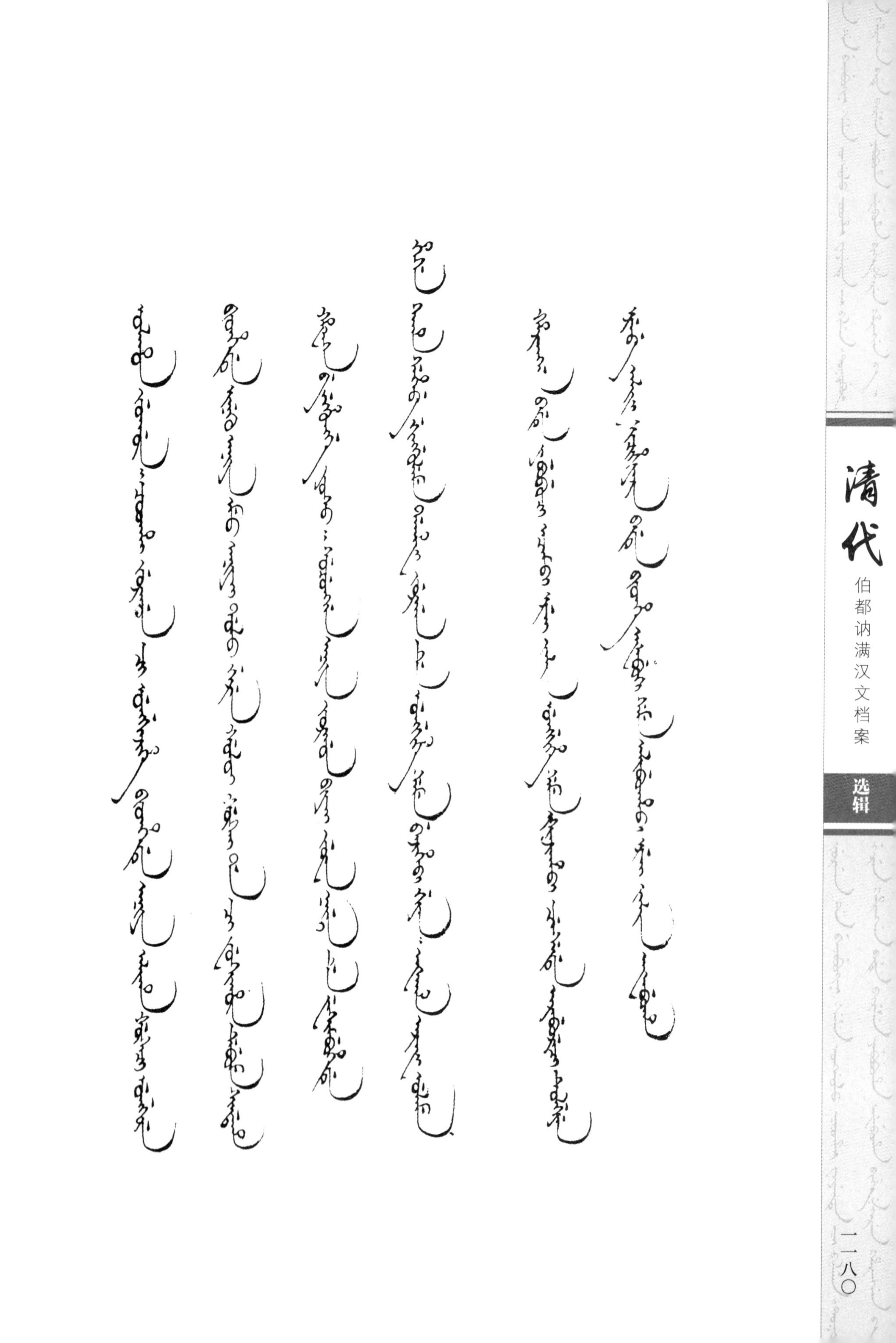

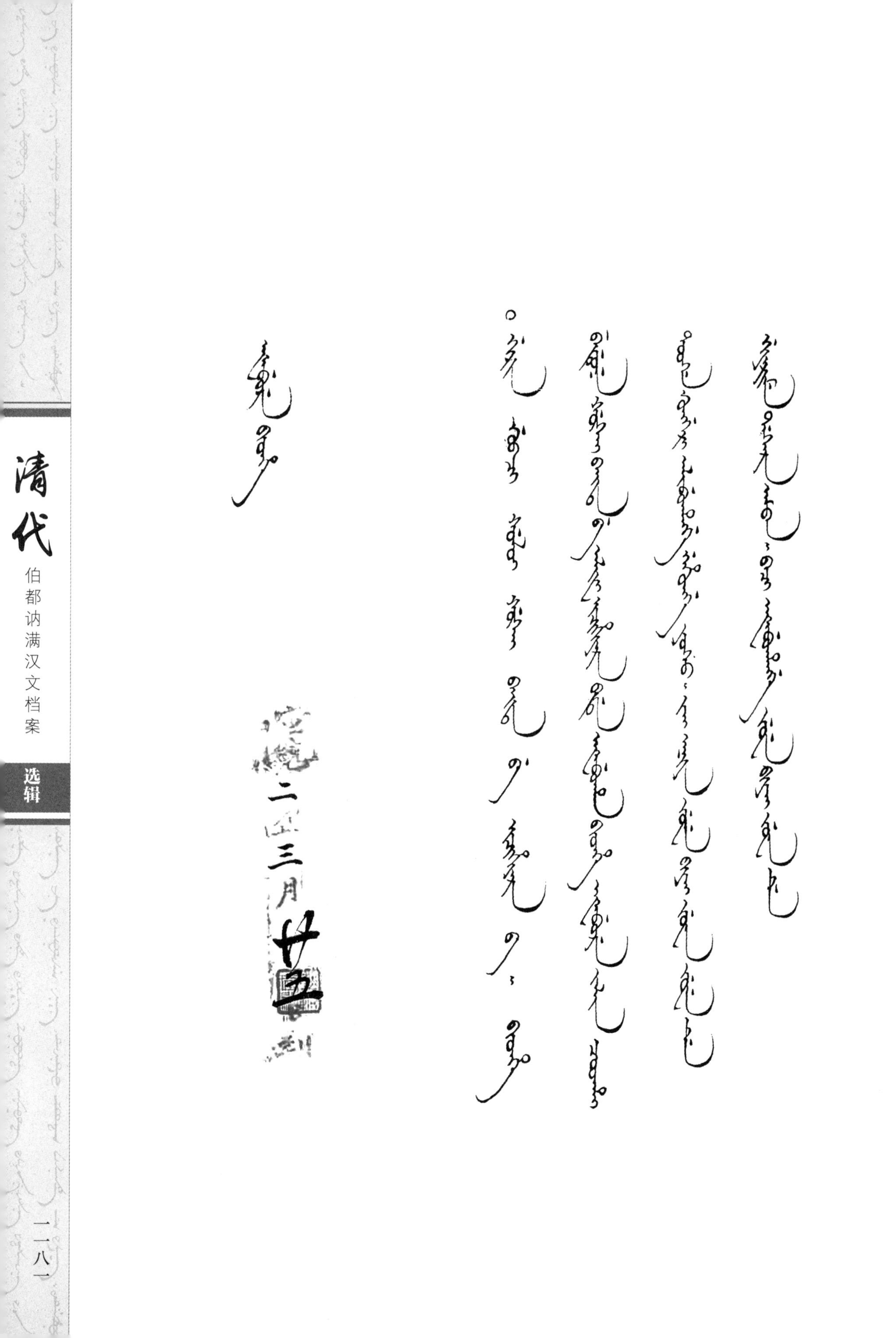

[illegible]

[illegible]

[illegible]

[illegible]

[illegible]

二年三月廿五

58 吉林全省旗务处为将秋季官员履历册籍于九月一日前报省事咨伯都讷旗务处文

宣统二年七月十四日

洪纪

吉林旗務處　為將該處應行造報秋季官員履歷册籍務於九月初一日以前報省來文乙件

宣統二年七月二十七日

文牘科科員崇興
副科員全壽
庶務科科員富克精阿
署科員西成阿
署副科員廉澂
文牘科書記長恩隆阿
兼庶務科書記長常慶
庶務科書記長惠康

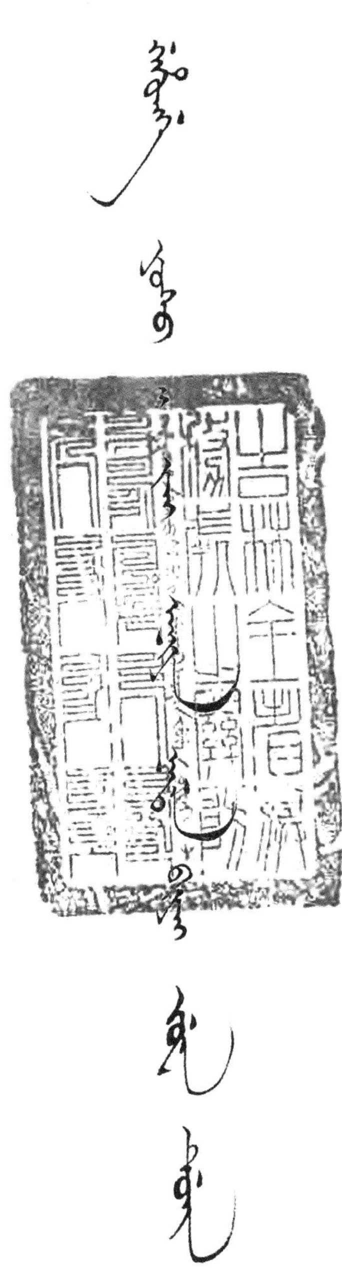

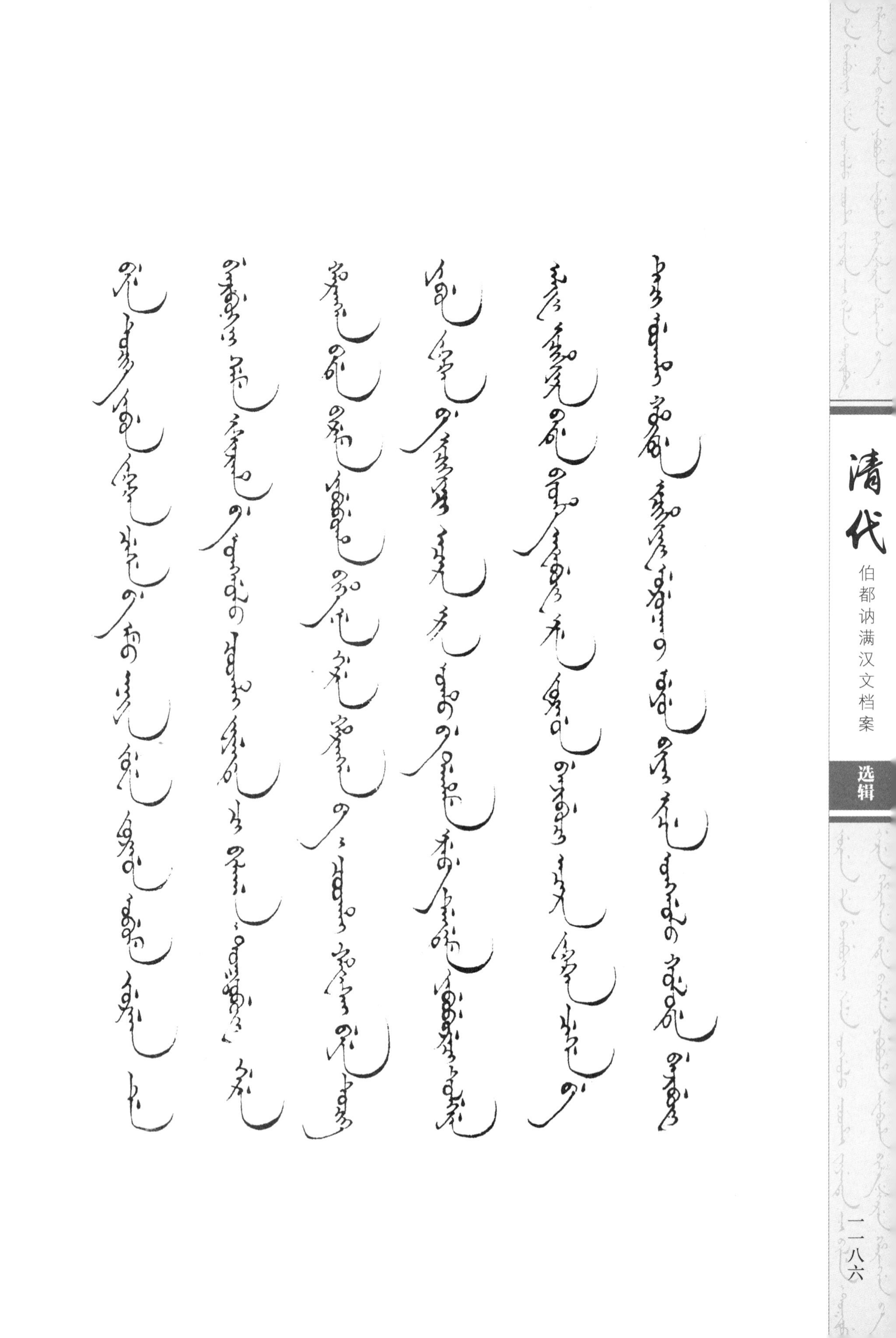

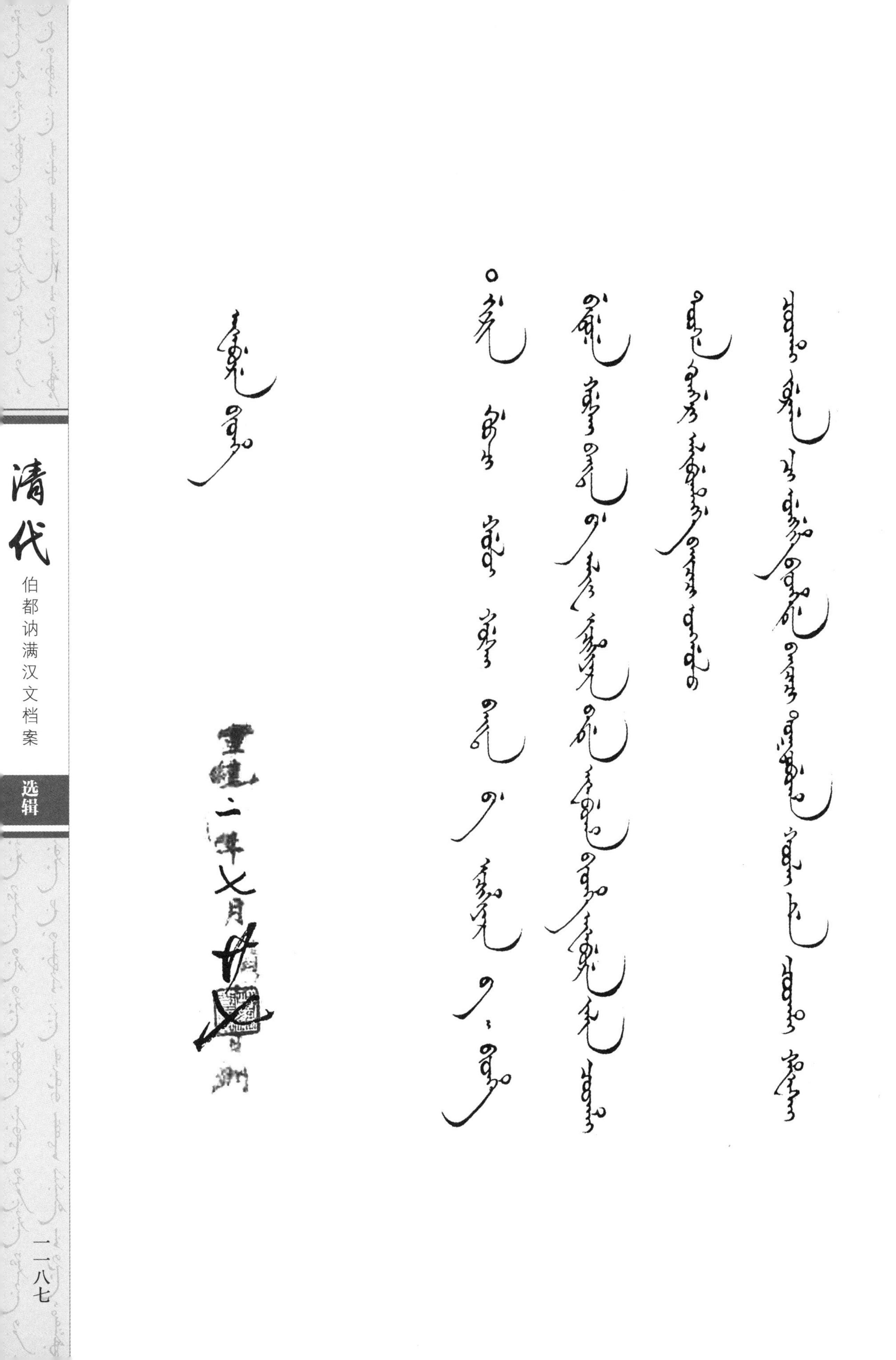

[illegible]

[illegible]

[illegible]

[illegible]

[illegible]

雍正二年七月廿

59 吉林巡抚为将本年应报兵丁花名造册于十月底前报省事咨伯都讷旗务处文

宣统二年八月三日

47720

伯都訥委協領承辦處

督撫憲為將本年應報兵丁花
名印勾冊籍務於十月底呈送
到有來文乙件

文牘科科員崇興
副科員全壽
庶務科科員富克精阿
署科員西成阿
署副科員廉瀓
文牘科書記長恩隆阿
兼庶務科書記長常慶
庶務科書記長惠廉

宣統二年八月初九日

監印官兼驍騎校文禮恩注腔瑞

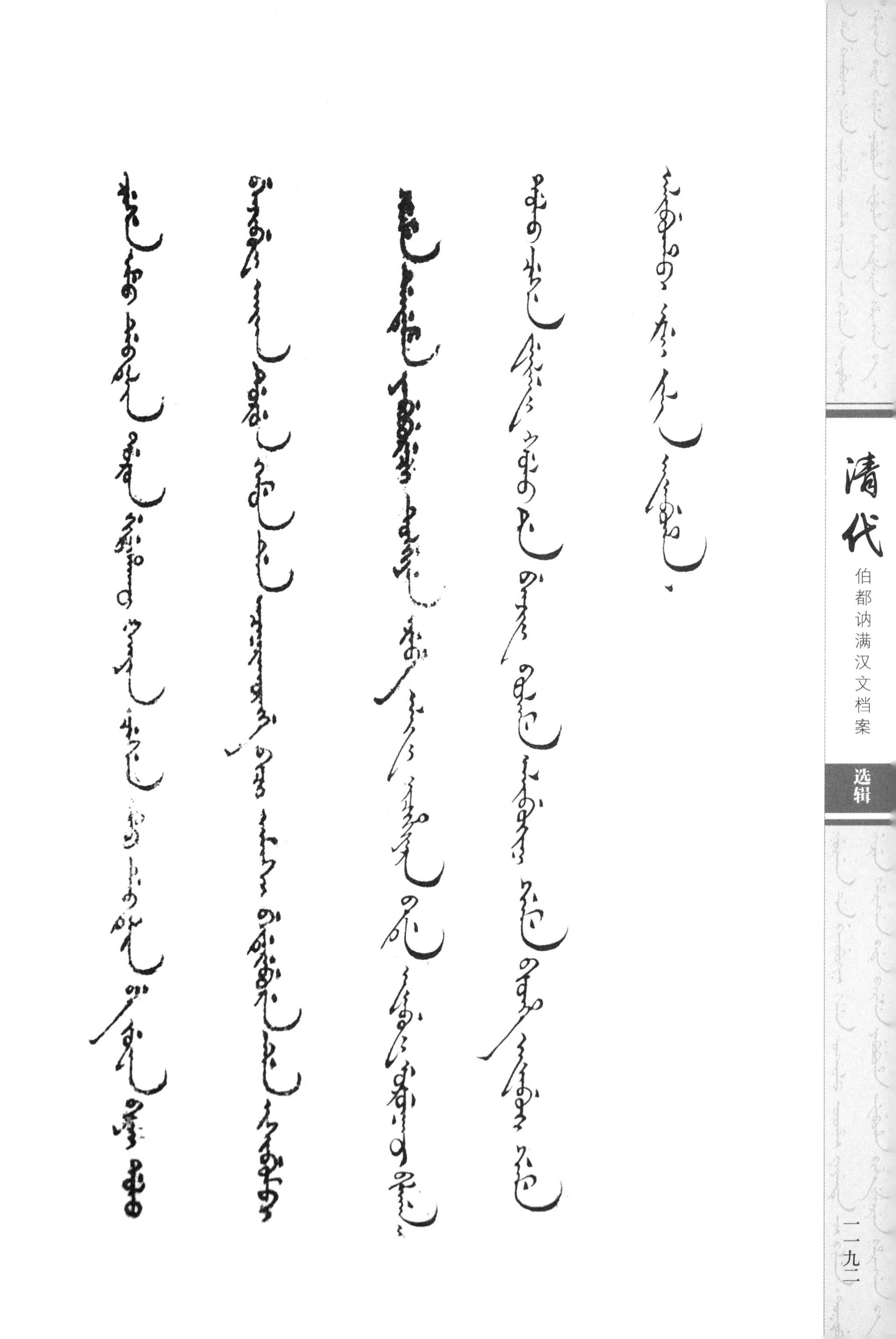

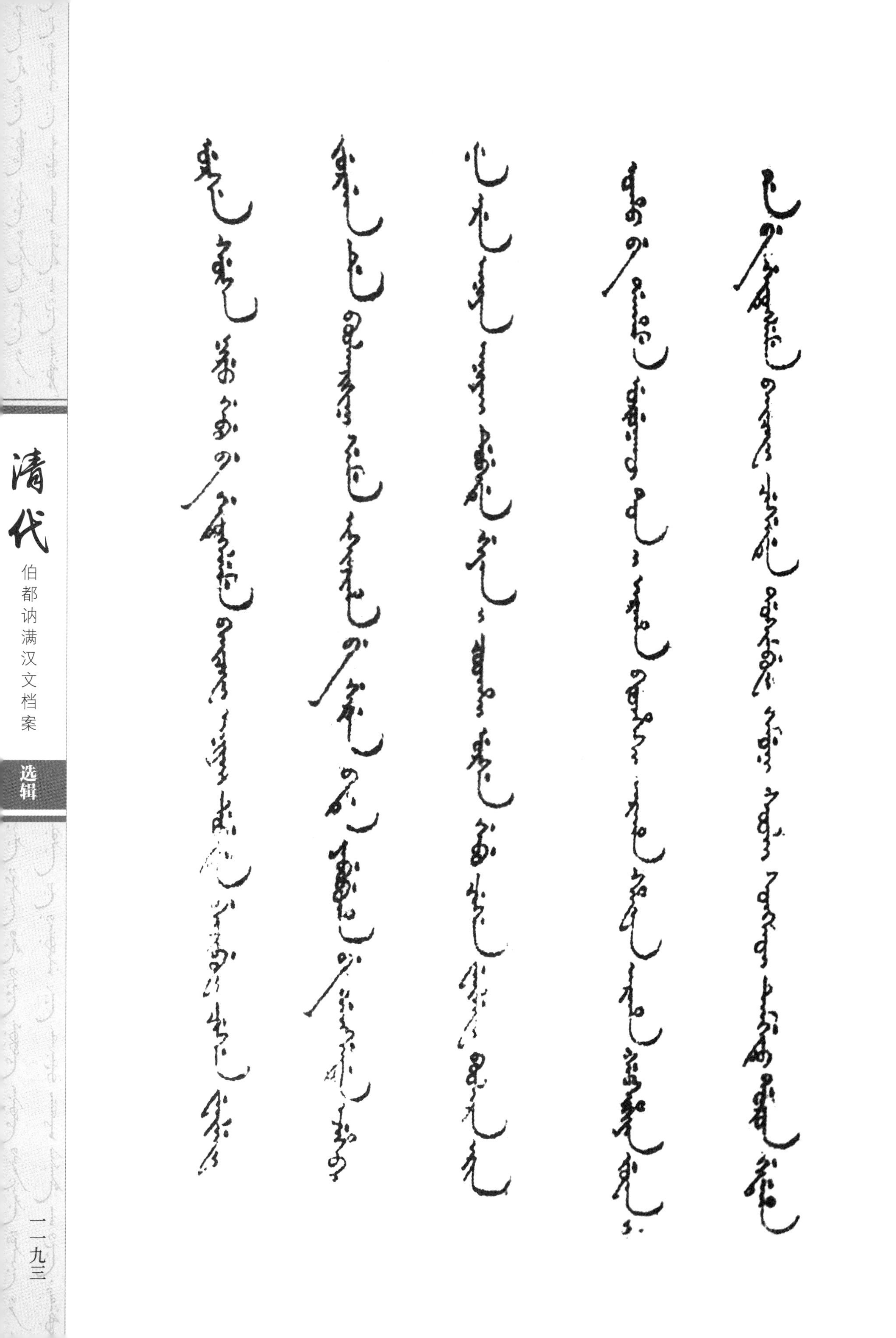

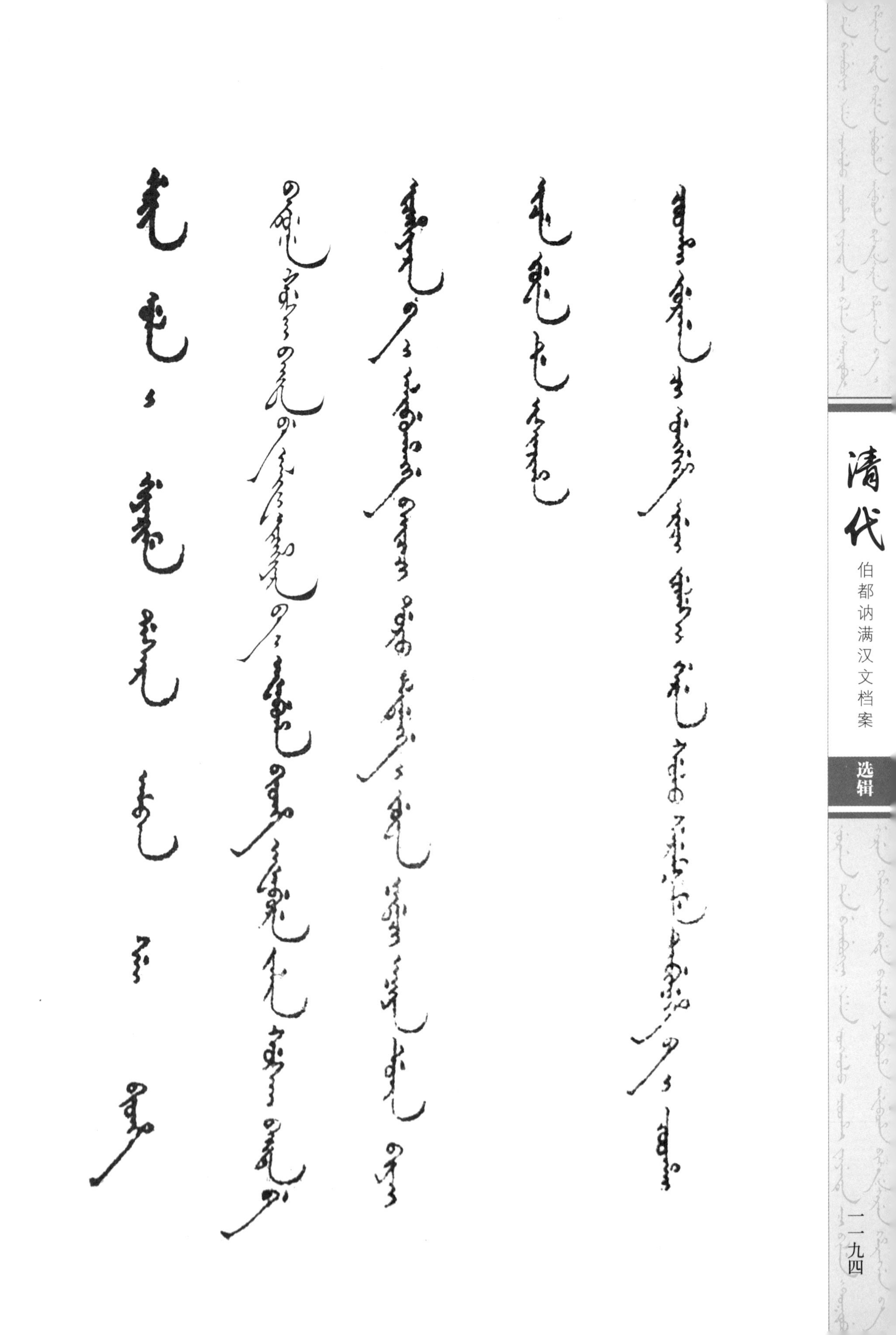

60 伯都讷旗务处为催报本年秋季官员出身履历册籍事咨左右翼协领文

宣统二年八月十三日

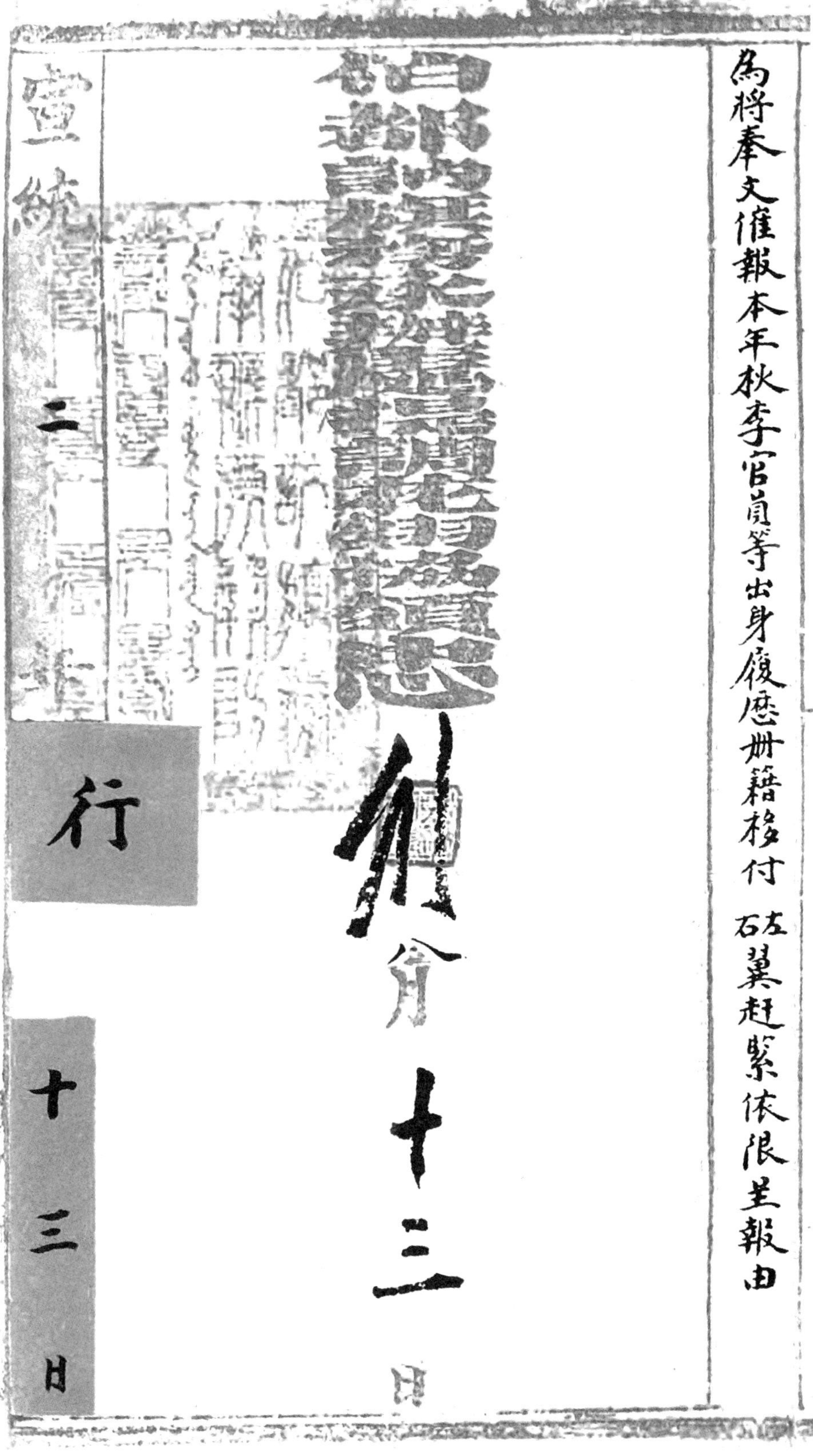

為將奉文催報本年秋季官員等出身履歷册籍移付右石冀趕緊依限呈報由

宣統二年

行

十二月十三日

文牘科科員藍翎驍騎校　崇興

文牘科藍翎副科員　全壽

庶務科科員藍翎裁缺八品筆帖式　富克精阿

著庶務科科員藍翎副科員　西成阿

著庶務科副科員書記長　廉徵

監用關防文牘科書記長　恩隆阿

兼庶務科書記長擬陪驍騎校　常慶

監用關防庶務科書記長　惠廉

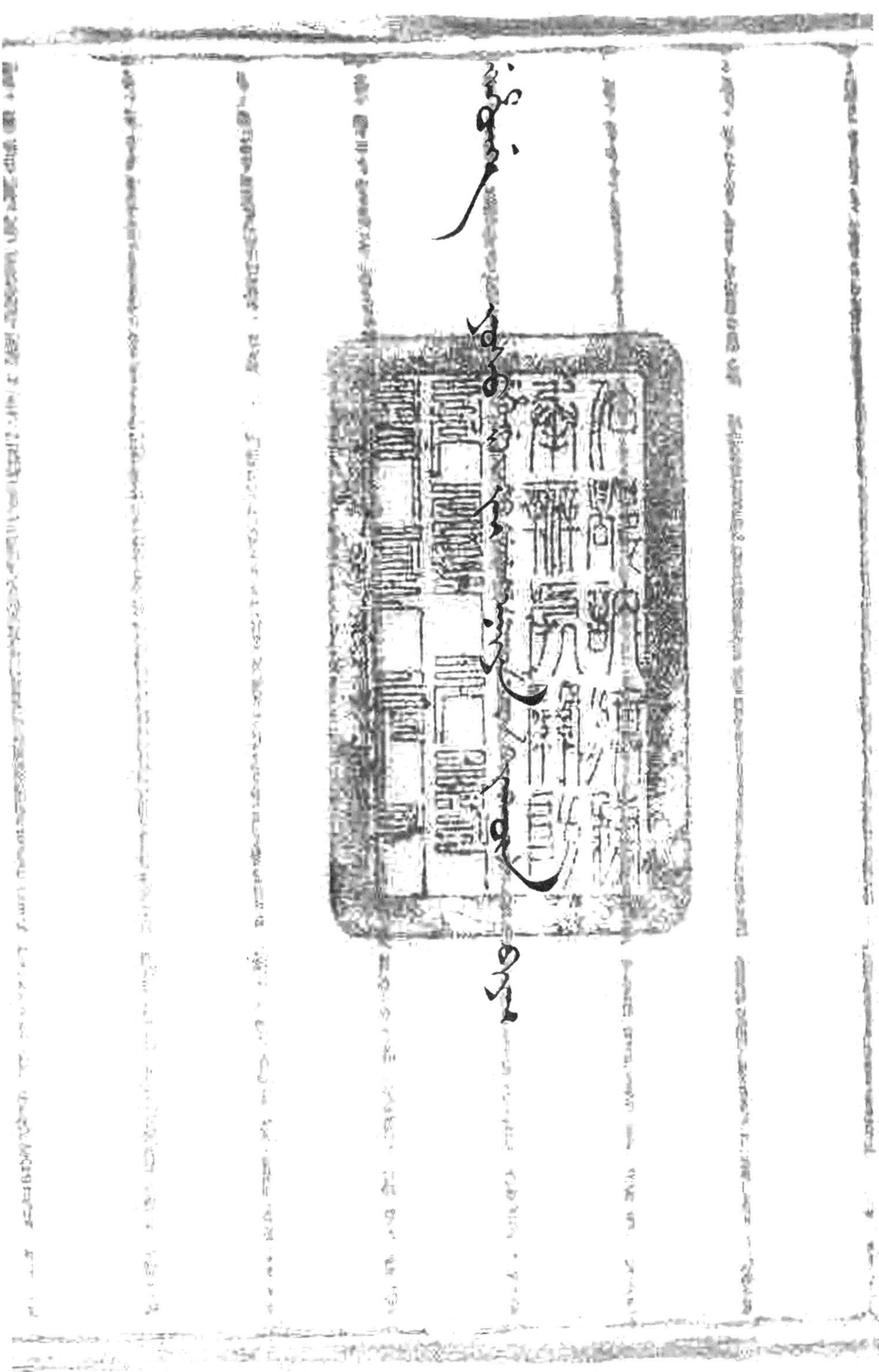

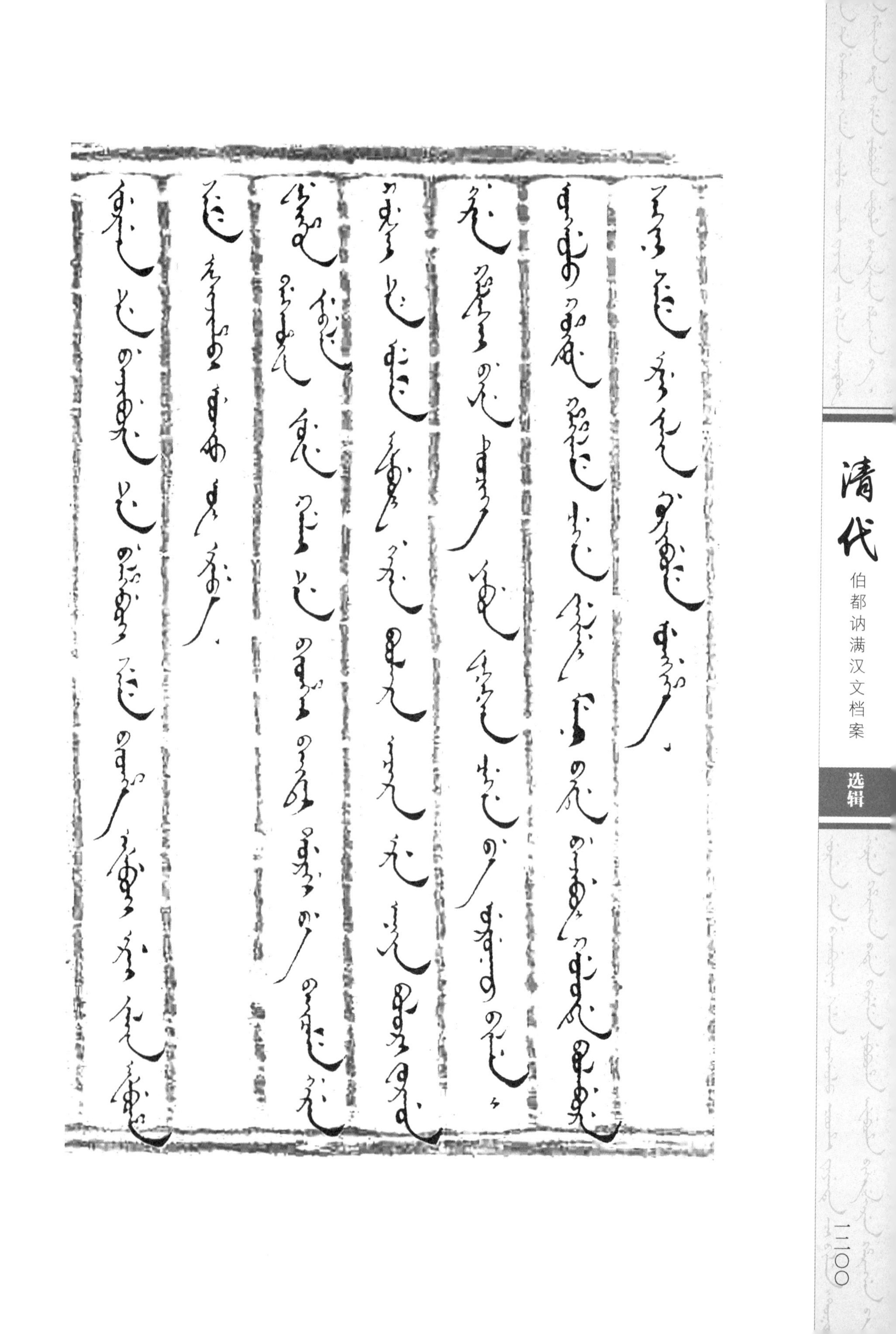

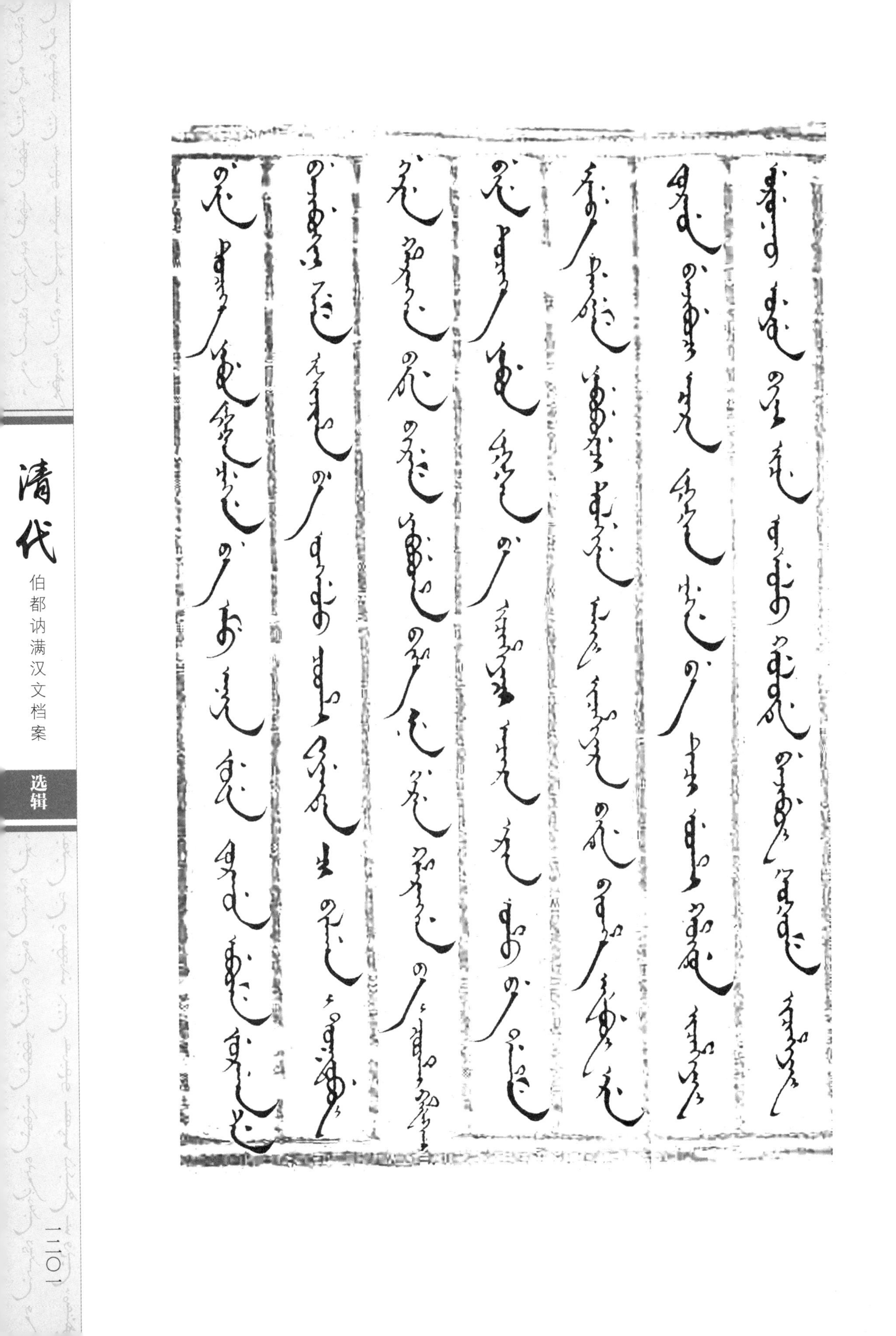

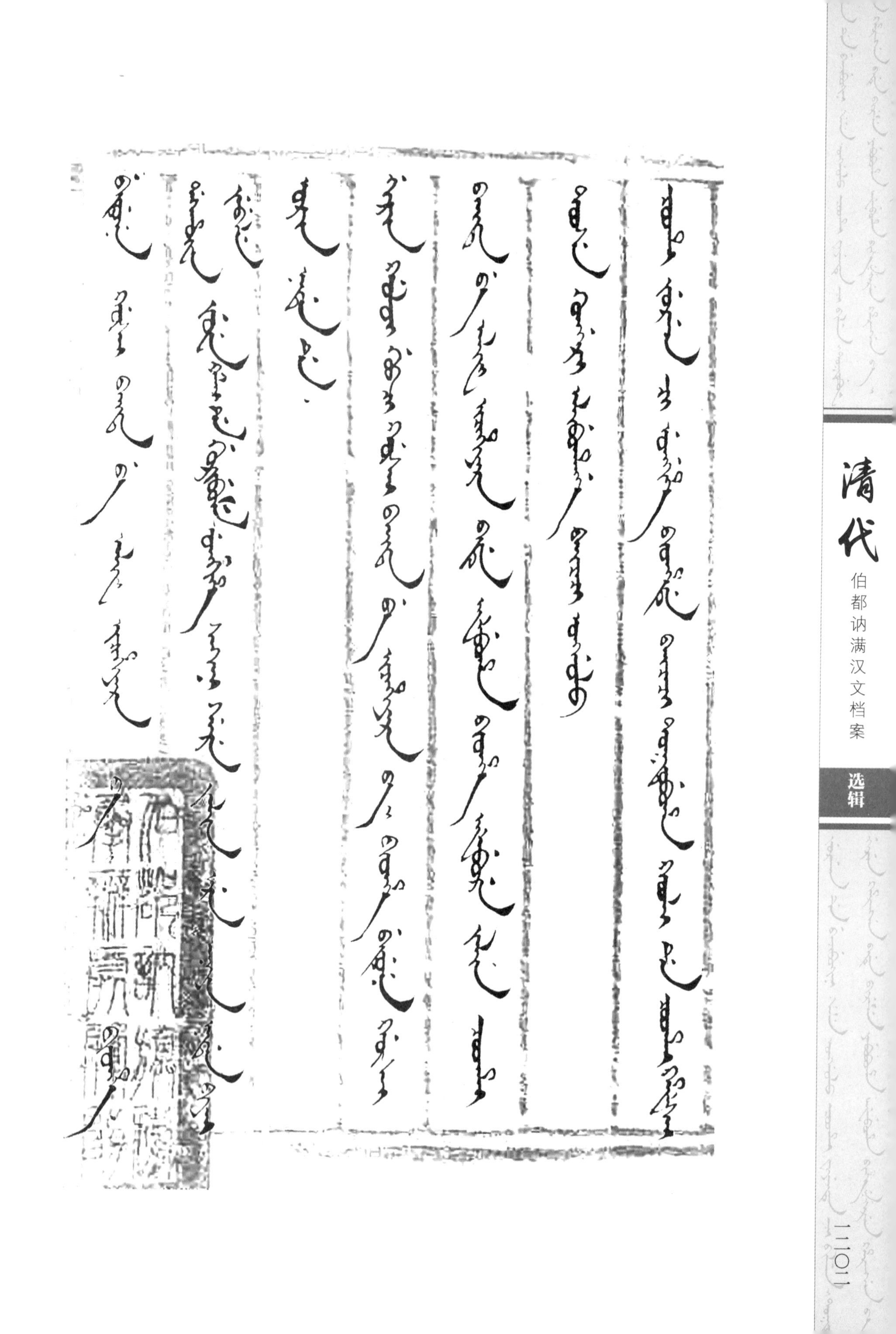

61 吉林巡抚为将伯都讷镶白旗佐领蕴祥调补宁古塔镶黄旗佐领一缺事咨伯都讷旗务处文

宣统二年八月二十一日

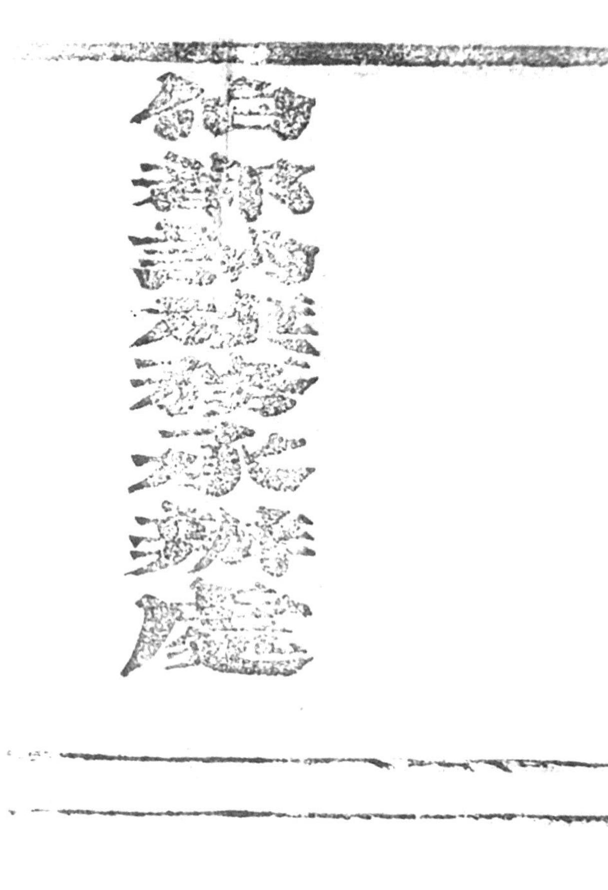

照稿印發

孔山

督撫憲　為將寧古塔廂黃旗
佐領一缺以伯都訥廂白旗
佐領蘊祥轉回之處來文
一件

光緒二年八月二十七日

文牘科科員崇興
副科員全壽
庶務科科員富克精阿
署科員西成阿
署副科員廉澂
文牘科書記長恩隆阿
兼庶務科書記長常慶
庶務科書記長惠廉

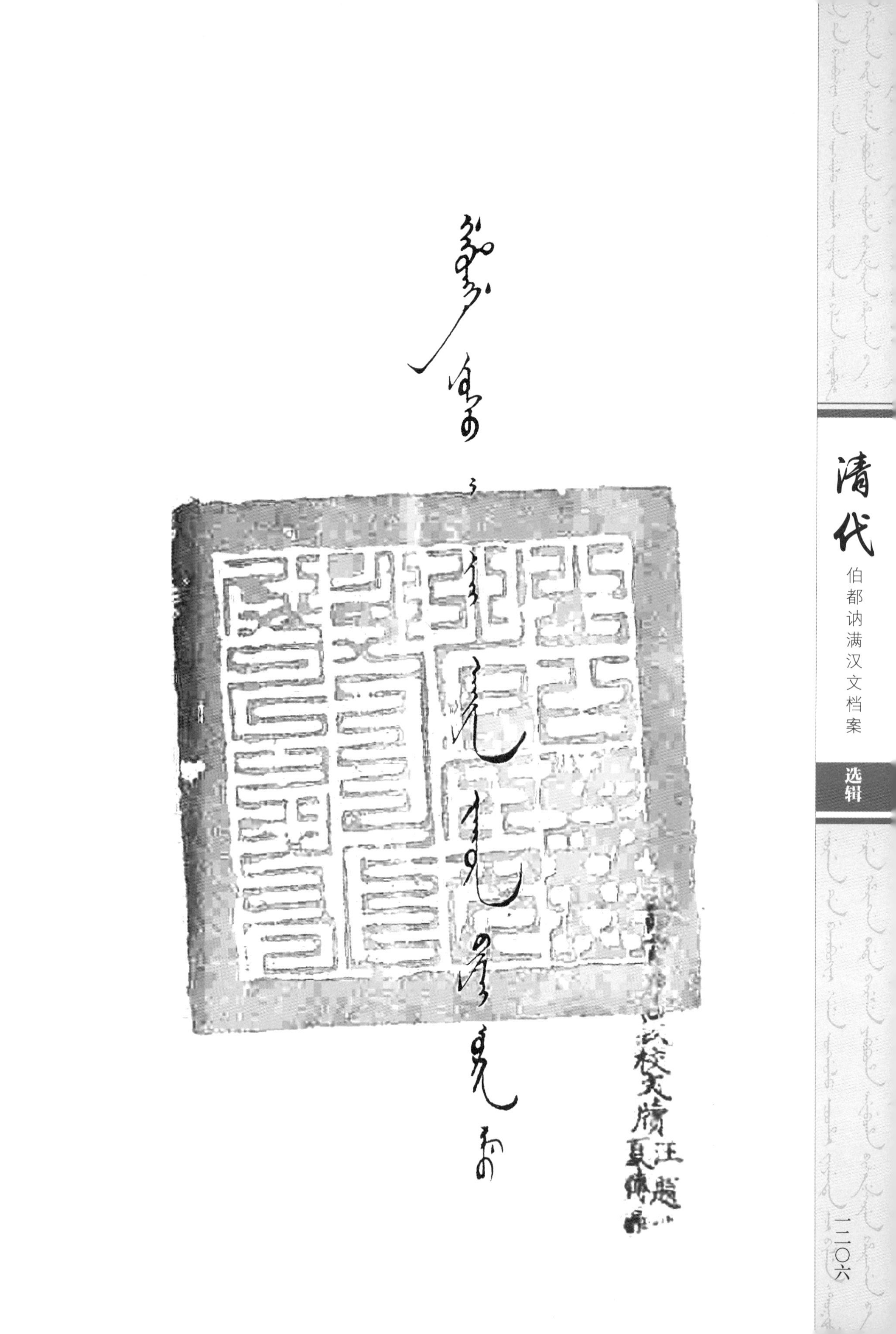

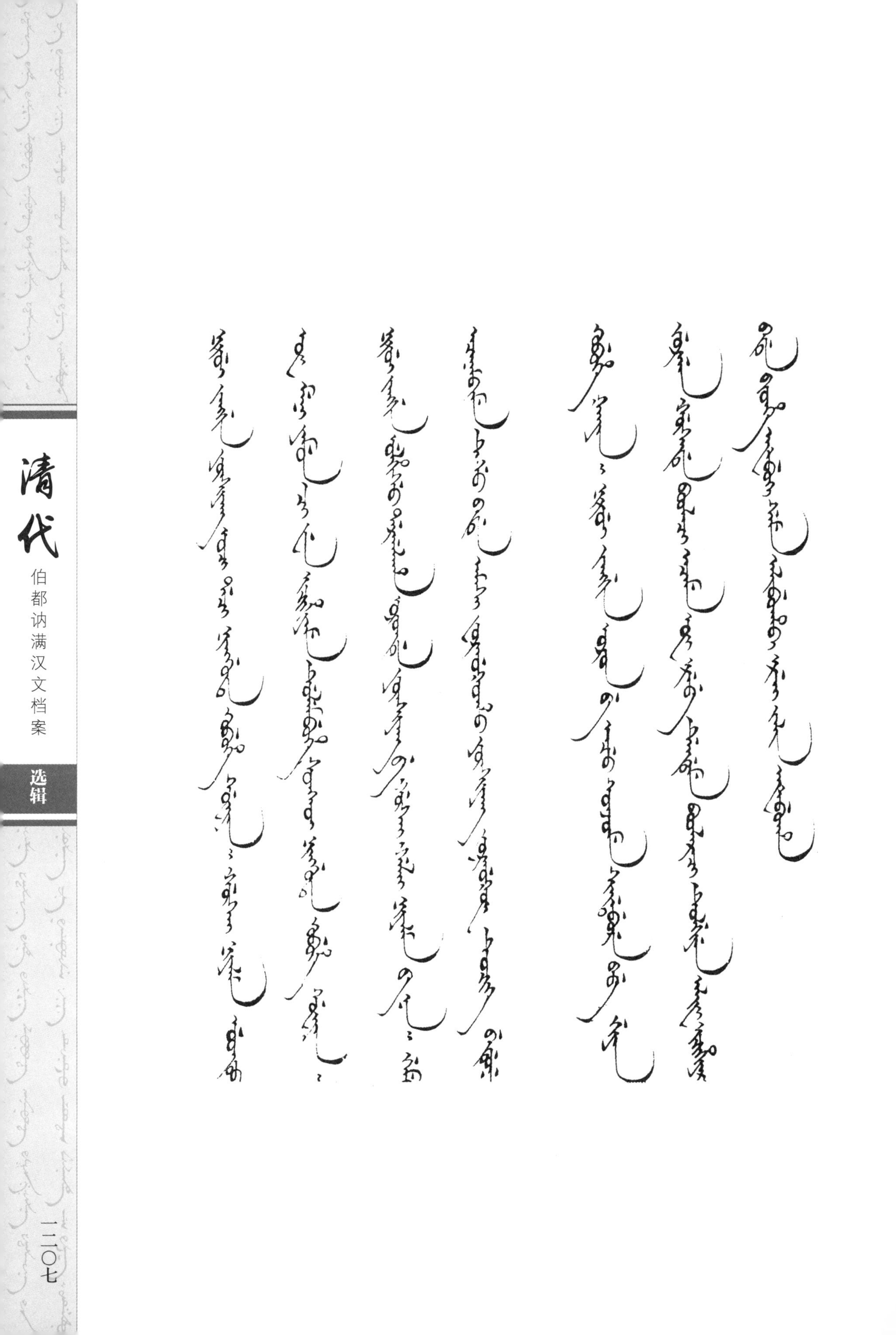

二年八月廿

62 吉林巡抚为将阿勒楚喀镶白旗防御巴英额转调伯都纳镶黄旗防御事咨伯都纳旗务处文

宣统二年八月二十一日

九月初八稿房收

伯都訥滿洲旗務處

督撫憲 為將伯都訥廂黄旗
防禦一缺以阿勒楚喀廂白旗
防禦巴英額轉回之處來文
一件

文牘科科員崇興
副科員全壽
庶務科科員富克精阿
署科員西成阿
署副科員廉徵
文牘科書記長恩隆阿
兼庶務科書記長常慶
庶務科書記長惠廉

宣統二年八月二十七日

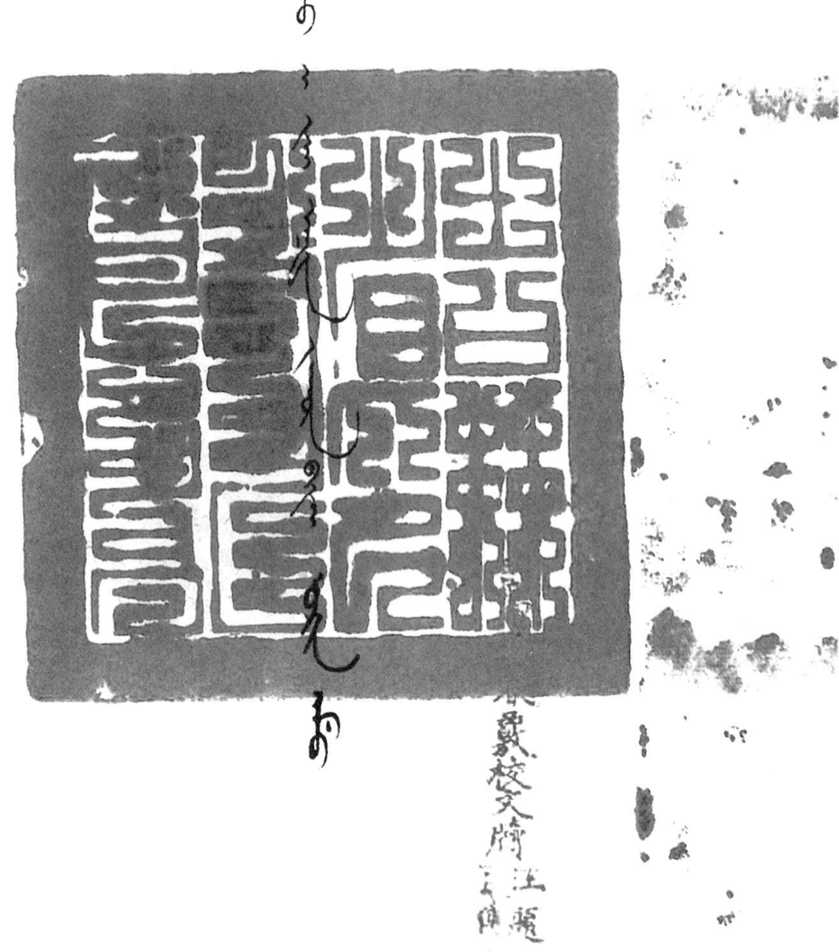

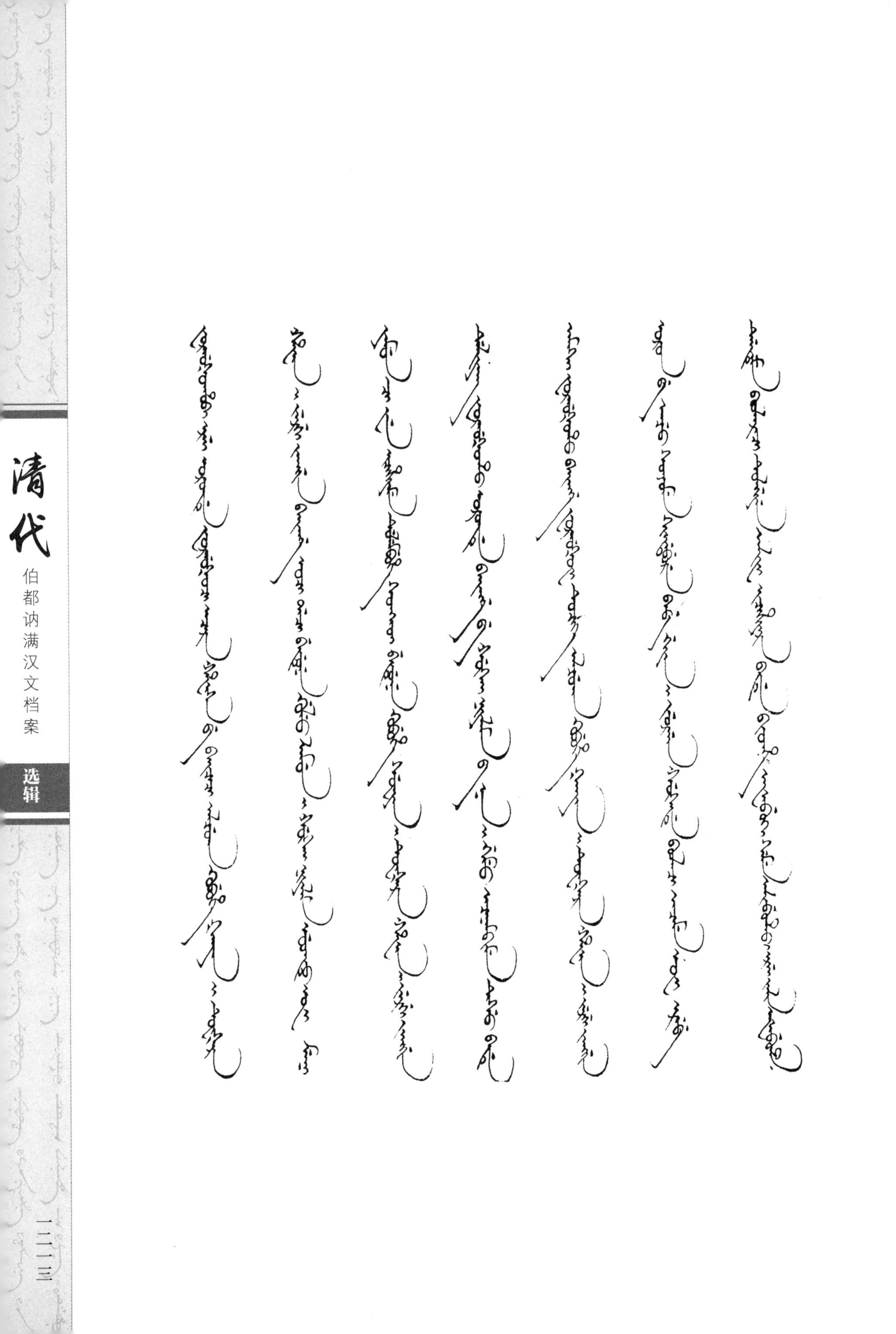

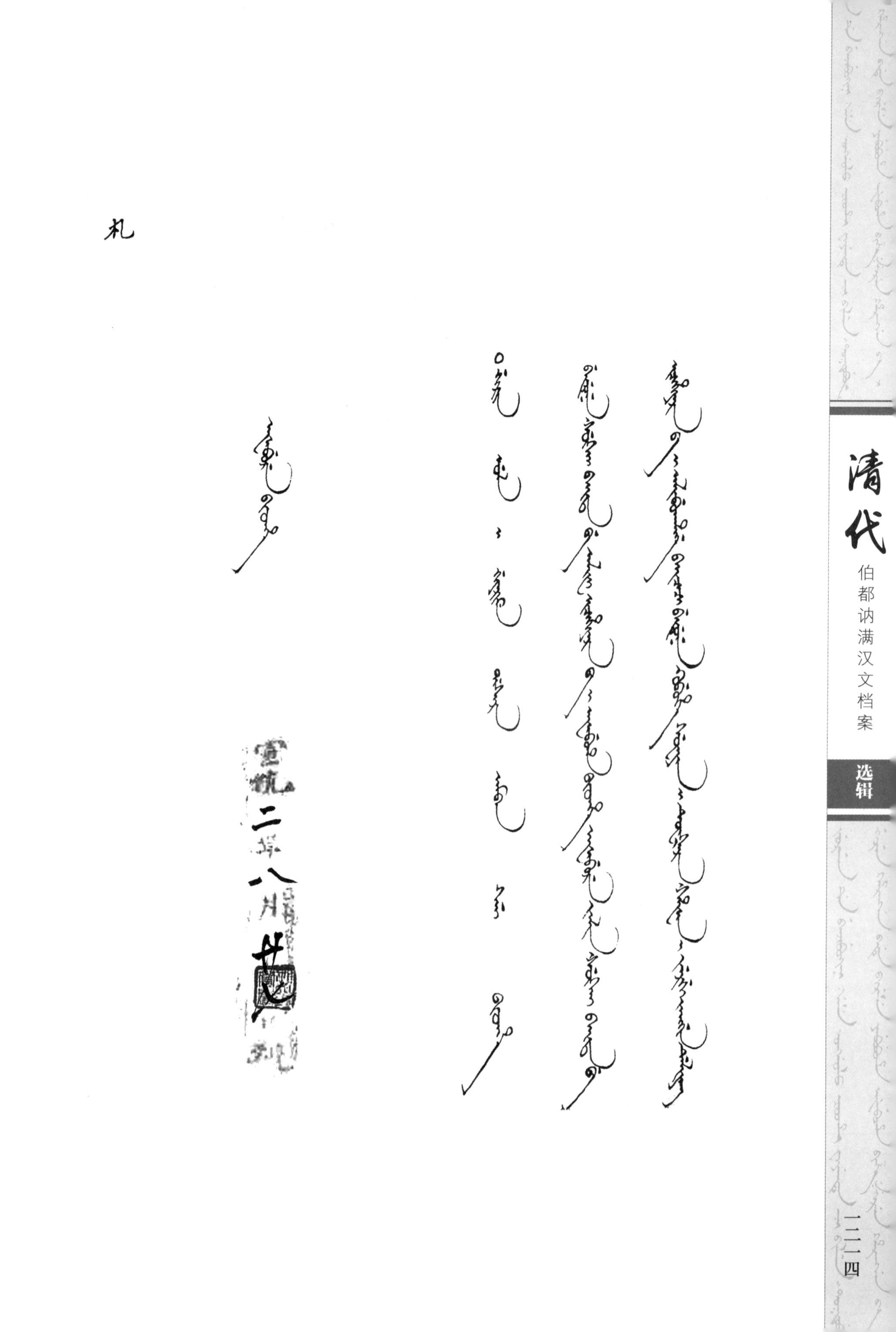

札

宣統二年八月廿

63 伯都讷旗务处为报送升降官员并食半饷闲散等已故日期事呈吉林全省旗务处文

宣统二年八月二十八日

為將陞降官員並食半餉閒散等已故日期造冊呈報

吉林旗務處鑒核由

文牘科科員藍翎驍騎校崇興

文牘科藍翎副科員全壽

庶務科科員藍翎栽缺八品筆帖式富克精阿

署庶務科科員藍翎副科員西成阿

署庶務科副科員書記長康瀓

監用關防文牘科書記長恩隆阿

兼庶務科書記長擬陪驍騎校常慶

監用關防庶務科書記長惠廣

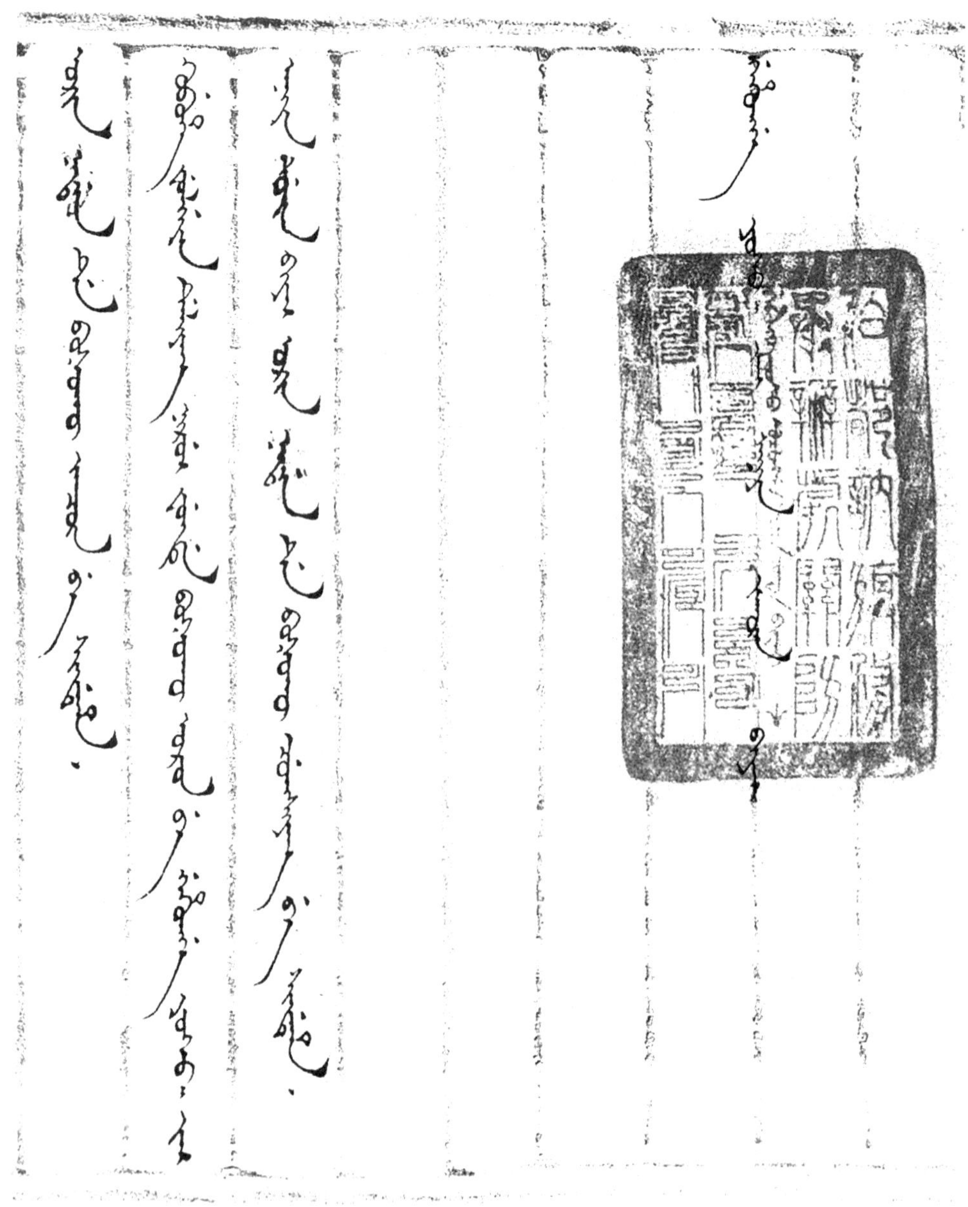

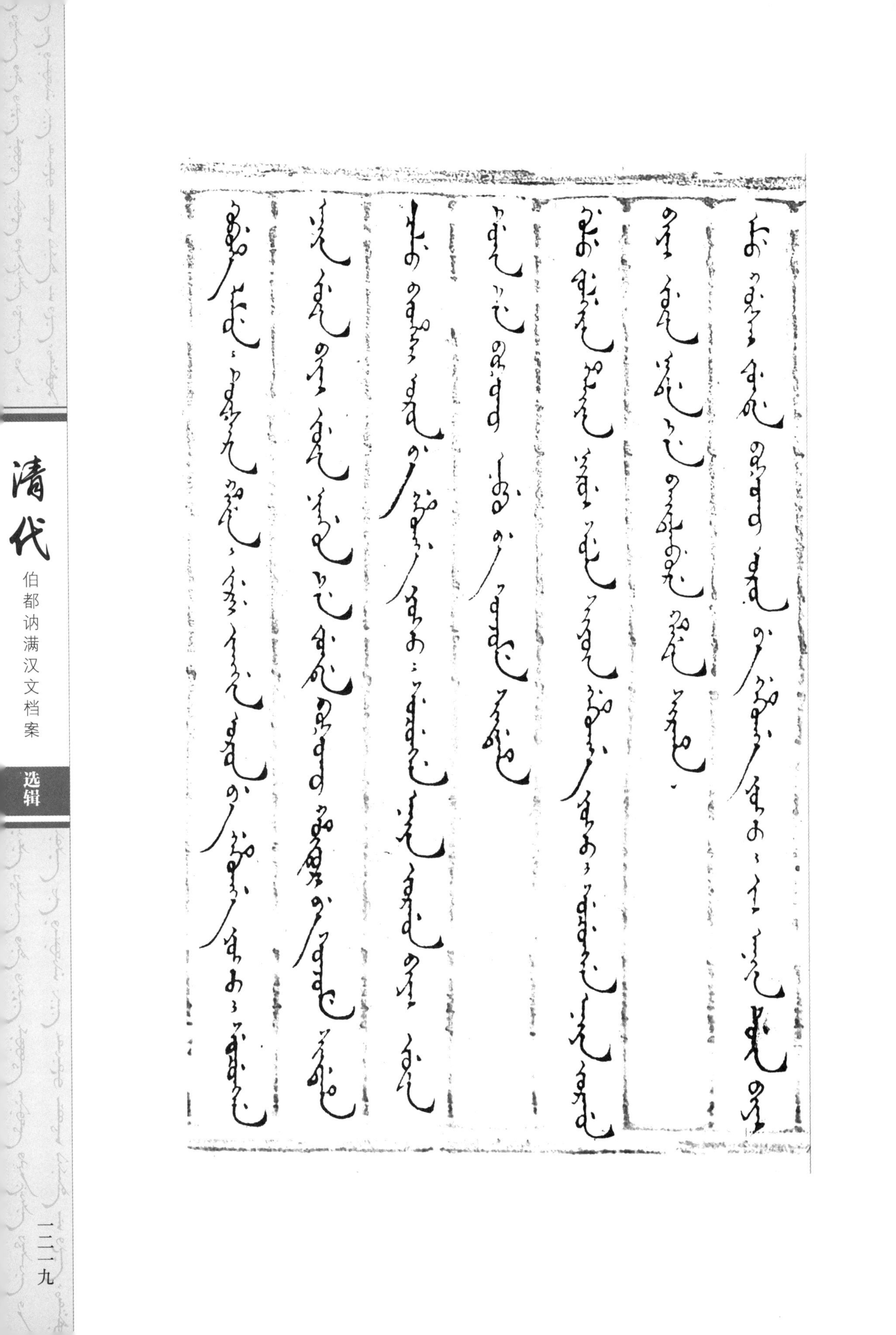

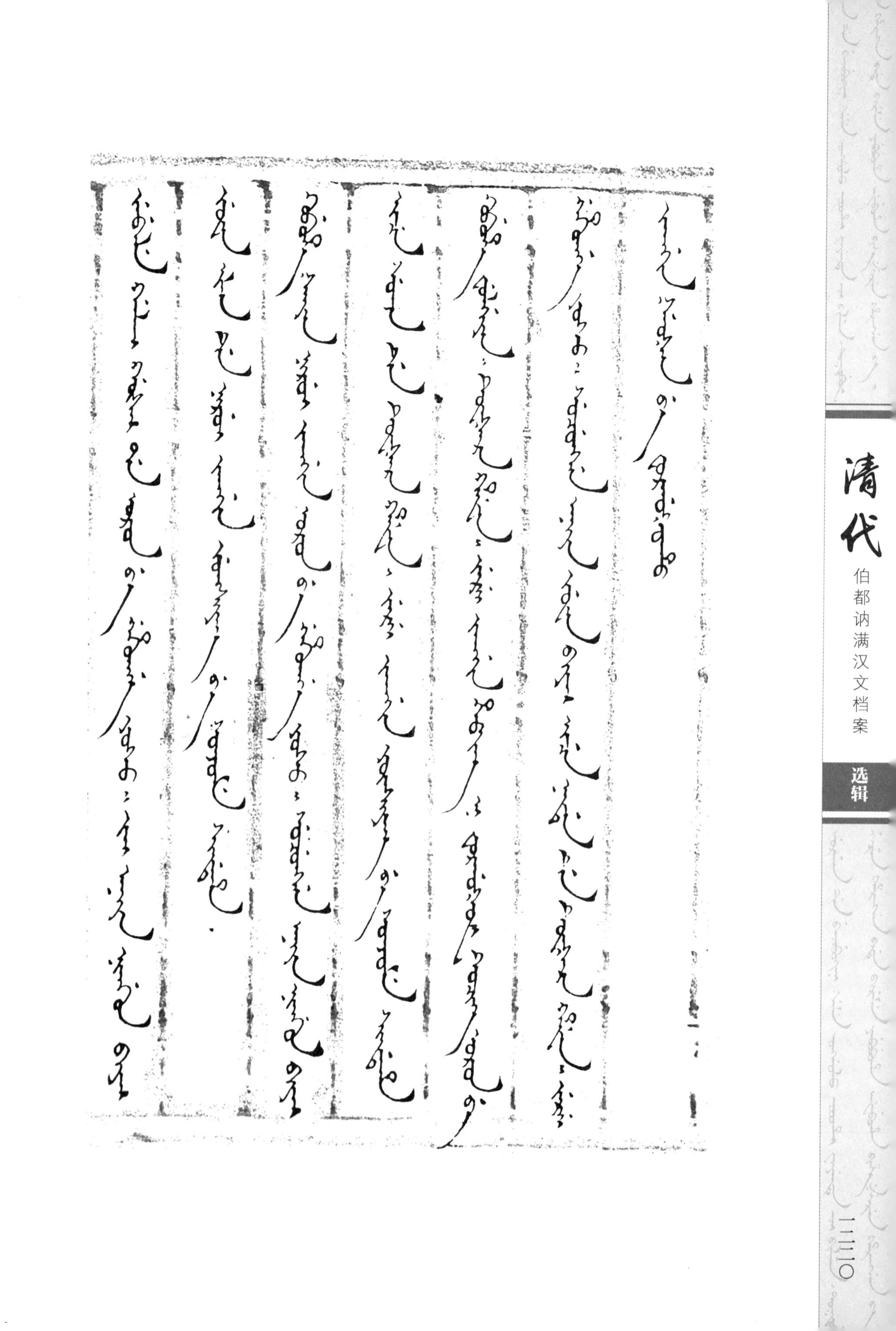

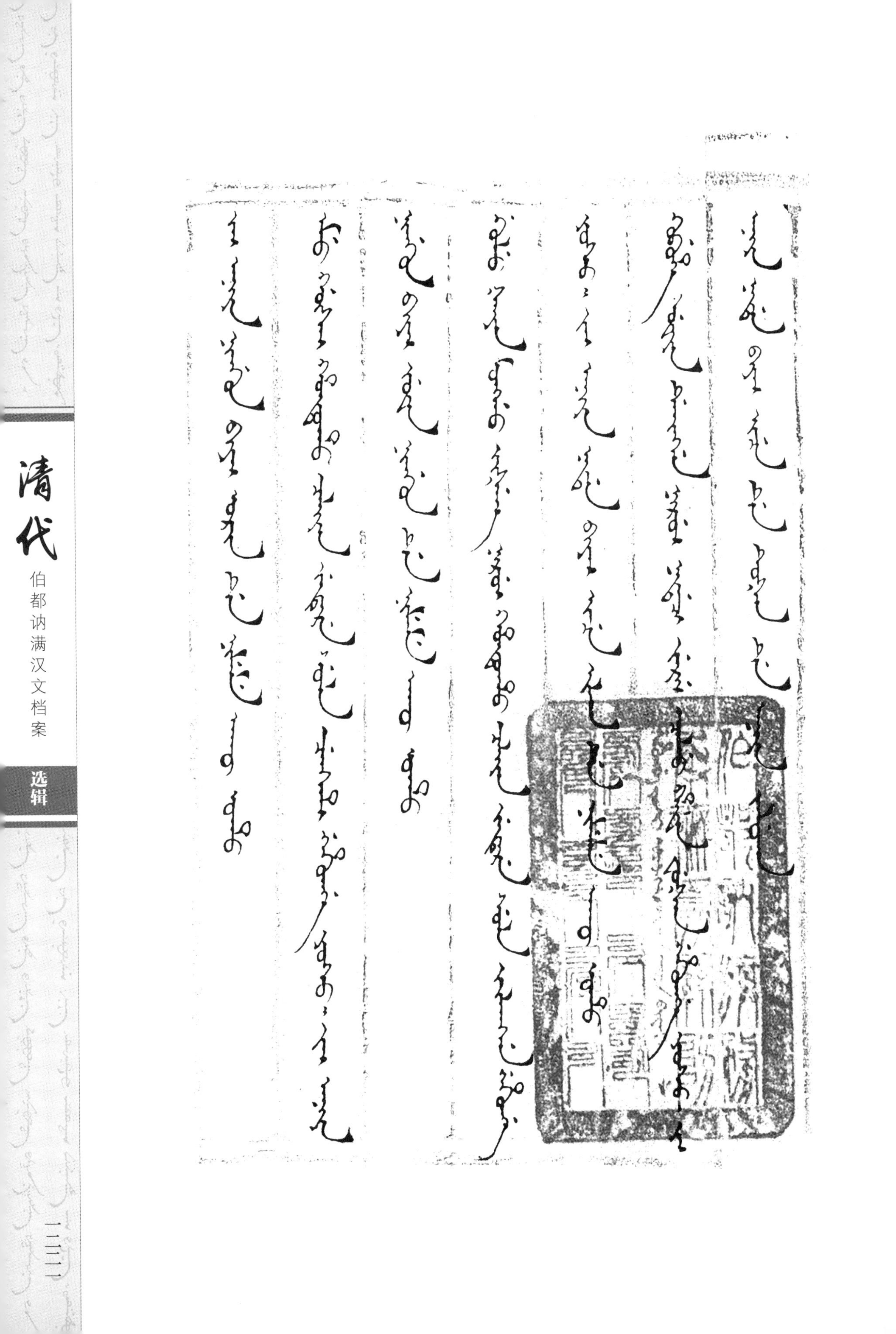

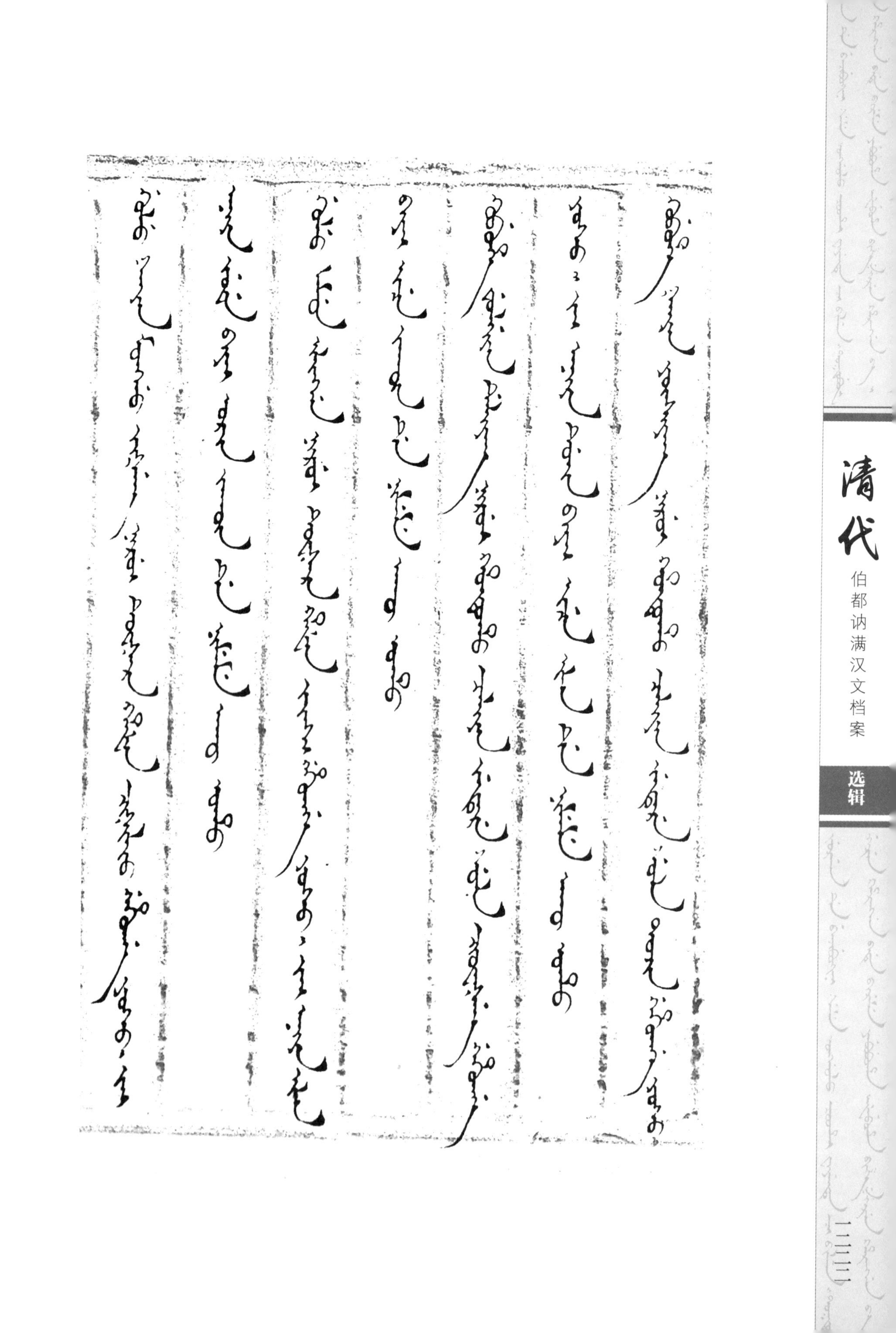

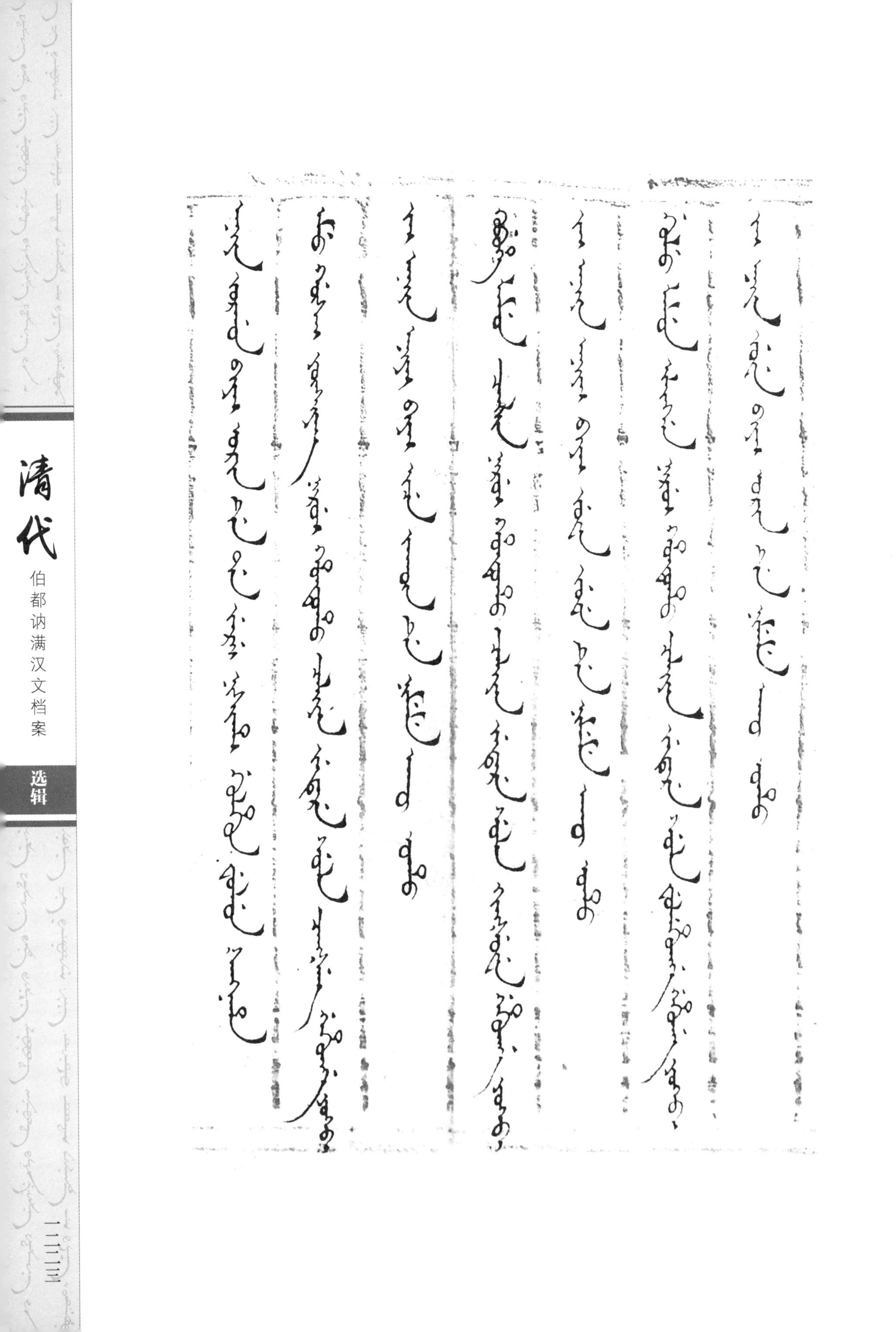

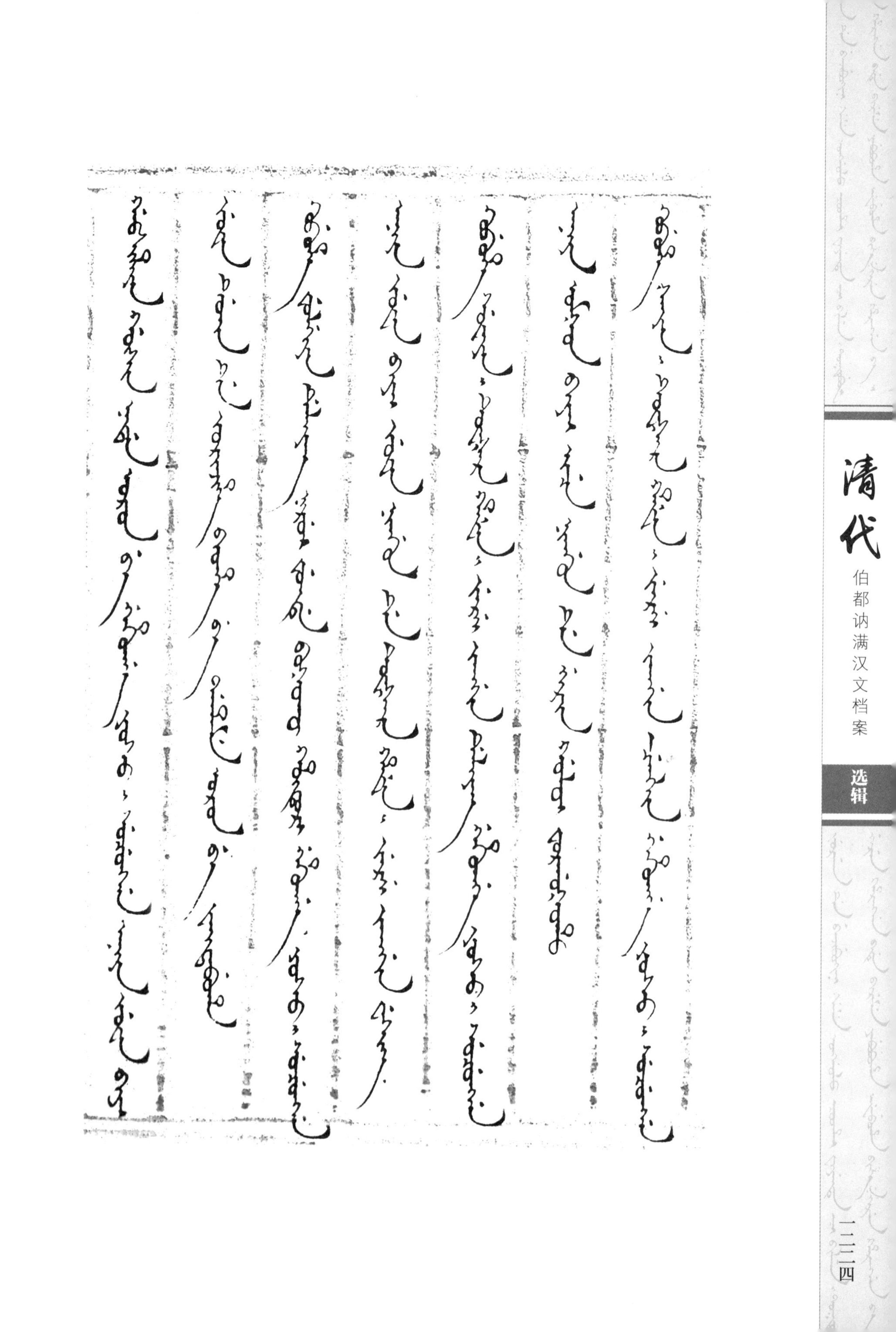

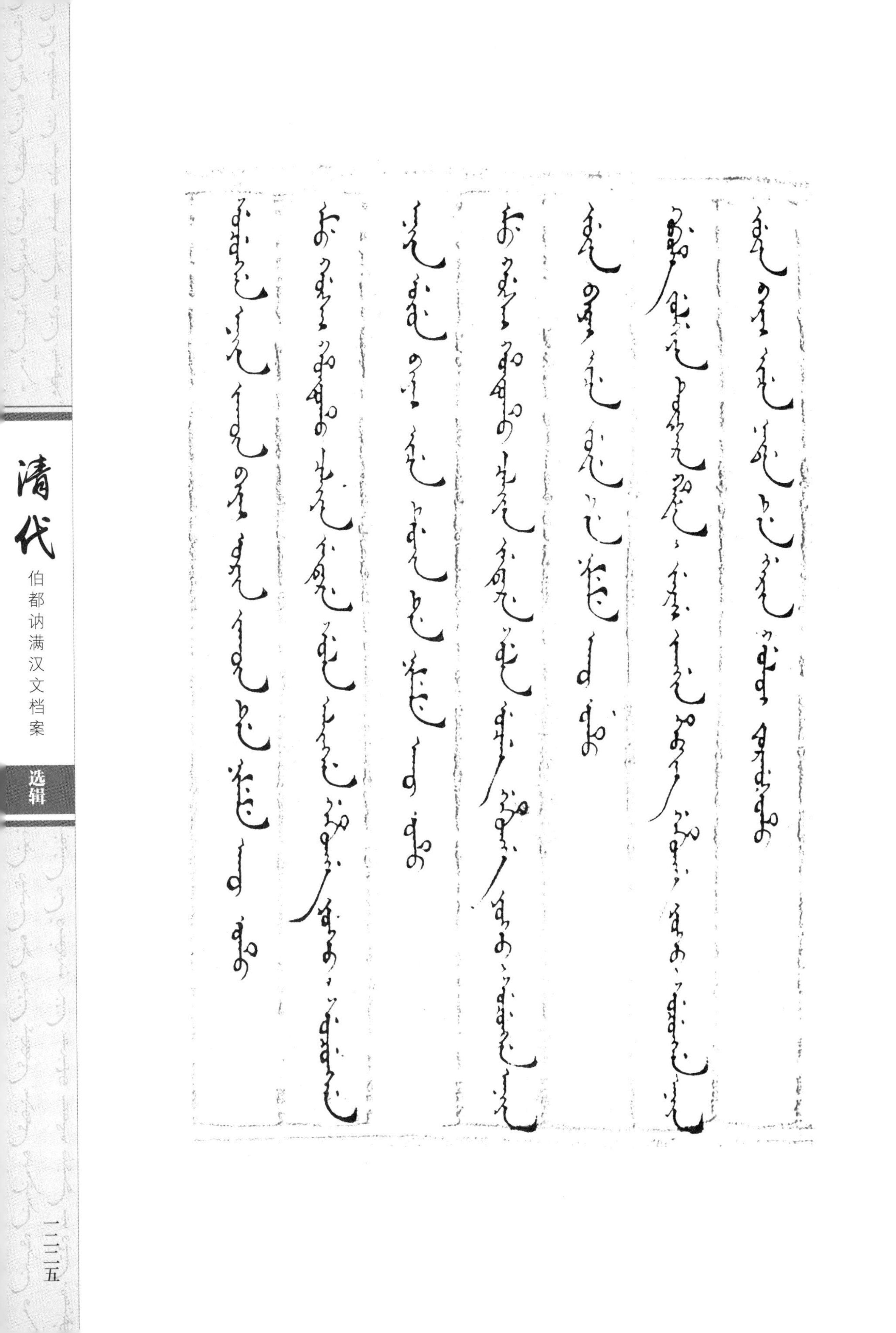

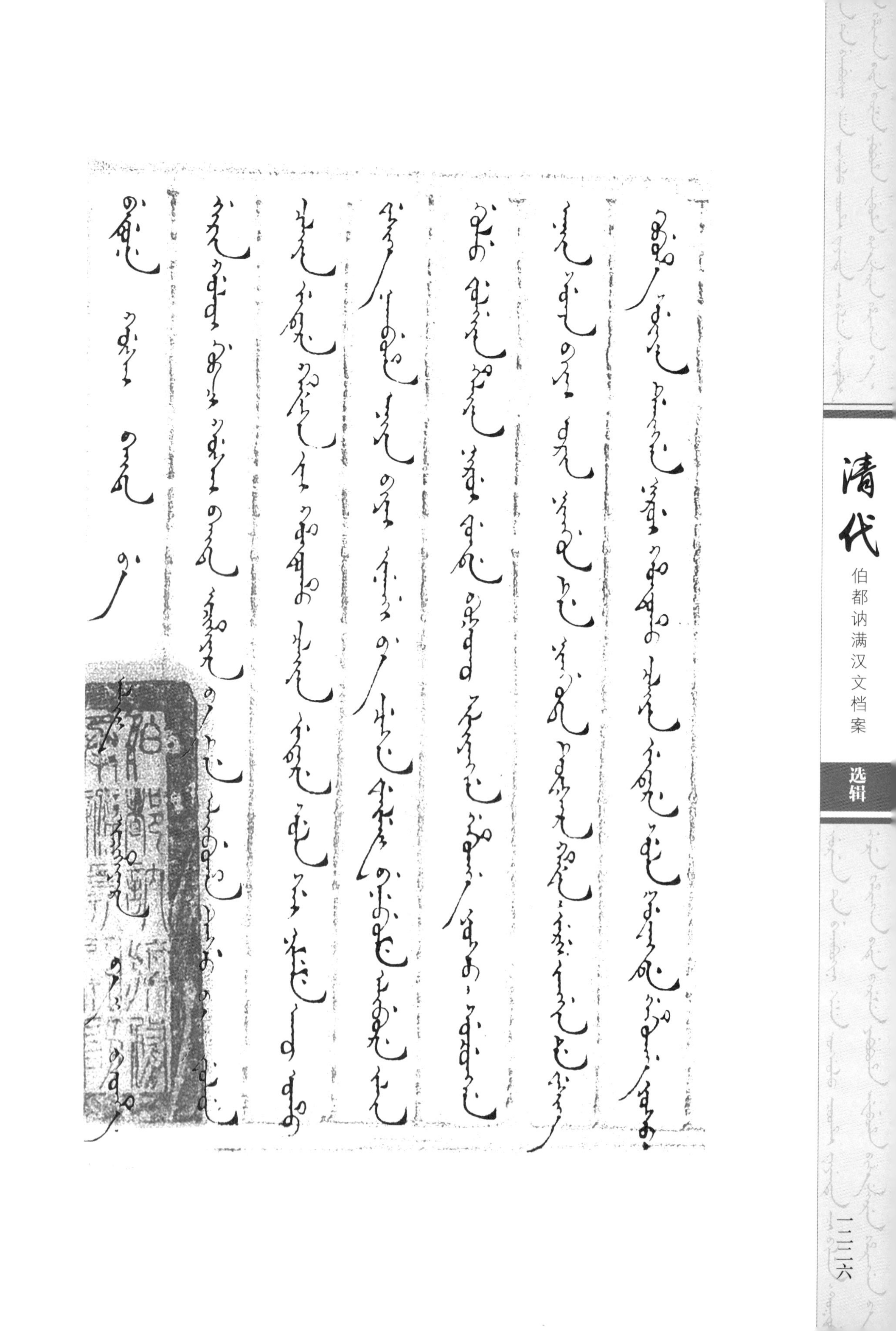

64 伯都讷旗务处为奉文将镶白旗佐领蕴祥调回原籍宁古塔镶黄旗事咨左翼旗文

宣统二年九月一日

為將奉文本處廂白旗佐領蘊祥轉回寧古塔原籍之處移付 左翼飭旗由

二

行

九月初一

初一日

文牘科科員藍翎驍騎校 崇興

文牘科藍翎副科員 全壽

庶務科科員藍翎栽缺八品筆帖式 富克精阿

署庶務科科員藍翎副科員 西成阿

署庶務科副科員書記長 廉澂

監用關防文牘科書記長 恩隆阿

兼庶務科書記長擬陪驍騎校 常慶

監用關防庶務科書記長 惠廉

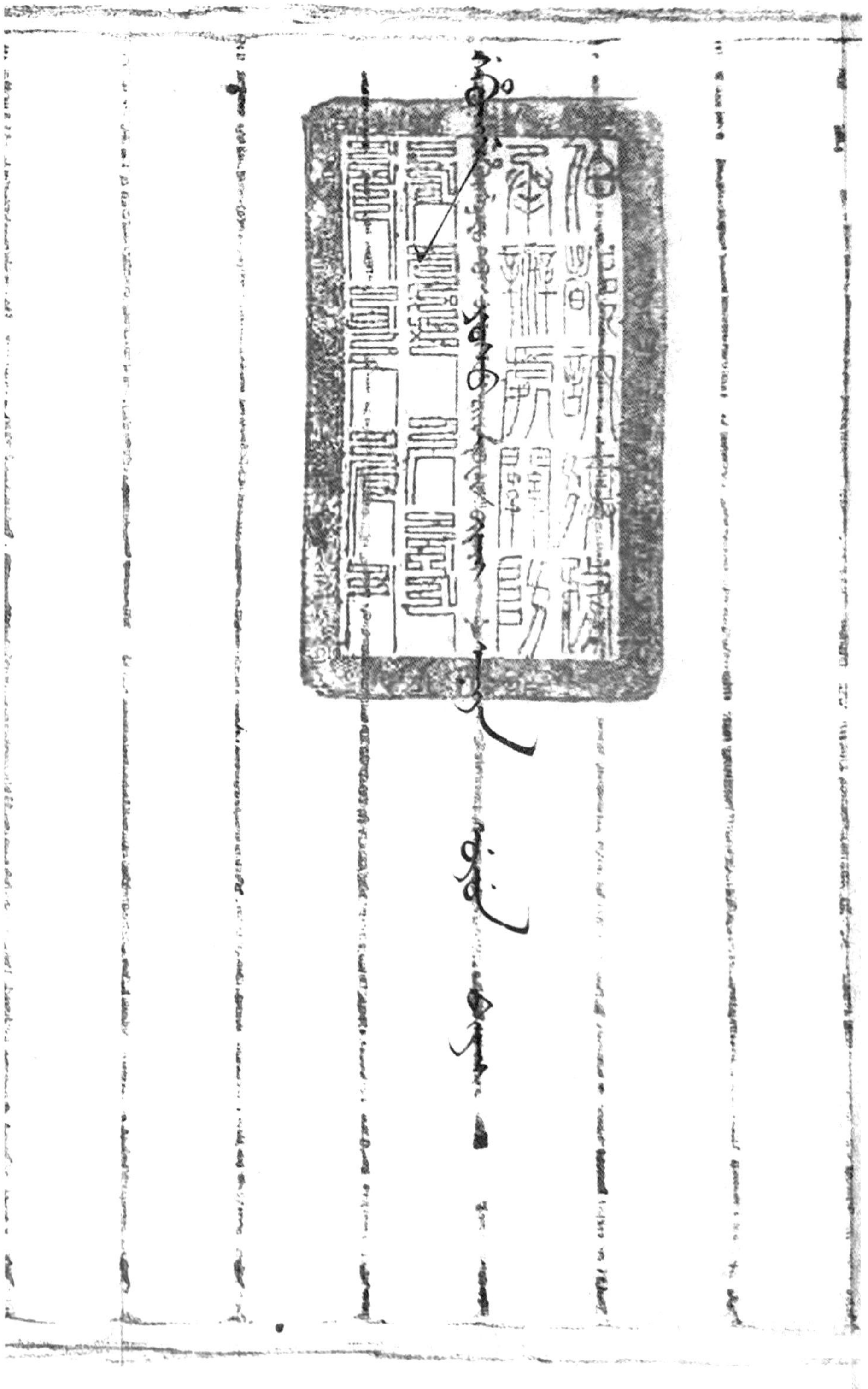

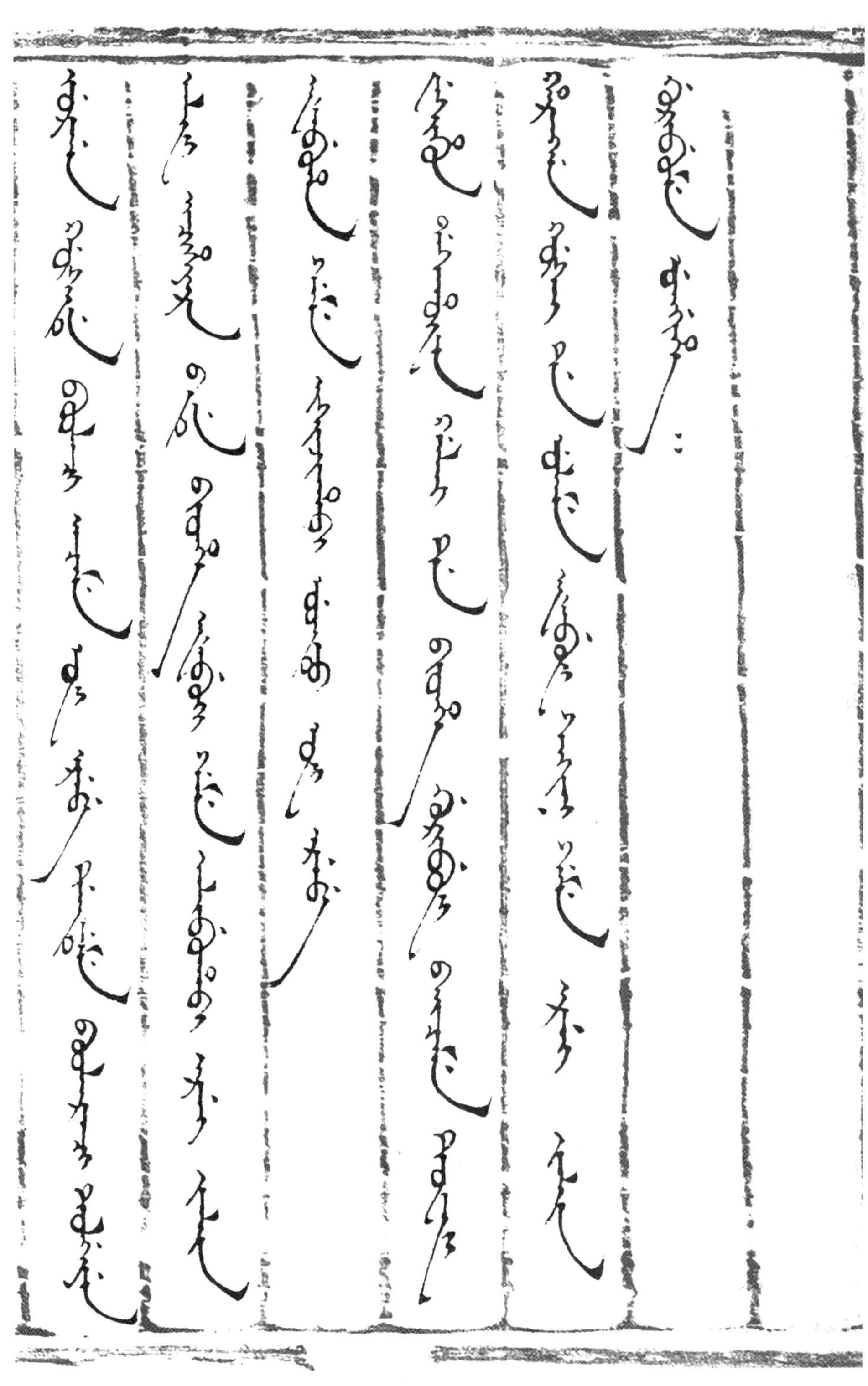

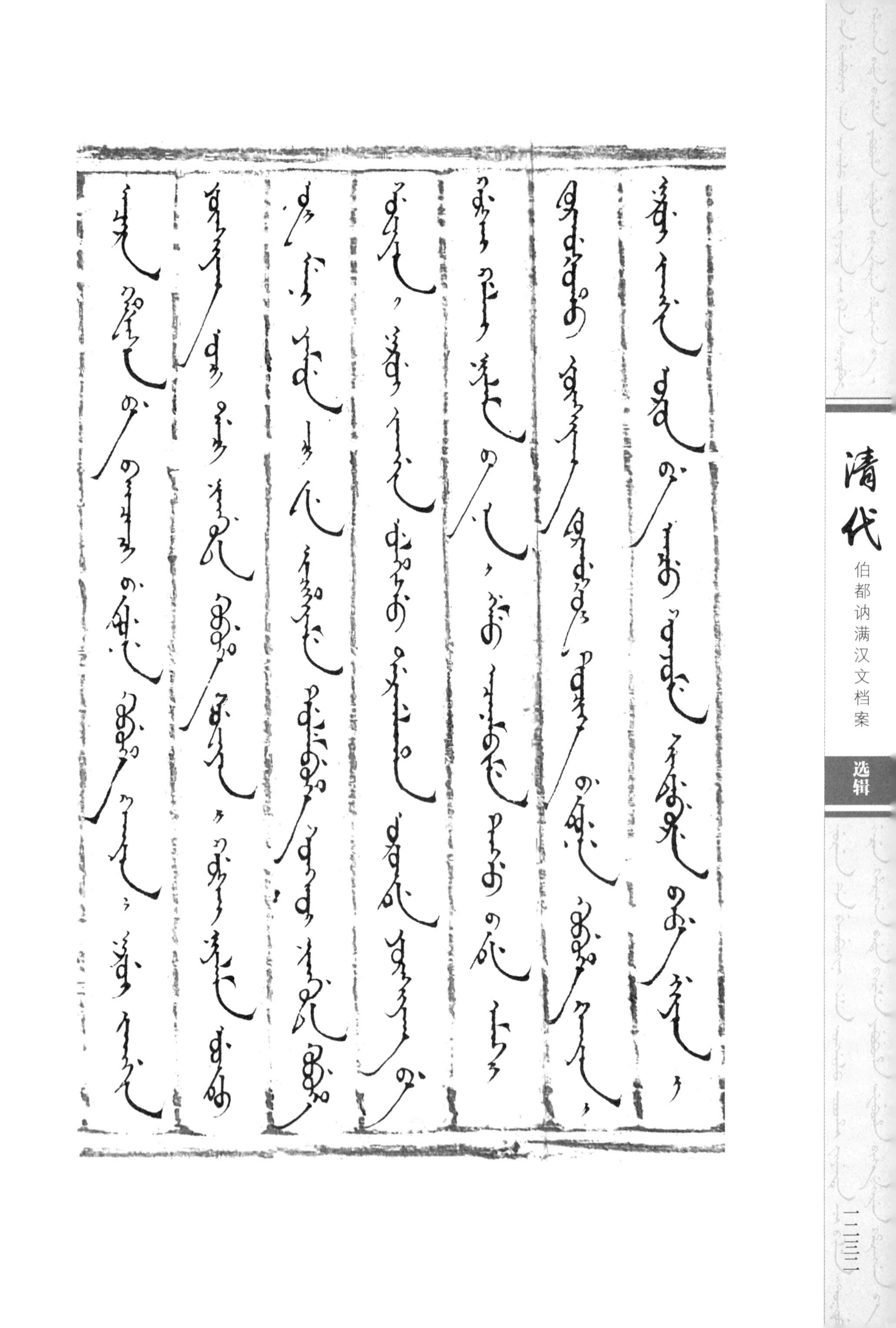

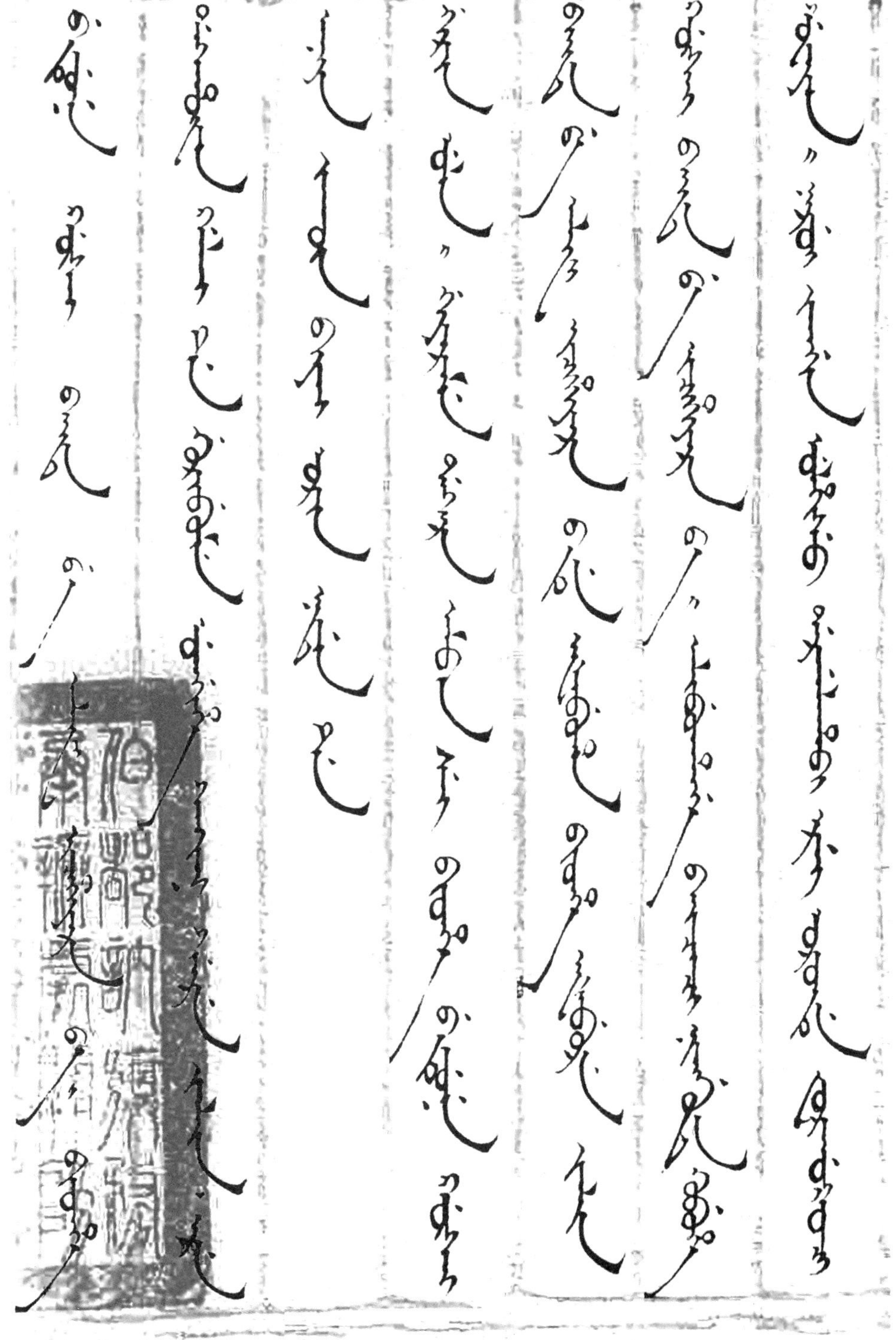

65 伯都讷旗务处为奉文调转阿勒楚喀防御巴英额为镶黄旗防御事咨左翼旗文

宣统二年九月一日

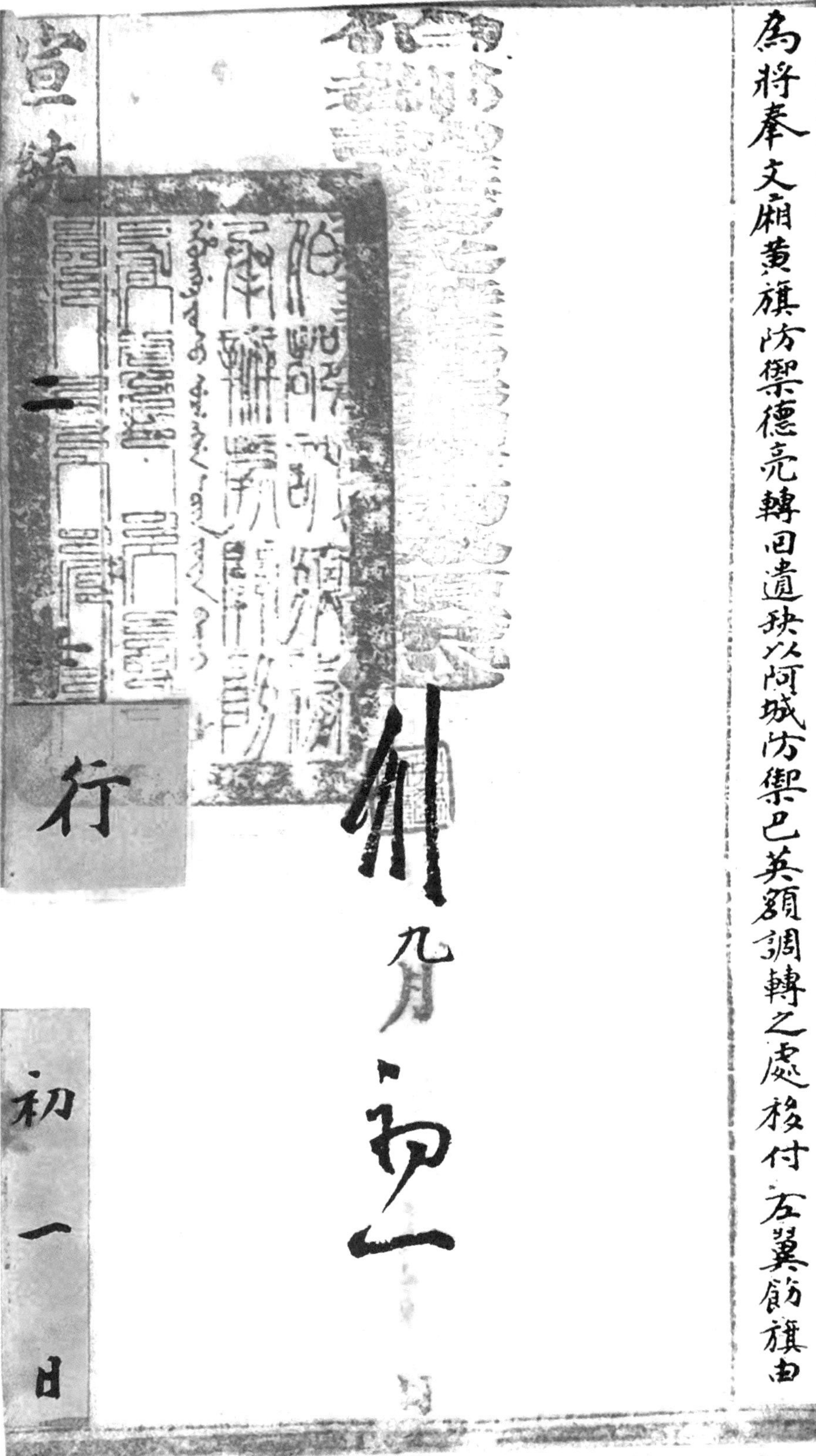

為將奉文厢黄旗防禦德亮轉回遺缺以阿城防禦巴英額調轉之處移付左翼筯旗由

宣統二年九月初一日

行

文牘科科員藍翎驍騎校崇興

文牘科藍翎副科員金壽

庶務科科員藍翎裁缺八品筆帖式富克精阿

署庶務科科員藍翎副科員西成阿

署庶務科副科員書記長廉瀓

監用關防文牘科書記長恩隆阿

兼庶務科書記長擬陪驍騎校常慶

監用關防庶務科書記長惠廉

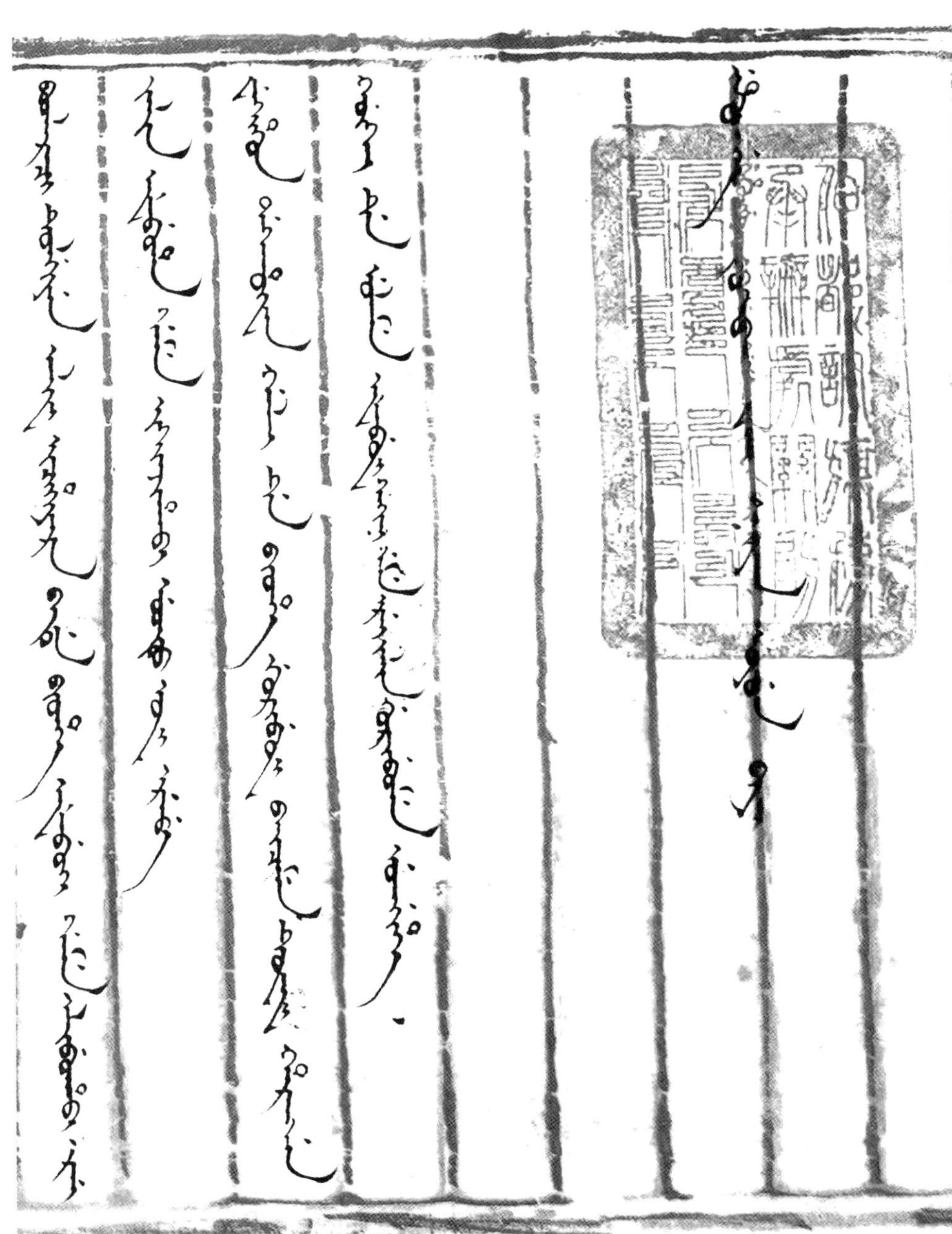

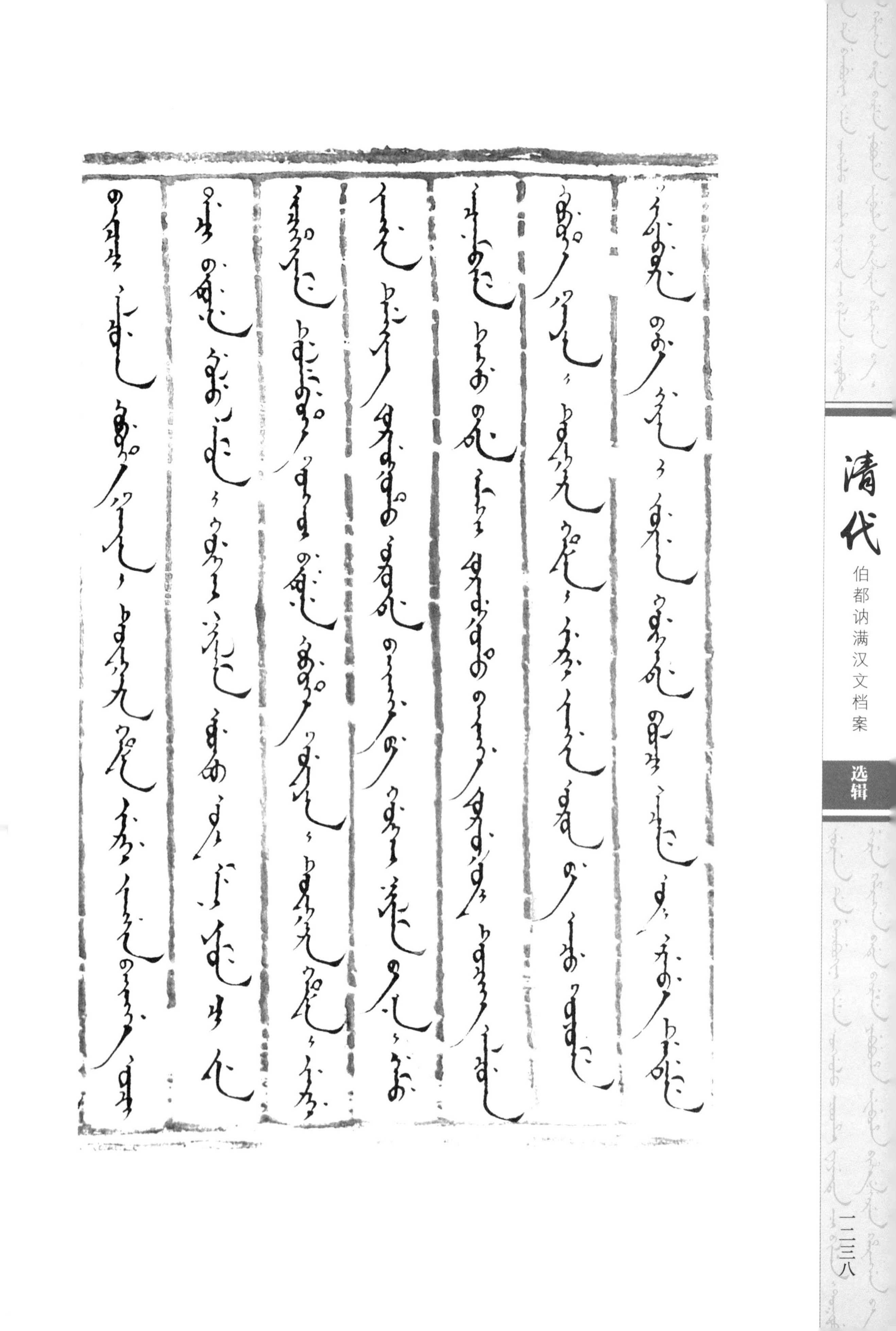

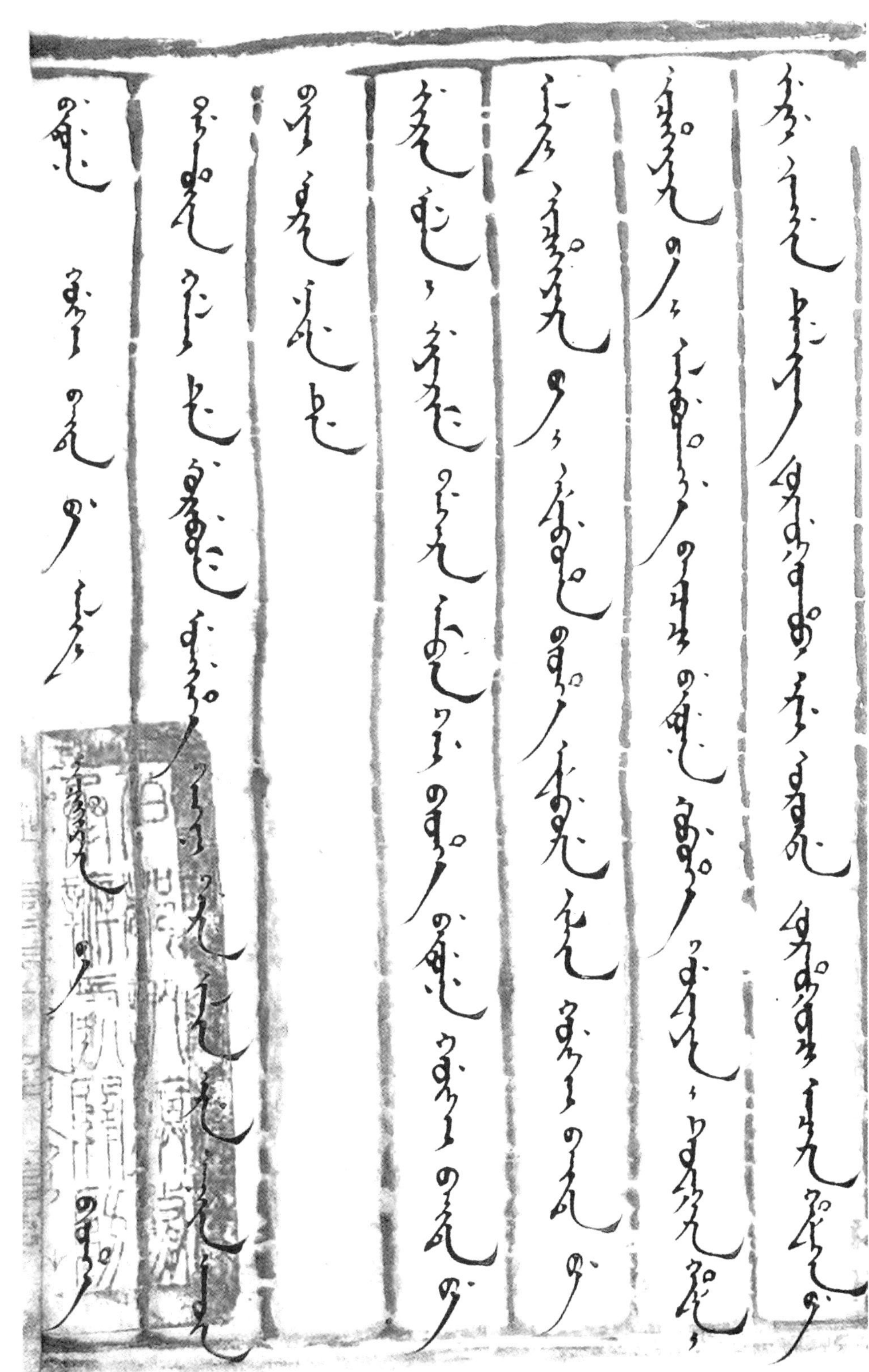

66 吉林全省旗务处为将本年春季官员等出身履历三月一日前送省事咨伯都讷旗务处文

宣统三年二月十五日

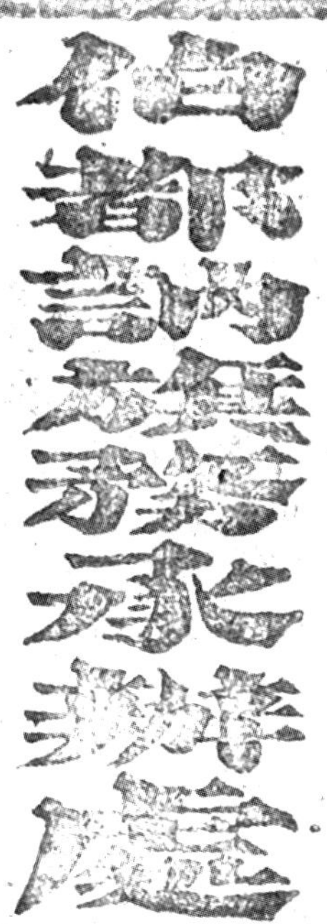

伯都訥旗務承辦處

吉林旗務處 為將應
報本年春季官員等出
身履歷務於三月初一日
以前送省之處来文乙件

文牘科科員崇 與
副科員全 壽
庶務科科員富克精阿
署科員西成阿
署副科員廉 潡
文牘科書記長恩隆阿
兼庶務科書記長常 慶
庶務科書記長惠 廉

宣統三年二月二十二

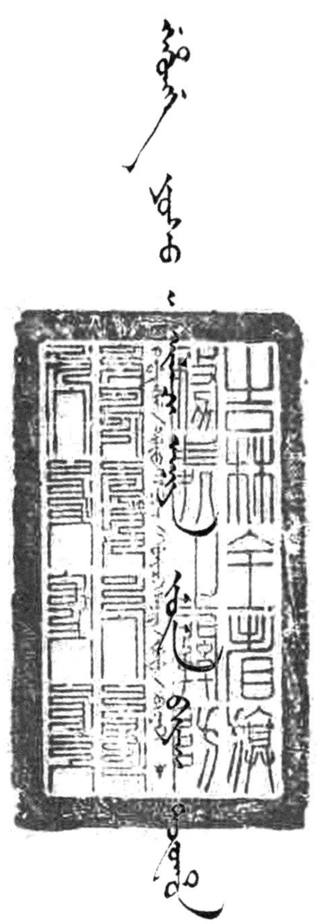

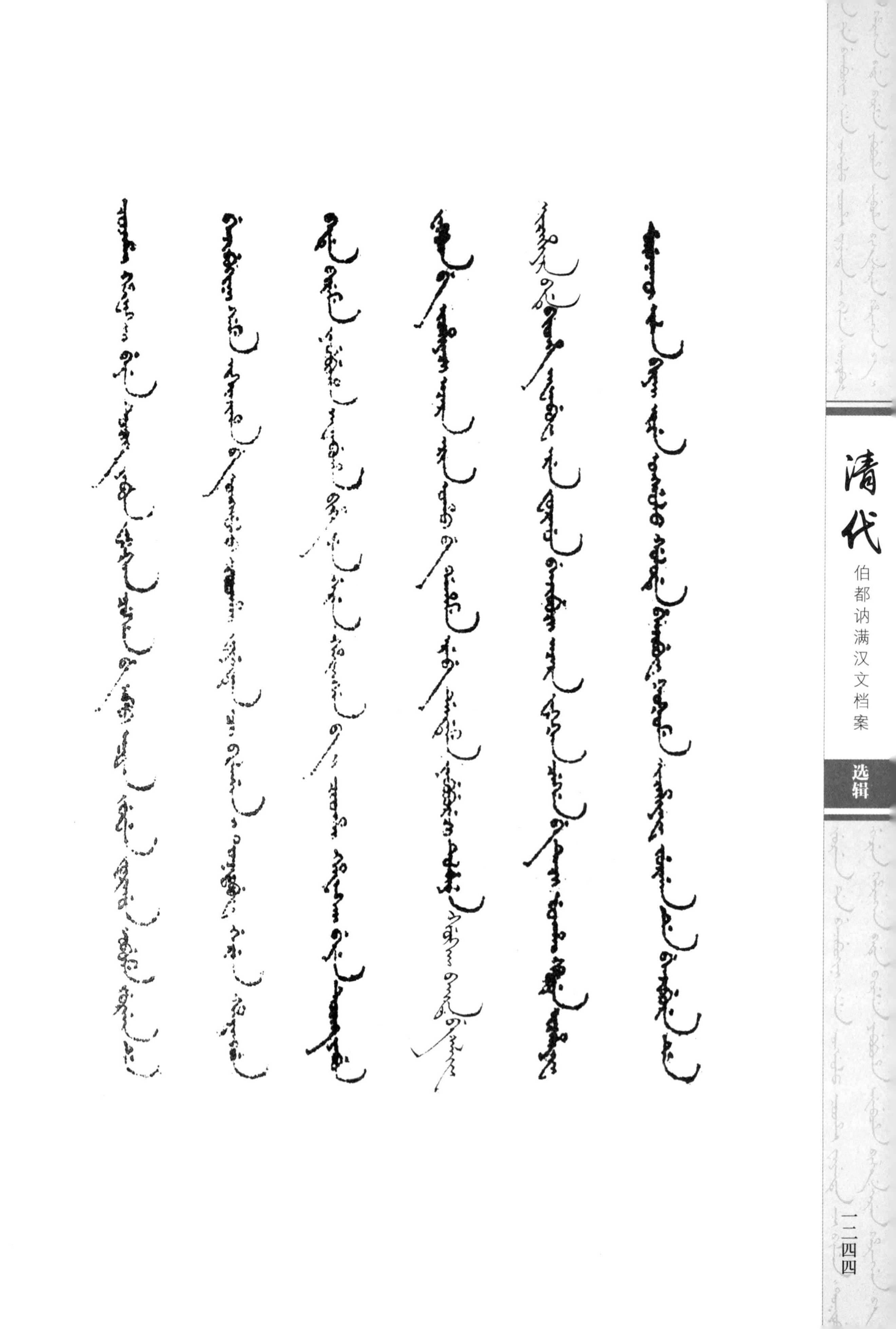

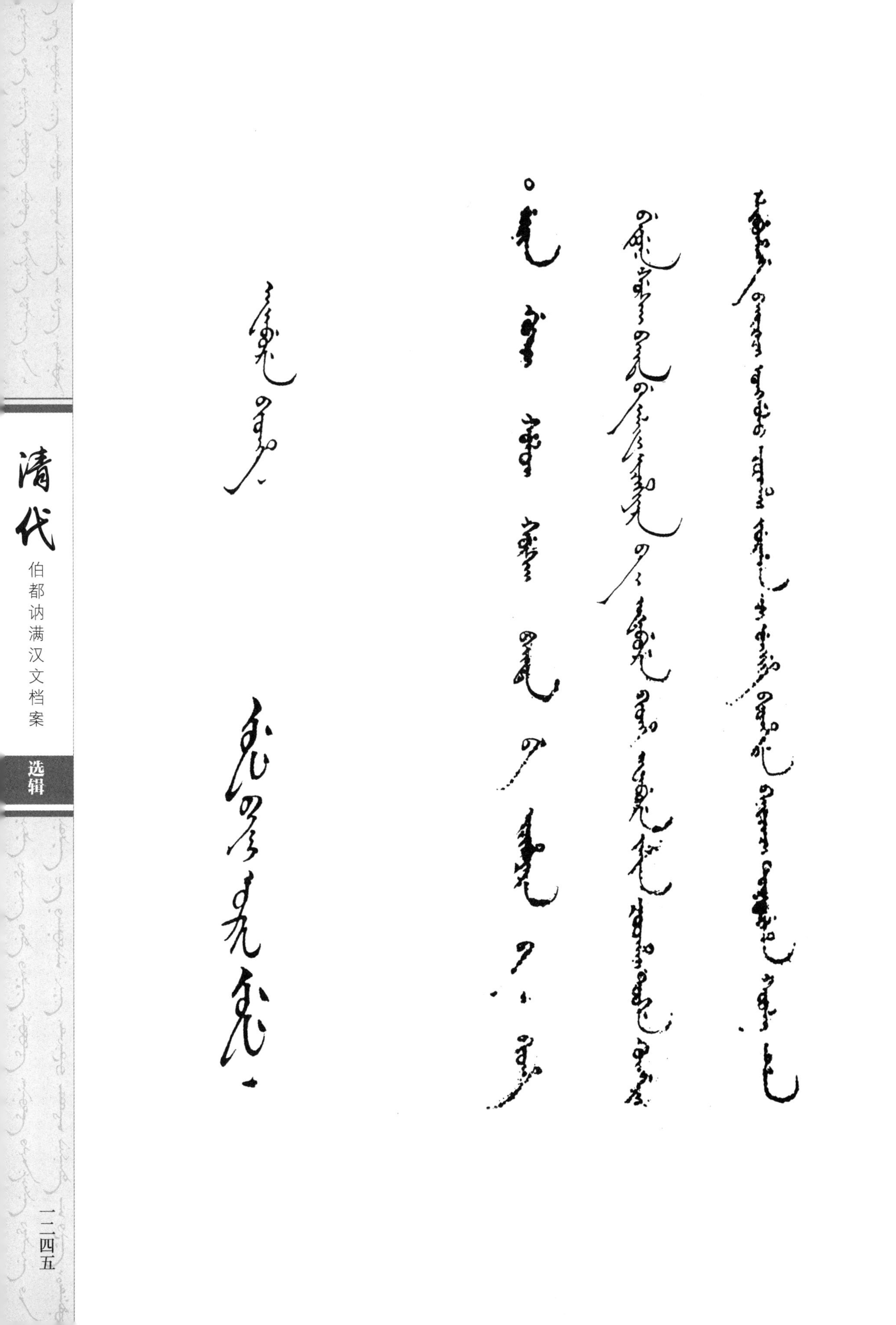

67 吉林全省旗务处为将调转佐领防御人员恭折具奏事转咨伯都讷旗务处文

宣统三年二月二十九日

列廿

5728

吉林旗務處　為將該處調轉佐領防禦人員恭摺具奏於宣統二年十二月十七日奉
旨知道了欽此來文乙件

宣統三年三月初六日

文牘科科員崇興
副科員全壽
度務科科員富克精阿
署科員西成阿
署副科員廉激
文牘科書記長恩淦阿
兼度務科書記長常慶
度務科書記長惠廉

奏摺發部議 兵部議覆請將佐領防禦人員等照

又奏格達設二員十二月十七日奉

旨知道了欽此此來文一件

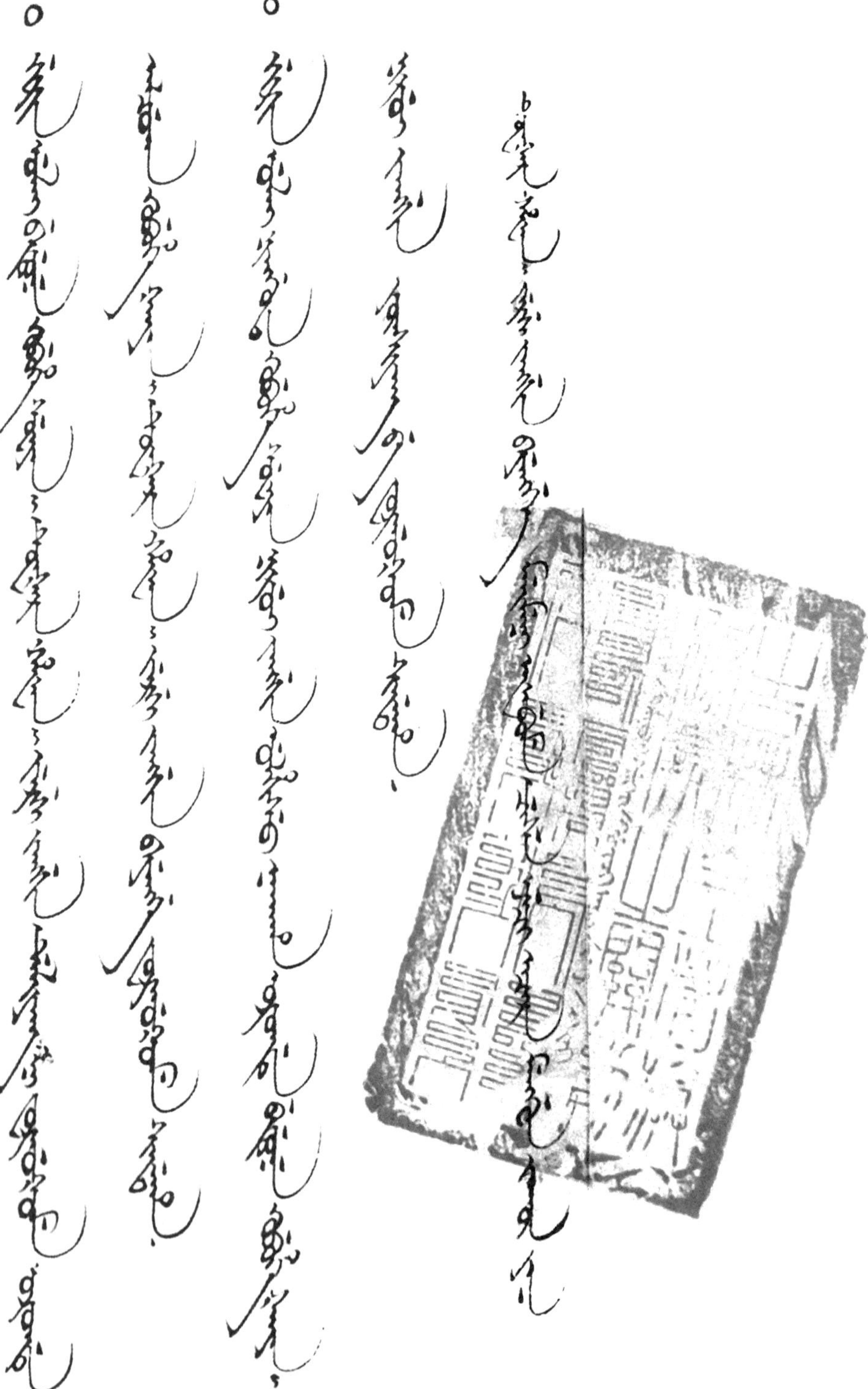

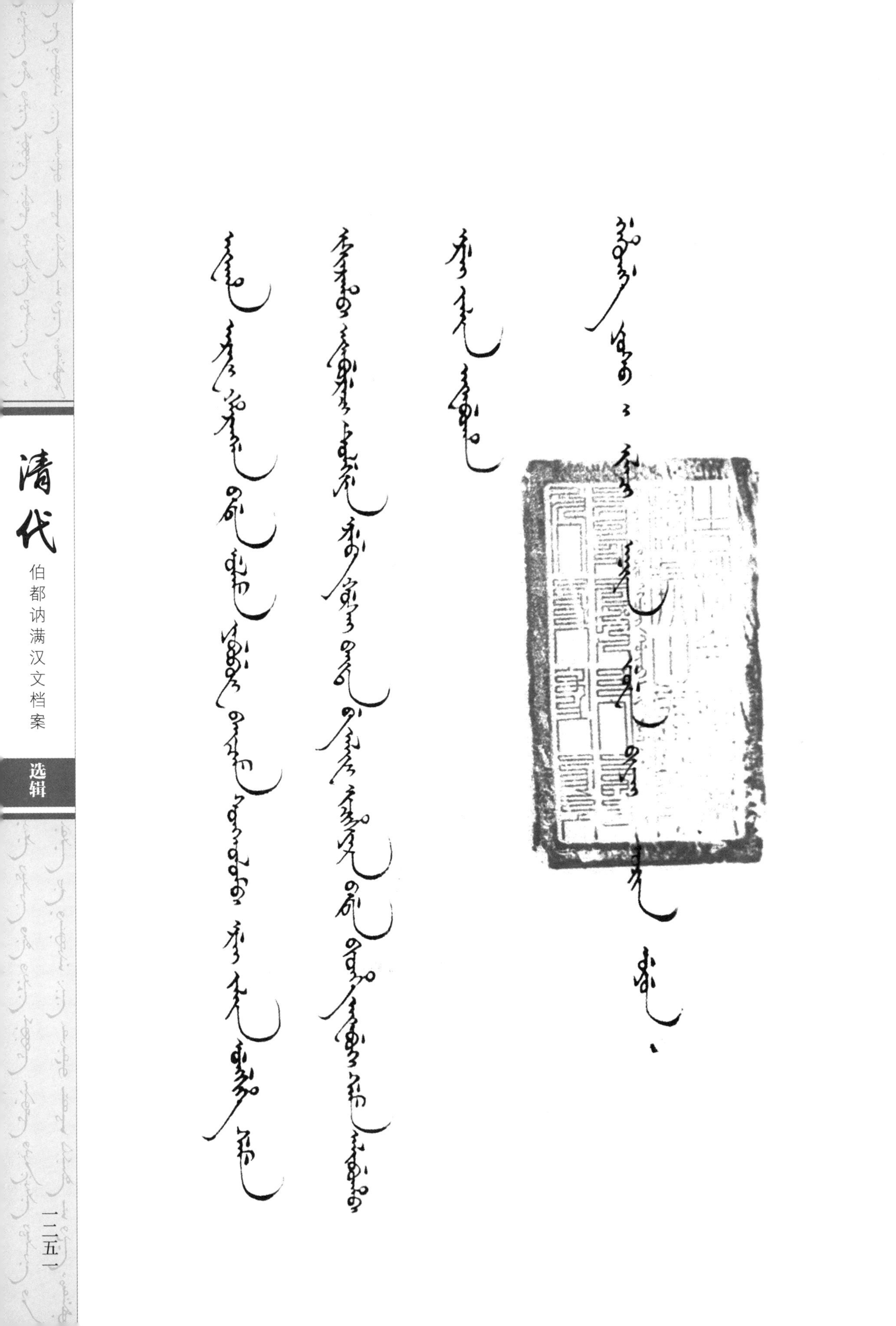

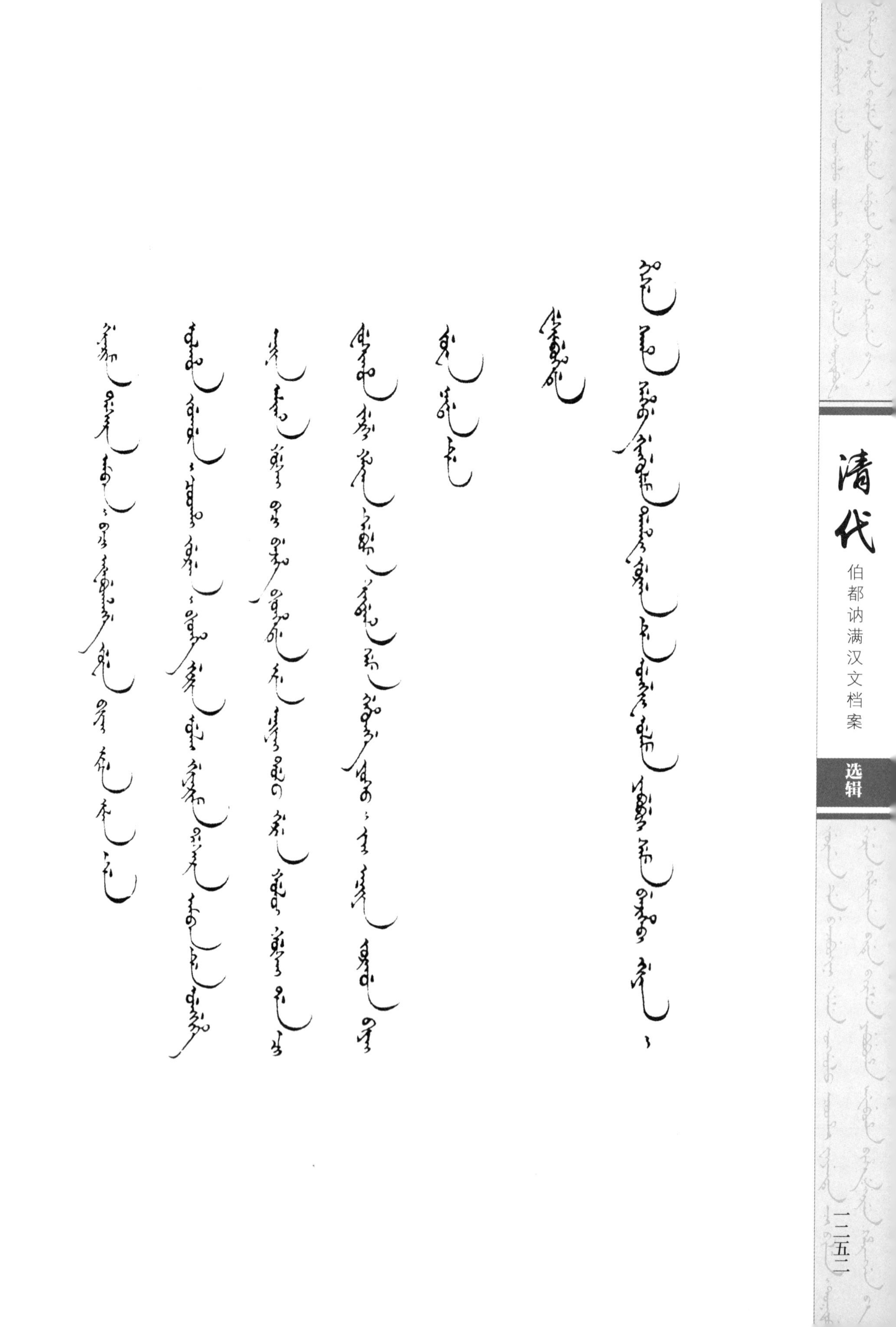

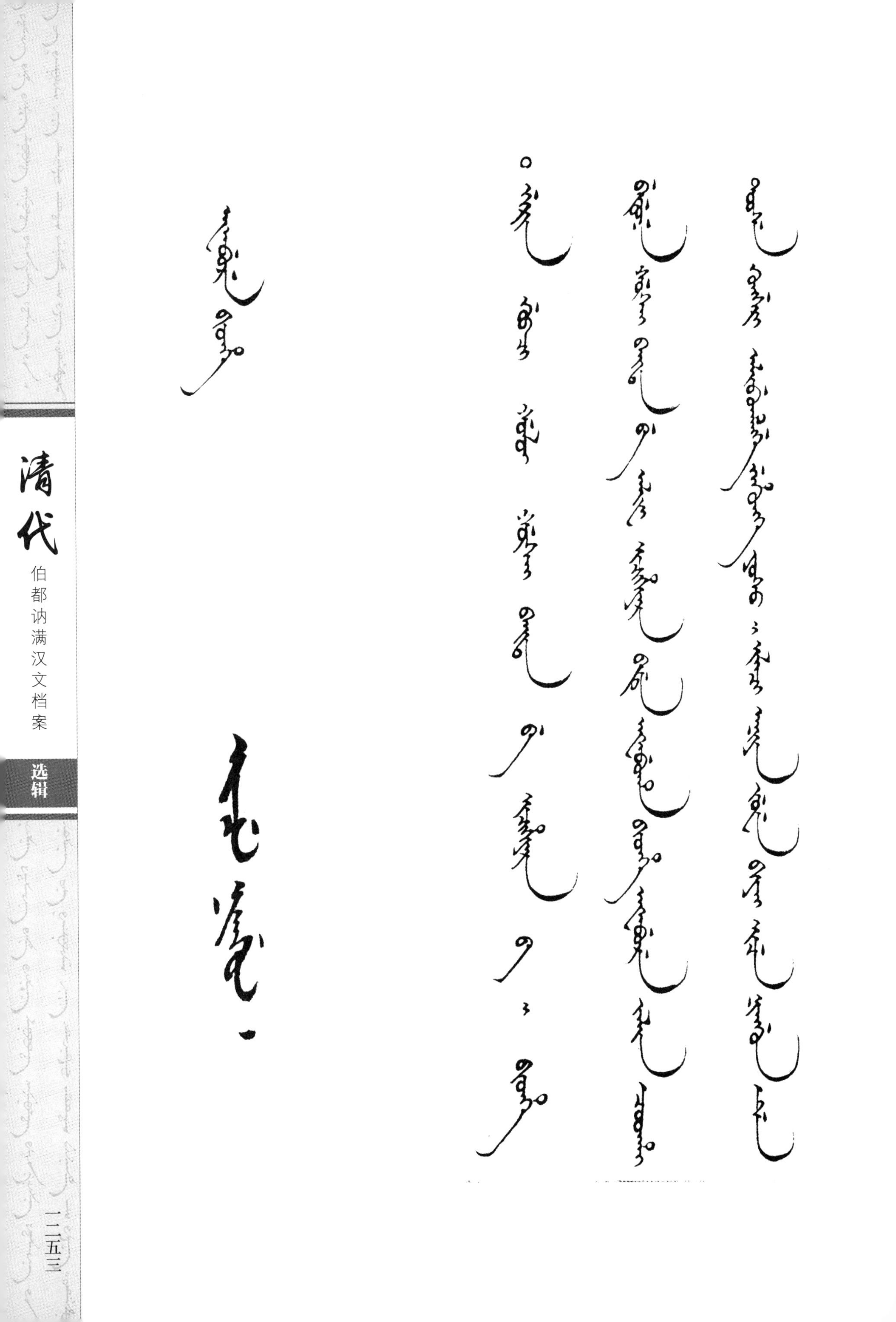

68 伯都讷旗务处为将调转佐领防御人员恭折具奏事转咨左翼协领文

宣统三年三月十日

5088

1

為將奉文調轉佐領防禦人員恭摺具奏奉
旨知道了欽此之處移付左翼轉飭

護理旗務承辦處提調事務藍翎佐領英

行

三

三月

初十日

文牘科科員藍翎驍騎校崇興

文牘科藍翎副科員全壽

庶務科科員藍翎候缺公署筆帖式富克精阿

署庶務科科員藍翎副科員西成阿

署庶務科副科員書記長廉澂

監用關防文牘科書記長恩隆阿

庶務科書記長驍騎校常慶

監用關防庶務科書記長惠廉

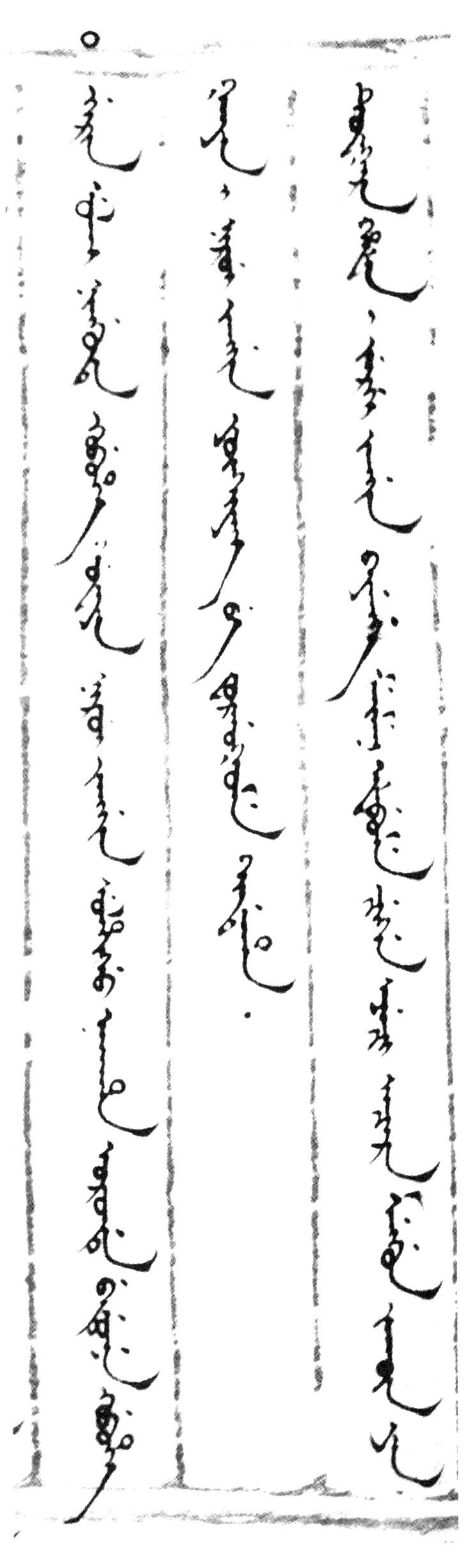

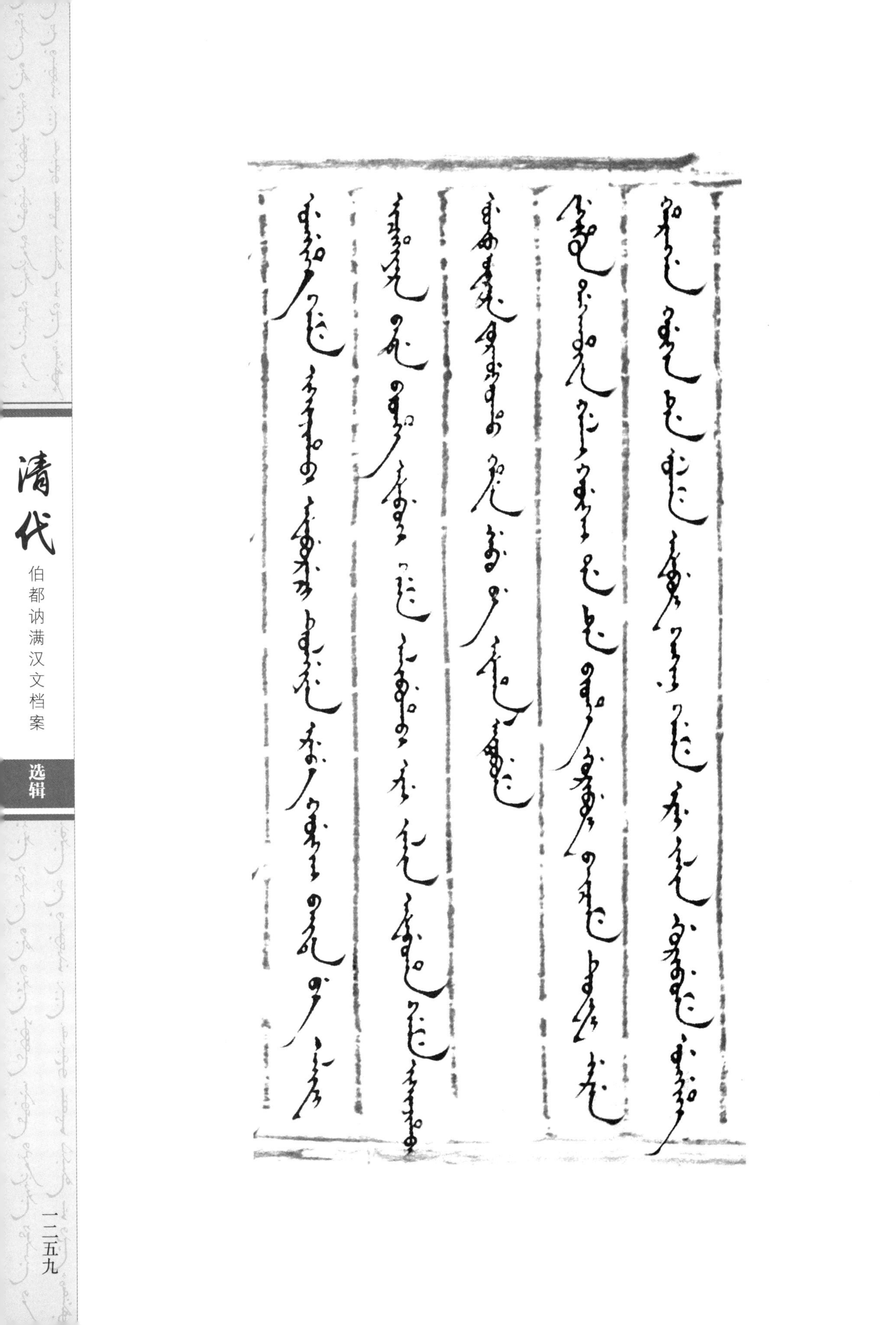

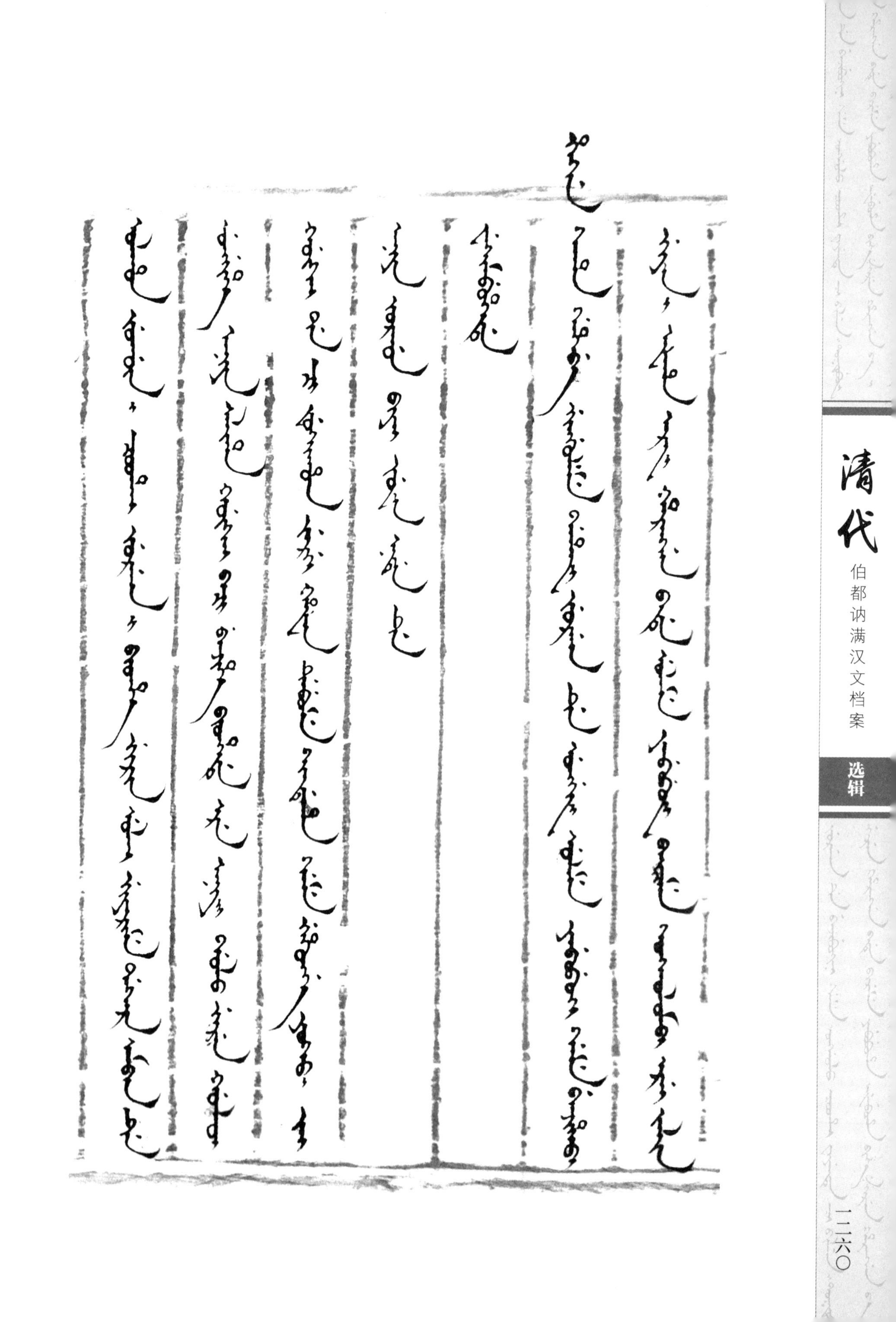

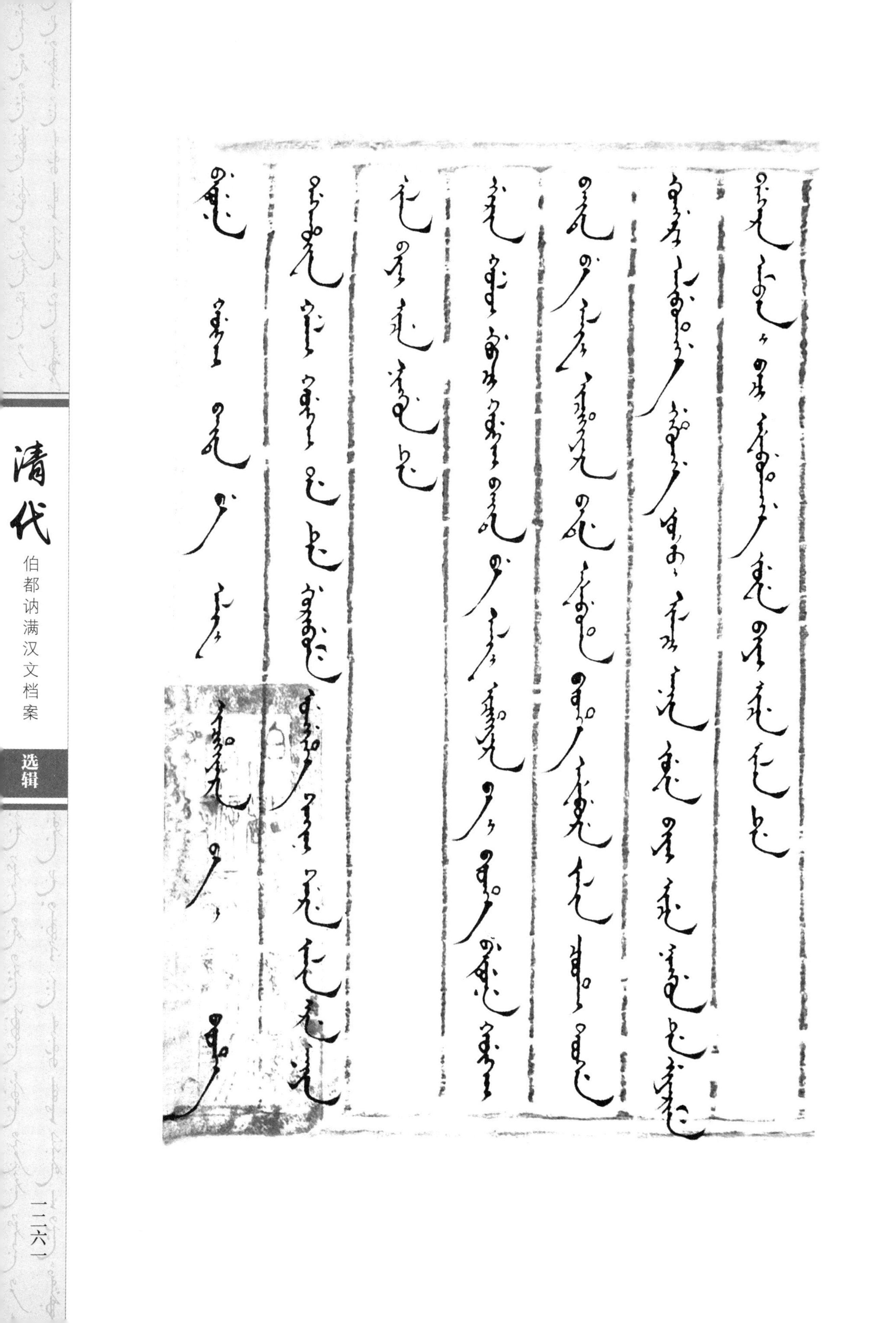

69 吉林全省旗务处为将本年官员等出身履历造册送省事咨伯都讷旗务处文

宣统三年七月二十二日

來文卷面

宣統三年七月二十八日收到

旗務處札為經制冊赶限造報

應歸文牘科承辦列入荒字二卷號

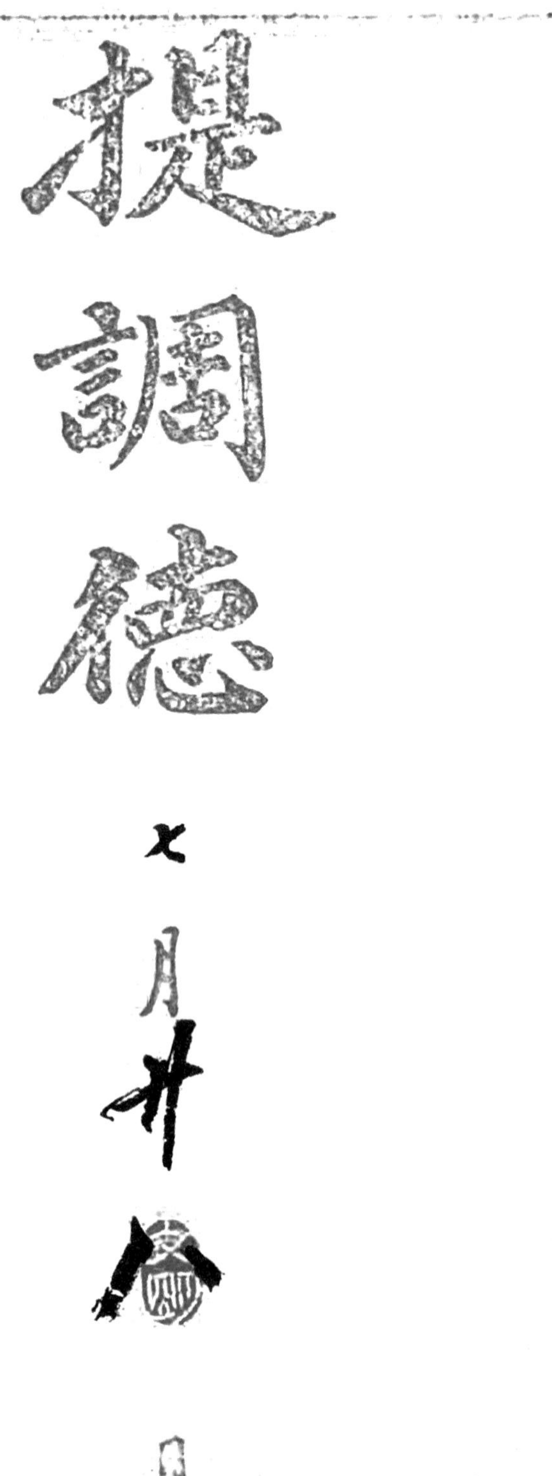
提調德
七月廿八

文牘科

科員明文（押）

副科員崇興（押）

繕書記長恩隆阿（押）

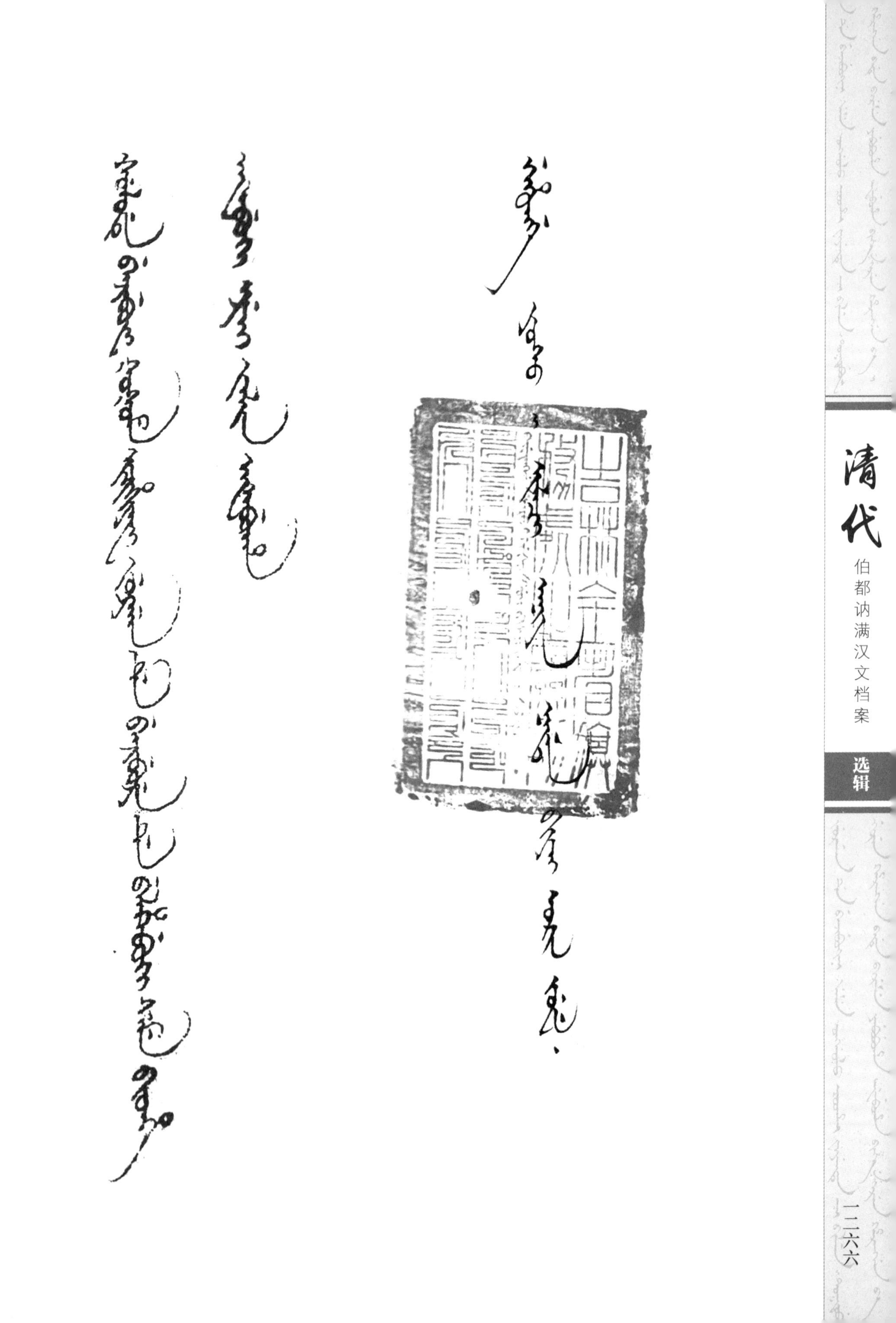

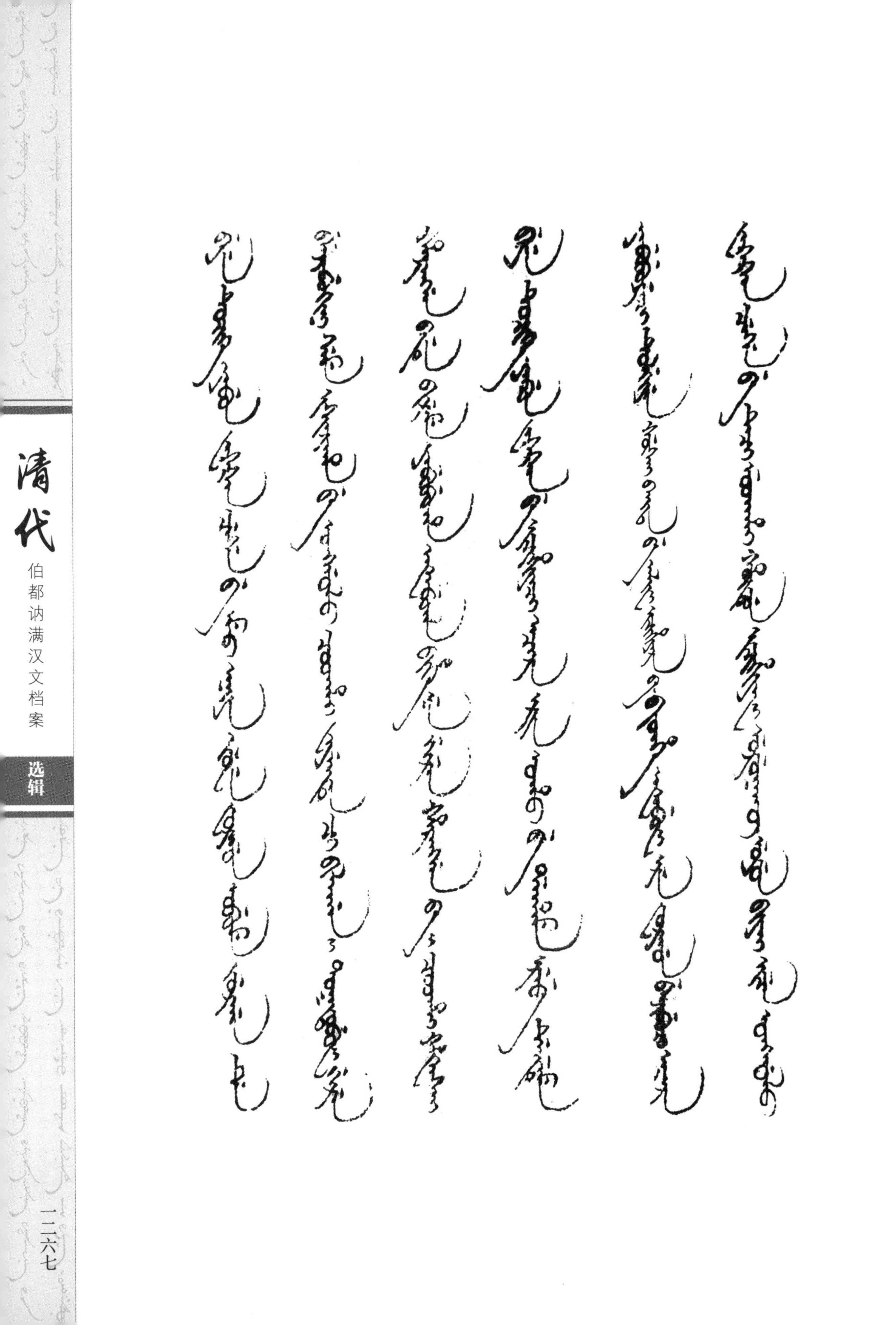

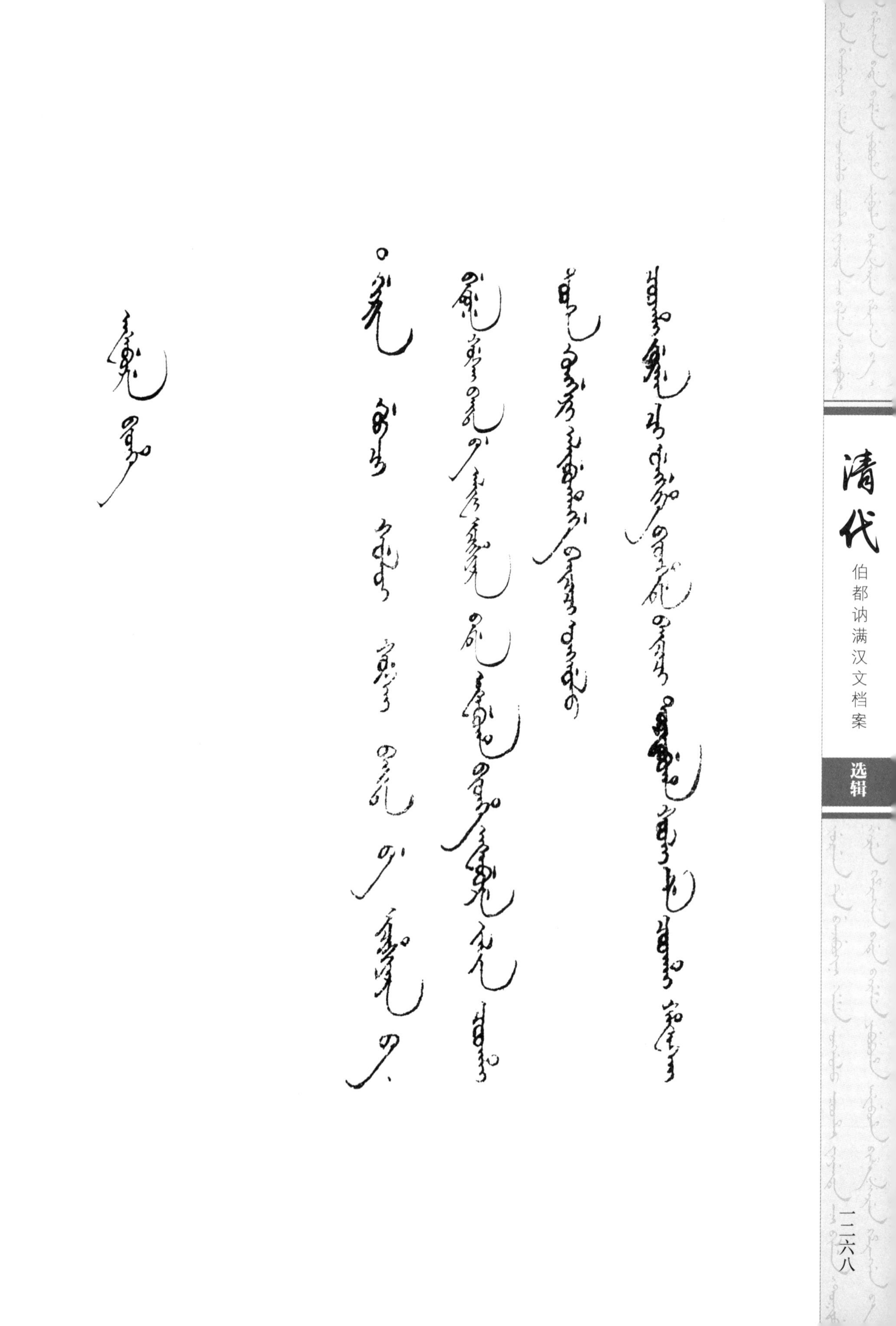

70 吉林行省为将所管官兵花名清册赶限造报事札伯都讷旗务处文

宣统三年八月八日

來文卷面

宣統三年八月十三日報到

督撫憲札該處所屬官兵花名清册赶限造報

應歸文牘科承辦列入日字拾壹號

祺調德

八月十三

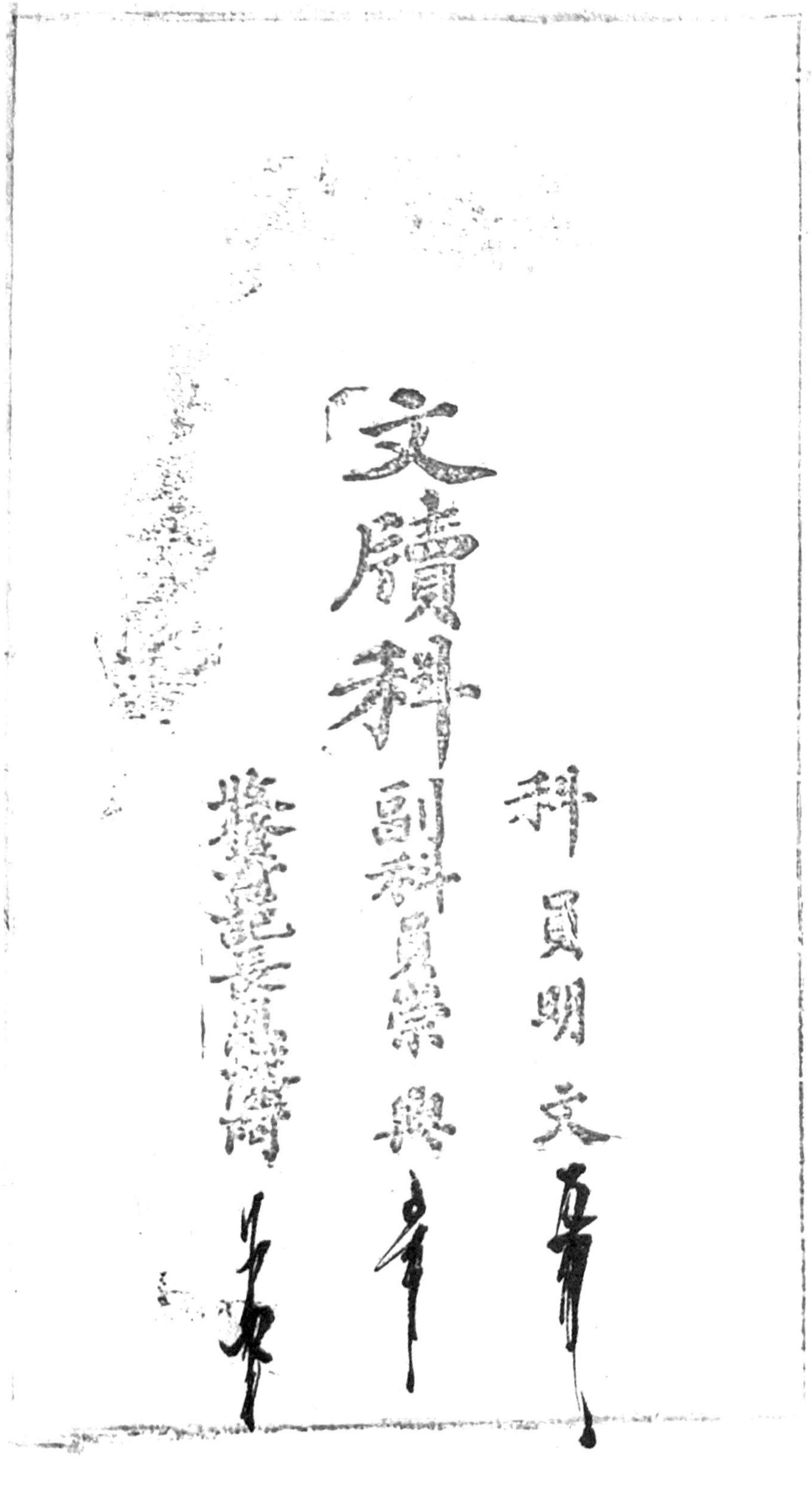

文牘科

科員明文

副科員崇興

將軍衔聯壽

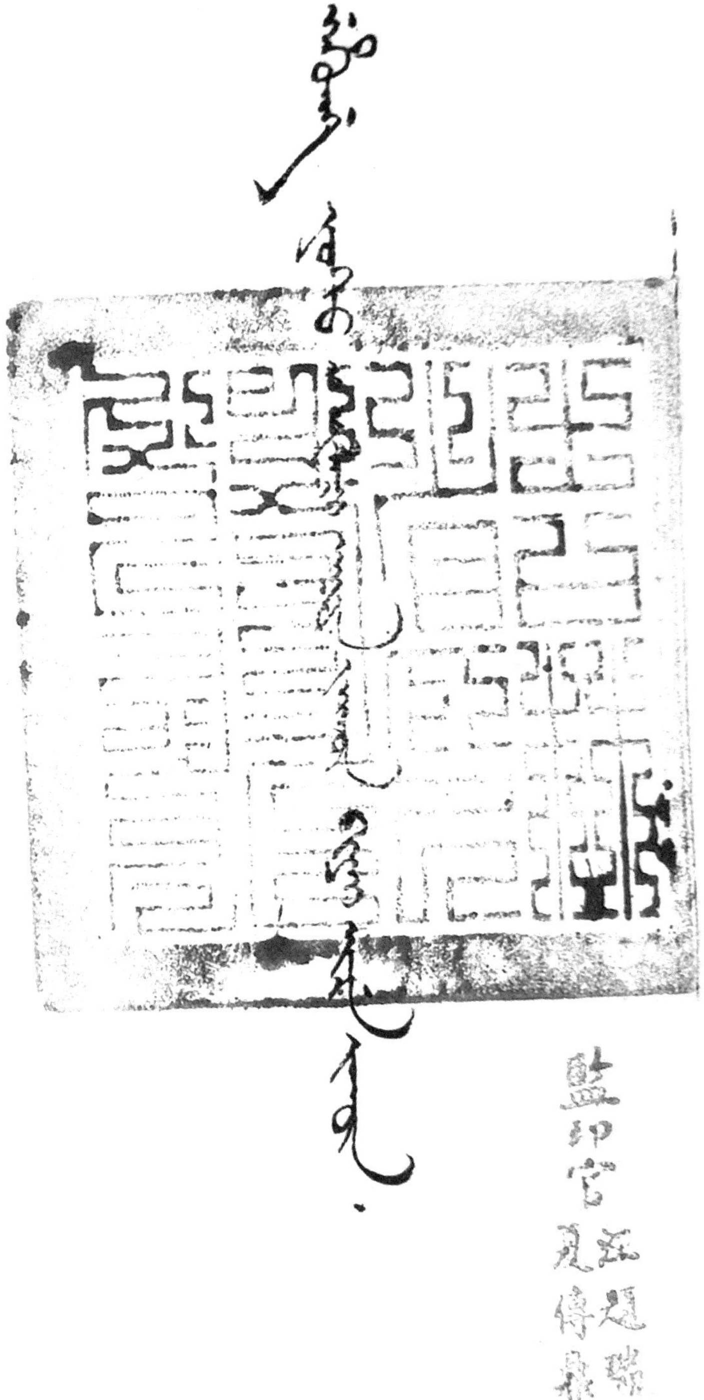

監印官 [illegible]

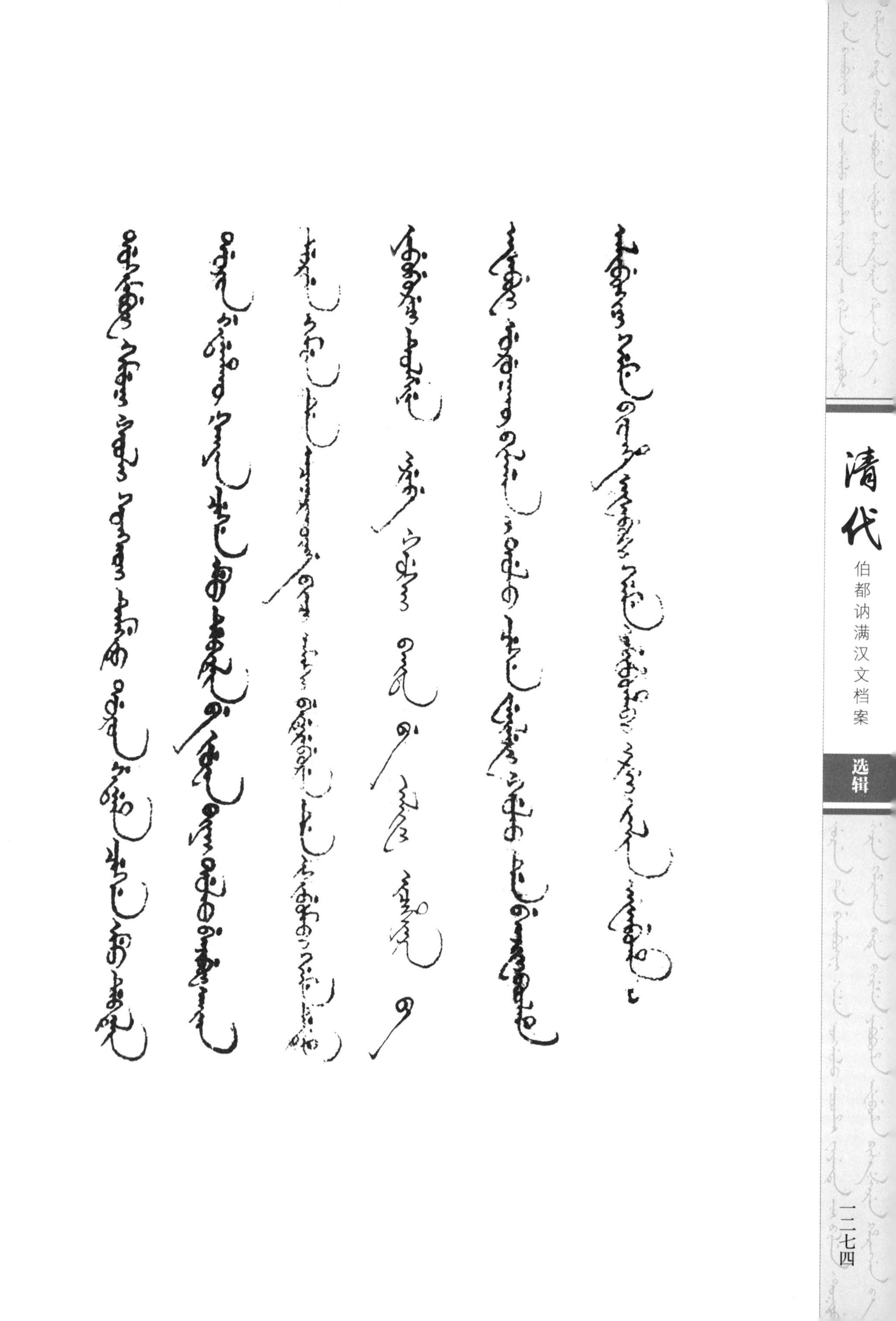

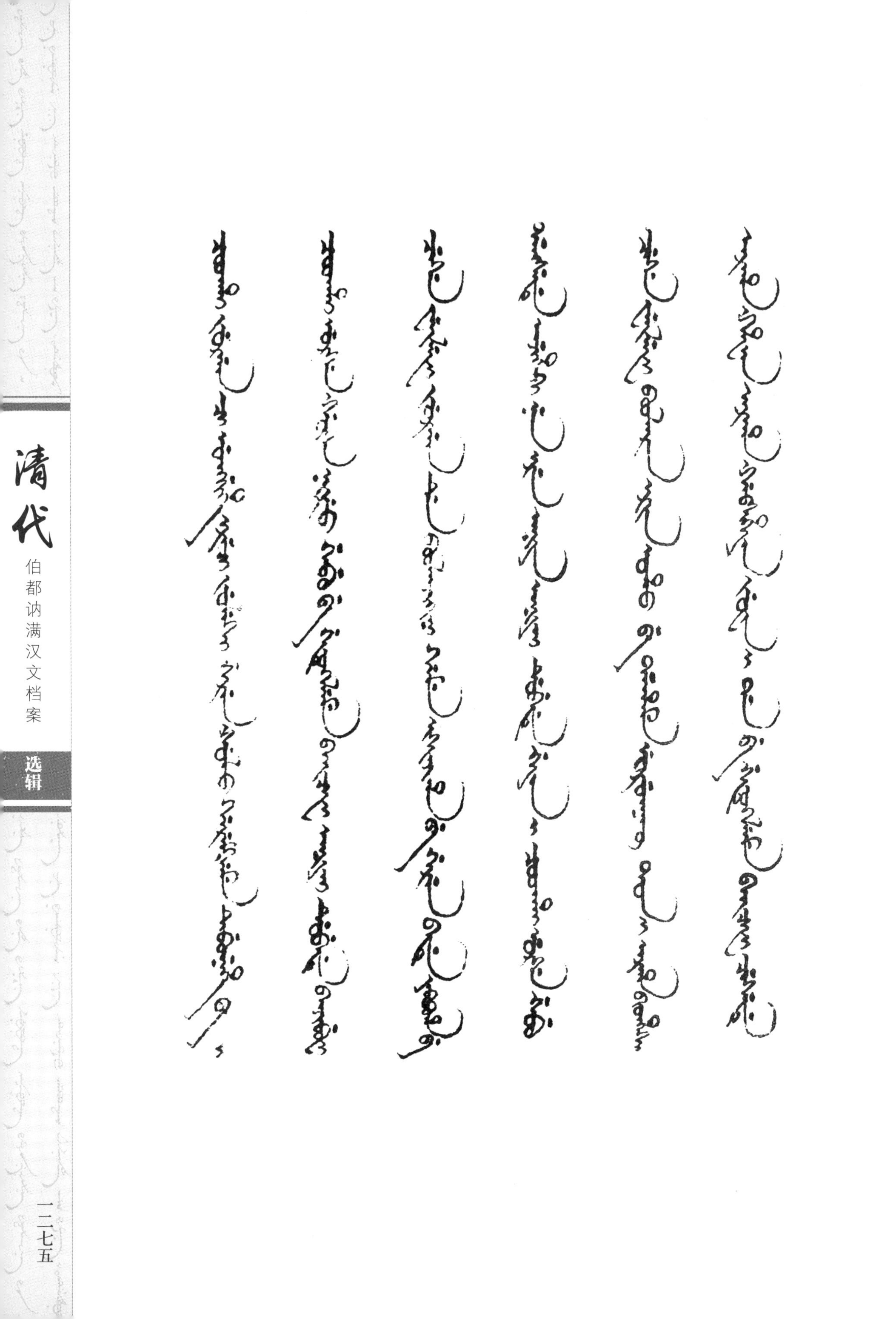

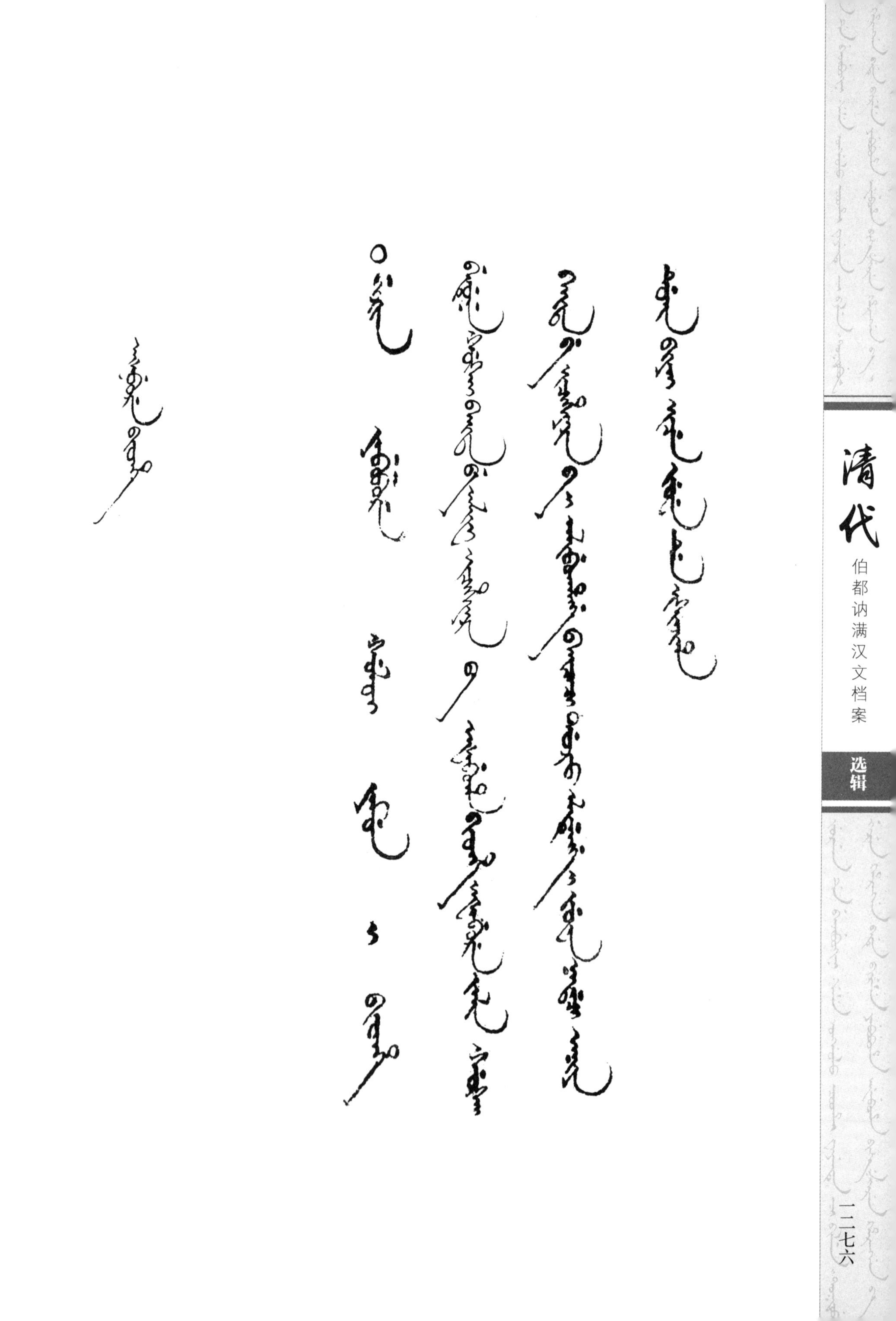

71 吉林行省为将所属兵丁有无潜逃依限查报事札伯都讷旗务处文

宣统三年八月十二日

5659 29

來文卷面

宣統三年八月十九日到

督撫憲札該處所屬兵丁內有無潛逃依限查報

應歸文牘科承辦列入日字拾陸號

面

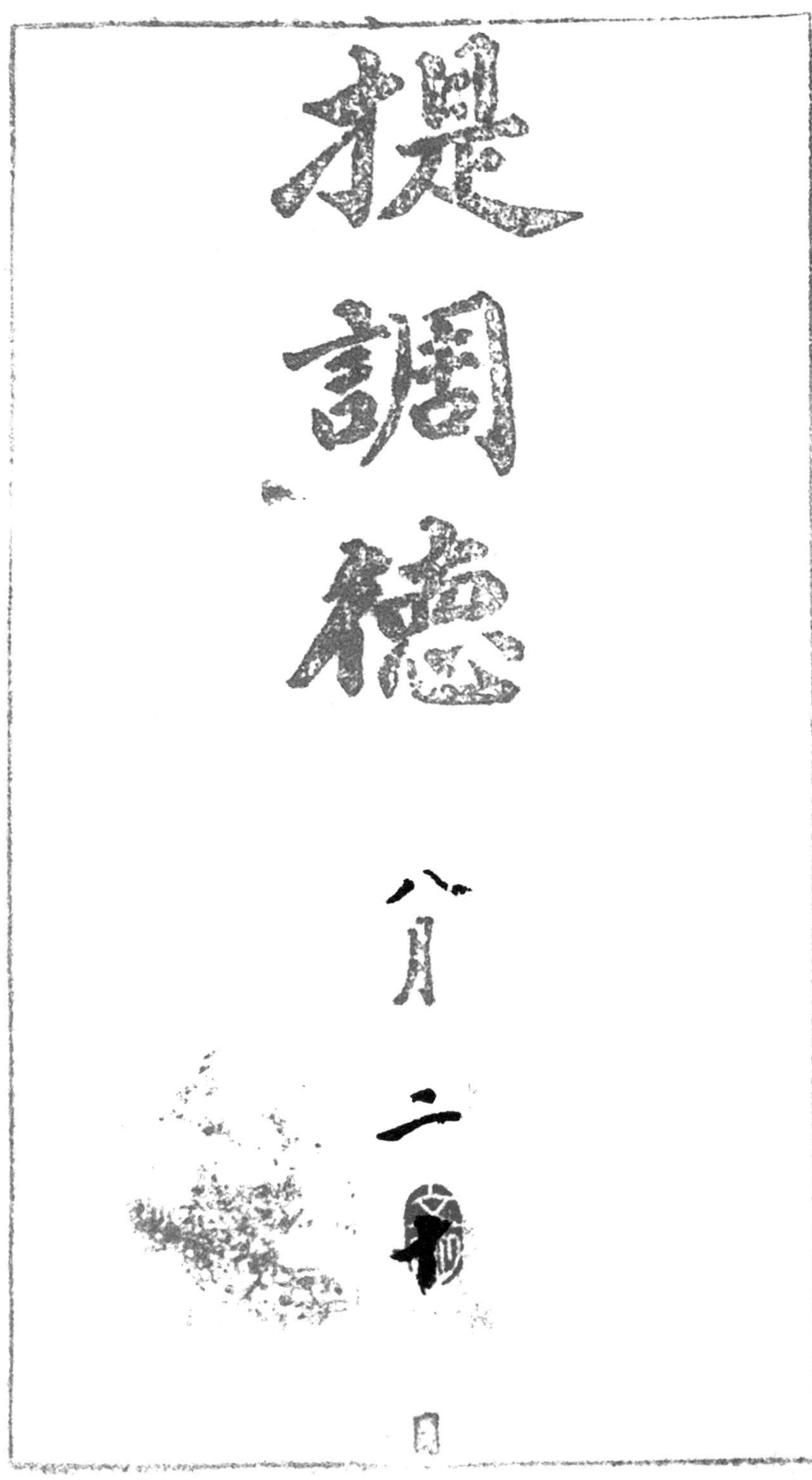

提調廳

八月二十日

文牘科

科員明文

副科員榮興

[illegible]恩[illegible]

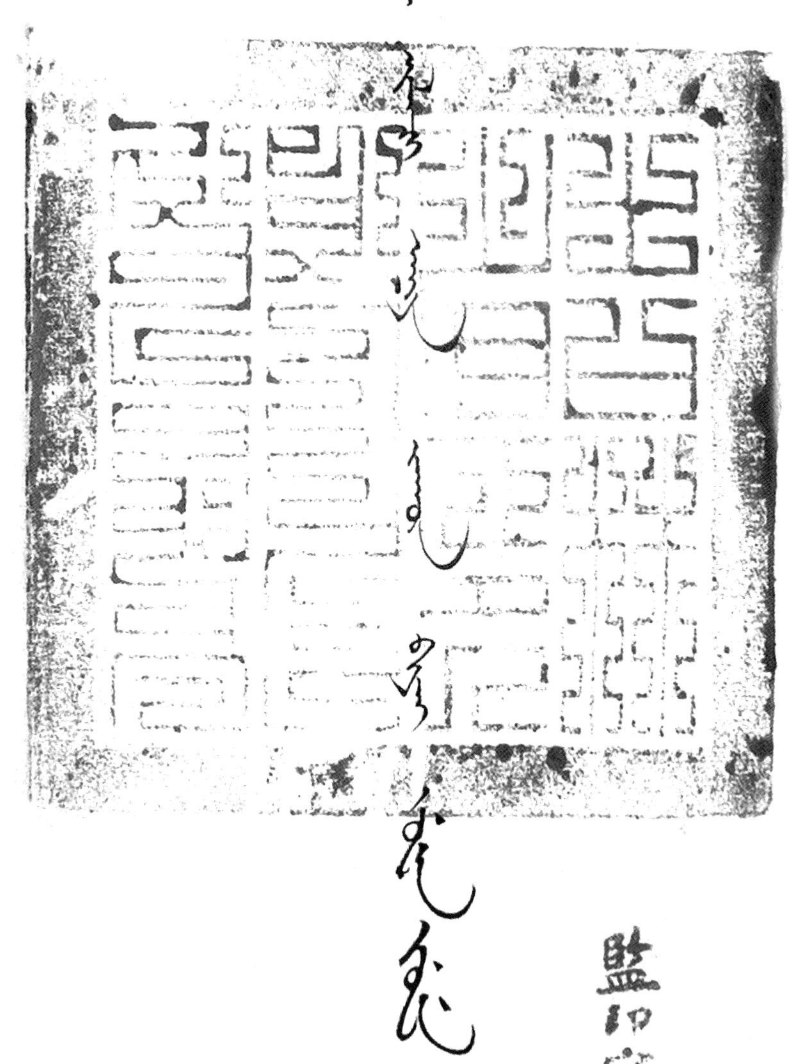

監印官 汪題瑞 夏傳鼎

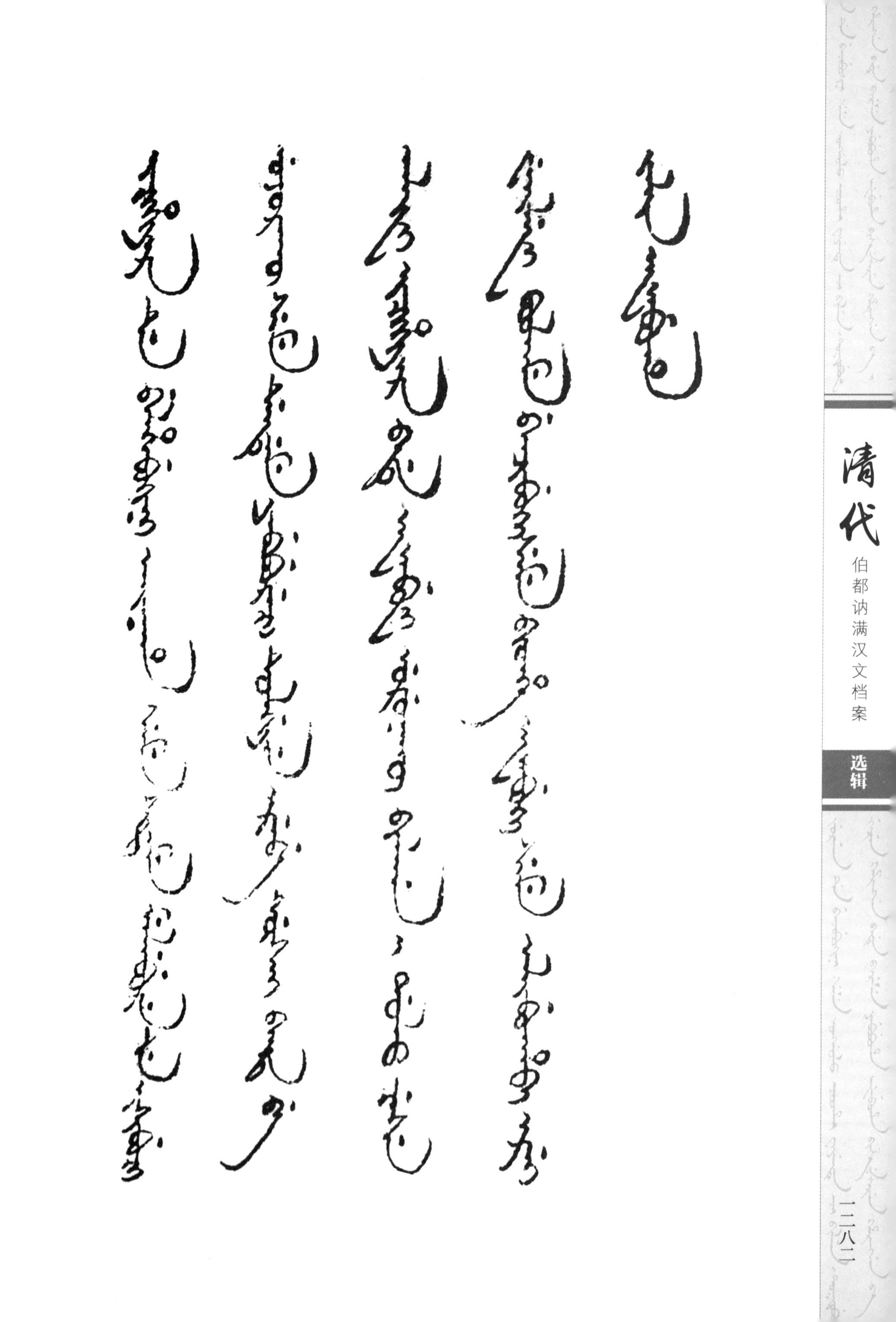

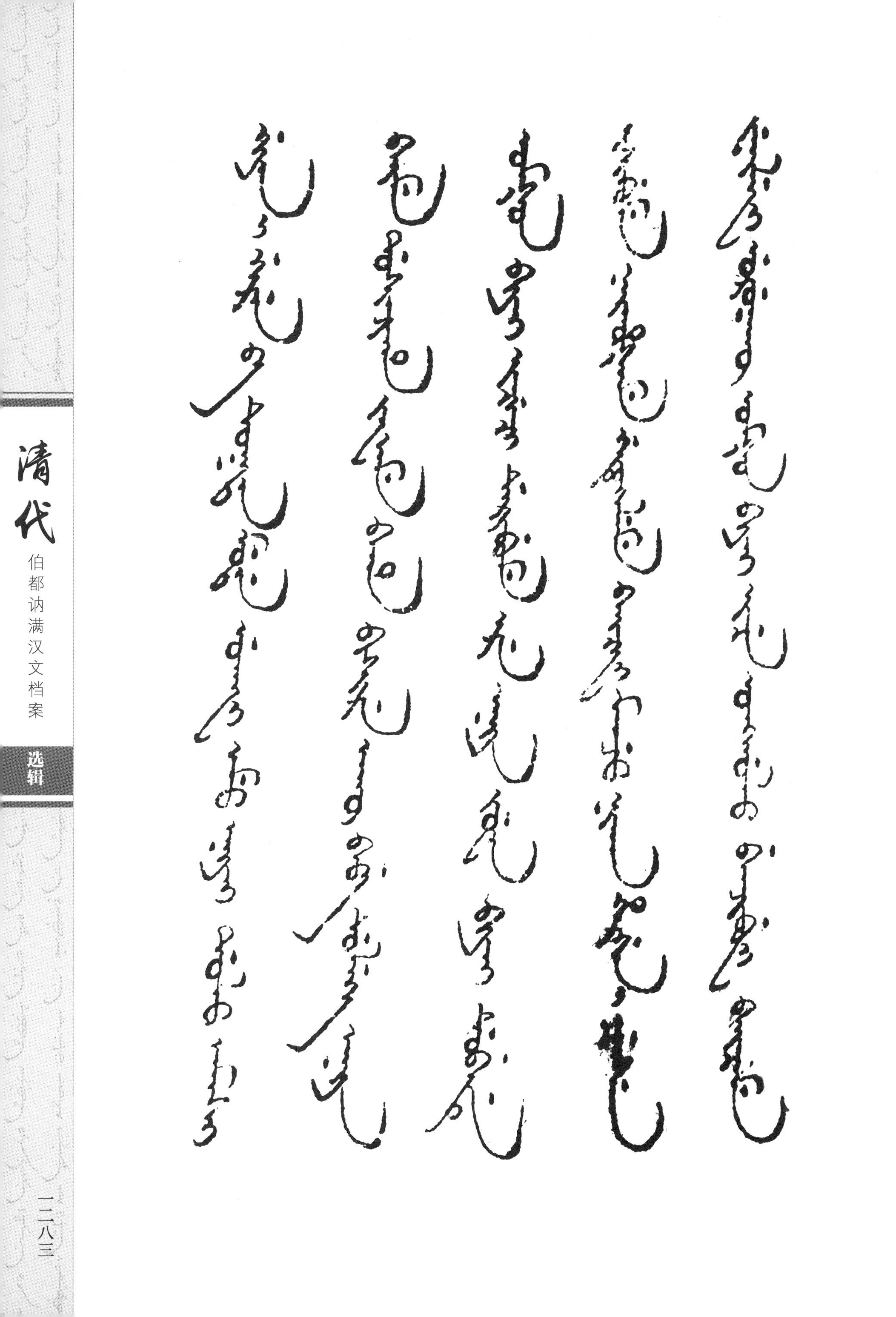

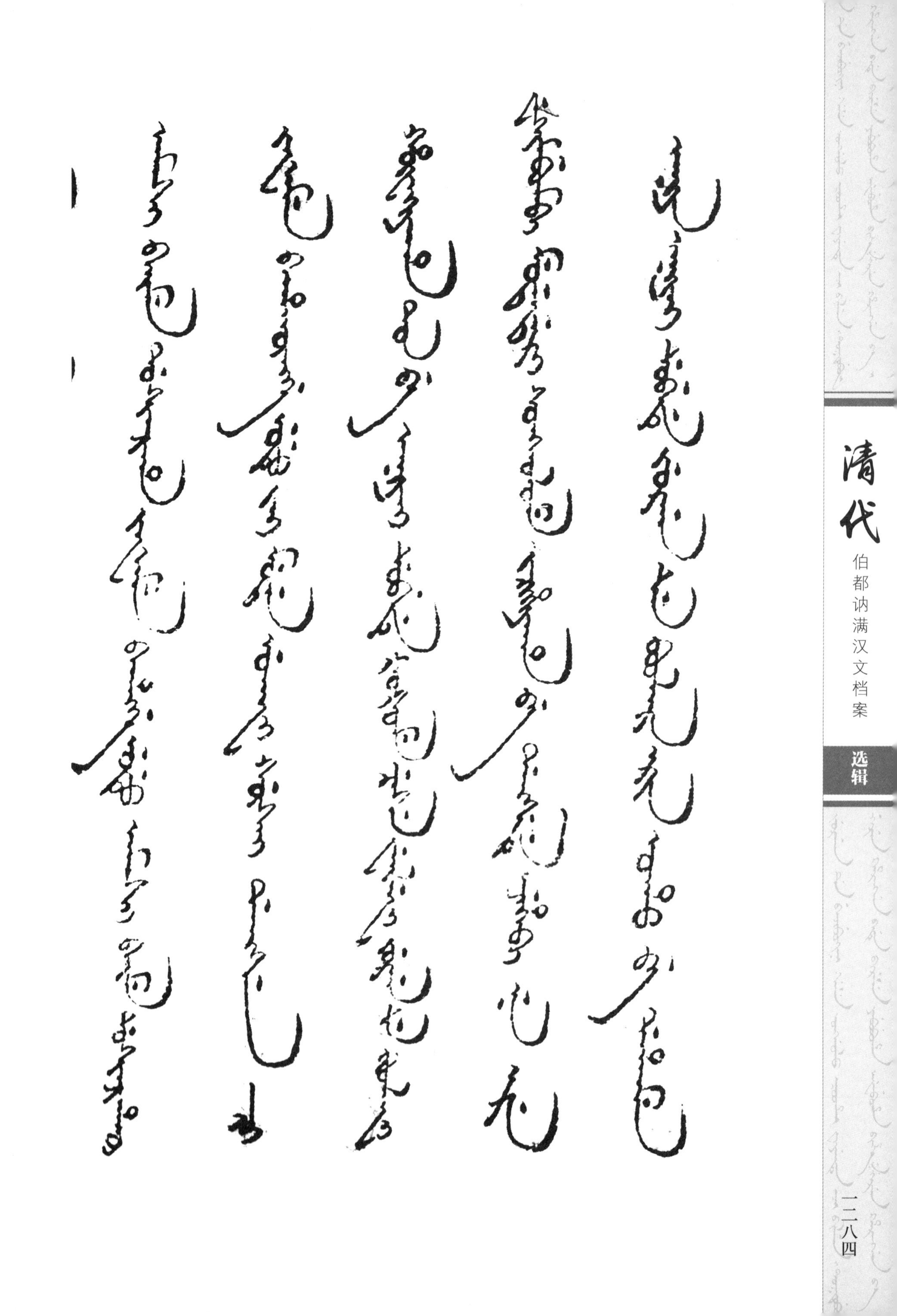

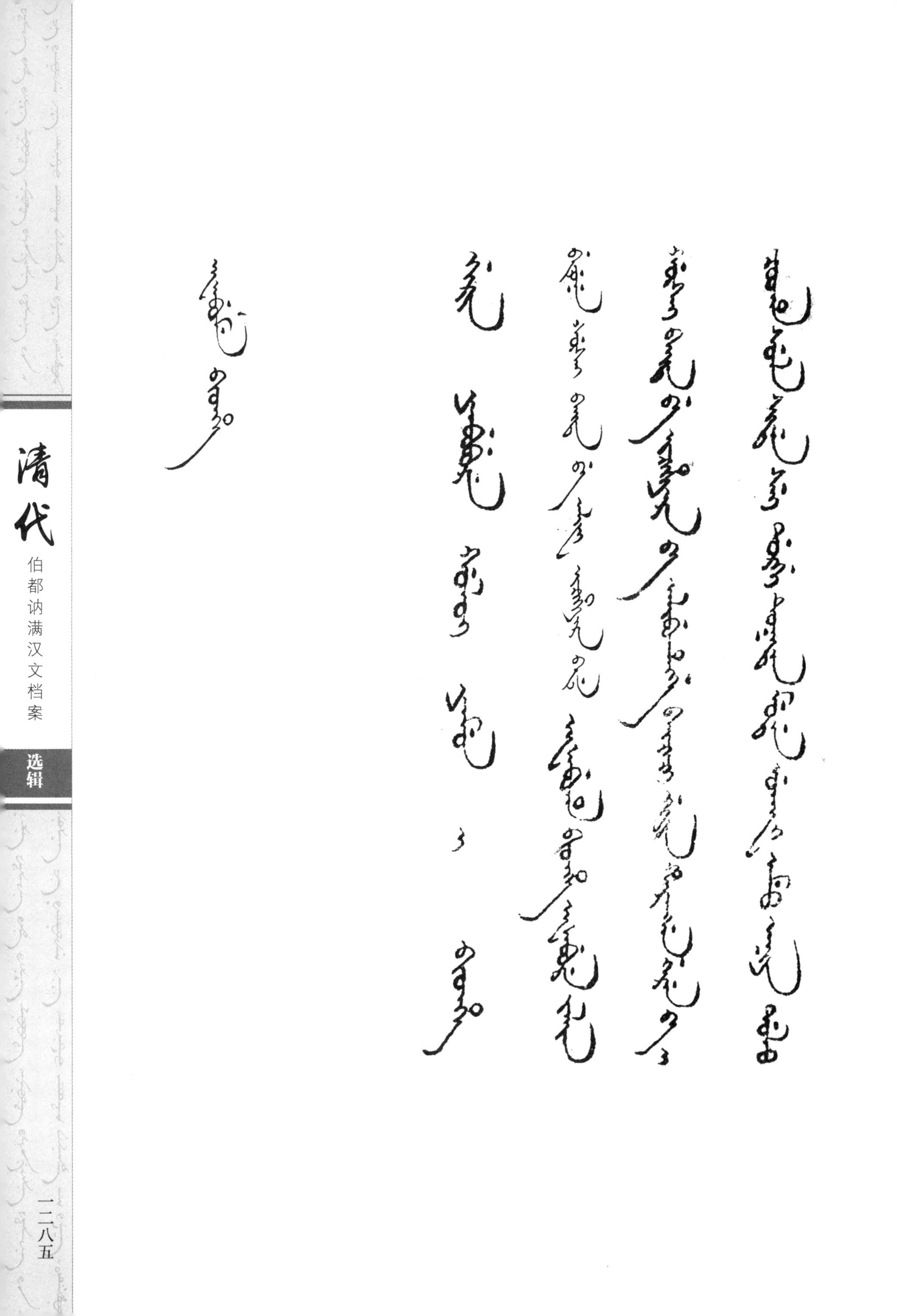

72 伯都讷旗务处为报送升降官员并食半饷闲散等已故日期事呈吉林全省旗务处文

宣统三年十一月一日

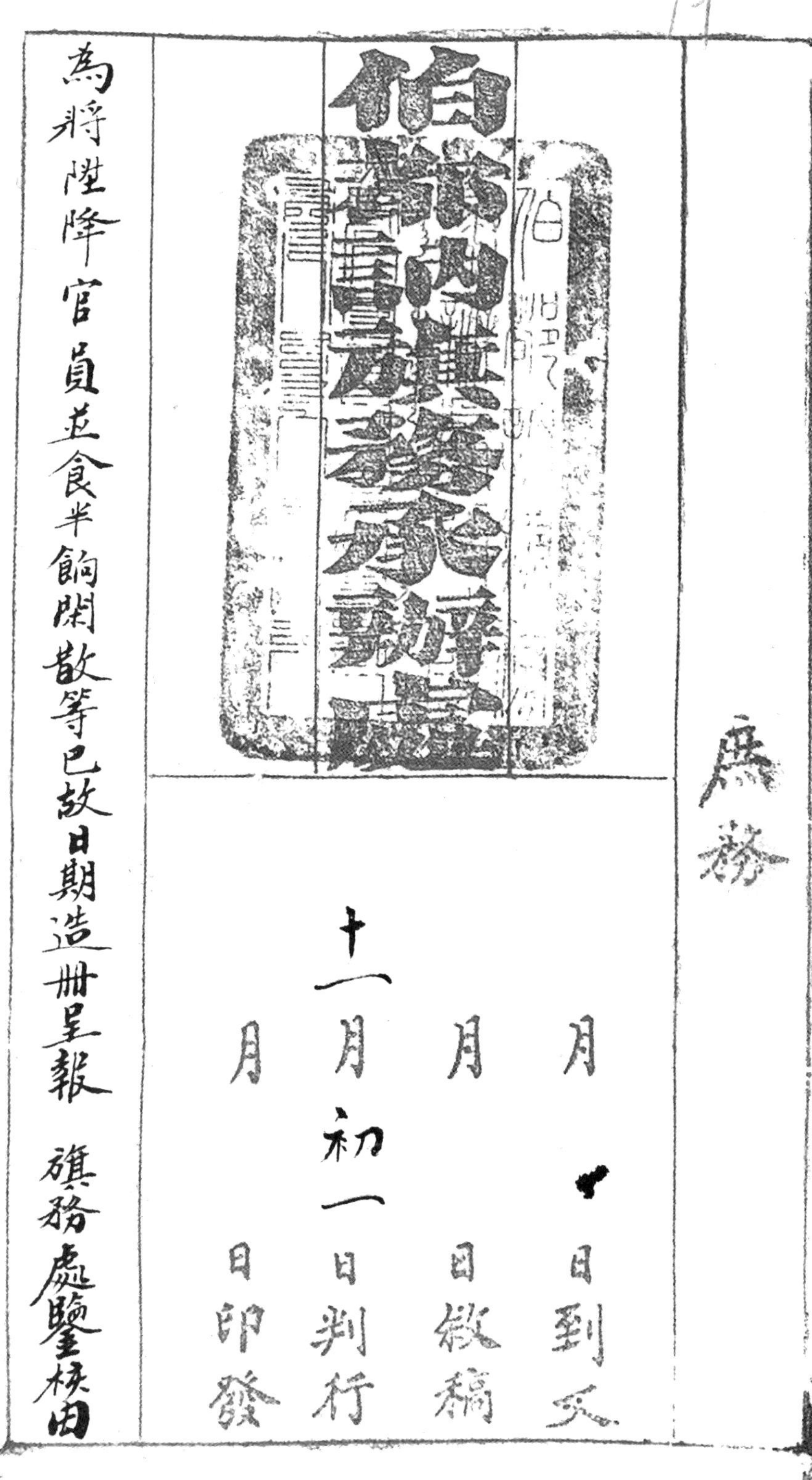

14

庶務

月　日到文

月　日繳稿

十一月初一日判行

月　日印發

伯都訥旗務承辦處

為將降官員並食半餉閒散等已故日期造冊呈報　旗務處鑒核由

號
伯都訥
十
月

科員藍翎防禦壽山
科員委筆帖式麟瑞
外科員恩祥
核書記長惠康

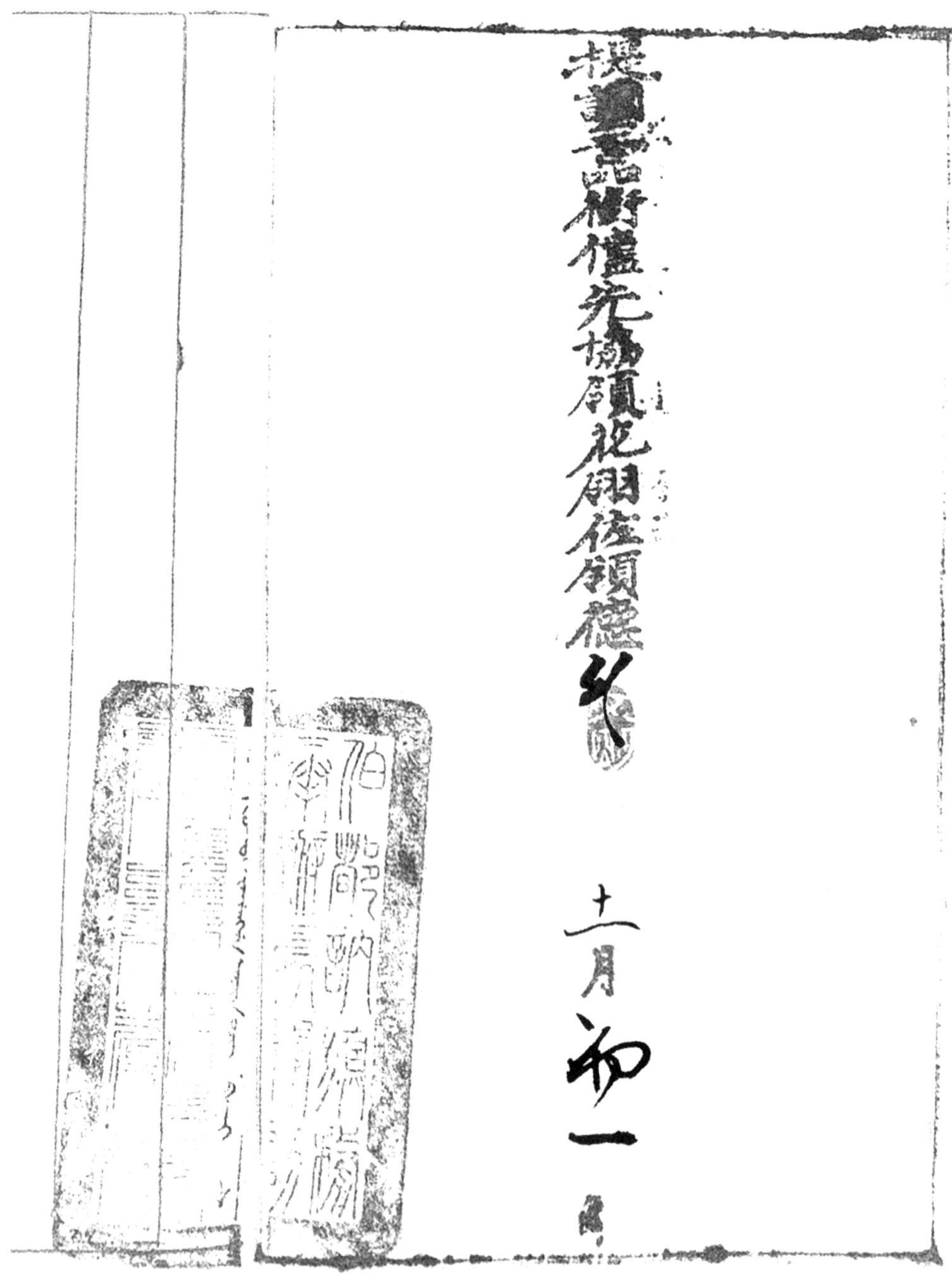

清代
伯都讷满汉文档案
选辑

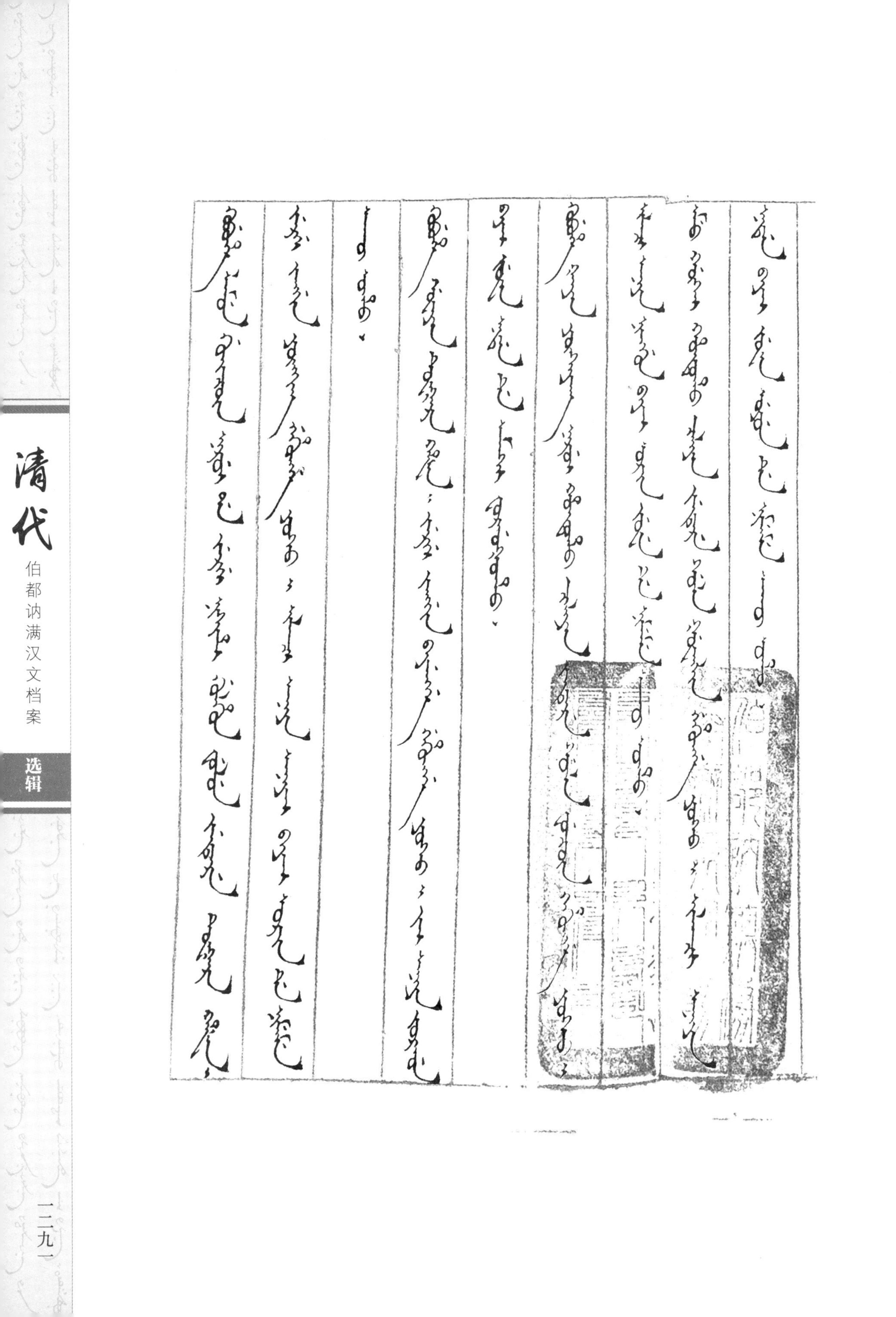

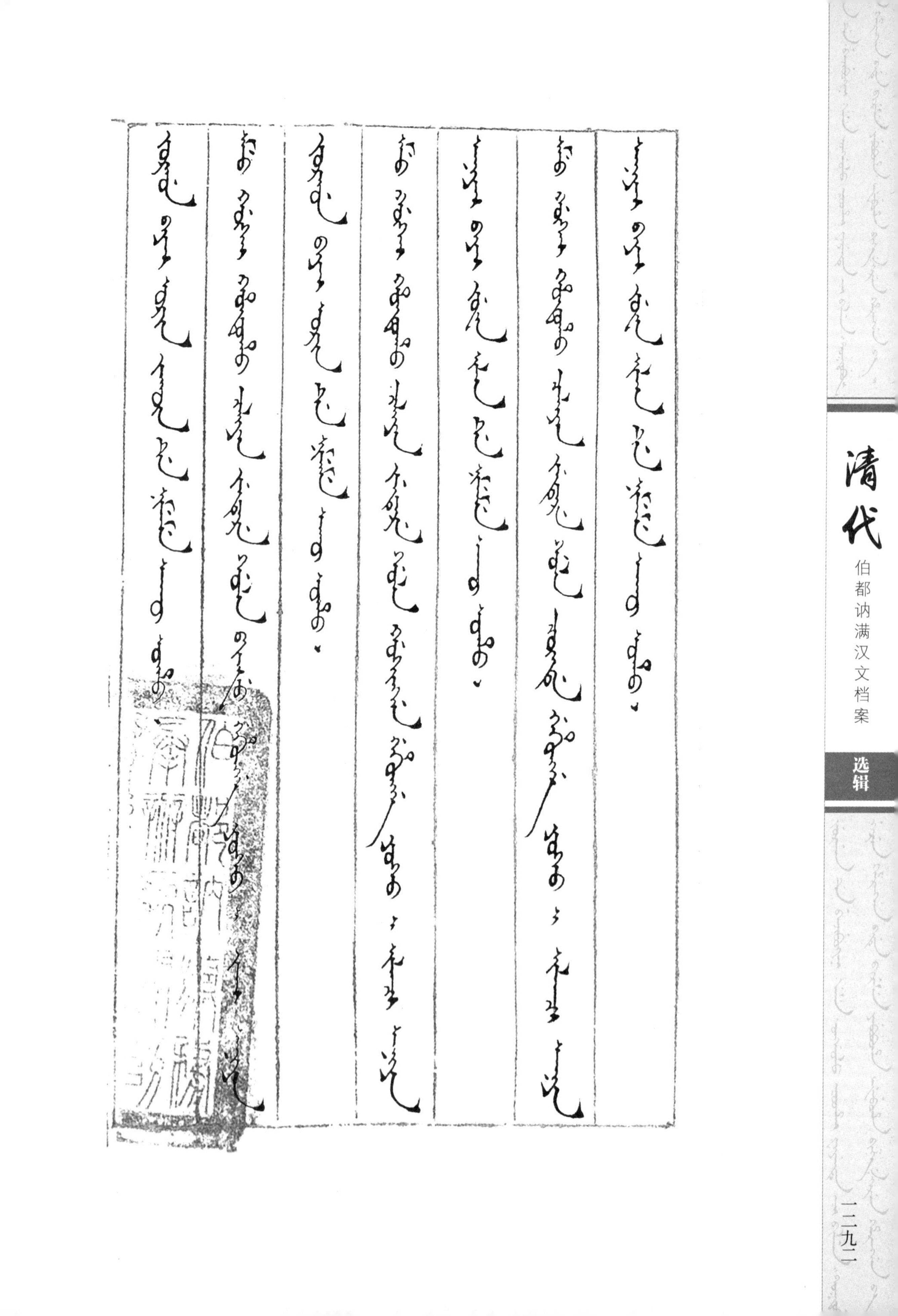

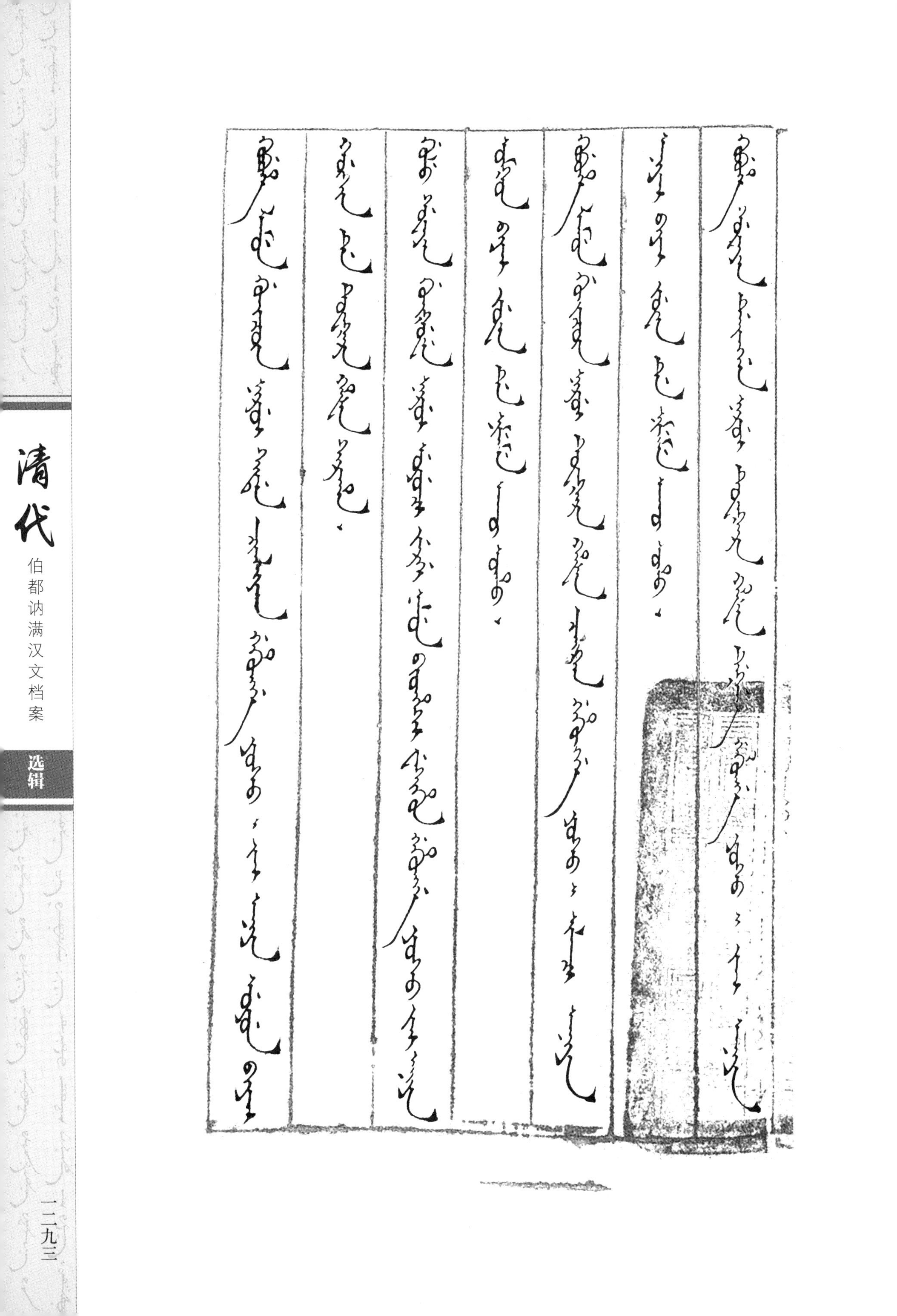

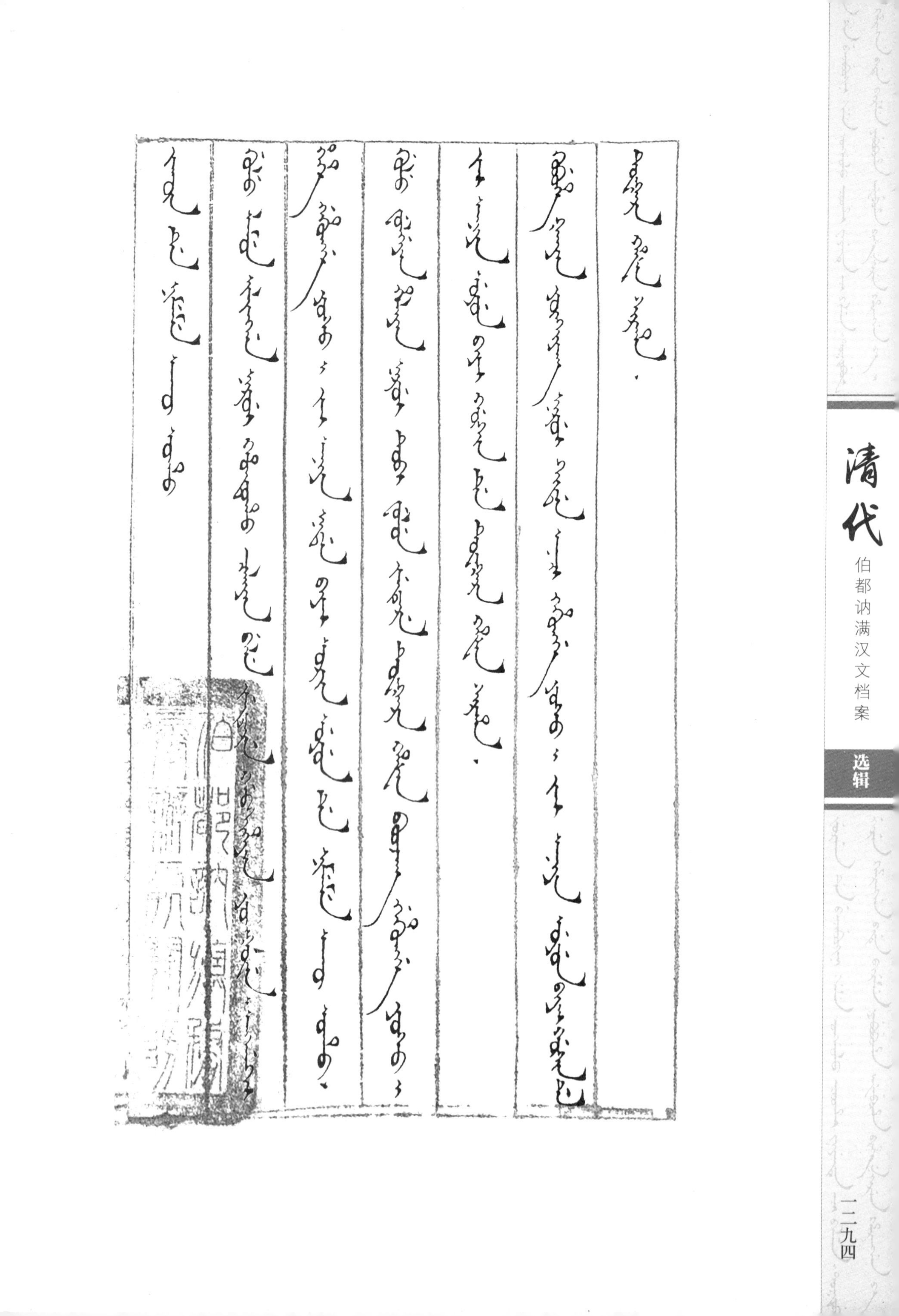

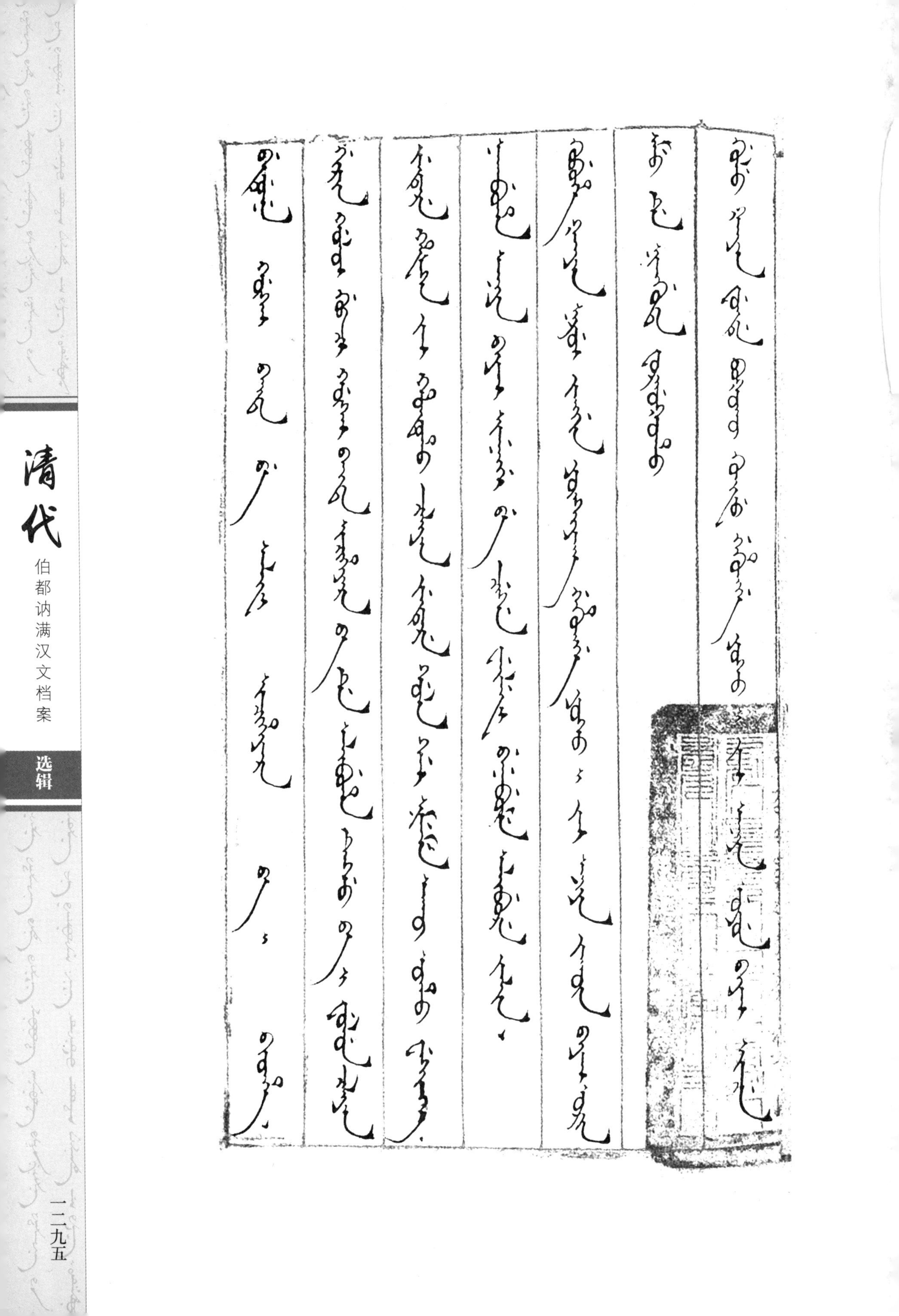